신학은 인간학이다

Jae Hyun CHUNG
THEOLOGY IS ANTHROPOLOGY:
Reading Philosophy for Doing Theology

© Benedict Press, Waegwan, Korea 2003

이 연구는
한국학술진흥재단의 2000년도 선도연구자 지원사업에 의하여
수행되었습니다:
KRF-2000-041-B00150

〈연구과제의 원제목〉
서양 철학과 그리스도교 신학의 역사적 평행 관계에 대한 비판적 분석:
한국 그리스도교의 자기반성과 사회-문화적 창조성을 위하여

신학은 인간학이다
2003년 2월 초판 | 2012년 6월 재쇄
지은이 · 정재현 | 펴낸이 · 이형우
ⓒ 분도출판사
등록 · 1962년 5월 7일 라15호
718-806 경북 칠곡군 왜관읍 왜관리 134의 1
왜관 본사 · 전화 054-970-2400 · 팩스 054-971-0179
서울 지사 · 전화 02-2266-3605 · 팩스 02-2271-3605
www.bundobook.co.kr
ISBN 89-419-0304-1 03230
값 18,000원

정 재 현

신학은 인간학이다
철학 읽기와 신학하기

분 도 출 판 사

책 머리에

세상에 책은 많다. 사실상 지나치게 많다. 이 사실만으로도 이미 공해다. 요즘 나오는 전자책e-book이 이런 문제를 얼마나 해결해 줄 수 있을지는 모르겠지만, 종이로 된 책 한 권 출판되는 데 아름드리 나무 몇 그루가 사라진다는데 이것만으로도 이 책의 출판은 심각한 자연파괴 행위다. 가뜩이나 심각한 환경문제를 더욱 어렵게 만드는 자연파괴를 또 저지르다니, 이건 사실 죄다. 그럼에도 왜 계속해서 죄를 짓는가? 그것도 뻔뻔스럽게!

이 책은 이렇게 뻔뻔스런 죄의식을 극복하지 못한 채 썼었다. 그럼에도 여전히 밀어붙이려 한 것은 자그마한 생각 하나 때문이다. 그것은 바로 우리 인간이 우리 자신을 너무도 많이 또 오랫동안 속여 왔다는 사실을 이제는 숨기지 말아야겠다는 것이다. 사실 자신을 속이고 나면, 그래서 거기에 어느 정도라도 넘어가고 나면, 이제 남들을 속이려 드는 것이 우리네의 속성이다. 정치와 사회는 물론이거니와 사상의 역사가 그랬고 종교의 역사는 더욱 그랬다. 이런 눈으로 본다면 도무지 그렇지 않은 것을 찾아보기가 쉽지 않다. 그래서 다시 보자는 것이다. 다른 각도에서, 아니 좀더 진솔한 자세로 자신을 다시 보고 다시 보아진 자신의 눈으로 세상을 다시 보자는 것이다. 철학으로 집결될 수 있는 인류의 사상사가 인간의 자기실현이라는 구실 아래 결국 자기를 보존하려는 뿌리깊은, 아니 벗어날 수 없는 본능과 욕망이 점철된 역사라면 종교의 역사는 그것이 더욱 증폭될 수밖에 없는 것이었다. 그리고 이 점에서 그리스도교도 예외가 아니다.

일찍이 고대의 한 철학자가 "철학은 죽음의 연습"이라고 갈파했다면, 해방이라는 이름으로 "죽음에서 벗어남"을 외친 것이 바로 종교였다. 이래서 철학과 종교는 얽힐 수밖에 없었으며, 그리스도교의 역사는 그 좋은 증거의 하나다.

그런 얽힘이 물론 인간의 해방을 향한 것이었겠지만 이것이 인간을 오도함으로써 오히려 옥죄어 왔다는 사실은 새삼 지적할 필요도 없다. 상황이 이러할진대 이제는 그런 사실을 숨김으로써 자신을 기만하고 또 남들까지 희롱하는 짓이 더 지속되어서는 안될 것이다. 말하자면 그 정체를 까발리고 문제를 파헤쳐 해결을 시도하는 일을 뒤로 미룰 수는 없다. 거의 모든 것이 그렇지만 특히 종교야말로 "처음 마음"에서 너무 멀어져 가고 있기 때문이다. 그렇다고 시대착오적 복고주의를 외치려는 생각은 조금도 없다. 다만 굽이굽이 흘러온 망각과 타협의 역사에서 우리 인간이 얼마나 욕망 — 너무도 당연하여 없는 줄로 착각하거나 없앨 수 있는 줄로 오해하는 본능적 욕망 — 에 지배되어 왔는가를 되돌아보고자 할 따름이다. 무릇 모든 종교가 대체로 욕망을 버리라고 가르치지만 만일 인간이 욕망을 버리기라도 한다면 종교는 그날로 사라질 것이다. 종교야말로 욕망을 먹고 자라 왔고 앞으로도 여전히 그럴 것이기 때문이다. 만일 우리가 자신의 욕망에 대해 진솔하게 반성하지 않는다면 말이다.

이 책은 이런 문제의식을 지니고 한구석에서나마 해결의 실마리를 더듬어보려는 뜻에서 썼다. 그러나 고답적 금욕주의를 말하려는 것은 결코 아니다. 오히려 이미 욕망이 그렇게 도사리고 있었음을 정직하게 인정함으로써 억압과 은폐의 왜곡에서 욕망을 구해내어 제대로 실현시키려는 뜻이다. 말하자면 욕망을 탓하려는 게 아니다. 다만 그것이 자기를 절대화하기에 이름으로써 자기와 타자를 모두 억압하기 때문에 이를 매만지고자 할 따름이다. 달리 표현한다면, 이 책은 신관이란 인간관의 반영일 뿐이며 따라서 신앙관도 예외일 수 없다는 것을 큰 전제로 택한다. 이런 전제에서 출발하여 자기의 신앙을 절대화하는 어리석음이 신앙의 신실성이라는 이름으로 예찬되어서는 안된다는 점을 지적하려는 소박한 목적을 향한다. 신앙을 그토록 소중히 모시다 못해 절대화하는 태도는 바로 자기를 절대화하는 본능적 욕망의 발로이며 그런 욕망은 신학이 인간학이라는 점을 외면함으로써 더욱 부추겨진다는 사실을 지적하고자 한다.

사실상 "신학은 인간학이다"라는 명제가 새삼스러울 것은 전혀 없다. 그러나 오늘날 우리 상황에서는 유감스럽게도 절실하게 새삼스러울 수밖에 없다. 신학이 인간학이라는 것을 잊어버리거나 숨김으로써 자기절대화의 욕망을 되돌아볼 길도 없고 넘어설 길은 더욱 멀어져 온 것이 그간의 역사였기 때문이다. 따라서 우리는 "신학은 인간학이다"라는 선언의 뜻을 좀더 잘 새기기 위해 이 선언이 "신학은 인간학일 수밖에 없다"는 것을 뜻하며 더 나아가 "신학은 인간학이어야 한다"는 것을 가리킨다는 점을 역설하고자 한다. 이토록 공공연한 비밀을 폭로하기 위해 이 책은 인간의 자기확인을 향한 끝없는 욕망의 사상적 포장으로 이루어진 서양 철학과 이의 종교적 증폭인 자기절대화를 암암리에 부추겨온 그리스도교 신학이 서로 밀고 당기는 관계에 있다는 사실에 주목하여 그 역사적 흐름을 훑어내는 방식을 취한다. 그런데 우리가 한국 땅에서 그리스도교 신학을 이해하고 수행하기 위해 굳이 서양 철학을 훑으려는 것은 문화적 사대주의에 의한 것이 아니라 오히려 이를 극복하려는 취지 때문이다. 물론 이때 서양 철학이란 그저 하나의 타산지석他山之石이나 지피지기知彼知己의 차원에 머무르는 것은 아니다. 싫든 좋든, 또 의식하든 못하든, 이미 우리 안에 서양 철학은 사고방식에서 생활양식까지 비록 통속적일지언정 너무도 넓고 깊게 스며들어 있기 때문이다. 말하자면 서양 철학이 읊어대는 것이 이미 우리의 것이 되어 버렸기에 우리 자신에 대한 이해를 위해서도 피할 수 없는 과제다.

그러나 목적한 것만큼 충분히 효과적으로 개진하지는 못했다는 아쉬움을 떨칠 수 없다. 그저 하나의 시작이라고 여겨질 수만 있어도 다행일 따름이다. 특히 철학을 신학으로 읽어내고 신학을 철학으로 읽어내는 작업에 있어 형식적 구도분석을 넘어서 내용적으로 좀더 밀도있게 구성되지 못한 것이 유감스럽다. 그러나 여기서는 양 분야의 얽힘을 그 틀의 견지에서 밝히려는 것이 목적이었기에 이는 후일의 과제로 돌리는 것으로 스스로 위로하고자 한다. 또한 우리 자신을 파악하고 나아가 문화적 사대주의를 극복하기 위해서라도 서양 철학을 살펴야 한다고 했지만 여기서 파악과 극복의 방법을 세세히 더듬을 수는 없다. 지면상 이유만이 아니라 과제의 성격상 그것은 오히려 독자들의 몫으로 돌리는 것이 적절하다고 보기 때문이다. 다만 여기서는 그 뜻을 함께 나누는 것으로 만족하고자 한다.

끝으로, 이 연구를 위해 재정적으로 지원해 준 한국학술진흥재단에 감사드린다. 재단의 지원에 힘입어 나의 연구동지들인 박규철(연세대 철학과 박사과정)과 정병일(한신대 신학과 석사과정)이 자료의 수집과 분석에 큰 도움을 주었을 뿐 아니라 이들과 함께 나누었던 토론의 시간들은 소중한 기회였음을 고백하지 않을 수 없다. 성공회대학교 신학연구소의 연구원인 전명주(이화여대 기독교학과 박사과정)도 색다른 감각에서의 조언을 통해 나에게 적지 않은 도움을 주었기에 함께 고마움을 전하고 싶다. 무엇보다도 이 책의 출판을 위해 졸고를 먼저 살피고 추천까지 해주신 정양모 신부님께 황송한 마음으로 감사드리지 않을 수 없다. 또한 연구 과정에서 때로 함께 토론하며 후원과 비평을 아끼지 않은 벗 강원돈 박사에게도 특별한 고마움을 전하고 싶다. 그리고 어려운 여건과 바쁜 일정도 무릅쓰고 이 책의 출판을 선뜻 받아들이고 가꾸어 엮어내 주신 분도출판사의 임직원 여러분께 감사드린다.

2002년 가을 서울 연희동에서
정재현

부탁 말씀

이 책을 읽기에 앞서 다음과 같은 점들을 염두에 두어 주십사 하는 뜻으로 덧붙인다.

첫째, 이 책은 이미 범람하고 있는 철학사나 신학사에 관한 서적들에 또 하나를 추가하려는 것이 아니다. 다만 각 분야의 역사를 자료로 하여 양대 분야 사이의 연계성을 체계적으로 구성하고자 할 따름이다. 말하자면 이 책은 서양 철학과 그리스도교 신학이라는 양대 분야의 역사적 평행성에 대한 구조적 분석을 주요 방법으로 취하기 때문에 원전을 중심으로 하는 전문적이고 미세한 분석보다는 사상의 전체적인 틀과 흐름에 대한 해석에서 독창성을 구현하고자 할 것이다. 따라서 양대 분야의 방대한 역사적 자료를 분석하는 일은 전문적 사가들의 몫으로 돌리고 이 책에서는 그런 자료들을 활용하여 얽힘의 틀을 짜는 데 집중할 것이다. 아울러 각 장에서도 다루어지는 내용을 망라하려 하기보다는 주제별 개괄을 추구하고자 할 것이다. 따라서 밀도있는 원전 연구와 상세한 분석은 관련된 다른 자료들을 통해 보충되어야 할 것이다.

둘째, 이 책이 사용하는 언어가 한글이고 한글을 읽는 독자들을 위한 것일진대 이 책이 사용하는 사료들은 되도록 한글로 된 것을 우선으로 삼을 것이다. 서양 철학과 그리스도교 신학이 지닌 방대한 사료에 대한 문헌적 연구가 아직도 척박한 한국 사상계의 현실을 감안한다면 원전 분석을 중심으로 하는 연구의 필요성을 아무리 강조해도 지나치지 않을 것이다. 그러나 이 책은 그보다 사상사 해석을 위한 바람직한 관점 조성을 의도하며, 이런 점에서 다소의 변형과 심지어 왜곡을 감수하고서라도 우리의 것으로 체득화하는 일이 중요하다는 신념을 추구한다. 어차피 번역은 해석일 수밖에 없고 해석이란 정당화될 수 있더라도 왜곡이 아니던가? 그리고 바로 이런 이유에서 이미 나름대로의 목적으로 작성된 논문들을 부분적으로 재사용하는 경우를 제외하고는 될 수 있는 대로 양대 분야 사상가들의 원저에 대한 한글 번역을 원전자료로 사용하고자 한다. 그러나 이런 원저에 대한 한글 번역이 아직 나와 있지 않은 경우 한글로 쓰인 기존의 철학사나 신학사에 소개된 원전자료들을 재인용의 형식으로 사용하는 데도 주저하지 않을 것이다.

셋째, 이런 맥락에서 서양 철학과 그리스도교 신학이라는 꽤 이질적인 개념 체계의 언어들을 미흡하나마 우리말의 감각으로 새겨 보고자 노력할 것이다. 서양 고전어나 근현대어 등 외국어가 번역체로 포장되어 외국어로만 머물러 있는 한 한갓 공허한 기호들의 얽힘일 뿐 사상적 체득화는 기대될 수 없겠기 때문이다. 비록 작금 사용 가능한 한글 자료들이 이런 조건을 충분히 만족시켜 주는 것은 아닐지라도 이런 노력이 이를 그만큼 앞당겨 주리라고 믿어 의심치 않는다. 물론 저자의 역량부족으로 인해 의도만큼 이루어내지 못한 점이 여전히 유감스럽지만, 때로 생각만 앞선 나머지 오히려 어색하게 되어버린 표현을 만나게 되더라도 그런 취지로 어여쁘게 보아주실 것을 독자 제현께 부탁드리는 바이다. 아울러 더욱 좋은 제안으로 격려해 주신다면 더 바랄 것이 없겠다.

끝으로, 필자가 수년 전에 옮겨 펴내었던 『신학을 이해하기 위한 철학』(디오게네스 알렌 지음, 대한기독교서회)을 곁들여 참고하면 이 책의 부족한 부분들에 적지 않은 도움이 될 수 있을 것이다. 아울러 신학적 인간학 분야에 대한 관심으로 인해 역시 수년 전에 펴냈던 필자의 『티끌만도 못한 주제에: "사람됨"을 향한 신학적 인간학』(분도출판사)에 대해 혹시라도 접하고자 한다면 오히려 이 책은 그 책에 대한 입문으로 간주될 수 있다는 점을 덧붙이고 싶다.

목 차

책 머리에 ·· 5
부탁 말씀 ·· 9

들어가기 전에 ··· 19
  1. 연구 목적 ·· 19
  2. 연구 방법 ·· 24
들어가면서 ·· 29
  1. 왜 "신학을 위한 철학"인가? ····································· 29
    1) 왜 "신학하기"를 위해 "철학하기"가 필수적인가? ········· 29
    2) 철학은 무엇을 하길래 그런가? ································ 32
    3) 그렇게 추구된 "참"은 어떻게 그려져 왔는가? ············ 38
  2. "신학을 위한 철학"이 보는 종교와 신학의 구도 ············ 41

I. "참"이란 무엇인가?

1 만물의 뿌리는 있음인가 없음인가?:
고대 형이상학과 신학의 자리 깔기 ································ 49
  1. 얼개: "무엇"을 묻고 ··· 49
  2. 흐름 ··· 52
    1) 태동: 우주론 ··· 54
      (1) 물질 ·· 55
      (2) 정신 ·· 57

2) 보완: 존재-론 ·· 57
　　(1) 존재 ··· 58
　　(2) 생성 ··· 60
3) 종합: 우주-존재-론 ··· 62
4) 비판: 상대주의/회의주의 ································· 65
5) 집성: 우주-존재-신-론 ···································· 66
　　(1) 하나 ··· 69
　　　① 초월적 분리: 플라톤 ······························ 69
　　　② 내재적 연관: 아리스토텔레스 ················· 77
　　(2) 여럿 ··· 83
　　　① 다신론: 스토아 학파의 유물론적 범신론 ········· 83
　　　② 무신론: 에피쿠로스 학파의 유물론적 무신론 ·········· 85
6) 파국:
　　우주-존재-신-론적 갈래들과 연관된 회의주의/절충주의/융합주의 ··· 86
　　(1) 회의주의 ··· 87
　　(2) 절충주의 ··· 87
　　　① 신피타고라스주의 ···································· 88
　　　② 중기 플라톤주의 ···································· 89
　　　③ 유다-헬레니즘 철학 ································· 91
　　(3) 융합주의: 신플라톤주의 ···························· 92
3. 신학의 자리 깔기 ··· 96
1) 고대 형이상학과 그리스도교 신학의 토대 ········· 96
　　(1) 고대 형이상학의 신학적 함의 ···················· 96
　　(2) 합리주의와 신비주의의 대립 ····················· 100
　　(3) 합리주의를 토대로 한 신정론과 신의 수난불가론 ·········· 103
　　(4) 신비주의를 배경으로 한 삼위일체론의 형성 과정 ·········· 106
2) 그리스도교 신학의 형성 ································· 110

    (1) 합리주의와 신비주의의 혼재적 공존:
        호교론과 초기 교부학에서 ·················· 111
    (2) 신비주의적 배경에서의 교리 논쟁:
        삼위일체론과 그리스도론 ·················· 119
    (3) 사상적 갈래의 본격적 조짐들 ················ 126

② 뿌리로 이어지는 길이 생각인가 믿음인가?:
   중세 형이상학과 신학의 몸 만들기 ················ 129
   1. 얼개: "무엇"을 달리 묻고 ························· 129
      1) 전체적 구도: 신앙과 이성의 관계 설정 ········· 130
      2) 스콜라 철학의 합리주의적 구도 ··············· 133
         (1) 보편자의 지위 규정 ····················· 133
         (2) 신 존재 증명 ·························· 134
   2. 흐름: 신앙과 이성의 관계 구도에 근거하여 ········ 136
      1) 신앙 우선주의 ······························ 138
         (1) 호교론 ································ 138
         (2) 신앙의 독특성과 신비성 ·················· 140
      2) 신앙 전제적 이성 추구 ······················· 142
         (1) 교부 철학 ····························· 142
            ① 그리스계 ····························· 143
            ② 라틴계 ······························ 145
            ③ 집성: 아우구스티누스 ·················· 145
         (2) 초기 스콜라 철학: 위로부터의 하향적 합리주의 ··· 150
            ① 보편자의 지위 규정: 보편실재론 ············ 151
            ② 신 존재 증명: 존재론적 증명 ············· 155
      3) 이성 전제적 신앙 추구 ······················· 159
         (1) 중기 스콜라 철학: 아래로부터의 상향적 합리주의 ········· 159

13

                ① 보편자의 지위 규정: 보편개념론 ························ 160
                ② 신 존재 증명: 우주론적 증명 ························ 164
            (2) 의지주의적 반동 ································· 167
        4) 이성과 신앙의 분리 ································ 170
            (1) 후기 스콜라 철학: 그 자리에서의 직시적 합리주의 ········ 171
                ① 보편자의 지위 규정: 보편유명론 ························ 171
                ② 신 존재 증명: 증명 자체의 부당성 ···················· 172
            (2) 신비주의적 반동 ································· 172
    3. 신학의 몸 만들기 ································· 175
        1) 교부 신학의 배경과 스콜라 신학의 전개를 위한 집성 ·········· 177
        2) 스콜라 신학의 사상적 구도와 역사 ························ 181
            (1) 전기(11~12세기) ································· 182
                ① 합리주의: 안셀무스 ································· 182
                ② 의지주의: 아벨라르두스 ································ 183
                ③ 신비주의: 베르나르 ································· 184
            (2) 후기(13~14세기) ································· 184
                ① 합리주의: 토마스 아퀴나스 ························ 186
                ② 의지주의: 윌리엄 오캄 ································ 186
                ③ 신비주의: 독일 신비주의 ································ 188
        3) 고전 신학의 교리적 신관 ································ 188

II. "참"은 어떻게 알려지는가?

③ 있음/없음의 물음은 앎/모름과 뗄 수 없어:
근세 전기 인식론과 신학의 되돌아보기 ························ 193
    1. 얼개: "무엇"에서 "어떻게"로 ························ 193
    2. 흐름 ································· 198

1) 이성론과 형이상학의 정교화 ················· 199
      (1) 의지주의적 신관: 데카르트의 이원론적 일신론 ········· 199
      (2) 신비주의적 신관: 스피노자의 일원론적 범신론 ········· 206
      (3) 합리주의적 신관: 라이프니츠의 다원론적 이신론 ········· 209
   2) 경험론과 형이상학의 부정 ················· 213
      (1) 실체 불가지론: 로크 ················· 214
      (2) 실체의 관념성: 버클리 ················· 216
      (3) 실체 부정: 흄 ················· 217
3. 신학의 되돌아보기 ················· 220
   1) 이성주의와 신앙주의의 대립:
      합리주의와 신비주의의 근세적 표출 ················· 220
   2) 가톨릭 교회와 교회분열/종교개혁의 움직임 ················· 224
   3) 종교개혁신학의 틀과 얼 ················· 227
      (1) 틀:
         "무엇"에서 "어떻게"로의 전환이 요구하는 신-인 관계 구성 ··· 228
         ① 유한과 무한의 접촉가능성: 루터 ················· 228
         ② 유한과 무한의 접촉불가성: 칼뱅 ················· 231
      (2) 얼: "어떻게"가 펼쳐낸 종교개혁의 뜻과 꼴 ················· 234
   4) 근세 신학의 고백적 신관 ················· 236

④ 비로소 있음과 앎을 엮어 체계를 이루며:
근세 후기 형이상학과 신학의 가지 뻗기 ················· 239
1. 얼개: "무엇"과 "어떻게"를 엮어서 ················· 239
2. 흐름 ················· 241
   1) 인식론의 종합과 형이상학의 재건: 칸트 ················· 243
   2) 형이상학의 집성: 헤겔 ················· 251
3. 신학의 가지 뻗기 ················· 257

1) 근세 철학의 소용돌이와 신학적 파장 ·························· 257
   2) 종교개혁 이후 신학의 삼각구도적 갈래들 ······················ 267
      (1) 16~17세기:
          지성주의적 정통주의 - 감정주의적 경건주의 -
          의지주의적 자유주의 ··· 268
      (2) 18~19세기:
          주지주의적 계몽주의 - 주정주의적 낭만주의 -
          주의주의적 삶의 철학 ·· 271
          ① 18세기 주지주의적 계몽주의 ······························· 271
          ② 19세기 주정주의적 낭만주의 ······························· 275
          ③ 19~20세기 주의주의적 삶의 철학 ······················· 280

III. "참"은 도대체 왜 참인가?

5 체계를 벗어나 죽음과 얽힌 삶을 살아가며:
   실존철학적 반동과 신학의 제자리 찾기 ·························· 285
   1. 얼개: "무엇"에서 "어떻게"를 거쳐 "왜"로 ······················ 285
   2. 실존철학: "있음과 앎의 같음"에서 "삶의 다름"으로 ··········· 289
      1) 보편성에서 개체성으로: 키에르케고르의 실존에서 ············ 294
      2) 실체성에서 관계성으로: 키에르케고르의 실존에서 ············ 299
      3) 피조성 이해를 위한 유한성과 초월성의 얽힘:
         하이데거의 현존에서 ·· 306
   3. 전통 형이상학에 대한 실존철학적 반동이 향하는 탈중심주의적 해방:
      "있음-즉-없음"과 "앎-즉-모름", 그리고 "삶-즉-죽음" ············ 311
   4. 현대의 실존적 몸부림들이 요구하는 신학의 제자리 찾기:
      지성-감정-의지의 정신적 삼각구도를 넘어서는
      실존의 체험적 신(앙)관 ··· 321

6 그런 삶의 현실을 몸으로 겪어내며:
유물론적 비판과 신학의 음모 까발리기 ·················· 327
1. 종교비판의 기본적 입장 ································ 327
2. 인간과 종교의 이중적 관계, 그리고 투사의 불가피성 ········ 334
3. 투사의 구조와 기제 ···································· 340
4. 종교의 비밀: 투사하는 인간과 투사된 신 ·················· 350
5. 종교의 모순: 신에서 본 종교의 허상성과 신학의 음모 까발리기 ··· 359
6. 투사가 야기하는 종국적 문제: 신앙과 사랑의 모순 ·········· 365
7. 투사의 불가피성을 넘어서 ······························ 370

7 그럼에도 "참"과 삶의 거리를 좁히기 위해:
해석학적 반성과 신학의 주제 파악하기 ···················· 375
1. 삶의 얼개와 철학적 해석학 ······························ 380
  1) 슐라이어마허: 객관과 주관의 보완적 통합 ·············· 380
  2) 딜타이: 객관과 주관의 공시적 통합으로서의 체험과
     이에 대한 통시적 보완으로서의 역사 ················ 382
  3) 하이데거: 삶에서 있음과 앎의 해석학적 순환성 ········ 384
  4) 가다머: 전통과 이성의 영향사적 지평융합 ············· 389
  5) 가다머와 하버마스의 대립, 그리고 이에 대한 리쾨르의 대안 ··· 395
2. 믿음의 생리와 신학적 해석학 ···························· 398
  1) 신학적 해석학의 태동과 발전 ························ 398
  2) 불트만: 실존과 신앙의 상호공속성 ···················· 401
     〈보론〉
     좀더 적절한 성서해석을 위한 신학적 해석학의 반성 ············ 406
  3) 틸리히: 신앙에서의 신-인 상호관계성 ················· 413
     〈보론〉
     우리의 종교적 상황에서 해석학적 상호관계성이 지니는 뜻 ······ 425

17

7 〈부록〉 있음과 말함: 하이데거가 읊조리는 참됨의 생김새 ····· 430
　1) 문제의 제기: 있음과 참됨의 태생적 얽힘(?) ·················· 430
　2) 원초적 사건으로서의 있음의 의미 ····························· 434
　3) 있음의 말함과 말함의 있음:
　　 인간중심주의의 극복을 위한 언어의 초존재론적 원초성 ········ 437
　4) 있음의 말함으로서의 참됨 ····································· 446
　5) 맺음말: 참됨과 사람 ··· 451

나오면서: 우리 자리에서 신학하기를 위하여 ························· 455

들어가기 전에

1. 연구 목적

인류사에 등장한 어떤 문화전통에서든지 인간이 자신을 의식하면서 벌여낸 최초의 정신활동이 종교임을 부인할 수 없다면 종교가 인간의 삶에서 차지하는 비중은 새삼 강조할 필요도 없다. "사람은 삶이 두려워서 사회를 만들었고 죽음이 두려워서 종교를 만들었다"는 지적을 굳이 떠올리지 않더라도 죽음에 대한 체험의 축적이 유한성이라는 자의식을 거쳐 무한자로의 희구로 이어지는 것이 불가피했던바 그런 희구를 종교라 한다면 죽음을 운명으로 지닌 인간은 그 태생에서 이미 종교와 얽힐 수밖에 없었다. 그러기에 일찍이 인간을 정의하는 수많은 언설에 "종교적 인간"homo religiosus이라는 표현이 자리하지 않았던가?

그러나 이런 배경과 역사에도 불구하고 인간과 종교의 사이가 언제 어디서나 서로 좋기만 했던 것은 아니다. 실제로 인류사의 수많은 희극뿐 아니라 대부분의 비극이 종교와 무관할 수 없다는 분석은 인간과 종교가 지니는 관계의 다면성과 상충성을 입증하기에 충분하고도 남는다. 인간에게서 종교란 자기보존 본능이라는 원초적 욕망을 충족시키기 위한 문화체계로서 태동했으면서도 동시에 반인간적 억압과 비인간적 고통의 원천으로 작용하는 야누스의 얼굴을 지니고 있음을 부정할 수 없기 때문이다. 그리고 그런 양면성은 사실상 종교가 그 태동의 동기인 인간의 욕망에 대해 지닌 이중적 관계에 뿌리를 두고 있는 것으로 보인다. 한편 죽음으로 정점을 이루는 삶의 온갖 불안과 절망과 고통 등에서 벗어나려는 인간의 원초적 욕망에서 종교적 초월성이 희구되었지만, 다른 한편 모든 종교가 대체로 인간에게 욕망을 버림으로써 해방될 수 있다고 가르치고 있는만큼 인간의 욕망에 대해 종교는 이중적 관계로 얽혀 있기 때문이다.

그럼에도 그간의 인류역사에서는 종교가 대체로 정치·경제적 권력을 함께 거머쥐는 방식으로 사회를 지배해 왔고 이는 자연스럽게 사회적 지배층의 위상 정당화 논리로 오용되어 왔다. 각 지역마다 피지배층의 민간신앙들은 신음소리와 함께 억압되었으며 지배적 이데올로기가 되어 버린 종교는 언제나 인간에 대해 긍정적 순기능만을 행사하는 것으로 왜곡 포장되어 왔다. 그리고 이런 사회적 결탁에서 지배적 종교들은 거의 예외없이 자유롭지 못했다. 우리 나라의 경우에도 고구려 시대의 전래 이후 통일신라와 고려조를 지배한 불교가 그랬거니와 조선시대의 유교는 그런 경향이 더욱 노골화했다. 『공자가 죽어야 나라가 산다』는 이름의 책이 우리 사회를 잠시 시끄럽게 했거니와, 그런 제목이 몰고 온 정신문화적 호응과 파장은 곧 한국의 전통적 역사에서도 종교가 그런 이중적 얽힘에서 여전히 벗어날 수 없었음을 웅변해 주고 있다.

그렇다면 한국 현대사의 시작을 알리면서 전래된 그리스도교는 지금 우리 사회에서 어떤 모습으로 그 역할을 수행하고 있으며 또한 어떤 긍정적·부정적 영향을 일으키고 있는가? 한국에 그리스도교가 들어온 역사는 가톨릭 교회가 2세기를, 그리고 개신교회가 1세기를 넘기고도 한 세대를 더 지나가고 있다. 이제 근대화의 파장과 함께 밀려온 그리스도교라는 새로운 종교의 유입이 한국사회에 미친 영향은 새삼스런 부각과 강조가 필요하지 않다. 종교인구 분포조사에 따르면 이미 한국인의 1/4 이상이 그리스도교에 속해 있는 것으로 나타나는 바 한국사회에서의 그리스도교의 정체성과 그 사회문화적 의미에 대한 적절한 검토와 반성, 그리고 제안은 이제 더 미룰 수 없는 과제다.

그러나 그동안의 시도에서 보여주듯이 이런 과제들은 대체로 그리스도교라는 특정 종교 안에서 지극히 "종교적인" 방식으로, 더욱이 "저마다의 그리스도교적인" 방식으로 접근되고 분석되어 왔다. 종교적 신앙을 이유로 자기를 절대적 기준으로 내세움으로써 자기를 되돌아보는 행위를 불신앙으로 여기는 분위기에 지배되고 있는 종교가 거꾸로 자기반성을 핵심으로 하는 과제를 수행한다는 자가당착적 악순환의 고리를 답습해 온 것이다. 문제는 자기반성이 구조적으로 불가능해 보이는 종교적 신앙이 오히려 자기반성의 토대임을 표방하면서도 여전히 이런 자기모순을 직시하지 못하는 데 있다. 그리고 이런 경향은 한국 사회의 지정학적 배타성과 얽혀서 종교적 배타주의를 신앙 신실성의 척도로까지 여기는 어리석음으로 이어지고 있다. 달리 말하면, 종교는 자기반성의 구조적 불가능성으로 인해 신앙을 빌미로 하는 인간의 자기절대화라는 성향을 오히려 증폭시키게 된다. 또한 이런 성향은 그리스도교로 하여금 신이 마치 그리스도교의 전유물인 양 횡포를 부리게 하고 신의 말씀이 인간의 수용적 해석과 무관한 일방적 계시인 양 뭇 인간들을 오도하는 결과를 초래했다. 그러나 역사에 일어난 많은 사례가 입증하거니와 종교가 이렇게 사상적 빈약성을 면치 못할 때 인간의 마성에 의해 여지없이 미신으로 전락하고 마는 것은 어쩔 수 없는 현실이다. 따라서 종교가 사회에서 차지하고 있는 의미를 반성하고 전망하기 위해서는 그 이면의 부정적 영향도 비판적으로 다루어야 할 것인바 이를 위해서는 인간과 종교의 관계에 얽힌 욕망추구와 억압기제의 역학뿐 아니라 이런 역학을 반영하는 사상적·문화적 배경 등도 검토하지 않으면 안될 것이다.

　이를 구체적으로 우리의 과제에 적용한다면, 한국에 들어온 그리스도교 및 이의 학문체계로서의 신학을 그 사상적 배경으로서의 서양 철학과 연관하여 분석하는 것은 인간과 종교의 관계를 통찰할 수 있는 하나의 탁월한 자료가 될 것이다. 그뿐 아니라 그리스도교 자체의 서양문화적 토양과 사회적 상황에 대한 비판적 검토로서의 의미도 지닌다. 물론 이런 과정을 통해 그리스도교에 대한 서양문화적 왜곡과 음모의 정체를 밝히는 일도 빼놓을 수 없이 중요하다. 다시 말해 우리는 종교적 교리의 사상적 배경으로서의 철학적 전제를 정치·사회적 동기와 함께 드러냄으로써 교리의 절대화라는 종교적 포장 안에 도사리고 있는 욕망추구의 위선과 배타적 자기동일성의 허상을 직시하고자 한다. 예를 들면, 인간과 종교의 관계에서 벌어진 긴장과 모순의 역사적 사례가 부지기수이지만 인간을 포기하고서라도 종교를 옹위한 과거의 인간 억압적 종교사도 사실상 그 배후에 현상 너머의 본질을 사모하는 보편인간의 형이상학을 그 사상적 배경으로 지니고 있었다. 그런데 그런 본질주의적 보편인간이라는 허상이 오히려 신앙하는 개별인간을 억압함으로써 절대성을 표방하는 종교를 두둔한 역사를 직시한다면, 그리고 아울러 서구 사상의 문화우월주의적 오만과 제국주의적 성향이 이런 토양에서 자라온 그리스도교로 하여금 식민주의적 선교정책을 취하도록 했다는 점을 부정할 수 없다면, 서양 철학과 그리스도교 신학 사이의 그런 결탁과 음모를 들추어내는 일은 오늘날 우리들의 종교문화에 대한 자기변혁적 처방을 위해서도 필수적 타산지석이라고 하지 않을 수 없다.

따라서 한 특정 종교가 사회에 대해 지니는 의미와 영향의 근거를 추적하자면 인간과 종교의 이중적 관계뿐 아니라 그런 관계가 엮어 온 사상적 풍토와 문화적 토양에 대한 비판적 분석이라는 여과장치를 지니지 않으면 안된다. 그러나 이런 점에서 본다면 그간 한국 그리스도교의 사회문화적 의미에 대한 논의에서는 사상적 주체화의 부실이라는 문제를 지적하지 않을 수 없다. 한국으로의 그리스도교의 유입과 확산은 사상적 갈등과 문화적 충돌에 대한 숙고를 포함한 해석학적 여과과정을 충분히 포함하지 못한 채 전통을 현대로 대치하는 방식, 즉 "갈아엎기"였음을 부인하기 어렵기 때문이다. 그리고 바로 이런 이유로 한국 사회에서는 전통 문화와 사상에 대한 현대화의 과도기를 거칠 겨를 없이 외세에 의해 강제적으로 근대화가 시작되면서 이내 사상적 파행과 문화적 균열을 겪게 되었고 이어진 "자주적 근대화"는 그런 점진적 과정성을 무시하거나 상실한 채 뭇 사람들로 하여금 "천박한 자본주의"를 이 시대의 문화와 사상으로 삼고 살아가도록 하는 것으로 보인다. 아울러 그동안 한국의 그리스도교도 한편 이런 세태에 휩쓸리면서 전통문화를 미개한 것으로 몰아치우고자 했는가 하면, 다른 한편 서양에서 전래된 바 이미 "복음과 문화"의 결합인 그리스도교를 문화초월적으로 "순수한 복음"인 양 받들면서 토착화라는 이름으로 기껏해야 한국 전통문화와의 조화에만 관심을 쏟았다. 말하자면 선교종주국에 의한 문화이식에서 자유로울 수 없었음에도 그 결탁을 직시하고 통찰할 판단력을 지니지 못함으로써 서구인들이 이미 부질없는 것으로 폐기처분한 것들을 여전히 금과옥조인 양 모시는 희극이 아직도 우리 안에서 벌어지고 있는 형국이다. 이렇게 한국에서 그리스도교가 사회·문화적으로 자타가 공인할 정도로 지대한 역할을 감당해 왔음에도 이로 인한 부정적 영향들을 결코 간과할 수 없다면 이런 현상의 원인을 분석함에 있어 앞서 논한 바와 같이 한국 그리스도교의 사상적 빈약성과 문화적 천박성이라는 문제를 더는 묵과할 수는 없을 것이다. 그리고 이 연구는 바로 이런 문제의식에서 출발하고자 한다.

이 문제를 좀더 상세히 논해 보자. 종교가 그 형성 배경의 사상이나 문화와 불가분의 관계를 지닌다는 상식적 통찰은 유감스럽게도 그리스도교 안에서는 "복음의 순수성"이라는 신화에 의해 억제되거나 은폐되어 왔다. 그리고 이런 경향은 외부에서 전래되면서 사상적 성숙과 문화적 일상화 과정을 차분히 밟아 갈 수 없던 우리 나라의 경우에는 더욱 두드러질 수밖에 없었다. 그러므로 이제 한국에서의 그리스도교라는 특정 종교의 사상적·문화적 문제성을 검토하기 위해서도 "종교적 진리의 절대성"이라는 신화에 대한 진솔한 반성이 따라야 한다. 이미 한국사회를 지배하고 있는 사회구성의 다양화와 문화적 가치다원화라는 현대적 시대정신은 순교를 불사할 만큼 결코 양보할 수 없는 진리의 절대성을 표방하는 특정한 개별종교들이 전통적으로 설정해 왔던 삶의 단일가치 지향성을 보편타당한 것으로 받아들이지 않고 있다. 따라서 전통적으로 일정한 지역권에 따라 특정한 종교가 차지하고 있던 절대군주적 지위가 붕괴되면서 "절대적 진리"의 신화가 강력한 도전을 받지 않을 수 없게 되었다.

나아가 이런 다종교적 상황에서 종교가 생리적으로 지닌 삶에의 억압구조를 직시함으로써 종교무용론을 역설하는 비종교적 태도들이 삶의 해방적 구현을 표방하면서 등장했고, 같은 맥락에서 기성 제도종교들의 경직성 등에 대한 반동과 항거의 뜻으로 탈제도화를 외치는 반종교적 주장들도 제기되었다. 인간을 위해 형성되었을 종교가 그 근본적 순기능을 수행하는 과정에서 오히려 인간을 속박하고 억압하는 역기능적 성향을 더욱 강화해 왔다는 역사의 아이러니는 이제 다종교적 상황에서 비종교적 거부와 반종교적 도전에 직면하여 은폐될 수 없는 문제로 드러났다. 말하자면 인간과의 관계에서 해방과 억압의 모순을 싸안은 종교의 "절대적 진리"라는 자가당착은 이제 그 해결을 지연시킬 수 없는 과제로 등장했다. 이 과제의 천착을 통해서만 종교가 본래 추구하는 인간성 회복을 향할 수 있으며 종교도 본래 자리를 회복할 수 있겠기 때문이다.

간략히 정리한다면, 이 연구는 인간과 종교의 오묘한 얽힘에 대한 진솔한 통찰을 기본 구도로 하고, 이런 관점에서 하나의 사례로서 서양 철학과 그리스도교 신학이 공통적으로 지닌 의식적 전제들과 특정문화적 동기들, 그리고 이것들의 비의도적 "음모"를 포함한 구조적 한계에 대해 타문화적 비판을 시도할 것이다. 그리고 이를 토대로 21세기라는 새로운 시대를 위한 종교의 사회적 역할과 문화적 의미를 구성하기 위해 한국 그리스도교의 현실에 대한 진솔한 반성을 도모하고자 한다.

2. 연구 방법

이런 목적을 위해 이 연구는 서양 철학의 역사와 그리스도교 신학의 역사를 병행적 상호연관성의 견지에서 비판적으로 재해석하는 것을 뼈대로 삼고자 한다. 인간과 종교의 관계를 기본 구도로 하여 철학사를 신학사의 눈으로 읽고 신학사를 철학사의 관점에서 봄으로써 그들 사이에서 의도적이든 비의도적이든 벌어졌던 상보와 상충, 조화와 갈등, 증폭과 축소, 그리고 결탁과 음모에 이르기까지 살펴보고자 한다. 다시 말하면, 철학사를 "참" 추구의 물음과 대답의 역학이라는 견지에서 분석하고 이에 병행하여 신학사를 "참"의 종교적 표현인 "신"과의 관계에서 인간이 엮어내는 자기이해의 역사로 읽음으로써 철학과 신학 사이의 밀고 당기는 역학을 자연스럽게 드러내고자 한다. 이처럼 상호연관적 분석구도를 철학과 신학에 교차적으로 적용함으로써 양대 분야의 내용적 연계성을 드러내고 아울러 체계라는 씨줄과 역사라는 날줄 사이의 얽힘에 대한 입체적 조망을 통해 해석학적 지평을 조성함으로써 과거의 역사를 현재의 눈으로 읽게 하는 초석을 마련함은 물론 미래를 위한 전망과 제안의 실마리를 모색할 것이다.

이런 진행 과정이 이 연구 전체를 포괄하는 형식적 구도인 "인간과 종교의 관계"에 대한 비판적 재구성에 토대를 두는 것은 물론이다. 그러나 인간과 종교에 대한 원론적 논의를 본격적으로 다루지는 않을 것이다. 그보다 각 시대별로 철학과 신학의 관계에서 벌어지는 인간과 종교의 얽힘에 대해 초점을 맞춤으로써 이로 하여금 철학과 신학의 관계를 읽어내는 준거로 사용하고자 한다. 그런데 종교가 인간에 대해 지니는 의미를 논하기 위해서는 우선 종교와 관련된 인간의 자기이해를 전제하지 않을 수 없는바 죽을 수밖에 없는 삶을 살아가는 인간의 유한성에 대한 자의식에서 무한성에 대한 희구라는 원초적 본능의 뿌리를 캐고자 할 것이다. "무한성 욕망"으로 일컬어지는 원초적 종교성이라는 종교의 태동 동기에 근거하여 일찍이 "종교적 인간"이라는 정의가 등장했지만, 앞서 논한 인간과 종교의 이중적 관계에 주목하여 이를 파헤침으로써 "종교적 인간"에 대해 더욱 진솔한 분석과 정직한 비판을 시도하고자 한다.

이렇게 본다면 철학사의 읽기는 "인간" 자기이해의 한 결집에 대한 체계적·역사적 분석이 될 것이고, 신학사의 읽기는 "종교"에 대한 학문적 이해의 한 사례로서 그리스도교 신학에 대한 체계적·역사적 분석이 될 것이다. 물론 여기서 서양 철학을 선택하는 것은 앞서 논한 바와 같이 그리스도교 신학의 사상적 배경이라는 의미에 근거한 것이고, 그리스도교 신학을 선택하는 것은 결론적 과제인 한국 그리스도교의 자기반성과 제안이라는 과제를 모색하려는 이 연구의 목적에 따른 것이다. 그런데 여기서 체계적·역사적 분석이 공시성과 통시성의 얽힘을 의도하는 것이라면 사상들의 흐름을 역사적으로 읽어내기 위한 해석의 구도로서 체계 설정은 잠정적이나마 불가피하다. 따라서 이를 위해 이 연구는 서양 철학사와 그리스도교 신학사에 등장하는 모든 사상적 자료를 망라한다기보다 철학과 신학의 공동관심이며 공통과제인 "참"에 초점을 맞추고 이와 밀접하게 얽혀 있는 "사람"의 자기이해에 주목하여 시대를 따라 전개되어 온 사상적 흐름을 체계적으로 분석할 것이다.

구체적으로 논한다면, 서양 철학과 그리스도교 신학이 각 시대마다 역사적으로 평행관계를 이룰 만큼 "참" 물음의 내용과 방법을 공유하고 있다는 판단을 전제로 바로 그 내용과 방법의 공통성에 뿌리를 둔 체계화를 시도함으로써 가위 공시성과 통시성의 입체적 조망을 엮어 내자는 것이다. 예를 들면 서양 철학의 경우 고대는 이와 동시대의 그리스도교 신학사를 지니고 있지는 않지만 초대 그리스도교 신학의 간과할 수 없는 사상적 배경임은 주지의 사실이다. 중세 철학은 교부 철학과 스콜라 철학으로 나뉘는바 이 구분은 사실상 그리스도교 신학사에서 초대 교부 신학과 중세 스콜라 신학의 그것에서 비롯된다. 그런데 서양 고중세 철학에서 "참" 물음이 "실재(참으로 있는 것)란 무엇인가?"라는 형식을 취했다면 초중세 그리스도교 신학에서의 "참" 물음도 "신이란 무엇인가?"라는 형식을 취한 것으로 정리할 수 있다. 이런 평행관계는 시대를 넘어 근세로도 이어지는데 근세 철학에서 "참" 물음이 "진리(참인 것)는 어떻게 알려지는가?"라는 물음으로 정리되었다면 근세 종교개혁 이후 신학에서 "참" 물음도 "신의 말씀은 어떻게 전해지는가?"라는 물음으로 구현되었다고 하겠다. 간략히 덧붙이건대 이런 역사적 평행관계는 현대에 이르러서도 계속되는바 현대 철학에서 "참" 물음이 "해방(참됨)은 왜 참인가?"라는 물음으로 나타나고 있다면, 현대 신학은 그 갈래가 다양한데도 그런 "참"의 "왜?"를 절규하면서 "신의 해방 선언"을 갈구하는 모습을 취할 때 이런 사상적 배경을 공유하고 있다고 볼 수 있다.

이처럼 "인간"을 물으려는 서양 철학과 "종교"에 관심하는 그리스도교 신학 사이의 구조적 평행관계는 "인간과 종교의 관계"에 대한 논의를 위한 체계적·역사적 분석의 탁월한 자료가 된다. 그러나 앞서 논한 바와 같이 인간과 종교가 언제 어디서나 사이가 좋기만 한 것이 아니었다는 사실은 역사적 우연이라기보다 이미 양자 사이의 관계에 배태되어 있는 상충적 양면성이라는 구조적 요인에 의한 것이라는 점이 이런 분석에 포함되어야 할 것이다. 그러기에 이 연구는 그리스도교의 학문적 체계로서의 신학이 그 사상적 배경으로서의 철학과 지니는 관계의 이중성도 비판적으로 분석할 것이다. 이를 위해 인간의 정신요소들인 지知·정情·의意에 근거한 인간의 자기이해가 각각 합리주의rationalism, 신비주의mysticism, 그리고 이 양자의 긴장을 뚫고 들어오는 의지주의voluntarism라는 형태의 신관神觀을 형성해 왔다는 해석학적 통찰을 구성하고자 한다. 이런 신관들은 그리스도교 역사 안에서 구체적으로 체현되었는데, 비록 개연적이고 상대적인 분류이긴 하지만, 동방 정교회가 신비주의 전통을 대표한다면 서방교회에서는 가톨릭 교회가 합리주의를 중시했고 개신교회가 의지주의를 강조하는 특성을 지녀 온 것으로 평가할 수도 있을 것이다. 이런 종교문화사적 분석을 통해 철학과 신학의 상호연관성을 다시금 확인하게 되려니와 바로 이런 얽힘에 대한 비판적 논의를 통해 모든 형태의 신관의 토대에 인간의 자기이해가 불가피하게 깔려 있음을 정직하게 직시할 것을 귀결시키고자 한다. 다시 말하면 인간의 사상을 배경으로 지니지 않은 신의 절대계시라는 종교적 신념이란 환상일 뿐임을 드러내게 될 것이다.

이런 연구성과가 한국에서 그리스도교가 지닌 사회·문화적 의미를 진단하고 그 창조적 구현을 위한 제안으로 이어지는 것은 당연하다. 이를 위해 지금까지의 논의 결과를 토대로 먼저 한국 그리스도교의 자기반성이라는 과제의 중요성을 강조하고자 한다. 그리고 이어서 한국 사회에서 그리스도교가 추구해야 할 정신문화적 가치창출이라는 사회적 과제를 위한 한 향방을 모색하고자 한다. 이렇게 반성과 제안을 중심으로 하는 결론적 과제를 위해 다음과 같은 진단과 처방이 포함될 것이다.

우선 한국에서의 그리스도교라는 하나의 특수상황적 종교에 대한 검토를 위해서는 다종교상황을 이루는 개별종교들 사이의 관계구성이라는 새삼스런 작업이 선결되어야 할 것인바 이와 관련하여 19세기의 비교종교학이나 종교현상학적 연구도 의미가 있겠지만 특히 20세기에 들어와서 활발하게 전개된 "종교들 간의 만남·대화"에 대해 곱씹을 것이다. 그리스도교의 경우 이런 과제가 이미 종교신학이라는 이름으로 수행되고 있는바 타종교와의 대화에서 주어진 성과를 수렴하면서 개별종교인의 신앙적 자기정체성의 구현이라는 과제를 검토하고자 한다. 다시 말하면 그리스도교 신학의 독단적 전제인 "신의 절대성"과 인간학적으로 심각한 오류인 "신앙의 절대성" 사이의 혼동스런 동일화라는 그리스도교적 음모를 폭로함으로써 다종교적 상황이라는 현대적 정황에서 그리스도교라는 특정종교의 개별적 신앙이 인간의 삶에 대해서 그리고 삶 안에서 지닐 수 있는 의미의 가능성을 반성적으로 살펴보고자 한다.

다시 말하면 다종교적 상황, 비종교적 거부, 반종교적 도전이라는 현대적 시대정황에서 종교가 인간을 위해 기여할 가능성을 제고하기 위해서는 오히려 인간의 자기이해부터 혁신되어야 한다는 점을 역설할 것이다. 그리고 그런 인간관의 혁신은 종교의 사회문화적 가치창출을 지향함으로써 그 현실적 의미를 확보하게 된다는 점을 강조할 것이다. 따라서 이 연구는 이렇게 다가치적 상황에서 새로이 정립되는 인간관이 요구하는 종교관의 재구성을 토대로 종교의 자기변혁이라는 개혁과제를 제시하고자 한다. 인간과 종교가 조화로운 관계에만 놓여 있는 것이 아니라면 인간에게서 중요한 것은 종교가 아니라 삶이기 때문이다. 그리고 그럴 때에만 종교는 존재의미를 지닐 것이기 때문이다.

들어가면서

1. 왜 "신학을 위한 철학"인가?

1) 왜 "신학하기"를 위해 "철학하기"가 필수적인가?

우리는 인간과 종교의 얽힘, 그리고 이에 도사린 욕망을 까발리기 위해 철학과 신학을 살피고자 한다. 까발리고만 만다면 그리 의미로울 것도 아니어서 발전적 제안을 모색하는 것은 물론이다. 그런데 왜 그리스도교 신학을 읽어내기 위해 서양 철학을 훑어야 하는가? 아니 좀더 크게 묻는다면, 왜 신학하기를 위해 철학하기를 해야 하는가? 신학을 하기 위해 왜 적어도 철학을 읽지 않으면 안 되는가? 앞서 논의한 연구 목적과 방법이 당연한 듯이 전제하는 이 필수성을 되물을 필요가 없지는 않을 것 같다. 그러나 이 물음은 그 안에 "신학은 무엇이고 철학은 무엇인가?"라는 물음을 지니고 있다. 그렇다면 철학에 관한 논의는 뒤로 미루고서라도 신학은 무엇인가? "신학"이 "신"神과 "학"學이 결합된 산물이라는 것은 주지의 상식일진대, 이런 상식의 핵심이 너무도 쉽게 간과되는 현실에 대한 개탄에서부터 우리의 이야기를 시작해야 할 것 같다. 여기서 간과되어 왔던 "상식의 핵심"이란 신학이 "신"과 "학"이라는 별개 항목의 결합이라는 사건이고 따라서 결코 완결된 명사가 아니라 접전이 벌어질 수도 있는 동사라는 점이다. 그런데 우리에게는 유구한 서구 이천년사를 유산으로 하는 문화 전통에 근거하여 과거의 신학을 복습하고 약간의 해석과 비판을 가하는 것으로 우리 시대에 부응하는 신학을 수립할 수 있다고 생각하는 오랜 관습이 형성되어 있다. 그러나 사실상 "신"theos과 "학"logos은 그 결합 자체가 하나의 특수한 사건이었으며 따라서 그 사건의 역사적 특수성을 통찰하지 않고서는 "신"에 대해서는 오로지 "학"이라는 방식의 작업만이 가능하다든지 또는 그런 방식을 가장 탁월한 것으로 간주하는 로고스 중심주의 사고에 희생되기 십상이다. 과연 "신"에 "학"을 접목하는 것이 가능하며, 설혹 가능하다 하더라도 되물을 것도 없이 그토록 타당한가? 그러나 우리는 불행하게도 이런 근본적인 물음을 물을 겨를도 없이 이미 "신학"을 엄청난 무게의 완제품인 양 조상으로부터 물려받아 닦고 조이고 기름치면서 모셔 왔다. 따라서 "신학"이라는 사건과 행위의 뜻을 새삼 되새기는 일은 결코 부수적 선택사항이 아니다.

사실상 "신"에 연관하여 인간이 할 수 있는 행위는 여러 가지다. 종교라는 것이 가장 원초적이고 기본적인 틀이겠지만 그런 종교가 취하는 본능적 표출방식으로서 예술도 인간이 신과 관계를 가지는 주요한 영역임에 틀림없다. 아울러 예술이 상징성을 본성으로 한다면 그런 상징성을 어느 정도 개념화하려는 시도가 신화로 나타났다고 할 수 있다. 초월자를 향한 이런 일련의 더듬기를 배경으로 철학을 비롯한 학문들이 등장했다는 것은 역사가 가리키는 바이고 여기에 신학도 예외일 수는 없다. 그러나 인간이 초월적 절대자를 향하려는 시도가 어찌 이에 국한되겠는가? 학문뿐 아니라 도덕도 이모저모로 신과의 연관성을 전제하거나 결론지으려는 성향을 내포하고 있다. 말하자면 인간이 살아가면서 추구하는 가치의 여러 영역, 즉 참됨·선함·아름다움 그리고 종국적으로 거룩함이 결국 모두 신으로 표상되는 초월적 절대자와 이모저모로 얽혀 있다. 이렇게 본다면 "신"과 "학"의 결합으로서의 신학이란 인간이 신과 관련하여 개진할 수 있는 많은 종류의 행위 중 하나일 뿐이다. 신과 종교에 관련된 모든 일을 신학의 잣대로 재려는 신학주의에 매몰되어서는 안되는 절실한 이유가 바로 여기 있다. "신"은 결코 "학" 안에 가두어질 수 없거니와 그리 되어서도 안 된다. 만일 그렇게라도 된다면 "신"은 이미 신이 아니며 "학"이 결국 신의 자리를 대신하고 말겠기 때문이다.

따라서 신학하기를 위해 염두에 두어야 할 것은 신학을 이루는 "신"과 "학" 사이의 거리다. 아울러 그 거리는 어떤 노력으로도 결코 좁혀질 수 없다는 점이 강조되어야 한다. "신"이 이미 그러하고 또한 "학"이란 게 그런 것이다. 그러니 신학한답시고 신에 대해 이러쿵저러쿵할 특권이라도 지닌 양 착각하는 어리석음이 이제 더는 세습되지 말아야겠다. 그렇다면 인간이 신학이라는 이름으로 신에 대해, 신과 관련해서 할 수 있는 것은 무엇인가? 그것은 바로 "신"과 "학" 사이의 거리를 음미하는 데서 시작되어야 한다. 다시 말하면 인간의 짓인 "학"에 대해 겸허한 반성과 질퍽한 비판에서 출발해야 한다. "학"을 되돌아볼 겨를도 없이 "신"에 냅다 뛰어드는 것이 마치 신적 권위를 부여받는 것인 양 착각하는 무리가 적지 않으나 이런 작태야말로 예쁘게 표현해 주어 "인간의 신격화"라는 오류일 따름이다. 인간이 마치 신이 되기라도 한 듯이 신에서 출발해서 어쩌자는 것인가? 아니, 도대체 인간이 신에서 출발한다는 것이 가능하기나 한가? 그럼에도 신학의 많은 이야기가 신론에서 시작되고 있으니 "학"에 대한 반성은 고사하고 인간 자신에 대한 주제파악조차 실종된 상황이다. 게다가 더욱 가관으로, 이게 오히려 "신의 이름으로" 옹골차게 부추겨지고 있다.

그러나 신학하기의 출발은 결코 신이 아니다. 아니, 신이어서는 안된다. 역사상의 많은 비극이 이렇게 잘못된 출발점에서 비롯되었다고 해도 과언이 아니다. 그것이 비극인 것은 인간이 신으로 둔갑함으로써 신에 대한 신성모독은 물론이거니와 인간에 대한 망각과 억압으로 이어졌기 때문이다. 긴 이야기는 앞으로 천천히 하기로 하고 우선 강조하건대 신학하기의 출발은 바로 그 신학하기라는 행위를 하는 인간이어야 한다. 그리고 "신과 학의 결합"으로서의 신학이라면 당연히 "학"에서 시작해야 한다.

그렇다면 신학에서 "학"logos이란 무엇을 가리키는가? 신화mythos에서 이성logos으로의 전환이라는 문화사적 사건에서 태동한 근본학으로서의 철학이 이 대목에서 한마디 하지 않는다면 직무유기일 수밖에 없다. 그러나 상세한 논의를 잠시 뒤로 미룬다면 신학에서의 "학"이란 인간을 위한 가치를 추구하는 정신활동이며 동시에 이런 활동에 의해 엮어진 체계라고 잠정적으로 정의해도 좋겠다. 그런데 이런 가치추구라는 정신활동이 정신 자체의 자기초월성에 의해 추동되는 것이라면 학문들이 설파하는 개별적 진리들의 총합으로도 충족될 수 없는 전체성에 대한 통찰을 갈구하는 정신의 초월성을 달래려는 보편학으로서의 철학을 가치추구의 정신활동에서 핵심적 요체라고 보아 무리가 없을 것이다. 이제 신과 연관된 가치추구의 정점으로서의 종교적 신앙에 대한 학문적 검토를 신학이라고 한다면 바로 이런 신학은 그런 철학의 통찰과 불가분의 관계를 가진다는 것은 새삼 강조할 필요도 없다. 그리고 이것이 바로 신학하기를 위해 철학하기가 필수적일 수밖에 없는 근본적이고 태생적인 이유다.

2) 철학은 무엇을 하길래 그런가?

그렇다면 학문들이 추구하는 개별적 진리들을 총망라하더라도 여전히 꿈틀거리는 잉여지대를 포함한 전체성에 대한 통찰은 어떻게 시도되어 왔는가? 그것은 모든 진리주장들로 하여금 참되게 하는 바로 그 "참"에 대한 물음으로 시작되었을 것이다. 설령 그렇지 않았더라도 이를 역추정하여 최초의 물음을 그렇게 설정할 만한 타당성도 얼마든지 있다. 말하자면 모든 개별적이고 부분적인 진리주장을 관통하는 "참"에 대한 물음이 결국 정신의 자기초월성에 조응하는 질문이라고 하겠다.[1] 그런데 "참"에 대한 이런 물음은 어떻게 제기되었는가? 그것은 "개체발생은 계통발생을 되풀이한다"는 헥켈의 생물학적 진화론을 유추적으로 사용하여 추정할 수 있다. 즉, 어린아이들이 자기의 존재에 대해 본능적으로 인지하기 시작하면서 이내 주위 세계의 대상들에 관심을 표명하게 되고 이런 표명은 곧 "그것은 무엇인가?"라는 물음으로 튀어나온다는 점에 주목하자는 것이다. 그렇다면 인류의 정신문화사적 차원에서도 "참"에 대한 시원적 물음은 당연하게도 다음과 같이 제기되었을 것이라고 추정할 수 있다:

"참"이란 무엇인가?

과연 그렇다. "참"이란 무엇인가? 그러나 이런 궁극적 물음은 그냥 아무런 동기 없이 단순한 지적 유희를 위해 상아탑의 탁상공론식으로 제기된 것은 결코 아니다. 그것은 오히려 죽고 사는 문제였다. 이 물음이 물음으로서 제기될 수밖에 없었던 것은 있었다가 없어지는 사건, 즉 죽음에 대한 이모저모의 체험들

---

[1] 그리고 바로 이런 점에서 "참"을 종교적으로 "신"이라고 새겨도 좋겠다. 앞으로 우리가 전개할 논의도 철학과 신학의 관계에서 "참"과 "신"의 같이 놓기를 전제할 것이다.

이 삶의 어두움에 눈을 돌리게 했고 이로써 인생의 불확실성과 불안정성 등을 직시하게 되었기 때문이다. 말하자면 인간은 이제 자신의 죽음을 계기로 자연의 명백하고도 불가피한 생성소멸을 간파하게 되었다. 그런데 불확실성과 불안정성이라는 삶의 어두움에 대한 체험은 당연하게도 확실성과 안정성을 향하게 했으니 바로 이런 지향이야말로 생성소멸과 같은 변화의 굴곡들을 넘어서는 항구성과 영원성을 갈망하게 하는 동인이 되었다. 그런 갈망이 인간의 자기보존본능에서 비롯되었음은 새삼 강조할 필요도 없다. 또 바로 그런 항구적 영원성에 대한 염원이 이제 "참"이라는 이름으로 결집되었다. 따라서 조변석개하거나 변화무쌍하여 믿을 수 없는 가엾은 삼라만상에 대해 "참"은 명실공히 확실성과 안정성을 제공해 주는 항구적 영원성의 근거로 등장하게 되었다.

그렇다면 그런 항구적 영원성의 근거로서 "참"은 무엇인가? 무릇 대부분의 경우 그렇지만 특히 "참은 무엇인가?"라는 물음에서 더욱 그러한데, 그것은 물음에 대한 대답보다 물음 자체가 더욱 중요하다는 점이다. 도대체 이런 궁극적 물음이 이런 방식으로 제기되었다는 사실 자체가 이미 지대한 의미를 지니지 않을 수 없기 때문이다. 이 점은 우리들의 일상생활에서도 마찬가지인데 많은 경우 부적절하게 던져진 물음 때문에 부질없는 씨름들이 벌어지고 게다가 엉뚱한 대답들이 삶의 해답인 양 난무하는 현실이 그 좋은 증거라 하겠다. 그러므로 그 어떤 것을 대답이라고 마구 윽박지르기보다는 그런 대답을 촉발시킨 물음이 과연 우리의 현실진단과 처방제시를 위해 적절히 제기된 것인지를 곱씹어보는 일은 절실하게 필수적이다. 그런 후에야 대답된 것을 뒤적거리거나 대답하려고 허우적거리는 것이 마땅한 일일 것이다.

그렇다면 "참이란 무엇인가?"라는 위의 물음에 대해 이런 과정을 거쳐 대답된 것들로서는 어떤 것들이 있는가? 물론 유감스럽고도 다행스럽게도 부지기수다. 한편 그것이 유감스럽다는 것은 단 하나로 정리될 수 있었으면 사람들이 고민하는 것도 부질없을 만큼 편리했을 텐데 그렇지 못하기 때문이고, 다른 한편 다행스럽다는 것은 만일 그렇게 단 하나로 압축되었다면 수많은 다른 이야기들은 형장의 이슬로 사라졌을 것이고 따라서 세상은 천편일률적이고도 일사

분란하여 그야말로 무미건조한 황무지가 되었을 것이라는 끔찍한 상상을 하지 않을 수 없다는 이유에서다. 그럼에도 어쨌든 이렇게 부지기수인 "참들"은 대략 추려질 수 있는데 그것은 바로 "참"의 추구를 촉발시킨 원초적 동기를 떠올림으로써 시도될 수 있었다. 생성소멸의 운명을 직시하면서 불확실성과 불안정성을 넘어서는 자리에 모셔져야 하는 "참"은 당연하게도 결코 없어져서는 안되는, 또한 없었던 적도 없고 없어질 가능성도 전혀 없는 있음, 즉 "있음이기만 한 있음"이어야 한다는 것이었다. "없음이 없는 있음", 즉 "있음 자체", 이것이 바로 "참이란 무엇인가?"라는 시원적이고도 궁극적인 물음에 대한 종국적 대답의 틀이었다.

그러나 "참의 무엇"에 관한 이야기가 여기서 끝나는 것은 아니다. "참이란 무엇인가?"를 물을 수밖에 없었던 원초적 동기를 떠올린다면 "있음 자체"라는 대답은 추호도 의심할 여지 없이 당연하다. 그럼에도 그 물음에 대해 이 대답이 그 자체로 모든 요건을 만족시킨다고는 할 수 없다는 데서 결정적 분기가 촉발된다. "있음 자체"란 제아무리 고상하더라도 그 무엇인가를 규정하는 것이며 규정이란 모름지기 한정이라고 할진대, 불확실성과 불안정성을 넘어서는 항구적 영원성을 책임져야 할 "참"이라는 것이 결코 한정되어서는 안된다면 "있음 자체"라는 대답으로 만족되고 종결될 수는 없는 것이다. 바로 이런 이유로 이제 "참이란 무엇인가?"라는 물음에 대한 대답을 위해 그런 규정을 넘어서는 "무규정성"이 요구되었고 이런 무규정성을 의미하는 무無, 즉 "없음"이 "있음"에 맞서는 대답으로 등장하게 되었다.

그렇다면 "참이란 무엇인가?"라는 물음에 대한 대답으로 등장한 "있음"과 "없음"은 서로 어떤 관계가 있는가? 이들은 형식논리적으로 보면 철저히 상호모순 관계에 있음을 부인할 수 없다. 그렇다면 과연 이런 대답들은 양자택일의 관계로만 읽혀야 할 것인가? 이런 물음은 결국 "참"을 향한 결정적 관건이어서 앞으로 우리가 논구해야 할 중요한 과제다. 그러나 당장에라도 그 물음은 우리에게 의미를 지닌다. "참이란 무엇인가?"라는 물음의 대답이 양자택일적으로 보여지는 상호모순적 항목들 사이의 긴장으로 이루어져 있다는 것은 "참의 무엇"이라는 물음 자체에 대해 되묻게 한다. 말하자면 과연 "참"에 대해 "무엇"이라는 물음이 적절한가? 혹은 "무엇"이라는 물음으로 충분한가? 그리고 바로 이런 되물음은 드디어 "무엇"에서 "어떻게"로 넘어가는 계기가 된다: "참이 그 '무엇'이라고 하더라도 도대체 '어떻게' 드러나는가, 알려지는가?"

"참"은 어떻게 알려지는가?

그렇다! "참이란 무엇인가?"라는 물음에 대한 대답이 마땅히 하나여야 할 것 같은데 현실은 부지기수일 뿐 아니라 심지어 이들을 묶어 추리더라도 결국 "있음"과 "없음"으로 귀결시킬 수밖에 없을 만큼 상충된다면 "무엇"만을 계속 묻고 기다릴 수는 없다는 것은 의심의 여지 없이 자명하다. 여기서 당연히, 그 "무엇"이 주어지거나 다가오거나 드러나거나 알려지는 방법, 또는 통로에 대한 물음이 제기되지 않을 수 없을진대 이 물음은 바로 "어떻게"라는 형태를 취한다. 그러므로 "참이란 어떻게 알려지는가?"라는 물음은 이미 그 물음 자체가 이에 대한 대답의 형식을 포함한다. 말하자면 그것은 결국 "알다"라는 행위에 주목함으로써 "앎"의 방식과 과정을 대답의 틀로 지정하는 것이다. 그런데 무엇을 안다는 것은 바로 그 앎이라는 행위의 주체와 대상이라는 관계 설정을 전제한다고 할 때 "앎"이란 앎의 주체가 앎의 대상을 주체 안에 잡아내는 행위라고 묘사될 수 있다. 그것을 마주(對)하여 주체 안에 잡아낸 모양(象)이라는 뜻을 지닌 대상對象이라는 것이 바로 이것을 가리킨다.

그런데 대상의 바로 그런 뜻이 함의하듯이 주체에 관계하고 있는 그 무엇이 그것 자체로서 드러나기보다 주체 안에 잡히지는 상으로서 알려지는 것이라면 그런 주체가 알게 되는 대상이라는 것은 결코 대상으로 알려지게 한 그 무엇 자체일 수는 없을 것인즉, 인식주체의 앎이라는 것이 대상으로 알려진 그 무엇 자체를 전체로 싸잡아낼 수 없다는 점은 명백하다. 말하자면 앎이란 모름을 배제하는 통째로의 앎일 수 없다는 것이 드러난다. 이처럼 "어떻게"라는 물음에 얽힌 "앎"과 "모름"은 앞서 "무엇"이라는 물음에서 "있음"과 "없음"이 불가피한 긴장에 있다는 것과 궤를 같이하면서도 이와는 달리 양자 사이의 경계를 확연하게 설정할 수 없다는 문제를 안고 있다. 말하자면 "어떻게"라는 물음에서 "앎"은 어디까지이며 "모름"은 어디서부터인가를 그 어느 편에서도 결정할 수 없다는 불확실성을 지닌다.

그런데 이런 불확실성은 "참물음"의 원초적 동기와 궁극적 목적 모두에 대해 지극히 위협적인 것으로 다가올 수밖에 없다. 이미 논했듯이 삶의 불확실성과 비안정성이라는 문제에 대한 해결을 위해 확실성과 안정성 및 이를 넘어서는 항구적 영원성을 구가하려고 바로 "참물음"이 제기되었기 때문이다. 이로써 "참"에 대한 "어떻게"라는 물음의 한계가 드러나는데 바로 여기서 "참"에 대한 궁극적 근거 물음인 "왜"가 등장하게 된다. 다시 말하면 "참"이 "무엇"이든, 그리고 "어떻게" 드러나고 가려지든, 도대체 "왜 참인가?"라는 물음에 비추어 판정되어야 할 것이라는 요구가 여기서 제기되지 않을 수 없게 된다. 그리고 이런 "왜"로의 이행은 앞서 언급한 어린이들의 물음에서의 전환과정이라는 탁월한 예가 그 정당성과 필수성을 입증한다. "있음"인지 "없음"인지도 판가름하기가 만만치 않고, 더욱이 "안다"고 하기에는 "모르는" 것이 너무 많으니 도대체 "참"이라고 제시되는 근거에 대해 묻지 않을 수 없는 것이다:

그렇다면 도대체 왜 "참"인가?

비록 "있음"과 "없음" 사이에서 판정불가하고 "앎"과 "모름" 사이의 경계가 모호하더라도 "참"이 "참"으로 드러나거나 다가올 수 있는 근거는 그런 다가옴에 마주하는 사람에게서 찾아져야 할 것이며 그것은 바로 사람의 "삶"이라고 할 것이다. 만일 그렇지 않다면 그런 "참"은 사람의 삶과는 무관한 허공 속에서 맴도는 뜻없는 이름일 뿐이겠기 때문이다. 다시 말하면 사람의 삶이야말로 "참"이 비로소 "참"으로서 착지할 수 있는 터전이요 지평이어서 "삶"으로부터 비로소 "참"의 뜻이 구현되는 실마리를 엮을 수 있겠기 때문이다. 그리고 이런 점은 삶이 죽음과 얽혀 있다는 것에 의해 더욱 확증된다. 죽음이 배제된 삶이란 불가능하되 죽음과 그렇게도 얽혀 있는 삶이라면 이미 있음과 없음 사이에서의 판정불가는 불가피하며 앎과 모름도 역시 뒤엉켜 모호하지 않을 수 없다는 것도 자명할 것이다. 다시 말하면 삶과 죽음의 얽힘은 있음과 없음의 얽힘, 그리고 앎과 모름의 얽힘을 위한 근거가 되면서 동시에 그런 얽힘들의 귀결이라고 하겠다. 이로써 우리는 "참"에 대해 "왜"라는 물음을 물어야 할 당위성과 불가피성을 동시에 확인하게 되었거니와 이것이 바로 "참"에 대한 물음이 "무엇-어떻게-왜"라는 방식으로 연속적으로 엮여야 할 이유에 해당한다.

그러나 세 가지 의문사를 연속적으로 등장시키고 보니 이와 관련된 물음이 당연하게도 고개를 쳐드는데 그것은 바로 소위 여섯 의문사 중에서 아직 거론되지 않고 남아 있는 "누가, 언제, 어디서"다. 그런데 이 세 의문사는 사실상 살고 죽는 문제와 관련된 것이라는 점을 떠올린다면 이미 삶과 죽음의 얽힘이라는 터 위에서 "참"을 향해 던져졌던 "왜"라는 물음에 포함되어 있다는 점을 부정할 수 없다. "왜"라는 근거물음의 포장을 벗기면 그 안에 바로 그 "왜"라는 물음을 묻게 한 삶과 죽음의 얽힘이 도사리고 있고 이 얽힘 안에 바로 "언제/어디서"를 내용으로 하는 "누가"가 또아리를 틀고 있을 것이다. 다시 말하면 "누가-언제/어디서"라는 한 묶음의 물음이 삶과 죽음의 얽힘이라는 터 위에서 "왜"를 묻게 하며 그럼으로써 "무엇-어떻게"라는 물음이 비로소 뜻있게 체현될 수 있는 지평을 형성한다고 하겠다. 따라서 이제 "참"과 관련된 여섯 의문사를 함께 관련짓는다면 다음과 같이 정리할 수 있겠다:

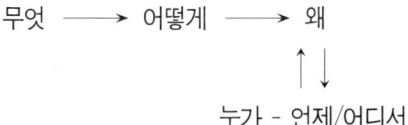

그런데 이 표에서는 "무엇"·"어떻게"·"왜"가 단순히 일직선상 연결항목들로 보이지만 앞의 논의에서 함축되었듯이 이들 사이의 관계는 사실상 입체적이다. "무엇"이 가로에 해당한다면 "어떻게"가 세로에 배정될 수 있고 이로써 가로와 세로의 엮음으로 면을 구성하는 기본 토대가 형성된다. 그런데 이런 씨줄과 날줄의 얽힘이 낳는 넓이의 구성방식이란 당연히 평면적 사고를 구성할 것인바 그런 평면적 사고로부터 착실하게 건사되어 온 논리가 바로 형식논리학이라고

하겠다. 그러나 주지하듯이 형식논리학이란 보편적 본질을 의미하는 형상의 논리일지니 같음의 철저한 체계화를 그 목적으로 했다. 따라서 여기서 다름이란 명함도 내밀 수 없는 거짓이거나 쪽팔리도록 열등한 "쪼가리들"이어서 "잘난 것들"만 판치는 세상을 정당화하는 방향으로 치달았을 뿐이다. 그러나 "잘난 것들"이란 "달리 못난 것들"을 억압하면서라도 이루어내려는 같음으로의 집중적 우상화가 빚어낸 찌꺼기일 따름이다. 여기서 다름의 지위 선언이라는 의미를 지닌 물음이 나타났으니 그것이 바로 "왜"이며 따라서 이 "왜"는 가로와 세로가 엮어낸 넓이에 높이를 세우거나 깊이를 파들어 감으로써 그런 면의 입체화에 결정적으로 공헌하게 된다. 말하자면 "무엇"과 "어떻게"는 "왜"를 만남으로써 비로소 부피를 이루면서 그 부피 안에서 한 구석을 차지하게 되고 이로써 삶의 현실에 조금이나마 근접하려는 애처로운 시도로서의 뜻을 지니게 된다. 이제 이렇게 "무엇"과 "어떻게" 그리고 "왜"가 각각 가로·세로·높이로서 얽혀 현실에 근접하는 입체적 구도를 형성하게 된다면 "왜" 안에 또아리를 틀고 있는 "누가-언제/어디서"는 그야말로 봇물 터지듯이 그 입체적 공간 곳곳에 알알이 처박히는 듯 부피의 경계를 넘나드는 듯 "무엇-어떻게"와 얽히게 된다. 여섯 의문사의 총체적이고도 유기적인 관계에 주목하자면 이렇게 정리할 수 있거니와 앞으로 구체적인 역사적 예증들을 통해 상론하고자 한다.

3) 그렇게 추구된 "참"은 어떻게 그려져 왔는가?

우리는 위에서 "참"에 대한 물음이 "무엇"에서 시작하여 "어떻게"로 넘어가게 되었고 급기야 "왜"에까지 이르게 되었다는 것을 살펴보았다. 그런데 앞서 논한 바와 같이 "참"과 연관된 물음의 형태가 이런 전환을 겪을 수밖에 없는 그만한 이유가 있었다면 그런 물음들의 특성과 관련하여 "참"의 모습이 포장을 달리하여 그려졌을 것이라는 점은 두말할 나위도 없다. 그렇다면 각 물음 및 그에 상응하는 대답과 연관하여 "참"은 어떤 특성과 방향을 표출했을까?

우선 "참이란 무엇인가?"라는 출발의 물음에서 "참"은 "있음"과 "없음"이라는 대조적 대답이 함께 얽혀 가리키듯이 "참으로 있는 것" 자체를 뜻하는 "실재"reality로 그려졌다는 점을 지적할 수 있다. 이런 실재가 "있음"의 차원에서는, 한편 모든 있는 것들의 같음을 가리키는 보편성을 뜻하는 "본질"essence로, 다른 한편 같음의 주변에 도사리고 있는 다름을 가리키는 개별성을 머금은 보편성을 뜻하는 "실체"substance로 구별되어 체현되었다. 또한 그런 실재가 "없음"의 차원에서는, 한편 규정적 한정성에 대한 지극한 초월(높이)을 뜻하는 무규정성이라는 의미에서의 "무"Nothingness로, 다른 한편 바닥 모를 심연(깊이)의 경지를 일컫는 "무근거"der Ungrund로 그려져 왔다. 간단히 살펴본 바와 같이, "참의 무엇"에 해당하는 "실재"가 이렇게도 다양한 구조적 갈래들로 전개되어 왔다는 사실이 시사하는 바는 실로 지대하다. 이토록 다양한 갈래들은 "참"과 연관하여 "어떻게"를 본격적으로 고려하지 않더라도 "무엇" 안에 이미 "어떻게"가 담겨 있다는 것을 함축하며 이는 곧 인간이 "참이란 이런 것이다"라고 말하는 것이 얼마나 제한적인가를 여실히 드러낸다. 그러니 자신만이 "참"을 만났다고 떠벌릴 것도 없고 그 "무엇"을 신주인 양 고이 모실 일도 결코 아니다!

이제 다음 단계로 넘어가자. "참이 어떻게 알려지는가?"라는 물음에서 "참"은 어떤 모습으로 드러났는가? 다시 말해서 "앎"과 "모름"의 버무림에서 그려진 "참"의 모습은 무엇이었는가? 그것을 통칭하자면 "참인 것"을 뜻하는 "진리"truth라고 하겠다. 우리가 일상생활에서 흔히 쓰고 있는 "진리"라는 말도 결국 이에 근거할 터인즉, 우리는 모든 "거짓들"에서 "참"을 구별해 내는 준거로서의 "진리"를 설정하거나 추구한다. 그런데 "진리" 역시 그 추구되는 방향에 따라서 양분된다. 즉, 한편 앎의 주체 누구에게나 동일하게 적용되는 보편적 기준에 부합하는가의 여부로 "참"이 필연적으로 결정된다는 진리정합설coherence theory of truth이 도식화되었다. 그러나 다른 한편 그래야 함에도 불구하고, 또는 그럴 수 있으면 좋겠지만, 그런 보편적 기준이 설정될 수 없기에 결국 앎의 대상에 대해 주체의 개별적 경험내용이 얼마나 일치하는가에 따라 "참"이 개연적으로나 더듬어질 수 있을 뿐이라는 진리대응설correspondence theory of truth이 경합을 이루게 된다. 결국 "앎"에서의 같음을 상정하려는 정합설과 다름 사이의 타협을 통해 비슷함을 묶어 보려는 대응설 사이의 대조가 진리관의 기조를 이룬다고 하겠다. 그런데 "참의 어떻게"에 해당하는 "진리" 추구가 이토록 긴장스럽게 대조적인 틀을 이루고 있다는 것은 진리의 단일성이라는 신화가 얼마나 소박하고 근시안적인가를 여지없이 드러낸다. 또한 이것은 앞서 "참의 무엇"에 해당하는 실재에 관한 이야기와도 같은 맥락에서 인간이 "참이란 이렇게 알려지는 것이다"라고 주장하는 것이 얼마나 임의적인가를 폭로하는 사건이기도 하다. 그러니 자신만이 "참"을 말한다고 깝죽댈 것도 없고 그 어떤 것을 금과옥조라고 붙들고 늘어질 일도 아니다!

이제 또 다음 단계로 넘어가자. "참이 도대체 왜 참인가?"라는 물음에서 "참"은 어떤 모습으로 나타났는가? 다시 말해 죽음과 얽힌 삶에서 "참"의 모습은 무엇인가? 그것은 바로 "참됨"을 가리키는 "해방"liberation이라고 하겠다. 아닌게아니라 삶에서 "참"이 삶의 온갖 족쇄와 억압의 굴레에서 풀어주는 것이 아니라면 그것이 도대체 무슨 이유로 "참"일 것인가? "참"일 자격도 없고 까닭도 없으니 "참"이 과연 "참"인 것은 그것이 해방이기 때문일 것이다. 그런데 구체적 삶에서 해방이라는 것이 현실적으로 취하는 모습도 또한 긴장스런 대조를 이룬다. 그도 그럴 것이 삶에서 겪게 되는 참되지 못한 것이 우리를 옥죄어 억누르는 경우 우리는 자유를 갈구하게 되고 이런 자유행사에서 부당한 차별과 소외를 겪게 되는 경우 평등을 추구하게 되는바 자유와 평등이라는 상관적이면서도 대조적인 덕목이 해방 안에 포함될 것이기 때문이다. 상식적인 이야기지만 자유의 증가는 평등의 감소를 초래하고 평등의 확대는 자유의 축소를 요구한다면 양자 사이의 관계도 역시 상대적으로 같음에 더욱 무게를 두려는 평등과 다름에 비중을 실으려는 자유 사이의 긴장으로 읽을 수 있을 것이다. 이로써 우리가 확인할 수 있는 것은 "참의 왜"에 해당하는 해방마저도 상호대조적 요소들을 포함할 만큼 "참"은 과연 일의적이고 일면적 규정을 거부하는 성질을 그 본성으로 지닌다고 하지 않을 수 없다. "참" 이야기를 시작하면서 최소한 우리가 주목해야 할 것이 바로 이것이로되 "참"에 의해 스스로 제한당해 왔던 인간의 역사를 돌이켜본다면 우리의 이런 분석과 통찰은 차라리 "복음"이라고 하지 않을 수 없다.

전체적으로 추린다면 우리는 앞으로 위와 같은 기본적 분석구도를 토대로 철학과 신학의 구체적 흐름을 살펴보고자 한다. 물론 철학의 흐름에서의 모든 갈래를 망라할 수도 없되 굳이 그럴 필요도 없으려니와 신학하기와 밀접하게 연관되어 있는 철학의 궤적들을 따라 훑어갈 것이다. 그리고 신학사에 대해서도 같은 방식과 범위가 적용될 것이다. 이것이 바로 우리가 여기서 하고자 하는 "신학하기를 위한 철학 읽기"다.

2. "신학을 위한 철학"이 보는 종교와 신학의 구도

"신학하기를 위한 철학"의 뜻을 이렇게 새겼다면 이제 그런 철학의 눈으로 앞서 언급된 바 있는 인간의 종교성, 그리고 이와 밀접하면서도 독특하게 전개된 그리스도교 신학이 설정하고 있는 신-인 관계구도를 간단하게나마 개괄할 필요가 있겠다. 그런데 여기서 철학에 앞서 종교가 신화의 형식으로 "참"을 향하려는 인간의 정신활동을 구가하고 있었다면, 그리고 그런 "신화mythos로부터 이성logos으로"의 이행에서 철학이 태동되었다면, 그런 종교적 신화에 담긴 "참" 구도는 곧 철학의 출발이면서 동시에 향해 가야 할 목표와 향방으로서의 의미를 지닌다는 점에 주목할 필요가 있다.

그런데 신화를 철학의 태동 배경으로 이해한다는 것은 철학의 시작 물음이었던 "참의 무엇"의 뿌리를 캐들어간다는 것을 뜻한다. 그렇다면 자고로 "무엇"이라는 물음을 묻게 한 뿌리는 무엇인가? 어떻게 물어도 "무엇"이라는 의문사 없이는 시작도 할 수 없다면 결국 "무엇"이 그 자체로서 사실상 뿌리라는 것을 가리킨다. 그렇다면 신화도 역시 이 "무엇"이라는 물음을 시원적으로 지니고 있을 터인즉, 사실상 "있음"과 "없음"이라는 갈래가 여기로 소급됨은 당연하다. 구체적으로 서양문화권에서 "있음"에 주목하는 신화적 전통은 해로 상징되는 아폴론 신 숭배 사상에 뿌리를 두고 있고, "없음"에 호소하는 신화적 전통은 달로 상징되는 디오니소스 신 숭배 사상에서 연유된 것이라고 할 수 있다.

이어진 철학사와의 연관성에 잠시 눈을 돌려본다면 아폴론 숭배 사상은 태양빛에 의해 드러남으로써 눈에 보이게 되는 것으로 세계를 설명하려는 이오니아 자연학의 합리주의rationalism로, 그리고 디오니소스 숭배 사상은 달 그림자 너머로 홀연히 자취를 감추는 영원한 것을 동경하는 피타고라스 학파의 신비주의mysticism로 정립되었다고 하겠다. 이처럼 철학에서 제기되었던 "참 물음"에 대한 "있음"과 "없음"이 이런 신화에서 연유되었다는 점은 시사하는 바가 실로 지대한데, 시원적이고도 궁극적인 뿌리에 대한 인간의 관심과 추구가 모든 정신문화의 기초가 된다는 점을 새삼 확인해 준다는 점에서 더욱 그렇다.

그렇다면 이 양대 전통은 어떻게 대비를 이루는가? 우선 "있음"에 주목하는 아폴론 숭배 전통의 합리주의는 삼라만상이 "있음"의 차원에서 이어져 있다는 존재론적 연속성continuity을 주장한다. 그리고 이에 입각해서 세계의 시원과 종국을 가리킬 궁극자에 대해서도 이 세계로부터 거슬러올라가 알 수 있다는 인식론적 가지성intelligibility을 귀결시킨다. 그러나 "없음"에 이끌리는 디오니소스 숭배 전통의 신비주의는 삼라만상이 바다 모를 심연으로부터 잠시 모습을 드러낸 것일 뿐이어서 그런 모습들과 심연 사이에는 넘을 수 없는 "요단 강"이 가로놓여 있다는 존재론적 불연속성discontinuity을 설파한다. 따라서 궁극적 심연으로 그려지는 무근거에 대해서는 삼라만상의 어떤 것으로부터 거슬러올라가더라도 더듬을 수 없다는 인식론적 불가지성unintelligibility으로 이어진다. 다시 말하면, 합리주의는 "있음"과 이에 대한 "앎"으로 "삶"을 그리려는 입장을 취한다면 신비주의는 "없음"이 자아내는 "모름"이 가르치는 "죽음"과 얽힌 "삶"을 그리려는 태도로 양자 사이의 대조는 절정에 이르게 된다.

합리주의와 신비주의의 이런 대조는 이런 신화적 연원에서 시작하여 이어진 철학사와 신학사 안에서 그 유구한 흐름을 다양하게 전개해 왔다. 그런데 이런 양대 전통은 실로 영원한 평행선을 그릴 만큼 서로 대조적인데 이는 삼라만상 및 그 뿌리를 캐들어가려는 인간의 정신을 이루고 있는 요소들에서 기인했다는 점을 떠올린다면 사실상 불가피할 정도로 당연하다. 동서고금을 막론하고 대체로 동의되고 있는 인간의 정신론에 의하면 우선 지성과 감정이라는 요소들을 상정할 수 있는데 지성은 보편성과 필연성을 덕목으로 한다면 감정은 개별성과 우연성을 특성으로 한다는 점에서 서로 대조적이라고 하겠다. 실로 영원불변한 것을 사모하는 지성에 비해 조변석개하기를 밥먹듯 하는 감정은 상호견제의 관계를 지니기 때문이다. 그리고 이것이 대체로 인간의 사고방식과 행동양식에서도 그대로 반영되어 지성중심적 형태와 감정중심적 형태로 나타나는데 이를 일컬어 주지주의intellectualism와 주정주의emotionalism로 분류할 수 있다. 그리고 인간정신론에서의 주지주의가 위에서 언급된 세계관 중에서 합리주의에 조응하는 형식이고, 주정주의가 신비주의와 이어진다는 점은 새삼 강조할 필요도 없을 만큼 확연하다.

그런데 지성과 감정 사이의 이런 대조에도 불구하고, 여기서 간과하지 말아야 할 것은 이 요소들이 지니고 있는 공통성이다. 그 공통성이란 무엇인가? 그것은 바로 양자 공히 각각에게 고유하게 주어져 있는 방식에 철저히 지배되고 있다는 점이다. 지성이란 이미 주어져 있는 필연적 구도를 준수하도록 요구받고 있으며, 감정이란 예측불허라는 특성에도 불구하고 조절하거나 통제할 수 없이 내질러지는 생리를 지니고 있다. 말하자면 지성은 그 필연성으로 인하여, 그리고 감정은 그 불가피성 때문에, 그 어느 것도 인간에게서 소중한 자유를 담을 수 있는 공간을 유감스럽게도 가지고 있지 못하다는 공통점이 있다. 지성에 대해 자유란 곧 필연성을 포기하고 우연적 임의성과 타협하는 것을, 감정에 있어 자유란 자극과 반응의 거침없는 연결을 붕괴시키는 것을 뜻할 것이기 때문이다. 그러나 인간의 삶에서 그렇게도 소중한 자유가 지성과 감정이라는 대조적 양대 요소 사이의 어느 곳에서도 자리할 수 없다면 자유는 간단히 포기될 수밖에 없는가? 아니라면 도대체 자유가 놓이고 추구될 곳은 어디인가? 더욱이 궁극자로서의 신의 자유는 어떻게 접근되어야 하는가? 이런 물음에서 지성이나 감정으로 환원될 수 없는 또다른 제3의 요소가 등장했으니 그것이 바로 의지다. 의지야말로 그 자체의 속성으로 인해 이미 "자유의지"와 동의어로 쓰이거니와 자유가 없다면 의지라고 할 수도 없다는 점은 이를 확고히 선언하고도 남을 것이었다. 이로써 지성과 감정의 대조적 긴장 사이에 의지가 자리하게 되는

데 지성적이기에는 감정적 성향을 지니고 있으며 감정적이기에는 여전히 지성적이어서 어느 한쪽으로도 귀속될 수 없는 의지가 엄연하게도 자유를 아우르면서 인간의 사고방식과 행동양식의 특성으로 나타나게 된다. 이를 일컬어 주의주의volitionalism라고 한다면 이제 명실공히 지·정·의라는 인간의 정신요소론에 입각하여 삼대 양식의 구도를 그릴 수 있게 된다. 이런 정신적 성향에 입각한 분류에서 주지주의가 세계관에서 합리주의에 연관되고 주정주의가 신비주의에 연관되는 것과 마찬가지로 주의주의는 궁극자의 의지적 자유에 초점을 맞추려는 의지주의voluntarism에 연관된다고 하겠다. 이를 다시 정리하면 다음과 같다:

정신요소	(환원주의적) 요소론	세계관-신관
지성	주지주의	합리주의
감정	주정주의	신비주의
의지	주의주의	의지주의

삼라만상 및 그 궁극적 근원과의 관계를 조망하는 세계관과 신관이 인간 자신이 지닌 정신적 요소들의 특성과 이토록 얽혀 있다면 인간의 구체적 정신문화사 안에서 전개되어 온 그리스도교라는 종교와 이에 연관된 신학도 예외일 수 없음은 자명하다. 따라서 위의 도표가 보여주듯이 이런 얽힘이 그리스도교의 역사 안에서는 어떻게 펼쳐졌는가를 훑어보는 것은 여간 중대한 일이 아니다. 그렇다면 그리스도교는 이에 관해 어떤 구도로 엮어져 왔는가? 종교로서의 그리스도교가 궁극자로서의 신을 모시는 것은 당연하고 그런 신이 세계와의 관계에서 초월적이든 내재성을 함유하든 신비성을 기본적 특성으로 함에는 재론의 여지가 없다. 말하자면 어떤 접근이라도 신의 신비성이 전제되어야 한다는 점은 공통적일 수밖에 없다. 이런 공통적 원점으로서의 신의 신비성에 대해 다양한 접근들이 개진되었는데, 우선 신이 비록 그 자체로 신비적이지만 앞서 살펴본 바와 같이 인간의 정신 안에 반영되는 모습에 따라 이를 더듬어 보려는 시

도가 지성적 접근과 의지적 접근 그리고 감정적 접근으로 나타남은 또한 당연하다. 이를 다시 신학적 맥락에 맞추어 분류한다면 신의 신비성을 지고의 지성으로 읽으려는 신비적 합리주의, 신의 신비성을 그의 주권적 의지의 발현으로 모시려는 신비적 의지주의, 그리고 신의 신비성이야말로 신비 그 자체일 뿐 어떤 다른 것으로도 치환될 수 없다는 신비적 신비주의로 정리할 수 있다. 이에 대해 앞으로 상세하게 논하겠지만 다소 거칠고 크게 배정한다면 신비적 합리주의는 아퀴나스를 대부로 받드는 서방 가톨릭 교회의 특징이라 하겠고 신비적 의지주의는 아우구스티누스를 종교개혁의 이름으로 복고시킨 서방 개신교회의 기조에 해당하며 신비적 신비주의는 동방 정교회의 전통에서 꽃을 피운 것으로 그 구체적 역사를 확인할 수 있을 것이다.

지금까지 살펴본 바로부터 "참이란 무엇인가?"라는 시원적이고도 종국적인 물음에서 비롯된 인간의 작업이 신화로 시작하여 종교적 형태로 발전하고 이에 대한 철학적 반성이 이어지면서 이로부터 영향을 받은 신학에서 여러 갈래의 접근이 전개되어 왔음을 알 수 있었다. 또한 이런 세계관-신관에 대한 다양한 접근들은 사실상 인간의 정신을 이루고 있는 요소들의 불가피한 부분적 편중성에 의한 초점의 집중화로 인해 빚어진 결과라는 것도 지적했다. 말하자면 각 전통이 지니고 있는 고유한 특성이라는 것이 요소론적 편향성과 무관할 수 없다는 해석학적 통찰을 다시금 확인할 수 있었다. 이런 구도와 이해는 향후 우리의 논의 전개를 위해 매우 중요한 초석이 될 것이다. 아울러 앞으로 당대의 철학과 신학의 관계를 규명할 뿐 아니라 각 입장의 부분적 편향성에 대한 비판적 해석을 가미하는 것을 우리의 과제로 삼고자 한다. 더욱이 이 연구가 그리스도교의 자기반성을 토대로 종교의 사회문화적 창조성을 추구하려는 목적을 지니고 있을진대 그런 점은 더욱 분명하다. 따라서 향후의 연구는 지금까지의 개괄을 토대로 세밀한 분석을 취하는 방식으로 전개될 것이다.

I
"참"이란 무엇인가?

만물의 뿌리는 있음인가 없음인가?

고대 형이상학과 신학의 자리 깔기

1. 얼개: "무엇"을 묻고

서양의 정신문화에서 신화로부터 궁극적 관심을 이어받은 첫 작업은 "참이란 무엇인가?"라는 물음으로 시작된 형이상학이다. 이때 "참"이란 우선 모든 변화에도 불구하고 이를 관통해 내는 불변하고 영원한 그 무엇을 가리키는 것이었다. 이런 형이상학은 당연하게도 삼라만상의 각양각색에 대해 그 정체를 물어 들어감으로써 무릇 "있는 것들"의 "참"을 구하고자 한다. 그런데 겉으로 드러나는 바 "있는 것들"로 하여금 그렇게 있게 하는 "있음"이 "참"인가, 아니면 그런 "있음"의 전제나 터전이 될 만한 "없음"이 "참"인가라는 물음을 통해 형이상학은 "참의 무엇"을 묻는다. 이 물음은 앞에서 벌어지고 있는 것 그 자체에 초점을 맞추기보다는 이를 넘어 그렇게 벌어지도록 만든 배후의 뿌리로 거슬러 이를 캐려는 방향을 지닌다. 이런 자세는 오늘날 우리에게서도 발견할 수 있는데 우리는 자신의 정체를 파악하기 위해 이모저모로 살펴보는 중에도 "우리가 무엇에서 왔는가?" 하는 근원에로의 물음을 묻게 되는 것이 바로 그 좋은 증거라 하겠다. 우선 생물학적으로 본다면 부모로 거슬러올라가거니와 조상의 궤적을 따라올라가면 결국 인류의 기원에 대한 물음을 피할 수 없을 것이다. 그러나 생물학적 접근뿐 아니라 정신문화적 뿌리 추적이라는 과제도 비켜갈 수 없다면 바로 이런 근원 탐구의 작업이 "참의 무엇"을 묻는 첫 물음의 근간을 이루는 것 또한 당연하다. 더욱이 그런 근원 탐구는 단순히 뿌리 추적으로서의 의미만 있는 것이 아니다. 삼라만상의 법칙성을 규명하거나 설정할 수 있는 근거로서의 의미를 지닐 뿐 아니라 이에 힘입어 초자연계의 무법적 임의성에 의한 횡포에서 벗어나 예측가능한 법리적 우주를 그려냄으로써 불안을 극복하고 안정을 추구할 수 있는 터전을 마련한다는 뜻을 지니기 때문이다. 근원 탐구가 이토록 깊은 의미를 지닌 것이라면 "참이란 무엇인가?"라는 물음은 "삼라만상은 무엇에서 왔는가?"라는 시원 탐구의 물음으로 이해해도 좋을 것이다.

그렇다면 만물은 무엇에서 왔는가? 기실 인간들이 자기를 알아보겠다고 이렇게 물음을 던지기는 했지만 과연 인간 자신을 포함한 만물의 시작이 무엇인지를 어떻게 알 수 있겠는가? 그러나 내던진 물음을 포기할 수 없어서 이제 그 뿌리를 더듬기 시작하는데 우선 가장 손쉬운 단계로 우주를 이루는 근원archē의 정체적 본성identifying nature을 추정해 들어간다. 삼라만상이 아무리 제각기 다른 모습을 드러내더라도 그 뿌리에서는 당연히 자연physis이며, 따라서 이런 근원적 자연이 "물질" 또는 "정신" 중 그 어떤 것이어야 하리라는 우주론cosmologia이 첫 주자로 등장한다. 물론 여기서 자연을 이루는 물질과 정신은 근세 이후에 상정되었던 것처럼 서로 분리된 것이라기보다 물활론hylozoism이나 정령론animism이 가리키듯이 차라리 미분적 총체성을 전제하는 개념이다. 그러나 이런 총체적 이해에 익숙하지 않은 현대인의 시각으로 보자면 굳이 분리해서 파악하는 것이 다소 용이할 것이며 이로써 우주론 안에서 물질론materialism과 정신론spiritualism을 굳이 구분해 볼 수도 있다. 그러나 이런 구분은 오늘날 우리에게 익숙한 유물론과 유심론의 대립처럼 간주되어서는 안되며, 차라리 세계 구성요소들의 연관 구조로서의 기계론mechanism과 유기론organism, 그리고 이런 각 구조의 작동방식으로서의 인과론causality과 목적론teleology 사이의 대비를 자아낸 뿌리로 이해하는 것이 더욱 적절할 것이다.

그런데 물질극과 정신극 사이의 이런 긴장으로 귀결되는 우주론적 탐험은 그 자체로는 이를 해소할 방책을 확보할 수 없다. 물질과 정신이 확연히 분리되지는 않지만 그렇다고 해서 어느 한쪽으로 귀속되거나 치환될 수도 없기 때문이다. 따라서 이에 대한 보완적 대안으로 삼라만상의 근원이 취하고 있는 형상적 본질forming essence을 탐색하려는 존재론ontologia이 등장한다. 이 존재론은 만물의 근원이 물질적이든지 정신적이든지 그것이 고정·영원·불변·부동·불가분·무차별을 속성으로 지님으로써 필연적이고 무한하여 결국 절대적인가, 혹은 이와는 반대로 유동·시간·가변·역동·가분·차별을 속성으로 지님으로써 우연적이고 유한하여 결국 상대적인가 하는 물음을 다루는 분야라 하겠다. 이제 전자의 집합을 이 맥락에서 "존재"라고 부르고 후자를 이와 대비하여 "생성"이라고 부른다면 이런 대비가 존재론을 구성한다. 그런데 양자 사이의 비중에 관한 긴장이 없을 수 없을 터인즉, 전자에 무게를 두는 쪽을 관념론이라고 한다면 후자에 기우는 쪽을 실재론이라고 부르는 것이 대체적 통념이기도 하다.

그러나 당대의 정태적 세계관과 동태적 세계관의 대립이 보여주듯이 관념론과 실재론은 후에 주관주의와 객관주의라는 인식론적 대조, 그리고 구조주의와 갈등주의라는 사회구성론적 대결 등 이어진 수많은 대립의 연원으로서 영원히 해소될 수 없는 듯한 평행구조를 이룬다. 따라서 이런 대결을 극복하려는 차원에서 이 세계를 지배하는 원리로 눈을 돌리는 것은 마땅한 자구책이라 하겠다. 말하자면 삼라만상의 근원이 물질적이든 정신적이든, 또한 존재적이든 생성적이든, 삼라만상을 지배하는 궁극자로서의 지위를 지닐 것인즉, 이를 주재 원리 presiding principle로서의 신神이라고 일컫는다면 이를 탐구하려는 신론theologia이 형성된다. 이런 신론은 당연하게도 "신이 존재하는가? 존재한다면 하나인가 여럿인가?"라는 물음으로 전개될 수밖에 없으며 여기서 일원론·일신론과 다원론·다신론이라는 대조적 신관이 배태된다. 역사적 흐름에 관한 이야기에서 이런 내용들을 자세히 다루겠지만 위의 구도를 개괄한다면 다음과 같이 정리할 수 있다:

① 우주론: 근원이 지니고 있는 정체적 본성에 대한 탐험
    (정신: 유심론 / 물질: 유물론)

② 존재론: 근원이 취하고 있는 형상적 본질에 대한 탐색
    (존재: 관념론 / 생성: 실재론)

③ 신론: 근원이 행하고 있는 주재적 원리에 대한 탐구
    (하나: 일원론 / 여럿: 다원론)

그렇다면 형이상학의 이 세 갈래는 서로 어떤 관계를 이루는가? 형이상학 전체를 각 지론으로 분할하는 평면적이고도 병렬적인 관계일까? 만일 그렇다면 우주의 삼라만상이 곧 각 영역으로 분류되어 어떤 것들은 우주론적 현상이고 다른 것들은 존재론적 사실이며 또다른 것들은 신론적 사건으로 간주되는 어불성설의 우스꽝스런 분석으로 귀결되고 말 것이다. 그러나 한 사실이나 사건이 이런 지론의 차원들에 동시에 속해 있는 것이라면 이 세 갈래들은 단순히 병렬적일 수 없으며 마치 가로-세로-높이의 관계처럼 입체적으로 얽히지 않으면 안된다. 이러할 때만 무릇 삼라만상이 공히 우주론과 존재론 그리고 신론의 세 차원에 동시에 전체적으로 속하는 구도를 이룰 수 있을 것이기 때문이다.

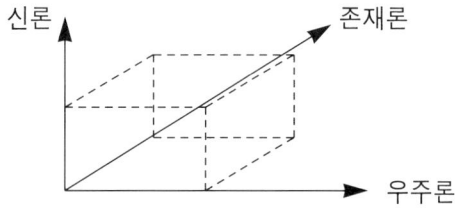

따라서 이들 사이의 입체적 관계를 근거로 형이상학을 다시금 정의한다면 다음과 같이 표현할 수 있겠다:

형이상학: 우주-존재-신-론적 근원학cosmo-onto-theo-logical archaeology

그렇다면 이제 이런 형이상학이 서양 고대에서 어떻게 시작하여 발전했는가를 구체적으로 살펴보자.

2. 흐름

아스라한 인류의 시원을 헤아릴 길은 없지만 공룡의 긴 꼬리뼈들이 이리저리 뒹구는 황량한 벌판에 새로운 시대를 포효하려는 이빨을 드러내는 사자에 쫓기는 고릴라와 침팬지들이 날뛰고 그 사이로 소름끼치는 혀를 날름거리는 파충류들이 기어다니는 시원적 원시성의 자연상태를 떠올린다고 하더라도 오늘날 문명시대에 그려보는 낭만적 광경이기만 할 수는 없을 것이다. 이보다 결코 덜 전율스럽지 않았을 인류의 시원은 그래서 이미 공포스런 자연이었으며 따라서 인간은 그런 자연의 공포를 이길 힘을 자연 너머에서 구하지 않으면 안되었다. 여기서 당연히 초자연적 힘을 가진 신들이 투사되었으되 이것이 바로 신화로 결집되었음은 주지의 상식이다. 자연계가 초자연계에서 비롯된 것이라는 전제를 깔고 자연계 안에서 겪는 문제들을 초자연계에 호소함으로써 해결해 보려는 인간의 자구책이 신화라는 형태로 구체화되었던 것이다.

그러나 주지하다시피 신화란 자연계에서 겪게 되는 많은 어려운 문제에 대한 초자연적 처방이라는 의도에도 불구하고 신의 의인화라기보다는 인간의 신격화에 의한 것이어서 인간의 자기투사 산물이라는 점을 불가피한 한계로 지니고 있었다. 즉, 구체적 문제에 대한 개별적 처방이라는 임의성에 머무름으로써 이를 넘어서려는 인간들의 욕구를 충족시키지 못했다. 인지의 발달이 이런 불만을 견딜 수 없는 임계점에 도달하게 되었으니 바로 여기서 초자연계에서 자연계로, 즉 신화mythos에서 이성logos으로의 대전환이 일어났다. 이제는 자연계의 문제들을 초자연계로 떠넘김으로써 만족스럽지 못한 임의성에 머무르기보다는 비록 미약할지라도 임의성을 넘어서는 전체적 관통가능성을 그려볼 수 있는 자연계 자체 안에서 그 문제들을 해결하려는 노력이 전면에 등장하게 되었다. 이런 노력이 단편적이고 임의적인 지식들을 넘어 이를 관통하는 지혜sophia를 구하는philo 방식으로 결집되었으니 이를 일컬어 "철학"philosophia이라고 했다. 그리고 철학은 그 출발에서 자연적 삼라만상의 정체를 탐구하기 위해 자연현상 너머가 아니라 그 뒤로 파고드는 형이상학이라는 형태로 집약되었다.

물론 앞서 논한 대로 형이상학의 출발 물음인 "참이란 무엇인가?"를 묻게 한 원초적 동기는 인간이 자신에게 던진 "나는 누구인가?"라는 근본 물음이었다. 그리고 이 물음은 있었다가 없어지는 사건, 즉 죽음에 대한 체험에서 비롯된 것이라는 점은 새삼 강조할 필요도 없다. 그러기에 우리가 오늘날 형이상학을 논한다는 것은 단순히 옛날 이야기를 오늘날에 그대로 적용시키려는 시대착오적 발상이나 막연한 복고주의적 정서에 의한 것이 아니라는 점 또한 되뇌일 필요도 없다. 더욱이 형이상학이 하늘에서 그냥 떨어지거나 땅에서 불쑥 솟아오른 것이 아니라 신화를 그 태동 배경으로 지니고 있다는 사실은 죽음의 체험에서 비롯된 궁극적 물음이 인류의 역사와 궤를 같이하고 있다는 것을 웅변해 줄 따름이다. 그렇다면 이런 목적과 동기를 지닌 형이상학은 어떻게 시작하여 그 고전적 완성에 이르렀는가? 간략히 정리하면 다음 여섯 단계로 추릴 수 있다:

① 태동: 우주-론
② 보완: 존재-론
③ 종합: 우주-존재-론
④ 비판: 상대주의/회의주의
⑤ 집성: 우주-존재-신-론
⑥ 파국: 우주-존재-신-론적 갈래들에 대한 후속적 대응

1) 태동: 우주론

앞서 상상으로 그린 인류의 시원적 자연은 생명의 원천임에도 과연 인간이 살아야 할 터로서는 매우 거칠고 두려웠다. 당연히 야기되는 많은 문제가 결국 주거환경 전체를 둘러보게 했을 터이고 그런 환경 조망이 당시의 자연적 우주 전체를 향한 것이었다면 이는 우주의 정체를 묻게 하는 데 이르지 않을 수 없었을 것이다. 과연 우주가 어떤 것이길래 인간들이 먹고 입을 보금자리이면서도 동시에 이 모든 것을 집어삼킬 듯한 괴력을 지닌 공포스런 것인지 의아하지 않을 수 없었을 것이다. 이토록 혼란스럽게 겪어지는 자연적 우주의 모습을 보면서 인간들은 전체로서의 자연을 떠올리지 않을 수 없었을 것이다. 이런 표상은 곧 도대체 그렇게 다양한 모습들이 무엇에서 비롯된 것일까라는 물음으로 파고들게 했으며 이는 당연하고도 불가피하게 삼라만상의 뿌리를 향하게 했다. 그리고 여기서 바로 근원의 정체적 본성을 탐험하는 우주론이 태동되었다.

그런데 앞서 형이상학의 얼개에 대한 설명에서 보았듯이 우주론은 우주를 이루는 만물의 뿌리가 결국 물질적인가 혹은 정신적인가라는 물음으로 정리할 수

있다. 물리적 우주를 자연계적 차원에서 보더라도 이런 대립은 결국 피할 수 없었다. 그럼에도 형이상학 태동기에서의 우주론은 근세 이후 익숙해져 버린 물질과 정신의 분리라는 방식으로 양자의 관계를 이해했던 것은 아니다. 그런 분리는 먼 후대의 일이고 당시에는 차라리 양자의 미분적 전체로서의 자연이 당연한 개념이었다. 중세기의 자연natura 개념으로 이어지기도 하는 유기적 전체성을 가리키는 고대의 자연physis 개념은 사실상 "정신을 지닌 물질", 또는 "물질을 입은 정신"이었다. 따라서 우리가 물질론이나 정신론으로 범주화할 수 있다고 하더라도 그것은 어디까지나 그런 미분적 전체성을 전제하고서 잠정적으로나 분류할 수 있다는 점을 망각해서는 안될 것이다.

(1) 물질

먼저 소위 "물질파"에 대해 살펴보자. 이들은 자연적 우주 안에서 벌어지는 온갖 다양한 현상이 서로 마구 다르기만 한 것이 아니라 그 무엇인가 근원적이고 궁극적인 원소에서 비롯된 것임을 전제하고 그 본질을 캐들어가기 시작했다. 더욱이 이들은 삼라만상이 그렇게 드러나도록 한 근원이 종래의 신화에서 그려졌던 것처럼 초자연적 위력이 아니라 바로 자연적 우주 자체 안에 산재해 있는 자연물이라고 주장했다. 삼라만상의 근원을 추구함에 있어 신화적으로 전개되어 왔던 초자연주의적 세계관으로부터 자연계 자체 안에서 이를 규명하려는 이성적 접근으로의 전환이 최초로 개진되는 사상사적 사건이 드디어 벌어진 것이다. 그런데 우리가 여기서 특별히 주목해야 할 것은 물질파에 속하는 여러 사람들이 비록 각양각색의 주장을 제기했지만 다양한 삼라만상이 단일한 근원에서 비롯되었다는 인식을 공통적으로 지녔다는 점이다. 이것이 바로 오늘날 그 구체적 주장의 타당성 여부와는 무관하게 그 옛날 이야기들이 여전히 철학사적 의의를 지니는 것으로 평가되는 근거다. 그리고 바로 이 흐름의 시점에 탈레스가 서 있었으니, 그래서 그는 서양 최초의 철학자로 모셔지게 되었다.

탈레스는 다양한 삼라만상의 근원을 "물"이라는 대표적 자연물로 설정하는 — 가공할 만한, 그럼에도 자연에 대한 그 시대의 정보를 감안한다면 근대 물리학의 차원에서도 매우 탁월한 것으로 평가되는 ― 용기를 발휘했다. 모든 것을 있게 하는 영양분이나 사물의 씨앗이 축축하다는 점에 주목하여 물을 지목했다는 아리스토텔레스의 추측이 있기는 하지만 사실 생물학적으로도 인간의 75%가 물이라 하니 그 당시의 수준으로는 경이로울 따름이었다. 그러나 여기서 "물"이란 자연적 산재성을 가리키는 물리적 의미뿐 아니라 물이 가진 응집성과 용해성이라는 상반된 성질이 우주의 자연적 본성을 가리키는 탁월한 은유 기능을 지닌다는 데서 더 큰 의미를 찾을 수도 있다. 그리고 이런 해석은 이를 둘러싼 후대의 전개에 의해서도 옹호될 수 있다.

이로부터 저마다 한마디씩 해보겠다고 옹기종기 모여든 동네의 후학들이 있었으니 이들이 모여 밀레토스 학파를 형성했다. 아낙시만드로스는 탈레스가 근원으로 지정한 물은 삼라만상의 다양성과 변화를 이루는 대립적 성질 중 하나에 불과하기 때문에 근원으로서는 불충분하다고 보았다. 따라서 근원은 특정한 자연물로 한정되기보다 모든 한정적인 것들의 대립 이전에 이를 원초적으로 포괄할 수 있는 "무한정적인 것"to peiron이어야 한다고 일갈했다. 이처럼 생성과 변화에 의한 부정의 무한성을 간파한 새로운 전개는 철학사적으로 볼 때 최초의 추상적 개념화라는 의미를 지닌다. 그럼에도 여기서 혼동되지 말아야 할 것은 그런 "무한정자"가 어디까지나 "물질적 원인"을 가리킨다는 점이다.

이어 나타난 아낙시메네스는 "공기"라는 특정 자연물을 다시 상정함으로써 일견 아낙시만드로스의 진전을 거부하고 탈레스로 후퇴하는 듯했다. 하지만 공기는 물보다 한정적이지 않은 성질을 지닌 것으로 특히 삼라만상의 변화를 설명하는 데 더욱 적절한 은유라는 철학사적 판단이 그를 가위 최초의 철학자 군단에 포함시키기에 충분한 근거를 제공했다. 더욱이 탈레스의 "물"과 달리 아낙시메네스의 "공기"는 농축되면 물도 되고 희박해지면 불도 될 수 있는 밀도의 변화가능성을 지닌 것으로서 그야말로 삼라만상의 대립적 변화를 포괄하는 단일한 자연물로서는 더할 나위 없이 탁월한 선택인 셈이었다. 결국 이렇게 세 사람으로 대표되는 밀레토스 학파는 물질의 영원성을 전제하면서도 그 배후에 절대적 시원을 달리 설정하지 않았다는 점에서 "유물론자"라고 할 수도 있다.

그러나 물질과 정신을 확연히 분리하는 자연관을 토대로 하는 근세 이후의 시각에서 일컬어지는 독단적 유물론자들은 결코 아니었다. 다만 만물의 기원을 물질성에서 찾으려 했다는 점에서 고전적 물질론자라고 할 수 있을 뿐이다.

(2) 정신

그러나 주지하다시피 밀레토스 학파의 작업은 자연현상들의 근원을 자연계 안에서 찾으려는 시도에 충실한 가운데 근원의 물질성을 공유함으로써 후대 유물론의 선조로 모셔졌다. 그렇지 않아도 이미 영혼불멸 사상을 근간으로 하는 오르페우스교의 철학화에 관심을 갖고 있던 피타고라스와 그의 추종자들이 이런 물질론적 전개를 앉아서 보고만 있을 수는 없었다. 이들에게는 인간의 중요한 부분이 육체가 아니라 영혼이었기 때문이다. 그래서 이들은 "수"數라는 근원적 단위개념을 설정하여 다양성을 설명하고자 함으로써 밀레토스 학파의 물질론에 대립되는 정신론을 전개했다. 그들이 수라는 형이상학적 은유를 통해 의도한 바는 우선 삼라만상의 다양성이 밀레토스 학파의 그것처럼 물질적 자연물로 환원될 수 없음을 분명히하는 것이었다. 말하자면 삼라만상의 다양성과 변화는 수의 무한한 가감으로 표현될 수 있으면서 동시에 수라는 추상적 단일성으로 그려지는 조화의 정신을 뿌리로 하고 있다는 것이었다. 이런 주장의 배경에는 외형적으로 혼돈chaos스러울 만큼 다양성을 지닌 삼라만상을 포괄하는 우주가 지고의 지성을 원형으로 하는 영혼의 제작물이어서 당연하게도 체계를 지니고 있는 질서cosmos적인 것이라는 신념이 깔려 있었다. 다시 말하면 밀레토스 학파가 우주의 자연적 대립과 갈등에 주목했던 것과 달리 피타고라스 학파는 우주의 질서적 조화를 강조함으로써 형이상학은 이미 그 태동기의 우주론에서 갈등의 물질론과 조화의 정신론의 대결로 그 서주를 장식했다고 하겠다.

2) 보완: 존재-론

이렇게 울려퍼진 형이상학의 서주는 그 우주론적 대립을 해소하고 보완하기 위해 근원의 정체적 본성의 물-심 여부를 넘어서 이의 형상적 본질을 탐구하는 존재론으로 이어졌다. 즉, 근원이 물질적이든 정신적이든 그것을 이루고 있는 본질이 고정·영원·불변·부동·불가분·무차별하여 필연·무한하고 따라서 절대적인가, 아니면 유동·시간·가변·역동·가분·차별적이어서 우연·유한하고 따라서 상대적인가라는, 또하나의 대립이 이른바 "존재-생성"이라는 이름으로 전개되었다.

(1) 존재

먼저 "존재"를 모시려는 엘레아 학파의 수장인 파르메니데스는 피타고라스 학파의 일원으로 출발했지만 이 학파가 변화와 운동을 인정한다는 이유로 이와 결별하게 된다. 이 결별은 그의 "일자"—一者— 개념으로 이어지는데, 일자란 "없음이 전혀 없이 참으로 있는 것"을 뜻한다. 그에 의하면 그 무엇인가 생성된다면 이는 존재에서 비롯된 것이니 사실상 생성이 아니라 이미 존재일 뿐이고 만일 비존재에서 생성된다면 그것은 무일 뿐이어서 ex nihilo nihil fit 역시 생성이 아니라는 것이다. 이런 방식으로 그는 생성 및 이에 의한 변화의 실재성을 철저히 부정하고자 했다. 그럼에도 그가 그토록 소중히 모시는 일자가 피타고라스 학파적 관념론의 분위기로 오해되어서는 안될 만큼 감성적이고 물질적인 것으로 간주했다는 점이 주목을 요하는 것으로 보인다. 그런가 하면 다른 한편, 후대 플라톤은 바로 파르메니데스의 이런 일자 개념에서 관념론의 싹을 발견했다는 것이 철학사적 평가이고 보면 파르메니데스의 존재를 유물론이나 유심론 중 어느 일방으로 흡수시킬 수 있는 것으로 보기는 어려울 것이다.

파르메니데스의 이 복합적 지론은 바로 "있는 것은 있고, 없는 것은 없다"라는 한마디로 오늘날 우리에게 전해 온다. 이 오묘한 격언은 앞서 논한 바와 같이 실재의 차원에서 없음을 부정함으로써 없음에 의해 가능케 되는 변화와 운동의 실재성을 부정하고 오로지 있음만을 확증하려는 것이었다. 물론 파르메니데스의 이 말이 "있는 것은 있는 것이고, 없는 것은 없는 것이다"라는 단순한 동어반복과 전혀 다르다는 점은 새삼 강조할 필요도 없겠다. 그렇다면 이것은 과연 무엇을 말하려고 하는가?[1] 여기서 그의 제자인 제논이 스승의 말씀을 더욱 확고히 선포하기 위해 "날아가는 화살은 정지해 있다"라는 저 유명한 "제논의 역설"을 증명하려 했던 점을 상기해 보는 것이 좋겠다. 제논은 반대의 경우를 가정하여 이의 불가능성을 입증함으로써 주장하려는 내용의 타당성을 논증하는 소위 귀류법이라는 방식을 통해 이를 논했는데 구체적으로는 다음과 같다: 만일 시위를 떠난 화살이 움직인다면 움직임이 시작하는 점에서 끝나는 점까지 진행궤적을 선으로 그려낼 수 있을 것이고 그 두 점 사이를 잇는 선은 길이를 가지니 당연히 분할이 가능하다. 그 선을 등분한다고 가정하고 분할을 시작한다면 이런 분할은 언제까지 할 수 있을까? 길이를 지니는 한, 분할은 무한히 계속될 수밖에 없으니 결국 유한한 두 점 사이를 잇는 선에 대해 무한분할이 가능하다는 것, 즉 유한 안에 무한이 들어간다는 모순에 불가피하게 봉착한다. 따라서 이 모순을 해결하려면 두 점 사이를 연결한 것으로 보였던 선은 길이를 갖지 말아야 하고 선이 길이를 갖지 않으려면 선으로 이어졌다는 양쪽 점들은 서로 다른 위치에 있지 않아야 한다. 즉, 그 두 점은 사실상 동일한 위치를 지녀야 하니 움직임이란 있을 수 없고, 따라서 "날아가는 화살은 정지해 있다"는 것이다. 말이 되는가의 여부는 독자의 판단에 맡기기로 하고.

혼란스런, 그러나 이내 맹점을 집어낼 수 있는 괴설에도 불구하고 이들이 삼라만상의 변화를 대책 없이 부정한 것은 아니다. 다만 이들은 변화하는 현상들이란 "참"으로부터는 여전히 거리를 지닐 수밖에 없다는 점을 확언하고자 했을 뿐이다. "참"이란 이토록 고정적이고 영원하며 불변하다는 신념이 이들에게서 이렇게 존재론적으로 정착된 후 서구사상사는 실로 거대하고도 유구한 존재 예찬의 휘황찬란한 역사를 펼치게 된다. 우리가 관심하게 될 신 개념이 이와 불가분의 관계가 있으며 이로부터 온갖 종교적·신학적 희비극이 연출되었던 역사적 사실들을 떠올린다면 영원과 불변의 존재론이 지녀온 위력은 새삼 묘사할 필요도 없다. 다만 우리의 관심에 연관하여 이 맥락에서 미리 한마디 덧붙인다

[1] 이를 본격적으로 논하기 전에 여기서 잠시 하나의 통찰을 위해 고려해 봄직한 점으로, 동양문화권에서 주요한 지위를 지닌 대승불교의 「반야바라밀다심경」에 나오는 다음 구절이 파르메니데스의 지론과 어떤 관계를 지닐 것인가를 음미해 보는 것은 양자의 뜻을 더욱 깊이 이해하는 데도 큰 도움이 될 것이다: "色不異空 空不異色 色卽是空 空卽是色".

면 영원성과 불변성의 견지에서 그려진 "참"의 완전성은 인간으로 하여금 오히려 "참"에서 멀어지게 하는 왜곡을 자아냈다는 점이 지적될 수 있겠다.

(2) 생성

이런 문제의 가능성을 일찍이 간파했는지 파르메니데스와 그 제자의 횡설에 대해 옆에서 보고 있던 헤라클레이토스는 "똑같은 강물에 두 번 발을 담글 수 없다"[2]는 수설로 맞대응의 불을 당겼다. 강둑에 서서 흐른 강물에 발을 담그는데, 제아무리 빠른 속도로 꺼냈다가 다시 담가도 그 강물이 아니며, 더욱이 강물의 흐름속도에 맞추어 따라가서 발을 담갔다고 해도 역시 강물도 그 강물이 아니며 발도 그 발이 아니라는 것이다. 이를 파르메니데스의 지론에 대응시킨다면 "있는 것이라는 것이야말로 오히려 없고, 없다는 것이 있을 뿐이다"라고 번역할 수도 있을 것이다. 또한 제논의 역설도 헤라클레이토스에 의하면 "정지하고 있는 것처럼 보이는 화살도 사실은 움직이고 있으며 심지어 날아가고 있다"라고 뒤집어져야 할 것이다. 헤라클레이토스는 이처럼 "아무것도 안정되어 있지 않으며 아무것도 머무르지 않는다"[3]고 하면서 이를 묘사하기 위한 형이상학적 은유로서 "불"이라는 자연물을 지정했다. 여기서 불이란 우주론자들의 선택에 추가되는 또하나의 변덕이라기보다는 대립자들 사이의 긴장과 투쟁을 회화적으로 포착해 낼 수 있는 탁월한 이미지라는 데 더 깊은 뜻이 있었다. 말하자면 불은 불 아닌 것을 태워 자신으로 만듦으로써 사는 생리를 지니고 있다는 점에 착안해서 만물의 대립과 투쟁에 의한 생성소멸의 원리를 설명해 줄 수 있는 더할 나위 없는 표본이라는 것이다. 그가 불의 변화과정을 "상향의 길"과 "하향의 길"로 나누어 묘사하면서 결국 양자는 하나라는 데까지 이른 것[4]은 이런 동기와 배경에 의한 것일 따름이다.

---

[2] Heracleitos, *Crat.* 402 a [프레데릭 코플스톤 (김보현 역) 『그리스 로마 철학사』 (철학과 현실사 1998) 〈줄임: 코플스톤〉 68에서 재인용].

[3] Heracleitos, *De Caelo*, 298 b 30 (III, I) [코플스톤 68].

[4] 참조: Heracleitos, *Frags*, 60, 36 [코플스톤 72].

그럼에도 헤라클레이토스는 여기서 멈추지 않았다. 그는 만물의 변화무쌍함을 묘사하면서도 그런 변화를 변화로 겪어내고 읽어낼 기준으로서 "일자"를 설정했다. 보편이성 또는 만물에 내재하는 보편법칙을 뜻하는 "로고스"라는 일자는 이전 단계의 우주론에서 근원 탐구가 삼라만상의 다양성을 포괄하기에는 다소 한계를 지녔던 데 비해 변화의 상극점인 다양성과 안정을 아우르는 풍부한 단일성을 의미하는 것이었다. 예를 들면, "무한정자"를 논한 아낙시만드로스에게 있어 만물 안의 대립자들은 부정적인 것으로 보였으나 헤라클레이토스에 있어서는 대립자들의 긴장이 일자의 단일성을 위해 오히려 필수적인 것으로 보일 만큼 만물의 대립성을 긍정적으로 읽어내는 혜안을 지녔다. 그리고 바로 여기서, 즉 로고스가 내포하는 "대립의 일치"라는 일자 개념이 후에 신학적으로 해석되었다는 점에서 헤라클레이토스를 주목해야 할 이유가 발견된다. 더욱이 보편이성이라는 개념과 이에 대한 인간이성의 참여적 연관성을 강조한 그의 사상은 후대 스토아 학파의 형이상학에 지대한 영향을 끼쳤다는 점에서 그리스도교 신학의 사상적 원조들 중의 하나로 여겨져야 할 충분한 이유가 있었다.

지금까지 우리는 존재론을 간략하게 다루면서 존재와 생성을 순서적으로 대비시켰다. 사실상 논의의 흐름으로 보면 헤라클레이토스가 먼저 등장하고 파르메니데스는 이에 비판을 제기했으니 이 순서를 따라가는 것이 마땅하겠지만 여기서는 우리의 체계적 전개를 위해 그 순서를 뒤집었다. 이렇게 정태적 세계관과 동태적 세계관의 대비를 이루는 존재론의 대조적 구도는 각각 그 자체로 타당성이 있기는 하지만 그런 타당성이란 여전히 부분적이어서 태동기 우주론에서의 물질과 정신 사이의 대립을 해결하리라는 보완의 의도와 달리 오히려 사태를 더욱 복잡한 방향으로 몰고갔다. 말하자면 근원탐구라는 취지에 입각해서 가능한 경우의 수를 둘에서 하나로 줄여 정리하기보다는 둘이 각각 지니는 둘로 펼쳐 냄으로써 "근원의 한 뿌리"에서 점점 멀어져 가는 분위기를 초래했다. 여기서 형이상학적 탐구작업의 와해가능성을 직감한 당대의 현자들이 어느 것도 버릴 수 없을 만큼 그럴듯한 가치를 지닌 경우들을 모두 긁어모아 근원탐구라는 과제를 지속시키려 했으니 그것이 바로 다음 단계의 종합이다.

3) 종합: 우주-존재-론

앞의 두 토막에서 살펴본 바와 같이, 우주론과 존재론의 작업이 근원의 본성과 본질을 탐구하면서 모색한 결과 상충될 수밖에 없는 결론들에 당도하게 되었으되 그중 어느 것도 함부로 버릴 수 없으니 또다른 차원의 기준을 설정하지 않는 한 모두 모아 묶어 볼 밖에 다른 방도가 없었다. 그래서 어느 것도 버릴 수 없는 결론들의 상충성을 극복하고 이를 종합할 수만 있다면 이것이야말로 근원의 총체적 단일성을 여전히 만족시킬 수 있을 것이라는 신념이 대두되었다. 그리고 이런 신념에 따라 종전의 결론들에 대한 종합이 시도되었는데, 이는 종합이라는 말이 함의하듯이 결국 다원적일 수밖에 없었고 이런 다원론적 종합은 그 구체적 결실을 원자론이라는 형태로 드러냈다.

먼저 엠페도클레스는 문자 그대로 다원론적 종합의 전형을 보여 주었는데 이는 파르메니데스의 존재와 헤라클레이토스의 생성소멸을 결합시키는 데서 출발했다. 구체적으로 보면 근원적으로 독립적인 물·불·공기·흙이라는 "네 개의 뿌리"rhizomata가 존재의 불변성을 확보하는 근거가 되면서 동시에 그 "뿌리"의 복수성과 다양성이 변화의 단초가 된다는 방식이다. 그러나 그의 종합이란 여기서 머무르는 것이 아니었다. 그는 이미 우주론과 존재론의 각 대립에서 물려받은 유산을 활용하는 지혜를 지녔기에 가위 종합의 선구자가 되었다. 밀레토스 학파가 근원이라는 이름으로 설정된 특정한 자연물로 만물의 변화를 설명하지 못했던 반면에 엠페도클레스는 그런 근원의 단일성과 만물의 다양성을 이어주는 자연의 과정을 운행하는 동인 또는 활성적 힘에 착안했다. 그에 의하면 바로 이런 힘에 의해 네 개의 뿌리가 서로 엉겨붙기도 하고 흩어지기도 하는데 이런 얽힘의 정도에 따라 삼라만상의 다양함이 비롯된다는 것이다. 여기서 엉겨붙게 하는 힘이 "사랑"philetos이라면 흩어내는 힘이 "미움"neikos이라고 할 것인바 그의 지론은 물리적이면서도 여전히 초자연적인 힘을 상정하는 신화에 의존함으로써 온전한 종합이라고 하기에는 아직도 거칠다고 할 수밖에 없었다.

따라서 그 의도는 가상해도 전개는 투박함을 보다 못한 아낙사고라스는 이런 선배의 이야기를 세련되게 다듬고자 했다. 우선 엠페도클레스와 마찬가지로 아낙사고라스도 존재의 불변성에 대한 신념에 입각하여 물질불멸론을 주장하면서 파괴불가한 "씨앗"에서 비롯된 생성소멸의 변화를 이에 조화시키고자 했다. 그러나 아낙사고라스의 철학사적 기여는 여기에만 머무르지 않는다. 그는 불변적 물질입자에 대해 운동적 힘이 별도로 주어진다는 엠페도클레스와 달리 "원초적 덩어리"에서 사물들을 형성시키는 힘을 설명하려고 시도했다. 그래서 "뿌리"를 거슬러 아예 "씨앗"spermata을 추적하고 이 씨앗이 심겨 발아하고 성장하는 생리구조를 "이성적 정신"nous이라 하니 한결 삼박한 묘사라 할 만한 진전이 이루어졌다. 그런데 그의 이런 진전은 파르메니데스에게서 던져진 존재와 생성의 양립불가라는 문제를 후에 아리스토텔레스가 잠세태와 현실태의 대비를 통해 해결할 수 있게 한 중요한 징검다리로서의 의미를 지니는 것이었다.

아낙사고라스에게서의 이런 진전은 자연철학을 특징으로 하는 고대 형이상학에서 "정신" 또는 "마음"의 형이상학적 위상을 본격적으로 구축했다는 점에서 철학사적으로 지대한 의미를 지닌다. 그렇다면 그에게서 "정신"이란 무엇인가? 그에 의하면 정신은 "무한하고 자율적이며, 어떤 것과도 섞이지 않은 채, 홀로 그 자체로 있으며 ⋯ 모든 사물들 중에서 가장 미세하며 가장 순수하고 ⋯ 그밖의 모든 것들이 있는 곳에, 주변의 물체 더미 속에 있다".[5] 말하자면 그에게서 "정신"은 물질들의 변화관계를 설명하기 위해 설정되는 "도깨비 방망이"deus ex machina 같은 것이기도 했다. 그런데 위의 마지막 구절이 가리키는 바 정신의 "공간성"으로 인해 아낙사고라스가 말하는 "정신"은 여전히 물질적 원리라는 개념을 넘어서지 못했다고 평가되기도 한다. 더 나아가 우리는 그에게서 오늘날 우리에게 익숙한 인간의 독자적 자아의식을 설명할 틀을 기대할 수는 없다. 그러나 비록 정신의 공간성으로 인해 그런 정신적 원리와 이에 의해 운동하는 사물 사이의 차이가 모호해졌다고 하더라도 아낙사고라스의 "정신"도 이보다 앞선 헤라클레이토스의 "로고스"와 함께 형이상학적 추상화 과정의 주요한 길목에 자리잡고 있어서 신학적 의의를 지닌다는 점을 간과해서는 안 될 것이다.

---

[5] *Frags*, 12, 14 [코플스톤 107].

어쨌든 이런 다원론적 진전은 급기야 "씨앗"과 "정신"의 종합적 단일체인 "원자"atoma라는 개념에까지 이르게 되었으니 이에 레우키포스나 데모크리토스 같은 원자론자들이 등장했다. 이런 원자론은 사실상 아낙사고라스보다 엠페도클레스의 사상을 다소 정교화한 것으로 평가할 수 있다. 그리고 이런 과정에서 주목된 것은 엠페도클레스가 도입했던 "사랑"과 "미움"이라는 신화적이고도 은유적인 힘들이 당대의 엄격한 기계론적 자연관에 비추어 난점이 있다는 점이었다. 이런 이유로 이제 원자는 더 쪼갤 수 없는 가장 작은 기본단위로서 물질과 정신, 존재와 생성을 한데 아우를 듯한 야심찬 형이상학적인 뜻을 품은 근원 개념으로 모셔졌다.

그런데 여기서 원자에 대한 그들의 상세한 설명보다도 더욱 주목을 끄는 것은 이미 당대의 원자라는 개념이 적어도 근세 물리학이 상정하는 원자 개념에 상당히 근접할 만큼 탁월한 과학적 감각을 지니고 있었다는 점이다. 이것은 형이상학이라는 것이 마냥 구름잡는 헛소리만 하는 것이 아니라는 탁월한 증거에 해당하기도 하거니와 형이하학에 대해서 지니는 지위를 확인하는 계기가 된다는 점도 간과할 수 없을 것이다.

그럼에도 원자라는 개념도 근원의 순수단일성이라는 기준을 충족시키기에는 너무도 복합적이어서 말 그대로 종합이라는 구도의 산물일 뿐이었다. 비록 여기서 엠페도클레스의 신화적 "힘들"이나 아낙사고라스의 "정신"에 상응하는 개념이 등장하지는 않지만 그 대안으로 제시된 바 원자가 스스로 움직인다는 애매한 종합은 형이상학적 근원탐구에 여전히 미흡한 것으로 보였다. 후에 "부동의 원동자"를 내세운 아리스토텔레스가 원자론에 대해 가한 비판도 이와 같은 맥락임은 물론이다. 결국 형이상학적 근원탐구가 이런 종합을 기틀로 하는 기계적 원자론에 머물러 만족할 수는 없었다. 그런 방식으로 긁어모을 근원이라면 거슬러 추구될 이유도 없거니와 굳이 근원이라고 할 것도 없겠기 때문이다. 이런 이유로 형이상학의 가능성 자체가 의심의 대상이 되기 시작했는데 급기야 근원 탐구의 불가능성과 무의미성이 주장되기에 이르렀다.

4) 비판: 상대주의/회의주의

삼라만상의 다양성을 넘어서는 보편적 단일성에 대한 신념으로 출발한 고대철학은 우주론의 태동 이후 존재론의 보완을 거치고 이를 종합함으로써 이제 인간을 둘러싸고 있는 자연 세계를 법칙이 지배하는 전체적 체계로서 보는 나름대로의 결론에 도달하려는 것으로 보인다. 주지하다시피 이 단계까지의 철학은 자연으로 일컬어지는 외부 세계에 대한 형이상학적 직관으로 이루어졌다. 따라서 비록 파르메니데스의 "일자"에서 관념론의 씨앗을 볼 수 있고 아낙사고라스의 "정신"에서 형이상학적 일신론의 서주를 들을 수 있지만,[6] 그럼에도 당대의 자연철학이 질을 양으로 설명하려는 후대 유물론적 기계론의 원조가 된 원자론으로 귀결되는 것은 불가피했다. 그런데 이제 그렇게 엮어져 왔던 근원탐구로서의 형이상학이 종합이라는 단계를 거치면서 비아냥의 대상이 되었다. 근원의 단일성에 대한 직관적 신념이 이와는 매우 어울리지 않는 종합이라는 어정쩡한 타협을 요구받게 되면서 근원탐구라는 과제의 궁색함이 드러나는 듯이 비쳐졌기 때문이다. 따라서 이제는 어떤 것도 절대적 근원으로 상정될 수 없으니 모든 것이 상대적일 수밖에 없다는 상대주의가 위세를 떨치게 되었고 이는 더 나아가 어떤 것도 확실히 알 수 없다는 불가지론적 회의주의로 이어졌다.

플라톤의 부정적 시각으로 인해 우리에게 궤변론자Sophist로 잘못 알려진 당대의 석학들이 이런 입장을 취했으니 우선 프로타고라스는 "인간이 만물의 척도다"[7]라고 갈파하면서 인간 밖에서는 어떤 기준도 설정될 수 없다는 급진적 상대주의를 선언했다. 이런 "상대주의"는 자연철학이 설정한 물질적 불변성이 가리키는 "절대성"에 대한 비판에서 연유되었음은 물론이다. 따라서 저마다의 진리관이 마구 정당화될 수도 있을 것 같은 무정부주의를 용인한다는 비난을 감수해야만 했다. 그러나 이전의 자연철학이 물질적 불변성에 대한 직관적 신념에서부터 연역적으로 삼라만상의 변화를 설명하려고 했다면 이와는 달리 이런 상대주의는 인간의 생활에 대한 경험적 관심에서 출발하는 귀납적 방식을 취했다

---

[6] 참조: 코플스톤 119.   [7] *Frags*, 1 [코플스톤 130].

는 점에서 사실상 철학에서의 새로운 흐름을 예고하는 신호탄으로서의 의미를 지녔다. 그러나 무엇보다도 이런 상대주의는 당대 관심의 초점인 자연에 대한 우주론·존재론적 접근의 한계를 드러내고 인간으로 관심을 돌리게 하는 인간학적 전환의 계기를 제시했다는 점에 주목해야 한다. 그리고 바로 이런 전환은 델피 신전의 경구인 "너 자신을 알라!"를 다시금 외친 소크라테스에게서 비롯된 인간철학의 서주였다는 점에서 철학사적 의의가 결코 적지 않다.

그러나 다른 한편 이런 상대주의의 급진성은 자연철학이 제시했던 근원의 보편적 단일성이 가리키는 "확실성"을 의심하는 "회의주의"에 이르게 했다. 역시 한 현자였던 고르기아스는 당대의 회의주의를 다음과 같이 요약했다: "첫째, 그 무엇인가 참된 것은 없다. 둘째, 설령 그것이 있다 하더라도 알 수 없다. 셋째, 혹시 그것을 알 수 있다 하더라도 전달할 수 없다."[8]. 물론 이 말은 여러 가지로 풀이될 수 있지만 "있음"과 "앎", 그리고 뜻으로 푸는 "삶" 사이의 단절이 불확실성을 체험하게 함으로써 불가지론적 회의에 빠지도록 하는 기제로 작용하고 있다는 현실을 간파한 통찰이라고 보아도 무리가 아닐 성싶다. 이처럼 회의주의는 그나마 상대주의가 설정한 척도마저 거부하는 입장을 취한 것으로 보인다. 이렇게 본다면 이 비판의 단계에 등장하는 두 사람이 공교롭게도 매우 대조적인 입장을 견지한 것으로 보이는데, 프로타고라스는 모든 것이 "참"일 수도 있다고 주장한 반면에 고르기아스는 어떤 것도 "참"이 아니라고 주장했기 때문이다. 아무것이나 다 참이든 아무것도 참이 아니든 이로써 삼라만상의 뿌리를 캐들어간다는 형이상학은 그 절대성과 확실성 자체가 뿌리째 뒤흔들리는 와해의 위기를 맞게 되었다는 것만큼은 의심할 나위 없이 확실한 것이었다.

5) 집성: 우주-존재-신-론

그러나 이렇게 절대성과 확실성이 도전받는 형이상학적 난황은 그 이면에서 형이상학적 영웅이 필요했고 또한 이를 탄생시킬 여건으로 성숙해 갔다. 그리고

---

[8] *Frags*, 1, 3 [코플스톤 138].

이런 필요성과 가능성이 한데 어우러져 상대주의적 비판으로부터 절대성을 정초하고 회의주의적 공격으로부터 확실성을 담보할 구도가 추구되었다. 그러나 "신은 창조자다"라는 종교적 명제와 같이 절대적이지만 확실하지 않은 것과, "2+2=4"라는 수학적 명제처럼 확실하지만 절대적이지 않은 것이 상정될 수 있을 만큼 절대성과 확실성은 전적으로 동일한 것이 아닐 뿐더러 이 양자를 묶어내는 것도 그 양항의 성질에서 추론될 수 있을 만큼 간단한 과제가 결코 아니었다. 바로 여기서 양자를 묶어낼 제3의 포괄적 범주가 요청되었으니 그것이 바로 "완전성"이라는 것이었다. 여기서 완전성은 절대성과 확실성 사이의 간격을 메움으로써 함께 엮는 개념으로 설정되었는데, 한마디로 "절대적이면서 확실하고 동시에 확실하면서 절대적인 것"을 가리켰다. 이것이 과연 인간이 그려내는 그림 안에서 떠올려질 수 있기나 하랴마는 하여튼 이런 목표를 근거로 "지고의 완전자"ens summe perfectum를 설정했는데, 이를 일상적으로 이름하면 곧 "신"神이었다. 따라서 형이상학은 우주론과 존재론의 한계를 넘어 신론theologia을 향하게 되었고 이제 신론은 근원이 삼라만상에 대해 지니는 주재적 원리로서의 지위를 다루는 방식으로 전개되었다. 그리고 이로써 형이상학은 기존에 이루었던 우주론과 존재론의 종합에 신론이라는 포장을 씌움으로써 "우주-존재-신-론적 근원학"cosmo-onto-theo-logical archaeology으로서의 모습을 띠게 되었다.

그런데 이제 형이상학적 집성의 모습을 상세히 살펴보기 전에 먼저 염두에 두어야 할 것이 있다. 그것은 바로 우주론과 존재론의 종합에 대한 상대주의의 비판과 회의주의의 공격이 형이상학의 지평 위에 전개해 놓은 거대한 두 흐름 및 그 사이의 오묘한 얽힘이다. 우선 상대주의의 비판이 형이상학적 관심을 자연에서 인간으로 전환시킨 결정적 계기로서의 의미를 지닌다는 것은 철학사적 상식이다. 그런데 우리의 논의에서 살폈듯이 그런 상대주의적 비판에 가세한 회의주의적 공격은 급기야 절대성과 확실성의 붕괴라는 형이상학적 위기를 초래함으로써 이를 해결하기 위한 구도로서 절대성과 확실성을 묶는 완전성의 존재인 신을 요청하도록 몰아갔다는 점 또한 동시에 진행된 주요한 흐름이었다. 바로 여기서 우리의 주목을 요하는 것은 형이상학적 초점이 자연에서 인간으로 넘어오면서 신의 존재가 본격적으로 요구되었다는 점이다. 현대 초기 유물론적 반동의 기수였던 포이어바흐의 투사론도 이런 맥락과 결코 무관할 수 없겠지만 굳이 이를 들먹이지 않더라도 "인간에로의 관심 전환"과 "신의 존재 요청"이라는 양항 사이의 관계는 결코 시간의 우연한 일치라고만 할 수 없는 엄청난 삶의 생리를 시사하고 입증하는 고전적 증거라고 하지 않을 수 없다. 말하자면 인간은 비로소 인간 자신에 대해 돌아보기 시작하면서 신을 떠올리게 된다는 너무도 당연하고도 자연스런 이치를 새삼스레 확인하게 된다. 신화 시대에는 인간에 대한 이해가 신에 대한 의인화적 표상으로 나타났다면 이제 철학적 차원에서는 인간에 대한 관심이 신에 대한 형이상학적 추구를 촉발시켰다는 점에서 인간관과 신관 사이의 거부할 수 없는 얽힘을 주목하지 않으면 안될 것이라는 말이다. 그리고 이런 관계는 향후 철학이 신학에 대해 지니는 의미와 영향을 논하는 데 있어 분석과 비판을 위한 결정적 구도가 될 것이다.

어쨌든 이런 신-인 관계의 얽힘을 바탕으로 한 형이상학적 집성은 앞서 논한 것처럼 신론이 지니는 갈래인 "하나"와 "여럿"으로 대별되면서 전개되어 갔다. 더 나아가 한편, "하나"가 가리키는 일원론 안에서도 그 하나인 주재적 원리가 삼라만상 너머에서 독야청청하고 있을 것인가 아니면 삼라만상 안에서 그 힘을 발휘하고 있을 것인가라는 방식으로 내분되었다. 전자가 플라톤을 원조로 모시는 초월구도라면 후자는 아리스토텔레스로 대표되는 내재구도에 해당한다. 물론 이런 대비는 어디까지나 주재적 원리가 "하나"라는 일원론 안에서의 구분일 뿐이어서 그 차이 못지않게 공통성이 중요하다. 그리고 다른 한편, 그런 하나인 원리가 삼라만상을 주재한다면 이 세계는 당연하게도 질서와 조화에 의한 평화를 누려야 하는데 실제로 살아가야 하는 세계는 이보다는 전쟁과 고통 등 어려움을 겪어야만 한다면 일원론적 세계관 또는 일신론을 그대로 받아들일 수 없지 않은가라는 물음이 대두되면서 "여럿"의 이야기가 등장하지 않을 수 없었다. 그래서 주재적 원리가 "여럿"이라고 주장하는 다원론은 결국 신들 사이의 갈등을 함축하는 다신론과 이의 소극적-염세적 변형이라고 할 수 있는 무신론으로 대별되었다. 구체적으로 스토아 학파가 전자를 표방한다면 에피쿠로스 학파가 후자에 속한다고 하겠다. 대략의 분류가 이러하다면 이 순서에 따라 좀더 상세한 논의를 전개해 보자.

(1) 하나

① 초월적 분리: 플라톤

상대주의의 공격과 회의주의의 비판을 넘어 절대적인 동시에 확실한 "참"을 향하려는 형이상학적 탐구의 가능성을 새롭게 일구려는 노력은 이제 "신"으로 그려지는 "하나"를 모시면서 시작된다. 이 과정의 본격적 전개에서 한 형이상학적 영웅이 탄생했으니 그가 바로 플라톤이다. 그는 과연 선배들의 우주론과 존재론의 종합을 바탕으로 그 위에 신론이라는 핵우산을 설치하는 데 천재적 솜씨를 유감없이 발휘했다. 이제 그에 의해 절대적 하나인 신 아래 삼라만상의 본질들은 우주론-존재론적 위계질서를 부여받는다. 그리고 이런 세 축의 입체적 얽힘은 다음과 같이 전개된다. 우선 우주론적으로 보면 물질적 극점에서 정신적 극점에 이르는 우주론적 위계질서를 세울 수 있을 것이다. 그런데 플라톤은 선배들 중 피타고라스와 파르메니데스의 지론을 엮어 더 정신적일수록 더 고정적이고 더 불변적이라는 유심론적 정비례성의 구도를 설정한다. 말하자면 우주론에서의 정신과 존재론에서의 존재 사이에 평행적 정비례관계를 전제한다. 이런 양축의 관계에서 살펴보면 물질적 극점은 전혀 존재성이 없는 것으로 간주되며 이와 반대로 정신적 극점은 존재성의 완전함에 이르는 것으로 곧 "존재 자체"esse ipsum라 할 수 있게 되는데, 이것이 바로 위에서 말한 "절대적이면서 확실한 하나로서의 신"이다. 이로써 우주론과 존재론 및 신론 사이의 입체적 얽힘을 위한 기본구도가 설정되었는데 이를 다음과 같이 그려 볼 수 있다.

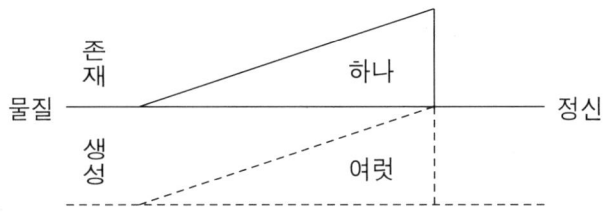

물질극과 정신극을 잇는 우주론의 축은 하나로 귀결될 같음의 형상계와 여럿일 수밖에 없는 다름의 현상계를 나누는 경계선이 되고, 형상계의 같음이 존재의 영역에 해당한다면 현상계의 다름이 생성의 영역에 속한다. 실선으로 그려진 우주론의 축은 현상과 형상 사이의 "넘을 수 없는 요단 강"을 상징한다면 실선 위의 형상계는 참으로 있는 것이어서 실선으로 표기된 반면에 실선 아래의 현상계는 있기는 있으되 없음에 의해 둘러싸인 있음이어서 참으로 있기만 한 있음을 상기anamnesis하여 모방mimesis하는 그림자일 뿐이므로 점선으로 표시된다. 말하자면 현상계의 감각물들은 서로 다르기는 하지만 대책 없이 서로 다르기만 하다면 현상계의 경계 너머로 형상계를 설정하는 것은 애당초 꿈도 꿀 수 없을 것이었다. 그러나 현상계의 다름들이 마구 다르기만 한 것이 아니었다. 그 무엇인가 더 크게 묶어낼 수 있는 같음이 상정될 수 있을 만큼 다름들 사이의 다름이 읽혀졌던 것이다. 물론 점선으로 된 아랫부분이 윗부분과 닮은 것은 형상계를 상기하여 모방하게 되어 있기 때문이다. 그리고 이것이 바로 형상론이라는 플라톤의 형이상학이 도출될 수 있었던 추론적 근거라고 할 수 있다.

좀더 자세히 논해 보자. 다름에도 불구하고 같음으로 묶어내는 근거는 공통성일 것이다. 그렇다면 이런 공통성은 어떻게 드러나는가? 다름이라 해서 모두 동일한 다름이 아니어서 다름들 사이도 서로 다르다. 마찬가지로 같음이라 해서 모두 같은 것이 아니고 같음에도 방식과 층위에 따라 매우 다르다. 그런데 "다름의 다름"과 "같음의 다름" 중 어느 것이 우선하는가? 이런 물음이 바로 플라톤의 형상론을 더듬어볼 수 있는 우리 나름대로의 읽기다. 나와 또 한 사람, 그리고 그 사람이 앉아 있는 의자라는 물건의 관계를 예로 잠시 생각해 보자. 나와 또 한 사람은 분명히 다르고 나와 그 의자와도 다르며 그 사람과 그 의자도 다르다. 말하자면 여기 등장하는 세 존재자가 모두 서로 다르다. 그러나 이 세 존재자가 서로 다르다는 점에서 아무 구별 없이 동격적으로 다르기만 한가? 그렇지 않다는 것은 굳이 설명이 필요없다. 나와 또 한 사람이 분명히 다르기는 하지만 이런 다름은 나와 의자 사이의 다름이나 그 사람과 의자 사이의 다름과는 다른 다름이다. 말하자면 모든 것이 서로 다르다 하더라도 그들 사이의 다름이 무조건 같은 것이 아니라 다름들 사이도 여전히 다르다는 것이다. 그렇다면 이런 다름의 다름은 어디서 비롯되는가? 이 물음을 캐고 거슬러올라간다면 무한한 소급에 이를 수밖에 없을 터인즉, 이는 다름으로써만 설명될 수 있는 것이 아니기 때문이다. 결국 우리는 여기서 다름들을 또한 서로 다르게 하는 같음을 상정하지 않을 수 없는데, 이 다름과 저 다름이 서로 다른 것은 "이 다름을 저 다름과 다르게 하는 같음"과 "저 다름을 이 다름과 다르게 하는 같음"이 서로 다르기 때문이라는 데 도달하지 않을 수 없다. 다시 말하면 "다름의 다름"은 "같음의 다름"을 연원으로 하는 것으로 설명될 수 있다. 플라톤은 이를 다음과 같이 간결하게 설명한다:

> 우리들이 보고, 듣고, 기타의 감각적 지각들을 갖기 전에 우리들은 이미 유사성 자체를 갖고 있었음이 틀림없다. 즉, 모든 것이 비슷한 것 자체와 같아지려고 애쓰면서도 그것과 같아지지 않는다는 사실을 꿰뚫어봄으로써 감각적 직관에 있어 비슷한 것을 유사성 자체와 관련지을 수 있을 때는 그렇다는 것이다.[9]

물론 이 단계에서 연원으로 모셔진 "같음의 다름"에서 같음이나 다름 중 어느 것에 근본적 실재성을 부여할 것인가의 문제가 관건이 된다. 여기서 플라톤은 같음에 원초적 실재성을 부여하는 입장을 취했다. 그리고 결국 본질을 가리키는 이것을 형상이라고 불렀다. 그런데 현상계 안에 있는 수많은 다름이 서로 다른 이유가 그 다름들을 묶어내는 같음이 서로 다르기 때문이라고 할 때, 그런 같음마저 여전히 다름을 겪어야 할 것이라면 결국 형상들 상호간의 개별성과 고립성은 불가피하게 된다. 그러나 만일 그렇기만 하고 말 것이라면 애써 같음으로 거슬러올라갔어야 할 이유도 없으려니와 상대주의적 공격 앞에 선 절대성과 회의주의적 비판 앞에 선 확실성은 여전히 오리무중이 되고 말 것이었다. 이런 우려를 지나칠 리 없는 플라톤은 형상들을 포괄하는 최고의 통일적

---

[9] Platon, *Phaidon*, 75b [최현 옮김 『파이돈』 (범우사 1999) 49].

원리에 관심을 기울이지 않을 수 없었다. 앞서 약술한 바 있는 신론은 바로 이런 동기에서 형성되었다. 그렇다면 이제부터 우주론과 존재론을 포괄하는 원리적 지위를 지닌 신론을 파악하기 위한 단계를 차분히 밟아 보자.

플라톤은 우주-존재-신-론적 근원학을 구성하기 위해 먼저 형상의 불멸성을 확립하는 데 초점을 맞추게 된다. 「파이돈」에서 그는 "참된 있음"으로서의 실재성을 만족시키기 위해서 감관에 의해서 좌우되지 않고 오로지 이성으로만 도달될 수 있는 불멸하는 것이 있어야 하는데 이것을 곧 사물의 형상이라고 했다.[10] 단적인 예로 이 세상의 모든 아름다운 것들은 아름다움의 형상에 의해 아름답다는 것이다. 말하자면 아름답다는 감관적 판단도 이성으로 파악되는 아름다움의 형상에 근거하는 한에서만 올바르다는 것이다. 그렇다면 인간이 아름다움의 형상에 대한 이성적 판단력을 가지고 이 세상에 태어나는 것이 아닌데 어떻게 특수한 사물의 아름다움을 느낄 수 있는가? 이에 대해 그가 답하기로는 인간이 이 세상에 태어나기 전에 영혼이 본질에 대해 알고 있었고 이제 육체를 입고 태어난 인간은 이를 회상함으로써 학습하게 된다고 했다.[11] 이런 설명과 함께 따라나오는 중요한 질문이 하나 있는데 그것은 그런 형상이 다양한 현상들과 어떤 관계를 취하는가에 대한 물음이다. 이런 물음이 중요한 것은 이것이 바로 플라톤과 그의 제자인 아리스토텔레스를 구별짓는 기준이요, 더 나아가 중세 보편논쟁의 결정적 분기점이기도 했기 때문이다.

---

[10] 참조: Platon, *Phaidon*, 65 c 2 이하 [『파이돈』 43].

[11] 인간에 관한 플라톤의 논의는 당연하게도 형상과 현상의 관계에 대한 그의 형이상학적 입장을 그대로 반영한다. 즉, 영혼이 형상에 해당한다면 육체는 현상에 해당한다는 것이다: "영혼은 육체와 완전히 다른 것이며, 우리들 중의 한 사람을 진정한 뜻으로 그 사람이게 해주는 것이 생명에 있어서는 영혼이며 그 이외의 아무것도 아니라고 하는 입법자와 그의 확신에 대해 우리는 조금이라도 믿지 않는다고 말해서는 안된다. 죽은 뒤에 죽은 사람의 육체가 부질없는 것이라고 불리는 것이 옳은 것과 마찬가지로 육체는 우리들 각자에게 그림자처럼 붙어 다니는 것이다. 이와 반대로 바로 영혼이라고 불리는 죽지 않는 존재로서의 참된 인간은 신들에게 가서 자기의 올바름을 주장한다": Platon, 『법률』 959 [힐쉬베르거 (강성위 옮김)『서양철학사』 상권: 고대와 중세 (이문출판사 1983) 〈줄임: 힐쉬베르거〉 163에서 재인용]. 과연 감정과 육체를 이성의 억압에서 해방시키기 위해 전통 형이상학에 대한 현대적 반동이 분출되었다면 그 이전까지 서양문화를 지배해 온 플라톤의 인간관은 이처럼 영혼의 불멸성을 토대로 육체를 평가했던 유구한 전통의 뿌리였다.

이 중요한 형상의 지위에 대해 플라톤은 시공간을 초월하여 독립적이고 항구적이어서 별도의 시공적 위치로 지정될 수 없다고 했다. 그렇다면 이 초월적 형상들은 서로 어떤 관계가 있으며, 개별적 사물들에 대해 형상은 어떤 관계를 지니는가? 플라톤의 제자인 아리스토텔레스가 스승을 비판한 준거의 출발점이기도 한 이 물음은 플라톤 자신에게서도 사실상 난제였다. 플라톤에 의하면 보편적 형상과 개별적 현상은 후자가 전자에 참여하고 이를 모방하는 방식으로 양자의 관계가 엮인다는 것이었다.[12] 그러나 이런 설명은 여전히 개별적 현상들이 형상의 전체에 참여하는가 아니면 부분에만 참여하는가라는 세밀한 문제에 부딪치면서 단일성을 유지하면서 동시에 다수성을 파멸시키지는 않을 원리를 요구받게 되었다. 그리고 이런 요구는 그런 원리와 관련된 삼라만상의 생기에 대한 다음과 같은 문제에 의해 더욱 추동되었다: "비록 일자가 위계적으로 형상들을 관장함으로써 실재적이고 절대적이라 하더라도 개별적 현상들이 어떻게 생겨났는가? 도대체 보편적 본질의 세계인 형상계에서 다양한 모습을 지닌 현상들이 어떻게 나왔는가?" 이런 질문을 피할 수 없는 것은 형상의 같음이 그 자체로 현상의 다름의 기원일 수는 없겠기 때문이다. 바로 여기서 그리스도교의 창조론, 그리고 결국에는 삼위일체론과 밀접한 연관을 지니게 된 플라톤의 우주기원설로 우리의 관심이 이끌리게 된다. 그렇다면 좀더 면밀히 살펴보자.

플라톤에게 있어 참된 것(실재)은 같은(보편) 하나(본질)였다. 감각계에 속하는 서로 다른(개별) 여럿(현상)들을 "마구 다름"에서 "서로 다름"으로 묶어내는 같음을 가리키는 본질은 "형상"eidos이라고 불렸는데 이것은 파르메니데스의 "존재"를 따라 항구성과 안정성, 그리고 정확성과 명확성을 지녀야 하는 것이었다.[13] 또한 보편적 형상形相은 개별적 현상現象들이 그런 다름으로나마 존재하게 하는 근거ratio 또는 원인causa이고 더 나아가 서로 다른 개별적 감각 대상의 관점에서 볼 때 궁극적으로 성취하려는 목적telos이며 되돌아가야 할 근원arche이었다. 말하자면 개별적 현상들은 보편적 형상의 감각적 그림자일 뿐이어서 이를 상기하

---

[12] Platon, *Parmenides*, 132 d 1 이하 [코플스톤 253].

[13] Platon, *Politeia*, 596 a 6-7 [박종현 역주 『플라톤의 국가·정체』(서광사 1997) 612-3].

여 모방하는 것이 고작인 가련한 것이었다. 그러나 여기서 주의해야 할 점은 감각계의 개별적 현상들이 충분한 실재성을 갖지 않는다고 할 때 플라톤은 이것들이 존재하지 않는다고 한 것은 아니라는 것이다. 이것들은 비록 없음에 둘러싸여 있을지언정 분명히 있다. 그렇다면 이것들은 어떻게 존재하게 되는가? 이 질문이 제기될 수밖에 없는 것은 참으로 있는 보편적 형상은 항구적이고 영원한 것이어서 불변하고 부동하니 이에서 변화무쌍한 삼라만상이 갑작스레 도출될 수는 없겠기 때문이다. 이런 이유로 형상만큼이나 실재적이고 독립적인 영혼psyche이라는 활동성의 원리가 생성소멸의 변화를 설명하기 위해 등장한다. 즉, 영원한 실재인 형상을 설계모형으로 하는 제작자로서의 영혼이 ─ 플라톤에게서는 데미우르고스라는 이름으로 등장하는데 ─ 우주를 가능한 한 이 모형에 닮게 만든다. 그러나 제작자가 설계도만 가지고는 어떤 것도 만들어낼 수 없다. 따라서 물적 재료가 필요한데 이는 지극히 비물질적인 형상이나 영혼에서 나올 수 없으니 자체적으로는 아무런 형태가 없지만 분명히 이들과는 별도로 독립적이라고 하지 않을 수 없다. 이렇게 해서 그리스도교의 창조론에 해당할 만한 플라톤의 교리인 우주기원설에서 원형적 형상, 제작자로서의 영혼, 그리고 물적 재료라는 세 요소로 이루어진 삼신론tri-theism이 등장하게 된다.

　　이처럼 삼신론으로 나타나는 플라톤의 신론theologia은 피타고라스와 파르메니데스로부터 물려받은 유심론·일신론적 위계질서를 뼈대로 한다. 말하자면 더욱 정신적일수록 더욱 고정되고 더욱 영원불변하며 따라서 더욱 참되며, 또한 더욱 선하다는 일련의 정비례 관계가 설정된다. 여기서 당연히 그런 위계질서의 최고봉으로서 순수형상eidos eidous은 그보다 아래 단계의 모든 형상들로 하여금 그렇게 있게 하는 "있음 자체"esse ipsum라는 일차적 규정을 받으면서 "신"이라는 종교적 은유를 덧입게 된다. 여기서 "있음 자체"가 회의주의의 문제인 확실성을 만족시킨다면, "신"은 상대주의가 공격한 절대성의 문제를 해결하는 것으로 등장한다. 그리고 이런 "있음 자체-즉-신"은 완전성에 대한 무한한 동경과 예찬의 발원이요 귀결인지라 "지고의 완전자"ens summe perfectum, 그리고 나아가 "지고의 선"summum bonum이라는 극찬을 부여받게 된다.[14]

74　I. "참"이란 무엇인가?

플라톤은 그의 신론에서 기왕 이렇게 화려한 수사를 전개하는 마당에 지고의 완전자가 의미하는 완전성과 지고의 선이 가리키는 지선성의 결합에 근거하여 가치통합적 절대자로서의 신에 관한 형이상학적 논의를 전개한다. 당연한 일이지만 그 전개방식은 정신적 요소 중 지성이 참됨을 추구한다면 의지가 선함을 바라고 감정이 아름다움을 향한다고 할 때 이 전체를 아우르는 정신이 거룩함을 사모한다는 방식으로 정신과 가치 사이의 관계가 정리된다. 구체적으로는 「파이돈」에서의 참됨, 「국가」에서의 선함, 그리고 「향연」에서의 아름다움에 대한 논의가 결국 「티마이오스」에서 거룩함에 대한 숙의로 귀결된다.[15] 그가 「티마이오스」에서 "우주의 창조자이자 아버지를 발견하기란 어려우며, 그를 발견한 다음에도 그에 대해 만인에게 이야기하는 것은 불가능하다"[16]고 했을 때 그

---

[14] 물론 신의 이러한 지고의 차원은 인간을 포함한 세계와의 관계에서는 초월자로서 지위에 머무르도록 한다: "인간적인 것에는 조금도 열중할 것이 못된다"(플라톤 『법률』 803b [힐쉬베르거 197]). 신-인간 관계에 대한 플라톤의 이러한 이해는 그 자신에서 신정론의 뼈대를 이루고 아리스토텔레스까지 이어지는 신의 수난불가성의 철학적 근거가 된다.

[15] 이 대목에서 진·선·미·성으로 집약되는 가치들의 관계에 주목하는 것도 흥미롭겠다. 학문적 가치로서의 참됨, 도덕적 가치로서의 선함, 예술적 가치로서의 아름다움, 그리고 종교적 가치로서의 거룩함은 당연히 서로 연관될 터인데, 어떤 방식으로 연관될까? 이 물음을 염두에 두면서 이런 가치들이 인류의 정신문화사에서 어떤 과정을 거치면서 펼쳐져 왔는가를 살펴보자. 무릇 가치의 추구라는 것이 인간 자신의 덧없음에 대한 절절한 체험으로 인해 인간이 그런 덧없음을 넘어서는 영속성을 지닌 것을 더듬음으로써 촉발된 것이라면 거룩함에 대한 두려움과 이끌림에서 시작되었다고 보아도 좋을 것이다. 현대의 고등문화이든 원시문화이든 공통적 출발점이 바로 종교라는 점은 이를 입증해 주기에 충분하다. 그러나 그런 "거룩함에 대한 외경(畏敬)"은 그 자체로서 너무도 홀연한 신비인지라 어떤 방식으로든지 영상화하려는 움직임으로 나타났고 이는 곧 "아름다움에 대한 동경(憧憬)"으로 이어졌으니 예술이 바로 그것이다. 원시종교에서도 음악이나 미술 등의 예술적 영역이 가장 기본적인 표현방식으로 채택되었다는 것은 이를 말해준다. 그런데 이제 인간은 그러한 예술적 표현이라는 것이 그 넓이와 깊이에도 불구하고 상징에 머무름으로써 모호할 수밖에 없다는 한계인식으로 인해 개념화를 요구하게 되었고 여기서 문자언어를 사용한 신화의 방식이 권선징악과 같은 도덕적 주제를 내용으로 하는 "착함에 대한 공경(恭敬)"을 표방하면서 등장하게 되었다. 그리고 그러한 신화의 단계로부터 좀더 높은 단계의 보편성과 명료성을 필요로 하면서 비로소 이성으로의 전환을 시도하게 되었고 여기서 "참됨에 대한 존경(尊敬)"을 추구하는 학문이 등장하게 되었다고 보겠다. 이와같이 종교[聖]-예술[美]-신화[善]-학문[眞]으로 이어지는 일련의 과정이 가치의 발생과 진화의 틀이라면 그런 영역이 추구하는 가치들의 관계도 당연히 이런 틀을 전제로 구성되는 것이 마땅할 것이다. 아울러 우리의 일상감각에서 가치론의 전개가 정반대의 순서를 취하게 된 이유에 대해서도 고찰해 봄직하리라고 본다.

[16] Platon, *Timaios*, 28 c 3-5 [박종현 김영균 공동역주 『플라톤의 티마이오스』 (서광사) 78].

는 이런 일련의 수렴적 취합으로서의 신론을 함의하고 있었다고 볼 수 있다. 이런 가치통합적 절대자로서의 신은 플라톤에서도 여전히 "일자"인데 이 일자는 인간들의 서술을 넘어선다고 함으로써 후대 신플라톤주의에서 예시되는 신비주의에로의 흐름을 예고한다. 그러나 가치통합적 절대자라는 개념이 가리키는 바 순수한 지성에 의해 절대적 선에 이른다는 주장[17]에서는 여전히 합리주의적 궤도를 유지하고 있는 것으로 볼 수도 있다. 말하자면 형상을 수(數)와 동일시하는 피타고라스의 전통을 따라 플라톤도 역시 초월적 신비성이 덧입혀진 형상계를 존재론적 연속성이라는 구도 위에서 합리적으로 설명하려고 한다. 그리고 이런 점에서 플라톤의 형이상학은 후대의 결정론적이고 기계론적인 실재관이나 궁극적 실재의 내적 본질에 대한 논리적 도식화를 꿈꾸었던 범논리주의의 본격적 효시로 간주되기에 충분한 정취를 담고 있다.

그러나 실재적인 것이 이성적인 것이라는 철학적 독단에 근거한 범수학주의가 플라톤의 형이상학을 전적으로 지배한 것은 아니었다. 그는 삼라만상을 모두 이성화할 수 있다는 소박한 주장을 넘어 비록 일자에 대한 종교적 숭배까지는 아니더라도 「향연」에서 보여주는 것과 같이 에로스의 영향으로 절대적 아름다움을 향해 상승한다는 초월적이고 종교적인 경향, 그리고 이에 힘입어 일자에로의 신비적 접근을 결코 도외시하지 않았다. 말하자면 플라톤의 형이상학 안에 아리스토텔레스라는 당대의 탁월한 합리주의자를 제자로 배출한 범수학주의적 성향뿐 아니라 연이은 중기 플라톤주의와 신플라톤주의로 예시되는 종교적 초월주의의 경향이 공존하고 있었다. 물론 플라톤의 형이상학에서 아폴론 전통의 합리주의와 디오니소스 전통의 신비주의가 이렇게 양립했다는 것은 그의 제자인 아리스토텔레스와 바로 이어진 헬레니즘 사이의 갈래에 대한 예고일 뿐 아니라 양대 사조의 중세적 대행진을 위한 전주였다고 할 수 있다. 더 나아가 근세 초기에 신 안에서의 만물의 단일성에 대한 범신론적 통찰과 기계론적 자연관을 조화시키려 했던 스피노자나 수학적 천재성과 종교적 신비성의 양립

---

[17] Platon, *Politeia*, 532 a 5 - b 2 [박종현 역주 『플라톤의 국가·정체』 485].

을 보여준 파스칼은 이 점에서 플라톤의 근세적 후예라고 해도 과언이 아니다. 이렇게 본다면 플라톤은 초월성의 집요한 강조에도 불구하고 가위 이후 서양 정신문화사의 거대하고도 유구한 흐름의 기본구도를 대조적이면서 균형적으로 엮어가게 한 발원지로서의 지위를 지니고 있다고 평가되기에 부족함이 없다.

② 내재적 연관: 아리스토텔레스

플라톤의 형이상학에 대해 비록 간략히 다루었지만 이쯤에서 그의 제자인 아리스토텔레스에게서는 어떤 발전과 변형이 일어났는가를 살펴보는 것이 바람직할 것이다. 우선 아리스토텔레스는 스승이 "참된 있음"이란 같음이요 궁극적으로 하나를 향하는 보편적 본질이라고 한정한 데 대해 엄연히 경험되는 다름이 어떤 방식으로든지 참된 있음 안에 자리잡아야 한다는 통찰에 입각함으로써 꽤 구별되는 입장을 취했다. 즉, 참된 있음이란 플라톤이 말한 보편적 형상eidos이 개별적 질료hyle를 취하여 존재하게 되는 구체적 개물로서의 실체ousia라고 함으로써 시공적 한계 안의 다름이 같음에 대해 지니는 의미를 구현하는 데 앞장섰다. 그의 다음과 같은 한마디는 이를 요약한다: "운동과 변화를 낳는 내재적 힘이 없다면, 영원한 실체를 가정해도 아무런 소용이 없다".[18] 따라서 플라톤이 그렇게도 소중히 모신 보편적 본질이라는 것이 경험적 사물의 원인이요 원리이기는 하지만 그것만으로 "참된 있음"이라 할 수는 없으며 개별적 사물에 내재함으로써만 있을 따름이다. 아리스토텔레스의 이런 입장은 파르메니데스와 헤라클레이토스를 종합하려는 일련의 애달픈 시도과정을 종결짓는 집대성에 해당하는 것으로서 그의 스승인 플라톤에서도 여전히 남아 있던 문제, 즉 "불변하는 형상의 같음에서 어떻게 가변적 현상의 다름이 나올 수 있는가?"라는 미결의 문제를 다루려는 과업이라고 할 수 있다.

그렇다면 아리스토텔레스는 이런 과업을 어떻게 수행했는가? 이에 답하기 위해서는 그가 실체라는 개념에 도달하기까지의 과정을 추적하는 것이 효과적일

---

[18] Aristoteles, *Metaphysica*, 12권 6장 1071 b 14 [힐쉬베르거 250].

것이다. 사실상 탈레스에게서 시작된 고대 형이상학이 사물의 궁극적 기체substratum를 찾으려는 과정이었다는 점은 새삼 지적할 필요도 없다. 그런데 태동기의 우주론과 보완기의 존재론에 종사했던 자연철학자들은 그런 노력의 결과로 질료적 원인에 초점을 맞추게 되었고 질료인에서 생성소멸을 주관하는 운동의 원천에 대한 물음으로 거슬러올라간 것은 그다음의 종합단계에 속하는 엠페도클레스와 아낙사고라스에 의해서였다. 그러나 아낙사고라스가 물질계 안에서의 정신의 활동을 주장했음에도 그는 정신을 단지 이 물질계의 형성을 설명하기 위한 작업가설적deus ex machina 장치로만 사용했을 뿐이다. 물론 아리스토텔레스의 스승인 플라톤이 이런 문제를 지나칠 리는 없었다. 그러나 그는 본질을 바로 그런 본질을 지니는 사물에서 분리chorismos시켰다. 그리고 바로 이런 점이 아리스토텔레스의 눈에는 여전히 흡족하지 못한 설명으로 비쳐졌다. 아리스토텔레스에 의하면 플라톤은 여전히 "본질의 원인과 질료인"[19]이라는 두 원인만을 상정했다. 게다가 플라톤이 서로 분리될 수밖에 없다는 형상과 현상의 관계를 기껏해야 "참여"와 "모방"이라는 방식으로 설명한 데 대해 아리스토텔레스는 "현상들은 범형일 뿐이고 다른 현상들이 이를 분유한다는 것으로서 공허한 은유일 뿐"[20]이라고 논박한다. 물론 플라톤은 그런 방식으로 물질적 사물들 안에 안정성을 담보하는 형상적 원리가 있음을 분명하게 함축했지만 그 원리의 내재성을 설정하는 데까지 이르지 못했다. 플라톤에게 "참된 있음"은 여전히 객관적 보편자이고 개별적 사물들은 부차적일 뿐이었기 때문이다.

개별자들이 "참된 있음"의 실재성을 만족시키는 진정한 실체에서 형이상학적 지위를 갖게 된 것은 아리스토텔레스의 공헌이다. 그에 의하면 플라톤에서 실재의 지위를 누리는 형상은 단지 이차적이고 파생적인 의미에서만 실체라고 불

---

[19] 같은 책 988 a 8-10 [코플스톤 395]. 물론 아리스토텔레스의 이러한 비판에 대해 플라톤이 방어할 수 없었던 것은 아니다. 실제로 플라톤도 「티마이오스」에서 데미우르고스라는 세계영혼을 설정하여 작용인으로 간주했으며 「국가」에서 선의 실현이 모든 운동의 목적이라 함으로써 목적론적 우주관을 피력했다고 볼 수 있다. 그럼에도 플라톤은 분리 사상으로 인하여 형상인과 목적인의 동일화에 이르기에는 한계를 지닐 수밖에 없었다.

[20] 같은 책 M,1079 b 24-26; A,991 a 20-22 [코플스톤 400].

릴 수 있다. 그런데 바로 이때문에 아리스토텔레스는 혼동이나 모순을 범한다는 비판을 받았다. 그러나 그가 개별자의 실체성을 강조했을 때 보편자가 객관적 실재성을 지닌다는 것을 부정하려 한 것이 아니라 그것이 개별자에서 분리되어 존재한다는 것을 거부하고자 할 따름이었다. 이처럼 아리스토텔레스의 보편자는 초월적이지 않고 내재적이며 구체적이었다. 더욱이 그가 개별자를 제1 실체, 그리고 보편자를 제2 실체라고 했을 때 이는 양자 사이의 시간적 선후나 존재론적 위상의 견지에서가 아니라 현상계에서 인간이 다름을 경험하는 데서의 차이를 의미하고자 했다. 그리고 이런 동기는 개별자를 통하지 않고는 보편자를 이해할 수 없다는 현실적 인식에 대한 통찰에 의해 더욱 정당화된다.

그렇다면 아리스토텔레스에게서 실체의 개별성은 어떻게 담보되는가? 바로 질료에 의해서다. 이로써 플라톤과 달리 아리스토텔레스에게서 삼라만상의 다름을 근거짓는 질료는 이제 형이상학적 위상을 부여받는다. 그러나 질료만으로는 어떤 사물도 있을 수 없고 알려질 수도 없다. 그 있음과 앎은 질료가 결합해야 하는 형상에서 비로소 이루어진다. 그렇다면 질료와 형상은 어떻게 결합하는가? 이것이 바로 아리스토텔레스의 문제인 동시에 플라톤이 만족스럽게 해결하지 못했던 현상과 형상의 관계에 대한 아리스토텔레스 나름의 해결책이었다. 그는 어떤 방식을 제안했는가? 형상이나 이에 상응하는 질료 개념이 지닌 정태성 분위기를 불식하고 양자의 얽힘이 지니는 역동성을 드러내기 위해서 질료는 형상에 대해 가능태dynamis요 형상은 질료에 대해 현실태entelecheia[21]라는 동태적·관계적 표현을 제시했다. 형상은 질료가 이루어내야 하는 목적telos인 동시에 이루어낼 수 있는 동력efficiens이기도 해서 이로써 만물의 동태적 존재성에 관한 4원인설, 또는 간명하게 질료형상설hylomorphism이 성립되었다.

---

[21] 아리스토텔레스는 현실태에 대해 다음과 같이 설명한다: "현실태란 사물이 존재한다는 사실에 있으며 사람들이 가능적으로 있다고 할 때와 같은 뜻으로 있는 것이 아니다. 예컨대 우리는 헤르메스의 조각이 목재 안에 가능적으로 존재한다고 한다. … 여기에는 집을 짓는 자와 집을 지을 수 있는 자의 관계, 보는 자와 눈을 감고 있으나 시각을 가지고 있는 자의 관계, 자료에서 만들어진 것과 자료 자체의 관계, 완성된 자와 완성되지 못한 자의 관계와 같은 관계가 있다"(*Metaphysica*, 9권 6장, 1048 a 30 [힐쉬베르거 255]).

여기서 우리가 특별히 주목할 것은 질료를 가능태로, 형상을 현실태로 본다는 것이 그 양항의 동태성을 어떻게 드러낼 수 있는가라는 문제다. 아리스토텔레스는 사물의 생성이란 바로 그것이 지닌 결여에서 기인한다는 데 착안해서 이를 설명하고자 한다.[22] 말하자면 불완전성은 언제나 완전성을 향해 그것을 이루려고 움직임으로써 변화가 일어난다는 목적론적 운동의 낙관적 원리가 아리스토텔레스의 형이상학 전체를 지배하고 있다. 이런 점은 가능태와 현실태의 구별이 존재단계설 또는 위계설로 연결된다는 그의 주장과 맥을 같이한다. 다시 말하면 어떤 형상도 전혀 덧입지 않음으로써 모든 것이 가능할 것 같은 순수가능태로서의 제1 질료[23]로부터 개별화의 원리로서의 질료를 완전히 벗고 모든 것을 다 이루어낸 순수현실태, 즉 순수형상에 이르기까지의 위계구조로 삼라만상이 이루어져 있다는 것이다.[24] 이를 플라톤의 경우와 같은 기준에 의거하여 도표로 그려보면 다음과 같이 정리된다:

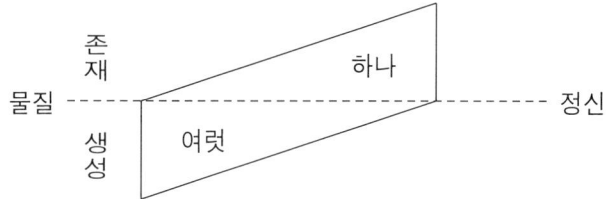

먼저 우주론의 축에서는 물질의 극점에서 정신의 극점으로 향해 가면서 생성(질료)이 줄어들고 존재(형상)가 늘어나는 것으로 보이는데 이것은 단적으로 플라톤과 공유하고 있는 아리스토텔레스의 유심론적 구도에 의한 것이다. 즉, "더 정신적일수록 더 있고(有) 더 참되며(眞) 더 선하다(善)"는 플라톤의 위계질서적 정비례 공식이 아리스토텔레스에게서도 여지없이 해당된다. 그럼에도 당장

---

[22] Aristoteles, *Physica*, I, 7 이하 [코플스톤 418].

[23] 참조: 같은 책 193 a 29, 191 a 31-32 [코플스톤 417]. 제1질료는 형상과 분리된 채 그 자체로 존재할 수도 인식될 수도 없다는 의미에서 오로지 논리적으로 형상과 구별될 수 있다.

[24] 예를 들면, 산악지대의 돌은 채석장의 돌보다 더 많은 가능태에 놓여 있다면 채석장의 돌보다 건물의 기초에 사용된 돌은 더 많은 현실태를 지닌 것으로 볼 수 있다. 마찬가지로 영혼이 육체에 대해서는 현실태로 있지만 지성에 대해서는 가능태로 있다고 할 수 있다.

그림에서 상하를 나누는 선을 기준으로 볼 때 윗부분, 즉 형상계에 해당하는 존재 영역은 플라톤의 그것과 일치하지만 질료계에 해당하는 아랫부분, 즉 생성 영역의 모습은 판이하다는 점에 주목하지 않을 수 없다. 이것이 바로 플라톤과 아리스토텔레스의 결정적 차이인데, 플라톤과 달리 아리스토텔레스에게서는 다름을 이루는 질료가 참된 있음으로서의 실재를 구성하는 부분이기 때문이다. 그리고 바로 이런 이유로 질료계와 형상계는 별개로 분리되는 것이 아니라 형상이 질료를 취하여 형상화, 즉 현실화하려는 방향으로 끌어당김으로써 질료를 줄이고 형상을 늘리는 상향운동의 연쇄구조로 삼라만상이 운행된다는 것이다. 따라서 형상계와 질료계는 분리되는 것이 아니라 다만 구분될 뿐이라는 것이다. 이를 정리한다면 아리스토텔레스에서 실재란 "같음의 형상이 현상으로 드러나는 다름의 질료를 취하여 같음으로 이끌어가는 과정에 있는 것으로서의 실체"라고 하겠다.

 이처럼 아리스토텔레스의 질료형상설은 무엇보다도 다름에 의한 변화에 형이상학적 지위를 부여하려는 과감한 시도의 소산이다. 다시 말하면 변화란 같음이 다름을 싸안음으로써 양자가 얽혀 이루어내는 현상인데 이 현상이 형이상학적 의미를 지닐 수 있는 것은 단순히 다름이기만 한 것이 아니라 같음과 얽혀있기 때문이다. 이런 점은 같음을 책임지는 형상은 다름에 의해 일어나는 변화의 궁극적 목적일 뿐 아니라 바로 그런 목적으로 지향시키는 동인이기도 하다는 점에서 더욱 분명해진다.[25] 그런데 여기서 우리의 주목을 끄는 것은 형상이 질료에 대해 동력인이 된다고 할 때 그것은 곧 한 사물을 움직이는 힘이 반드시 외재적일 필요가 없다는 것을 뜻하게 된다는 점이다. 이 점은 그의 인간 이해에서 육체와 영혼의 관계를 질료와 형상의 그것에 대해 유비적으로 묘사했다는 사실에서도 그 의의를 확인할 수 있다. 더욱이 목적인으로서의 형상이 사물에 실체적으로 내재할 뿐 아니라 실체의 자기목적성 또는 유기성의 근간이 된다는 점도 간과해서는 안될 것이다. 이처럼 실체를 이루는 형상이 목적인 동시

---

[25] *Metaphysica*, H, 1044 a 36-b 11 [코플스톤 424].

에 동력으로서의 의미를 지니게 되었는데 이런 결합은 당연하게도 목적의 궁극성과 동력의 원초성으로 거슬러올라가지 않으면 안되게 했다. 질료가 질료의 현실화의 목적이기도 하고 바로 그 현실화를 가능케 하는 동력이기도 한 형상에 의해 이끌리는 것이라면, 그래서 질료성이 줄어들고 형상성이 늘어날수록 더 높은 존재론적 지위를 갖게 된다면, 이런 위계질서의 정점, 또는 끌어당김의 시원점으로서 모든 것을 다 현실화함으로써 질료를 조금도 지니지 않은 "순수형상", 즉 "있음 자체"라는 단계를 상정하지 않을 수 없겠기 때문이다. 그리고 여기서 바로 아리스토텔레스의 신론이 본격적으로 개진된다.

이런 질료형상설에 입각한 아리스토텔레스의 신론은 당연하게도 현실화시켜야 할 가능태가 남아 있지 않은, 그야말로 "다 이루었다"는 순수현실태actus purus라는 개념으로 귀결되었다. 나아가 그 자체로는 현실화를 위한 어떤 움직임도 필요하지 않다는 점에서 "부동자"不動者인 동시에 가능태로서의 질료를 조금이라도 포함하는 아래 것들을 그 자신의 방향으로 끌어올리는 힘의 원천이라는 의미에서 "원동자"原動者여서 이제 순수현실태로서의 신은 "부동의 원동자"unmoved mover라는 질료형상론적 규정을 덧입는다. 여기서 "부동"이 신의 초월성을 포함하면서도 확실성을 담보하는 개념이라면, "원동자"는 절대성을 포기하더라도 불완전한 삼라만상에 관계하는 성질인 내재성을 지칭하는 것이어서 아리스토텔레스의 신은 가위 "초월적 내재"의 신이라 하겠다. 다시 말하면 부동의 원동자로서의 신은 플라톤의 우주기원설을 배경으로 하는 삼신론의 요소들 중에서 원형적 형상과 제작자로서의 영혼이 결합된 실체적 연합unio substantialis의 산물이라 하겠다. 그리고 이 점은 아리스토텔레스가 "여러 사람이 지배하는 것은 좋지 않다. 지배자는 한 사람이어야 한다"[26]는 호메로스의 경구를 인용하면서 우주의 통일적 질서를 주관하는 원리가 하나여야 한다고 주장하는 데서도 확인된다.

그런데 바로 이런 이유로 다음과 같은 질문이 제기되기도 한다: 아리스토텔레스의 신은 인격신인가? 아리스토텔레스는 실세로 부동의 원동자로서의 신을

---

[26] 같은 책 12권 10장 [힐쉬베르거 280].

때로는 "인간의 형상을 한 신"[27]이라고 했는가 하면 "인간의 형상을 한 신들"[28]이라고도 했다. 이 두 표현의 차이에 주목하자면 일신론과 다신론 사이의 혼동이 부각될 수도 있지만 그것이 관건은 아니었던 것으로 보인다. 오히려 원동자가 지성 또는 사유로 묘사되는 한에서는 적어도 철학적으로 인격적이라고 할 수는 있을 것이다. 철학사가 코플스톤에 의하면, 아리스토텔레스의 신은 그 명칭상 secundum nomen 인격적이 아닐 수 있지만 내용상 secundum rem 으로는 인격적이다.[29] 그러나 그런 원동자로서의 신은 결코 종교적 숭배의 대상이거나 임기응변의 신 deus ex machina 으로서의 성향이 부여되지는 않았던 것으로 보인다. 다만 아리스토텔레스가 "보다 좋은 것이 있는 곳에는 가장 좋은 것이 있다. 그런데 존재하는 사물들 가운데 어떤 것은 다른 것보다 좋다. 그러므로 가장 좋은 것이 있는데 그것은 신적인 것임에 틀림없다"[30]고 했을 때 결국 상대적 비교연관의 정점에 최상급으로서의 신을 모시는 합리주의의 전형을 세우게 되었다는 점만큼은 의심의 여지 없이 명백해 보인다. 그리고 이로써 아리스토텔레스는 플라톤과도 공유하는 위계질서적 유심론의 구도에서 합리주의적 신관의 원형을 본격적으로 엮어낸 최초의 사상가로서 평가될 수 있을 것이다.

(2) 여럿

① 다신론: 스토아 학파의 유물론적 범신론

플라톤과 아리스토텔레스를 정점으로 사상적·문화적 융성기를 맞이했던 고대 그리스가 이웃에서 일어난 로마제국에 정치적·군사적으로 예속되는 식민지의 역사를 맞게 되었다. 이런 난황에서 요청된 철학은 우아하고 고고한 형이상학보다는 난세를 겪어 가는 처방에 관심을 두는 윤리학이었다. 그러나 융성기의 형이상학에 비해 인간에 대한 관심을 좀더 현실적으로 지니게 되었다는 점이 긍정적으로 평가될 수는 있겠지만 엄밀하게 말한다면 이는 윤리학이라기보다

---

[27] 같은 책 A7 [코플스톤 430].
[28] 아리스토텔레스『니코마코스 윤리학』 9권 9장, 1170 b 8 [최명관 옮김(서광사) 278].
[29] 코플스톤 432.
[30] *Frags*, 15 (Rose) [코플스톤 431].

처세술이었다. 당대 현자들은 이런 시대적 요청에 부응하여 저마다 인생론과 삶의 지혜들을 내뱉었는데 형이상학적 신론이라는 기준에서 다양한 갈래들을 대략 정리한다면 스토아 학파와 에피쿠로스 학파로 대별된 것으로 볼 수 있다. 이 양대 학파들이 처세술에 종사했다고는 하지만 이들이 나름대로 형이상학을 가지고 있지 않았던 것은 아니다. 단지 난세에 한가로이 새로운 형이상학을 설립할 여유를 누릴 수 없었기에 이들은 선배들의 지론을 가져와 약간 변형을 가함으로써 그들의 형이상학으로 삼았다. 결국 이 학파들에 있어서는 그런 형이상학적 토대 위에 그들의 인생관과 윤리학으로 포장된 처세술의 전개가 중요한 과제였기에 오늘날 우리가 이들을 이해하기 위해서도 이런 구도에서 살펴보는 것이 바람직할 것이다.

먼저 스토아 학파는 플라톤과 아리스토텔레스가 공유한 보편적 본질이라는 위상을 거부하고 삼라만상의 개별성을 파고들었다. 이들에 의하면 세계는 개별자들의 군상일 뿐이다. 이런 지론을 위해 이들은 헤라클레이토스의 로고스와 아낙사고라스의 종자 개념으로 거슬러올라갔는데 이를 결합하여 "종자적 로고스"logos spermatikos라는 개별성의 원리를 설정했다. 삼라만상은 철저히 개별적인데 그렇게 개별적이게 하면서도 동시에 있게 하는 것이 바로 종자적 로고스라는 것이다. 다시 말하면 삼라만상이 원동자에 의해 위계적으로 존재하거나 작동되는 것이 아니라 바로 그런 로고스에 의해 개개의 사물들이 서로간에 원인과 결과의 관계로 이어져 있다는 것이다. 이 학파에서는 모든 것이 모든 것에 대해 원인이 되고 결과된 것이라 하여 이를 "원인의 무한한 연쇄"series implexa causarum라 했는데, 이것은 이 세계 안에는 앞선 원인에 의해 결과되도록 결정지어지지 않은 것이 없다는 신념의 소산이었다.

그런데 스토아 학파의 이런 결정주의적 형이상학은 자기원인이기도 한 최초의 원동자를 거부한다는 점에서 플라톤과 아리스토텔레스가 공유하는 유심론적 전통에 항거하는 유물론적 차원을 지닌다. 그러나 아울러 인과적 연쇄의 무한성이라는 구도에서 또다른 형태의 신관, 즉 범신론적 차원을 지니는 것으로 평가될 수 있다. 말하자면 플라톤과 아리스토텔레스가 공유하는 일신론 전통의

"있음 자체"가 삼라만상으로 분산되는 것으로 새겨질 수 있겠다. 스토아 학파의 이런 유물론적 범신론에 의하면 삼라만상은 이미 상호 간에 원인과 결과의 관계로 얽혀져 있고, 따라서 그런 인과적 이성질서라는 형태의 우주적 구조가 인간의 삶을 지배하고 있다. 인간의 삶도 그런 만큼이나 운명적이어서 이 스토아 학파의 일원인 세네카의 저 유명한 격언은 다음과 같다: "운명은 이에 동의하는 자를 인도하고 동의하지 않는 자에게는 강제한다". 말하자면 이미 주어진 물질체계의 형성질서가 인간의 운명을 결정하기까지 한다는 것이다. 따라서 이런 질서에 순응하는 것이 마땅해서 이미 결정된 이성적 궤도를 이탈하거나 주어진 운명을 거스르려는 개인의 감정pathos을 최대한 억제하는 무감정주의apatheia가 난세를 통과하는 지혜라는 것이다. 감정의 요체가 욕망이라면 이런 무감정주의는 당연히 금욕주의를 귀결시킬 수밖에 없을 터인즉, 스토아 학파에서 제시한 금욕주의란 이런 유물론적 범신론에 터한 결정주의라는 형이상학과 운명주의적 인간관을 근간으로 하는 처세술이었다.

② 무신론: 에피쿠로스 학파의 유물론적 무신론

다른 한편 에피쿠로스 학파는 스토아 학파와 외견상 매우 대조적인 입장에서 출발했다. 우선 형이상학에서도 스토아 학파의 인과적 결정주의와 달리 에피쿠로스 학파는 삼라만상의 임의성과 우연성에 주목했다. 이들은 일찍이 종합 단계에서 등장했던 원자론자들 중 데모크리토스의 기계적 유물론을 전격적으로 변형시켜 비결정주의적 형이상학을 꾸몄다. "원자는 갑자기, 저절로, 언제, 어디서인지 모르게 예측불허의 사선낙하운동declination을 하기" 때문에 세계의 근원은 본질적으로 우연하다고 이들은 갈파했다. 그들이 설파한 근원의 우연성은 애써 "있음 자체"를 설정해야 할 이유를 부정할 구실을 제공함으로써 그들로 하여금 무신론자가 되게 하기에 충분했다. 이런 이유로 에피쿠로스 학파의 형이상학은 유물론적 무신론 및 이에 근거한 자유주의로 간주될 수 있다.

물론 스토아 학파의 결정론적 운명주의를 벗어나려는 에피쿠로스 학파의 이런 자유주의적 시도는 육체의 고통과 영혼의 혼란으로부터의 해방을 향하는 것이었다. 이런 이유로 이들은 인간의 삶에서 이루어내는 성취에 초점을 맞추게 되는데 이 학파가 표방하는 처세술로서의 쾌락주의는 바로 여기에 뿌리를 둔다. 즉, 욕망과 성취 사이의 반비례 관계에 대한 통찰에서 욕망을 억제할수록 상대적으로 성취의 비중이 커짐으로써 쾌락이 증대된다는 공식에 도달했다. 다시 말하면 에피쿠로스 학파의 쾌락주의란 욕망의 억제를 통한 쾌락의 증대라는 소극적 방식의 처세술로서 여기서 쾌락의 증대란 고통의 부재로서 영혼의 평정 ataraxia을 의미했다. 따라서 에피쿠로스 학파의 쾌락주의란 불교에서 가르치는 욕망과 고통의 정비례성과 같은 맥락으로서 사실상 금욕주의의 자유주의적 변형일 뿐이다. 이런 점은 당대의 난세를 위한 처세술로 제시된 스토아의 금욕주의나 에피쿠로스의 쾌락주의 모두 개인의 욕망 억제라는 처세적 공통성을 지닐 수밖에 없었음을 논리적으로 확인시켜 준다 하겠다. 사실상 난세의 처세술로서 그런 금욕주의적 방식 이외에 무슨 별다른 도리가 있었겠는가? 오히려 스토아 학파와 에피쿠로스 학파 사이의 대조는 이미 위의 설명에서 보여지듯이 전자의 결정주의와 후자의 자유주의라는 세계관의 대조에서 읽어내는 것이 이들에 대한 이해를 위해서나 이로부터 펼쳐진 인생관에서나 더욱 타당한 일일 것이다.

6) 파국: 우주-존재-신-론적 갈래들과 연관된 회의주의/절충주의/융합주의

지금까지 우리는 신론을 초점으로 하는 집성 단계에서의 지론들을 대비적 구도 안에서 살펴보았다. 그러나 형이상학적 탐구가 상대주의적 공격과 회의주의적 비판에서 벗어나 절대성과 확실성을 구축하기 위해 급기야 신론까지 설정하면서 절정을 이루었건만 이 역시 "하나"와 "여럿" 사이의 만만찮은 대결의 소용돌이에 들어가게 되었다. 게다가 다소 내분마저 겪는 지경에 이르면서 도대체 신론의 핵우산 포장도 소용없는가라는 자조적 분위기가 짙게 드리워지지 않을 수 없었다. 이런 분위기는 일단 어떤 입장에도 손들어 줄 수 없다는 회의주의로 나타났지만 곧이어 신론적 갈래들을 모두 모아 포개어 보자는 절충주의, 그리고 급기야 기왕 포개는 김에 확실하게 주물러 보자는 융합주의로 이어졌다.

(1) 회의주의

역사는 반복된다고 했던가? 적어도 역사에서 교훈을 얻지 못한 사람들에게는 역사가 불가피하게도 반복되는 것으로 보인다. 그러나 과연 그리스 사상의 전통에서도 그랬던가? 이렇게 묻지 않을 수 없는 것은 헬레니즘의 초기에 일어난 회의주의scepticism는 과연 우주-존재-신-론적 집성에서 벌어진 여러 갈래의 혼란상에 대한 반동의 성격을 강하게 지닐 터인즉, 소크라테스 이전의 종합 단계에 대한 반동으로서의 상대주의적 공격과 회의주의적 비판이 재연되고 있다는 느낌을 떨칠 수 없기 때문이다. 혹 역사는 선조의 문화를 성실히 되새기더라도 이미 역사 자체가 지닌 역학, 아니 더 근본적으로 인간의 생리가 그런 반복을 불가피한 것으로 드러내지 않는가 하는 물음을 피할 길은 없는 것 같다. 과연 플라톤과 아리스토텔레스의 집성 이후 이에 대한 처세술적 반동을 전개한 학파들의 상충스런 혼재는 회의주의가 다시금 고개를 쳐들게 하기에 충분했다. 말하자면 형이상학적 거성들이 재건한 확실성과 절대성도 난세라는 시대적 상황에서 여지없이 또 뒤흔들리게 되었다. 섹스투스 엠피리쿠스가 정리한 「퓌론의 원리들」로 대표되는 당대의 회의주의는 결국 모든 것에 대한 "판단중지"epoche를 당시의 삶의 덕목으로 내세웠다. 이런 회의주의는 다음과 같은 명제들[31]로 정리될 수 있는데 결국 확실한 것은 아무것도 없다는 불가지론이었다:

① 어떤 것도 그 자신을 통해 명백해질 수 없다. 다양한 의견들을 보라. 그것들 사이에서는 어떤 것도 확실하게 선택할 수 없다.
② 어느 것도 다른 어떤 것을 통해 명백해질 수 없는데, 그런 시도는 무한 퇴행이나 또는 순환논증을 수반하기 때문이다.

(2) 절충주의

그러나 형이상학적 집성의 갈래들에 대한 불확실성에 기인한 불가지론적 회의주의는 난세의 처세술로서는 아무래도 소극적이었다. 따라서 좀더 적극적인

---

[31] Sextus Empiricus, *Pyrr, Hyp.* 1, 178 이하 [코플스톤 598].

입장이 요청되었는데 여기서 등장한 것이 바로 절충주의eclecticism였다. 말하자면 집성에 등장한 많은 갈래 중 적절히 섞을 수 있는 것들을 묶어 보려는 시도들이 나타났는데 이는 당연히 새로운 것이라기보다는 과거의 유산을 토대로 하는 조합적 변형들이었다. 소위 신피타고라스주의, 중기 플라톤주의, 유다-헬레니즘 철학으로 이어지는 절충주의는 그런 조합 과정에서 종교적 색채를 강화하는 특징을 지녔으며 이는 철학의 신비주의화 경향으로 귀결되었다. 여기서 우리가 특별히 주목할 것은 플라톤에서 비롯된 삼신론이 본격적으로 다듬어져 가는 과정이다. 이런 절충주의의 흐름에서 플라톤의 다소 거칠었던 삼신론은 종교적으로 신비주의적 성향을 강화하면서 신의 절대적 초월성을 강조하는 방향으로 진행되었기 때문이다. 회의주의가 향했던 확실성 문제는 미결 과제로 두더라도 절대성만큼은 포기할 수 없다는 생존적 발악이 이렇게 신비주의로 향하게 작용했음은 물론이다. 더욱이 절충주의 자체가 이미 확실성은 포기할 수밖에 없다는 입장을 포함하는 것이어서 남은 선택이라고는 절대성뿐이었다. 따라서 확실성을 위해 규정의 제한성을 감수하면서까지 모셔졌던 "있음 자체"는 포기되고 초월적 절대성이 요구하는 무규정성을 뜻하는 "없음"이 그 대안으로 등장하게 되었다. 그리고 이런 경향은 여전히 조합적 요소들을 구별해낼 수 있는 절충주의에 만족하지 않고 이를 넘어 유산의 궤적을 손쉽게 더듬을 수 없을 만큼 모호하게 뒤섞는 융합주의로의 전이를 요구했으며 여기서 바로 신플라톤주의가 고대 신비주의의 절정을 장식하게 되었다.

① 신피타고라스주의

피타고라스 학파의 금욕주의를 계승하면서 그 철학적 근거인 영혼-육체 이원론을 바탕으로 신비주의적 요소들을 강화하는 신피타고라스주의는 플라톤, 아리스토텔레스, 그리고 스토아주의의 절충적 산물이었다. 이것이 절충주의인 것은 이 학파의 구성원들이 하나인 종합을 이루었다기보다는 저마다 강조점을 달리하는 묶음들을 제시했기 때문이다. 그러나 이런 절충이 여전히 철학사적 의의를 지닌다면 그것은 신플라톤주의로 대표되는 융합주의적 신비주의로의 도정을 위한 결정적 계기였다는 데서 찾을 수 있다. 플라톤의 삼신론에서 그 뿌리를 찾을 수 있기는 하지만 유다교 사상, 알렉산드리아의 철학, 그리고 동방 종교 등에 영향을 입은 당대의 신비주의는 무엇보다도 순수성과 초월성을 내용으로 하는 신의 절대성을 강조했는데 신피타고라스주의 안에서 이미 그 궤적이 본격적으로 시작되었다.

먼저 2세기 중반에 게레사의 니코마코스는 피타고라스와 플라톤을 조합적으로 절충하여 이 세계의 형성 이전에 존재하는 이데아들은 곧 수數라고 했지만 그는 선배들보다 더 나아가 그런 이데아들은 별도로 초월세계에 있는 것이 아니라 "신의 마음" 안에 있음으로써 창조의 원형들이 되었다고 주장한다. 형상의 인격화를 포함한 이런 진전은 중기 플라톤주의와 필론의 합성철학 및 신플라톤주의를 거쳐 결국 그리스도교 안에서 로고스와 그리스도론 형성으로 자연스럽게 이어질 수 있었다. 이어서 같은 세기 후반에는 알렉산드리아의 유다철학에 정통한 아파메이의 누메니우스가 위계적 삼신론을 정립함으로써 플라톤에게서 공시된 삼신론의 신비주의화 과정이 본격적으로 출범했다. 누메니우스의 위계적 삼신론은 이 세계를 초월하는 존재의 원리인 제1신, 이 세계를 형성시키는 발생의 원리이며 데미우르고스라고도 불리는 제2신, 그리고 그렇게 형성된 세계 자체가 제3신으로 이루어져 있는데 이들은 또한 각각 아버지, 제조자, 피조물로 규정되기도 했다.[32] 그런데 여기서는 피조적 세계가 삼신적 구성의 한 요소를 이루고 있다는 점에서 아직 삼신론의 발전의 초기단계에 머물러 있다.

② 중기 플라톤주의

플라톤주의자들은 시대의 흐름에 따라 다양한 변화를 겪다가 사상의 혼란 속에서 종교적 관심으로 기울게 되었다. 물론 그런 종교적 관심과 요구란 플라톤주의 안에 잠복해 있었던 것이기도 하지만 신피타고라스주의의 영향으로 더욱 증폭되었다. 따라서 이들은 신피타고라스주의의 집요한 지론인 신의 초월성을 받

---

[32] Proclos, *Timaios*, I, 303, 27 이하 [코플스톤 604].

아들이면서 신과 세계의 관계를 원활하게 구성하기 위해 "중재자"라는 존재에 대한 이론을 더욱 발전시키게 되었다. 기원전 1세기경 알렉산드리아의 에우도로스는 신과의 합일이야말로 철학의 목표라고 설파함으로써 신비주의의 철학적 정립에 힘을 쏟았다. 그는 신피타고라스주의에서 다시 엮어진 위계적 삼신론을 따르면서도 "삼중적 일자"Threefold One라는 신론의 진전을 이루었다. 비록 자료는 불충분하지만 우리는 여기서 적어도 삼신론이 단순히 위계적으로 분리되기만 하는 것이 아니라 하나인 실체를 이룰 가능성을 강력히 예고하는 또하나의 진전이라는 점을 주시하지 않으면 안될 것이다.

이어 등장한 카에로네아의 플루타르코스는 플라톤은 물론이고 스토아주의와 신피타고라스주의 등을 절충하면서 초월적 계시와 종교적 열광을 강조함으로써 신플라톤주의의 탈아ecstasis론을 위한 발판을 마련했다. 그러나 신의 절대성을 확고하게 하기 위한 플루타르코스의 이런 본격적 신비주의화는 결국 신과 세계 사이에 더욱 벌어진 간극의 가교 역할을 할 중재자라는 존재들을 도입해야 했다. 여기서 그는 앞서 제시되었던 별 신들star-gods이나 "데몬"들이라는 연결고리들을 받아들였으며, 더 나아가 그런 중재자 역할을 담당하게 될 지성을 질료로서의 육체와 결합하는 영혼 위에 확고히 위치짓는 서열화의 못을 박았다.

그러나 중기 플라톤주의에서 삼신론의 본격적 정교화는 역시 알비누스에 이르러서였다. 그는 에우도로스의 삼중적 일체성과 플루타르코스의 중재자론을 종합하여 제1신protos theos, 지성noūs, 영혼psychē의 삼신론을 정립했다. 먼저 제1신은 아리스토텔레스의 부동의 원동자에서 부동성을 취하지만 절대적 초월자이기 때문에 원동자는 아니다. 다음으로 제2신에 해당하는 지성은 신피타고라스주의자인 누메니우스를 따라 신의 관념으로 간주된 플라톤의 형상으로서 사물들의 원형을 가리키는 것이었다. 그리고 플라톤의 「티마이오스」에 나오는 세계영혼을 제3의 신으로 설정했다.[33] 그런데 이런 삼신론이 신비주의적 정교화과정에서 진전을 이룬 것으로 평가되는 이유는 플라톤이나 신피타고라스주의에서는

---

[33] Albinus, *Didask*, 169, 26 이하 [코플스톤 614].

물적 재료나 피조물로서의 세계가 여전히 신의 한 층위를 이루는 어설픈 단계에 머물렀던 것에 비해 중기 플라톤주의의 알비누스에 이르러 제3신의 물질성이 극복되고 정신과 영혼이 서열적으로 정립됨으로써 명실공히 신론다운 형태를 최초로 드러냈기 때문이다. 이런 진전이 신플라톤주의로 이어졌음은 새삼 강조할 필요가 없는 역사의 상식인바 우리가 바로 이런 점을 주목하고자 한다.

③ 유다-헬레니즘 철학

동방과 서방의 경계에 위치한 문화적 가교 도시인 알렉산드리아에서는 독특한 형태의 절충주의가 발달했는데 그것은 바로 유다-헬레니즘 철학이었다. 고향을 떠난 유다인들에게서 일어난 움직임으로서 유다교와 잘 어울리는 그리스 사상을 선택하거나 그리스 사상과 조화를 이루는 방식으로 유다교리들을 해석하는 것이 주종을 이루었는데 그 대표적 인물은 기원전 1세기부터 1세기 중엽에 걸친 생애를 지닌 필론이었다. 그는 흔히 대비되는 그리스 철학과 유다교라는 양대 사상은 동일한 진리의 다른 표현들일 뿐이며 이를 밝히기 위해서는 진리명제의 문자적 의미와 우화적 해석이 공히 중요하다는 지론에 입각하여 유다교 사상을 철학적으로 조화시켜야 한다고 주장했다.

그러나 우리의 맥락에서 중요한 것은 그에게서도 여전히 나타난 삼신론적 위계구도의 재정립이다. 그에 의하면 신은 인격적이면서 동시에 절대적으로 초월적이다. 신의 절대성은 사유를 초월하기 때문에 인간은 오로지 직관을 통해서만 신에 도달할 수 있다는 것이다.[34] 신의 초월성을 이토록 강조한 결과 중기 플라톤주의자들과 마찬가지로 제2신에 해당하는 중재자라는 개념이 중요하게 부각되었다. 필론은 그런 중재자로서 "로고스"를 말하는데 이는 지성과 같은 것이었다. 필론의 로고스는 창조된 것들 중 물론 가장 고귀한 것이기는 하지만 여전히 신보다 열등하게 위상지어진다. 중재자로서의 로고스라는 필론의 개념이 후대 그리스도교 신학사에 등장하는 그리스도론에서의 로고스라는 개념과

---

[34] Philon, *De Post. Caini*, 48, 167 [코플스톤 618].

액면 그대로 동일하다고 할 수는 없지만 후자에 미친 영향은 결코 부정할 수 없는 역사적 사실이다. 따라서 양자 사이의 차이를 부각시킴으로써 사상적 영향관계를 부정하거나 은폐하려는 시도는 학문적 정직성의 차원에서 온당하지 않아 보인다.[35] 다만 여기서 간과해서는 안되는 것은 필론의 로고스가 플라톤적 범형론과 스토아주의의 초월적 내재성을 절충함으로써 자체적 로고스와 의존적 로고스, 또는 우주적 이법과 인간의 이해로서의 말이라는 두 개의 상관적 의미로 구별되고 있다는 점이다. 그러나 그런 의미의 구별에도 불구하고 필론의 로고스는 궁극적 실재인 야훼의 속성으로서나 또는 종속적이되 여전히 별개인 중재자라는 관점 사이에서 불분명한 입장을 취하는 데 머무르고 말았다.

제3신의 족적을 담보하는 영혼은 필론에서도 여전히 중요했는데 플라톤주의의 영향으로 인해 육체 또는 감각적인 것과의 예리한 분리를 전제함으로써 스토아주의와도 쉽게 얽힐 수 있었다. 물론 여기서 영혼이 특별히 의미를 지녔던 것은 신성에 대한 직접적 직관을 위한 탈아적 경지를 담당해야 하는 과제를 포함하고 있기 때문이었다.[36] 어쨌든 매우 이질적인 유다사상과 헬레니즘을 절충하려는 필론의 시도는 역시 가장 큰 규모의 절충주의라고 평가될 만하다. 그리고 바로 이런 이유로 절충주의의 절정은 융합주의로의 승화를 향해 분출되지 않을 수 없었다.

(3) 융합주의: 신플라톤주의

다양한 사조들의 부분적 타당성 때문에 어느 것도 과감히 버리지 못하는 아쉬움이 절충주의로 나타났다면 기왕에 벌어진 시도가 어설픈 절충에만 머무르고 만족할 수 없었다는 것은 굳이 설명이 필요없을 것이다. 절충이 어설프다는 것은 그 조합이 매우 임의적이어서 그 외의 다른 방식을 상정할 가능성을 배제

---

[35] 필론은 군주주의와 아리우스주의 사이에서 배회했지만 아타나시우스주의로 기울지는 않았다는 것이 일반적 평가다. 그에 의하면 로고스는 플라톤의 형상이 위치하는 공간(topos)이며 이는 신피타고라스주의자인 니코마코스의 전이설에 영향을 준 것으로 간주된다.

[36] Philon, *De opif. mundi*, 50, 144; *De human.*, 23, 168 [코플스톤 621].

할 수 없고 따라서 그런 임의적 조합의 타당성에 대해 일말의 의심이 말소될 수 없겠기 때문이다. 여기서 그런 임의성을 넘어섬으로써 타당성을 더욱 높일 수 있는 길을 모색하는 것은 당연하려니와 이런 배경에서 융합주의syncretism가 요구되었다. 융합주의가 절충주의의 문제에 하나의 대안이 될 수 있는 것은 조합의 임의성을 극복할 가능성을 지니고 있다고 여겨지기 때문이고 조합에 동원되는 모든 요소가 융합될 수만 있다면 적어도 그런 목적을 위해서는 바람직한 것으로 받아들여질 수 있겠기 때문이다. 그리고 바로 이런 요구에 부응할 수 있는 체계가 당대에는 플라톤의 사상이라고 여겨졌으며 자연스럽게 새로운 형태의 플라톤주의가 나타났으니 이른바 신플라톤주의가 바로 그것이다.

신플라톤주의의 수장은 기원후 3세기 초엽에 태어난 플로티노스인데 그에 의하면 신은 절대적 초월자로서 어떤 있음과 앎에 의해서도 제한되거나 규정될 수 없는 "일자"to hen다.[37] 일자란 문자 그대로 오직 한 존재라는 것인데, 신이 어떤 방식으로든지 규정된다면 규정에 포함되는 것과 그렇지 않은 것으로 분리될 터인즉 바로 그런 분리에 의해 제한되는 존재는 결코 신일 수 없다는 점에서 신은 어떤 제한적 규정도 받아서는 안되는 "무규정자"라는 것을 가리킨다. 파르메니데스의 일원적 원리로서의 일자가 없음을 배제하는 "있음 중의 있음"이라는 규정을 지니는 것[38]과는 반대로 플로티노스의 일자는 모든 있음의 규정을 넘어서는 무규정자라는 뜻에서 차라리 "없음"이라고 할 것이다. 물론 여기서 "없음"이란 단순히 있음을 부정하는 비존재를 가리키는 것이 아니다.

그렇다면 그토록 순수하고 초월적이어서 절대적 일자인 신에서 유한하고도 다양한 세계는 어떻게 나왔을까? 신의 절대적 초월성이 강조될수록 이 질문은 더욱 강하게 제기될 수밖에 없다. 이에 대한 플로티노스의 설명이 곧 유출emanatio이다. 태양이 우주를 비추되 그 자신이 감소하지 않는 것과 같이 신은 접촉되지 않고 줄어들지 않고 움직이지 않으면서도 바로 그 신으로부터 필연적

---

[37] Plotinos, *Enneades*, 6,8,9 (743e) [코플스톤 626]. 신의 이 무규정성 또는 무차별성은 신이 자신을 자신과도 구별할 수 없으며 따라서 자의식을 넘어선다는 표현으로 묘사되기도 한다.

[38] Platon, *Politeia*, 509 b 9 [『플라톤의 국가·정체』 438].

으로, 즉 자연의 필연성에 따라secundum necessitatem naturae 흘러나옴으로써 세계가 형성된다는 것이다. 일자로부터의 이런 필연적 유출의 첫 단계에서 "지성"이 등장한다. 다양성이 허용되는 최초의 계기이기도 한 지성은 플라톤의 데미우르고스처럼 정신작용이기도 하면서 동시에 정신적 직관의 대상이기도 해서 아리스토텔레스의 "사유의 사유"noesis noeseos라는 궤적도 포함하고 있다.[39] 그리고 이어서 이 지성에서 "영혼"이 유출된다. 이 영혼은 「티마이오스」에서의 세계영혼에 해당하는데 초감성적 세계와 감성적 세계를 연결하는 기능을 한다. 여기에 스토아주의의 "종자적 로고스"도 한몫 하는데 세계영혼 안에 있는 이데아들을 이렇게 위상지었다는 점에서 그렇다. 이런 세계영혼에서 개별영혼이 발생하며 그 영혼 아래에는 물질세계가 펼쳐지는데 이는 곧 형상에 의해 해명되며 그 형상은 질료를 취하여 개물화한다.[40] 이런 유출의 계보에서 우리는 명실공히 플라톤과 아리스토텔레스의 궤적이 융합되어 있음을 확인할 수 있다. 물질을 "빛의 결여"로 보는 플라톤의 부정적 시각과 물질을 "형상의 기저"로 보는 아리스토텔레스의 긍정적 시각이 절묘하게 어우러져 있기 때문이다.

여기서 우리가 특히 주목해야 할 것은 플로티노스의 이런 세계관이 우주에 대한 영지적 경멸로 이어지지 않을 뿐 아니라 오히려 이를 거부하고 더 나아가 지성적 우주란 세계영혼의 작품이라고 찬양하기까지 했다는 점이다.[41] 이처럼 우주적 조화와 통일성에 대한 플로티노스의 예찬은 후에 교부 신학의 집성자인 아우구스티누스의 「고백록」에 나타나는 충만의 원리로 이어지기도 하는데 플로티노스 자신에서는 신과의 신비적 합일unio mystica을 위한 전제였다. 그런데 이 경지는 다음 구절이 묘사하는 것처럼 "묘사될 수 없는 경지"다:

천상에서는 보는 것이 아마 그렇겠지만, 천상에서 인간은 신과 그 자신을 모두 볼 것이다. 그 자신이 지성적 빛으로 가득 차서 눈부시게 되거나 또는 질이나 그

---

[39] 참조: Plotinos, *Enneades*, 5,9,9 [코플스톤 629].
[40] 참조: 같은 책 2,4,4-5; 3,5,6 [코플스톤 632].
[41] 참조: 같은 책 2,9,4 (202 d-e) [코플스톤 633].

어떤 무거움도 없는 순수한 상태의 빛으로 뒤덮인 사람이 되어 신성으로 변모됨을, 아니 그 본질상 신임을 보게 될 것이다. 그 시간 동안 그는 타오른다. 그러나 그가 한번 더 무거워지면 그것은 마치 그 불이 꺼진 것과 같다.[42]

그 광경은 말로 옮기기 어렵다. 신이 그 자신의 의식과 구별되는 것이 아니라 그 자신의 의식과 하나라는 것을 보아서 알게 되었을 때 어떻게 인간이 신에 관한 보고를 개별사물에 관한 보고처럼 전달할 수 있겠는가?[43]

그는 다시 시야에서 벗어날 것이다. 그러나 그로 하여금 자신의 내부에 있는 덕을 다시 깨우게 하고 자신이 훌륭히 완벽하게 만들어졌다는 것을 알게 하라. 그러면 그는 덕을 통해 지성으로 상승함으로써 자신의 짐을 벗어 다시 가볍게 될 것이고 따라서 지혜를 통해 신으로 상승하게 될 것이다. 이것이 신들의 삶, 인간들 가운데 신을 닮은 행복한 자의 삶이다. 이것은 낯설고 세속적인 것들과의 이별이며, 세속적 쾌락을 초월한 삶이고 단독자의 단독자로의 비행이다.[44]

이렇게 신과의 신비적 합일을 지상과제로 삼는 신플라톤주의의 신비주의는 바로 이때문에 역사성과 대중성이 없었다는 비판을 받는다. 그러나 다른 한편, 그리스도교의 맞수로 여겨지면서 동시에 그리스도교 신학의 초기 형성에 막강한 영향을 끼쳤다는 것만은 부정할 수 없다. 그리고 이 점은 신플라톤주의에 속하는 시리아 학파의 이암블리쿠스에 의해 촉발된 신성의 초월성에 대한 신비주의적 고조를 수용한 아테네 학파의 수장 프로클로스에게서 더욱 명백히 입증된다. 즉, 프로클로스는 「신학의 기초」나 「플라톤의 신학」 등의 저서를 통해 사실상 철학과 신학 사이의 중세적 얽힘을 고대적으로 예견했는데, 신플라톤주의의 유출설에 대한 그의 다음과 같은 변증법적 체계화는 그런 평가의 결정적 증거로 볼 수 있다. 그에 의하면 존재의 발전은 세 가지 계기, 즉 ① 원리 속에 남아 있는 계기, ② 원리에서 유출되는 계기, 그리고 ③ 그 원리로 되돌아가는

---

[42] 같은 책 6,9,9 (768f-769a) [코플스톤 634].
[43] 같은 책 6,9,10 (769d) [코플스톤 634].   [44] 같은 책 6,9,11 (771b) [코플스톤 635].

계기가 있는데, 이런 삼부적 발전이 연속적 유출과정 전체를 지배한다.[45] 그리스도교 신학에서의 인간론적 도식인 창조-타락-구원이라는 구도를 연상시키기도 하는 이런 변증법적 체계화가 지닌 신학적 함의는 차치하고라도 이미 신플라톤주의 자체 안에서도 종교성의 내적 욕구가 절정에 이르렀다고 보지 않을 수 없다는 점에서 "종교적 인간"의 철학적 궤적을 살펴볼 수 있는 좋은 사료로서의 의미를 지닌다고 하겠다.[46]

3. 신학의 자리 깔기

1) 고대 형이상학과 그리스도교 신학의 토대
(1) 고대 형이상학의 신학적 함의

고대 형이상학이 그리스도교 신학에 대해 지니는 의미는 다소 아전인수격일지도 모르지만 소위 "복음의 준비"praeparatio evangelica라는 차원에서 논의되는 것이 일반적이다. 우선 밀레토스 학파의 물질론에 대해 영혼을 설파한 피타고라스를 기원으로 하는 유심론의 뿌리를 부인할 수는 없지만 무엇보다도 이 세계

---

[45] Proclos, *Instit. Theol.*, 30 이하; *Theol. Plat.*, 2,4; 3,14; 4,1 [코플스톤 644].

[46] 그러나 무엇보다도 그리스도교 신학과 가장 깊은 연관을 지닌 신플라톤주의는 역시 알렉산드리아 학파의 그것이었다. 이 학파는 Iamblicus와 Proclos의 수사적 기교를 거부하고 종교적 중립성을 추구함으로써 그리스도교를 공인한 Constantinopolis로 하여금 헬레니즘을 받아들일 수 있게 하는 터전을 제공했다. 신학적 함의를 논하는 부분에서 자세히 살펴보겠지만 당대의 교리문답 학파는 물론이거니와 초대 교부들의 교리화 과정에서 이 학파의 영향은 실로 지대했다. 그러나 여기서 간과되어서는 안되는 사실이 있는데 그것은 바로 그리스도교에 대한 신플라톤주의의 영향뿐 아니라 그 역방향의 관계도 함께 고려되어야 한다는 점이다. 알렉산드리아 학파의 Hierocles는 다른 신플라톤주의자들과는 달리 위계질서론을 거부하면서 오히려 데미우르고스에 의한 무(無)에서의 자유로운 창조를 주장하기도 했다. 그에 의하면 인간의 운명이란 기계적 결정구조라기보다는 자유로운 행위에 영향을 주는 힘이라는 것인데 이는 인간의 자유와 신의 섭리의 관계에 대한 그리스도교적 교리에 조화될 수 있는 것으로서 역방향의 영향에 대한 좋은 증거로서의 의미를 지닌다. 더 나아가 그리스도교 신학에 미친 신플라톤주의의 영향은 그리스 계열의 동방교회 근거지인 알렉산드리아뿐 아니라 라틴 계열 서방교회에 대해서도 결코 적지 않았다. 서방교회의 신플라톤주의자들은 그리스 저작들을 라틴어로 번역하면서 자연스럽게 그 사상에서 영향을 받았는데 아우구스티누스에게 영향을 준 Marius Victorinus는 그 대표적인 예에 해당한다. 또한 중세로의 가교라는 철학-신학사적 의의를 지닌 인물로서 Boethius도 참고할 만하다.

에서 활동하는 내재적 이성으로서 "로고스"를 설파한 헤라클레이토스와 최초의 작용인으로서의 "정신"을 갈파한 아낙사고라스를 본격적 단계의 시작으로 꼽을 수 있을 것이다. 그런데 이런 시도들이 신학적으로 굳이 복음의 준비로서 의미를 지닌다면 그것은 이런 이설들의 구체적 내용에 기인한다기보다는 그들의 태도, 즉 이 세계의 궁극적 근원과 그 본성 및 이에서 비롯된 세계 질서의 정신적 근거에 대한 종교적 성향을 지닌 탐구정신이라고 할 것이다.

과연 이런 탐구정신은 플라톤에 이르러 완전한 터전을 구축하게 되었다. 신의 초월성과 이에 상응하는 영혼의 불멸성은 자연신학과 그리스도교 윤리학을 위한 형이상학적 초석이 되었다. 좀더 구체적으로 본다면, 감각적 경험의 현실을 넘어서는 "초월적 실재"의 설정이야말로 가장 중요하고도 핵심적임에는 재론의 여지가 없다. 이런 초월 사상은 곧 잠시 왔다가 사라져 갈 이 세계로부터 향해 가야 할 목적으로서의 의미를 지니고 있으며 이는 곧 더 나아가서 그로부터 감각적 삼라만상이 비롯되었다는 시원성까지 포함하게 되었다. 따라서 "시원이면서 종국"인 초월성은 그에 미치지 못하는 감각적 경험계를 그런 시원적 초월로부터의 타락으로 간주하게 했고 여기서 "영혼의 타락"이라는 개념이 도출되었던 것은 새삼 설명할 필요도 없다.

그러나 초월사상이 그리스도교 신학에 영향을 주었던 가장 주요한 요소는 무엇보다도 "초월적 힘의 섭리"라는 사상이라고 할 것이다. 고대라는 시대에 인간의 운명과 죽음에 대한 불안을 극복하려는 시도는 당연히 초월적 힘의 계획과 경륜에 의한 것이라는 희구적 투사로 이어졌으며 이로써 운명의 도전을 견뎌낼 수 있는 용기의 원천으로서 섭리라는 개념이 신화로부터의 유래를 거쳐 철학적으로 정립되었다. 덧붙인다면 아리스토텔레스의 "부동의 원동자"라는 신 개념에서도 특히 신이 삼라만상을 신 자신에게로 향하게 함으로써 완전성을 추구하는 동인인 "신에로의 사랑"을 심어주었고 이로써 은총으로서의 신앙이라는 교리를 철학적으로 정당화할 가능성을 더듬을 수 있다는 점을 들 수 있겠다.

그럼에도, 이런 신관들의 형성 못지않게 중요한 것은 그런 궁극적 가치에 대한 신뢰라는 정신적 자세가 그리스도교 신학의 자연스런 형성과 수용에 이바지

했다는 점이다. 플라톤과 그의 추종자들이 신의 초월성을 그토록 강조함으로써 그리스도교의 성육신 교리가 철학적으로 딜레마를 겪을 수밖에 없었다 하더라도 이 점이 후자에 대한 전자의 영향을 부정하는 것으로 해석되어야 할 이유가 되지는 않는다. 오히려 신의 초월성에 대한 집요한 강조를 통해 정신적 가치들의 영속성에 대한 신뢰를 끌어내게 되었고 따라서 종교의 현실적 타당성도 그만큼 드높이게 되었다. 그리고 이 점은 아리스토텔레스에게서도 마찬가지인데 부동의 원동자가 그 부동성과 불변성에도 불구하고 동력인과 목적인의 성격을 머금은 형상인이라는 점에서 특히 스콜라 신학을 중심으로 하는 그리스도교의 신관 형성을 위한 형이상학적 구도의 역할을 했다는 점은 의심할 나위가 없다.

그러나 플라톤과 아리스토텔레스로 대표되는 그리스 철학이 전성기를 거친 후 헬레니즘 시대로 접어드는데 사실상 오히려 이 시기의 사조들이 그리스도교 신학의 형성에 더욱 직접적이고도 방대한 영향을 끼쳤다. 말하자면 고대 형이상학이 복음의 준비로서의 의미를 지닌다고 할 때 오히려 후기로 갈수록 그런 경향이 더욱 고조되는 분위기였다. 그중에서도 스토아주의는 앞서 헤라클레이토스에 의해 정립되었던 로고스 사상을 더욱 증폭시킴으로써 신학 초기의 핵심적 주제였던 삼위일체론과 그리스도론의 사상적 뼈대를 제공하는 가교로 간주될 만큼 주요한 길목에 위치한다고 하겠다. 즉, 헤라클레이토스에서 "실재의 보편적 법칙"을 의미하던 로고스가 스토아 학파에서는 "만유에 내재하는 신적 힘"을 뜻하는 데까지 확장됨으로써 신관 구성의 핵심개념으로서 훌륭한 포장과정을 거칠 수 있었다. 좀더 세밀하게 본다면 스토아주의와 그리스도교 신학 사이에는 인간관과 구원관에서 첨예한 대립을 보이지만 구도적으로 접근한다면 오히려 놀라울 정도의 유사성을 발견하지 않을 수 없다는 점도 그 영향의 방식을 가늠하는 좋은 자료가 될 것이다. 예를 들면, 스토아주의에서는 인간의 어리석음에 주목함으로써 구원이란 지혜를 통해 이루어진다고 본 반면에, 그리스도교에서는 인간의 죄에 관심함으로써 신의 은총을 통한 구원을 강조하게 되었다는 대조를 보인다. 그러나 보편적 로고스에의 참여 사상에 입각한 스토아주의의 만인평등사상은 자연스럽게 모든 인간은 신의 자녀라는 그리스도교의 인간관으로 이어질 수 있었다. 또한 스토아 학파의 운명주의는 신의 섭리를 받아들일 수 있는 정신적 토양을 제공하는 데 일익을 담당했다. 따라서 인간관과 구원관에서의 내용적 대조 이상으로 형식적 공통성에 주목함으로써 사상사적 영향을 평가할 수 있다는 점이 지적되어야 할 것이다.

다른 한편, 스토아주의와 같은 시대에 쌍벽을 이루었던 에피쿠로스주의는 노골적 무신론 때문이었는지 그리스도교 신학의 형성에 상대적으로 영향이 적었다고 평가된다. 오히려 운명주의와 자유주의라는 이들 사이의 대조로 인한 회의주의가 그리스도교 신학의 학문적 형성을 위한 추동인의 역할을 했다는 점이 특별한 주목을 요하는 것으로 보인다. 결국 그 대안으로서 절충주의와 융합주의를 유도해 낸 회의주의는 현실을 파악하고 감당하는 데 순수한 이성만으로 부족하다는 "판단중지"의 태도로 인해 오늘날 의심을 즐기는 회의주의와는 매우 다른 진지한 분위기를 지녔다. 그리고 바로 이런 자세가 삶의 현실에 대한 지식뿐 아니라 이를 넘어 영감을 추구하는 자세로 이어졌으며 이것이 그리스도교 신학 형성을 위한 측면 지원의 역할을 하게 되었던 것으로 평가된다.

그러나 회의주의에만 머물러 있을 수 없었던 당대의 사람들은 뭔가 현실적 대안을 찾아나섰고 여기서 기존에 펼쳐진 사상들을 조합하는 절충주의가 모색되었다. 특히 신학적 연관성에 주목하여 이 사조를 본다면 앞서 논의된 바와 같이 신비주의의 경향을 강하게 띠게 되었는데 이는 곧 신의 초월성에 대한 강조를 통해 보편성과 추상성을 확립하는 사상적 구도로 이어졌다. 유다교의 인격신 사상과 그리스의 보편적·추상적 신 개념이 초월성이라는 범주 안에서 결합될 수 있었으니 바로 여기서 알렉산드리아의 필론이 결정적 역할을 수행했던 것으로 전해진다. 나아가 고대 형이상학의 파국을 장식한 신플라톤주의는 특히 성육신 교리에서 내용적 불일치와 대립에도 불구하고 대중적 신비종교들과 함께 그리스도교의 성례전과 초자연주의적 성향의 대중화를 위한 준비로 여겨질 수 있었다. 그리고 이런 평가의 탁월한 사례를 교부 철학과 신학의 집성자인 아우구스티누스에게서 확인할 수 있으니 그에게서는 신플라톤주의가 그리스도교 철학의 첫 단계가 되었기 때문이다. 물론 이런 사상사적 연관성이 그리스도교의 계시적 고유성을 부정할 근거로 악용될 수는 없다. 다만 이미 널려져 있는 형이상학적 개념들과 변증적 구도들이 이방인을 향한 복음선포를 통한 세계종교로의 도약을 위해 그저 우연히 만나게 된 자료들이라고 하기에는 너무도 풍부한 섭리의 역사임을 거부할 수 없으리라는 점만큼은 지적되어야 할 것이다.

(2) 합리주의와 신비주의의 대립

위에서 논한 고대 형이상학의 신학적 함의를 우리의 분석구도인 합리주의와 신비주의의 대조라는 관점에서 다시 읽는다면 다음과 같이 정리된다. 즉, 만물의 뿌리를 거슬러 그 정체를 규명하고자 한 고대 형이상학은 "참된 있음"을 옹립한 합리주의 전통과 "참된 없음"을 귀결시킨 신비주의로 대별된다. 형이상학의 태동기를 장식하는 우주론에서 이미 합리주의와 신비주의의 대립이 서주를 울렸는데 우주의 근원을 자연계에서 찾으려는 물질파가 합리주의의 씨앗이라면 이 물질계를 넘어 저편의 세계를 동경하는 정신파가 신비주의의 소양을 지니고 있었다. 이런 대조는 존재론으로도 이어졌는데 변화와 갈등의 현실에 주목한 생성파가 합리주의적 성향으로 기울었다면 근원의 절대적 단일성에 집중하려는 존재파가 신비주의적 분위기를 머금고 있었음도 부정할 수 없다. 그러던 것이 우주-존재-신-론적 근원학으로서의 형이상학적 집성이 본격적으로 이루어진 플라톤에 이르러 합리주의와 신비주의라는 양대 사조는 일단의 종합을 이루게 된다. 플라톤의 형이상학은 물질과 정신의 관계, 그리고 존재와 생성의 관계를 정리하려 했다는 점에서 합리주의와 신비주의의 궤적을 공히 지닌 것으로 평가될 수 있다. 즉, 그의 형이상학이 있음과 참됨, 선함 사이의 정비례관계에 바탕을 둔 우주의 위계질서에 입각하고 있다는 점에서는 합리주의의 흐름을 수용한다고 보이지만 실재의 세계를 감각적 현상계 너머에서 찾으려 했다는 점에서는 신화에서 이어온 신비주의의 족적을 간직하고 있다고 하지 않을 수 없다.

그러나 바로 이런 이유로 합리주의와 신비주의가 본격적으로 분리되고 대립하게 된 것 또한 플라톤으로부터였다고 하겠다. 한편 그의 제자인 아리스토텔레스는 실재계와 현상계 사이의 연관성을 강조함으로써 실재계에서 신비적 요소들을 벗겨낼 수 있었다는 점에서 고대 합리주의의 원형을 이루었다. 그러나 다른 한편 아리스토텔레스에게서 이루어진 합리주의의 절정 이후 이에 대한 반동으로서 신비주의가 본격적으로 분출되었다. 파국의 단계를 장식하는 회의주의와 절충주의와 융합주의는 근본적으로 신비주의적 성향을 지닌 운동들이었으며 이는 플라톤에게 담겨 있는 신비주의적 성향을 더욱 증폭시킴으로써 당대의 상황과 맞물려 궁극자와의 신비적 연합을 동경하는 분위기를 고조시켰다.

이런 대조적 흐름을 신학적 차원에서 다시 읽어본다면 다음과 같이 간략히 정리될 수 있다. 아폴론을 신화적 기원으로 하는 합리주의는 있음의 차원에서 "참된 있음"으로서의 신과 없음을 싸안으면서 잠시 있는 세계 사이에 존재론적 연속성을 설정하고 이에 근거하여 앎의 차원에서 가지성을 구축했다. 절대자로서의 신과 상대자로서의 인간, 또는 세계가 존재론적으로 연속되어 있어서 인간의 유한한 이성을 무한하게 확장시키면 신에 관한 앎에 도달할 수 있다는 합리주의는 삼라만상이 존재성의 정도에 의한 계층구조 안에서 위계적으로 서열화되어 있어서 그 서열의 시점이요 정점으로서 신을 설정한다. 그런데 이런 최상급의 묘사도 결국 신을 만물과의 비교 연관 안에 두고서야 가능하다고 할 때 신에 대한 앎은 그런 비교의 정점에로의 소급을 통해 가능하기 때문에 긍정신학의 방향을 추구하게 됨은 지극히 당연하다. 말하자면 플라톤도 공유하고 있기는 하지만 아리스토텔레스에서 가장 탁월한 예증을 확인할 수 있는 고대 형이상학의 합리주의에서는 신의 확실성이 결정적 관건이었다.

이와 달리, 디오니소스를 신화적 연원으로 하는 신비주의는 있음의 차원에서 불연속성을 감파함으로써 앎의 차원에서 자연스럽게 불가지성으로 이어졌다는 대비를 이룬다. 오르페우스교의 전통을 이어받은 피타고라스 학파에서 철학화가 시작된 신비주의는 이 세계의 근거를 보이는 세계 밖에서 구함으로써 저편의 영원하고 절대적인 것을 동경함이 주요한 특징이다.[47] 이 전통은 플라톤에서 영

---

[47] 말하자면 신비주의 전통의 뿌리에는 영혼불멸사상이 깔려 있는데 플라톤의 형상론으로 형이상학화하기도 한 영혼불멸사상은 그리스의 민족종교들에 공통적으로 깔려 있던 영원회귀사상과 얽혀 있는 중심적인 우주관이요 생사관이었다. 그런데 오르페우스교가 이를 본격적으로 종교화했다면 피타고라스와 그의 후계자들은 영생하는 영혼을 동경해서 이를 위한

혼불멸설[48]에 바탕한 형상론으로 스며들었다가 아리스토텔레스의 합리주의적 절정이 파국을 맞으면서 다시 고개를 들었다. 즉, 피타고라스와 플라톤의 복고를 꾀한 헬레니즘의 후기 흐름이 일련의 신비주의적 승화과정이었다면, 결국 고대 형이상학의 신비주의에서는 합리주의적 확실성보다 초월적 절대성이 더 중요한 가치로 여겨졌으며 바로 이런 이유로 부정신학의 방법이 채택되었다.[49]

이제 우리는 이를 좀더 구체적으로 살펴보기 위해 아래와 같이 두 갈래의 길을 따라 양대 전통의 신학적 함의를 논하고자 한다. 먼저 "참", 즉 신의 "무엇"을 묻고 "있음"에서 더듬어내려는 합리주의가 엮어낸 신관은 신의 완전함에 집중함으로써 신정론과 수난불가론 같은 이론들을 엮어냈다. 그런가 하면 신의 "무엇"에 대해 "없음"이라는 대답밖에는 그 어떤 것도 불가능하다는 신비주의는 그렇게 규정될 수 없을 만큼 무한해서 이 세계와는 불연속적일 수밖에 없는 신과 세계의 관계를 다시 잇대어 설명하려는 취지에서 등장한 삼신론을 배경으

영혼 정화의 방법으로 수학을 연구했으며 여기서 만물의 근원을 수로 선포하기에 이르렀다. 이들은 변화하는 현상계보다는 수로 표기되는 추상계에서의 질서적 조화가 초월적 영원성을 담지하기에 더욱 적절한 것으로 보았다.

[48] 이 대목에서 영혼의 정체에 대한 당시의 형이상학적 이해를 잠시 살펴보는 것도 의미 있을 것이다. 형상이 고정성의 원리라면, 활동성의 원리로서의 영혼은 무엇인가? 영혼은 철학의 태동 이전 호메로스로 대표되는 신화 시대에는 육체와 아직 분리되지 않은 혼합의 관계로 표상되었는데 헤라클레이토스에 이르러 양자의 대등적 분리가 이루어졌다. 그러나 오르페우스-피타고라스 전통을 따르는 플라톤에 이르러서는 양자가 형상(같음)과 현상(다름)의 그것처럼 분리의 관계를 유지했지만 불멸의 영혼이 죽을 수밖에 없는 육체보다 우월하다고 여겨졌다. 그렇다면 활동성의 원리라는 영혼이 왜 불멸이라고 주장되는가? 아니 왜 영혼이 불멸해야 하는가? 이 문제의 검토는 "영혼불멸설"과 "죽은 자 부활 신앙"의 관계에 대한 논의와 연관해서 신학적으로 지대한 의의를 지닌다. 플라톤에게 있어 영혼이 불멸해야 하는 이유는 우선 초시공적 이성을 발휘하는 기능의 주체일 뿐 아니라 선함의 근거이기 때문이다. 이성은 가위 시공간을 초월하기 때문에 이를 관장하는 이성적 영혼은 당연히 파괴되거나 해체될 수 없다. 이 세계가 변화의 과정을 겪지만 일정한 법칙 또는 공식으로 표현될 수 있는 어떤 균일성 또는 규칙성을 가지고 일어난다는 관찰은 이성의 관리자로서의 영혼이 있기 때문에 가능하다. 또한 "왜 선해야 하는가?"라는 질문에 대해 동어반복의 대답을 넘어서려면 어떤 식으로든지 육체의 사멸 이후에도 지속되는 존재의 담보체를 설정해야 한다. 근세 후기에 이르러 칸트가 도덕적 당위로서의 선의 근거를 위해 신·자유·영혼불멸이라는 세 항목을 요청하기도 했지만 이미 플라톤에게서 그러한 필연성이 통찰되었다고 하겠다.

[49] 이런 점에서 합리주의가 확실성의 문제를 제기한 회의주의에 대응하는 방식을 취하고 따라서 "높이"의 차원에서 신 이해를 추구했다면, 신비주의는 절대성에 대해 시비한 상대주의에 관련되면서 "깊이"의 차원에서 신 이미지를 그리고자 했다고 볼 수 있겠다.

로 삼위일체론이라는 교리를 엮어냈다. 그럼에도, 있음 자체의 충만함이 가리키는 신의 자기충족성을 바탕으로 인격의 자족적 완성을 강조하는 합리주의적 경향뿐 아니라, 그런 규정을 거부하는 신의 신비성을 전제로 무한한 신과 유한한 인간의 합일을 강조하는 신비주의적 경향도 역시 인간이 자신의 삶에서 절대적 기초를 구축하려는 욕구라는 동일한 뿌리를 지니고 있다는 점은 부인할 수 없다. 그리고 바로 이때문에 합리주의와 신비주의는 공히 인간관과 신관에서 양대 구도를 이루는 근간이 됨으로써 그리스도교 신학 형성과 발전의 사상적 배경으로 작용했다. 다만 플라톤과 그의 신비주의적 후예들에 의해 전개된 일련의 흐름이 고대 형이상학과 초대 교부 신학을 잇는 배경이었다면, 아리스토텔레스에서 절정에 이른 합리주의는 그의 저작문헌들이 발굴된 중세로 넘어가 스콜라 철학과 신학을 이루는 토대로 작용했다는 점을 덧붙여야 할 것이다.

(3) 합리주의를 토대로 한 신정론과 신의 수난불가론

앞에서 우리는 플라톤에 의해 정립된 신관을 살펴보았다. 그에 의하면 있음과 선함의 정비례 관계에서의 정점인 신은 있음 자체이며 그런 한에서 지고의 완전자이며 동시에 지고의 선이다. 그런데 여기서 우리가 특별히 주목해야 할 점이 있다. 지고의 완전성이 전능성을 의미한다면 지고의 선성과 함께 신의 주요한 속성일진대 이 세계에서 엄연히 실제로 경험되는 악의 현실과 관련하여 그 양대 속성이 어떻게 엮여야 할 것인가라는 소위 신정론神正論 문제가 바로 여기에 연결되어 있기 때문이다. 즉, 신이 전능全能한 동시에 지선至善하다면 이 세계에 도무지 악이란 있을 수 없는데 현실은 그렇지 않으니 신의 두 속성이 양립하는 것은 모순이므로 하나를 포기하지 않을 수 없다는 것이다. 신이 전능함에도 악을 허용할 만큼 지선하지 않거나 반대로 지고의 선이기는 하지만 악을 폐기할 만큼의 능력을 지니지 못하는, 그야말로 신의 권위가 결정적으로 도전받는 상황이 상정되지 않을 수 없었다.

그런데 이 문제와 연관하여 초대 교부 철학과 신학의 집대성자인 아우구스티누스를 비롯한 플라톤의 그리스도교적 후예들은 기꺼이 플라톤에 의해 제시된

"있음 자체"라는 신 개념에 호소한다. 즉, 없음이 전혀 없이 있기만 한 있음이라는 의미에서 있음 자체인 신은 바로 그 있음 자체라는 본성에 의해 전능하고 동시에 지선하다는 것이다. 물론 이런 동일화의 바탕에는 더욱 있을수록 더욱 선한 것이어서 완전히 있기만 한 있음은 조금도 모자람이 없는 지선이라는 정비례 관계가 깔려 있다. 그런데 있음과 선함의 이런 정비례 관계는 거꾸로 더욱 없을수록 더욱 악한 것이어서 완전한 없음은 당연히 최악을 가리킨다. 따라서 있음은 선한 것이고 없음은 악한 것인데, 악한 것은 결국 없는 것이어서 기껏해야 "선의 결여"privatio boni일 뿐이라는 것이다. 이것은 마치 빛과 어두움의 관계와도 같아서 선은 빛이요 악은 어두움일진대 어두움이란 그 자체로 있는 것이라기보다 빛이 없는 상태를 지칭하는 것과 마찬가지로 선과 악의 관계도 그렇다는 것이다. 악은 실재성이 없음으로써 형이상학적 지위가 부여되지 않으니 신의 전능성과 지선성의 공존에 어떤 손상도 일으키지 않는다는 것이다.

그러나 신의 "무엇"에 대해 있음으로만 더듬어간다면 이런 방식의 귀결 이외에 다른 가능성을 찾기란 불가능할 수밖에 없다. 물론 오늘날 악에 대한 진하고도 실재적인 체험으로 점철된 삶을 살아가는 우리들에게는 이런 변명이 우스꽝스런 유희로 들릴 수밖에 없다. 그러나 이를 불사하면서까지 신의 올바르심을 수호해야 한다고 거품 물고 덤벼드는 인간들의 측은함이 기실 더욱 심각한 문제다. 신정론이란 인간의 언변으로 신의 옳음을 방어하겠다는 것인데 도대체 신이 인간에 의해 보호되고 방어되어야 하는 존재인가? 신이 해야 할 일을 인간이 하겠다고 나서는 순간 양쪽 모두에게 비극이 벌어질 수밖에 없고 신정론을 포함한 신학의 역사는 이를 에누리없이 증명해 준다.

플라톤의 형이상학에서 이런 고전적 신정론의 원형을 발견할 수 있었다면, 이제는 플라톤과 아리스토텔레스가 공유하지만[50] 아리스토텔레스에게서 확실하게 절정에 이른 형이상학적 합리주의가 표상하는 신론의 핵심인 "완전성"이라는 개념에 잠시 주목할 필요가 있다. 바로 이 개념도 그리스도교에 유입되면서 신관에서 지대한 영향과 변화를 가져다주었기 때문이다. 물론 아리스토텔레스는 세계에 대한 신의 내재성을 부각시켰지만 지고의 완전자인 신은 결여됨이 전혀 없기 때문에 무엇을 보완하거나 채우기 위해 움직일 필요가 없는 부동자라 한다. 즉, 완전성과 부동성은 불가분 관계에 있는 속성이라는 것이다. 이런 사고는 위에서 언급된 있음과 선함의 정비례 관계와 마찬가지로 있음의 정도가 더욱 높을수록 더욱 참되다는 이해에 뿌리를 두고 있는 것이어서 당시로서는 지극히 당연한 귀결이었다. 그런데 이런 신 관념이 그리스도교 신론에 흘러들어오는 과정에서 환영을 받으면서도 동시에 문제를 야기시켰다. 즉, 신에서의 완전성과 부동성의 일치는 초대교회에서 삼위일체 교리가 형성되어가면서 하나의 신학적 딜레마로 등장하게 되었다. 지고의 신인 성부는 완전-부동하시되 성자는 고통과 죽음까지 당했으니 성부와 성자의 일체성을 어떤 방식으로 이해해야 하는가의 문제가 제기되지 않을 수 없었다. 이런 상황에서 초대 교부들 중에는 성부도 성자와 함께 고통을 받았다는 성부수난설patripassianism이나 신의 수난론theopathicism을 제시하기도 했다. 그러나 당대에 이들은 신의 완전-부동성에 위배된다는 이유로 여지없이 이단으로 찍히고 말았다. 그렇지만 사실상 신의 완전-부동성은 그리스적 개념 결합일 뿐이며, 유다교에서도 고백되어 온 민족신으로서의 야훼는 부동적이고 초월적이기만 하지 않고 지극히 내재적이고 역사개입적이어서 이 구도에서 신의 완전성은 고난받을 가능성까지 포함하는 역동성과 결합되어야 하는 개념이었다. 즉, 인간과 함께 고난받을 수도 없는 부동성은 있음의 성질을 충족시키기는 할지언정 참된 뜻에서의 완전성이라는 기준에서 본다면 오히려 미흡한 것이었다. 고난받을 가능성을 거부하는 부동성보다 고난받을 가능

---

[50] 덧붙인다면, 플라톤과 아리스토텔레스가 신의 완전성이라는 개념을 공유했음에도 이들이 신론의 모든 요소에서 동일했던 것은 아니다. 단적인 예로, 플라톤의 신론에서 "선의 이데아"와 아리스토텔레스의 신론에서 "순수형상"은 언뜻 보기에는 양립할 수 없는 것처럼 보인다. 전자는 지성을 지닌 것으로 묘사되지 않은 반면에 후자는 지성을 지닌 것으로 묘사되었기 때문이다. 또한 플라톤은 성질에 관심을 두었다면, 아리스토텔레스는 행위에 관심을 두었다. 이러한 양대 접근은 또한 후일 그리스도교 삼위일체론에 성질적 이해와 행위적 이해로 반영되었다. 그럼에도 양자의 동일성을 주장하는 입장들이 있었는데 특히 그리스도교 신학에서 강하게 나타났다. 그리고 양자의 동일성은 사실상 양자의 종합이라는 방식으로 주장되었다. 즉, 플라톤에서 형상인이면서 동력인인 신이 목적인으로서의 성격을 함께 지니는 것으로 간주됨으로써 플라톤과 아리스토텔레스는 모두 인격신론의 상보적인 동시에 상이한 면들을 제공한 것으로 평가되었다. 말하자면 철학이 신학과 상통하면서 변형되고 왜곡되는 역사가 이미 그 출발단계에서 비롯되었다고 하겠다.

성까지 내포하는 역동성이 완전성을 더욱 폭넓히는 것으로 이해될 수 있기 때문이다. 그러나 이런 이해가 타당한 것으로 보일 수 있기까지는 이천 년이라는 장구한 세월을 기다려야 했다. 20세기에 와서야 몰트만 등으로 대표되는 일련의 신학자들이 제시하는 "십자가에 달리신 하느님"der gekreuzigte Gott이라는 표현이 가리키듯이 신의 수난에 대한 긍정적이고도 적극적인 해석을 통해 신의 완전성에 대한 새로운 변증법적 이해가 추구되고 있는 실정이다.

신정론과 신의 수난불가론이라는 예들에서 살펴본 바와 같이 "무엇" 물음에 대해 "있음"이라는 대답은 있음 자체의 자기충족성으로 인해 신으로 하여금 악이나 고통과 같은 인간의 어두운 현실을 오히려 외면하게 하는 목석 같은 무감정적 존재로 그려내게 했다. 다시 말하면 "무엇" 물음과 "있음"이라는 대답 사이의 고리가 지배하는 형이상학적 세계관에서 엮어지는 신과 인간의 관계는 신을 "높디높은 보좌"로 올려드린다는 구실로 결국 꼼짝달싹할 수도 없는 철옹성에 가두고 인간은 그저 그 주변을 가련하게 맴돌게 했다. 그런데 그리스도교 신관과 신학의 역사가 이런 형이상학적 관념에서 자유롭지 못했다는 현실을 진단해 본다면 사상의 교류와 영향이라는 것이 얼마나 중차대한 문제이며, 인간들이 엮어내는 신관이라는 것이 얼마나 문화적 편견과 맞물려 상대적일 수밖에 없는가 하는 것을 능히 가늠해 볼 수 있을 것이다.[51]

(4) 신비주의를 배경으로 한 삼위일체론의 형성 과정

그리스도교 신학의 출발점이면서 신론의 핵심인 삼위일체론을 오늘날 우리가 어떻게 새겨야 할 것인가 하는 것은 중대한 문제가 아닐 수 없다. 그 역사적

---

[51] 소크라테스를 분기점으로 이전의 자연철학에서 인간으로 관심의 전환이 이루어졌다는 것은 주지의 사실이다. 플라톤과 아리스토텔레스는 차이가 있음에도 공히 인간을 인간 위의 완전히 비물질적인 실재계와 인간 아래의 물질적 세계 사이의 중간적 존재로 그렸다. 이후 헬레니즘 시대 중 특히 스토아 학파에서는 수평적으로 인간의 도덕적 행위에 관심을 두었다면 플라톤의 영향권 안에 있는 사조들은 대체로 수직적으로 인간의 종교적 욕구와 갈망에 초점을 맞추었다. 고대 형이상학에서의 인간의 자기이해가 이러한 발전경로를 취했다는 것은 이 학파나 사조들에서 전개된 신관과의 밀접한 연관성을 떠올린다면 인간관이 신관의 토대가 된다는 해석학적 공리를 어김없이 확인시키는 고전적 증거라 하지 않을 수 없다.

다양성과 내용적 모호성에도 불구하고 그리스도교의 교리와 고백이 여기에 뿌리를 두고 있어 여전히 진위 판단의 결정적 기준으로 군림하고 있기 때문이다. 그러나 우리가 이 자리에서 이에 연관된 모든 논의를 망라하여 다룰 수는 없다. 다만 그런 교리의 형성에 작용했던 사상적 배경을 이 맥락에서 더듬어 봄으로써 오늘날 우리에게서도 여전히 그 뜻을 더듬을 실마리를 찾을 수 있다면 그것으로 족할 것이다. 그리고 여기서의 논의는 어디까지나 형이상학을 중심으로 한 철학적 범위로 한정할 것이며, 신학적 논의는 다음 절에서 간략하게 다루게 될 것이다.

삼위일체론에서 우리가 먼저 고려해야 할 것은 이를 강력하게 연상시키는 플라톤의 우주기원설이다. 플라톤에 의하면 자고로 우주 자체를 포함하여 그 무엇이 있기 위해서는 다음 세 요소가 필요한데, 그것은 곧 설계도에 해당하는 원형, 그 원형에 따라 만드는 일을 담당할 제작자, 그리고 바로 거기에 그렇게 필요한 재료라는 것이다. 물론 이때 원형과 제작자와 재료는 각각 근원적이고 서로간에 독립적이어서 어느 하나도 다른 하나로 축소될 수 없다. 원형이란 언제 어디를 막론하고 일정해야 하는 고정성의 원리인 형상을 가리킨다면, 그런 원형에 따라 실제로 활동해야 하는 것이 영혼인데, 바로 이런 이유로 이 둘은 구별되어야 한다. 나아가 물적 재료를 가리키는 질료도 형상이나 영혼에서 비롯된다면 형상과 영혼의 비물질성이 손상되기 때문에 독립적이어야 한다. 이것이 앞서도 언급한 바 있는 플라톤의 삼신론이다.

이제 이런 삼신론은 플라톤 안에 녹아 있는 신비주의의 전통을 더욱 증폭시킨 일련의 과정에서 더욱 세련되게 다듬어진다. 앞서 살펴보았듯이 합리주의의 절정을 이루었던 아리스토텔레스의 형이상학이 파국을 맞으면서 회의주의를 거쳐 나타난 절충주의와 융합주의는 신의 절대적 초월성을 더욱 강화하는 방향으로 신비주의적 궤적을 그려내었다. 먼저 신피타고라스주의에서는 원형을 가리키는 형상이 신의 마음에 들어 있다고 함으로써 인격화의 씨앗을 심었다는 점에서 신학적 진전을 이룬 것으로 평가된다. 그럼에도 여기서는 아버지, 제조자, 피조물로 이루어진 누메니우스의 삼신론이 보여주듯이 형상과 영혼의 비물질성에 대한 집착 때문에 질료를 포함할 수밖에 없었던 플라톤의 삼신론이 아직도 투박한 채로 유지되었다. 그러나 삼위일체론을 향한 좀더 본격적 전진이 그리 오랜 단계를 거치지는 않았다. 곧이어 나타난 중기 플라톤주의에서 에우도로스에 의한 "삼중적 일자" 개념은 삼신론에서 일체성을 일구어낼 수 있는 계기가 되었고 신비주의적 성향에 의해 더욱 드높여진 신의 절대적 초월성과 그만큼 벌어져버린 이 세계 사이를 매개할 중재자 개념이 플루타르코스에 의해 본격적으로 발전되었다. 그리고 이를 토대로 알비누스가 드디어 제1신, 지성, 영혼이라는 꽤 세련된 삼신론을 엮어냈다. 말하자면 이미 중기 플라톤주의에서 플라톤의 삼신론에 포함되어 있던 물질적 차원이 제거되고 신의 초월성이 한층 드높여짐으로써 그리스도교의 삼위일체론을 위한 "터닦기"가 이루어졌다.

그런데 그리스도교 삼위일체론의 직전단계라 할 수 있는 이 구도는 이제 유다-그리스 철학이라는 또하나의 독특한 사조 안에서 중재자의 지위를 담당해야 하는 지성을 인격화하는 과정을 거치게 된다. 즉, 이 사조의 대표자인 필론이 중재자에 해당하는 지성의 인격성을 위해 로고스라는 개념을 도입함으로써 로고스 그리스도론의 철학적 쌍벽을 마련했다. 앞서 신피타고라스주의의 니코마코스가 제시한 형상의 인격화와 중기 플라톤주의의 플루타르코스가 제시한 중재자 개념이 절충적으로 얽히어 인격적 중재자로서의 로고스 개념에 이르게 된 것이다. 그러나 기왕에 전개된 신비주의의 흐름은 절충방식에 만족하지 않고 이를 넘어 융합주의로 가면서 더욱 강화되었는데, 이는 신비주의의 생리상 당연하고도 불가피했다. 이로써 융합주의를 대표하는 신플라톤주의의 수장인 플로티노스의 일자·정신·영혼이라는 삼신론적 구성은 주지하다시피 프로클로스[52]와 포르피리우스를 통해 그리스도교 삼위일체론과 연관되었다.

---

[52] 프로클로스는 그리스도교의 창조교리에 견주어지는 플로티노스의 유출설을 변증법적으로 체계화했는데 일자에서 시작되는 존재의 생성과정에서의 심부적 발진이 바로 그것이다. 규정될 수 없다는 뜻에서 일자로 일컬어지는 근원과 이에서 비롯된 파생이 서로 부분적으로 동일하고 부분적으로 상이하기 때문에 삼부적 발전, 또는 세 단계설이 나오는데 이는 다음과 같다: ① 원리 안에 머물러 있는 계기, ② 원리에서 유출되는 계기, 그리고 ③ 그 원리로 되돌아가는 계기. *Instit. Theol.*, 30 이하; *Theol. Plat.*, 2,4; 3,14; 4,1 [코플스톤 644].

플라톤의 우주기원설에서 형성된 삼신론을 뿌리로 하고 다듬어진 이런 일련의 과정은 그야말로 어떤 방식으로든지 규정될 수 없다는 뜻에서 "없음"으로 묘사된 절대적 초월자로서의 신과 이 세계 사이를 그나마 더듬으려는 애처로운 시도다. 절대성을 포기할 수 없기 때문에 무규정적 초월성도 불사함으로써 신이 "없음"으로 표상되었다면 그런 신과 관련하여 잠시 있는 이 세계의 위치를 잡아내기 위해 중간적 매개자가 필요할 수밖에 없었고 이는 자연스럽게 제2 위격인 중보자 개념으로 발전되었다. 나아가 무규정적 초월자가 그 초월적 절대성을 손상당하지 않고 이 세계와 관계하기 위해서는 활동성의 원리인 영혼[53]을 모형으로 하는 제3 위격인 성령이 설정되지 않으면 안되었다. 이렇게 해서 삼신론의 어설픈 구성은 신비주의화 과정을 거치면서 물질적 차원을 극복하고 정신화함으로써 좀더 세련되게 다듬어져 갔고, 이제 그리스도교의 삼위일체론의 역사적 형성과정에 이모저모로 연관되었다.

그런데 이 대목에서 우리가 묻지 않을 수 없는 것은 그렇게 독야청청해야 할 것 같은 초월적 절대성이라는 성질이 성부 하느님에게 액면 그대로 적합한가

---

[53] 영혼 이야기에서 또한 간과할 수 없는 것으로 개별영혼과 세계영혼의 관계에 대한 대목이 있다. 이와 관련하여 플라톤은 우리의 육체를 구성하는 물질적 요소가 우주의 물질적 요소에서 유래하는 것과 마찬가지로 우리의 개체 영혼도 이 물질적 우주를 살아 있게 하는 세계영혼에서 유래한다고 주장한다. 이 평행을 더 진전시켜 본다면, 우리 육체의 물질적 요소가 마침내 해체되어 우주의 물질적 요소로 돌아가야 하는 것과 마찬가지로 우리의 개체영혼도 마침내 세계영혼으로 돌아가야 한다고 말해야 할 것이다. 말하자면 인간의 개별영혼은 처음에 세계영혼과 원초적으로 연합해 있다가 현상계에 들어오면서 개별영혼으로 분리되는데 타계하면서 다시 세계영혼으로 귀의한다는 삼각구도(triad)가 형성된다. 이런 삼각구도가 전통적으로 그리스도교 신학에서 창조-타락-구원의 도식으로 교리화되어 나타났다는 것은 사실상 새삼 지적할 필요도 없다. 후에 신플라톤주의자 프로클로스의 변증법적 체계화에 나타난 세 단계 발전의 원형이기도 한 플라톤의 이 지론은 결국 그리스도교 신학에서 인간적 삼각구도의 철학적 배경이 되었다. 이 구도는 현상계에 감각물로 존재하는 수많은 다른 개별자들에 대응하는 하나의 보편적 본질이 형상계 안에 정초하고 있고 이러한 방식으로 삼라만상은 현상계의 경계 너머 형상계로부터 비롯된 것인바 이를 되새겨 닮아가기를 원하다가 결국 현상적 다름의 껍질을 벗어던지고 본래의 형상적 같음의 품으로 되돌아간다는 흐름을 갖고 있다. 말하자면 신의 형상을 따라, 즉 본래 참모습 그대로 창조되었는데 이 변화무쌍한 감각적 현상계로 타락하여 거짓과 어려움을 겪다가 다시금 본래의 고향인 형상계로 되돌아감으로써 잃었던 본질을 회복하는 구원에 이른다는 형식이 바로 그것이다. 니체가 후일 서구 그리스도교 이천 년의 역사란 플라톤주의의 그리스도교화 역사였다는 비아냥스러운 비판도 이 맥락에 적용될 수 있을 것인즉, 우리가 더듬어 보아야 할 과제를 가리킨다고 하겠다.

하는 것이다. 그리스도교가 고백하는 성부 하느님은 초월적이면서도 이 역사 안에 개입하여 활동하시는 분으로 이해되며 고백되고 있다면, 무엇인가 개념적 껄끄러움을 피할 길이 없겠기 때문이다. 그런데 만일 바로 이런 이유로 형이상학적 신 표상과 그리스도교의 신 이해가 마땅히 다르다고 한다면, 그래서 그리스도교의 성부 하느님은 그렇게 독야청청하지 않고 오히려 역사 안에 들어와 활동하신다고 한다면 활동성의 원리인 영혼에 근거한 제3 위격인 성령의 존재는 어떤 뜻을 지니는가라는 물음을 던지지 않을 수 없다. 그리고 더 나아가 이런 물음이 계속 이어지게 되면 결국 삼신론적 뿌리의 기본적 요구사항, 즉 신의 절대적 초월성과 이에 의한 부동성, 그리고 초월적 신과 인간세계 사이의 무한한 격차를 매만지기 위한 중재자, 그리고 세계관여의 동력을 설명하기 위한 활동성의 원리라는 기본공식에 불필요하게 충실하다 보니 벌어진 일이 아닌가라는 의문이 일어나지 않을 수 없게 된다. 물론 우리는 여기서 이렇게 제기 가능한 물음들을 모두 망라할 수도 없고 이에 대한 대답을 모두 구하는 일은 불가능하다. 다만 여기서는 이런 물음들을 고려함으로써 이제 그렇게 있음과 없음으로 몰아붙였던 "무엇" 물음에 의한 형이상학적 구도에서의 신 이해가 얼마나 역사적 산물의 초역사화라는 자기절대화적 소외를 일으켰는가를 꿰뚫어보는 것으로 족하다. 그리고 이런 통찰을 통해 그런 자기절대화라는 인간의 본능적 성향이 누구에게나 언제 어디서나 예외가 아니었다는 점을 반성하는 근거로 삼는 지혜를 얻을 수 있다면 그것으로 충분한 뜻을 지닌다.

2) 그리스도교 신학의 형성

고대 형이상학에 상응하는 그리스도교 신학은 초대 교부들의 그것이었다. 그런데 교부 신학은 경전화와 교리화를 중심으로 하는 교회의 제도화와 함께 전개된 교부학, 그리고 교회 밖 이교도의 공격에서 교회를 방어하기 위한 호교론으로 구별될 수 있다. 그러나 이것은 어디까지나 목적 또는 방향에서의 분류일 뿐 내용적으로는 굳이 분리되어야 할 이유가 없어 보인다. 다만 역사적으로 교부학과 호교론이 동시에 병행적으로 전개되었다는 점에서 그리스도교와 그 신학이 당대 기존 종교와 사상들의 저항과 도전에 직면하면서 형성되기 시작했다는 사실에 주목할 필요가 있겠다. 아울러 앞서 논한 대로 이 시기에는 종교적 합리주의와 신비주의가 함께 뒤섞이기는 했지만 역시 고대 후기의 신비주의적 분위기가 지배적 정서로 깔리면서 삼위일체론을 중심으로 하는 교리 형성과정이 그 중심을 이루었다.

(1) 합리주의와 신비주의의 혼재적 공존: 호교론과 초기 교부학에서

먼저 사도 교부들의 경우를 살펴보자. 초대교회의 열광적 환상들이 다소 가라앉으면서 소위 성령을 받은 사람들의 문제가 대두되었다. 이에 따라 일정한 규범이나 권위가 필요하게 되었고 이런 필요성에 의거해서 경전화 과정이 시작되었다. 물론 이런 과정에는 교리와 신조의 정립도 포함되었는데 안티오키아의 이그나티우스나 로마의 클레멘스 등이 당시 이를 주도한 대표적 교부들이었다. 이그나티우스는 신론과 그리스도론의 정립에 힘을 쏟았는데 당시 이교도들과의 관계에서 신의 유일성 개념 확립을 주요한 과제로 삼았고 그 유일성 안에 절대성과 창조성, 그리고 전능성의 개념들을 포함시켰다. 특히 그리스도론에서는 영적 존재로서의 그리스도가 그의 구원활동을 위해서 역사의 예수를 도구로 사용했다는 입장을 다음과 같은 표현으로 피력했다: "그가 그의 아들 예수 그리스도를 통해 자신을 보여주신다는 것을 확신하게 되었다. 예수 그리스도는 침묵 가운데서apo siges 나오는 하느님의 말씀Logos이다".[54] 이로써 일찍이 초대 교부시대부터 한 존재가 신인 동시에 인간이라는 이중성의 선포diplon kerygma를 위한 기틀이 마련되었다. 그런데 클레멘스가 지적하듯이 그리스도를 신격화하게 되면서 두 가지 방식의 그리스도론이 등장하게 되었다: 로고스가 육체를 입었는가, 아니면 아예 육체로 변하여 나타났는가? 후에 논하게 되겠지만 여기서 이 문제를 직접 파고드는 것보다는 그러할 만큼 그리스도론 문제에 천착했던 당시의 배경과 이유에 주목하는 것이 더욱 중요할 것이다. 즉, 그리스도론은

---

[54] Ignatius, *Mag.* 8 [헨리 비텐슨 (박경수 옮김) 『초기 그리스도교 교부』 (크리스챤 다이제스트 1997) 〈줄임: 비텐슨〉 64].

후에 그리스도의 정체에 대한 형이상학적 논의로 다소 변질되어 갔지만 적어도 초대 사도교부들의 시대에는 구원의 확실성에 대한 관심과 희망이라는 동기에서 시작되었다는 점에서 근본적 의미를 지닌다. 말하자면 종교적 논의의 근저에 구원을 향한 인간의 원초적 욕망이 근본적 동기로서 깔려왔다는 역사의 탁월한 예증을 그리스도교의 시초에서부터 확인할 수 있다.

교부들의 분위기가 대략 이러했다면, 호교론자들은 어떠했는가? 호교론의 대표적 인물이면서 2세기 중엽의 순교자로 널리 알려진 유스티누스는 그리스도교 사상을 당대의 마술적이거나 미신적인 풍조에서 벗어나는 자유로운 정신적 사고를 제공해 주는 로고스의 철학으로 보았다. 그는 그리스도교 사상은 삶의 의미에 관한 포괄적 진리를 가르칠 만큼 보편적인 것이어서 "이성에 따라 산 사람들이 — 비록 그들이 무신론자로 분류된다 할지라도 — 그리스도교인"[55]이라고까지 갈파했다. 말하자면 유스티누스와 같은 호교론자들은 그리스도교만 옳고 다른 종교들은 거짓이라는 배타주의적 방식을 취한 것이 아니라, 예를 들면 로고스가 궁극적 기준일진대 그 로고스가 바로 예수 그리스도로 육화했다고 선언하는 다소 포괄주의적인 방식을 취했다. 사실 이교도와의 관계에서 그리스도교를 변증하자면 대책 없는 배타주의란 아예 변증의 효과를 지니지도 못했을 것이다. 물론 포괄주의라는 것이 교묘한 포장을 뒤집어쓴 배타주의라는 비판을 외면할 수는 없지만 이로써 우리는 이미 초대 교부들의 시대에서 배타주의를 넘어서는 포괄주의를 만날 수도 있다.

이 대목에서 호교론에 대한 현대의 철학적 신학자 틸리히의 분석도 흥미롭다. 그에 의하면 호교론이란 상대편의 사상에서 부정적인 것(다름)을 폭로함으로써 그리스도교가 오히려 이교에 대해 이질적으로 강요되기보다는 그리스도교도와 이교도 사이의 공통적 사상 기반을 통해 이교 자체의 욕구를 성취시켜 줄 수 있다는 것(같음)을 주지시키는 것이었다.[56] 이렇게 본다면 호교론은 서로간의 공통성을 전제로 다름과 같음 사이의 교차라는 방식을 요건으로 하는 것으

---

[55] Justinus, *Apologia* 46 [비텐슨 89].

[56] I.C. 헤넬 엮음 『폴 틸리히의 그리스도교 사상사』 송기득 옮김 (한국신학연구소 1998) 55.

로 보인다. 그런데 여기서 공통성이란 오늘날의 감각으로 표현한다면 종교가 서로 다를지라도 종교를 통해 이루려는 인간의 욕망을 가리킨다는 점을 부정할 수 없다. 따라서 호교론도 그런 욕망에 근거하여 다름을 부정함으로써 같음으로 흡수시키려는 자기동일성의 논리에 어쩔 수 없이 지배되고 있는 것이 아닌가라는 물음을 던지지 않을 수 없다.

더 나아가 이런 점은 로고스라는 개념을 신에게까지 적용시킨 호교론의 움직임에서 더욱 명백하게 확인할 수 있다. 신론으로 말하자면, 일찍이 플라톤의 신 개념의 원형이 되었던 파르메니데스의 "존재"라는 개념이 하나의 축을 이루고 구약성서에서 유래한 창조성과 전능성을 포함하는 인격성을 지닌 유일신 사상이 또다른 축을 이룬다. 그런데 문제는 고정·영원·불변·부동·필연 등의 속성을 지닌 존재와 인격적으로 행동하는 신 사이의 긴장이다. 로고스의 보편성을 만족시키기 위해서는 전자의 요소들이 필요했기 때문에 그리스 철학은 넘어야 할 산이었다. 그런가 하면 구약성서에서 이어지는 인격신 사상은 그것 없이 그리스도교가 성립조차 될 수 없는 절대적 요소이기 때문에 보편성을 대가로 지불하더라도 결코 포기할 수 없는 것이었다. 과연 이런 상황은 당대 현자들의 공격거리였고 호교론자들의 엄청난 수고를 요구하는 중대한 과제였다.

그렇다면 당시 유스티누스를 포함한 호교론자들의 해결책은 무엇이었는가? 그들은 사변적 논증을 통해서가 아니라 실존적 경험에 호소함으로써만 이 과제를 수행할 수 있다는 것을 잘 알고 있었다. 이제 로고스는 신의 자기계시의 원리로서, 한편 자신에 대해 자신을 나타내는 신이기도 하며, 다른 한편 신의 말씀으로서 신과 동일하지는 않으나 결코 분리될 수는 없는 것으로 그려진다. 그래서 유스티누스는 "우리는 하느님 다음으로, 나지 않고 말로 표현할 수 없는 하느님으로부터 온 로고스를 경배하고 사랑한다"[57]고 갈파했다. 그리고 바로 여기서 그리스 철학의 존재개념과 그리스도교의 인격신 사상 사이의 적극적 조합을 시도할 가능성을 구축했다. 즉, 그리스도의 정체를 설명하기 위해 신의 영

---

[57] Justinus, *Apologia*, 13 [비텐슨 93].

이 인간 예수와 결합했다는 양자adoption론으로써가 아니라 로고스가 친히 인간화했다는 변화transformation론을 택함으로써 보편성과 인격성 사이의 긴장을 해결할 수 있는 실마리를 모색했다. 결국 호교론은 이교적 사상들과의 적극적 교류를 통한 시대적 대처의 지혜라고 해도 좋을 것이었다. 이제 로고스는 우주 만유의 보편적 이법일 뿐 아니라 지극히 구체적인 역사적 존재로 현현되기도 하는 생동성의 원리로까지 받아들여졌다. 더 나아가 로고스는 신에 관한 진리를 깨닫게 해주고 인간의 자유의지를 통해 그 진리를 지켜야 한다는 도덕적 규범에 대해서도 가르쳐 준다. 그리스도교 신학의 고전시대인 초대와 중세 전체를 지배했을 뿐 아니라 특히 스콜라 신학의 기조였던 합리주의, 그리고 그 합리주의의 필연성에 대한 내부의 반동으로 자유와 임의성에 주목하는 의지주의까지도 바로 로고스에서 비롯되었다고 할 만큼 로고스는 과연 막강한 위력을 지닌 개념 중의 개념이었다. 그런데 로고스가 이처럼 중심적 지위를 차지하면서 그런 합리주의에 의한 주지주의화뿐 아니라 의지주의가 부추기는 도덕주의화 등의 굴레로 인해 오히려 인간을 억압하게 됨으로써 이후의 역사를 통해, 특히 현대에 이르러 집요한 비판의 대상이 되었다는 점도 여기에 첨부해 둘 필요가 있다. 아울러 오늘날 되씹어지는, 그리고 각양각색으로 거부되는, "로고스 중심주의"가 그냥 튀어나온 말이 아니라는 것도 짚어둘 만하다.

    다시 그 옛날로 돌아가서, 그리스도교의 신학은 늘 교회 안팎의 도전과 공격에 대응하면서 태동하고 성장했다는 것은 새삼 강조할 필요도 없다. 교회 밖의 공격이 당대의 철학사상이나 이교적 교리에 의한 것이었다면 사실상 교회 안에서의 도전이 더 크고 위험했다는 점은 다소의 주목을 요한다. 특히 영지주의의 문제에서 이런 점은 더욱 절실하다. 영지주의란 지식, 신비적 합일, 성적 결합 등을 뜻하는 그노시스를 중시하는 일종의 혼합주의적 운동이다. 굳이 철학사에 견준다면 같은 헬레니즘 시대에 대립적 처세술에 대한 회의주의를 극복하기 위해 절충주의가 나타나고 급기야 융합주의까지 치달았던 역사와 그 맥락을 같이 하는 것으로 이해해도 크게 벗어나지 않을 것이다. 그런데 이런 영지주의는 파급효과가 대단해서 그리스 철학의 종교화나 유다교 사상과의 혼합을 초래했음은 물론 로마법 사상과 그리스도교 신학에도 스며들어갔다. 당시의 대표적 영지주의자인 마르키온은 선악의 두 영역을 철저히 구별하는 이원론을 따라 구약의 신과 신약의 신을 구별하고 이 피조세계는 악하므로 세계로부터의 초월을 뜻하는 금욕을 통해서 구원에 이른다고 주장했다. 그런데 바로 이런 이유로 영지주의는 영과 육 사이의 분리를 토대로 에온이라는 천상의 구원자가 육화한다는 것은 가상일 뿐이라고 주장했다.[58] 이는 곧 그리스도의 정체를 정면으로 부인하는 것인지라 그리스도교인들이 영지주의를 그토록 거부할 수밖에 없었다.

그렇다면 교부들이 구체적으로 어떻게 이를 거부했는가? 1세기에 교회 밖 이교도들의 공격에 대한 호교론이 로고스 개념의 적극적 수용과 변형을 통해서라면 2세기에 교회 안에서 일어난 이단인 영지주의의 혼란에 대해 교부들은 그런 호교론을 더욱 체계적으로 사용하여 신학 사상을 발전시키는 방향으로 움직였다. 이제 로고스론의 뿌리였던 그리스의 삼신론과 같은 다신교 사상은 헬레니즘의 신비주의가 강조하는 신의 초월성에 힘입어 그리스도교 신학 안으로 온전히 채택될 만큼 일신론적으로 변형되었다. 그리고 이런 상황에서 이레네우스와 이에 쌍벽을 이루는 테르툴리아누스는 위대한 신학적 공헌을 이룩한 인물들로 기록될 수 있었다. 그런데 영지주의의 혼란에 대해 교부들은 사도들의 권위에 의존하게 되었고 여기서 정경채택의 필요성이 절실히 대두되었다. 말하자면 그리스도교도 결국 유다교의 율법주의 정신을 계승하게 되었다. 그러나 이것만으로는 미흡했기 때문에 교회의 전통이라는 것이 "신앙의 기준"regula fidei으로 등장하게 되었고 이어서 이를 더욱 집약시킨 "신조"credo라는 것이 요구되었다.[59] 이리하여 비교적 짧은 기간에 교회는 종교적 권위 수립을 위한 제도화의 기틀을 이루게 되었다.

그러나 역사의 원리가 가리키듯이 반영지주의적 교부들의 이런 제도화는 이내 경직화의 길로 치달음으로써 소위 영적 반동을 불러일으켰다. 2세기 중엽 몬타누스와 그의 추종자들에 의한 것이 대표적인데 이들은 초대교회의 사도들

---

[58] 한스 폰 캄펜하우젠 (김광식 옮김) 『그리스 교부 연구』 (대한기독교출판사 1984) 32-5.
[59] 한스 폰 캄펜하우젠 (김광식 옮김) 『라틴 교부 연구』 (대한기독교출판사 1995) 10-27.

처럼 성령을 사모하면서 열렬하게 종말을 대망했다. 실제로 예수 자신도 그런 종말관을 가지고 있었음은 성서를 통해 전해지는 바이다. 말하자면 교부들에 의한 교회의 제도화는 임박한 종말에 대한 절박한 대비라는 "처음 마음"의 정서에서 멀어지는 것이었기에 몬타누스주의자들은 이처럼 교회의 설립조차 거부하는 움직임을 보였다. 그러나 그들 역시 종말의 도래가 성취되지 못한 경험으로 인해 이 세계에서 대처할 채비를 해야 하는 상황에 처하게 되었다. 다만 한 가지 덧붙인다면 이 운동은 성부와 성자의 시대에 이어 성령의 시대를 적극적으로 갈구하는 종파운동의 원형이 되었다는 역사적 의미를 지닌다.

그러나 교부들이 주도하는 그리스도 교회는 이런 몬타누스주의 운동을 거부했다. 1세기의 변증론에서 로고스론의 전통을 이어받은 2세기의 반영지주의적 교부들은 당연하게도 그들 자신의 지성주의적·도덕주의적 성향으로 인해 이렇게 감정주의적 정서를 지닌 운동을 못마땅하게 여겼다. 그리고 당시 교부들의 이런 교통정리는 후대 교회에서 합리주의가 득세할 수 있는 길을 자연스럽게 열어 주었고 신비주의는 늘 이면의 흐름으로 억눌려 올 수밖에 없었던 역사적 연유가 되었다. 그런데 교부들의 거부에 의한 결과는 양면적이라고 할 수 있지만 여기서 주목을 요하는 것은 오히려 부정적인 면이다. 그런 거부와 함께 교회의 제도화는 곧 고착화와 타성화의 역사를 되풀이해 왔기 때문이다. 교회의 정경은 "한번 채택은 영원한 확정"인 양 새로운 계시의 가능성을 배제하는 자가당착에 봉착했고, 예언자적 통찰보다 교회의 계층적 위계질서를 중시하는 꼴사나운 일이 벌어지게 되었다. 또한 종말론은 어느덧 개체화 또는 추상화되어 그 절박성을 상실하게 되었고 따라서 교회의 윤리도 그 절실함을 점차 잃어갔다. 이렇게 본다면 경전화와 교리화를 포함하여 교회의 제도를 구실로 하는 합리주의적 조직이라는 것이 그 유용성에도 불구하고 신앙의 신비성을 말살할 만큼 자기모순적임을 역사를 통해 배우고 반성해야 할 것이다.

그럼에도 이런 평가가 반영지주의적 교부들이 신학적 건설에 기여한 역사적 공헌을 부정한다고 보아서는 안된다. 여기서부터 비로소 소위 그리스도 교회의 공식 교리들이 제정되고 교회의 골조가 확립되었기 때문이다. 아울러 삼위일체론이나 그리스도론같이 그리스도교의 뼈대를 이루는 고전적 교리들이 이 시대에 조성되기 시작했다. 오늘날 이런 교리들이 현대의 감각과 정서에서 재구성되고 재해석되어야 함은 당연하지만 당대의 뜻을 새길 필요성이 그때문에 축소되지는 않을 것이다. 예컨대 이레네우스와 테르툴리아누스의 경우, 영지주의자들이 신 개념에서 선악 분리에 따라 창조의 신과 구원의 신을 분리한 것에 대해 이 교부들은 창조의 목적이 구원이고 구원은 창조를 전제한다는 통찰에서 유일신 사상을 더욱 공고히한다. 그렇다고 신의 유일성이 신의 자기충족적 고정성을 의미하는 것은 아니었다. 그 신은 살아 있는 신이며 죽은 동일성을 고수하는 신이 아니다. 이것이 곧 삼위trias 사상으로 나타났고 생명성과 활동성의 창조적 바탕이라는 의미를 지니게 되었다. 이레네우스가 말하는 잠재력dynamis이나 테르툴리아누스가 말하는 경륜Ökonomie이란 바로 이것을 가리켰다.

이제 신의 이런 경륜적 잠재력에 의해 자유로이 창조된 인간은 그 자체로 선한 것이었다. 창세기 1장 26절에 의하면 신은 "우리 모습을 따라 우리를 닮은 인간"을 창조했다고 하는데, 여기서 이레네우스는 신의 형상imago과 신과의 유사성similitudo을 구별함으로써 오히려 창조와 구원 사이의 연관성을 확보하는 지혜를 보여주었다.[60] 즉, 인간은 자유로운 불순종으로 신과의 유사성, 즉 불사성은 잃어버렸지만 자연적 신의 형상은 여전히 간직하고 있다는 것이었다. 말하자면 인간은 비록 죽을 수밖에 없지만 여전히 신과 관계를 가질 수 있는 존재라는 것이었다. 여기서 죽음을 넘어서는 불사성은 신과의 유사성에 의한 선물인데, 아담에서 상실되었던 유사성이 그리스도에게서 회복되었다는 것이 곧 신약성서 후반의 고백이라고 본다. 이처럼 이레네우스는 불사성을 향한 구원에의 신비적 참여를 강조했다. 그의 이런 분위기는 그리스도론에도 그대로 피력된다: "아버지는 아들의 비가시적 실재이고, 아들은 아버지의 가시적 실재다".[61] 그런데 신과의 유사성이라는 고전적 표상은 유감스럽게도 얼마 가지 않아 상실되었고 후대에 영혼불멸이라는 통속적 관념으로 대치되었다.

---

[60] Irenæus, *Adversus Haereses*, 4.38.2-3 [비텐슨 99-100].
[61] 같은 책 4.6.5 [비텐슨 110].

이레네우스가 신비적 참여를 역설한 데 비해 테르툴리아누스는 율법에의 복종을 강조한다.[62] 고전신학의 기틀인 삼위일체론과 그리스도론의 형성에서 지대한 역할을 한 테르툴리아누스는 로마법 사상에 힘입어 삼위일체의 공식을 다음과 같이 정리했다: "우리는 신적 경륜의 신비로운 뜻을 간직하자. 이 신비로운 뜻은 일성을 아버지, 아들, 성령의 삼일성trinitas으로 전개한다. 이것은 본질상 statu의 것이 아니라 발전단계상gradu의 것이며, 실체상의 것이 아니라 형식상의 것이다".[63] 이를 보면, 본질이나 실체에서의 단일성을 강조함으로써 그 사상적 배경인 그리스 철학의 삼신론과 구별하고자 했음이 분명하다. 아울러 그리스도에 대해서도 같은 방식으로 정리되었다: "우리는 신이자 인간 예수라는 하나인 인격 안에서 혼합confusum되지 않고 결합conjunctum되어 있는 이중의 본질을 본다".[64] 혼합이 실체의 경계가 와해되는 상태를 가리킨다면, 결합이란 한 인격 안에 두 실체가 독립성을 잃지 않으면서 공존함을 일컫는다. 그런데 여기서 소위 성육신의 정체에 대한 논의가 시작된다: 과연 성육신이란 신이 인간으로 변하는 것을 말하는가, 아니면 신이 인간적 본질을 받아들이는 것을 가리키는가? 여기서 테르툴리아누스는 후자의 입장을 취했으며 이는 후대 신학자들의 표본이 되었다. 그런데 이 입장은 앞서 언급한 호교론자들의 로고스론과는 매우 대조적이었다. 호교론자들은 로고스가 육의 모습을 입는다는 양자론보다 로고스가 스스로 육신으로 변한다는 변화론을 지지했었기 때문이다. 그렇다면 우리는 이런 상황을 어떻게 이해해야 하는가? 이에 대한 논의는 교리신학적 연구로 돌

---

[62] 일찍이 초대 교부신학에서 이처럼 합리주의와 신비주의가 대조를 이루었다는 것은 당연하면서도 새삼 주목을 요한다. 동서방 교회의 분리가 정치적 연유를 지녔다 하더라도 그 뿌리를 거슬러올라간다면 이미 사상적 배경을 이렇게 지니고 있었음을 살펴볼 수 있겠기 때문이다. 틸리히는 이에 대해 다음과 같이 간략하게 서술한다: "옛 가톨리시즘은 신비주의적 요소와 율법주의적 요소를 함께 가지고 있었다. 그런데 율법주의적 요소가 결정적으로 우위를 차지하게 되면서 프로테스탄티즘의 획기적 진전이 일어나게 되었다. 그러나 프로테스탄티즘은 신비주의적 요소까지도 거절하고 바울로적 요소의 다른 측면, 곧 신앙에 의한 인의로 돌아갔다"(『틸리히의 그리스도교 사상사』 81). 이로써 동방교회의 신비주의, 서방 가톨릭 교회의 합리주의, 그리고 서방 개신교회의 의지주의라는 특성의 구도가 일찍이 사상적 연계와 긴장 속에서 배태되어 왔음을 확인할 수 있다.

[63] Tertullianus, *Adversus Praxean*, 2 [비텐슨 185-6].   [64] 같은 책 9 [비텐슨 169].

려야겠지만 분명한 것은 교리 형성이 이미 합리주의와 신비주의의 긴장과 대립을 기본구도로 하는 다양한 철학사상들을 배경으로 하고 있었다는 점이다.

(2) 신비주의적 배경에서의 교리 논쟁[65]: 삼위일체론과 그리스도론

그리스도교의 형성에서 철학과 종교나 신학이 얽힐 수밖에 없었던 이유를 설명하기 위해 고려해야 할 것이 많지만, 그중에서도 특히 그리스 철학은 그 후기의 헬레니즘이 보여주듯이 이미 상당히 종교화했고 종교는 신비주의적 철학이 되어 있던 당시의 상황을 빼놓을 수는 없다. 이런 상황은 한편 이미 철학과 종교, 또는 철학과 신학의 관계를 위해 반쯤은 준비가 된 상태라고 평가할 수도 있겠지만, 다른 한편 양자 사이의 경쟁이나 대결이 불가피했다는 것을 뜻하기도 했다. 그리스도교의 태동기에 이런 자리에 있던 다양한 헬레니즘의 사조들이 있었지만 그중에서도 특히 신플라톤주의는 가장 거대하게 영향력을 행사하면서도 동시에 긴장 관계를 이룬 사조였다. 신플라톤주의는 당시 아리스토텔레스에 의해 절정에 이른 합리주의의 현실적 파국과 붕괴를 겪으면서 신비주의로 기울어 가는 상황에 부응하는 융합주의적 사상이었다. 말하자면 신플라톤주의는 그리스도교의 태동으로 시작되는 중세 이전의 고대를 결산하는 통합적 사상이었다. 그런데 당시 태동된 그리스도교가 이와 대결하게 되면서 오히려 이에서 영향을 받는 오묘한 역사가 펼쳐지게 되었다. 따라서 이후의 그리스도교와 그 신학은 이제 신플라톤주의에 대한 이해 없이는 접근조차 불가능하다.[66]

---

[65] 앞서 논했듯이, 그리스계 문화토양인 신비주의 전통이 초대 호교론과 교부신학의 배경이었으므로 당시의 교리적 관심도 자연히 삼위일체론과 그리스도론을 중심으로 신론에 집중되었다. 한편, 신정론이나 수난불가론을 논하는 합리주의적 분위기는 중세에야 스콜라적 체계를 이루며 고조되었다. 중세 형이상학과 신학을 다루는 이 책 ②장이 스콜라 철학의 합리주의를 기본구도로 하여 신비주의와 의지주의를 다루는 것이 이런 이해의 반영임은 물론이다.

[66] 플로티노스를 수장으로 하는 신플라톤주의의 일자 사상을 여기서 되뇌일 필요는 없다. 다만 우리의 관심에 비추어 본질에서 현상계로 나왔다가 다시 본질로 되돌아간다는 플라톤의 도식이 약간은 다르지만 신플라톤주의에서 되풀이된다는 점을 확인하는 것으로 족하다. 바로 이런 도식이 그리스도교 신학에서 설정하는 신-인간 관계의 삼각구도인 창조-타락-구원의 인간학적 배경으로 작용했으리라. 그리고 이 점은 타락이란 성서에 근거하지 않은 이질적 외래 개념이라고 지적하는 오늘날의 구약성서 연구에 의해서도 더욱 옹호된다. 어쨌든 신플라톤주의의 이런 삼각구도가 우선 알렉산드리아 학파에 지대한 영향을 미쳤다는 것만은 분명하다.

[1] 고대 형이상학과 신학의 자리 깔기

그리고 바로 그 본격적 시초에서 우리는 알렉산드리아의 교부 클레멘스와 오리게네스를 만나게 된다.

클레멘스가 로고스를 삶의 실천적 원리로 승화시켰다는 점에서 호교론자들을 넘어섰다면 오리게네스는 이를 다시 이론적으로 체계화했다는 데서 공헌의 의미를 찾을 수 있다. 최초의 조직신학자로 불리기도 하는 오리게네스는 성서에 대한 알레고리적 해석을 통해 신론과 그리스도론을 구축하는 데 주력했다. 성서해석은 몸soma · 혼psyche · 영pneuma으로 구분하는 인간관의 기본구도에 따라 문헌학적 해석, 도덕적 해석, 그리고 신비적 해석으로 구분했다. 그런데 특히 자의적 해석이 의미를 상실했을 때 신비적 해석이 절실히 요청되는데 바로 이를 위해 알레고리의 방법이 중요하다는 것이다.[67] 구약성서를 신약성서의 그리스도 증언의 징표로 읽는 것이 그 좋은 예다. 오리게네스는 바로 이런 성서해석법의 필요에 주목하여 교리적 체계화에 박차를 가했다.

먼저 오리게네스의 신론은 그리스도교에서 신론의 역사적 궤적을 더듬는 데 더할 나위 없이 소중한 자료다. 호교론자들이 채택한 로고스론을 수용하여 로고스의 영원성을 근거로 성부 신과 성자 신이 영원성을 본질로 하는 신성을 공유한다고 주장한다.[68] 그런가 하면 다른 한편 성자 신은 성부 신에게서 났으니 이보다 낮은 단계이며 성령 신도 그렇다고 한다.[69] 말하자면 본질적 실체ousia에서는 동일하지만 기능적 실체hypostasis에서는 위계적이라는 것으로서 이것이 바

[67] 참조: 폰 캄펜하우젠 『그리스 교부 연구』 68-72.

[68] Origenes, *Contra Celsum*, iv [비텐슈 290]. 그런데 이러한 신의 초월성은 그만큼 세계와의 거리를 뜻하게 됨으로써 양자를 매개하는 중간자가 필요하게 되었다. 구약성서와 제4복음서에 공히 나타나는 "지혜" 사상이나 필론이 도입한 "로고스"가 그런 중간자의 역할을 담당했으며 후일 성육화 과정을 도입하여 그리스도교의 聖子 개념으로 이어졌다. 이로써 신의 초월성과 세계를 향한 매개자라는 사상은 플라톤에서 시작된 그리스의 삼신론의 골조를 완성했거니와 그리스도교 신학의 기틀인 삼위일체론의 사상적 배경으로 등장했다. 특히 로고스에 대해 간략하게 부언한다면, 그리스 철학이나 유다교의 상징주의에서는 여전히 우주적이고 보편적인 창조원리를 뜻하던 것이 "말씀의 육화"라는 그리스도교의 역설을 통해 개념의 혁신적 변화를 겪었다. 그리고 이로써 "로고스" 개념은 한 개념의 전수와 변화가 어떻게 이처럼 근본적으로 이루어질 수 있는가라는 문제에 대한 대표적 사례로 간주되었다.

[69] 참조: Origenes, *De Principiis*, I.ii.10; iv.35; xiii.25; *Comm. in Matthaeum*, xvii.14 [비텐슈 312-20].

로 그리스도교의 근본주장을 당시의 지배적 사조인 신플라톤주의적 구도로 구성해낸 결과라 하겠다. 이처럼 알렉산드리아 학파에서는 신플라톤주의의 유출설에 의한 위계적 구조가 삼위일체론에서 일체성보다는 삼위성에 더욱 초점을 맞추게 한 것으로 보인다. 그리고 이런 점은 그의 그리스도론에서도 확인된다. 그는 신의 로고스와 인간의 육체가 혼에 의해 매개되는데, 예수 안에서도 이런 방식으로 두 본성이 결합되어 있다고 했다.[70] 그런데 일체성보다 삼위성에 주목하는 위계론적 관점에서는 로고스가 엄연한 상위의 주체로서 하위의 육체를 취한 것으로 묘사됨으로써 양자설로 기울어진다는 인상을 지울 수 없게 된다. 문제는 알렉산드리아의 종교적 정서가 "인간이 된 신"이라는 신비성을 요구했다는 점이다. 그런데 오리게네스는 이를 받아들일 수 없었다. 그에게는 예수보다 로고스가 더 큰 범주이기 때문이었다. 이로써 오리게네스는 삼위일체론에서 삼위성과 일체성 사이의 긴장을 삼위성에 무게를 둠으로써 해소하려 했던 것으로 평가되는 데 별다른 이의가 없을 것으로 추정된다. 물론 오리게네스의 이런 교설들이 교회에 의해 이단으로 탄핵되었던 것이 단순히 이론적 연유 때문만이 아니었음은 역사의 상식이므로 여기서 거론할 필요가 없겠다. 다만 그의 사상은 여전히 그리스도교 신학의 형성사에서 주요한 길목에 위치하고 있으며 특히 그리스도교 신학에 적용하기 위해 그리스 철학의 이원론을 순환성의 논리[71]로 극복하려 했던 그의 갸륵한 정성이 결코 평가절하되어서는 안될 것이다.

그런데 삼위성을 강조하는 로고스론의 삼신론적 분위기에 대항하여 단일지배체제를 모형으로 신론을 구축하려는 움직임이 나타났으니 이를 군주monarchia론적 신론이라 한다. 도대체 본질이 하나라면서 그 기능이나 위상이 여럿이라 하니 납득되기 어려울 뿐더러 결국 삼신론이 아닌가라는 의혹을 떨치기 어려웠기

---

[70] *De Principiis*, II.vi.3 [비텐슨 294].

[71] 예를 들면, 오리게네스의 종말론은 "신과의 통일에로의 만물의 복귀"(apokatastasis tōn pantōn)로 집약된다. 이는 앞서 언급한 유출설이 함의하는 순환성의 또다른 표현일 뿐으로 결국 하나와 여럿, 선과 악 등 이원론의 분리상태를 극복하려는 집요한 시도의 산물이다. 이 분구도의 불가피성은 인정하고 이를 전제하지만 여기에 머무르지 않고 어떤 방식으로든지 이를 극복하여 삶의 현실에 최대한 근접하게 설명하고 분석할 수 있는 구도를 개발하려는 노력이 일찍이 이 시대로부터 있어 왔다는 것은 당연하고도 다행스러운 일이 아닐 수 없다.

때문이다. 이래서 신의 단일성이 수호되어야겠는데 그러자면 성자와 성령은 성부에 귀속되어야 한다는 데 이르게 된다. 그리고 이로써 삼위성과 일체성 사이의 긴장을 둘러싼 삼위일체론[72] 논쟁이 본격적으로 전개된다. 그런데 이런 군주론은 그 귀속의 유형에 따라 역동dynamis적 군주론과 양태modus적 군주론으로 나뉜다. 먼저 역동적 군주론은 로마의 테오도투스로 대표되는데 인간 예수가 세례를 받을 때 신의 힘이 임재하여 메시아가 되었다는 입장을 취한다. 예수는

---

[72] 성부·성자·성령 사이의 유사성을 전제한 위계성과 이들의 동질성에 입각한 일체성 사이의 대립은 오리게네스에게서 비롯된 로고스 그리스도론과 군주론적 그리스도론 사이에서 뿐 아니라 오리게네스 추종자들 사이에서도 전자를 지지하는 좌파와 후자에 동조하는 우파의 분립으로 이어졌다. Arius가 이끄는 오리게네스주의 좌파는 신플라톤주의의 유출설을 사상적 배경으로 하여 삼위 사이의 계층을 주장함으로써 예수를 반신(半神) 또는 영웅으로 창조된 피조물로 간주했던 반면에, Athanasius가 이끌던 우파는 신플라톤주의의 일자사상과 유사한 맥락에서 삼위 사이의 일체성에 바탕하여 예수의 신성을 강조했다. 아울러 좌파가 동방교회의 종교적 정서에 부합되었다면 우파는 서방교회의 교리적 기틀을 이루었다.
  그러던 중 325년 니케아 공의회에서 신앙고백이 채택되었는데 특히 그리스도의 신성을 귀결시키기 위해 성부와 성자의 동질성을 강조했다. 당연히 아타나시우스와 그 동지인 마르켈루스가 이를 옹호했는데 서방교회 교리전통에서 주요한 기점으로서의 의미를 지니면서도 다른 한편 군주론적이라는 이유로 사벨리우스주의자라고 고발당하기도 했다. 오리게네스주의에 충실한 동방교회에서는 동질성에 대한 반론의 입장에서 니케아 신조까지 비판하고 나서게 되었다. 그런데 "서로 같다는 것"(homoousia)에 대한 반론은 크게 둘로 나뉘었으니, 하나는 "서로 다르다는 것"(anhomoousia)이고, 다른 하나는 "서로 비슷하다는 것"(homoiousia)이었다. 이후 전자보다는 후자가 동방교회의 기조로 자리잡았고 나아가 서방교회와 교류할 수 있는 기틀로 작용했다. 그런데 영원한 평행선을 달릴 것 같은 팽팽한 주장들이 당대의 정치적 배경의 영향, 그리고 이 둘 중 어느 것도 포기할 수 없던 교회의 압력으로 인해 결국 잠정적 타협에 이르게 되었다. 이런 과정은 결국 381년 Constantinopolis 공의회에서 삼위일체론의 공식화라는 결실로 이어졌다. 여기서 공식화란 한 본질(mia ousia)과 세 실체(treis hypostaseis) 또는 위격(personae)이라는 형태로서 동질성과 위계성 사이의 갈등을 교통정리한다는 뜻을 지녔다. 소위 Cappadochia의 세 교부들이 이 작업에 크게 공헌했다.
  그런데 여기서 주목할 필요가 있는 것인즉, "세 실체"라는 도식이 삼신론의 족적을 반영한다거나 또는 삼신론적 해석으로 흘러갈 가능성을 강하게 지닌다는 지적이 역사적으로 많이 나타났다는 점이다. 특히 개별자에 앞선 보편자의 본질성에 주목하는 플라톤적 사고보다 개별자들의 지위를 상대적으로 부각시킨 아리스토텔레스적 사고, 그리고 더 극단적으로 진전한 유명론적 사고에서는 그러할 가능성이 더욱 농후해진다. 그런데 여기서 우리가 주목하고자 하는 것은 과연 삼위일체론에 포함되어 있는 삼위성에서 "셋"이라는 수가 과연 삼신론적 배경과 무관할 수 있겠는가 하는 것이다. 왜 하필이면 셋이어야 하는가? 셋이라는 수는 이분법적 사유가 지배하는 정신문화풍토에서 완성형을 의미하는 것으로 간주되는 것이 일반적이다. 양립할 수 없을 것같이 양분되어 버린 이분법의 산물들을 타협하게 하는 제3 요소가 필요했기 때문에 결국 셋이라는 완성수로 귀착되었다는 말이다. 예를 들면, 헬레니즘의 신비주의가 절대적 초월자와 이 세계, 그리고 이를 매개하는 중간자를 설정하고 이로부터 신격화의 과정을 거쳐 삼신론을 구성해 낸 것도 이런 사유방식에서 비롯된 것이다.

본디 인간이었는데 신격화의 점진적 발전과정을 통해 신이 되었다는 것이다. 이 입장은 곧 예수의 인간성을 강조한 안티오키아 학파로 이어지고 중세의 그리스도론에서 양자설로 나타나며, 현대의 자유주의 신학에까지 이르는 흐름의 시발점으로서 의미가 있다는 점은 우리의 관심을 위해 특별한 주목을 요한다.

다른 한편, 신은 본질적으로 하나homo-ousios인데 단지 그 나타나는 모습prospon이 셋으로 구별될 뿐이라는 입장이 등장했다. 양태적 군주론이라고 불리는 이 입장은 사벨리우스로 대표되는데 신의 군주적 힘이 계기적으로 성부·성자·성령으로 나타난다는 것이다. 그런데 신 자신이 처녀 마리아의 몸을 통해 인간으로 나타났다고 주장함으로써 신 자체를 직접 보기 원하는 종교적 욕망을 지닌 많은 사람들의 강한 호응을 받았다. 어쨌든 종교적 욕망에 의해 더욱 증폭된 신의 유일성 추구 성향은 후에 아우구스티누스를 통해 서방교회의 삼위일체론에도 적지 않은 영향을 미쳤다.

그런데 이런 군주신론은 삼위의 동질성에 바탕하여 신의 유일성을 강조했으므로 삼위의 유사성에 토대를 둔 계층성을 주장한 로고스 그리스도론과 대립하게 되었다. 전자가 서방교회에 영향을 주었다면 후자는 동방교회에서 상대적으로 더 환영을 받았다. 말하자면 삼위일체론에서 서방이 일체성에 기울었다면 동방은 삼위성에 기울었다고 평가할 수 있다. 그리고 이런 대립이 이후 그리스도론 논쟁[73]에서도 여전히 기본구도가 되었다. 그러나 교회의 요청과 대중적 필

---

[73] 이론의 체계적 수립이라는 관점에서 보면 그리스도론의 문제가 제기되고 삼위일체론이 그 대답으로 연관되는 것이 마땅하다. 그러나 역사적으로는 삼위일체론 논쟁이 먼저 나타났고 이어서 그리스도론 논쟁이 등장했다. 니케아 신조의 삼위일체론이 콘스탄티노폴리스에서 추인되면서 무한한 신이 유한한 인간이 될 가능성에 대한 논란으로 그리스도론이 집중적인 초점의 대상이 되었기 때문이다. 그리고 여기서 동방교회로 연결되는 알렉산드리아 학파와 서방교회로 연결되는 안티오키아 학파가 첨예하게 대립되었다.

먼저 Apollinarius로 대표되는 알렉산드리아 학파는 완전한 신과 완전한 인간의 결합이란 괴물일 뿐이라고 일축하면서 그리스도는 인간 본성을 흡수한 신적 본성의 존재라고 못박았다. 역시 이 학파에 속하는 Cyrilos는 그리스도가 예배받을 수 있는 신성과 그렇지 못한 인성을 동시에 지닌다는 것은 적절하지 않다고 일갈했다. 더 나아가 만일 그렇다면 인간을 위해 당한 그리스도의 수난이란 인간적 고통일 뿐이며 주의 만찬에서 인간의 살을 먹게 될 뿐이라고 기염을 토했다. 따라서 그리스도는 인간이 된 신-로고스라는 한 본성을 지닌다는 단성론이 옹립되었다. 초자연주의적·신비주의적 경향을 지닌 이 학파는 그리스도론에서 오리게네스주의 전통에 속하면서 아리우스주의 분위기를 풍기기도 하는데 결국 삼위일체론에서

요에 따라 동질성과 위계성 사이를 오락가락하다가 결국 동방과 서방이 분리되기에 이르렀다.

되돌아보건대, 이처럼 "참"에 대해서도 "무엇"을 묻듯이 신에 대해 "무엇"을 묻는 태도는 신 자체의 정체성을 직접 논의할 수 있는 것으로 착각하게 만들기 때문에 그토록 긴 세월 동안 이토록 해결될 수 없는 문제에 매달려 왔다. 신에 대해 "무엇"을 묻고 이에 머물면 이렇게 될 수밖에 없다. "무엇"이란 바로 "그 무엇"이 향하는 저편의 정체를 이편에서 밝혀낼 수 있고 그래야 한다는 환상에의 집착에서 벗어날 수 없기 때문이다. 좀더 구체적으로 살피기 위해 삼위일체를 설명하려는 고전적 시도들을 개괄적으로 공식화한다면, "한 본질적 실체와 세 기능적 실체"mia ousia treis hypostaseis라는 그리스적 형태, 그리고 "한 실체와 세 위격"una substantia tres personae이라는 라틴적 형태로 정리될 수 있겠다. 그런데 전

삼위성에 집중하여 위계성을 주장하고 그리스도론에서 변화설-단성론으로 이어지는 일련의 구도를 예시한다고 볼 수 있다. 삼위의 위계성을 토대로 함으로써 그리스도는 인간의 지위에서 신으로 격상되어 결국 신성의 존재가 된다고 주장하는 일관성을 읽을 수 있다.

이에 비해 Theodoros로 대표되는 안티오키아 학파는 그리스도 안에 완전한 인성과 완전한 신성이 결합되어 있다고 주장했다. 역시 이 학파의 후계자인 Nestorius는 예수의 인성은 결코 신격화될 수 없으며 신성과 인성은 혼합되는 것이 아니라 결합되어 있다고 맞장구를 쳤다. 역사적·인격적·윤리적 차원을 강조하는 경향을 지닌 이 학파는 로고스가 살로 변한 것이 아니라 인간의 형태를 취했다고 본다. 이로써 삼위일체론에서 삼위성보다 일체성에 주목하는 이 전통이 그리스도론에서 양자론의 분위기를 연출하고 결국 신성과 인성을 겸비한 양성론으로 귀결되는 것 역시 이론적 일관성을 확인할 수 있는 대목이라 하겠다.

다만 여기서 덧붙이건대, 안티오키아 학파의 이런 주장도 때로 이단으로 선고되었는데 그 이유는 대중의 일반적 종교감정이 마리아의 처녀성에 대한 숭배를 요구하고 있었기 때문이었다. 당시 대중은 비록 비성서적일지라도 일반적으로 금욕주의에 경외스런 신뢰를 가지면서 동시에 신의 여성성 또는 여신 숭배에의 요구를 지니고 있었다. 그런데 그리스도교는 매우 남성적인 분위기에 지배되어 있었고 더욱이 성령도 예수 탄생에서 마리아의 수태에 참여하는 남성으로 그려졌으므로 신의 여성성에 대한 대중의 욕구는 더욱 증폭될 수밖에 없었다. 이런 상황에서 그리스도의 인성을 인정하는 것은 마리아의 처녀성을 훼손하는 일로 여겨졌고 따라서 대중적 거부에 직면할 수밖에 없었다. 여기서 우리가 확인할 수 있는 것은 그 구체적 주장이 어떻든간에 인간은 집요할 만큼 인간의 모습으로 신을 그리려 한다는 사실이다. 신이 남성상에 한정되는 데서 결핍을 느낌으로써 신의 여성성 또는 여신을 요구하게 되는 종교적 동기는 인간의 자기반영을 통한 끝없는 자기확인의 욕망이 신관에서도 여지없이 작용하고 있다는 사실을 웅변해 준다. 이런 욕망이 극에 달하면 대중은 급기야 신을 직접 제단 위에서 보기를 갈망하기에 이른다. 그리고 바로 이때문에 당시에도 안티오키아 학파의 주장보다 알렉산드리아 학파의 그것이 더 환영받게 되었다. 두 학파의 이런 대립과 갈등은 엎치락뒤치락하다가 결국 451년 Calcedon 공의회를 거치면서 새로운 국면에 접어들었다.

자가 하나와 셋 사이의 등가성을 지향한다면, 후자는 셋을 하나로 귀속시키는 데 더욱 초점을 맞추려는 노력으로 읽을 수 있다. 그러나 이런 차이보다 더 주목되어야 할 것은 헬레니즘 사상에 대한 논의에서 다루어졌던 것처럼 이런 노력들이 당대를 지배하고 있던 삼신론적 구도에 이모저모로 깊게 영향을 받았다는 사실이다. 신의 영원불변성이라는 그리스적 사상의 핵심개념이 그리스도교 신학 체계 안에서도 여전히 중심적으로 자리잡게 됨으로써 역사에 관여하고 개입하는 신의 활동을 설명하기 위한 제3의 요소가 필요하게 되었고, 따라서 당대의 지배적 사유유형에 맞추어 삼위일체론을 여러 방식으로 재구성하게 되었다. 말하자면 신에 대한 "무엇" 물음을 가장 효과적으로 충족시키는 개념으로서 영원불변성이 그토록 소중했기에 그 "무엇" 안에서 어떻게든 결판을 내어야 했다. 그리고 이런 "무엇" 물음은 그리스도론에 대해서도 마찬가지여서 그리스도의 본성을 그 자체로 밝혀내야겠다는 강박관념에서 벗어날 수 없었다.

그러나 오늘날 우리의 상황에서는 신의 무한성-유한성, 영원성-시간성, 불변성-가변성 등 대립요소들 사이의 관계를 어떻게 다시금 의미롭게 엮어낼 것인가가 관건이 아닐 수 없다. 그리스도교의 모태인 유다교 전통에서는 신의 본성을 그렇게 대조적으로 분리한다는 것이 매우 이질적일 수밖에 없었을 텐데 이것이 그리스도교 안에서 오히려 기준적인 것으로 둔갑하게 되었다면 그 역사적 연유에 대해 좀더 진솔하게 되짚어 보아야 할 것이다. 그리고 삼위일체론이든 그리스도론이든 결국 인간의 구원 문제에 대한 관심에서 연유된다는 점이 이 대목에서 특별한 주목을 요한다. 오늘날 우리의 시각으로 본다면 이런 교리적 시도들도 그 자체로 신의 정체를 규명하려는 것이라기보다 어디까지나 인간의 종교적 동기인 구원에 대한 관심과 불가분의 관계에서 전개되었다고 할 수 있다. 다시 말하면, 신의 정체에 대한 인간의 논의는 인간 자신에 대해 다소 진솔해지기 시작한 현대보다 훨씬 전에, 아니 신에 관한 논의의 시초에서부터 이미 인간의 종교적 욕망과 그렇게도 얽혀 있었다는 점을 간과하지 않으면 안된다. 따라서 신의 삼위일체성이나 그리스도의 정체에 관한 오늘날의 논의는 이런 근본적 동기를 전제함으로써 "무엇" 물음이 지향하는 실체론적 사고에서가

1 고대 형이상학과 신학의 자리 깔기

아니라 앞으로 논의될 "어떻게"를 거쳐 "왜"까지 밀고나가 관계론적으로 읽혀야 그 본뜻에 그나마 근접할 수 있지 않을까 한다. 즉, 삼위일체론에서 세 위격이 실체적으로 규정되기보다는 인간 세계에 대해 지니는 신의 관계를 가리키는 것으로 새겨진다면, 즉 신과 인간의 관계 방식으로 이해된다면, 오늘날 우리의 맥락에 좀더 닿을 수 있는 이해를 추구할 수 있지 않을까 한다.

덧붙이건대, 삼위일체론을 포함한 온갖 교리들이란 당시 인간들의 이해체계에 적합하도록 해석되고 구성된 것이라면 그런 해석학적 반성을 할 권리가 더 일찍 태어난 사람들에게만 허용되고 나중 태어난 우리에게 금지되어야 할 이유는 없다.[74] 우리가 이 연구에서 내내 강조할 것이 바로 이것인바 "무엇"이라는 물음에만 묶여 있으면 그것이 온통 전부인 줄 착각하게 되지만 그 물음은 여러 가능하고 마땅한 물음 중의 하나일 뿐이며 따라서 "어떻게"로, 또 "왜"로까지 나아가야 한다. 그러나 작금의 현실도 삼위일체의 교리적 권위를 무조건 전제하는 전통이 여전히 지배적이고 보면 이런 교리적 공식화의 역사성을 진솔하게 인정하고 다시금 우리의 맥락에서 재구성하는 일은 아직도 요원한 과제다.

(3) 사상적 갈래의 본격적 조짐들

신비주의 정서를 뿌리로 한 알렉산드리아 학파가 승리한 에페소 공의회(449년)와 합리주의 성향에 다소 기울어진 안티오키아 학파가 승리한 칼케돈 공의회(451년)는 과연 양대 전통의 대립이 혼미 양상을 겪어 왔음을 보여주었다. 사상적 연관성의 견지에서 볼 때, 전자가 동방교회의 전조였다면 후자는 서방교회의 그것에 해당했다. 그런데 동방은 인간의 신격화를 포함하는 단성론의 신비주의 전통으로 말미암아 결국 미신적 성례전주의로 빠져들었고 이것이 오히려 그 지역에서 이슬람 문화권의 청교도적 반동에 빌미를 제공하는 결과로 이어졌

---

[74] 만일 이러한 주장에 대해 유치하게 소위 "이단" 시비를 한다면 이것이야말로 역사의 초역사화로서 사상적·종교적 조상들에 대한 절대화를 통해 결국 자신을 절대화하려는 자기우상숭배일 따름이다. 본디 소위 "정통"이라는 것이 대략 이런 정서에서 생겨났다는 것은 두말할 나위도 없다. 그러나 인간의 실존적 유한성과 역사적 상대성이라는 것이 현대인들에게만 해당되고 교리 논쟁이 한창이던 그 시대 사람들에게 적용되지 말라는 법이 어디 있는가?

다는 것이 서방교회의 판단이다. 이에 반해 서방교회에서는 합리주의 전통을 토대로 인격주의와 역사의식을 발달시킴으로써 이후 그리스도교 신학의 번성을 위한 기틀을 마련할 수 있었다는 것이다. 그러나 이런 판단에 무조건 동의할 이유는 없다. 게다가 동방에서도 극단적 단성론으로 합의되었던 것은 아니다. 따라서 그 문화권의 신비주의가 지니는 사상적 깊이에 대해서도 서방의 인격주의만큼이나 비중을 부여하는 균형감각을 잃지 않는 것도 중요한 일이다.

어쨌든 그리스도의 본성에 대한 대립과 긴장은 분열과 통일의 소용돌이를 거듭하다가 단성론 전통 내부에서는 다음과 같은 타협이 제시되었다. 즉, 그리스도의 인간성은 신성과 별개의 실체hypostasis가 아니기는 하지만 그렇다고 해서 실체가 아닌 것anhypostasis은 아니며 신적 로고스 안에 포함되어 있는 실체enhypostasis라는 것이 그것이었다. 이것이 바로 신비주의적 연합을 모형으로 하는 동방의 비잔티움의 레온티우스가 제시한 묘안이었다.[75] 그럼에도 다음과 같은 문제들을 안고 있었기 때문에 동방 안에서도 여전히 논란의 대상이 되었고 더욱이 서방에서는 쉽사리 받아들여지지 않았다. 그 문제란 크게 정리한다면, 우선 "전능한 실체가 고난을 받기도 하는가?" 그리고 "만일 그렇지 않다면 예수의 고난이 인간의 구원에 대해 어떤 의미와 역할을 지니는가?"라는 것이었다. 이런 문제에 대해 합리주의적 사고를 다소 진전시킨 서방의 해결책은 예수 그리스도의 의지 문제에서 찾고자 했다. 즉, 그리스도 안에 있는 인간적 의지는 신적 의지를 따른다는 단일의지론monothelites, 그리고 그리스도의 두 본성에 의한 이중의지론dyothelites으로 나뉘었다. 그런데 콘스탄티노폴리스에서 열린 제6차 공의회에서 후자를 옹호하는 결정을 채택하면서 동방과 서방은 더욱 멀어졌다. 그러나 인간 개인의 인격과 역사의 구체성에 대한 집요한 관심을 문화적 전통으로 지닌 서방교회에서는 구원론을 위해 이런 방향을 절실하게 요청했다. 아울러 이런 이유로 동방교회에서도 결국 그리스도의 인간성을 애써 확보하려는 칼케돈 신조를 받아들일 수밖에 없었다. 다만 이를 보상하기 위해 성상eikon에

---

[75] I.C. 헤넬 엮음 『폴 틸리히의 그리스도교 사상사』 64.

대한 신비주의적 논의를 통해 그들의 전통에 대한 옹위의 의지를 표출했다.

지금까지 살펴본 고대에 대한 논의를 전체적으로 평가한다면 신화적 연원을 지닌 "있음"의 합리주의와 "없음"의 신비주의라는 대립적 구도가 철학과 신학에 공히 적용되는 효과적 분석의 틀이라는 점이 이 첫 단계에서부터 분명히 드러난다. 그리고 이것이 바로 신학의 본격적 몸 만들기가 이루어지는 중세를 위한 고대의 자리 깔기가 제공하는 결론이다. 다만 한마디 덧붙인다면, 초대 그리스도교의 신학사를 개괄함으로써 우리가 확인할 수 있는 것은 고대 형이상학이 "참"에 대해 "무엇"을 물었듯이 신학 역시 초기 단계에서는 신에 대해 "무엇"을 물음으로써 당연하게도 교리적 신관 형성으로 이어졌다는 점이다. 그러나 앞서 지적했듯이 "무엇" 물음은 이미 그 대답이 어떤 방식으로든지 같아야겠다는 요구를 암암리에 포함하고 있어서 누구나 동의해야 마땅할 것 같은 교리적 접근 외에 다른 길이 허용될 여지가 없었다. 삼위일체론과 그리스도론 같은 교리들은 그 좋은 증거다. 그러나 그런 교리적 접근마저 사실상 철학적 배경의 차이뿐 아니라 종교적 동기에 의한 이해관계와도 얽혀서 무수한 갈래를 연출했다는 사실은 역사적 아이러니다. 말하자면 인간과 종교의 오묘한 이중적 관계를 전제하지 않고서는 당대의 교리들은 물론이고 신관들에 대한 독해조차 불가능하다. 교리에 관한 공의회의 여러 결정이 역사적이라고 하는 것은 이를 두고 하는 말이다. 하늘 아래 모든 것이 그렇듯이 그것들은 그렇게 역사적일 수밖에 없기 때문이다.

뿌리로 이어지는 길이 생각인가 믿음인가? ②

중세 형이상학과 신학의 몸 만들기

1. 얼개: "무엇"을 달리 묻고

시대의 네 구분, 즉 고대·중세·근세·현대라는 것이 균등분할이 아님은 물론이지만 이 넷을 크게 둘로 묶는다면 인간의 주체적 등장이나 과학의 본격적 태동을 분기점으로 하여 고대와 중세를 한 묶음으로, 근세와 현대를 또다른 한 묶음으로 분류할 수 있겠다. 다른 한편, 철학 안에서 제1 철학으로서의 형이상학을 기준으로 양분하자면 전통형이상학의 지배시대인 고-중-근세, 그리고 이에 대한 반응을 분출시킨 현대로 나눌 수 있을 것이다. 그러나 이 두 기준에 의한 양분이 공통적으로 설정하고 있는 것은 고대와 중세가 어느 경우에도 한 묶음 안에 포함된다는 것이다. 그렇다면 짧지 않은 이 두 시대를 하나로 묶는 공통성은 무엇이고, 그럼에도 이 시대들이 굳이 분리된 이유는 무엇인가?

물론 고대로 분류된 기간도 천년에 육박하는 장구한 세월이요 역사기록에 의한 중세는 이보다 더 긴 세월을 점하니 시간의 길이로만 보더라도 무엇인가 분류가 필요했으리라는 추측이 무의미하지만은 않다. 그러나 그런 길이에 의한 임의의 구분보다 더 깊은 구조적 근거에 연유함을 우리는 간파해야 한다. 근세 초기의 인식론적 전환을 분기점으로 해서 이전의 형이상학이라는 영역 안에 고대와 중세가 함께 속하면서도 굳이 분리되는 결정적 계기, 즉 그리스도교의 태동과 공인 등에 주목할 필요가 있다. 그리스도교라는 종교가 종래 형이상학이 주도하던 "참" 추구라는 과제에 대해 새로운 종교적 대안을 표방하고 나옴으로써 기존의 로마를 지배하고 있던 그리스의 이성중심적 철학이 이와 어떤 방식으로든 관계를 맺지 않을 수 없었기 때문이다. 말하자면 중세는 "참"에 대해 "무엇"을 묻고 "있음"과 "없음"으로 대답을 시도하는 고대의 형이상학을 계승하면서도 이를 이성적 방식으로만이 아니라 신앙의 틀에서 접근할 수 있다고 나섰다. 중세가 "무엇"을 달리 묻는다는 것은 바로 이것을 가리킨다.

돌이켜보면, 각 시대의 구분은 그 나름대로 새로움을 열어 주는 결정적 계기에 근거했다. 정신문화사로서의 철학사의 흐름에서 고대와 중세를 분리한 것은 종교요, 후에 다시 언급되겠지만 중세에서 근세를 분리해 내게 한 것은 과학이며, 근세에서 현대를 분리해 내도록 한 것은 인간이라 하겠다. 종교, 특히 그리스도교의 태동과 함께 전개된 새로운 시대를 중세라 일컬었는데, 그간의 철학사적 연구에서 이 중세를 소위 "암흑기"라던 오랜 전통을 깨고 현대에 이르러 중세 사상의 가치에 새로이 눈뜨기 시작하면서 중세를 그렇게 마구 내몰아서는 안될 것임을 각성하기에 이르렀다는 점은 중세를 논하기 시작하면서 우리가 염두에 두어야 할 사항의 하나다. 중세가 적어도 근세에 대해서는 암흑기로 비쳤지만, 아니 엄밀히 말하자면 근세는 중세를 암흑기로 볼 수밖에 없었지만, 현대는 근세보다 더 넓어진 인간 해방의 요청이라는 지평에서 중세를 재조명할 수 있기에 이처럼 새로운 철학사적 해석이 가능했으리라.

1) 전체적 구도: 신앙과 이성의 관계 설정

이렇게 고전적 형이상학이라는 하나의 과제가 계속해서 수행되었음에도 중세가 고대에서 분리된 이유가 종교라면, 이는 중세의 형이상학이 고대의 그것과는 이미 상당히 다른 분위기를 연출할 수밖에 없었음을 암시한다. 당연하게도 중세는 고대의 유산인 이성과 새로이 태동한 그리스도교가 제시하는 대안인 신앙의 관계 설정이라는 문제에 대한 해결 시도에서 시작되었다. 과연 이성은 삼라만상을 매개로 우주의 뿌리를 캐들어가는 조건적 추론을 거쳐 확실성을 추구하고 신앙은 신 관념에 대한 즉각적 인식을 통해 절대성을 표방한다면 양자의 관계는 어느 하나도 버릴 수 없되 묶어내는 일이 결코 간단할 수 없었다. 고대를 지배했던 이성이란 우연성과 가변성을 특성으로 하는 감정에 대해서는 필연성과 불변성을 표방하겠고, 개별성을 특성으로 하는 경험과의 관계에서는 보편성을 가리키겠지만, 절대성을 희구하는 신앙과의 관계에서는 확실성을 들고나올 것임은 두말할 나위가 없다. 과연 당대에 "참" 또는 신의 정체는 물론이거니와 이를 향한 길에서 이성이 차지하는 비중은 감히 재론을 허락하지 않을 것이었기에 새로운 대안으로 등장한 신앙이라는 것도 이성과 어떤 방식으로든지 그 관계를 추리지 않을 수 없었다. 따라서 이성과 신앙의 관계 구성이 중세 전체를 지배하는 주요과제가 되었던 것은 당연하다.

그런데 이성과 신앙의 관계 구성이라는 과제는 당연하게도 양자가 서로에 필적할 만한 비중을 지닌다는 것을 전제로 한다. 그리고 인간을 그 정신 안에서도 이성에만 국한하여 규정하던 고대를 유산으로 하는 중세에서는 그런 구도에서 양자의 관계를 엮어내는 일을 지상과제로 여긴 것 또한 마땅한 일이었다. 그러나 오늘날에는 인간을 이성에 국한하여 보던 그때와 달리 감정과 육체까지 아우르는 전인全人적 관점을 지향하기 때문에 이성이란 신앙이 마주하기에는 너무도 작은 부분일 따름이다. 말하자면 이제는 전인적 실존이 전인적 신앙과 어떻게 엮이는가가 관건이 되고 있다. 그럼에도 아직도 신앙을 이성에 잇대거나 견주어 판단하려는 작태가 적지 않게 남아 있는데 이는 인간 자신을 전인에서 정신으로, 더욱이 이성이라는 작은 부분으로 축소시키는 어리석음을 폭로할 뿐이다. 우리가 역사에서 무엇을 배우고 깨달을 수 있다면 바로 이런 어리석음을 직시하는 지혜 덕택일 것이다.

하여튼 실존과 신앙의 얽힘이란 오늘의 이야기이고 중세 당시에는 이성과 신앙의 관계가 관건이었다. 인간이 자신을 그렇게밖에 볼 수 없었기 때문이다. 더욱이 고대에서 물려받은 합리주의와 신비주의의 대조라는 유산은 이성과 신앙의 관계를 대등적 구도로 보도록 하기에 너무도 충분히 안성맞춤이었다. 아닌게아니라 "참"이나 신에 대해 "무엇"을 묻고 "있음-없음"으로 대답을 구하던 시대에서는 그것이 전부가 아니겠는가? 그렇다면 중세라는 새로운 시대를 열게 된 이 첫 과제는 어떤 내용들로 엮어졌는가? 형이상학적 구도를 근간으로 함에도 중세가 굳이 고대에서 분리되는 근거가 종교라면 이성과 신앙의 관계 구성에서도 신앙의 가치가 무엇인가 구분의 획을 장식했으리라는 것은 짐작되고도 남는다. 말하자면 신앙이 주도적으로 움직이는 그림으로 중세를 보는 것이 그 당시를 읽어주는 좀더 적절한 모양이 될 수 있을 것이다. 따라서 이성과 신앙의 관계도 중세에 초점을 맞춘다면 신앙과 이성의 관계라고 뒤집어 표현하는 것이 낫겠다. 이제 이들은 어떤 관계양상을 보였는가? 중세 당시 신앙과 이성의 관계는 크게 보아 "물과 기름의 관계"나 "물과 물감의 관계"로 유비될 수 있겠다. 말하자면 끓이든 얼리든 도저히 섞일 수 없다는 입장과 서로 엉겨 무엇인가 그려낼 수 있다는 입장으로 구별되었다. 결국 신앙과 이성은 양자 사이의 상호거부와 상호타협이라는 대조적 모습으로 나타난다. 고대의 유산인 합리주의와 신비주의가 이 대조적 분류에 교차적으로 엮어지는 것은 차라리 예견된 일이었다. 이를 좀더 구체적으로 분류한다면 다음과 같이 정리된다:

〔상호거부〕 신앙이 이성을 거부하는 경우: 신앙주의 - 극단적 신비주의
　　　　　　이성이 신앙을 거부하는 경우: 이성주의 - 극단적 합리주의

〔상호타협〕 신앙이 이성과 타협하는 경우: 온건한 신비주의
　　　　　　이성이 신앙과 타협하는 경우: 온건한 합리주의

언뜻 보기에 위와 같은 호환적 도치에 의한 분류가 작위적으로 느껴질 수도 있겠다. 그러나 실제로 중세 역사는 이런 분류보다 훨씬 복잡한 갈래들을 연출했다. 물과 기름의 관계에 비견되는 상호거부의 경우는 물론이거니와 물과 물감의 관계에 유비되는 상호타협의 경우에도 양자를 엮을 제3의 요소가 설정될 수 없기 때문에 위와 같이 신앙이 주도적이거나 이성이 주도적인 경우와 같은 내부의 분류를 취하지 않을 수 없다. 따라서 위의 분류는 이를 더듬어 보는 우리의 감각에 걸맞게 재구성한 것일 뿐이다. 이제 위의 분류에서 신앙과 이성이 서로 밀어낸다면 양자는 극단으로 치우칠 수밖에 없게 된다. 그렇게 되면 온전한 의미에서의 정합적 논리 구성은 어렵게 된다. 그리고 실제의 역사에서 우리는 이런 점들을 확인할 수 있다. 그러나 그렇다고 해서 그런 극단들이 사상사적으로 무의미하거나 무가치한 것은 결코 아니다. 오히려 온건함이라는 구실로

타협적 구도들[1]이 엮어내는 구태의연함과는 다른 신선한 통찰이 넘실거리는 것도 사실이다. 다만 체계적 정합성이라는 차원에서 본다면 상호거부보다는 상호타협이 훨씬 높은 가능성이 있다고 할 수 있다. 바로 이런 이유로 중세 형이상학의 뼈대를 이룬 것은 의심할 나위 없이 상호타협의 구도였다. 그리고 신학의 학문적 체계화를 구실로 해서 이 구도 안에서도 합리주의가 신비주의보다 더욱 득세하는 것은 불가피한 일이었다. 스콜라 철학과 신학을 넓은 의미에서 합리주의에 속한다고 볼 수 있는 것도 바로 이때문이다.

2) 스콜라 철학의 합리주의적 구도

(1) 보편자의 지위 규정

중세 철학 전체를 지배하는 신앙과 이성의 관계 구성이라는 형식적 과제는 구체적으로 보편자의 지위 규정이라는 내용을 핵심으로 지니고 있음은 주지의 사실이다. 소위 "보편논쟁"을 들먹이지 않더라도 이것이 고대 형이상학에서의 "참" 추구를 유산으로 계승하는 중세적 표현이라는 점이 이를 말해준다. 중세 철학이 비록 "신학의 시녀"라는 별명을 지녔다고 하더라도 신학의 핵심이 여전히 형이상학이었다면 그것은 바로 이 과제를 두고 하는 말이다. 그런데 여기서 우리가 주목해야 할 것은 사실상 신앙과 이성의 관계 구성에서 어떤 구도라도 체계적 정합성을 추구하지 않았다면 고대의 형이상학적 "참"에 해당하는 보편자가 굳이 문제될 이유가 없었을 것이라는 점이다. 그러나 신앙과 이성의 관계에 대해 긍정적이고 적극적인 입장을 취하는 상호타협의 구도가 스콜라 철학의 주요한 기틀을 이루면서 체계적 정합성을 토대로 보편적 본질의 "참"을 추구하는 형이상학에 종사하게 되었다. 물론 "참"에 대한 당대의 형이상학적 관심이 신의 보편성 확립이라는 종교적·신학적 동기에 의한 것임은 새삼 강조할 필요도 없을 것이다. 보편논쟁에서 본질을 의미하는 보편자가 현상이나 실존을 뜻하는 개별자와의 관계에서 어떤 위상을 지녀야 하는가라는 문제는 곧 신학에서

---

[1] 당시에만 해도 오늘날 같은 세련된 변증법이 개발되지 못했던 터라 신앙을 토대로 이성을 받아들이는 방식이나 이성을 토대로 신앙을 받아들이는 방식으로 전개될 수밖에 없었다.

창조자와 피조물의 관계를 위한 철학적 통찰이라는 의미를 지녔기 때문이다. 그런데 보편자의 지위에 대한 중세의 논의에서는 고대에 형상으로도 불렸던 보편자가 현상으로 나타나는 개별자에 대해서 앞서는가, 아니면 함께 있는가, 혹 그것도 아니라면 오히려 뒤따르는가라는 방식으로 입장이 구별되었다:

개별자에 대한 보편자의
   선행: 보편자는 개별자에 앞서ante 본질로서 존재한다 ············· 보편실재론
   동시: 보편자는 개별자 안에in 개념으로 존재한다 ············· 보편개념론
   후속: 보편자란 개별자들의 공통성에 따른post 이름일 뿐이다 ··보편유명론

우선 이런 갈래들은 고대 형이상학의 재현이면서도 진화의 실마리를 보여주는 대목이 아닐 수 없다. 그리고 이것이 이어지는 그리스도교 신학에서의 신관 형성에 대해 지니는 의미가 실로 지대했다. 그런데 여기서 우리가 특별히 유의해야 할 것은 보편유명론이란 어언간 체계적 정합성을 부정하는 분위기여서 신앙-이성의 관계구성에서 상호타협의 구도에 속하는 것을 기대하기는 어렵다는 점이다. 잠시 후에 살펴보겠지만, 신앙과 이성의 관계 설정과 보편자의 지위 규정이라는 두 과제의 상호연관성은 전자에서 상호타협구도와 후자에서 보편자의 위상을 적극적으로 확보하려는 입장들 사이에서나 기대될 수 있다.

(2) 신 존재 증명

보편자의 지위 규정이라는 과제에서 보편자가 고대에서는 형상으로 불린 본질을 의미하는바 중세에서는 곧 "신"으로 묘사되었다. 아니, 엄밀하게 말하면 신앙이 표방하는 신에 대한 형이상학적 지위가 그런 방식으로 부여되었다고 하는 것이 더 적절하겠다. 그렇다면 이제 신으로 모셔진 보편자는 세계를 이루는 개별자에 대해 이런저런 지위를 가진다고 할 때 과연 그것이 그렇게 존재한다는 것은 어떻게 밝혀질 수 있는가가 문제되지 않을 수 없었다. 이런 관심에서 신의 존재는 증명을 요구받았고 보편논쟁은 이 요구에 부응해야 했다. 그런데 세계와의 관계에서 신이 본질적으로 다른 존재인가 아니면 어떤 연관성을 지닌

존재인가라는 문제에 대한 입장 차이가 다음과 같은 증명 방식의 대별로 나타났다:

  존재론적 증명: "위로부터의" 증명, 즉 존재의 본질이 바로 그 존재를 입증한다는 방식
  우주론적 증명: "아래로부터의" 증명, 즉 존재의 결과가 존재를 원인으로 존재하는 것으로 입증한다는 방식

여기서 우리가 잠시 주목해야 할 것은 신의 존재 증명이란 형이상학적 "무엇" 물음의 필연적이고도 불가피한 과제였다는 점이다. 신에 대해 "무엇"을 물었으니 있음과 없음이 결정적 관건이었고 이는 곧 신의 존재방식에 관한 관심으로 집중될 수밖에 없었을 것이다. 게다가 이 맥락에서 지나치지 말아야 할 것은 신의 존재 증명이 존재론과 우주론의 방식을 취함이 이미 고대 형이상학의 구조에서 예견된 일이었다는 점이다. 고대 형이상학을 다루면서 우리는 이미 형이상학을 "우주-존재-신-론적 근원학"으로 규정한 바 있거니와 이를 이루는 우주론·존재론·신론은 삼차원적 입체구조의 관계를 이룬다고 했으니 신에 대해 우주론과 존재론의 차원이 얽히는 것은 형이상학적 필연이었다. 하여튼 신 존재 증명이란 "무엇" 물음에 의한 불가피한 과제였고 그런 형이상학의 구조가 증명방식의 갈래들로 작용할 만큼 철저히 형이상학적 논의였다는 점을 지적해 둘 필요가 있다. 오늘날도 이처럼 신의 존재 여부를 중심으로 하는 논의가 대중적으로 여전히 의미를 지니고 있는만큼 그 논의의 핵심에 깔려 있는 "무엇" 물음의 의미와 한계를 통찰하는 지혜를 역사에서 배울 수 있기 때문이다.

  그런 배경을 지닌 신 존재 증명이라는 과제가 당대의 여타 과제들과 밀접하게 연관되는 것은 당연하다. 중세의 흐름을 살펴볼 때 좀더 자세히 논하겠지만 앞서 논의된 연속적 과제 사이의 내부 갈래들은 다음과 같이 정리될 수 있다. 즉, 이성과 신앙의 관계 설정에서 체계적 정합성을 추구하는 상호타협의 구도가 보편자의 지위규정이나 이와 직접적으로 얽혀 있는 신 존재 증명이라는 과제와 구조적 연관성을 지닌다. 이런 과제들 사이의 내적 연관성을 밝히는 것도

역시 역사에 대한 논의에 포함되어야 하겠지만, 아닌게아니라 절묘하고 당연하게도 중세 철학의 주요한 세 과제는 다음과 같이 그렇게 얽혀 있다:

신앙-이성의 관계 설정	보편자의 지위 규정	신 존재 증명
신앙이 이성과 타협하는 경우	보편실재론	존재론적 증명
이성과 신앙이 타협하는 경우	보편개념론	우주론적 증명

2. 흐름: 신앙과 이성의 관계 구도에 근거하여

중세 철학의 얼개를 위와 같이 연관된 세 항목으로 정리할 수 있다면 이제는 그 구체적 흐름을 살펴보아야겠다. 그런데 신앙과 이성의 관계 구성이라는 전체적 과제에서도 앞서 언급된 네 갈래가 시대의 흐름에 따라 번갈아 지배적 도식으로 등장했으니 신앙우선주의에서 출발하여 신앙과 이성 사이의 현실적 타협을 주고받더니 결국 권좌회복을 통한 이성의 승리로 중세를 마감하고 근세를 열어 가는 과정을 밟아 나아갔다. 이런 흐름의 순서는 중세 철학의 또다른 과제들과의 연관성을 역사적 흐름에 따라 이해하기 위해 매우 중요하다.

좀더 구체적으로 언급한다면, 중세라는 새로운 시대를 연 결정적 계기인 그리스도교는 당대에 이성을 표방하는 이질적 사상들과의 관계에서 신앙을 수호하려는 호교론적 입장을 취하는 데서 출발했다. 당대의 영지주의를 비롯한 다양한 이교도의 공격에서 "계시종교"로서의 그리스도교를 변호하기 위해 신앙우선주의를 표방하지 않을 수 없었기 때문이다. 이는 그리스나 라틴의 호교가들은 물론이거니와 알렉산드리아의 교리문답 학파 등 그리스도교 형성초기에 등장한 사상가들에게 대체로 해당되었다. 그러다가 그런 입장이 이방인을 위한 선교라는 교회의 책임수행에 오히려 장애가 된다는 지적과 함께 교회 자체의 분란으로 인해 교리적 체계화의 필요성이 대두되면서 교부학이 발전하게 되었다. 교부학은 이성에 대해 소극적이던 호교론과 달리 신앙을 전제하되 이성과의 관계를 긍정적으로 구성하려는 입장을 취했다. 그리고 여기서 고대 말기의 형이상학적 거장인 플라톤을 사상적 원조로 하는 교부 철학이 그리스계의 동방과 라틴계의 서방으로 분리될 계보적 움직임과 함께 태동되었다.

그런데 대외적 호교론과 대내적 교부학은 사실상 단순히 시대정황의 차이에 의한 구분이라기보다 그리스도교 사상의 형성 배경에 대한 설명으로서의 뜻을 지닌다. 즉, 그리스도교의 사상 형성은 타종교를 포함한 이질적 사상이나 문화들과의 대면에서 촉발되었고 그런 관계의 내면화 과정이 교부들에 의해 초대 신학으로 엮어졌다. 이런 역사는 무릇 한 종교의 사상적 체계화 과정이라는 것이 다른 사상전통 및 이에 속한 종교들과의 관계에서 영향을 주고받으면서 시작되고 진행되는 것이어서 그리스도교의 경우도 종교사상의 복합문화적 중층성이라는 점에서 예외일 수 없다는 것을 확인해 준다.

이런 종교 형성 과정에서 기왕 내친 발걸음이라면 신앙에 대해 이성의 지위를 좀더 적극적으로 확보하려는 노력이 개진되는 것은 당연한 일이었다. 그런데 신의 손길인가, 아니면 역사의 운명인가? 어딘가에 묻혀 있다가 마침 발굴된 아리스토텔레스의 저작들이 이성을 전제하고 신앙을 추구하려는 새로운 노력을 본격적으로 전개할 수 있게 하는 사상적 터전이 되었다. 이로부터 중세의 절정이라 할 수 있는 스콜라 철학과 신학이 엮어졌다는 것은 역사의 상식이다. 그리고 이미 앞 절에서 언급했지만 중세 철학 전반의 주요한 세 과제의 체계적 연관성을 살펴볼 수 있는 곳이 바로 여기이기도 하다. 그러다가 그렇게 다시 확보된 이성의 지위를 더욱 공고히하려는 움직임이 급기야 신앙을 거슬러서라도 이성을 우선시하는 입장으로 귀결되었고 이로써 중세를 마감하는 신호탄이 쏘아 올려졌다.

그렇다면 대략 개괄한 역사적 흐름에 대해 좀더 상세히 살펴보자. 이를 위해 우리는 앞 절에서 다룬 신앙과 이성의 관계 구성이라는 과제를 기본 뼈대로 하고자 한다. 역시 무어라 해도 중세 철학은 그 어느 시대와도 다르게 고대에서 전수된 이성이라는 유산과 중세를 가름한 새로운 종교로서의 그리스도교가 가르치는 신앙 사이의 관계가 결정적 관건이었기 때문이다. 따라서 이 구도의 흐름을 중심으로 이성을 표방하는 철학과 신앙을 근거로 하는 신학 사이의 논의를 상세히 살펴보고자 한다.

1) 신앙 우선주의
(1) 호교론

그리스도교는 신의 계시에 대한 신앙을 출발로 삼고 세계를 구원한다는 목적을 가지고 태동되었다. 이 사실은 그 형성과 발전 배경에서 주요한 요소인 당대의 철학과 사상에 대해 그리스도교가 매우 이질적이었다는 것을 뜻한다. 그런 이질성은 독특성으로 이해될 수도 있었지만 당시의 철학적 근거에서 많은 공격을 받는 요인이기도 했다. 그런데 그리스도교는 이런 도전에 대처하기 위해 오히려 그 도전의 배경인 철학을 사용하기도 했다. 이때 철학이란 당대를 지배하던 플라톤의 사상 및 이에서 파생된 여러 변형들을 일컫는다. 그러나 플라톤 추종자들이 당대의 다른 사조들과의 절충이나 융합을 통한 변형을 시도하면서 다양한 갈래를 이루었으니 그리스도교가 채택하고 사용한 철학이라 해서 간단히 추려질 수 있는 것은 아니다. 더욱이 그리스도교의 여전히 주요한 관심은 신앙의 옹호였다. 따라서 초기 호교론이 철학적 요소들을 포함하기는 하지만 여기서 철학적 체계를 구축해 낸다는 것은 불가능하다. 게다가 철학에 대한 그리스도교의 입장도 광범위해서, 예를 들면 초기 호교가 중 알렉산드리아의 클레멘스는 철학을 유다교의 율법같이 인간을 계도하는 "신의 선물"로 본 반면에, 테르툴리아누스는 그런 철학을 "세상의 어리석음"으로 치부했다.

그러나 초기의 이런 대립은 교부학에 이르면서 클레멘스의 입장이 우세를 보였는데 당장 교부 철학의 집성자인 아우구스티누스가 신플라톤주의를 수용하여 그리스도교의 세계관과 신학을 구축했다는 점은 그 확실한 증거다. 그러나 스콜라 철학으로 넘어가면서 오히려 라틴계 서방은 합리주의를 강조하는 방향으로 흘러가게 되었고, 반면에 알렉산드리아를 포함한 그리스계 동방은 철학의 합리화를 따르기보다 신비주의를 지향하게 될 만큼 상호 역전되는 분위기가 연출되기도 했다. 말하자면 그리스 철학과 헬레니즘 사상의 형성과정에서의 혼란으로 인해 지금 분석하자면 다소 혼동스러울 수밖에 없는 상황이었다.

그렇다면 초기 호교가들에게서는 어떤 생각들이 전개되었는가? 먼저 그리스 호교가들 중 순교자로 알려진 유스티누스는 철학이 다양한 분파를 이루고 있기는 하지만 인간을 신에게 이끌기 위해 고안된 선물이라고 간주했다. 스토아 학파와 페리파토스 학파, 그리고 피타고라스 학파를 거쳐 플라톤주의에 이르는 사상적 편력을 통해 그는 철학과 신학의 미분적 예지를 추구했는데, 그럼에도 철학은 계시를 받아들임으로써만 참된 것이 될 수 있다는 입장을 취했다. 또한 당시에 철학과 종교의 합성을 통한 정신적 욕구 충족이 요구되던 상황에서 지식gnosis으로 신앙을 대신한다고 공언하면서 형이상학적 이원론을 내세운 영지주의에 반대하여 이레네우스는 인간 정신이 이성과 계시를 통해 신을 알 수 있더라도 완전히 파악할 수는 없다고 주장했다. 말하자면 신앙의 신비가 이성적 지식으로 대체되거나 환원될 수 없다는 입장을 분명하게 개진함으로써 초기 호교론의 신앙우선주의를 명백하게 표방했다.

영지주의에 대한 이런 호교론적 비판과는 달리 알렉산드리아의 교리문답 학파는 영지주의에 대응하는 그리스도교적 대안을 제시하는 데 주안점을 두었다. 클레멘스는 신학의 체계화를 위해 그리스 철학을 "복음의 준비"praeparatio evangelica로 보았지만 신에 관한 긍정적 인식의 가능성을 부정하고 신비가들에게 소중한 "부정의 길"via negativa을 주장함으로써 후에 위僞디오니시우스에서 본격화하기 시작하는 신비주의 전통의 효시로 받아들여지기도 한다. 니케아 공의회 이전에 나타났던 가장 주요한 신학자인 오리게네스는 신플라톤주의의 유출설에 입각해서 그리스도교의 위계적 삼위일체론과 창조의 필연성을 주장했지만 그 역시 그런 철학적 관념들을 그리스도교적 테두리 안에 통합하는 방식으로 엮어냄으로써 호교론자들과 맥락을 같이했다고 볼 수 있다.

그러나 초기 호교가들의 신앙우선주의는 무엇보다도 라틴계의 테르툴리아누스에게서 가장 뚜렷하게 나타난다. 그는 이성에 대한 신앙의 우선성을 다음과 같이 정리한다: "불합리하기 때문에 믿는다!"credo quia absurdum est. 그의 다음과 같은 구절은 이런 명제를 극적으로 예시하는 것으로 읽힐 수 있다:

하느님의 아들이 십자가에 못박히셨다는 사실은 부끄러워할 일이기 때문에 나는 그것을 부끄럽게 여기지 않는다. 하느님의 아들이 죽으셨다는 사실은 어리석은 일이기 때문에 믿을 만한 것이다. 묻히신 분이 부활하셨다는 사실은 불가능한 일이기 때문에 확실한 것이다.[2]

소위 이성의 합리성을 비웃기라도 하듯이 불합리를 예찬하는 테르툴리아누스의 수사는 이후 신비주의 전통과도 내용적 연관을 지니는 것으로 평가될 수 있다. 물론 그가 속한 라틴계 호교론은 후에 서방교회의 합리주의 신학으로 이어졌지만 그 시초에 그의 이런 선언이 깔려 있었다는 역사의 아이러니는 그 시사하는 바가 결코 적지 않을 것이다. 그러나 이 시점에서 강조되어야 할 것은 그리스 호교가들뿐 아니라 라틴 호교가들 사이에서도 철학에 대한 입장이 다소 차이를 보이지만 이들 모두 철학을 도구로 사용하는 범위 안에서 신앙을 수호하려는 근본 목적을 공유하고 있다는 점이다. 그리고 이런 호교론은 결국 그런 문화적 배경의 연장선상에서 교부 철학을 형성하게 되었으며 이는 5세기경 역시 체계화의 기치를 내건 라틴계의 교부인 아우구스티누스에서 집성되었다.

(2) 신앙의 독특성과 신비성

중세를 여는 신앙과 이성 사이의 긴장이 신앙우선주의로 시작되었다고 할 때 그 전개가 일차적으로는 호교론으로 나타났지만 그런 입장이 이에만 한정되었던 것은 아니다. 비록 이방인을 위한 복음으로서의 설득력을 지니기 위한 학문적 체계화라는 필요성으로 인해 신앙과 이성 사이의 긍정적 관계가 곧 모색되기는 했다. 그러나 이와 아울러 이성을 거슬러서 또는 이성 너머로 신앙에 대한 접근이 요구되면서 테르툴리아누스에서 보여진 것처럼 신앙우선주의는 이성의 한계 안에 가두어질 수 없는 신의 신비성에 주목하는 신비주의로 이어졌다. 그리고 이런 성향은 아우구스티누스 이후 등장한 위디오니시우스 아레오파기타

---

[2] Tertullianus, *De carne Christi* = 이형우 역주 『그리스도의 육신론』(분도출판사 1994) 111.

에서 소위 합리신학과 신비신학 사이의 본격적 갈래가 조성되면서 더욱 분명해졌다. 물론 이런 흐름은 나중에 살펴볼 스콜라 철학의 전성기에 나타난 마이스터 에크하르트를 거쳐 중세 말기의 마지막 주자인 니콜라우스 쿠자누스에서 절정을 이루지만, 여기서는 중세 신비주의의 본격적 출발주자인 위디오니시우스에 대해서만 간략히 살펴볼 것이다.

아테네에서 바울로의 인도로 개종했다는 디오니시우스 아레오파기타의 이름을 사용하여 저작활동을 했다고 해서 "위"pseudo가 붙은 위디오니시우스의 「신명론」과 「신비신학」을 포함한 주요한 저작들이 동서방 교회에서 주석되고 번역되면서 특별한 주목을 받았다.[3] 먼저 「신명론」은 신의 이름을 명명하는, 즉 신의 본성을 표현하는 방법을 뜻하는 "긍정의 길"kataphasis에 초점을 맞춘 작품이다. 즉, 선·생명·예지·능력 등의 개념들이 어떻게 초월적으로 신에게 적용될 수 있는가에 관심하면서 피조물에서 발견되는 성질이 본래적으로 신에게서 유래한 것임을 밝힌다: "하나인 하느님 외에는 어떤 것도 선善이 아니다".[4] 따라서 신에게 적용되는 개념은 신의 초본질성이라는 차원에서 이해되어야 한다는 점을 역설한다. 말하자면 신의 본성에 대한 인간의 어떤 개념적용도 인간의

---

[3] 동방과 서방의 대립에 관해 이 시점에서 간과해서는 안될 인물이 바로 5세기 말에서 6세기 초에 등장한 위(僞)디오니시우스 아레오파기타이다. 철학적 논의와의 중복을 피하기 위해 그에 관한 기본적 소개를 생략한다 하더라도 그에게서 동방의 신비주의와 서방의 합리주의가 본격적으로 체계화되기 시작했음은 반드시 짚고 넘어가야 할 요점이다. 신에 대한 개념화의 가능성을 논하는 긍정신학과 이를 거부하는 부정신학이 공히 신의 초월적 심연을 지향함으로써 신의 삼위성과 일체성 사이의 대립이 그 안으로 스며들게 되었기 때문에 그런 일이 가능했던 것이 아닌가 추측된다. 위디오니시우스의 사상은 프로클로스를 통해 신플라톤주의를 재연하면서 일자유출설을 인격적 창조설로 변형시켰다든지, 위계질서론을 교회 체제에 적용할 수 있도록 재구성했다는 업적에 근거하여 교회의 양대 전통에서 환영받았다.
그럼에도 여기서 되짚지 않을 수 없는 것은 이미 이 당시에도 동방과 서방의 문화적 특성이 확연하게 분리되어 있었다는 점이다. 앞서도 잠시 지적되었지만 동방은 영원과 현실 사이의 수직적 관계에 충실함으로써 자기성찰과 심연의 통찰, 지고에의 동경이라는 깊이와 높이의 정신적 유산을 이룬 반면에, 수평적 차원으로 미래를 향해 현실을 변혁시키는 능력이 상대적으로 결여되었던 것으로 평가된다. 다른 한편, 서방은 미래와 현실 사이의 수평적 관계에 대해 우선적으로 관심함으로써 신의 나라 건설이라는 과제를 향해 매진하는 추동력을 지닌 반면에, 동방이 향유하는 높이와 깊이를 그만큼 상실하거나 포기할 수밖에 없었다는 점을 놓쳐서는 안 될 것이다.

[4] Pseudo-Dionysius Areopagita, *De divinis nominibus*, 2,1 [코플스톤 (박영도 옮김)『중세철학사』(서광사 1988)〈줄임: 코플스톤〉133에서 재인용].

경험 한계로 귀속될 수 없으며, 따라서 유비적으로만 적용될 수 있다는 것이다. 피조물에 녹아 있는 신의 완전성을 긍정적으로 읽어내고 이것이 신으로부터 주어졌음을 거슬러올라가는 방식이 "긍정의 길"이라면 바로 이런 방식이 서방교회의 합리신학으로 이어져 그 주요한 기틀이 되었음은 주지의 사실이다.

다른 한편, 피조물의 불완전성을 창조자 신에서 제거함으로써 신에 대해 인식하거나 묘사하기보다는 예찬하는 길, 즉 "부정의 길"apophasis; via negativa 또는 "제거의 길"via remotionis이 제시되는데「신비신학」은 바로 이를 다룬다. 위디오니시우스가 신플라톤주의의 최종 주자인 프로클로스로부터 입수한 이런 구별은 그리스도교 신학으로 전수되었는데, 심지어 토마스 아퀴나스도 이를 심도 있게 받아들였다. 인간은 신을 인간적 방식으로밖에 생각할 수 없어서 저마다의 우상을 만들게 되므로 이를 제거하는 것만이 신을 향하는 길이며 이런 과정에서 신에 대한 명확한 관념은 오히려 거부된다는 것이다: "지성에 의한 모든 파악을 단념하고 온전히 닿을 수도 없고 볼 수도 없는 것으로 휩싸여 … 온전히 알 수 없는 하느님과 결합된다".[5] 부정방식이 서술하듯이, 신비주의가 가리키는 신의 불가지성은 사실상 인간의 유한성에 대한 겸허한 수용에서 비롯된다. 물론 이런 논의는 신플라톤주의의 영향을 반영하기도 하지만 니사의 그레고리우스도 이런 경향에 함께 포함할 수 있을 만큼 그리스도교적 반향도 적지 않았다.

2) 신앙 전제적 이성 추구

(1) 교부 철학

앞서 논했듯이 호교론이 이질적 사상들의 비판과 이교도의 공격에서 그리스도교의 신앙을 방어하기 위해 전개된 대외적 방책이었다면 교회 안에서의 분파와 갈등을 조정하고 더 나아가 체계적 교리화를 요구하는 내부의 요구에 부응하려는 시도에서 나온 것이 교부학이었다. 그리스도교의 역사에서 삼위일체론과 그리스도론 등 핵심적 교리들이 바로 이 시대에 교부들에 의해 본격적으로

---

[5] Pseudo-Dionysius Areopagita, *De mystica theologia*, 1 [코플스톤 135].

형성되고 논의되었으며, 이런 교부학도 역시 지리적·문화적 배경의 차이로 인해 그리스계와 라틴계로 분리되어 전개되었다. 그러나 다소간의 분위기 차이가 중세 철학 전반을 지배하는 중심구도인 신앙과 이성의 관계에서의 입장 차이로까지 이어진 것은 아니다. 말하자면 교부들의 철학은 그 문화적 전통 사이의 차이를 넘어서 신앙을 전제하고 이성을 추구해 가는 방식으로 전개되는 공통성을 지녔고 이런 이유로 아우구스티누스에서 전체적 집성이 가능했다.[6]

① 그리스계
그리스 교부들은 삼위일체론과 그리스도론 논쟁[7]을 거치면서 앞선 호교론자들보다 신학적 문제들에 더욱 집중하게 되었다. 체사레아의 주교 출신이어서 교부로 분류되지만 호교론에 대한 관심도 지니고 있던 에우세비우스는 그리스 철학에 대한 호교론자들의 태도에 동조하면서 「복음의 준비」라는 제목으로 15권에 이르는 방대한 저서를 썼다. 그는 여기서 순교자 유스티누스, 알렉산드리아의 클레멘스와 오리게네스 등을 따라 플라톤에 대해 폭넓은 이해를 추구했는데, 클레멘스가 플라톤을 "그리스 판 모세"라고 한 것에 힘입어 「티마이오스」의 우주기원론이 그리스도교의 창조론과 유사하며, 플라톤의 영혼불멸설도 성서의 사상과 일치한다는 식으로 소위 그리스 전통과 히브리 전통 사이의 유사성과 상통성을 극단적으로 강조하기에 이르렀다.[8]

그러나 그리스 교부 중 가장 주목을 요하는 사람은 니사의 그레고리우스다. 신앙의 신비는 논리적 추론의 결과가 아니라면서 그는 철학적 사색에 대한 초자연적 신앙의 우위성을 강조한다. 그레고리우스의 이런 입장이 아우구스티누스를 거쳐 스콜라 철학의 안셀무스에까지 이른다는 점을 고려한다면 그를 그리스 교부 철학의 대표적 인물로 보아야 한다는 점은 더욱 분명해진다. 다만 여

---

[6] 덧붙인다면, 중세 안에서도 후에 나타나는 이성전제적 신앙추구의 보편개념론과 비교할 때 신앙전제적 이성추구의 보편실재론이 — 마치 아리스토텔레스와 플라톤의 비교가 그러하듯이 — 다소 신비주의와 친화할 가능성을 더욱 강하게 내포한다는 점도 지적될 수 있겠다.
[7] 이에 대한 간략한 논의는 ① 3.에서 각주로 처리하여 전개했으니 참조하라.
[8] Origenes, *De Principiis*, 11,23 [비텐슨 305].

기서 우리가 간과해서 안될 것은 그런 일련의 흐름이 신앙의 신비에 대한 합리화를 향한 것이 아니라 그 신비성을 더욱 명료하게 하고자 함이었다는 점이다.

다른 한편, 그레고리우스의 사상에서 우리의 주목을 요하는 것은 신-인 관계에 대한 논의에 깔려 있는 플라톤적 보편주의다. 그는 신성에 대해서도 일차적으로는 신의 본질에 입각한 보편적 유일성에 초점을 두어야 하며 이차적으로만 삼위성이 논의될 수 있다고 함으로써 삼위일체론을 삼신론이라고 비판하는 당대의 움직임에 대해 변론을 제시한다. 또한 인간에 대해서도 개별인간에 대한 보편인간의 우위에 입각해서 개별인간의 창조를 주장하는데[9] 이는 스콜라 철학의 에리우게나에게로 이어진다. 부언한다면, 그레고리우스는 세계창조에서의 신의 자유를 옹호한다는 점에서는 이레네우스를 따랐지만 그런 자유가 인간에게 허락되어 악을 행하더라도 결국 신에게로 다시 돌아가게 된다는 "만물복귀설"을 받아들였다는 점에서는 창조에서의 필연성을 주장했던 오리게네스를 따랐다. 그리고 만물이 신에서 발원하여 신으로 되돌아간다는 주장 역시 에리우게나의 자연사분론으로 이어짐으로써 사상적 계보에서 그레고리우스의 위치를 다시금 확인해 준다.

그러나 무엇보다도 우리에게 최대의 관심이 되는 것은 그레고리우스가 신비신학의 역사에서 최초의 본격적 창시자라는 역사적 평가다. 유다-그리스 철학의 중심인물인 필론과 신플라톤주의의 수장인 플로티노스에게서 강조된 무아경 ecstase을 오리게네스가 지성적으로 해석한 것과는 달리 그레고리우스는 "무아적 사랑"으로 받아들임으로써 신의 절대적 초월성에 대한 고대의 신비주의적 강조를 그리스도교 신학 안으로 끌어들였다. 그레고리우스가 말하는 영혼의 신비적 고양은 플로티노스의 그것과 유사하지만 그 고양의 지향점이 신과의 단독적 일치가 아니라 그리스도의 충만함의 재현이라는 점에서는 구별되었다. 그의 이런 그리스도교적 재구성은 앞서 언급한 위디오니시우스와 보나벤투라를 거쳐 십자가의 성 요한에 이르는 중세 그리스도교 신비주의의 효시를 이룬다.[10] 그리고

---

[9] 참조: Gregorius Nyssenus, *De hominis opificio* [코플스톤 57].

이 점에서 신앙 전제적 이성 추구의 구도라고 하더라도 그리스 교부들에 있어서는 신비주의적 정서가 압도적이었다는 평가를 내리지 않을 수 없다.

② 라틴계
라틴 교부 중에서는 교부 철학 전체의 집성자인 아우구스티누스로의 교두보 역할을 한 암브로시우스를 간단히 살피는 것으로 만족해야겠다. 교부 철학의 단계에서는 아직 그리스계와 라틴계의 전통적·문화적 차이가 뚜렷이 나타나지 않았거니와 바로 그래서 아우구스티누스에게서의 집성이 자연스럽게 이어질 수 있었기 때문이다. 밀라노의 주교인 암브로시우스는 교부 철학의 일반적 분위기와 달리 철학에 대해 형이상학적으로 접근하기보다 윤리적이며 실천적으로 다가갔다. 따라서 성서와 교리에 대한 접근도 그리스 교부들에 의존하여 대동소이했다. 그럼에도 암브로시우스를 굳이 거론하는 것은 라틴계 교부 철학이 그리스계 교부 철학과 특별히 구별되지 않는다는 증거로서 의미가 있기 때문이다.

③ 집성: 아우구스티누스
드디어 우리는 라틴계의 대표적 교부요 교부 철학의 집성자인 아우구스티누스에 대해 살펴볼 시점에 이르렀다. 앞서 언급했듯이 교부 철학에서 그리스계와 라틴계가 구도적으로 크게 다르지 않다는 점이 이런 집성을 가능케 하고 또한 필요케 했다. 그렇다면 이들의 지론이 구체적으로 어떻게 집성되었는가? 이런 검토를 위해 우리는 앞서 고대 철학에서도 그러했던 것처럼 한 사상가의 철학 전반을 망라하려 하기보다는 우리의 관심인 "참"에 집중하여 분석할 것이다. 중세 철학에서 "참"에 해당하는 형이상학적 실재가 "신"으로 표상되었다면 이

---

[10] 라틴계 교부 철학에 대한 논의로 넘어가기 전에 언급해야 할 또 한 사람이 있는데 그는 그리스의 마지막 교부 철학자인 Johannes Damascenus다. 그의 철학사적 의의는 그리스 교부 철학이 플라톤적 전통의 영향 아래에 있었던 것과 달리 아리스토텔레스 철학이 라틴 세계에 받아들여질 길을 닦는 데 그가 공교롭게도 일조를 했다는 점에 있다. 서방의 토마스 아퀴나스와 견주어짐으로써 "동방의 스콜라적 학자"로 불리기도 하는 그는 과연 그리스 교부 철학의 마지막 주자답게 선배 사상가들의 업적을 체계적으로 정리하는 과업에서 탁월한 역량을 보였으며 그것이 바로 위와 같은 철학사적 지위를 갖게 했다고 볼 수 있다.

에 대한 우리의 논의는 대체로 신과 세계의 관계에 초점을 두게 될 것이다.

그러나 아우구스티누스가 집성한 교부 철학은 철학사에서 본다면 내용적으로는 고대 철학과 더 깊이 연관되어 있어서 사실상 고대 철학의 그리스도교적 변형이라고 해도 좋을 만큼이다. 그에 앞선 호교론자들과 교부 철학자들은 거의 대부분 신플라톤주의를 주요 통로로 하여 플라톤의 철학에 사상적으로 의존하고 있었으며, 정도와 방향의 차이가 있을 뿐 그 영향권을 벗어난다는 것은 불가능할 만큼 지대한 연관성을 지녀 왔다. 그리고 이런 점에서 아우구스티누스 자신도 예외일 수는 없었다. 그는 과연 방대한 저서가 말해 주듯이 신플라톤주의의 수장인 플로티노스에게서 많은 영향을 받았는데, 그의 사상적 맥락이 플라톤으로까지 거슬러올라가지 않으면 안되는 이유가 바로 여기 있다. 그러나 무릇 사상적 계보에서 집성이라는 것은 그 이전까지의 흐름에 대한 정리이기도 하지만 동시에 그 이후의 새로운 전개와 발전을 위한 초석으로서의 의미도 있다는 것을 뜻한다. 그리고 바로 이런 점에서 아우구스티누스의 집성은 이어지는 중세 전반에 지대한 영향을 미친 것으로 평가되기 때문에 철학사를 정리하는 데서는 대체로 중세의 시초에 배치되는 것이 일반적이다.

그렇다면 이처럼 고대 철학의 그리스도교적 수용의 정점에서, 그리고 새로운 중세 철학으로서의 스콜라 철학의 체계화를 위한 발판으로서, 즉 고대와 중세를 잇는 가교로서 아우구스티누스의 집성은 어떻게 전개되었는가? 우선 신에 관해 본다면, 아우구스티누스가 형이상학적 "참"으로서의 실재를 가리키는 신에 대해 취한 태도는 이론적 결론을 향한 사변적 논증이 아니라 근본적으로는 종교적이고 영성적인 것이었다. 말하자면 그는 신이 세계를 창조하여 보존한다는 사실과 그 필연성에 대해 새삼스레 증명할 필요를 느끼기보다는 이미 그렇게 인정된 것으로 전제하고 그를 설파하려는 데 더욱 관심을 두었다:

> 하느님의 참다운 능력은 이성적 피조물이 이성을 사용하기만 한다면 그에게 전혀 드러나지 않고 있을 수 없다. 본성이 지나치게 타락한 약간의 사람들을 예외로 한다면 온 인류가 하느님은 세계의 창조자라고 인정하고 있기 때문이다.[11]

그런데 이런 태도는 이미 신앙우선주의의 입장을 취한 호교론에서부터 예견되었고 초대 교부들이 문화적 계보의 차이를 막론하고 공통적으로 지녔던 태도에도 계승되었다. 나아가 이런 흐름이 아우구스티누스의 다음과 같은 언명으로 발전하면서 스콜라 철학의 초기 구도에까지 이르렀다: "하느님을 존엄성에 있어 다른 모든 것보다 뛰어난 것으로 믿고 있다는 점에서 모든 사람들은 일치하고 있다".[12] 그리고 그 탁월한 예를 우리는 "신이란 그보다 더 큰 것이 생각조차 될 수 없는 존재"라고 말한 안셀무스에서 확인할 수 있다.

그런데 신이 이미 그렇게 존재했을 뿐 아니라 또한 타의 추종을 불허하는 "가장 크고 높은 존재"라는 것은 무엇을 말함인가? 아우구스티누스 자신도 누누이 강조했고 현대의 에티엔느 질송이 분석한 바와 같이 신이란 피조물의 영혼이 찾고 있는 행복의 원천이라는 것이다. 아우구스티누스는 변화하는 가시적 세계의 아름다움은 불변하는 미에 의한 창조이고 반영임을 감각물들이 고백하고 있으며 인간의 영혼은 이를 엿듣는다고 설교하면서 불변하는 것을 찾아나서는 인간의 영혼을 파고들어간다. 이처럼 그는 자연신학과 계시신학을 명확하게 구별하기보다 전자는 후자와의 관계에서 그리고 후자를 통해서 완성되어야 한다고 주장하는 데까지 나아갔다. 이로써 우리는 그가 신앙과 이성의 구별을 무시했다기보다 신앙을 토대로 이성을 향함으로써 유기적 통일을 추구했다고 보아도 좋을 것이다. 다만 신관의 그런 형성과정에 도사리고 있는 인간의 욕망에 대해 되돌아볼 수 없던 중세의 사상적 상황은 "가장 크고 높은 존재"를 "행복의 원천"으로 삼고 싶어하는 인간의 종교적 욕망에 대해 좀더 솔직하려는 현대의 지평에서 재평가되어야 할 것이다. 그리고 이런 지적이 아우구스티누스뿐 아니라 고대와 중세 전체에 걸쳐 적용되어야 하는 것은 물론이다.

그렇다면 이제 지복至福으로서의 신은 어떤 성질을 지니는가? 아우구스티누스에서 묘사된 신성은 플라톤의 신론에서의 그것과 대동소이하다. 하느님은 완전

---

[11] 참조: Augustinus, *In Joann. Evang.*, 106,4 [코플스톤 103]; *De civitate Dei*, 8,9 [조호연 역 『하나님의 도성』 (크리스찬 다이제스트) 2권 121-2].

[12] Augustinus, *De doct. Christ.*, 1,7,7 [코플스톤 107].

자체이며, 영원성에 의해 시간을 초월하듯 무한성에 의해 공간을 초월한다. 이렇듯 완전성·영원성·무한성은 결국 신의 초월성을 귀결시킨다:

> 하느님 자신에는 공간의 간격도 연장도 없다. 그러나 하느님의 불변하는 탁월한 힘 때문에 만물이 하느님 안에 있으므로 하느님은 만물에 내재하면서 동시에 만물을 초월하여 만물 밖에 있다. 그래서 또한 하느님에게는 시간의 간격도 연장도 없지만 하느님의 불변하는 영원성 때문에 하느님은 만물에 앞서서 존재하므로 만물보다 오래되었고 또 만물이 있은 뒤에도 존재하므로 만물보다 젊다.[13]

그렇다면 신의 이런 초월성은 세계에 대해 어떤 의미를 지니는가? 여러 가지 방식으로 풀이할 수 있겠지만 특히 아우구스티누스에게는 신의 예지와 은총을 강조하기 위한 초석으로서의 의미를 지녔다. 신은 세계 창조에서도 만물을 만들고 나서 그것들을 알게 된 것이 아니라 창조 이전에 피조물의 형상을 자신의 이념 속에 가지고 있었다. 그리고 그런 이념들은 이제 창조의 범형으로 사용된다. 말하자면 신은 모든 것을 알고 있으며 그에 따라 창조하는데 그런 앎이란 "하나의 영원불변하는 형언하기 어려운 직관"[14]이라는 것이다. 여기서 우리는 플라톤의 초월적 신관이 그리스도교적으로 재구성되는 탁월한 사례를 만나게 된다. 즉, 이들이 공유하고 있는 전제인 "본질의 선재先在성"이 그 자체에서의 신의 "있음"뿐 아니라 세계 창조에서의 신의 "앎"에 대한 논의에서도 여지없이 확실하게 적용된다는 점을 확인하게 된다. 그리고 이런 전제가 초기 스콜라 철학의 보편실재론과 존재론(본체론)적 신 존재 증명으로 이어졌음도 물론이다.

이토록 소중한 신의 초월성은 세계 창조와 연관하여 어떻게 나타나는가? 아우구스티누스에 의하면 그것은 신의 자유로운 행위에 의한 "무에서의 창조"crea-

---

[13] Augustinus, *De Gen. ad litt.*, 8, 26, 48 [코플스톤 105].

[14] Augustinus, *De Trinitate*, 제15권, 7, 13 [김종흡 옮김 『삼위일체론』 (크리스찬 다이제스트 1996) 419]. 소위 자유와 은총 사이의 긴장관계의 시원이 되는 아우구스티누스의 이런 신적 예지론은 신학적 함의에서 좀더 구체적으로 다루고자 한다.

tio ex nihilo다. 그리고 이 점에서 아우구스티누스는 그의 사상적 원조 중 하나인 플로티노스와 확실하게 결별한다. 신의 초월성을 수호한다는 점에서 타의 추종을 불허할 신플라톤주의의 두목인 플로티노스는 세계가 일자로서의 신에서 필연적으로 유출됨으로써 생성된다고 갈파했다. 말하자면 세계 창조에 의해서나 이를 통해서나 일자인 신은 어떤 영향도 받지 않을 만큼 초월적이며 따라서 세계는 일자의 의지와는 무관하게 이미 그렇게 유출될 수밖에 없는 흐름의 궤적에 의해 생겨날 뿐이라는 것이었다. 이와 달리 아우구스티누스는 신의 초월성을 그토록 소중히 여기면서도 창조에서의 자유를 말한다. 그렇다면 플로티노스가 우려했던 자유에 의한 초월성의 손상이라는 문제를 아우구스티누스는 어떻게 다루었는가? 그가 제시한 대안이 바로 "무에서"라는 조건이다. 그에 의하면 이 조건이 신에서 자체적 초월성과 관계적 자유의 공존을 가능케 하는 터전이다. 창조의 전제적 터전인 "없음"은 세계에 대한 신의 비의존성을 확인해 줄 뿐 아니라 그런 신의 자유가 여타의 것에서 영향을 받지 않음을 가리킨다.

그런데 신의 초월성이 아우구스티누스 신론의 결론이라면 세계에 대한 그의 논의는 신에 대한 의존성을 근간으로 할 것임은 당연하다.[15] 그리고 그런 의존성은 형이상학적 가변성을 가리키는 질료로 표현되었는데 여기서 질료란 "무에서의 창조"가 함의하듯이 창조의 전제라기보다 창조의 대상이다: "세상이 만일

---

[15] 신의 초월성과 세계의 의존성 사이의 이런 형식논리적 대립구도는 피조물의 비중을 격하시키면서까지 신의 절대성을 드높이려는 방식으로 나타나는데, 일찍이 아낙사고라스에게서 고안되었으며 스토아 학파를 거쳐 아우구스티누스에 이르러 본격적으로 채용된 "종자적 형상"이라는 개념에서 절정에 이른다. "종자적 형상"이란 비록 그 내용이 애매하기는 하지만 후에 여러 형상으로 발전할 가능성을 지닌 원초적 형상을 가리켰다. 그 방식은 "존재하기로 되어 있지만 아직 만들어지지 않은 것이 만들어지는 방법으로, 즉 눈에 보이지 않게 잠재적이고 인과적으로" 창조된다는 것이다(De Gen. ad litt., 6,5,8). 말하자면 성서의 창세기가 창조에서 형상이라는 것이 완성된 형태로 창조된 것이라고 진술하는 반면에, 집회서는 형상 자체도 씨앗의 발아와 같은 배종적 과정을 거친다고 진술하고 있어서 양자 사이의 조화를 위해 아우구스티누스는 신이 만물을 함께 창조했으되 같은 조건에서 창조하지 않았다는 타협안을 제시했다(같은 책 5,4,7-9). 이렇게 함으로써 피조물의 다양한 생성이 창조의 주권성을 거스르는 것이 아니라 오히려 드높이는 효과를 지닌다는 것이다. 그런데 여기서 우리가 관심해야 할 것은 이러한 해결책의 적합성 여부보다 그렇게 제시한 동기다. 아우구스티누스는 우주의 생성에 관한 과학적인 접근을 염두에 둔 것이 아니라 성서주석의 문제를 해결하기 위해서였으며 더욱이 그 방향은 신의 위엄성을 더욱 고양시키는 것이었기 때문이다.

어떤 무형한 물질로부터 만들어졌다고 하더라도, 이 (무형한 물질) 역시 무로부터 만들어진 것이다".[16] 말하자면 아우구스티누스는 신이 형상 없는 제1질료를 무에서 창조한 것이 아니라 질료와 형상을 함께 창조했다는 창조의 절대성을 주장한다. 이런 입장이 후에 스콜라 철학으로 이어진 것은 물론이지만 아우구스티누스는 우주의 기원에 관한 철학적 이설에 관심하기보다 창조자로서의 신에 대한 피조물의 의존성을 강조하려는 신학적 동기에서 그렇게 주장했다.[17]

정리한다면, 아우구스티누스는 비록 교부 철학의 집성자로 추앙되기는 하지만 그 작업의 동기가 철학적이었다기보다 신학적이었으며 그것도 신과 인간의 관계를 평면논리적 대립의 그것으로 파악하고 이 구도에서 신의 초월성과 절대적 주권성을 강조하려는 방향으로 나아감으로써 고전신학의 전형인 은총주의의 효시를 이루었다는 것으로 평가된다. 교부 철학의 결정으로서의 이런 은총주의는 스콜라 철학에서 자연과 은총의 균형적 재정립에 의해 긴장을 이루다가 종교개혁기에 다시 복고하는 흐름으로 이어졌다.

(2) 초기 스콜라 철학: 위로부터의 하향적 합리주의

아우구스티누스에서 집성된 교부 철학은 사실상 초기 스콜라 철학에 이르러 본격적으로 철학적 결실을 맺게 된다. 먼저 9세기의 걸출한 철학자 에리우게나

---

[16] Augustinus, *De vera religione*, XVIII, 36 [성염 역주『참된 종교』(교부문헌 총서 3) 분도출판사 83].

[17] 아우구스티누스가 전개한 신과 세계의 관계가 이러하다면 그에게서 인간은 어떻게 이해되었는가? 물론 인간은 육체와 영혼의 결합으로서 창조의 절정을 이루고 있다. 그런데 아우구스티누스는 영혼을 육체를 지배하는 사명을 지닌 이성적 실체(*De quant. animae*, 13,21) 또는 죽을 운명을 지닌 현세의 육체를 사용하는 이성적 실체(*De moribus eccl.*, 1,27,52)라고 함으로써 플라톤의 형상설에 입각한 영혼관을 그대로 받아들인다. 즉, 감각작용마저도 전체적 유기체의 활동이라기보다 신체를 도구로 사용하는 영혼의 활동이라고 간주할 만큼 아우구스티누스는 마니교의 유물론에서 벗어나면서 극단적 유심론의 입장으로 치달은 것으로 보인다. 그의 이러한 태도는 피타고라스에서 본격적으로 철학화하기 시작한 영혼불멸성을 그대로 받아들이는 데까지 이어진다. 영혼은 비물질적이고 실체적이며 더욱이 생명의 원리라고 한다면 그런 영혼이 죽을 수 없다는 것이다. 그런데 영혼의 불멸성이란 그 복잡한 논의를 생략하더라도 무엇보다 불멸의 형상을 파악할 능력을 의미한다는 것으로 새기는 것이 타당할 것이다. 그리고 이 점은 아우구스티누스가 영혼을 완전한 행복에 대한 욕망의 원천으로 간주한다는 점에서도 확인된다(*De immortalitate animae*, 1-6장 참조).

는 신플라톤주의와 아우구스티누스의 철학, 그리고 그리스도교 교리를 종합하려는 중세 최초의 위대한 체계를 수립했다는 철학사적 의의를 지닌다. 물론 이런 종합 안에는 신플라톤주의를 공유하는 니사의 그레고리우스나 위디오니시우스의 영향으로 인해 신비주의적 요소가 포함되어 있다는 점도 간과해서는 안된다. 그리고 이런 점은 에리우게나의 대표작인 「자연구분론」에서 확인될 수 있는 것이기도 하다. 그러나 우리가 관심하는 바에서 에리우게나의 위치는 신앙을 전제하고 이성을 추구하는 구도의 본격적 완성자인 안셀무스를 예비하는 철학적 체계를 설정했다는 데서 찾을 수 있을 것이다.

① 보편자의 지위 규정: 보편실재론

신앙과 이성의 관계에서 신앙을 전제하고 이성을 추구하는 입장이 그 형이상학적 근거를 보편적 본질의 선재先在성에서 찾으려 하는 것은 당연하다. 전제되는 신앙이 절대성을 표방하기 위해서는 그 전제됨 자체가 무조건적이라고 주장해야 하기 때문이다. 나아가 신앙이라는 전제의 무조건성은 매개적 추론보다 즉각적 직관을 취할 것이니 이의 형이상학적 근거도 당연히 무조건적으로 설정되고 직관적으로 파악되어야 한다. 그리고 이성에 앞서 전제되는 것이 신앙이라면 그

그렇다면 이런 영혼은 어디서 오는가? 물론 영혼은 신에 의해 창조된다(*De anima et eius origine*, 1,4,4). 그런데 그 창조가 어느 순간에 어떤 과정을 거치는가에 따라 여러 가지 입장이 개진되었다. 영혼은 태초의 창조 전에 형상의 세계에 먼저 있었다는 선재설이 플라톤에 의해 주장된 후 오리게네스가 이에 동조했는가 하면, 출생을 통해 육체와 새로이 결합되면서 전이된다는 전이설이 질료형상론에 입각하여 아리스토텔레스의 지지를 받았는데 테르툴리아누스나 니사의 그레고리우스가 이런 입장을 따랐으며, 이에 반해 클레멘스를 비롯한 초대 교부들 대부분은 영혼이 신에 의해 새롭게 창조된다는 창조설을 제시했다. 선재설은 창조의 무력성이라는 문제를 야기하여 교부들에게서 거부되었고, 전이설은 육체가 영혼을 이전시키는 주요 통로라는 점에서 유물론적 문제를 포함하는 것으로 꺼려졌으며, 창조설은 인간의 타락과 죄에 대해 창조가 책임을 져야 하는 딜레마를 지니는 것이어서 어느 것도 영혼의 기원에 관해 만족할 만한 설명으로 평가되지 못했다. 아우구스티누스는 플라톤의 영향으로 선재설을 다루다가 창조설과 전이설 사이의 문제를 해결하려는 데로 관심을 옮겨갔다. 그런데 각자의 영혼이 따로 창조된다는 창조설은 원죄 문제를 설명하기 어려우므로 결국 아담의 영혼과 함께 모든 영혼을 창조했는데 부모를 통해 유전된다는 전이설로 기울어졌다. 그럼에도 이런 전이설은 영혼의 비물질성과 불멸성이라는 그의 기본 지론에 모순된다는 점이 지적되지 않을 수 없다. 이처럼 논리적 정합성을 결여하는 이론의 전개는 철학적 체계화를 목적하기보다 신학적 변론을 위한 것이었다는 점을 한층 분명하게 드러낸다.

렇게 전제된 신앙이 설정하는 보편적 본질이란 두말할 것 없이 신이며 따라서 신의 선재성이 출발점이 됨은 사필귀정이다. 이를 공식적으로 간명하게 서술하면 "보편자는 개별자에 앞서ante 본질로 존재한다"고 할 것인바 이를 보편실재론이라 한다.[18] 그리고 이런 형이상학적 구도의 탁월한 예를 에리우게나의 「자연구분론」에서 확인할 수 있으니 그 내용을 간단히 추리면 다음과 같다.

에리우게나에게서 "자연"이란 존재하는 것과 존재하지 않는 것 모두를 가리킴으로써 신과 같은 초자연 영역도 포함되는 총체적 실재를 일컫는 것이었다. 따라서 그의 "자연구분론"이란 실재에 대한 형이상학적 분류의 한 체계를 의미한다. 그에 의하면 자연은 다음과 같이 자연의 창조에 관한 능동과 수동, 긍정과 부정의 교차 배열에 의한 네 가지 경우의 수를 나열한 듯한 방식으로 분류되는데 ① 창조하면서 창조되지 않는 자연, ② 창조하면서 창조되는 자연, ③ 창조하지 않으면서 창조되는 자연, ④ 창조하지도 않고 창조되지도 않는 자연이 바로 그것이다.[19] 한편 우주의 실재를 자연이라는 단일 개념으로 관통하는 일원론처럼 보인다는 점에서는 신플라톤주의의 잔재를 보이면서도, 다른 한편 분류된 항목들 사이의 서열이 설정되는 것으로 보인다는 점에서 신피타고라스주의적 위계론의 흔적도 엿볼 수 있다.

먼저 "창조하면서 창조되지 않는 자연"은 원인 없이 스스로 존재하는 시원으로서 신을 가리킨다. 신의 초월성과 자존성을 가리키면서도 여전히 자연이라는 범주로 표현되는 것은 자연적 피조물이 신의 현현theophany임을 강조하기 위해서였다. 그러나 그런 의도가 신의 묘사를 위한 "긍정의 길"을 무조건 옹호하는 것을 뜻하지는 않는다. 그리고 이런 점에서 에리우게나도 역시 위디오니시우스의 영향을 받고 있음을 부인할 수 없다. 신의 이런 초월성 또는 초본질성이 "창조되지 않는 자연"이라는 표현에서 함의되고 있다면 그토록 초본질적인 신

---

[18] 코플스톤은 보편논쟁을 중세의 인식론으로 보았는데 그런 요소를 부정할 수는 없지만 역시 보편자로 일컬어지는 형상이라는 개념에 초점을 맞춘다면 형이상학적 논의로 보는 것이 타당할 것이다.

[19] 참조: Johannes Scotus Eriugena, *De Divisione Naturae*, 1-4권 [코플스톤 163-177].

이 세계를 어떻게 창조한다고 할 수 있는가? 에리우게나에 의하면 창조행위는 분명히 운동이고 신은 움직여서는 안되는 영원한 존재이므로 "창조하는 자연"은 신의 본질을 가리키는 것으로 새겨져야 한다고 갈파한다: "신이 만물을 만들었다고 할 경우, 우리는 모름지기 신이 만물 가운데 존재한다는 것, 즉 신이 만물의 본질이라는 것으로 이해해야 한다. 신만이 참으로 존재하며, 존재하는 것 가운데 참으로 존재한다고 일컬어지는 것은 오로지 신이기 때문이다".[20]

자연의 둘째 구분인 "창조하면서 창조되는 자연"은 원초적 원인에 해당하는 것으로서 피조물의 본질적 원형을 일컫는다. 말하자면 이것은 일찍이 플라톤에서 제시된 형상의 위치에 상응한다. 형상은 한편 플라톤이 우주기원론에서 설파하듯이 그 자체로 움직여 무엇을 만들지는 않지만 그렇게 만들어지게 하는 원형으로서의 지위를 지닌다는 뜻에서 "창조하는 자연"이다. 그러나 다른 한편 중기 플라톤주의자들이 갈파하듯이 신의 마음 안에 형상이 자리잡음으로써 그렇게 지정되기도 한다는 뜻에서 "창조되는 자연"이기도 하다. 여기서 특별히 주목할 것은 첫째 구분에 대해 둘째 구분이 갖는 의미다. 둘째가 굳이 첫째와 구별되는 것은 첫째의 초월성을 고수하기 위함이며 이 점에서 에리우게나의 자연구분론은 신플라톤주의의 스콜라 철학적 변형이라고 평가해도 좋을 것이다.

셋째 구분인 "창조하지 않으면서 창조되는 자연"은 말할 것도 없이 피조세계를 가리킨다. 그런데 에리우게나에 의하면 둘째 자연은 첫째의 분유이고 셋째는 둘째의 분유이므로 피조계는 결국 신의 분유다. 신플라톤주의의 유출을 상징적으로 나타낸 듯한 이 개념은 범신론적인 것으로도 간주되는데 그의 이런 설명은 신플라톤주의적 전통과 그리스도교 교의를 결합시키려는 의도에서 비롯된 것이다. 그런데 여기서 우리가 주목할 것은 셋째 단계의 자연인 피조물마저 신의 분유라는 것은 보편자가 개별자에 앞서 원초적 본질로 존재하고 개별자는 이에서 파생적으로 비롯된다는 보편실재론의 에리우게나식 표현이라고 할 수 있다: "신은 자기 자신 가운데 모든 감각적 사물의 본성을 내포한다. 물론 이

---

[20] 같은 책 1,72 [코플스톤 168].

는 신이 자신 외의 어떤 것을 자신 가운데 내포한다는 의미에서가 아니라 모든 감각적 사물의 실체가 신 안에서 창조되었으므로 신은 실체적으로 자신이 내포하는 모든 것에서의 모든 것omnia in omnibus이라는 의미에서다".[21] 이런 관점에서 인간의 영혼도 현실적 인간 안에 있는 경우에는 결과이지만 신 안에 있는 경우 하나의 원초적 원인이라는 것이다. 말하자면 인간은 물질적이고 가시적인 피조물과 정신적이고 비가시적인 피조물 사이를 잇는 가교적 존재로 그려졌다.

마지막으로 넷째 구분인 "창조하지도 않고 창조되지도 않는 자연"은 당연히 만물의 종국이며 목적인 신을 가리킨다. 다시 말하면 "신에서의 발출"에 대응하는 "신으로의 회귀"로서 피조계는 원초적 원인에서 비롯되었듯이 그 원인으로 되돌아간다는 것이다:

> 운동은 자신의 시원 이외의 어떤 다른 종국에 의해서도 끝나지 않으므로 모든 운동의 종국은 그 운동의 시원 외에 다른 것일 수 없다. 이 시원에서 운동이 시작하여 그 시원 안에서 쉬기 위해 끊임없이 그 시원으로 되돌아가고자 한다. … 운동의 종국은 운동의 시작이며, 운동의 종국을 바라고 그것을 찾았을 때 자신의 실체가 소멸함으로써가 아니라 운동의 출발점이었던 이념들로 되돌아감으로써 그치게 된다.[22]

위의 설명이 보여주듯이, 첫째 자연이 창조자로서의 신을 가리킨다면, 넷째 자연은 구원자로서의 신을 가리킨다고 하겠다. 따라서 에리우게나의 자연 4구분은 출발점으로 되돌아가는 형태의 내적 순환구조를 이루고 있으며, 엄밀히 말한다면 신-형상-피조물로 이루어진 삼분체계의 변형일 뿐이고 이는 신피타고라스주의의 누메니우스에서 전개된 삼신론에 견주어질 만한 것으로 보인다. 에리우게나의 이런 자연구분론은 전체적으로 범신론적 성격을 띤다는 것 때문에 후대에 교회의 이단 선고를 받기도 했다. 그러나 이보다 중요한 것은 그가 어디

---

[21] 같은 책 3,18 [코플스톤 174].   [22] 같은 책 5,3 [코플스톤 177].

까지나 계시의 내용이 이성적으로 해석되어야 한다는 입장을 지니고 있었다는 점이다. 그렇지만 이것은 신앙을 이성의 법정으로 들고 가는 태도가 아니라 오히려 반대로 신앙에서 출발하여 이성을 향해 간다는 것이었다. 다시 말하면 그는 철학과 계시의 영역을 분명하게 구분하지 않은 채 상호연관성이라는 구도에서 그리스도교의 예지를 합리적으로 설명하려는 의도를 지니고 있었을 따름이다. 그의 이런 합리화는 계시에 대한 신앙에 근거하고 있는 것이며 이런 점에서 신앙을 전제하고 이성을 추구하는 구도의 좋은 예로서 간주될 수 있다. 그의 다음과 같은 언명은 이런 가능성을 단적으로 드러낸다:

> 우리가 교부들의 의견을 판단할 것이 아니라 오히려 존경심을 가지고 이를 받아들여야겠지만, 이성의 견지에서 하느님의 말씀과 더 잘 일치된다고 판단되는 것을 (교부들의 의견 안에서) 선택하는 것이 금지되어 있지는 않다.[23]

이로써 우리는 신앙을 전제하고 이성을 추구하는 구도가 형이상학적으로 보편실재론이라는 입장을 취하는 근거와 과정을 살폈거니와 에리우게나는 그 탁월한 사례로 간주될 수 있다.

② 신 존재 증명: 존재론적 증명

신앙과 이성의 관계에서 신앙을 전제하고 이성을 추구하는 입장이 채택하는 형이상학적 구도가 보편실재론이라는 것을 우리는 위에서 확인했다. 그런데 그런 보편실재론이 설정하는 보편자로서의 신, 즉 개별자에 앞서 본질로 존재한다는 신은 과연 무조건 전제되는가? 개별자에 앞선 보편자로서의 신은 그 존재를 어떻게 정위할 수 있는가? 이런 문제가 제기되는 것은 그 자체의 논리적 타당성을 위해서뿐 아니라 다른 입장과의 관계에서 요구되는 입지 확보를 위해서도 불가피했다. 그런데 당대에 그런 물음에 대해 반응하는 방식은 당연히 형이상

---

[23] 같은 책 2,16 [코플스톤 184].

학적이었고 따라서 존재에 대한 논리적 증명이 요구되었다. 그리고 신의 존재는 무조건 전제되어야 한다는 보편실재론은 당연하게도 그런 무조건적 전제성을 직관적으로 정당화하는 존재론적 또는 본체론적 증명 방식을 택하게 된다. 존재론적 증명이란 증명되어야 할 존재의 본질이 바로 그 존재를 입증한다는 즉각적 직관의 방식을 취하기 때문이다. 그리고 이런 증명의 대표적 사례를 캔터베리의 안셀무스에게서 발견할 수 있다.

에리우게나에 이어 11세기에 나타난 안셀무스는 신앙을 전제하고 이성을 추구하는 구도의 대부인 교부 철학의 집성자 아우구스티누스의 스콜라적 화신이라고 해도 좋을 만한 인물이었다. 아우구스티누스의 다음과 같은 고백이 안셀무스에게 그대로 받아들여졌다는 것은 바로 움직일 수 없는 증거다:

> 주여, 당신의 오묘함을 통찰하려 하지는 않습니다. 아무래도 나의 지성이 그것을 알기에는 불충분하다고 생각되기 때문입니다. 마음으로부터 사랑하는 당신의 진리를 어느 정도 이해하기를 바랄 뿐입니다. 믿기 위해 알려 하지 않고 알기 위해 믿기 때문입니다. 또 믿지 않는다면 알 수도 없다는 것을 믿고 있기 때문입니다.[24]

"알기 위해 믿는다"Credo, ut intelligam로 새겨지는 위의 고백은 자칫 믿음을 수단으로 하고 앎을 목적으로 하는 것처럼 보일 수도 있지만 실상 믿음에서 출발하여 이를 토대로 앎을 추구한다는 것으로 새기는 것이 더 타당할 것이다. 이 구도에서 중요한 것은 아직 이해되기 전이라도 여전히 믿음이 전제되어야 한다는 주장이다. 이 구도가 취하는 형이상학적 입장인 보편실재론이 "본질이 앞서 전제되어야 함"을 가리킨다고 할 때 이와 같은 맥락임은 말할 나위도 없다.

그렇다면 이 구도에서 전제되는 신의 존재는 어떻게 설명되는가? 안셀무스는 주저 중 하나인 「프로슬로기움」에서 다음과 같이 정리되는 삼단논법의 형식으로 신의 존재를 증명하고자 했다:

---

[24] 아우구스티누스 『고백록』 제10권 [김평옥 옮김 (범우사 2000) 239].

대전제: 신은 그 이상으로 큰 것이 생각될 수 없는 존재다.
소전제: 그러나 이 이상 큰 것이 생각될 수 없는 것은 정신, 즉 관념 안에만이 아니라 정신 밖에도 존재하지 않으면 안된다.
결 론: 그러므로 신은 관념, 즉 정신 안에만이 아니라 정신 밖에도 존재한다.

먼저 대전제는 신의 존재에 대한 인정 여부와 무관하게 신에 대한 관념 일반에 근거하고 있다. 신이 존재하든지 하지 않든지 상관없이 일단 신이라는 존재는 "그보다 더 크고 더 높고 더 위대한 것을 허용할 수 없는 가장 크고 가장 높고 가장 위대한 존재"를 일컫는다는 것은 신이라는 개념에 대한 정의에서 누구나 동의할 수 있다는 것이다. 말하자면 신보다 더 크고 더 높고 더 위대한 존재가 있다면 바로 이런 존재가 신이며 앞서 신으로 잘못 모셔졌던 존재는 신의 권좌를 내어놓아야 할 만큼 신이란 그런 존재다. 그런데 신이 실로 그렇다면 그런 신은 관념 속에서만 그렇게 개념지어져서는 안된다. 그 자신보다 더 큰 것을 불허하는 신이 만일 관념 밖의 현실로도 뻗쳐나가지 못하고 한낱 관념 안에서 개념으로만 머무른다면 관념 안뿐 아니라 관념 밖에 엄연히 현실적으로도 존재하는 뭇 피조물보다 오히려 작은 존재가 되고 말 것이기 때문이다. 따라서 신은 그 개념적 정의상 더 큰 것이 허용될 수 없는 가장 큰 존재라면 그 존재는 반드시 관념 안뿐 아니라 관념 밖의 현실에도 엄연히 존재해야 마땅하다. 이로써 신은 관념 안에서만이 아니라 관념 밖의 현실에도 존재한다는 것은 의심의 여지 없이 확실하다는 것이다.

위의 논증을 한마디로 추린다면, 신에 대한 "앎"이 그런 만큼 그런 신의 "있음"은 명백하다는 것이다. 이처럼 앎 안에서 있음을 발견하는 방식을 존재론적 직관이라고 한다면 안셀무스로 예증되는 신 존재 증명은 바로 이런 선험적 방식에 의거하고 있다. 본질("이다")에서 존재("있다")를 도출시키는 존재론적 또는 본체론적 증명 방식은 일찍이 플라톤의 형상론에 담겨져 있는 논리적 구성이며 사실상 이미 이에서 예견된 것이기도 하다. 즉, "신은 가장 크다, 말하자면 신은 (그렇게) 있다"라는 형식으로서 "말하자면"이 가리키는 바와 같이 선험적이고 연역적인 직관에 의거한 동어반복적 선언이 그 핵심이다. 그런데 "본질에 의해 존재할 수밖에 없는 존재", 즉 "존재의 필연성"이 신의 존재의 근거라면 신은 본질적으로 필연적 존재다. 신의 필연성! 그것은 과연 신을 신으로 존재하게 하는 근거이며 삼라만상의 유한성과 우연성은 이에서 비롯된다. 이것이 이른바 플라톤 전통의 우주론이고 존재론이며 신론이다.

그런데 철학사의 상식으로 전해오는 바 안셀무스의 이런 논증에 대해 당시 수도자인 가우닐로가 논박하고 이에 대해 다시 안셀무스가 변명했던 일화는 우리의 주목을 요한다. 가우닐로는 "가장 아름다운 섬이라는 관념이 바로 그 존재를 현실적으로 보장하는가?"라는 비아냥 조의 질문을 통해 안셀무스가 논리적 질서에서 존재적 질서로 부당하게 이동했다고 비판했다. 이에 대해 안셀무스는 "가장 아름다운 섬"은 존재할 필연성을 지니지 않는 반면에, "가장 큰 존재"로서의 신은 존재하지 않으면 안되는 필연성을 지니고 있다고 반박했다. 말하자면 신이란 "없음이 없는 있음", 곧 "있음 중의 있음"이며 결국 "있음 자체"라는 것이다. 논쟁의 흐름이 이쯤 되면 일방적으로만 타당성을 부여하기도 쉽지 않으니 그 문제는 별도로 하더라도 차라리 그 밑에 또아리를 틀고 있는 물음이 솟구침을 거부할 수는 없을 것 같다. 그것은 자고로 신 존재 증명을 포함한 인간의 신 이해가 인간의 기대와 욕망에서 얼마나 자유로운가라는 물음이다. "신"이 소중해서 그 신이 필연적으로 존재한다는가, 아니면 필연성이 소중해서 그런 속성을 보장할 근거로서 신이라는 포장을 씌우는가? 말하자면 "신의 필연성"인가, 아니면 "필연성의 신"인가? 이런 물음을 제기하지 않을 수 없는 것은 신과 필연성 중 무엇이 우선적인가라는 문제를 간과할 수 없기 때문이다. 가우닐로의 논박을 무조건 지지할 이유도 없지만 안셀무스의 변명을 무반성적으로 옹호할 수도 없는 상황인 것은 바로 신 관념에 얽혀 있는 우리 자신의 욕망이라는 문제를 최소한 외면하지는 말아야 할 것이라고 느끼기 때문이다.

결국 보편실재론의 무조건적 본질 설정이라든지 존재론적 증명의 선험적 본질 전제를 뼈대로 하는 초기 스콜라 철학은 신앙전제적 이성 추구라는 구도에 속할 만큼 신비주의적 분위기를 물씬 풍긴다는 점을 부정하기 어렵다. 이성 추구를 근거로 애써 합리주의로 분류한다고 하더라도 여전히 위로부터의 하향적 방식이라는 평가로 귀결될 수밖에 없는 것은 바로 그때문이다.

3) 이성 전제적 신앙 추구
(1) 중기 스콜라 철학: 아래로부터의 상향적 합리주의

신앙과 이성의 관계에서 이성을 전제하고 신앙을 추구하는 구도는 바로 앞서 논의했던 구도와 상응하는 치환적 구도라고 하겠다. 물론 그런 상응적 치환은 다소 작위적으로 보일 수도 있을 것이다. 그러나 그보다도 이성과 신앙 사이에 좀더 명백한 구별이 설정되는 단계를 일컫는 표현으로 이해하면 적절할 것으로 본다. 말하자면 앞서 신앙 전제적 이성 추구라는 구도에서는 여전히 철학과 신학의 구별이 다소 불분명한 상태였다면 스콜라 철학의 융성기인 중기에 이르러 비로소 양자 사이의 확연한 구별이 본격적으로 설정되기 시작했다는 것을 가리킨다. 그리고 이런 상황을 앞선 구도와 굳이 비교하여 분류하자면 이성 전제적 신앙 추구라고 묘사할 수 있겠다. 그리고 이 구도의 탁월한 사례로 13세기에 나타난 토마스 아퀴나스를 들 수 있다.[25]

토마스는 스승 알베르투스 마그누스를 통해 새로 소개된 아리스토텔레스의 사상을 신학의 체계화에 적용하는 데 천재적 능력을 발휘했다. 물론 여기서 그의 철학 체계를 망라할 수도 없고 그러해야 할 이유도 없다. 다만 우리의 관심에 따라 신앙과 이성의 관계에서 이성을 전제하고 신앙을 추구하는 구도의 탁월한 사례로서의 의미에 초점을 맞출 것이다. 토마스는 우선 철학과 신학을 명확히 구별하고자 했다는 점에서 이전의 철학자들과는 달랐다. 물론 그런 구별은 사유의 대상에서의 차이라기보다는 사유의 근거와 접근방법에서의 차이에 근거했다. 철학이 이성을 근거로 한다면 신학은 계시에 바탕한다는 것이다.[26]

---

[25] 엄밀히 말하면 이성 전제적 신앙 추구의 전통에 충실했던 Petrus Abelardus를 언급해야겠지만 우리의 목적은 기존의 철학사적 사례들을 망라하는 것이 아니라 핵심적 문제의 축에 충실해서 현재에 의미있는 새로운 해석을 시도하는 것이기 때문에 토마스를 택하고자 한다.

[26] Thomas Aquinas, *Summa Theologica* 〈줄임: *S.Th.*〉 q.1, a.1 [정의채 역 『신학대전』 1권 (성바오로출판사 1985) 23-5].

이런 구별은 신-인 관계에도 적용되는데, 인간은 자연적 능력을 사용함으로써 피조물을 통해 신에 대한 철학적 인식에 이를 수 있고 불완전한 행복이나마 누릴 수 있는 반면에, 또한 신에 의해 초자연적 목적과 완전한 행복을 위해 창조되었기 때문에 이에 의해 보완되어야 한다는 것이다.[27] 토마스의 이런 태도가 이성과 신앙의 관계를 하부구조와 상부구조의 이분법적 방식으로 설정하는 데로 이어졌음은 재론의 여지가 없으며 이로써 이성 전제적 신앙 추구의 구도로 해석될 수 있다. 따라서 우리는 그런 구도가 취하는 보편개념론과 이에 따른 신 존재에 관한 우주론적 증명의 예를 살피는 것으로 한정하고자 한다.

① 보편자의 지위 규정: 보편개념론
그 자신이 가장 위대한 철학자로 모셨던 아리스토텔레스의 지대한 영향은 말할 것도 없거니와 계시신학의 뿌리를 아우구스티누스에 의존함으로써 신플라톤주의의 융합주의적 방법을 활용해서 스콜라 철학의 집대성을 꾀한 토마스는 이성의 자연성과 신앙의 초자연성을 공존적으로 양립시키는 이원론적 체계를 수립하고자 했다. 아울러 아리스토텔레스의 질료형상설 및 이의 동태화를 위해 개발한 가능태-현실태 개념을 바탕으로 고대 형이상학이 본질 문제에 머무름으로써 다소 가리어져 왔던 존재의 문제를 전면에 등장시키는 위대한 철학사적 과업을 수행했다. 즉, 플라톤이나 아리스토텔레스에 있어서는 "같음을 가리키는 보편적 본질만 참인가, 아니면 엄연히 현실에서 경험되는 다름의 세계를 이루는 개별자도 참 안에 자리를 차지할 수 있는가?"라는 물음에 집중했던 나머지 존재의 문제보다는 오히려 본질의 문제가 형이상학적 탐구를 지배하는 양상으로 이어졌던 것이다.

그러나 토마스와 같이 신앙인의 눈에, 그리고 그런 철학적 이해를 지니고 있는 신학자의 눈에, 본질에 관한 이런 형이상학적 탐구는 존재를 당연한 전제로 간주함으로써 존재 너머 초월자와의 관련성을 도외시하는 오류를 범하는 것으

---

[27] S.Th., q.26, a.4 [『신학대전』 3권 160-2].

로 평가될 수밖에 없었다. 그리스도교의 창조신앙은 창조주인 신이 무릇 존재하는 삼라만상의 존재적 기원이라는 고백에 뿌리를 두고 있는바 "무에서의 창조"creatio ex nihilo야말로 양보할 수 없는 핵심적 출발이다. 즉, "무에서의 창조"는 우주의 기원이 본질로부터의 필연적 도출이라는 폐쇄회로적 기원관의 한계성을 극복하면서도 무와 관련한 존재의 의미를 풀어낼 수 있는, 그야말로 존재에 관한 참다운 이해에 이를 수 있는 길을 제시할 수 있다는 것이 토마스가 착안한 철학적·신학적 통찰이었다. 토마스에 의하면 창조라는 관념이 이성에 의해서 도달될 수 없는 것은 아니지만 고대 그리스 철학자들은 나름대로의 신 관념을 갖고 있으면서도 존재를 당연한 것으로 보았기 때문에 그것이 "그냥 있음이 아니라 없지 않고 있게 된 있음"이라는 점을 간과하게 되었고, 이로써 본디 없음이었던 상태에서 있음으로의 거대한 전환, 곧 "무에서의 창조"라는 관념에 이르지 못했다.[28] 반면에 있음이란 그저 원초적으로 주어지는 당연한 명사적 전제라기보다 그렇지 않은 상태, 즉 없음에서 있음으로의 전이라는 엄청난 동사적 사건이라는 토마스의 신학적 통찰은 그로 하여금 본질의 문제에서 존재의 문제로 깊이 파고들도록 했다.

    토마스는 본질과 존재의 관계를 가능태와 현실태의 그것으로 설명하는데, 가능한 본질을 현실화하는 것으로서 존재를 규정한다고 할 때 자칫 오도할 수 있는 위험성이 우려되기에 아래와 같은 분석의 도움이 필요할 것으로 사료된다. 예를 들면, 여기 갈색 육면체의 교탁이 하나 있다고 하자. 이 교탁은 물론 단순한 하나의 사물처럼 보이지만 존재와 본질의 관계는 이를 엄연히 사건으로 읽어야 함을 가리킨다. 즉, 갈색 육면체의 교탁이라는 사물은 "이 교탁은 갈색 육면체다"라는 주부와 술부의 형식으로 표현될 수 있는 사건이다. 그런데 이때 주어부를 차지하는 "이 교탁"은 적어도 이 단계에서는 다시 사물로 환원되는 듯이 보인다. 그러나 사물을 사건으로 해석하도록 요구하는 존재와 본질의 관계는 "이 교탁"이라는 사물에 대해서도 역시 주부와 술부의 결합으로 표현되

---

[28] *S.Th.*, q.45, a.1 [『신학대전』 6권 83-90].

는 사건으로 읽기를 요구한다. 따라서 "이 교탁"은 "이것은 교탁이다"라는 주술 명제로 분석됨으로써 다시금 그보다 더 근원적인 사건성을 드러내게 된다. 그러나 존재와 본질의 관계가 요구하는 사물에 대한 사건적 해석은 여기서 멈추지 않는다. 무릇 그렇게 있는 모든 사물은 원초적으로 있음이라는 사건·행위에서 비롯된 것이어서 이제 우리가 사물이라고 부르고 그렇게 개념하는 것은 그런 원초적 사건인 "있게 함"의 결과물에 가하는 부차적 행위일 뿐이다. 따라서 둘째 명제에서 주어인 "이것" 역시 대명사로서 하나의 사물을 지칭하고 있기 때문에 이것 또한 주술 결합의 형식으로 표현되는 사건이라는 근거로 소급되어야 한다. 즉, "이것"은 "(그 무엇)이 (없지 않고) 있다"라는 주술적 표현이 가능한 사건의 결과물이다. 다시 말하면 아직 주어부 자체가 규정되지 않은 상황에서 오로지 있음이라는 사건·행위가 원초적으로 전제되어 있다. 이런 일련의 소급은 거꾸로 그 도달점을 시원점으로 하면 다음과 같이 정리될 수 있다:

① 원초적 존재:　(그 무엇)이 (없지 않고) 있다.
② 보편적 본질:　(없지 않고 있는) 이것은 (교탁 이외의 모든 다른 것과 구별되는 바) 교탁이다.
③ 개별적 실존:　이 교탁은 (이 경우에 특정하게) 갈색이면서 육면의 모양을 지닌다.

이처럼 토마스의 형이상학적 체계 안에서 "있다"로 표현되는 존재는 분명히 "이다"로 표현되는 본질에 앞선 원초적 전제로서의 지위를 가진다. 그러나 가능태인 본질은 존재를 원초적으로 전제하는 한편, 현실태인 존재는 가능태로서의 본질에 의해 규정됨으로써 일정한 본질의 존재가 되는 방식으로 존재와 본질은 서로 주고받는 관계를 지닌다.[29] 바로 이것이 존재 없는 본질, 즉 애당초 있지 않은 본질이 불가능한 것과 동일한 정도로 본질 없는 무색투명한 존재가 불가능한 이유다. 말하자면 존재와 본질 사이의 구별은 실재적이라기보다 개념

---

[29] *S.Th.*, q.4, a.4 [『신학대전』 1권 69-71].

적이다. 통속적 사고에서 심지어 양자를 동일시하기까지 하는 것은 바로 존재와 본질의 이런 관계를 오히려 반영하는 것이라고 하겠다. 또한 토마스의 이런 체계에서 존재에 뿌리를 두고 본질과 실존의 관계가 이루어졌음은 당연한 귀결이며 이런 이유로 본질essentia은 불변적인 자체적 존재ens per se; ens a se로 정의되고 실존existentia은 가변적인 우유적 존재ens per accidens; ens ab alio로 기술된다.

그렇다면 우리의 다음 과제는 토마스에게서 그렇게 정렬된 존재와 본질의 관계가 보편자의 위치 규정에서 어떻게 나타나는가를 살피는 일이다. 존재와 본질의 그런 관계는 개별자가 존재하기 위해 존재-본질-실존의 연결고리가 설정되어야 한다는 것을 가리킨다. 그러나 그런 연관은 개별자로부터 소급을 통해 추적되기 때문에 그 연관성 규명은 구체적 개별자에서 시작해야 한다. 즉, 개별적 실존 안에 담겨 있는 보편적 본질을 밝혀내고 더 나아가 보편적 본질의 전제인 원초적 존재로 거슬러올라가는 방식으로 수행되어야 한다. 그 추론 과정이 이렇다면 이는 개별자 안에 보편적 본질이 담겨 있다는 것을 전제할 것을 요구한다. 여기서 아리스토텔레스의 형이상학인 질료형상론이 채택되며 이런 형이상학적 토대 위에서 보편실재론을 거부하고 보편개념론을 주장하게 된다.

토마스에 의하면, 보편자가 개별자를 떠나 따로 존재한다는 보편실재론은 여전히 존재와 본질의 구별 및 상호성을 간과한 소치이다. 그리고 이런 주장은 형상(본질)이 개별화되지 않으면 안된다는 입장으로도 이어진다. 그러나 형상이 먼저 존재하고 후에 개별화된다는 것은 생각할 수 없다. 감각적 대상으로 하여금 그것이게 하는 형상은 감각적 개별화의 근거인 질료와의 합성을 통해 최초로 있게 되는 실체보다 결코 시간적으로 앞서 있지 않다. 말하자면 보편실재론에서의 보편적 본질을 가리키는 형상이 초월적인 범형적 형상이라면 토마스가 옹호하는 보편개념론에서의 형상은 내재적이고 실체적인 형상을 가리킨다. 따라서 토마스에게서 보편자는 개별자 안에 개념으로 존재한다는 보편개념론이 옹호되는 것은 당연하다. 앞서 본 보편실재론이 보편자의 주권적 절대성을 강조하고자 했던 것과는 달리, 토마스로 대표되는 보편개념론은 보편자의 개념적 확실성을 위해 개별자의 지위를 격상시킨다는 차이를 보여주고 있다.

② 신 존재 증명: 우주론적 증명

이성을 전제하고 신앙을 추구하는 구도는 확실성을 향한 단계를 밟아올라가는 매개적 추론방식을 취한다. 따라서 개별자들이 보편성을 향하는 매개적 가치를 지니는 단계들로 간주되기 위해 어느 정도는 보편성의 흔적을 간직하고 있는 것으로 여겨져야 했다. 이것이 바로 이 구도가 보편개념론으로 이어지게 된 이유인데, 보편개념론은 보편자가 개별자 안에 개념으로 존재한다는 것으로 당연하게도 보편자에 대한 인식이 개별자에 대한 검토를 통해 이루어진다는 주장을 포함한다. 그리고 보편자 중의 보편자가 신이라면 이제 이런 주장은 신의 존재를 증명하기 위해서는 개별자들로 이루어진 피조적 세계를 살핌으로써 창조행위의 흔적을 더듬을 수 있고 이를 통해 창조자로서의 신의 존재를 밝힐 수 있다는 것으로 나타난다. 말하자면 피조적 세계가 창조행위를 원인으로 하는 결과로 간주되며 결과 안에서 원인의 족적을 찾아 거슬러올라감으로써 원인적 존재의 필연성에 이른다는 것이다. 이른바 우주를 뒤져 살핌으로써 신을 말할 수 있다는 우주론적 증명이 이 구도에서 채택되는 신 존재 증명의 방식이다. 아래로부터의 상향적 합리주의라는 평가는 바로 여기에 근거한다.

그런데 토마스는 신 존재 증명에 관한 본격적 논의에 앞서 증명의 필요성에 대해 언급하는 것으로 시작한다. 보편실재론 및 존재론적 증명을 지지하는 사람들은 신 존재에 관해 인간은 태어날 때부터 자연적으로 주어지는 생득관념과 같은 인식을 가지고 있다고 주장한다. 그리고 이에 근거해서 신의 존재는 증명될 수 있다는 것이었다. 그러나 토마스가 보기에는 그런 생득관념이 확실한 것도 아니고 만일 확실하다면 신 존재에 대해 새삼 증명이 필요없다. 따라서 그것은 증명이라기보다 직관의 확인일 뿐이며 굳이 말한다면 관념 영역에서 실재 영역으로의 부당한 이행일 따름이다. 그렇지만 무신론자들과 같은 예가 보여주듯이 그런 생득적 인식은 모든 사람에게 공통적으로 해당되는 것도 아니며 그런 만큼이나 불확실하다. 그는 이를 밝히기 위해 일반적으로 "그 자체에 있어 자명한 것"과 "인간에게 자명한 것"을 구별할 것을 주장한다. 그런데 신의 존재는 그 자체에서 자명하기는 하지만 인간은 이에 대한 선험적 인식을 갖고 있지 않기 때문에 신의 존재가 인간에게 자명한 것은 아니며 따라서 신의 존재는 증명다운 증명이 필요하다고 역설한다.

증명의 필요성이 성립되었다면 다음으로 증명이 과연 가능한가라는 물음을 다루어야 할 것이다. 토마스에 따르면 신의 본질로부터 존재를 선험적으로 증명할 수 없다면 인간에게서 경험되는 신의 행위 결과에서 그 원인인 신 존재의 필연성을 증명하는 길만이 남아 있다. 그런데 창조행위의 결과인 피조물은 유한한 세계인 데 비해 신은 무한자이기 때문에 질적 차이를 지니는 양자 사이에 인과관계를 설정한다는 것이 타당한가의 반론에 직면할 수도 있다. 인과관계란 유한계에만 적용되는 성질이기 때문이다. 이에 대해 토마스는 유한계로부터의 인과적 추론이 무한자에 대한 완전한 인식에 이르지는 않지만 그런 원인의 존재에 대한 입증의 근거가 될 수는 있다고 옹호했다. 물론 이런 추론에 비약이 개입될 소지가 배제될 수는 없지만 현대 논리 실증주의적 사유방식을 중세인에게 요구하는 것이 적절하지는 않을 것이다.

그렇다면 토마스가 전개한 신 존재 증명은 구체적으로 어떤 방식으로 전개되는가? 그는 소위 "다섯 가지 길"이라는 표제로 증명을 전개하는데, 첫 세 가지 길이 우주론적 증명의 전형이라면 넷째 길은 존재론적 증명에 해당하고 마지막 길은 별도로 목적론적 증명으로 분류된다. 먼저 우주론적 증명은 결과에서 원인으로, 즉 아래에서 위로 올라가는 방식을 취하는데 세계의 운동성에서 운동의 시원인 부동의 원동자로, 또한 인과적 위계질서에서 위계의 정점인 최초의 원인으로, 그리고 세계의 우연성에서 그 뿌리로서의 필연성에 이르면서, 신 존재가 확인된다는 것이다.[30] 이 우주론적 증명은 결과에서 원인에 이르는 역추적의 인과론적 방식을 기본으로 하는데 이는 "원인, 따라서 결과"의 추론적 도식을 뒤집은 것일 뿐이다.

이에 비해 넷째 길인 존재론적 증명은 피조물들의 불완전성에서도 그 단계적 차이가 있다면 그런 차이를 판단할 수 있게 하는 절대적 기준이 앞서 설정되지

---

[30] S.Th., q.2, a.3 [『신학대전』 1권 55-9].

않고서는 불가능하며 따라서 그 기준으로서 "지고의 완전자"는 이미 존재해야 마땅하다는 방식을 취한다. 즉, 존재론적 증명은 "… 이다, 말하자면 … 있다"라는 직관적 도식으로 정리될 수 있는데 일찍이 플라톤을 원조로 하여 아우구스티누스와 안셀무스에게서 옹호되었던 것과 같이 위에서 아래로의 이행을 통한 입증이다. 토마스에게서 존재론적 증명이 굳이 우주론적 증명과 구별될 수 있는 것은 불완전성은 완전성에서 비롯된 결과라기보다 완전성을 원형으로 모시는 증거로서의 의미를 지니고 있기 때문이다.[31]

마지막으로 다섯째 길은 소위 목적론적 논증이라고 불린다. 이 논증은 세계 안에서 벌어지는 많은 모순적이고 상충된 현상들이 종국적 조화를 향해 질서를 이룬다는 것은 필시 우주에 대해 합목적성을 지니는 지성적 설계자가 존재한다는 것을 가리킨다는 방식을 취한다. 이런 논증은 다소 낙관적인 세계관을 반영하는 것으로 보이기도 하는데 세계의 모순과 신적 조화 사이의 관계는 인과론적 추론이나 본체론적 직관으로 설명될 수 없기 때문에 목적론이라는 별도의 범주가 필요했던 것으로 보인다. 그런데 목적론적 논증은 우주의 질서와 조화가 우주 외적 존재를 설정하지 않고 우주 자체로서도 설명될 수 있다는 현대적 비판에 직면할 수밖에 없다는 한계를 지닌다.

어쨌든 위에서 토마스가 정리한 신 존재 증명의 다섯 가지 길에 대해 간략히 살폈거니와 이 가운데 셋째 길인 우연성에서 필연존재로의 논증이 가장 핵심적이라는 평가가 일반적이다. 신에서의 필연성이란 신의 존재의 당위성을 가리키며, 이것은 결국 신의 존재가 곧 신의 본질이요 신의 본질이 곧 신의 존재라는 것을 의미한다. 말하자면 신은 존재 자체ipsum esse로서 존재하는 것이 곧 그의 본질이다. "있음 자체"는 신의 존재와 본질을 동시에 가리키는 것이었다. 더 나아가 신의 필연성은 피조물로서의 세계가 그 존재의 근거를 가지지 않으면

---

[31] 여기서 하나의 의문이 제기될 수 있겠는데 그것은 토마스가 그토록 보편실재론과 이에 따른 존재론적 증명의 부적절함을 비판하면서 이를 그의 체계 안에 받아들인 이유에 대해서다. 이에 대해 토마스를 변호한다면 이 논증은 플라톤의 전통을 이어받으면서도 그의 추론적 체계 안에서 재해석되고 있다는 점에서 구별된다고 할 수 있겠다. 다만 존재론적 논증은 추론의 결과를 직관의 전제로 삼는다는 비판에서 벗어나기 어렵다는 한계를 지닌다.

안된다는 의식, 즉 존재의 근거에서 비롯된 우연존재로서의 피조물이라는 자의식을 가리킨다.[32] 이처럼 토마스의 신 개념에서 필연성은 물론 다분히 지성적인데 그런 지성적 필연성이란 그가 그토록 소중히 여기는 형이상학적 확실성의 또다른 이름이었다. 말하자면, 아우구스티누스와 그의 후계자인 보편실재론자들이 신의 초월성에 근거한 형이상학적 절대성에 대한 플라톤적·신비주의적 향수를 지니고 있었다면, 이와 대조적으로 토마스로 대표되는 보편개념론자들은 형이상학적 확실성을 위해 이성과 신앙 사이의 영역 구별을 강조하는 합리주의적 성향을 더욱 발전시켰다고 평가된다. 그러나 합리주의가 옹호하는 이런 지성적 필연성이 바로 신의 자유라는 문제를 야기하게 되었고, 곧이어 나타난 둔스 스코투스가 바로 이를 지적하면서 신의 필연성을 지성적 차원에서가 아니라 의지적 차원에서 접근해야 한다는 주장을 하기에 이르렀다. 이런 필연성 개념은 후에 그리스도교의 정체 물음을 던지며 무신론적 비판을 전개한 포이어바흐 등에게서 결정적으로 재고를 요청받게 된다.

(2) 의지주의적 반동

토마스 아퀴나스에게서 절정에 이른 중세의 스콜라 철학은 보편개념론과 신 존재에 관한 우주론적 증명을 통해 신의 개념을 "지고의 지성"으로 묘사하는 데 이르렀다. 과연 지성이란 논리적 동일성을 그 핵심으로 하는바 영원하고 불변하는 신이 자기동일적 존재여야 하는 것은 재론의 여지 없이 명백했다. 그리

---

[32] 토마스에게서 신 존재 증명이 아래로부터 위로 거슬러올라가는 역추론의 방식이었다면 피조물을 결과로 하는 원인인 창조자로서의 신은 어떤 모습을 지니는가를 물어야 할 것이다. 신의 창조에 관한 토마스의 논의는 크게 창조의 절대성과 임의성이라는 다소 상반되는 것으로 보이기도 하는 속성들을 중심으로 전개된다. 먼저 절대성에서는 "무에서의 창조"라는 교리적 공식에 입각한 자기충족적 실체성을 논하고 이어서 피조물에 영향받지 않는 초월성을 논한다(참조: *S.Th.*, q.44, a.1 『신학대전』 6권 51-8]). 그리고 이런 절대성과는 대조적인 임의성에 관한 논의는 창조에서의 의지의 자유와 사랑이라는 동기를 다루었다(참조: *S.Th.*, q.45, a.3 [『신학대전』 6권 99-106]). 그런데 두 마리 토끼를 다 잡으려는 이런 노력은 결국 신의 전능성과 현실의 악 사이의 모순에 관한 논의를 불가피하게 초래했다(참조: *S.Th.*, q.48-49 [『신학대전』 6권 225-99]). 여기서 이에 대해 상론할 수는 없지만 하여튼 소위 신정론 문제는 바로 신의 창조에서의 절대성과 임의성이라는 상반된 속성의 공존이라는 당위적 과제에서 불가피하게 야기되었다는 점을 지적해야겠다.

고 바로 지성의 그런 논리적 동일성은 신의 존재의 필연성을 구성하면서 이를 설명하기에도 적절했다. 삼라만상은 모두 왔다가 가버리는, 있었다가 없어지는 우연한 것들이며, 더 나아가 없어도 그만인 가련한 것들이지만 그렇게 우연하고도 가련한 것들이 잠시나마 존재하기 위해서는 그 우연의 세계를 운행하는 필연적 존재가 근원적으로 존재해야 마땅하므로 그런 존재가 있을진대 이를 일컬어 신이라고 했다는 것이다. 과연 보편개념론에서의 보편자와 개별자, 또는 본질과 실존의 관계라는 관점에서 보거나 우주론적 존재 증명의 관점에서 보거나 이들에게서 필연존재로서의 신과 우연자로서의 세계의 관계는 그러했다.

그러나 신과 세계의 관계에 대한 이런 체계적 위상정리는 토마스의 제자인 요하네스 둔스 스코투스에게는 질식할 것 같은 구도로 비쳐졌다. 무엇보다도 이 세계의 우연성의 시원인 필연적 존재로 옹립된 신은 바로 그 지성적 필연성 안에 갇혀 자유를 박탈당하는 것 같은 느낌을 떨칠 수 없었다. 따라서 신은 필연성도 좋지만 그런 속박에 갇히는 한 신성에 제한을 받을 수밖에 없는 모순에 봉착하므로 지성적 접근과는 다른 방식이 요구된다는 것이었다. 그리고 스코투스가 주목한 길은 곧 "의지"였다: "신에게서 의지는 실로 신의 본질과 완전히 동일하다".[33] 그에 의하면 신의 의지는 다음과 같이 네 단계로 이루어져 있는데 ① 신이 자신을 의지하는 제1 작용, ② 자신의 목적을 위해 질서를 지우는 제2 작용, ③ 목적에 이르기 위한 능력을 발휘하는 제3 작용, ④ 감각적 세계에 대한 의지인 제4 작용이 바로 그것이다.[34] 과연 토마스와 함께 공유하는 아리스토텔레스의 유산인 4원인설의 분위기를 물씬 풍기는데 작용의 순서대로 대응시키자면 형상인·목적인·동력인·질료인의 순서로 열거할 수 있겠다.

그러나 여전히 간과해서 안 될 것으로, 스코투스는 아리스토텔레스의 목적론적 세계관을 공유하면서도 삼라만상의 우연성에 더 주목하여 의지의 자유를 확보할 수 있는 길을 모색하는 데 힘을 기울였다. 그가 신의 의지는 의지하기 때문에 의지할 뿐 이보다도 더 상급의 원인이 설정될 수 없다고 갈파한 것도 이런

---

[33] Johannes Duns Scotus, *Ox.*, 1,17,3, no.18 [코플스톤 666].

[34] 같은 책 3,32, no.6 [코플스톤 666].

태도의 반영이었다. 덧붙여서, 삼라만상의 우연성은 필연적 논증에서 연역될 수 없을 뿐더러 따라서 그 논증의 대상이 될 수 없는데 그 이유는 "신이 그렇게 되기를 의지했고, 따라서 마땅히 그렇게 되는 것이 선이었다"[35]고 선언한다. 말하자면 스코투스는 필연적이 아닌 것의 필연적 이유를 찾으려 했던 과거의 형이상학적 사유의 폐쇄성을 직시하고 그 불합리성을 드러냄으로써 지성적 필연성과는 구별되는 의지적 임의성과 이에 근간한 자유의 가능성을 추구했다.

과연 그의 이런 태도는 이제 그에게 유산으로 전해진 고전적 신관, 즉 지성적 신관에 일대 혁명을 가하게 된다. 그는 "필연적인 것에서는 우연적인 것이 생겨나지 않는다"[36]고 못박으면서 우연적인 것들의 궁극적 이유는 신의 지성적 필연성이 아니라 그의 자유로운 선택이었다고 단호히 일갈한다. 그는 덧붙여서 신의 자유로운 선택의 배후로 파고들어 그 결정의 필연적 이유를 밝히려는 것은 부당하다고 경고한다. 신의 지성은 자신의 창조역사를 필연적 이유에 의거하여 결정하지 않으며 만일 그렇다면 그 신은 절대성을 손상받게 된다는 것이다. 이처럼 스코투스에서 신의 절대성은 필연성이라기보다 오히려 자유에서 설명될 수 있는 것이었다.

그러나 여기서 분명히 지적되어야 할 것은 신의 자유가 필연성과 그저 모순되기만 한 것이 아니라는 점이다. 스코투스는 의지의 최고 작용에 있는 필연성이 의지의 완전성에 속해 있는 것을 제거하기보다는 오히려 요청한다고 함으로써 외견상 모순으로 보이는 자유와 필연성의 관계를 조정하고자 했다:

> 능력 그 자체의 본질적 조건은 그 자체에서나 완전한 작용을 위해서나 작용의 완전성과 모순되지 않는다. 그러나 자유는 그 자체에서나 의지의 작용을 위해서나 의지의 본질적 조건이다. 그러므로 자유는 작용의 온갖 완전한 조건과 일치되며 이런 조건은 특히 그것이 가능한 경우에는 필연이다.[37]

---

[35] 같은 책 2,1,2, no.65 [코플스톤 666].
[36] Duns Scotus, *Rep.*, 1,10,3, no.4 [코플스톤 667].
[37] Duns Scotus, *Quodibet*, 16, no.8 [코플스톤 668].

따라서 스코투스에 의하면 신 안에서는 자유와 필연성이 일치한다. 결국 종래의 필연성이 포기되거나 대체되었다기보다는 그런 필연성을 자유의지의 대상이라고 함으로써 양자 사이의 조화를 꾀하는 방식으로 필연성의 폐쇄성을 극복하려고 한 것으로 평가될 수 있다. 스코투스의 이런 의지주의적·자유주의적 접근은 사실상 중세 스콜라 철학이 드높였던 합리주의에 대한 반동이며 나아가 새로운 시대인 근세의 자유정신을 위한 서주로서의 의미가 있다는 데 의심할 여지가 없을 것이다.

4) 이성과 신앙의 분리

중세를 지배적으로 장식했던 신앙과 이성의 관계는 양자 사이의 호환적 조화를 꾀했던 전성기를 거쳐 다시 양자 사이의 분리를 꾀하는 방향으로 전개되어 나아갔다. 그 이유는 어느 쪽이 주도권을 지니고 다른 쪽을 추구하여 조화를 모색하든지간에 결국 양자 사이의 특성이 다소 손상을 입을 수밖에 없는 한계를 겪어 왔기 때문이다. 따라서 이성의 합리성과 신앙의 신비성이라는 각각의 독특성이 다시금 강조되기 시작했는데 여기서 당연히 양 갈래의 지류들이 퍼져 나가게 되었다. 즉, 이성의 합리성이 보편유명론의 입장을 취하면서 근세의 인식론적 대전환의 길을 열었다면 이와 대조적으로 신앙의 신비성은 중세 후기에는 신비주의로 나타났지만 근세로 넘어와 종교개혁자들의 사상적 근간이 되었다. 말하자면 중세 후기 이성과 신앙의 결별은 결국 중세의 종말을 고하고 근세라는 새로운 시대를 예비하는 동인으로 작용하게 되었다. 아닌게아니라 중세를 장식한 이성과 신앙의 관계라는 구도는 합리주의와 신비주의의 대립이라는 고대 유산의 중세적 재현이라고 해도 좋을 것이었다. 그러기에 이토록 다양한 갈래의 방식들이 전개될 수밖에 없었고, 급기야 중세를 마감하는 단계에 이르러 서로간에 결별이 촉구되기에 이르렀다. 이 점을 감안하면서 우리는 이제 우리의 분석구도에 입각해서 중세 후기에 이성의 합리성을 표방하는 입장을 후기 스콜라 철학으로, 신앙의 신비성을 내세우는 입장을 이에 대한 신비주의적 반동으로 분류하여 논하기로 한다.

(1) 후기 스콜라 철학: 그 자리에서의 직시적 합리주의
① 보편자의 지위 규정: 보편유명론

앞서 논한 보편실재론과 보편개념론은 그 차이에도 불구하고 보편적인 것의 지위를 긍정하는 공통성을 지녔다. 그러나 보편자가 실재나 개념으로 간주되는 터전은 역시 이성이었다. 이에 대해 경험의 의미와 가치에 주목하는 새로운 움직임이 시작되었는데 그것은 14세기 초 윌리엄 오캄에 의해 본격화되었다. 토마스가 중시했던 능동 이성intellectus agens, 즉 이성이 인식을 위해 능동적으로 움직인다는 주장을 이제 오캄은 비판한다. 오캄에게는 감각적 경험이 오히려 인식을 위한 동인이다. 중세가 비록 형이상학의 지배 시대였지만 이미 여기서 우리는 근세 인식론에서 벌어질 이성과 경험 대립의 예고편을 보게 된다. 오캄에 의하면 인간은 외부 세계를 감각적-직관적으로 경험하고 이를 추상화함으로써 보편적인 것을 형성한다. 말하자면 보편자는 생각된 것일 뿐 실제로 있지는 않다는 것이다: "보편자는 오직 영혼 안에만 있고, 따라서 사물 안에는 없다".[38]

그렇다면 오캄에게 보편자는 어떤 것인가? 그것은 개별자들의 다름을 겪으면서 추려지는 공통성을 지칭할 따름이다. 말하자면 보편자란 개별적 사물들을 공통적으로 묶어내는 특징을 가리키는 기호signum 또는 의미intentio로 간주된다. 그런데 기호로서의 보편자는 항상 편의적이며 일종의 허구다. 그에 의하면, 결국 기호는 지정된 것을 부르는 "이름"일 뿐이다Non plus quam vox est sui significati.[39] 여기서 소위 보편유명론이 조성된다. 그가 비록 아직도 중세의 기본정신인 객관세계에 대한 향수를 지니고 있었지만 오캄의 이런 보편유명론은 근세의 인식론적 주체의 부상을 준비하는 단계로 돌입했음을 보여주는 결정적 증거로서의 의의가 있음을 부정할 수는 없다. 말하자면 그는 "있음"과 "앎" 사이의 경계, 즉 앎의 한계에 대한 성숙한 의식을 보여주었다. 이제 그가 통찰하게 된 인식의 유한성은 보편자보다 개별자에 우선 집중하게 한다. 이처럼 보편자의 같음이란 차라리 허구이며 개별자의 다름이 알려질 뿐이라는 오캄의 보편유명론은

---
[38] William Ockham, *I Sent*. q.15 O [힐쉬베르거 647].
[39] 같은 책 d.2, q.7 T [힐쉬베르거 647].

중세 스콜라 철학을 지배한 보편논쟁에서 다름에 대한 같음의 우위라는 전통의 도식에 대한 새로운 도전을 의미했다. 그리고 이 점에서 토마스가 아리스토텔레스를 토대로 플라톤을 받아들이고자 했던 것에 비해 오캄은 아리스토텔레스를 자연주의적으로 해석하는 근세적 방향의 서주를 울렸다고 평가될 수 있다.

② 신 존재 증명: 증명 자체의 부당성

보편자는 개별자들의 공통성에 해당하는 이름일 뿐이라는 보편유명론의 입장에서는 신의 존재가 새삼 증명의 대상이 되지 않는다. 신이 보편자 중의 보편자라면 그것은 곧 허구 중의 허구이며 따라서 신은 허구인 보편자의 성격으로 이해되어서는 안되기 때문이다. 말하자면 이제 보편유명론에서는 다시 이성과 신앙이 분리되어 신은 이성적으로가 아니라 신앙적으로만 접근될 수 있다. 물론 오캄이 개인적으로 프란치스코회 수사 출신으로서 아우구스티누스의 전통에서 다소 영향을 받았다고는 하지만 보편유명론이라는 입장에서는 여전히 신앙과 이성의 분리 및 포괄적 의미에서 이성 우선이라는 입장이 취해진다.

그렇다면 오캄에게서 신은 어떻게 그려졌는가? 그는 둔스 스코투스와 유사한 맥락에서, 그리고 더 나아가서 신의 자유를 강조한다. 이때 자유란 의지의 자유뿐 아니라 본성에서의 자유까지를 가리킨다. 예를 들면, 신은 본성적으로, 즉 본성의 필연성이 명령하는 것에 따라 신이 선을 원하고 의지하는 것이 아니라 신이 자유롭게 선을 원하기 때문에 신은 선하다는 것이다. 이처럼 오캄은 스코투스와 마찬가지로 토마스와 확연하게 구별되는 주의주의 입장을 표방한다. 그러나 스코투스가 여전히 보편주의 구도 안에 머무른 데 비해 더 개별주의적인 관점을 취한다. 그리고 이것이 앞서 언급한 바와 같이 근세의 전주를 시작한 주요 분기점을 장식한다.

(2) 신비주의적 반동

다른 한편, 이성과 신앙의 결별이라는 상황에서 이성의 손을 들어준 보편유명론의 등장에 의해 촉발된 반동이 있었으니 신앙의 신비성에 새삼 주목하는 입장이 그것이었다. 그런데 이 반동은 그 파장이 특히 스콜라 철학 절정기의 극단적 지성주의와 맞부딪침으로써 감정주의의 방식으로 나타난다. 말하자면 싸늘한 체계에 갇혀 숨죽이고 있던 종교적 감정들이 신앙의 신비성에 대한 새삼스런 강조와 함께 새로이 일어나게 되었다. 이런 과정이 종교적 신비주의라는 형태를 취하는 것은 당연했으니, 바로 그 중심에 마이스터 에크하르트가 있었다. 그러나 앞서 논한 바와 같이 중세 후기의 신비주의란 사실상 갑작스런 반동의 촉발이 결코 아니었다. 그것은 중세를 열었던 신앙과 이성의 관계 구성이라는 과제의 초기 단계에서 신앙 우선주의라는 형태로 이미 제기되었던 것이 합리주의의 절정을 통과하면서 다시금 복고한 것이라고 하겠다. 테르툴리아누스의 호교론적 반합리주의에서 뿌리를 찾는다면 위디오니시우스 아레오파기타에서 합리신학과 신비신학, 또는 긍정신학과 부정신학이 체계적으로 분리되면서 본격화되었던 역사를 지니고 있기 때문이다. 따라서 에크하르트가 신비주의를 전개하면서 일찍이 정리되었던 "부정의 길"에서 출발하는 것은 당연했다.

에크하르트는 이런 "부정의 길"을 더 심화함으로써 종래 신 개념의 한계를 지적한다. 즉, 신은 "있음 자체"로 옹립되어 왔으나 아무리 "있음 자체"가 궁극적이라 하더라도 그렇게 개념화된다는 것은 제한된다는 것을 뜻하며 제한된다는 것은 궁극적 무한자인 신에게 적절하지 않다는 것이다. 따라서 신은 개념을 넘어서야 하며 결국 존재 너머 "규정될 수 없는 것"이라는 뜻에서 "무규정자"die Unbestimmtheit, 즉 "무"das Nichts여야 한다. 에크하르트는 이 "없음"으로서의 신을 삼위일체의 위격과 구별하여 "신성"die Gottheit이라 불렀다. 유한자인 인간의 존재양식과 사유방식으로 잡힐 수 없는 신의 본성인 신성은 신의 무규정성, 즉 불가지성이요 이런 신의 신비성은 곧 신앙의 신비성의 원천이요 토대가 된다:

> 내가 신성의 근거요 토양이요 물줄기요 원천에 거할 때 내가 어디로 가고 있었는지, 내가 무엇을 하고 있었는지 아무도 묻지 않았습니다. 나에게 질문할 어느 누구도 없었습니다. 그러나 내가 나타나는 순간 모든 피조 세계는 "신"이라고 소리치기 시작했습니다. 만일 어떤 사람이 "수도사 에크하르트여, 언제 집을 떠났

는가?'라고 묻는다면 ─ 이것은 내가 언젠가는 집에 있었던 것이 틀림없다는 사실을 가리킬 것입니다. 모든 피조물이 이런 방식으로 신에 대해 말합니다. 그런데 왜 그들은 신성神性에 대하여는 말하지 않습니까? 신성 속에는 오로지 일치만 있어서 이야기할 것이 아무것도 없기 때문입니다. 신은 활동하십니다. 그러나 신성은 활동하시지 않습니다. 신성은 활동해야 할 어느 것도 갖고 있지 않습니다. 또한 신성은 해야 할 일을 찾으시지 않습니다. 신과 신성은 활동하심과 활동하지 않으심으로 구별됩니다. 내가 신에게 돌아갈 때 나는 신 안에서 사라질 것입니다. 그래서 신을 향한 나의 귀환은 나의 유출보다 훨씬 고귀합니다. 내가 신성의 근거와 토양과 물줄기와 원천으로 귀환할 때, 아무도 나에게 내가 어디서 왔는지, 어디에 있었는지를 묻지 않을 것입니다. 그곳에서는 아무도 내가 있음을 알아채지 못할 것입니다. 신조차 사라지기 때문입니다.[40]

위디오니시우스에서 정리된 "부정의 길"이 에크하르트에서 "무규정성으로서의 신의 신비성"을 뜻하는 "신성"으로 심화되었다면 이제 중세 마지막 철학자요 신학자이며 추기경을 지냈던 니콜라우스 쿠자누스에 이르러 중세의 신비주의는 절정에 이른다. 쿠자누스는 에크하르트가 갈파한 "신성", 즉 신의 신비성을 "대립의 일치"coincidentia oppositorum라는 형식으로 표현했다. 말하자면 신은 모든 대립이 포함되고 귀속되는 근원으로서 대립 이전의 원초적 일자라는 것이다. 여기서 우리는 신플라톤주의의 고전적 "일자" 사상이 위디오니시우스를 거쳐 에크하르트와 쿠자누스에게까지 이어짐을 확인할 수 있다. 신의 이런 "일자성"은 삼라만상과의 비교연관에서 최상급의 정점을 차지하는 "있음 자체" 또는 "그 이상 더 큰 것이 생각될 수 없는 존재"와는 달리 존재의 연관질서를 초월하는 신의 신비성을 가리킨다.

"대립의 일치"가 신의 신비성을 가리키는 초논리적 구도라면 이제 인간이 이를 지성적으로 파악할 수 없다는 것은 불가피할 만큼 당연하다. 그리고 그것은

---

[40] James M. Clarke, *Meister Eckhart* (1957) 184 [Michael Cox, *Mysticism*, 100].

우선 신의 신비성이 의미하는 불가지성 때문이다. 그런 신의 불가지성은 인간에서는 유한성으로 경험된다. 쿠자누스는 신의 신비성에 관련하여 인간의 무한한 질적 차이와 한계를 "무지의 지"docta ignorantia라는 지혜의 언어로 묘사했다. 즉, 그는 이성을 가지고 계시를 파헤치기보다 이성 자체를 문제시하는 데서 출발한다. 자기가 안다고 믿는 많은 것이 실제로는 모르는 것임을 깨닫지 못하는 사람이 많다는 것을 지적한다. 그리고 참다운 지혜란 모른다는 것, 그리고 더 나아가 알 수 없다는 것을 깨닫는 것이라고 설파한다. 이로써 쿠자누스는 중세의 주요과제였던 신앙과 이성의 관계에서 양자가 그렇게 정합적으로 버무려질 수 있는 것이 아니라는 점을 분명히 선언했다. 이처럼 쿠자누스는 한번에 모든 "있음"을 파악할 수 있다는 스콜라 학파의 그릇된 희망을 깨뜨림으로써 "앎"의 한계에 대한 자각을 일깨우고 이를 통해 근세의 인식론적 전환을 향한 새로운 길을 터 주었다.

3. 신학의 몸 만들기

고대 철학이 지니는 신학적 함의에 관한 논의에서는 특히 신플라톤주의를 중심으로 하는 동방교회 사상들이 주류를 이루었다면 중세 철학은 그런 전통을 한편에 포함하면서 방향과 갈래를 달리하는 서방교회의 신학적 전통과 밀접하게 연관되어 있다고 하겠다. 따라서 연대기적 순서의 차원에서는 다소 혼동스러울 수도 있겠지만 사상사적 맥락에 대한 체계적 접근이라는 목적에 비추어 중세 철학에 연관된 신학적 논의를 서방교회의 출발점이라고 할 수 있는 테르툴리아누스에서 시작하고자 한다. 사실상 중세 철학의 기본구도에 따른 출발이 그에게서부터 이루어진 것으로 간주하는 철학사의 견지에서 보더라도 그렇게 하는 것이 이미 당연하기는 하지만 그것 역시 연대기적 일치보다 사상적 구도에 더 초점을 맞추려는 시도의 소산임은 물론이다.

그러나 시작의 기점에 관한 이야기보다 더욱 중요한 것은 중세 신학 전반을 분석하는 기본 구도다. 소위 초대 신학사가 삼위일체론과 그리스도론을 중심으로 하는 교리 제정의 역사라면 중세 신학은 이런 교리들을 갈고 다듬으면서[41] 그야말로 본격적으로 신학을 정립하는 단계라고 하겠다. 그런데 신학이 인간의 자기이해를 토대로 신-인 관계를 규명하려는 작업이라고 한다면 중세 당시 인간의 자기이해는 무엇이었는가? 앞서 철학사를 개괄하는 자리에서 이미 살펴보았듯이, 중세는 고대의 유산인 지성을 중시하다가 그 필연성에 질식될세라 자유를 옹호하기 위해 의지를 내세웠는가 하면, 신앙의 신비성을 구하기 위해 도도히 그 밑을 흐르던 감정이 분출되었던 역사를 지니고 있다. 그런데 이런 삼각구도가 중세의 본론인 스콜라 신학에서 본격적으로 완성되었다는 것은 우리의 특별한 주목을 요한다. 스콜라 철학의 기본정서인 합리주의에 대해 터져나온 의지주의적 반동과 신비주의적 반동은 당대의 대립양상일 뿐 아니라 뒤이은 근세와 현대의 예고편으로서의 의미가 있기 때문이다. 따라서 지성에 뿌리를 둔 합리주의, 감정에서 우러나온 신비주의, 그리고 의지가 내세우는 의지주의라는 세 갈래의 철학적 구도가 신학의 본격적 전개 시대인 중세에 이미 그 기본적 틀을 이루어냈을 뿐 아니라 당연하게도 신학의 몸 만들기에 투입되었다는 것을 확인할 수 있다면 철학과 신학의 사상적 연관성에 대한 논의는 자연스럽게 조성된다. 그러나 중세라는 시대의 특성을 고려한다면 철학의 신학적 함의라는 것이 별도로 논의되기 어려울 뿐 아니라 사실상 위와 같이 정리된다면 굳이 그럴 필요도 없다. 그러므로 우리는 교부 신학에 대해 간략하게 훑고 철학적 삼각구도가 스콜라 신학에 어떻게 반영되었는지를 살펴보는 것으로 만족하고자 한다.

---

[41] 고중세를 묶어 교리의 시대라고 할 수 있다면 바로 이때문일 것이다. "참"에 대해 "무엇"을 묻고 "있음/없음"으로 대답한 고대와 중세에는 "교리 안의 신"을 추구했다면, "참"에 대해 "어떻게"를 묻고 "앎/모름"으로 대답한 근세에는 "고백 속의 신"을 묘사했으며, "참"에 대해 "왜"를 묻고 "삶/죽음"으로 대답한 현대에 이르러서는 "체험 속의 신"을 절규했다고 할 수 있다. 그런데 교리가 지성적 차원의 접근이고 고백이 의지적 차원의 접근이라면 체험은 감정적 차원의 접근을 포함하여 전존재를 아우르는 범위를 가리킨다고 하겠다. 말하자면 지성-의지-감정이라는 정신의 세 요소가 중세에 비로소 삼각구도의 균형을 이루었지만 또한 고중세와 근세 그리고 현대라는 시대들의 특성을 일컫는 범주로도 적용될 수 있다. 결국 지·정·의 3요소가 공시적이든 통시적이든 상대적 특징에 의거한 비교분류라고 하더라도 신관이 인간의 자기이해의 끝없는 반영이라는 준엄한 사실은 예외 없이 확인되고 있다.

1) 교부 신학의 배경과 스콜라 신학의 전개를 위한 집성

동방교회는 그리스 철학뿐 아니라 헬레니즘 사상의 정점인 신플라톤주의에서 직접 영향을 받아 기본적으로 사변적이면서도 신비적인 분위기를 지닌다. 이에 비해 서방교회는 신플라톤주의의 영향이 결코 적지 않았지만 수용과 전개의 토양이 법사상이 발달한 로마 지역인 고로 법적·윤리적 관심에 입각하여 실천적·행동적 분위기가 지배적이었다. 이런 분위기의 대조는 곧 교리적 관심에도 그대로 이어졌는데 동방에서는 신비적 합일 사상에 근거하여 인간의 신격화를 신의 은총으로 간주한 반면 서방에서는 법 개념에 입각하여 죄의 용서를 통한 구원을 신의 은총으로 이해할 만큼 극명한 차이를 보였다.[42] 그리스도론에서라고 다를 수 없었을 터이니 동방에서는 비잔티움의 영광스런 그리스도상으로 대표되듯이 예수의 인간적 측면을 신적 차원으로 흡수시키는 알렉산드리아의 신학을 이어받고 있으며, 이와 대조적으로 서방에서는 성 사비나의 고난받는 그리스도상이 집약하듯이 그리스도의 인간성을 강조하는 안티오키아 학파를 계승하고 있는 것으로 보인다. 이런 차이가 그리스도교 신학 형성의 초기부터 두드러지게 나타났던 것은 아니지만 이미 교부시대에 그리스 계열의 알렉산드리아와 라틴 계열의 안티오키아 사이의 대별로 그 분리의 씨앗이 심겨졌다는 것을 부인하기는 어렵다. 말하자면 신학의 사상적 갈래의 역사는 이미 그 형성단계에서부터 철학적 배경으로서의 합리주의와 신비주의, 그리고 아폴론과 디오니소스라는 신화적 뿌리로까지 거슬러올라갈 만큼 유구한 것이었다.

이런 갈래를 어느 정도 묶어내려고 노력한 사람이 바로 아우구스티누스다. 그는 라틴 교부이지만 그리스와 라틴의 교부학을 망라하여 집성함으로써 그리스도교 신학의 고전적 기틀을 완성한 사상적 선조로 옹립된다. 후에 스콜라 신

---

[42] 서방교회 초대 교부인 테르툴리아누스는 인간의 죄성에 대한 깊은 천착과 함께 구원의 은총을 강조하는 전통의 효시라는 데서 그의 신학적 의의를 찾을 수 있다. 죄와 구원의 밀접한 관계에 대한 집중적 관심은 창조의 신비에 관심하는 동방과도 구별되는 서방교회의 신학적 특성으로서 이후 역사를 결정짓는 주요한 기점이 된다. 그런데 죄와 구원에 대한 테르툴리아누스의 관심은 스토아 학파의 금욕주의와 로마의 법사상 등의 영향과 뗄 수 없는 것이었다. 이처럼 신학적 관심은 사회적 관심과 무관할 수 없을 뿐 아니라 오히려 후자에 의해 전자가 방향지어지는 경우가 적지 않다는 사실을 교회사의 출발점에서부터 확인할 수 있다.

학의 전성기에 나타난 토마스 아퀴나스의 신학도 아리스토텔레스와 아우구스티누스의 체계적 종합이라고 평가될 만큼 아우구스티누스의 영향은 지대했다. 그뿐 아니라 토마스의 신학체계를 대거 수용한 로마 가톨릭 교회에 대한 반동인 종교개혁 운동에서도 가장 중심적으로 차용된 사상이 바로 아우구스티누스의 그것이었다. 물론 이런 사상적 계보의 중심에 그가 설 수 있었던 것은 그 자신이 이미 신학의 형성 초기에 예루살렘과 아테네를 연관짓기 위해 구약성서의 신관과 고대 철학의 궁극자 개념을 통합하려는 야심작을 기획했다는 데서 이유를 찾을 수 있다. 그러나 그런 종합이라는 것이 말끔한 결합일 수는 없었으니 구약성서를 따라 창조를 긍정하고 성性을 예찬하는 분위기와 신플라톤주의의 부정적 세계관 및 금욕주의적 정서 사이에 갈등이 일어나지 않을 수 없었기 때문이다. 그리고 이런 갈등은 아우구스티누스를 끌어들여 종교개혁 운동을 벌인 종교개혁자들, 특히 칼뱅에서도 두드러지게 나타났으며 오늘날에도 대중적 그리스도교에 그대로 이어지고 있다. 말하자면 대중들은 한편 신의 창조에 의한 자연의 아름다움을 예찬하면서 선물로 받은 자연성을 마땅히 누려야 한다고 생각하는가 하면 다른 한편 올바른 종교적 수행이란 자발적 고행까지 포함하는 금욕과 수양이라고 간주하는 이중적 신조에 의한 갈등을 극복하지 못한 채 혼란스러워하면서 현실에서 애매한 자세를 취하고 있다. 그리고 그런 대중적 혼란의 뿌리에는 바로 이런 사상적 갈래의 혼재가 도사리고 있었다.

    왜 그랬을까? 그것은 단적으로 결합될 수 없는 것을 결합시키고자 했기 때문이다. 그리스도교의 성서적 전통을 체계적으로 정리하려는 아우구스티누스에게 있어 신플라톤주의에 용해된 플라톤의 이원론은 그의 목적을 위해 무엇보다도 적합한 형이상학적 체계였다. 이 세계와 저 세계를 구별하여 대립적으로 설정하는 세계관이 그리스도교적이라고 보았기 때문이다.[43] 이 사이를 매개하고 조정

---

[43] 아우구스티누스가 즐기는 대립적 세계관은 죄와 은총의 대비를 부각시키는 그의 인간론에도 그대로 적용된다. 그런데 그의 인간론에서는 정신의 세 요소 중 의지가 가장 주요한 것으로 간주된다는 점을 주목할 필요가 있다. 이것이 바로 서방을 동방과 구별짓는 특성의 하나일 뿐 아니라 아우구스티누스 자신의 입장이기도 하다. 그 자신이 자유를 죄의 책임근거라고 할 만큼 부정적인 입장을 취했음에도 죄와 벌의 관계를 강조하려는 목적으로 교육적이

함으로써 두 극단 사이에서 중용을 추구한다는 것은 본디부터 해당되지 않는 것이었다. 당연히 아리스토텔레스의 형이상학과 윤리학은 아우구스티누스에게 별 영향을 끼칠 수 없었다. 이로써 아우구스티누스의 신학은 저 위의 세계와 이 아래 세계 사이의 확연한 경계를 전제로 "위로부터의 직관"이라는 방법을 본격적으로 정립하게 되었는데 이런 신학방법론이 신앙을 토대로 이성을 추구하는 그의 입장에서 연유함은 두말할 나위도 없다. 그로부터 거의 천년의 세월이 흘러 아리스토텔레스가 새로이 발견되고 이를 토대로 새로운 체계를 전개한 토마스 아퀴나스는 아우구스티누스와 방향상 대조를 보였는데 이성을 토대로 신앙을 추구한다는 입장을 표방함으로써 "아래로부터의 추론"이라는 신학방법을 구축하게 되었다. 이후에 본격적으로 전개되는 중세 스콜라 신학은 이렇게 신학방법론에 있어 양대 구도의 정립을 기축으로 하는 시대였다고 평가된다.

고 윤리적인 차원에서의 신앙관을 옹호했다. 그리고 이는 후에 인간을 영원한 형벌의 끊임없는 위협 아래 둘 수 있다는 점에서 교회에서 오히려 적극 수용되기도 했다. 문제는 오늘날도 이렇게 케케묵은 교리로 대중을 교회에 묶어 두려는 획책이 적지 않게 벌어지고 있다는 현실이다. 따라서 그 종교적 음모와 책략을 밝혀 진정으로 인간의 해방을 향하는 종교의 본래 모습을 회복하는 일이 절실하다. 어쨌든 이렇게 아우구스티누스에게서는 죄론이 매우 발달했는데 또한 이를 보상하고자 은총론도 만만찮게 부각되었다. 과연 의지를 강조하는 주의주의를 표방하는 것으로 평가된 아우구스티누스의 입장에서 볼 때 의지가 인간에게 적용되면 당연히 죄론이 부상할 수밖에 없고 의지가 신에게 적용되면 은총론이 힘주어 거론되는 것은 필연적이라고 하겠다. 그런데 죄의 숙명성이나 은총의 임의성을 논했다는 것은 결정론적 사고의 족적은 아닐지라도 인간의 자유의지에 대해서는 퍽이나 부정적 입장을 취했음을 입증하고도 남는다. 다소 지나치다 싶을 만큼 그런 입장을 취한 이유는 펠라기우스와의 논쟁이라는 역사적 배경으로 설명될 수도 있겠다. 그러나 이런 이유로 후대 교회에서는 자유의지에 눈을 돌리게 되었으며 이런 긴장은 근세에 이르러 루터와 에라스무스, 그리고 현대에 와서 바르트와 브루너의 논쟁으로 대표되는 신학적 논의의 주요한 뼈대를 이루었다.

아우구스티누스의 신학에서 간과해서는 안될 주요항목이 또하나 있는데 바로 교회론이다. 이미 당대에 교회는 '성도의 교제인가, 혹은 구원의 기관인가'라는 정체성의 이념적 대치가 전개되었다. 전자가 교회를 이루는 인간의 개성과 인격을 중시하는 입장이라면 후자는 그런 개인의 우연한 품성보다 제도적 장치를 우선시하는 입장이라고 하겠다. 아우구스티누스에 앞서 이미 도나투스가 전자를 지지한 반면, 키프리아누스가 후자를 지지함으로써 양대 입장은 또한 긴장관계를 이루었는데 아우구스티누스는 키프리아누스를 따라 교회의 제도성을 강조하는 입장을 취했다. 교회를 대표하는 사람의 개인적 인격보다 교회의 제도적 타당성이 더 중요하다는 입장인데 이는 결국 그 자체의 부분적 타당성에도 불구하고 인간의 자유의지에 대해 그리 긍정적으로 신뢰하지 못하는 아우구스티누스의 입장이 반영된 것이라고 보아도 좋을 것이다. 말하자면 한 개인의 인간관이 어떻게 얽혀져 있는가에 따라 이렇게 신관이나 그리스도관과 교회관도 그 영향에서 벗어날 수 없다는 사실을 다시금 확인하게 된다.

기왕에 신학방법론의 대조적 구도에 대한 논의가 나왔으니 이에 연관하여 밀접하게 등장한 신의 존재 증명이라는 과제가 지닌 신학적 함의를 잠시 곱씹어 볼 필요가 있겠다. 스콜라 철학을 장식한 신 존재 증명은 위로부터의 것이든 아래로부터의 것이든 신의 존재를 논증적으로 다루겠다는 자세를 공유하고 있는 것만은 분명하다. 이것은 "참", 즉 신에 대해 "무엇"을 묻고 "있음/없음"으로 대답하려는 고중세 형이상학의 관점에서는 불가피할 만큼 당연한 것이기도 하다. "무엇"에 대해서는 "있음"과 "없음"이 관건일진대 어찌 신의 존재 문제가 초미의 관심이 아닐 수 있겠는가? "무엇"을 물으면 이렇게 될 수밖에 없다. 말하자면 고대에서 형이상학을 사상적 유산으로 물려받은 중세 시대에는 "무엇" 물음이 주요한 틀이었기 때문에 "있음/없음"이 대답의 형식을 지배했고 신의 존재 문제는 그 어떤 방법을 통해서라도 규명되거나 관철되어야 할 중대한 과제였다.

그러나 신의 존재 증명이 설령 가능하더라도 우리는 오늘날 우리의 자리에서 그런 증명이 과연 타당한가라는 물음을 다시 묻지 않을 수 없다. 신의 존재 여부에 관심을 집중하는 태도의 뿌리에 깔려 있는 "무엇" 물음은 바로 그런 물음을 묻는 인간을 전제하고 있지 않기 때문이다. 말하자면 인간이 그 자신을 되돌아볼 장치가 전혀 마련되어 있지 않아서 자신에 대해 정직할 수 있는 최소한의 조건도 갖추어지지 못한 단계에서의 물음이고 관심일 뿐이다. 그럼에도 신에 관한 우리의 관심과 물음의 초점이 오늘날에도 여전히 그의 존재 여부 및 그 증명 가능성에 모아진다면 그것은 신과 인간이 관계하는 방식을 "무엇" 물음에만 한정시킨다는 것을 뜻하며 아직도 교리중심적 신관을 근거로 하는 중세적 사고에 머무른 채 성숙하지 못하고 있다는 것을 가리킬 따름이다. 그러나 앞으로 살펴보겠지만 "무엇"이라는 정체 물음에서 "어떻게"라는 방법 물음을 거쳐 "왜"라는 근거 물음에 이르기까지 인간의 자기이해와 신-인 관계 방식을 이미 진전시켜 왔고 또한 마땅히 그래야 한다면 아직도 "무엇" 물음에 머물러 신의 존재 여부를 인간이 어떻게 할 수 있는 것처럼 붙들고 늘어지는 유치한 작태는 마땅히 청산되어야 할 것이다.

I. "참"이란 무엇인가?

2) 스콜라 신학의 사상적 구도와 역사

앞에서도 암시되었듯이, 정신문화사적으로 중세는 인간의 정신요소인 지성과 감정과 의지가 서서히 발현하여 신관에 체계적으로 반영된 시대였다. 중세를 특징짓는 스콜라주의가 합리주의적 기초를 구축했다면 신비주의는 그 밑을 도도히 흘러 왔으며 특히 중세 말기에 분출된 의지주의[44]는 신의 인격성과 자유에 관한 통찰의 결과로 중세를 고대와 구별하게 하는 준거이면서 근세를 예견하는 지표로서의 의미를 지닌다. 보다 합리주의적인 입장은 아리스토텔레스를 원조로 하여 안셀무스와 토마스, 그리고 도미니코회가 대표하고, 보다 신비주의적인 입장은 플라톤을 원조로 하여 아우구스티누스, 프란치스코 수도회와 보나벤투라, 그리고 베르나르를 거쳐 독일 신비주의로 이어졌다. 그리고 이 사이를 비집고 둔스 스코투스, 아벨라르두스를 거쳐 오캄으로 이어지는 의지주의가 양쪽에 걸쳐 도도히 흐르다가 때로 신비주의와 충돌할 때는 의지의 자유가 죄성의 근거로 등장하기도 했고, 합리주의와 충돌할 때는 필연성과 우연성 사이의 대립을 벌이기도 했다. 전자의 경우 아우구스티누스와 펠라기우스의 논쟁이 대표적 예라면, 후자의 경우는 토마스 아퀴나스와 둔스 스코투스 사이의 논쟁에서 탁월한 사례를 찾을 수 있다.

이제 중세 신학의 융성기인 스콜라 시대의 사상적 전개를 이런 분석구도에 따라 정리한다면 아래와 같이 추려질 수 있다. 그러나 으레 그렇듯이 아래와 같은 분류는 어디까지나 상대적이며 각 사조들은 한 사상가 안에서도 중첩되게 마련이다. 더 중요한 것은 이미 중세 당시의 신관들도 인간의 정신 요소들을 근거로 했음을 확인하는 일이다. 신관이란 인간 자기이해의 반영이라는 해석학적 공리가 시대의 차이를 막론하고 해당되는 증거를 눈앞에서 보고 있기 때문이다.

---

[44] 중세적 주의주의의 좋은 사례로서 성경주의는 스콜라주의와 신비주의에 때로는 포함되었다가 때로는 반동을 일으키며 종교적 실천에 관심하는 입장을 표방했다. 특히 근세로 넘어와 성경주의가 종교개혁의 기치로 작용했다는 사실은 근세 신학의 기본정서가 의지주의적일 수밖에 없었던 이유를 웅변해 주고도 남는다.

(1) 전기(11~12세기)
① 합리주의: 안셀무스

안셀무스는 교부들에 의해 권위가 부여된 객관적 진리로서의 교리를 받아들인다는 뜻으로서의 경험을 지식으로 전환시키는 사변적 사상을 본격적으로 형성시켰다는 평가를 받는다. 예를 들면, 초대 교부들을 골몰하게 했던 삼위일체론조차도 합리적으로 파악할 수 있다고 주장한다는 점에서 과연 안셀무스는 이성의 자율이 신의 신비에 의해 파괴되지 않는다는 합리주의적 입장을 견지하는 것으로 보인다. 사실상 신의 존재에 대한 존재론적 증명을 다루는 「프로슬로기온」에서 그는 신의 존재를 사고 자체에서 찾으려 했다고 할 수 있다. 즉, 신이라는 개념이 신의 존재를 인정하지 않고는 못 배기게 한다는 것이다. 비록 사고에서 존재를 끌어내는 것은 아니라 하더라도 사고가 존재를 가리킴을 드러냄으로써 존재를 입증하는 지극히 사변적인 증명을 전개한다는 점에서 그의 합리주의적 접근은 극치를 이룬다. 다만 그런 증명조차 인간의 사고 안에는 사고의 기본구도인 주객 분리를 넘어서는 무조건적인 선험적 전제가 있다는 데 토대를 두고 있다는 점을 간과해서는 안된다. 이것이 바로 그를 때로 신비적 전제를 옹호하는 신비주의자로 보이게 하는 요인이 되기도 한다. 그러나 중요한 것은 그것이 "사고 안에서"라는 조건을 지니고 있다는 점을 주시하는 것이다. 말하자면 신의 확실성을 인간의 자기의식과 결부시킨다는 점에서 그를 비교적 합리주의자로 분류하는 것이 그리 큰 무리가 아니라는 데 동의할 수 있을 것이다.

안셀무스의 합리주의는 속죄론에서 절정에 이른다. 그는 인간의 죄와 이에 대한 신의 징벌과 속죄의 관계를 법률적이고 계량적인 방식으로 설명한다. 인간의 죄가 신의 영예를 손상시켰는데 이를 만회하기 위해서는 형벌을 받든가 혹은 보상을 하든가 하는 것이었다. 그런데 형벌은 신과 인간의 관계를 파괴하므로 신은 보상의 길을 택했는데 그럼에도 인간은 여전히 보상조차 할 수 없었다. 할 수 없이 신 자신이 스스로 보상하기 위해 스스로 인간이 되었다는 것이다. 보상해야 할 자는 인간이며 보상할 수 있는 자는 신이기 때문에 신-인이 출현하지 않으면 안되었다는 것이다. 그리고 바로 신-인의 무한한 고난과 희생을 통해서 비로소 인간의 죄과에 대한 보상이 이루어진다는 것이다. 완전평면의 논리학이라 할 만한 이런 그림이 신과 인간의 관계를 그리는 기본 구도라면, 가위 바늘로 찔러 피 한 방울 나오지 않을 합리주의가 아닌가?

② 의지주의: 아벨라르두스
안셀무스가 중세적 사유에서 전통적 권위를 중시하는 객관적 극을 대표한다면 이와 대조적으로 실재에 대한 인간의 자기의식에 주목하는 주관적 극에 위치한 사람이 바로 페트루스 아벨라르두스다. 근세 인식론의 서주가 서서히 울려 퍼지기 시작한다고나 할까? 의지뿐 아니라 감정도 아우르는 주관성의 영역을 경험적 반성의 영역으로 삼은 그는 이런 심리적 성찰을 토대로 변증법적 신학을 발전시켰다. 「예와 아니오」$_{Sic\ et\ Non}$에서 단적으로 가리키듯이 그는 경험과 반성이 지니는 긍정과 부정의 역동성에 주목함으로써 성서와 교부들의 문헌 연구에 획기적으로 기여했다. 비록 성서를 속죄와 인의를 선포하는 메시지로 보는 종교개혁기의 성경주의와는 매우 다르지만 성서를 최고 율법으로 보는 중세적 성경주의의 전형이 된 것도 우연이 아니다. 이런 성경주의가 중세적 의지주의의 한 예라면 다소 조심스럽게나마 아벨라르두스를 의지주의자라 할 수도 있다.

그러나 그의 윤리학으로 넘어가면 주관주의의 분위기를 담은 의지주의는 좀 더 분명하게 나타난다. 윤리적 판단의 내용인 선악의 구분은 행위에 대해서가 아니라 의지 또는 의도에 대해서라는 것이다. 인간의 죄성이라는 것도 감정이나 욕망 자체에 있는 것이 아니라 양심에 있다는 것이다. 그가 의지의 주관성을 어느 정도로 강조했는가는 아담의 죄에 대한 해석에 잘 나타나 있다. 그는 아담의 죄에 대해 우리가 의지로 동의한 것이 아니므로 아담의 죄가 곧 우리의 죄는 아니라 한다. 이처럼 의지의 주관성에 입각하여 원죄설을 재해석한 것은 심지어 그 교리를 위태롭게 한다는 지적을 받을 만큼 급진적이었지만, 그만큼이나 분명히 아벨라르두스는 의지주의를 옹호했다. 의지주의에 대한 그의 입장은 속죄론에서도 여전한데 이런 점에서 안셀무스와 꽤 대조적이다. 안셀무스가 법률적이고 계량적인 방식의 보상논리에 입각해 있다면 아벨라르두스는 용서와

② 중세 형이상학과 신학의 몸 만들기   183

화해를 사랑의 행위라는 인격적 사건으로 보았다. 이로써 그는 의지의 자율성과 인격주의를 특성으로 하는 근세의 중세적 씨앗으로 간주되기까지 한다.

③ 신비주의: 베르나르

안셀무스가 신 존재의 개념적 객관성에 입각한 확실성을 주장한 것과 달리 아벨라르두스가 신 인식의 주관성을 강조했다고 할 때 이는 지성과 의지 사이의 대조로 읽힐 수 있다. 그런데 아벨라르두스처럼 주관성을 강조하면서도 의지보다 감정에 더 초점을 맞춤으로써 신비주의를 표방하는 또다른 입장이 나타났으니 바로 클레보의 베르나르였다. 베르나르에 의하면 신앙 행위는 확실성을 갖춘 것이라기보다는 자유로운 모험과 인격적 경험에서 비로소 현실화된다. 따라서 그의 신비주의는 인간이 그의 유한성을 초월하여 궁극자와 연합하는 추상적 신비주의라기보다 인간이 인격적 정체성을 가지고 구원의 신에 들어가 그 일부가 되는 구체적 신비주의라고 할 수 있다. 이것은 마치 신약성서의 후반부를 장식한 바울로가 "그리스도 안에"라고 표현한 것과 같은 맥락이라고 볼 수 있는데 예수의 겸손과 비천에 참여함으로써 신적 실재로 들어간다는 것이다.

그러나 이런 참여가 율법주의적 복종을 요구하는 도덕적 명령은 아니라는 점을 주목할 필요가 있다. 말하자면 율법주의가 깔고 있는 합리주의뿐 아니라 도덕주의의 토대인 의지주의까지도 극복하려는 노력이 이렇게 신비주의적으로 나타났다. 그런 신비주의적 경험은 베르나르에 의하면 숙고와 참여와 초월의 세 단계로 이루어진다. 숙고란 바깥으로부터의 직관으로서 객관적 인식을 가리키고, 참여는 지성소에로 들어감을 의미한다면, 초월에서는 자기를 잃지 않으면서 자기를 넘어선다는 것이다. 그러나 무릇 모든 종교가 자기를 넘어서기를 가르친다고 할 때 신비주의는 이미 종교의 핵심이라고 하지 않을 수 없다.

(2) 후기(13~14세기)

지성과 감정의 대립, 그리고 그런 대립의 해소를 표방하면서 또다른 긴장을 일으키는 의지의 등장은 중세 후기에 3요소 사이의 분리를 더욱 첨예하게 고조시켰다. 아우구스티누스 전통을 계승한 보나벤투라의 감정주의적 정서, 아우구스티누스 신학을 아리스토텔레스의 철학과 결합하고자 한 토마스 아퀴나스의 지성주의적 지표, 그리고 이에 대한 반동을 제기한 둔스 스코투스의 의지주의적 의향 등은 중세 후기 3대 구도의 완성을 보여주는 좋은 예들이다. 이런 전통은 수도회라고 예외일 수 없었으니 프란치스코회가 의지와 감정을 함께 중히 여기는 아우구스티누스의 정서를 특징으로 한다면 토마스로 대표되는 도미니코회는 이에 속한 에크하르트의 신비주의마저 지성 중시를 기본으로 했을 만큼 지성주의적 분위기에 지배되었다는 대조를 보여준다.

이런 대조는 중세 스콜라 신학방법론의 양대 산맥이라 할 수 있는 직접적 직관과 경험적 추론 사이의 대립으로 나타났는데 결국 "신에 관한 인간의 인식에서 신은 그 시작인가, 아니면 반대로 그 끝인가?" 하는 문제로 집약되었다. 직접적 직관을 통한 신 인식을 모든 인식의 기점으로 보는 입장은 신 인식뿐 아니라 모든 인식은 인식하는 것과 인식되는 것이 하나라는 전제에서만 가능하다고 주장한다. 그런데 이런 일치는 오로지 신적 빛에 의해서 이루어진다고 함으로써 인식을 신비적 동일화로 간주한다. 그러기에 이 입장은 초월적인 것transcendentalia에 대한 신비적 선험인식mystical a priori을 전폭적으로 신뢰하는 데서 출발한다. 말하자면 신 인식은 모든 인식의 시작이라는 것이다. 다른 한편, 경험적 추론 방식을 취하는 입장에서는 신은 제1 원인causa prima인만큼 그 자체에서는 우선적이지만 인간에 대해서는 직접적으로 인식될 수 없고 다만 신의 창조행위의 결과인 피조물에 대한 경험을 통해서, 그리고 이로부터 거슬러서 신적 원리에 이른다고 주장한다. 즉, 신 인식은 모든 인식의 종착점이라는 것이다.

감정과 지성의 이런 대립은 제3의 길을 갈구하기도 했으니 이 틈을 놓칠 리 없는 예리한 사상가인 둔스 스코투스는 아리스토텔레스적 입장을 취하면서도 토마스와 달리 유한자와 무한자 사이의 메워질 수 없는 틈을 강조한 반면에 프란치스코 전통이 말하는 구극적 원리에 대한 직접적 인식에 대해서는 부정적이었다. 그는 오직 계시의 길을 통해서만 그 틈을 잇는 다리를 놓을 수 있다고 갈파했다. 스코투스는 신의 절대적 힘potentia absoluta과 이에 근거한 적극적 질서

지음potentia ordinanta을 강조함으로써 구원을 신과 인간의 관계에서 당연히 이루어져야 할 것으로 보는 안셀무스와 대조적인 입장을 취한다. 유한과 무한의 간극에 대한 이런 강조는 유명론자 오캄에 이르러 더욱 증폭된다. 오캄은 신앙의 현실과 이성의 논리 사이의 차이를 논하면서 신에게 이르는 길은 성서의 권위에 복종하는 의지일 뿐 어떤 지성적 설명이나 감정적 고조도 적절하지 않다는 주장을 통해 의지주의를 확고히한다. 물론 여기서 주목할 것은 이제 이성과 신앙 사이의 차이가 부각되면서 종교적 영역과 세속적 영역이 점차 분리되었으며 근세를 추동시킨 과학에 의해 그런 분리는 더욱 확대되어갔다는 점이다.

① 합리주의: 토마스 아퀴나스

철학사 논의에서 언급된 대로 이성을 토대로 신앙을 추구한다는 유형분류에 입각하여 굳이 합리주의로 간주되는 토마스 아퀴나스의 신학에서 핵심은 역시 자연과 은총의 적극적 연관성이라 하겠다. 그의 이런 입장은 한마디로 "은총은 자연을 파괴하지 않고 오히려 완성한다"gratia naturam non tollit sed perficit는 명제로 압축된다. 그리고 이 점에서 은총주의의 시조라 할 수 있는 아우구스티누스와 현격한 대조를 이룬다. 이런 대조는 교회사적으로도 나타났는데 토마스로 대표되는 가톨릭주의가 자연과 초자연의 형이상학적 이원론을 구축했다면 종교개혁을 통해 아우구스티누스적 은총주의를 더욱 발전시킨 프로테스탄트주의는 선악구별의 윤리적 이원론을 형성시켰다. 어쨌든 토마스의 합리주의 또는 지성주의는 그의 섭리론에도 반영될 만큼 강력했는데 아우구스티누스에게서 물려받은 섭리관을 토마스는 지성적 필연성을 근간으로 독자적 결정론과 결부시킴으로써 결정주의적 섭리관을 도출시켰다는 데서도 확인할 수 있다.

② 의지주의: 윌리엄 오캄

고대의 이성적 보편주의와 중세의 신비적 집단주의에 대항하여 존재하는 것의 개체성을 강조하는 유명론의 선구자인 오캄은 바로 그런 이유로 중세 후기뿐 아니라 근대적 사고의 효시로도 간주된다. 종래의 보편성은 "자연적으로 보편적인 것"universalia naturalia이었지만 본성적으로 그렇다는 것이 아니라 용례적으로 널리 받아들여진다는 것을 뜻하므로 사실상 "관습적으로 보편적인 것"universalia conventionalis일 뿐이라는 것이 유명론의 입장이다. 이런 유명론의 파장에서 신 관념이라고 예외일 수 없었으니 이제 신도 삼라만상을 통합하고 주재하는 원리가 아니라 하나의 개체로 간주되었다. 당연하게도 종래의 형이상학을 뒤흔드는 다원론적 사고의 목소리가 꿈틀거리기 시작했고 합리주의적 구도에서의 신 관념은 점차로 빛이 바래 갔다. 말하자면 철석같이 붙어 있던 지성과 신 관념 사이에 균열이 나타나기 시작했다. 바로 이때문에 지성의 대안으로 의지가 등장했으며 이를 향한 길을 터 준 둔스 스코투스를 거쳐 유명론에서 의지주의는 더욱 밀도 있게 증폭되었다. 더 나아가 근세 초기 서방교회의 분리, 또는 종교개혁의 기치가 가톨릭주의의 기둥인 지성주의에 대항하는 의지주의였던 것도 이런 시대적 배경을 깔고 있었음은 물론이다. 이처럼 유명론은 근세를 추동하는 요인이 되었으니 먼저 유명론의 개체주의적 성향은 집단주의와 개인주의의 대립, 또는 공동사회와 이익사회의 대조가 본격적으로 출현하게 되는 근세의 사상적 배경으로 작용했다. 또한 유명론의 의지주의적 성향은 고전적 이성의 지위를 대신할 권위를 추구하는 움직임으로 이어졌으니 특히 오캄에게서는 성서에 대한 관심으로 나타났다. 성서의 번역과 대중적 보급이라는 종교개혁의 기치가 이미 이 시기에 싹트고 있었다고 할 때 종교개혁의 기본정서가 의지주의적이었다는 사실은 결코 우연이 아니다.[45]

---

[45] 신학사적으로 종교개혁의 길을 예비한 몇 가지 사건을 들출 수 있겠는데, 그중에서도 교회의 전통과 성서주의의 대립을 가장 첨예한 징후로 꼽을 수 있을 것이다. 이런 움직임의 선두에 John Wycliffe가 서 있는데, 그는 지금까지 받들어져 왔던 성례전보다 신의 말씀 선포를 더 중요시함으로써 시각적 강조에서 청각적 초점으로의 이동이라는 개혁적 움직임의 선구자가 되었다. 이런 감각적 전환은 당장 중세기의 스콜라 사상에서 보편실재론으로부터 보편유명론으로의 이행과 결부되어 있었으며 특히 둔스 스코투스와 윌리엄 오캄의 영향도 빼놓을 수 없다. 그러나 우리가 여기서 놓치지 말아야 할 것은 위클리프가 강조하게 된 신의 말씀은 종교개혁의 기조인 용서의 복음이라기보다 율법적 선포로 간주되었기에 본격적인 종교개혁적 사상의 발현으로 보기에는 아직 이르다는 점이다. 다만 그는 비록 로마 바티칸의 간섭에 저항하려는 영국 국왕의 비호를 받기는 했지만 본격적 종교개혁자들에 앞서 교회의 전통주의와 교황의 권위주의에 대한 공격과 비판을 전개했다는 데서 역사적 의의를 추릴 수 있겠다.

③ 신비주의: 독일 신비주의
지성과 의지 사이의 긴장해소를 위해 감정에 호소하는 것이 정신의 생리라면 이런 원리가 어느 시대라고 예외일 수는 없었다. 당연하게도 중세 말기를 장식하는 신비주의가 등장했으니 특히 도미니코 수도회를 중심으로 하는 독일 신비주의가 그것이다. 마이스터 에크하르트가 그중 가장 대표적이라면 그는 스콜라 신학의 지성적 개념들에 따뜻한 종교적 감정과 사랑의 행위가 이글거리는 영혼을 부여하고자 했다. 앞선 논의와의 중복을 피하기 위해 자세한 서술을 생략한다고 하더라도 이처럼 지성의 감성화를 통해 거룩함과 세속적인 것의 경계를 허물고 나아가 정숙주의와 활동주의의 오묘한 결합을 귀결시키는 데서 능동적이고 적극적인 신비주의의 탁월한 사례로 평가될 수 있겠다.

3) 고전 신학의 교리적 신관

우리는 지금까지 고대와 중세를 살피면서 신화에서 물려받은 합리주의와 신비주의가 고대 철학과 초대 신학의 기본적 틀이었음을 확인했다. 아울러 철학의 이 양대 사조가 그리스도교 신학의 형성을 위한 사상적 뼈대를 이루면서 후에 동방과 서방의 교회로 갈라질 연원으로 작용했다는 것도 살펴보았다. 나아가 중세가 형이상학 전통을 고대에서 물려받으면서도 굳이 시대적으로 구별되는 결정적 근거인 그리스도의 태동으로 인해 신의 인격성에 걸맞은 제3의 요소가 필요했으니 여기서 의지주의가 형성되었다는 것도 더듬어보았다. 물론 인격성과 이에 근거한 자유를 설명하기에 지성이나 감정은 부적합하기 때문에 의지라는 요소를 등장시키지 않을 수 없었다. 합리주의의 근거인 지성과 신비주의의 근거인 감정이 양립할 수 없을 만큼 대립적임에도 필연성을 본성으로 하는 지성이나 불가피성을 본질로 하는 감정에는 우연성과 임의성을 특질로 하는 자유 및 그 발현체인 의지가 자리잡을 여지가 없었기 때문이다. 이로써 합리주의와 신비주의, 그리고 이 영원한 평행선을 헤집고 들어갈 만한 의지주의라는 삼각 구도가 이미 중세 중후기에 완성되었다. 우리가 이 장에서 살펴본 것도 바로 이런 구도에 입각하여 분석된 철학과 신학 분야의 사례들이었다.

이제 고대와 중세를 망라하는 고전 형이상학과 이에 밀접한 연관을 지닌 초중세 신학에 관한 논의를 마감하면서 특별히 두 가지 사항에 주목하고자 한다.

첫째, 앞서 누차 지적했듯이 형이상학이 "참"에 대해 던진 "무엇"이라는 물음은 누가 왜 던지는가에 대한 고려를 억제하면서까지 하나로 정리될 수 있는 대답을 요구했다. 그리고 이런 성향은 곧 신학에서도 "신이란 무엇인가?"라는 물음으로 집중하게 했으며 나아가 모름지기 동일한 대답으로 추려져야 한다는 분위기를 진작시켰다. 그리고 그렇게 요구된 동일한 대답은 교리의 형식으로 간추려졌다. 물론 이런 분위기에서 교리적 신관이 지배적 위치를 차지하는 것은 불가피했는지도 모른다. 그리고 신앙이란 기껏해야 그렇게 정제되어 일목요연한, 그래서 누구에게나 받아들여져야만 하는, 교리에 대한 고상한(?) 지성적 동의라는 방식으로 수행될 뿐이었다. 말하자면 신관과 신앙관에 있어 공히 교리적 성향이 지배적이었다. 여기서는 그런 형태의 신앙이나 아니면 이단이 있을 뿐이었다. 다른 형태의 신앙이 타당성을 인정받을 가능성이 배제된 채 동일성과 불변성을 구실로 교리가 군림했던 것이다. 그렇다면 왜? 도대체 왜 그토록 동일성과 불변성이 소중하게 모셔졌는가? 그 이유에 대해 많은 해명을 시도할 수 있겠지만 역시 세계의 불안정성에 대한 인간의 의식이 안정성을 갈구하게 했고, 그런 안정성은 모름지기 불변적 동일성에 의해 보장될 수 있다는 신념이 자연스럽게 엮어졌다는 데서 찾는 것이 가장 적합할 것이다. 그런 신념이 종교와 철학과 신학을 지배적으로 관통했을 뿐 아니라 결국 이렇게 교리의 형식으로 정형화하기에 이르렀기 때문이다.

둘째, 그럼에도 앞서 논의된 바 합리주의와 신비주의 그리고 이를 파고든 의지주의라는 다양한 갈래들이 보여주듯이 그렇게도 동일해야 할 것 같은 교리도 무수한 갈래로 엮어질 수밖에 없었다. 그러나 누차 강조하듯이 그렇게 다양한 갈래들이란 결국 인간관에서 비롯된 것일 따름이다. 따라서 "무엇"에만 집중하던 고전 형이상학 시대에도 이미 인간의 자기이해가 그토록 깊이 신관에 반영될 수밖에 없었다는 점을 분명하게 시인해야 할 것이다. 말하자면 신관의 절대성과 이에 따른 교리의 동일성이란 어느 시대에도 결코 이루어져 본 적이 없던 허구요. 불안정성을 극복하려는 원초적 욕망에 의해 부질없이 그려진 허상일 뿐이라는 점을 이제는 숨기려 하지 말아야 할 것이다. 신관이란 어쩔 수 없이 인간관의 반영이라는 해석학적 통찰에 대해서는 어떤 시대나 지론도 예외일 수 없기 때문이다.

II
"참"은 어떻게 알려지는가?

있음/없음의 물음은 앎/모름과 뗄 수 없어

근세 전기 인식론과 신학의 되돌아보기

1. 얼개: "무엇"에서 "어떻게"로

"참"이란 무엇인가? 이를 묻고 대답을 시도한 역사가 고중세에 걸쳐 이천 년이란 장구한 세월을 보냈다면 무슨 그럴듯한 이야기가 나왔음직하건만, 기대와는 달리 적어도 "있음"과 "없음"으로 대별되는 전통 안에서 "참"에 관한 무수한 주장이 난무했음을 우리는 보았다. 그 "무수한 참들"이란 그 자체로 이미 "둥근 사각형"만큼이나 모순이니 하나여야 할 것이 여럿인 데다가 서로 모순되고 상충하기까지 하다면 소위 "참" 추구는 무엇인가 단단히 잘못된 것이 아닐 수 없었다. 그러나 이런 깨달음이 형이상학 자체 안에서 자연발생한 것은 아니다. 오히려 밖에서 밀려들어온 대세에 의해 새롭게 요구되었으니 근세를 연 문예부흥과 종교개혁, 그리고 결정적으로는 당대 교회의 압력에 굴하지 않고 집요하게 발전한 물리학과 천문학을 중심으로 자연과학에 의해 추동되었다. 적어도 자연과학은 삼라만상의 정체를 규명하기 위해 배후적 근원을 찾으려 했던 종래 형이상학의 비적절성을 타협 없이 지적했고, 나아가 탐구에서는 "참"의 "무엇" 뿐 아니라 "어떻게"라는 방법의 검토를 역설함으로써 형이상학을 중심으로 진행되어 오던 종래의 철학을 뿌리째 뒤흔들었다. 말하자면 자연과학의 관찰과 실험이라는 독특한 탐구방법은 시공적 가변성을 넘어 반복가능한 현상들의 규칙성을 발견함으로써 종래 형이상학이 사모해 온 영원불변의 진리를 새로운 방식으로 탁월하게 제시하는 것으로 보였기 때문에 그 주장의 타당성과는 별도로 방법의 차원에서 압도적 우위를 선언하면서 정신문화계의 전면에 등장했다.

이런 문화적 충격은 철학의 궤도에 일대 전환을 불가피하게 했고 이로써 철학은 내적 성찰을 거쳐 "있음"의 문제 해결을 위해서라도 "앎"의 문제를 필수적으로 검토해야 한다는 깨달음을 거부할 수 없는 역사적 과제로 받아들이게 되었다. 다시 말하면, "있음"이란 그냥 "있음"이기만 한 것이 아니라 바로 "앎"을 통해 비로소 "있음"으로 드러난다는 지극히 엄연한 사실에 대한 새삼스런 깨달음, 그리고 더 나아가 "앎"의 모양에 따라 "있음"의 모양이 어떤 방식으로든지 영향을 받는 관계에 있다는 "주관적 형이상학"[1]의 예비적 합의에 이르면서 "앎"의 문제가 인식론epistemology이라는 이름으로 철학의 전면에 등장하게 되었다.

그렇다면 도대체 "앎"이란 어떻게 이루어지는가? 우리가 무엇을 안다고 할 때, 이는 "앎"이라는 것이 우리와 "무엇"을 연결시켜 주는 관계적 사건이요 행위라는 것을 뜻한다. 이때 우리를 앎의 주체라 하고 무엇을 대상이라 한다면 이제 앎이란 주체와 대상 사이에서 일어나는 만남의 사건이다. 그런데 자고로 이 만남이 이루어지려면 주체나 대상 중 최소한 어느 한 쪽에서 주도권을 지니고 다른 쪽을 향해 다가가는 방식이거나 또는 주체와 대상이 공히 상호주도권을 지니고 서로 접근하는 방식 등을 상정해 볼 수 있을 것이다. 그런데 후자의 방식은 현대에 이르러 소위 해석학이라는 분야에서나 기대할 수 있었고, 근세 전기 인식론 시대에는 그 다양한 목소리에도 불구하고 공통적으로는 전자의 방식에 한정되어 있었다. 말하자면 환원주의를 통해서라도 하나로 묶어 가지런하고 말끔히 정리해 보려는 고전적 사고방식이 근세에서도 여전히 맹위를 떨치고 있었다는 점을 부정할 수 없다. 그럼에도 이런 방식의 만남, 즉 주체가 주도권을 지니고 대상에게 다가가든지 혹은 대상이 주도권을 지니고 주체에게 무언가 정보를 제공해 주든지, 어떤 것이든지간에 이는 이만저만한 지각변동이 아니었다. 적어도 고대와 중세에 걸친 유구한 역사 안에서 "있음"이 누려 온 지위는 가위 신성불가침이었지만 이것이 어디까지나 "거기 그렇게 있음"이었다면, 이

---

[1] 인식론적 반성을 토대로 다시 복고하는 형이상학은 당연히 인식주체와의 관계를 전제한다는 점에서 그 이전의 형이상학과 비교하여 상대적으로 주관적이라고 할 수 있겠다. 그리고 이런 주관적 형이상학이 구체적으로 독일 관념론의 형태로 개진되었다.

제 그런 "있음"이 "있음"일 수 있는 것이 "앎"이라는 통로에 의한 것임에 새삼 눈을 돌리게 된 이 마당에서는 그런 "있음"은 "앎의 주체(인간)와 관련해 있음"이라는 모습임을 거부할 수 없는 준엄한 지경에 이르렀기 때문이다.

이처럼 "참"을 향한 구도의 길에서 그야말로 대전환이 일어났다면 우리는 이 대목에서 적어도 다음과 같은 두 요소에 주목해야 할 것이다. 하나는 "앎의 주체라는 인간"이고 다른 하나는 그렇게 주체가 된 인간이 한다는 "앎이라는 것" 자체다. 먼저 인간이라는 것에 대해 살펴보자. 그런데 근세 초기 철학에서 살펴볼라치면 이것은 여간 새삼스런 일이 아니다. 인간에 대한 관심이 새삼스럽다니 이것은 또 무슨 망발인가? 고대 철학에서의 역사적 대전환을 평하자면 소크라테스를 분기점으로 자연철학에서 인간철학으로의 거대한 전환이 있었음을 우리는 잘 알고 있다. 그렇다면 형이상학이 집성된 고대 후기는 인간에 대한 관심을 철학적 사고의 토대로 했다는 점을 의심할 여지도 없을 터이다. 그런데 어찌하여 근세의 시작에서 인간에 관심하게 된 것을 새삼스럽다 하는가?

사실상 형이상학이 지배하던 고중세는 "참"을 향한 물음인 "무엇"에 대답으로 등장한 "있음" 또는 "없음"을 누가 관조하든지 다를 수도 없고 달라서도 안 된다고 생각했던 시대다. 말하자면 인간은 아무런 개입이나 왜곡 또는 채색 없이 무색투명하고 말끔하게 사물 또는 사태를 관망할 수 있다는 소박한 인간관을 가지고 있었다. 엄연히 서로 다르고 그럴 수밖에 없음을 겪었으면서도 그런 문제의 연유를 인간 자신 안에서보다 바깥에서 찾으려 했다. 그러다가 앞서 논한 대로 자연과학으로 대표되는 형이하학의 "이단적 이탈"에 의해 오히려 지금까지의 형이상학적 탐구가 자가당착임을 발견했다. 그래서 문제의 연원을 찾기 위해 "어떻게"를 물으면서 "앎"을 관심하게 되고 급기야 눈을 안으로 돌리면서 인간 자신에 파고들었다. 새삼스럽다는 것은 바로 이것을 두고 하는 말이다.

이제 인간에 대한 인간의 관심은 그런 이유로 새삼스레 재추동되었지만 일단 이렇게 걸린 발동이 이만저만한 것이 아니었고 근세의 역사는 바로 이것을 증명한다. 데카르트에서 시작된 인간에의 관심을 통해 인간은 이제 그를 둘러싼 삼라만상을 대상으로 마주하는 주체로서 방금 대상이 되어버린 세계가 종래에

③ 근세 전기 인식론과 신학의 되돌아보기   195

누려왔던 실체성을 동격적으로 지니는 존재로 등장하게 되었다. 그러나 여기서부터 싹트기 시작한 인간의 자기 자리 찾기는 인간이 단순히 주위 세계와 형이상학적으로 그리고 인식론적으로 동등한 지위를 확보하는 데서 만족할 수 없었다. 내친 김에 한걸음 더 나간 것이 소위 칸트의 선험적 구성설인데, 이제 인간은 대상 세계에 앞서 그 세계를 대상으로 경험할 수 있는 능력을 지닌 선험적 존재로 부상하게 되었다. 기왕의 격상과정이 여기서 멈출 수는 없는 법! 하늘 높은 줄 모르고 기어오르니 절대정신이라는 이름의 보편적 존재로의 등극을 감히 꿈꾸기에 이르렀다. 그리고 그 꿈의 현실화 가능성에 대한 긍정적 예찬과 부정적 회의로 근세라는 시대는 종지부를 찍게 된다. 근세라는 시대가 이처럼 인간의 자리찾기 시대, 아니 좀더 솔직히 말해 인간중심주의의 시대였다고 할 때 그 엄청난 물결의 도도한 시원이 위에서 언급한 인식론적 전환이었음은 물론이다. "앎의 주체라는 인간"은 그래서 그저 듣기에 그럴듯한 이야기가 아니라 사실상 이런 새로운 대세의 시발점이었다는 의미에서 이해되어야 한다.

"앎의 주체라는 인간"에 대해 이 정도로 약술했다면 이제 그런 인간이 한다는 "앎 자체"에 대해 잠시 살펴보자. "앎의 주체인 인간"이 이제 비로소 대상으로 모셔진 "있음"에 대해 관계하(되)는 몸짓으로서의 "앎"이란 구체적으로 어떻게 엮어지는가? 앎이라는 행위는 어찌되었든 그 앎의 대상에 대해 주체가 주체 안에 담아내는 몸짓이다. 말하자면 앎이란 대상을 주체 안으로 끌고들어오는 행위요 대상이 주체 안으로 들어오는 사건이다. 이때 역시 주체 안에서 벌어지는 몸짓이니 주체가 더 힘을 쓴다고 할 것인가, 혹은 도대체 대상이 없이는 앎이란 어렵다면서 대상에 더 무게를 실어줄 것인가에 따라 다소 대조적인 방식으로 앎이 엮어진다고는 할 수 있으나 역시 앎은 앎이라는 행위의 주체 안에서 대상과의 관계를 통해 벌어짐은 재론의 여지가 없다. 그런데 "주체 안에서"라는 조건과 "대상과의 관계를 통해서"라는 조건은 어언간 앎이라는 사건·행위에 대해 부득이 긴장을 일으킨다. 주체와 대상은 어쨌든 앎이라는 매개에 의해 비로소 각각 주체와 대상이 되고 이로써 관계가 엮어지기 때문이다. 다시 말하면 앎이라는 매개 사건·행위가 일어나기 전에 주체와 대상 사이에 놓여 있던 무관성과 이질성이 매개 안에서 어떤 방식으로든지 영향을 받지 않을 수 없게 된다. 그리고 여기서 주체와 대상을 매개한다는 앎이 매개되지 않은 영역에 대해 일방적으로 포착과 파악의 폭력을 행사할 수 없다면 앎은 결국 모름과 함께 가지 않을 수 없게 된다. 말하자면 "어떻게"라는 물음은 이제 우리 앞에 "앎"을 불러들이면서 동시에 우리를 "모름"으로 초대하고 있다.

그러나 인식론에 의해 띄워진 앎과 모름은 이미 암시되었듯이 그 경계가 그리 확연하지 않다. 이것은 앞의 제I부에서 논의된 바 "무엇" 물음의 대답으로 등장한 있음과 없음이 양립할 수 없을 만큼 대조적 관계에 있는 것과도 매우 다르다. 그렇지만 이렇게 앎과 모름이 함께 간다는 것은 사실상 삼라만상이 있음과 없음의 뒤섞임으로 이루어져 있기 때문임은 두말할 나위도 없다. 사실 그렇지 아니한가? 삼라만상이란 이미 있음과 없음이 뒤섞여 엮어내는 유한성일 따름이다. 따라서 있음과 없음의 관계에 대해 좀더 현실적으로 밝히기 위해서라도 "어떻게"라는 물음을 통해 앎과 모름의 관계를 살펴야 한다. 이제까지 "무엇"만을 묻고 이에 머물렀기에 있음과 없음이 양립할 수 없는 것처럼 보였을 뿐이다. 그러나 "어떻게"를 물음으로써 대립적으로 보이던 양자 사이의 경계 불분명한 혼재를 발견하게 되고 나아가 "왜"를 물음으로써 모순처럼 보이던 것이 뒤엉켜 역설을 이루는 것을 확인하게 될 것이다. 우리가 물음을 "무엇"에서 "어떻게"를 거쳐 "왜"로 진전시켜야 할 중요한 이유가 바로 여기에 있다.

다시 인식론 이야기로 돌아가서, 앎과 모름의 경계 불분명성이라는 사태는 인식론으로 하여금 오히려 "참"을 향한 탐구로서의 가치를 지니게 하는 계기가 되었다. 말하자면 인식론이라는 이름으로 이 문제를 해결하려는 시도들이 펼쳐졌는데, 한편 앎의 명백성을 그 정도의 차이에 따라 단계를 구분하여 "모름을 머금은 불분명한 앎들"이 엄연히 존재하지만 여전히 "명백한 앎"이 가능하고 필요하다는 주장이 제기되었고, 다른 한편 "모름을 머금은 불분명한 앎들"에서 모름을 줄여 가는 것이 "참"에 다가가는 길이라는 주장이 이에 맞서게 되었다. "앎"을 안경에 비기면서 이를 다시 구별해 보자면, 보편성이라는 색깔을 띤 이성이라는 안경으로 대상을 봄으로써 대상이 그런 보편이성에 들어맞는cohere 방식으로 주체에게 담겨지면 이를 "참된 앎"이라고 할 수 있다는 이성론, 그리고 개별성이라는 색깔을 띤 경험이라는 안경에 대상이 상象을 맺어주는데 이 인식주체의 개별경험이 대상 자체에 마주한다correspond면 이를 "그나마 적절한 앎"이라고 할 수 있다는 경험론으로 나누어진다. 한편, 앎의 준거가 보편이성이라는 입장은 누구나 주저없이 인정하는 공리에서 가설연역적으로 추론하여 "뜻 있는 앎"에 도달하고자 한다. 이에 비해 앎의 준거가 개별경험이라는 입장은 구체적 사례의 수집과 분류로부터 일반화를 시도하는 귀납법을 통해 "널리 받아들여질 만한 앎"에 이르고자 한다. 당연하게도 전자가 추구하는 앎의 모습이 감히 전체Ganzheit를 싸잡으려는 필연적 지식이라면, 후자는 어쩔 수 없이 집계Summe로 나타나는 개연적 지식의 타당성을 구현하려 한다. 물론 인식론의 이런 양대 조류를 이런 항목으로 대비시킨다고 해서 이성론과 경험론이 양립이나 화해가 불가하리만큼 첨예한 대립의 길로만 치닫고 있는 것은 아니다. 그렇지만 여기서는 이 양대 구도의 차이에 우선 초점을 맞추어 살핀 후에 그 화해가능성을 검토하는 순서로 진행하는 것이 양자의 특성을 더 효과적으로 파악하는 길이라 생각된다. 실제의 역사적 흐름이 그랬거니와 더욱이 양립가능성은 양자의 대조를 전제한다는 상식 때문이다.

2. 흐름

이제 인식론을 이루는 양대 사조인 이성론과 경험론을 구체적으로 살펴보자. 철학사에 등장한 중심적 사상가들로서는 우선 이성론에 속하는 데카르트 · 스피노자 · 라이프니츠 그리고 경험론으로 분류되는 로크 · 버클리 · 흄 등이 있다. 그런데 이성론자들이 고전형이상학을 유산으로 받아들이면서 그 난황을 해결하기 위해 앎의 보편성을 지향하는 인식론을 개발하고자 했다면, 경험론자들은 그런 앎의 보편성이 불가능하다는 통찰을 바탕으로 형이상학의 가능성을 부정하는 방향으로 나아감으로써 전통에 대한 입장의 극명한 대조를 보였다. 그러나 우리는 여기서 이들의 철학을 망라할 수는 없고 다만 이 연구의 취지에 따라 특히 신학적 함의를 지니는 철학적 지론들에 주목하고자 한다. 이렇게 본다면 이성론자들이 그들의 인식론적 반성을 거쳐 형이상학적 신론을 더듬어 갔던 데 비해 경험론자들은 앎의 개연성에서 출발하여 극단적 회의에까지 이름으로써 형이상학적 신론보다는 인식론적 인간론으로 더 기울어지게 되었다고 하겠다. 따라서 우리는 여기서 이성론자들의 경우에는 그들이 전개한 고전형이상학에 대한 근세적 변형에 주목하고, 경험론자들에 대해서는 이성론과의 인식론적 대조를 밝히려는 의도에서 간략히 살피고자 한다.

1) 이성론과 형이상학의 정교화
(1) 의지주의적 신관: 데카르트의 이원론적 일신론

고대와 중세 이천 년에 걸친 형이상학의 유구한 역사는 새로운 시대인 근세 사람들에게 구름잡는 모호한 이야기로 다가왔다. 그토록 소중하여 "참"을 추구한다면서 "참이란 무엇인가?"를 물었건만 그 대답으로 등장한 수많은 주장들은 그렇게 많다는 것만으로도 이미 심각한 문제를 야기하고 있었기 때문이다. 그러나 근세인들을 더욱 곤혹스럽게 만든 것은 그렇게도 수많은 "참들"이 심지어 서로 모순되고 상충되기까지 한다는 것이었다. 이런 형이상학적 불확실성은 때마침 부상한 자연과학의 기초로서의 수학이 과시하는 확실성 앞에서 여지없이 초라해질 수밖에 없는 듯했다. 이런 난황을 해결하고자 당대의 탁월한 사상가들이 나타났으니 이름하여 "참"을 향한 "무엇"에서 "어떻게"로 눈을 돌리게 한 인식론자들이었다. 그리고 바로 그 선두에서 이 포문을 연 사람이 데카르트였다. 그는 "참들의 난무"에 의해 벌어진 불확실성에서 형이상학을 구해내기 위해 "참을 향한 길"로서의 "앎"이라는 문제를 파고든다. 그리고 이를 위해 수학적 확실성을 이상적 원형으로 설정하고 이를 철학으로 이전시킴으로써 모순된 의견들의 불확실성에서 명석판명한 확실성으로 부상할 수 있다고 갈파한다.

데카르트는 "있음/없음"에서 야기된 불확실성 문제를 해결하기 위해 "앎"의 확실성을 구하고자 했으며 이런 확실성을 찾아가는 실험적 도정을 담은 「방법서설」과 이를 원리적으로 정교화한 「성찰」을 통해 이 문제를 집중적으로 다룬다.

소위 "방법적 회의"에서 시작하는 그의 확실성 추구 여정은 고대와 중세가 노골적으로 또는 은근히 그렸던 "절대적 참"과 전혀 다른 새로운 방식과 목표 설정이라는 의미를 지녔다. "참"에 대해 "무엇"을 묻고 추구하는 과정에서 확실성과 절대성의 긴장을 경험했던 고대에서 그리스도교라는 종교의 출현 때문에 갈라선 중세는 당연하게도 절대성으로 더 기울어졌다. 그러나 과학의 폭발로 열린 새 시대 근세에는 절대성이 그 자체로 주장될 수는 있을지언정 확실성을 보장하는 것이 아니라는 점이 간파되면서 이제 "참"은 과학적 탐구에 걸맞게 절대성보다 확실성을 근본특성으로 해야 한다는 점이 강조되었다. 이때의 확실성이란 무엇보다도 "있음"의 확실성이요, 더 엄밀히 말하면 "있음에 대한 앎"의 확실성이다. 이것이 바로 인식론적 전환이 가리키는 것이며 이로써 "참"의 확실성을 위해서는 "있음"뿐 아니라 "앎"에 대해서도 검토하지 않으면 안된다는 절실한 깨달음이 선포되었다. 말하자면 이제는 "참"을 향하기 위해 있음뿐 아니라 앎에 대해서도 대등하게 검토해야 한다는 점이 날카롭게 지적된다.

데카르트는 이런 앎의 확실성을 어떻게 추구했는가? 앎의 확실성을 드러내기 위해 종래의 형이상학이 구사했던 독단에서 벗어나고자 모든 형이상학적 지론들의 타당성을 의심하는 방식을 택했다. 즉, 앎에 눈을 돌리기 전에 당연시했던 있음에 대해 이제는 그렇지 않을 수도 있는 가능성을 들먹이면서 이를 파고들어감으로써 그런 의심의 끝자락에서도 여전히 버티고 있는 것이 있을 수 있다면 그것에서 확실성을 추구하겠다는 전략이다. 다음과 같은 언술은 그가 확실성을 향해 얼마나 집요하게 따져가려 하는가를 단적으로 보여준다:

> 나는 진리의 원천인 최선의 신이 아니라 나를 속이는 데 모든 계교를 사용하는, 전능할 만큼 교활하게 속임수를 쓰는 어떤 심술궂은 악마가 있다고 가정하려 한다. 하늘, 공기, 지구, 색채들, 형체들, 소리들, 그리고 우리가 보는 모든 외적 물체들은 그 악마가 나의 믿음을 농락하기 위해 사용하는 환상과 속임수에 지나지 않는다고 생각하려 한다. 나는 나 자신을 손도, 눈도, 살도, 피도, 아무런 감각도 없는데 이 모든 것을 가지고 있다고 잘못 믿는 것처럼 생각하려 한다.[2]

이것이 이른바 "방법적 회의"인데 그가 이런 방법을 고안하게 된 계기를 살펴보는 것이 이 대목에서 의미있고도 재미있겠다. 데카르트는 무언가 골똘히 생각하면서 잠에 빠져 꿈을 꾸다가 문득 깨어났다. 그러면서 꿈속에서 보고 느끼는 모든 감각 대상물이 적어도 꿈속에서는 소위 현실 못지않게 실재적으로 다가온다는 사실에 새삼 주목했다. 말하자면 실재에 대한 감각적 경험을 통한 지각은 소위 꿈에서든 소위 현실에서든 도무지 그 차이를 가늠할 수 없다는 점을 간파했다. 현실의 입장에서는 꿈속에서 경험된 것을 도무지 "참으로 있는 것"으로 받아들일 수 없다고 마구 주장하는데, 그러나 어디까지 참이고 어디부터 거짓인가를 되물어야 할지도 모르지만, 적어도 감각적 경험에 의한 실재성 지각이라는 것이 꿈에서든 현실에서든 얼마든지 착각과 오류로 범벅될 수 있다는 것이다. 따라서 현실에서 벌어지는 감각경험이 실재성의 차원에서는 착각일 수도 있다는 점에 착안하여 그 감각경험이 가리키는 대상들의 실재성을 가정적으로나마 부정해 나간다. 이런 과정은 급기야 그렇게 모든 사물의 존재를 부정하고 있는 자신의 존재에까지 이르면서 대전환을 맞게 된다. 즉, 비록 모든 존재를 의심하지만 그렇게 의심하는 생각이라는 행위가 분명히 있을진대 그런 행위의 주체는 존재해 마땅하다는 것이다. 그렇게 의심하는 행위의 주체가 존재하지 않고서는 도대체 의심한다는 것이 불가능하기 때문이라는 것이다. 바로 여기서 서양의 근세를 여는 데카르트의 저 유명한 선언이 등장한다: "나는 생각한다, 즉 나는 존재한다"Cogito, ergo sum.[3] 데카르트는 이렇게 모든 것의 존재를 부정함으로써 그런 부정에도 불구하고 남아 버티는 굳건한 버팀목을 찾고 이로써 확실성의 근거를 자리매김하려 했다. 그는 다음과 같이 역설한다:

[2] René Descartes, *Meditationes de prima philosophia*, I:22-23 [김형효 옮김 『방법서설 · 성찰 외』 (삼성출판사 1992) 〈줄임: 김형효〉 147].

[3] 여기서 데카르트의 명제에 대해 잠시 음미해 보는 것이 의미있을 것이다. "나는 생각한다, 그러므로 나는 존재한다"로 번역되지만 "그러므로"라는 접속사는 오해를 일으킬 소지가 농후하다. 생각을 전제 또는 원인으로 하여 존재가 도출 또는 귀결된다는 식이라면 본래의 취지와는 너무도 거리가 멀기 때문이다. 오히려 생각에서 존재를 끌어내는 것이 아니라, 생각하는 행위가 분명하다면 그런만큼 그것은 근원적으로 곧 존재의 분명함을 가리키는 것으로 새겨야 할 것이다. 그런 점에서 "ergo"는 "즉", "말하자면" 등으로 옮기는 것이 마땅하다. 그리고 그의 「성찰」은 이를 입증한다.

나는 모든 것이 거짓이라고 생각하려 하는 동안, 당장 그렇게 생각하는 내가 "그 어떤 것"이어야 함이 필연적으로 요청된다는 사실을 알았다. "나는 생각한다, 즉 나는 존재한다"고 하는 진리는 너무나도 확고하고 확실하므로 회의론자들의 지나친 의견도 이 진리를 뒤흔들 수는 없다. 나는 알게 되었다. 그래서 거침없이 이 진리를 내가 찾고 있던 철학의 제일 원리로 받아들이기로 판단했다.[4]

앎의 확실성을 향한 데카르트의 이런 추적과정은 자연스럽게 앎의 단계 또는 종류에 대한 분류로 이어진다. 무릇 앎이란 앎의 대상과의 만남에서 비롯되니 그 대상이 밖에 있을진대 "밖에서 오는 앎"ideae adventitiae이 그 시작이 된다. 그런데 이런 관념은 앞서 지적된 대로 오류와 착각에서 자유로울 수 없다. 따라서 더 높은 단계의 앎이 필요한데 그것은 "스스로 만드는 앎"ideae a me ipso factae 이라는 것이다. 물론 사고행위 안에 애당초 그런 조작능력이 있음을 부정할 수 없지만 그럼에도 그것이 그런 앎의 타당성을 무조건 보장하지는 못하는 것으로 간주된다. 말하자면 이런 두 단계의 앎은 정도의 차이는 있을지언정 모름을 포함하고 있어서 "참"을 향한 가치를 지니기에는 의심스럽다는 것이다. 결국 데카르트는 모름이 끼어들 수 없는 가장 확실한 앎이란 "타고나는 앎"이라고 설파한다. 이름하여 "본유관념" 또는 "생득관념"ideae innate인데 이것이 명석하고 판명한clare et distincte 관념인 보편이성을 가리키는 것임은 두말할 나위도 없다.

그런데 여기서 우리가 주목해야 할 주요한 요소가 있는데, 그것은 생득관념이라는 보편이성에 관한 것이다. 도대체 보편이성이 어떻게 태어날 때 주어지는가? 제기될 수밖에 없는 이 질문에 대한 대답을 데카르트가 준비하지 않았을 리 만무하다. 아니 오히려 그 대답에 해당하는 요소를 확보하기 위해 그런 개념들을 수단으로 사용했다고 볼 수도 있다. 그리고 그것은 다름 아닌 신神이다. 보편이성의 확실성을 보장하는 궁극적 근거가 필요할진대 그것이 바로 신이라는 것이다. 그래서 신은 이제 새로운 인식론의 시대에도 또다시 형이상학적 근

---

[4] Descartes, *Discours de la méthode*, 제4부 I [김형효 77].

거로 모셔진다. 좀더 엄밀히 말한다면 데카르트를 비롯한 이성론자들에게서는 이성론이라는 인식론이 종래의 형이상학을 새로이 다듬기 위한 수단이었다고 해도 좋을 일이다. 이들에 의하면 앎, 즉 의식작용cogitatio이란 있음, 즉 사물의 본성natura, essentia, ratio rei을 밝히려는 것을 목표로 하기 때문이다. 사실상 데카르트의 "보편이성"은 영원한 본질과 진리에 대한 신앙을 기조로 하는 플라톤과 아우구스티누스의 전통뿐 아니라 이성을 사물의 근거로 보는 중세 스콜라 철학의 전통도 함께 아우르려 했다는 점에서 우선 고중세의 형이상학적 계열에 속한다는 철학사적 평가를 내릴 수 있다. 그러나 데카르트에게서 본격적으로 시작된 인식론은 앎이라는 인식행위를 파고듦으로써 인식주체로의 전환을 통해 근세 주관주의로의 길을 열었으며 결국 후에 독일관념론의 인식론적 배경으로 작용하게 되었다고 할 때 새로운 역사를 향한 서주로서의 의미 또한 간과할 수 없다. 그야말로 시대적 전환의 길목에서 과거를 수렴하고 미래를 전망하는 요지에 바로 데카르트의 인식론적 형이상학이 서 있다고 해도 과언이 아니다.

그렇다면 데카르트가 매만지려는 형이상학은 어떤 것이었는가? 그의 형이상학은 "존재하기 위해 다른 어떤 것도 필요하지 않은 방법으로 존재하는 것"[5]이라고 새롭게 정의한 실체를 추구하는 것이었다. 이런 조건을 만족시키는 실체는 신이라고 할 때 그의 형이상학은 앎의 확실성의 근거 또는 보장자로서의 신이라는 무한실체substantia infinita sive Deus에서 시작되었다. 다음 인용이 보여주듯이 데카르트의 신 관념은 플라톤-아우구스티누스-안셀무스의 전통 안에서 자연스럽게 그리스도교의 신 이해에 연결되어 있다. 그에 의하면 신은 다음과 같은 존재인데, 솔직히 말해 신이 그렇다기보다는 그런 존재가 그 본질적 필연성에 근거하여 신이라고 불렸다는 것이 사실에 더 가까울 것이다:

> 내가 신이라는 이름으로 이해하는 것은 어떤 무한하고 무의존적이며 최고로 잘 알고 최고의 능력을 가지고 있고 또한 나와 다른 존재자들을 막론하고 존재하는

---

[5] Descartes, *Principia Philosophiae*(철학의 원리) 제1부, 원리 51 [김형효 336-7].

모든 것들을 창조한 실체다. … 나는 신을 판단하여 그 완전성에는 그 아무것도 덧붙일 수 없을 만큼 실제로 무한하다고 한다.[6]

그러나 이렇게 무한실체로서의 신만으로는 삼라만상을 설정할 수 없고 피조세계의 인과성과 독자성이 부정될 수밖에 없기 때문에 데카르트는 이를 해결하고자 유한실체로서 물질과 정신을 규정했다. 그리고 이에 따라 사물의 정체성을 파악함에 있어 실체는 기본적으로 속성을 지니고 우연적 성질로서 양태를 취한다는 식으로 정리했다. 즉, 사유를 속성으로 하고 의식이라는 양태를 지닌 정신이라는 유한실체substantia finita cogitans sive mens와 연장을 속성으로 하고 공간이라는 양태를 지닌 물질이라는 유한실체substantia finita extensa sive corpus가 이제 형이상학적 차원에서 명실공히 별개의 독립적이고 동격적인 위상을 지닌다는 것이다. 여기서 저 유명하고도 악명 높은 데카르트의 이원론이 성립되거니와 그의 형이상학은 이원론적 일신론의 형태를 취하는 것으로 볼 수 있고 그의 인식론은 이런 형이상학의 수립을 위한 포석이었다고 해도 좋을 것이다.

그런데 그처럼 물질과 정신이라는 실체가 서로 독립적이라면 실재의 모습은 어떻게 나타나는가? 이에 대해 데카르트는 다소 궁색한 답변을 제시한다. 비록 독립적 실체이지만 서로 영향을 미칠 만큼 작용한다는 것이다. 이것이 바로 상호작용론인데 정신과 물질의 상호작용은 그 근거가 무한실체로서의 신 안에 있다는 것이다. 여기서 신은 그렇게 작용을 일으킬 힘을 지닐 뿐 아니라 또한 이를 의지한다는 것이다. 이로써 데카르트는 중세 후기에 완성된 신관 삼각구도의 견지에서 의지주의자로 분류되기도 한다. 결국 데카르트의 신론은 정신과 물질이라는 유한실체를 넘어서는 무한실체로서 설정되고 이를 뒷받침하는 이원론적 실체관과 얽혀 이원론적 일신론 형태를 취하는 것으로 분류될 수 있다. 물론 이런 규정이 애매하기는 하지만 그것은 데카르트가 이미 그런 모호함에 머물렀기 때문이다. 사실상 형이상학에서 인식론으로의 전환이라는 사건의 정

---

[6] Descartes, *Meditationes*, 제3부 45 [김형효 166].

점에서 유산과 개조의 혼재로 인해 그런 모호함은 불가피했다. 말하자면 혁명이나 반동은 바로 그래서 그 대상의 족적을 그 안에 지닐 수밖에 없다는 역사의 이치가 여기서도 여실히 작용하고 있다. 이를 도식화하면 다음과 같다:

실체	속성	양태	관계	신론적 구성
무한 / 유한				
정신	사유	의식		
신			상호작용	이원론적 일신론
물질	연장	공간		

과연 데카르트의 이런 형이상학적 재정립은 고중세와의 관계에서 연속성과 불연속성을 동시에 보여주는 실로 오묘한 작품이다. 그러기에 바로 뒤이어 터져 나온 수많은 비판에도 불구하고, 아니 이미 스스로 그 한계에 대한 진지한 인정에도 불구하고, 애써 위와 같은 이분법적 도식을 구성하고 유지하려고 한 데카르트의 충정을 이해하지 않으면 안될 것 같다. 한편, 신이라는 무한 실체가 비록 설명하기 애매한 근거의 자리에 모셔짐으로써 다소 봉이 되긴 하지만 여전히 그 자리에 버티고 있다는 점에서는 과거와 연속적이다. 다시 말하면 영원한 본질과 진리에 대한 고전형이상학적 신앙을 그대로 간직하고 있다는 점에서 그렇다. 그러나 다른 한편, 두 개의 유한실체 설정이라는 구도는 새로운 시대적 요청에의 적극적 부응이라는 목표에 충실하려는 애달픈 노력의 소산이라고 평가해 주어야 할 것이다. 즉, 자연과학이 밀어붙이는 새로운 자연관[7]을 철학적

---

[7] 근대를 열어준 자연과학은 고전시대의 물활론이나 정령론이 공유하는 "영혼을 지닌 활동적 자연"(physis) 또는 "정신을 머금은 이성적 자연"(natura) 개념과 달리 영혼이나 정신으로 표현되는 생명성이 제거된 채 관찰과 실험을 중시하는 과학적 탐구의 난도질에도 순응하는 한갓 물질이기만 한 자연개념을 전제하고자 했고 바로 그래서 자연은 과학에 의해 대대적으로 살육당하고 있었다. 종래 형이상학적 관점에서는 참을 수 없는 사태가 벌어지고 있었지만 속수무책이던 철학의 입장에서는 차라리 그런 새 시대의 기치를 내건 과학의 쿠데타를 지지한다는 성명이라도 내어야 할 것 같은 강박관념을 떨칠 수 없었다. 그도 그럴 것이 이천여 년을 신봉해 온 형이상학이 근본적으로 붕괴될 것 같은 위기감을 피할 길이 없었고 감당해 낼 대안도 제시하기 어려운 상황이었기 때문이다. 물론 이런 평가로 데카르트의 철학사적 의의가 폄하되어서는 안되며 어떤 이론이든 그 한계는 그것이 제기되는 시대적 배경이나 자체의 동기와 무관할 수 없다는 당연한 지론을 재확인하는 것으로 만족해야 할 것이다.

으로 정당화하려는 것이며, 또한 이에 의해 추동된 인식론이 설정하는 주체와 객체의 동격성에 대한 형이상학적 대응구조의 설정이라는 갸륵한 뜻이 담겨 있음을 인정해야 할 것이다. 다시 말하면, 데카르트에게서 있음이란 앎으로 그렇게 드러나야 하는 것이며 그런 한에서 그리고 그렇게 함으로써 있음이다. 여기서 모름이란 없음의 반영인 것은 물론이다.

(2) 신비주의적 신관: 스피노자의 일원론적 범신론

이원론적 일신론으로 정리될 수 있는 데카르트의 형이상학은 신을 가리키는 무한실체와 별도로 유한실체를 설정했다는 점에서 이미 자체 안에 문제를 안고 있었다. 실체가 유한하다는 것은 그 자체로 모순이거니와 그런 유한실체가 무한실체와 별도로 설정된다면 무한실체는 유한실체에 의해 제한될 수밖에 없으므로 또한 모순을 일으키기 때문이다. 그리고 이런 문제를 직시한 사람이 바로 스피노자다. 그는 실체가 그렇게 유한과 무한으로 나뉘어서는 안된다는 입장에서 출발하여 "모든 것이 하나"Alleinheitsanschauung라는 동일철학을 구성하고자 했다.

스피노자는 그의 동일철학을 위해 데카르트와 마찬가지로 인식론적 검토를 수행한다. 그에 의하면 앎은 네 종류 또는 단계로 구별되는데 ① 생일처럼 전해 들음으로써 얻는 지식, ② 죽음의 경우와 같이 경험을 통해 얻는 지식, ③ 인과율과 같이 다른 사실에서 추리해 내는 한 사실의 본질에 대한 지식, ④ 수학적 공리처럼 사물의 본질을 통해 얻는 지식이 그것이다. 이를 데카르트식으로 다시 정리하면 ① 감각적 경험을 통해 주어지는 상상지imaginatio opinio, ② 개별적 표상에 관한 관념으로서의 이성지ratio, ③ 실체인 신의 변용으로서의 직관지cognitio intuitiva로 다시 분류할 수도 있다.[8] 스피노자는 이 중에서 마지막의 것만이 확실

---

[8] 여기서 잠시 눈여겨볼 것은 데카르트와 달리 스피노자에게서는 이성보다 직관이 더 높은 단계의 인식으로 간주된다는 점이다. 물론 그의 동일철학이 표상할 범신론과 신비주의적 분위기를 고려한다면 이런 위상정립은 당연하기도 하다. 그러나 이보다 중요한 것은 이성론이라는 범주 안에서도 그 갈래는 이토록 다양해서 획일적 이성주의나 극단적 합리주의의 방식으로 이들을 매도해서는 결코 안될 것이라는 점이다. 단지 여기서 주목할 만한 또다른 요소는 서구 사상사에서 유달리 삼분구도(triad)가 환영받는 경향과 그 이유에 관한 것이다. 이는 추후에 논하기로 하고 여기서는 다만 이를 주목할 것을 지적하는 데서 그치고자 한다.

하고 참되다고 함으로써 인간의 인식은 정신적 자동기계automa spirituale로서 추리적 사고ratiocinatio보다 본질직관intuitio essentiae을 원형으로 해야 한다고 주장했다. 물론 이런 주장은 시간성이나 우연성의 관점이 아니라 본질적이고 불변적인 필연성의 관점에서 세계를 보려는 동일철학의 입장에서 연유된다. 그러기에 그의 동일철학의 관점은 사실상 개별인간의 관점이라기보다 신의 관점으로서 한마디로 "영원의 상 아래서"sub species aeternitatis라는 구호로 표현된다.

> 변화하는 개별적 사물들의 순서를 완전히 추적하는 것은 그 수량이 헤아릴 수 없이 많고 동일한 사물에서도 그 상태가 천차만별이므로 약한 인간들은 해낼 수 없는 일이다. … 또 우리들이 이런 순서를 알 필요는 없다. 변화하는 개별적 사물들의 본질은 이 사물이 포함되어 있는 질서의 순서에서 끌어낼 수 없기 때문이다. … 오히려 본질은 확고하고 영원한 사물에서 그리고 동시에 참된 법전으로서의 이 사물들 안에 기록되어 있는 법칙들에서, 또 모든 개별적 사물들이 그것이 좇아 생겨나기도 하고 질서지어지기도 하는 그런 법칙에서 끌어내어져야 한다. 사실 이 변화하는 개별적 사물들은 매우 긴밀하고 또 본질적으로 이 확고한 것에 의존하므로 이 확고한 것 없이는 있을 수도 없고 알려질 수도 없다.[9]

위 인용문에서 우리가 확인할 수 있는 것은 개별과 변화를 넘어서는 본질의 법칙과 질서를 강조하려는 스피노자의 집요한 노력이다. 이처럼 고전 형이상학의 유산을 깔끔하게 물려받아 이를 인식론적으로 정당화하려는 점에서 스피노자도 데카르트와 같은 역사적 맥락에 속한다고 하겠다. 말하자면 질식할 것 같은 필연성이 아직도 예찬되던 시대인 것이다. 그가 "영원의 상"을 말했을 때 앞서 언급된 형이상학의 문제인 실체에 대해 해결을 시도하는 것임은 의심의 여지가 없다. 즉, 실체에서 무한과 유한의 분리가 모순에 봉착할 수밖에 없다면 "영원의 상 아래서" 그 분리의 모순을 봉합해야 한다는 것이다. 그리고 이런 생각이

---

[9] 스피노자『지성개선론』B. §100f, G. II, 36f [힐쉬베르거 218].

결국 "신은 곧 실체요 자연이다"Deus sive substantia sive natura라는 공식으로 귀결되었다. 단지 신과 자연의 구별은 전자가 "생산할 수 있는 자연"natura naturans이라면 후자는 "생산되는 자연"natura naturata이라는 것이다. 이제 데카르트에게서 두 유한실체였던 정신과 물질·육체가 일원론적 범신론으로 분류될 수 있는 스피노자의 형이상학에서는 한 실체인 신의 속성이며 그런 속성들은 자연으로 그 양태를 드러낸다는 것이다. 스피노자에게서 신비주의의 근세 초기적 형태를 발견할 수 있다면 바로 이때문이다. 이제 정신과 물질이 별개의 실체가 아니라 한 실체인 신의 두 속성이기 때문에 물질과 정신의 관계는 훨씬 용이하게 그려 낼 수 있었다. 그리고 이런 이유로 스피노자는 이 양자의 관계를 한 몸 안에서 조화롭게 얽히는 두 요소의 병행구조를 뜻하는 "물심평행론"으로 표현했다:

실체	속성	양태	관계	신론적 구성
신	정신 물질	자연	물심평행	일원론적 범신론

스피노자의 일원론적 범신론은 적어도 실체에서 무한과 유한의 구분이라는 꽤 불편한 인위성의 문제도 해결할 뿐 아니라 소위 정신과 물질의 끊임없는 이분법을 극복하려고 시도했다는 점에서 분명히 철학사적 진전의 계기로 평가될 수 있을 것이다. 그러나 형이상학적 차원에서 범신론이 지니는 문제에 대해서는 신학적 함의를 다루는 데서 논하기로 하더라도 "관념의 질서와 결합은 사물의 질서와 결합이다"라는 식으로 표현되는 물심평행론은 동일성과 필연성의 이념에 충실한 나머지 신과 인간의 자유를 위한 여지를 허용하지 않았다는 비판을 면하기 어려워 보인다. 그의 다음과 같은 언명은 움직일 수 없는 증거다:

> 의지는 지성과 마찬가지로 단지 사유의 어떤 양태다. 그러므로 각각의 의지작용은 다른 원인으로 규정되지 않으면 존재할 수도 작용으로 결정될 수도 없으며, 이 원인 또한 다른 원인으로 결정되고 이렇게 무한히 진행된다. … 의지는 자유

로운 원인일 수 없고 단지 필연적이거나 강요된 원인이라고 할 수 있다. … 신의 본성에 대한 의지와 지성의 관계는 운동과 정지 그리고 일정한 방식으로 존재하고 작용하게끔 신으로부터 결정되어야 하는 모든 자연물의 신에 대한 관계와 동일하다. … 그러므로 의지는 다른 모든 자연물과 마찬가지로 신적 본성에 속하지 않는다. 오히려 신적 본성과 의지의 관계는 운동과 정지 그리고 신적 본성의 필연성에서 생기며 그것에 의해 일정한 방식으로 존재하고 작용하도록 규정된다는 것은 내가 밝힌 다른 모든 것의 신적 본성에 대한 관계와 전적으로 동일하다.[10]

"있음과 앎이 함께 간다"는 지론으로 읽힐 수 있는 스피노자의 이 진술은 근세 후기의 절정을 이룬 헤겔에서 선포된 "있음과 앎의 같음"을 위한 전조로서의 분위기를 물씬 풍긴다. 기왕 제기된 앎이 참을 위해서는 아무래도 있음과 사이가 좋아야 할 것이라는 생각이 암암리에 엮어 가고 있었던 것이다. 그러나 이처럼 숨막힐 것 같은 "본성의 필연성"이 인간은 물론이거니와 신에 대해서도 에누리없이 적용된다면 그야말로 현대 신학의 터전인 "신의 해방"은 아직도 더 긴 세월을 기다려야 하는 먼 이야기였다. 그런데 이성론자이면서도 꽤 다른 자세로 이 문제에 접근한 라이프니츠도 이 점에서는 별반 다른 설명을 제시하지 못한 것을 보면 이성론이 지니는 형이상학적 신론과 인간론의 한계를 가늠하기란 그리 어려운 일이 아닐 것 같다.

(3) 합리주의적 신관: 라이프니츠의 다원론적 이신론

데카르트의 이원론을 동일철학의 일원론으로 극복하려는 스피노자의 시도는 전체성과 필연성으로 편향되는 문제가 있다고 판단하고 이를 넘어서고자 한 사람이 바로 라이프니츠다. 그는 앞선 두 사람이 기계론적 세계관을 공유했던 것과 달리 고대 형이상학에서 제시된 목적인entelecheia이 전체와 부분 또는 수단과 목적의 관련성을 토대로 한다는 점을 들추어내면서 유기체론을 펼치고자 했다:

---

[10] Benedictus de Spinoza, *Ethica ordine geometrico demonstrata*, 제1부 정리 32 [강영계 옮김 『에티카』 (서광사 1990) 49].

물체가 일종의 자동기계일 때에는 이 물체는 유기적이다. … 그런데 세계가 가득 채워져 있는 결과로서 모든 것이 서로 연결되어 있고, 어떤 물체건 그 떨어져 있는 거리에 따라 많건 적건 다른 것들에 작용하고 있기 때문에 모든 단자들은 우주를 자기의 관점에서 나타내고 우주 그 자체와 똑같이 통제되는 것으로서 내적 활동을 할 수 있는 살아 있는 거울이라는 결론이 나온다.[11]

라이프니츠는 이런 세계관으로부터 그리고 이를 정당화하기 위해 특히 전체와 개별의 유기적 관계에 주목하면서 실체를 "작용할 수 있는 것" un être capable d'action[12]으로 정의한다. 말하자면 자연에 대한 기계론적 관점과 목적론적 관점을 종합하려는 시도다. 물론 이런 실체 정의를 만족시키는 것은 물리적 공간을 차지하지 않은 정신적인 것이어야 한다고 함으로써 라이프니츠는 관념론 전통에 귀속했다. 이런 실체를 그는 "단자"Monade라고 불렀는데 단자로서의 정신은 다음과 같이 3단계로 이루어져 있다: ① 의식할 수는 있지만 개념으로 발전시킬 수 없는 단순한 감각적 정신Affektion, ② 감각적이면서 동시에 예지적으로 명석판명하게 개념화할 수 있는 정신으로서의 공통감각Gemeinsinn, ③ 이런 정신들을 체계적으로 정리할 수 있는 예지적 오성을 뜻하는 순수예지rein intelligiblen.[13]

이제 이런 정신의 삼단계론에서 라이프니츠의 인식론이 형성된다. 그리고 앞선 이성론자들과 마찬가지로 인식의 삼단계론을 공유한다. 말하자면 고전 형이상학에서 물려받은 있음의 위계에 따른 앎의 단계가 이성론 안에서 공통적으로 자리를 잡고 있다. 그런데 데카르트와 스피노자가 적어도 이 세계가 지고의 이

---

[11] Roger Ariew - Daniel Garber 역 *G.W. Leibniz: Philosophical Essays* (Cambridge: Hackett Publishing Co., 1989) 207.

[12] 같은 책 207.

[13] 데카르트와 스피노자뿐 아니라 라이프니츠도 여전히 인식의 3분류를 제시하는데 도대체 이들이 단계 또는 종류를 즐겨 셋으로 나누는 이유는 무엇일까? 그리스 사유를 근간으로 하는 서구 사상사의 기본 구도는 이분법인데, 그 안에서 항시 대립요소 사이의 연결 또는 매개로서 제3 요소의 필요성이 대두되고 인정되는 상황이었기 때문이라고 추정할 수 있다. 플라톤의 삼신론(三神論)에서 본격화된 신의 삼각구도는 그 무엇보다도 탁월한 증거라 하겠거니와 사실상 이분법과 삼각구도는 동전의 앞뒷면과 같은 관계라고 하지 않을 수 없다.

성인 신에게서 비롯된다는 신념에 입각하여 세계도 이성적이라는 입장을 공통적으로 지니고 있었던 것과 달리, 라이프니츠는 세계를 이루는 삼라만상이 그렇게 이성적 연계구조로 얽혀 있다기보다 그 자체로 개별적으로 존재하는 단자들이며 더욱이 세계의 현실이 그리 이성적이지만은 않다는 점에 주목한다. 따라서 이성적 진리 못지않게 사실적 진리에도 주의를 기울여야 한다고 역설한다: "이성적 진리는 필연적이며 그 반대는 불가능하다. 그러나 사실적 진리는 우연적이고 그 반대도 가능하다".[14] 다시 말하면, 모순율을 근거로 하는 이성적 진리에 비해 충족이유율[15]에 터한 사실적 진리는 이성적으로 분석되거나 해소되지는 못하더라도 엄연히 벌어지는 사실에 나름대로 충분한 이유가 있다는 지론을 내세운다. 물론 이런 주장의 근거는 크고 작은 단자들로 이루어진 이 세계가 서로간에 뚫어볼 창이 없음에도 가장 큰 단자인 신이 아랫것들을 미리 조화롭게 잘 정리했기 때문이라는 형이상학적 신념이다. "풍성한 인과율"이라고도 할 만한 이런 지론은 간단히 다원론적 이신론으로 분류될 수 있을 것이다. 개별적 독립 실체들을 의미하는 단자들이라는 점에서 다원론적이지만 가장 큰 단자인 신이 원자들의 충돌과 달리 단자들 사이의 예정적 조화의 질서를 설정하여 삼라만상이 운영되도록 했다고 하니 이신론deism이라 할 수 있겠다.[16] 이런 점에서 라이프니츠는 데카르트의 의지주의 성향이나 스피노자의 신비주의 성향과 비교하여 합리주의 성향을 가장 강하게 지닌 것으로 평가될 수 있다.

이제 라이프니츠는 다원론적 이신론이라는 형이상학에서 출발하여 예정조화적 우주질서가 창조의 가능한 범위 중 가장 좋은 것이라는 낙관주의적 우주관

---

[14] 라이프니츠 『단자론』 VI, 612 [발터 슐츠 (이정복 옮김) 『근대 형이상학에 있어서의 신: 철학과 신학』 (종로서적 1982) 103].

[15] 라이프니츠는 충족이유율을 다음과 같이 설명한다: "하나의 원인이 없거나 또는 적어도 규정을 하는 근거가 없이는 아무것도 생기지 않는다. 즉, 어떤 것이 존재하고 존재하지 않을 수 없는 이유, 그리고 또 그것이 어떤 다른 방법으로가 아니라 바로 이런 방법으로 존재하는 이유 따위의 그 어떤 선천적 근거가 없이는 아무것도 생겨나지 않는다". G.W. Leibniz (E.M. Huggard 역) *Theodicy: Essays on the Goodness of God and the Freedom of Man and the Origin of Evil* (La Salle, Ill: Open Court, 1988) §44 (98-9).

[16] 우리가 이성론자들의 형이상학을 분류할 때 이원론·일원론·다원론이라 한 것은 신과 세계의 관계에 주목한 것이고 일신론·범신론·이신론이라 한 것은 신의 정체에 관한 것이다.

에까지 이르는 입장을 전개한다.[17] 더 나아가 그의 형이상학은 그런 낙관주의적 우주관의 그럴듯한 완성을 위해 이 세계 안에서 겪어야 하는 악의 문제에 대해서도 사려깊게 분석한다. 말하자면 소위 신정론의 근대화 작업이 벌어진다. 그렇지 않고서 그냥 낙관적 세계관을 피력한대서야 어찌 설득력을 지닐 것인가? 그에 의하면 "가능한 가장 좋은 세계" 안에서 벌어지는 악은 크게 세 종류로 나뉜다. 첫째는 피조물의 유한성에 의한 불완전성에서 초래되는 결여privatio나 탈락deficiens을 가리키는 형이상학적 악malum metaphysicum인데, 이것은 어쩔 수 없기도 하고 창조의 조건으로 받아들여질 만큼 당연한 것으로 간주되기도 한다. 그런데 둘째로, 자연적 악malum physicum의 경우에는 신을 비난하게 되는 인간의 직접적 체험 내용이어서 다소 복잡해진다. "신이 어찌 악을 허용하는가?"라는 절규스런 물음에 대해 라이프니츠는 "신은 악을 원해서가 아니라 더 큰 악을 방지하기 위해 또는 더 큰 선을 실현하기 위해 작은 악을 허락하신다"[18]라는 식의 신정론을 제시했다. 작은 악과 큰 선 사이의 조화가 신적 예정의 차원에서 질서지어진다는 것이다. 여기서 그의 예정조화론은 극치를 이룬다. 그리고 셋째로 도덕적 악malum morale이 있는데 자유의 대가로 허용된 것이지만 선이 선이기 위한 조건으로서의 의미를 지닌다는 것이다.

그런데 간략히 살펴본 라이프니츠의 신정론에서 간과하지 말아야 할 것은 지선하신 신이 가장 좋은 세계를 선택하여 창조하는 것은 "올바른 계산밖에 할 수 없는 완전한 수학자"와 마찬가지로 자유의 부재로 읽혀서는 안된다는 것이었다. 이성론의 한계를 절감하게 하는 대목이기는 하지만 그가 악의 문제를 다룰 때 과연 이성적 진리와 사실적 진리를 단순히 대립관계로 파악하지 않고 이를 종합하려 했다는 점만큼은 높이 평가해야 마땅하다. 말하자면 이성론 안에서도 이처럼 동일적 필연성에 대해 갈래를 달리하면서 나아가 "참된 여럿"을

---

[17] 라이프니츠가 이 세계를 "가능한 가장 좋은 세계"라고 한 것이 낙관주의적 관점인가라는 데 대해서는 이견이 적지 않다. 이렇게 악이 그득하고 비참한 세계를 "가능한 가장 좋은 세계"라고 했다는 것이야말로 지극히 비관주의적인 우주관이 아니겠는가라는 것이다. 어찌 볼거나?

[18] 위의 책 §21 (136).

받아들여야 한다는 현대적 목소리가 다소 희미하게나마 선구적으로 외쳐졌다는 점을 지나쳐서는 안될 것이다. 그리고 그의 이런 자세는 적어도 이성론의 비현실적 한계를 극복하려는 시도라는 의미뿐 아니라 경험론으로 관심을 전환시키는 계기가 되기도 했던 것으로 평가된다.

2) 경험론과 형이상학의 부정

"참은 어떻게 알려질 수 있는가?"라는 인식론의 물음에 대한 이성론의 대답이 참의 필연성이라는 전제에서 앎의 보편성을 추구했다면 이제 살펴보려는 경험론은 참의 필연성이 현실적으로 불가능함을 직시하고 그 개연성을 참아내기로 하면서 그런 개연성이 애써 그려내는 앎의 공통성에 만족하려는 입장이라 하겠다. 되뇌이기 진부할 수도 있는 상식이겠지만 이 대목에서 최소한 상기되어야 할 것은 보편성이란 개별적인 것에 앞서는 원초적이고 선험적인 틀을 전제한다면 공통성이란 개별성에 대한 후천적이고 경험적인 과정을 거친다는 점이다. 이것이 바로 전체와 집계의 차이가 가리키는 바이기도 하거니와 바로 이런 차이가 형이상학에 대한 대조적 태도로 이어진 것은 너무도 당연하다. 즉, 보편성을 희구하는 이성론이 형이상학을 계승할 뿐 아니라 사실상 이를 목적으로 하는 수단으로서의 의미를 지닌 데 비해, 공통성에 머무르는 경험론은 당연하게도 형이상학의 가능성을 부정하는 입장을 취했다. 근세 전기 인식론의 이런 대조가 사실상 중세 보편논쟁의 근세적 재현이라는 사실을 상기한다면 그런 대립은 이미 예고된 것이었다. 보편실재론과 보편개념론은 그 내적 차이에도 불구하고 여전히 보편성을 근간으로 하는 형이상학의 대들보였던 반면에, 보편성의 허상을 엿보기 시작한 보편유명론은 형이상학의 붕괴를 예고하는 신호탄 역할을 했기 때문이다. 따라서 중세의 보편실재론과 보편개념론에서 근세 이성론으로 이어지는 흐름을, 그리고 중세 보편유명론에서 근세 경험론으로 이어지는 흐름을 살핀다면 역사란 얼마나 유구한가를 새삼 가늠할 수도 있겠다.

나아가 인간의 관심이 신에게 집중해 있다가 인간 자신으로 돌아선 것이 근세라면 그런 근세의 특성은 차라리 경험론에서 더 강하게 나타났다고 하지 않을 수 없다. 경험론의 공통적 분위기인 실체 부정이 신에서 인간으로 관심을 돌리는 혁명적 계기가 되었기 때문이다. 즉, 신이나 삼위일체 등에 대해 인간과 상관없이 거기 그렇게 있는 것으로 보는 실체주의적 관점에 국한되어 있던 형이상학을 벗어나 인간의 경험으로 이루어진 앎의 모습과 한계, 그리고 그것이 요구하는 신-인 관계성에 더 적극적으로 주목하도록 일깨웠다. 바로 그래서 경험론이 오히려 종교적 의식에서의 근대적 변화를 추동하고 또한 역으로 이에서 영향을 받은 흔적을 더욱 인상깊게 간직하고 있음을 발견할 수 있다. 특히 종교개혁기 신학과의 연관성에서는 이런 교류의 의미로운 요소들을 확인할 수 있거니와 이것은 곧 이 연구의 지론, 즉 인간관의 변화가 진리관과 신관의 변화의 근거와 동인이 된다는 사실에 대한 증거가 됨은 물론이다. 그러나 여전히 우리는 경험론자들의 철학적 지론을 세세히 살필 수는 없다. 단지 신학적 연관성을 지니는 내용에 대해서 지극히 간략하게 검토하는 데서 머무르고자 한다.

(1) 실체 불가지론: 로크

이성론의 선두주자인 데카르트가 타고나는 관념을 가장 확실한 것이라고 본 반면에 경험론의 선두주자인 존 로크는 인간의 앎이 백지상태tabula rasa에서 출발하는 수동적 과정이라고 선언하는 데서 인식론을 시작한다. 긴 이야기를 생략하더라도 도대체 인간이 주위 세계를 대상으로 파악하여 새기는 앎이라는 것이 애당초 기본적 틀이 있는가 아니면 이와 달리 아무것도 없는 상태에서 그 무엇인가를 나름대로 받아들이는가라는 식의 대조적 물음이 가능하다는 것 자체가 시사하는 바가 실로 적지 않다. 말하자면 앎이라는 것이 생겨먹은 꼴이 어떠한가라는 물음이 이처럼 대조적으로 전개될 수 있다는 것은 새삼스런 이야기지만 "있음"에 대한 "앎"의 지위를 새삼 확인해 주는 지대한 의미를 지닌다.

로크가 주저 「인간오성론」에서 피력한 인식론은 한마디로 다음과 같이 정리될 수 있다: "진리를 향한 지식을 위한 관념은 대상 실재에 대한 경험에서 온다". 이 명제 안에서 검토해야 할 요소가 다섯 가지인데, 진리·지식·관념·대상·경험이다. 그런데 이 다섯 요소가 앎을 이루는 데 있어 등가적이 아니라 일련의 순위를 이룬다는 점을 우선 주시할 필요가 있다. 그렇다면 그중 가장 우선적인 것은 무엇인가? 그것은 그것 없이는 나머지 네 요소도 성립될 수 없는 것으로서 바로 대상이다. 그리고 대상에 이어 이에 대한 경험이 형성되고 이 경험에서 관념이, 관념에서 지식이, 그리고 마지막으로 진리가 추구된다. 따라서 로크의 인식론은 대상에서 출발하여 진리에 이르는 방식으로 과연 인식주체로서의 인간의 앎은 백지상태여서 수동적일 뿐 주도권을 신통하게 지니지 못하며 오히려 대상을 향해 부지런히 조율해야 하는 존재다. 이것이 바로 진리대응설이 가리키는 바이며 여기서 대상에 주도권을 부여하는 경험론의 생리가 여실히 확인될 수 있다. 그의 다음과 같은 진술은 이를 옹호하기에 충분하다:

> 인간이 정신 자체의 이해력이라는 작은 세계를 지배하는 것은 눈에 보이는 사물들의 큰 세계를 지배하는 것과 거의 비슷하다. 이 사물의 세계에서는 인간의 힘이 아무리 많은 기술과 익숙함을 지니고 있더라도 자기 손에 주어진 자료를 짜맞추고 나누는 것 이상은 해내지 못한다. 이와 반대로 새로운 자료의 조그만 입자 하나를 만들어 내거나 혹은 이미 있는 원자 하나도 파괴하지 못한다.[19]

위에 말한 다섯 요소의 개별적 구성과 전체적 관계를 여기서 상론할 수는 없지만 적어도 다음과 같은 점들은 짚고 넘어가야 할 것이다. 우선 로크의 인식론은 대상에서 출발한다고 하여 대상에 대해 단순히 실재성을 부여하는 소박실재론 같은 유치한 객관주의를 표방하는 것은 아니다. 그가 대상을 논하면서 일차성질primary quality과 이차성질secondary quality로 나눌 때 이차성질이 인식의 연합에 의한 것임은 물론이지만 크기·수·연장·운동 등의 예에서 볼 수 있듯이 일차성질조차 사물의 내재적 본성에 대한 인식의 상像이라고 한 것은 이미 대상분석이 경험을 전제함을 가리킨다. 이 점은 경험에 대한 논의에도 그대로 이어지는데 외부 지각에 해당하는 감각sensation과 내부 지각에 해당하는 반성reflection으로

---

[19] John Locke, *An Essay Concerning Human Understanding* (New York: Dover Publucations, Inc. 1959) Bk.II, Ch.2,2 (145).

3 근세 전기 인식론과 신학의 되돌아보기 215

구별한 것도 그 좋은 증거다. 이런 경험에서 형성되는 관념에 이르면 분석은 더욱 복잡해지는데 감각경험의 조합과 반성 및 추상화라는 과정을 포함하는 관념도 인식주체 안에서 벌어지는 인식행위라는 사건에 초점을 맞춘 분석임을 드러낸다. 이 점은 상론을 생략하더라도 지식과 진리에 대한 논의로 옮겨가면서 그 밀도를 더해 가는 것은 당연하다. 이처럼 로크의 인식론은 어디까지나 인식주체 안에서 벌어지는 경험에 관한 분석이고 그래서 경험론이라 한다. 여기서 직시해야겠거니와 경험론은 바로 이때문에 형이상학이 그토록 소중히 여기는 실체를 경험 안에 들어오지 못하는 그래서 아직 앎의 대상일 수 없는 불가지적인 것이라고 볼 수밖에 없다. 그는 다음과 같이 비판적으로 단언한다: "실체와 속성이라는 말은 철학에서는 그다지 쓸모가 없다. … 우리는 실체에 대해 그것이 무엇인가 하는 관념만 가지고 있을 뿐이다".[20] 이런 철학적 정서에서 이신론적 신관이 고개를 드는 것은 당연하고도 불가피했다.

(2) 실체의 관념성: 버클리

실체의 불가지성을 귀결시킨 로크의 경험론에 대해 조지 버클리는 "물질적인 것이 물질적이지 않은 감각과 표상을 어떻게 산출할 수 있겠는가?"라는 물음과 함께 참으로 존재하는 것은 정신뿐이라고 못박는다. 이른바 경험론의 관념론화라고 할 수 있는 버클리의 인식론은 "존재하는 것은 지각되는 것이다"esse est percipi라는 공식으로 정리될 수 있는데 이것은 사실상 로크가 갈파한 바 경험 안에 들어오지 못하는 실체의 불가지성이라는 문제를 해결하려는 버클리의 야련한 노력의 산물이다. 즉, 경험의 관념성을 강조함으로써 실체가 불가지적인 것에 머무르지 않을 가능성을 모색한다. 그런데 이런 해결시도는 곧 지각이라는 정신의 행위가 모든 대상 실재를 실제로 망라할 수 없는 상황에서 어떻게 대상의 실재성을 인정할 수 있는가라는 물음에 직면할 수밖에 없게 된다. 이런 문제를 놓쳤을 리 만무한 버클리는 다음과 같은 안전장치를 설정한다: 인간에 의해서

---

[20] 같은 책 Bk.II, Ch.13,19, (Dover Publucations, Inc.) 230.

아직 경험되지 않았더라도 신이 모든 대상을 경험한다는 사실은 언젠가는 인간에게도 지각될 수 있는 잠재성을 지닌다는 것을 의미한다고. 그런데 버클리의 이런 무마는 고중세 형이상학에서는 그렇다손 치더라도 근세 인식론에서도 신은 이성론이나 경험론을 막론하고 여전히 봉으로 모셔지는 경향에서 벗어나기 어렵다는 점을 실감나게 하는 대목이다.

(3) 실체 부정: 흄

로크가 생득관념을 부정하고 버클리가 감각경험으로부터 추상화된 관념의 타당성을 부정했다면 데이비드 흄은 지식이란 단지 관념의 연속일 뿐이라는 입장을 취한다. 흄에 의하면 감각대상에 대한 경험인 지각이 다발을 이룸으로써 관념을 형성하는데 이때 관념들이 연상되는 방식이 다분히 기계적인 구조를 취한다. 즉, 사진이 인간의 인식에 원형을 상기시키는 방식인 논증적 유사성의 원리, 사실들 사이에 관한 연상작용을 가리키는 시공적 연속성의 원리, 그리고 경험적 인과성의 원리가 그것이다. 그런데 여기서 우리가 주목할 것은 저 유명한 인과율의 부정이다.

흄에 의하면 인간의 오성은 수학적 추리에 해당하는 관념들 사이의 연상과 경험적 증거들인 사실들 사이의 연상으로 구별되는데, 그의 이런 분류는 이성적 진리와 사실적 진리를 대비시킨 라이프니츠와 유사하다는 인상을 준다:

> 모든 사실에 반대되는 것은 언제나 가능하다. (사실적으로) 반대되는 것은 그 자체 안에 절대로 모순을 품고 있지 않기 때문이다. … 내일 해가 뜨지 않으리라는 것은 해가 뜨리라는 주장 못지않게 합리적이고 모순이 없는 명제다.[21]

라이프니츠와 마찬가지로 흄도 이성과 사실의 생리적 차이에 주목한다. 그러나 이성적 영역에서는 모순이 성립할 수 없지만 사실적 영역에서는 전혀 그렇지

---

[21] David Hume, *An Enquiry Concerning Human Understanding* (Indianapolis: Bobbs-Merrill Educational Publishing 1979) 40.

않으므로 이성의 일방적 지배나 영역의 혼동은 적절하지 않다는 일침에서는 다른 입장을 표방하는 것으로 보인다. 더 나아가 이성이란 습관에 근거해서 사실을 예상하는 본능일 뿐이라고 기염을 토한다. 그러나 이런 주장의 타당성은 덮어두더라도 과연 이성론이든 경험론이든 선두주자 사이의 첨예한 대립은 후계로 이어지면서 다소 약화되고 양대 사조 사이의 수렴적 접근이 자연스럽게 시도되는 것이 아닌가 진단해 봄직도 하다. 다시 말하면 인간의 사유방식이라는 것이 극단적 대립에서 양자의 접근 또는 심지어 종합을 모색하다가 그런 종합이 어느 일방에서의 주도권으로 나타나면 또다시 대립적 방향으로 치닫는 "밀물과 썰물"의 과정을 겪는다는 역사적 통찰을 이 대목에서 눈여겨봄직하다.

다시 흄의 이야기로 돌아가서, 그렇다면 흄이 갈파한 인과율 부정이란 무엇이며 그것은 어떤 인식론적 의미를 지니는가? 우선 그의 말을 들어보자:

> 결과는 원인 안에서 절대로 발견될 수 없다. 둘째 당구공의 운동은 첫째 공의 운동과 완전히 다른 결과다. 한 쪽의 운동에는 다른 쪽의 운동을 조금이라도 암시해주는 것이 하나도 내포되어 있지 않다.[22]

흄은 과연 이런 이야기를 통해 무엇을 말하려 한 것인가? 인과율을 부정하려는 것이다. 그러나 그가 인과율에 관해 부정한 것은 인과율 자체가 아니라 그것의 논리적·경험적 필연성이다. 예를 들어 어떤 일련의 사건이 발생했을 때, 앞선 사건을 원인이라 하고 뒤따른 사건을 결과라고 하는데 흄에 의하면 전혀 별개의 사건이고 별개의 경험인 것이 시간적 순서로 단지 연결되어 있다는 이유 하나만으로 원인과 결과의 관계로 묶어내는 것은 오류라는 것이다. 즉, 원인으로 간주된 사건과 결과로 간주된 사건에 대한 각각의 경험이 있을 뿐인데 인과성이란 이런 각각의 경험에서 주어진 관념들에 대한 논리적 추론에 의한 연관일 뿐 경험들 자체의 연관은 아니며 더 나아가 사건들 자체의 연관은 더욱 아니라

---

[22] 같은 책 43.

는 것이다. 다시 말하면 어떤 사건을 원인으로 보는 것은 경험의 차원에서 일어나는 일이 아니라 반복된 습관에 근거한 예상을 즐기는 이성의 농간이라는 것이다. 바로 그런 반복에 근거한 이성의 논리적 예상이란 실제의 경험영역과 다른 임의적인 것이어서 오류를 내포할 가능성을 배제할 수 없다는 것이다.

이로써 흄이 이성을 신뢰할 수 없다는 이유를 살펴보았거니와 이에서 흄은 형이상학의 근거인 실체란 한갓 "지각의 다발"a bundle of perception일 뿐이라는 파격적 선언을 하기에 이른다:

> 우리가 이런 원리들을 잘 알고 있는데 도서관들을 뒤져보면 도서관들은 아직도 황폐해져 있지 않다. 예컨대 신학이나 스콜라 형이상학 등에 관한 어떤 책을 꺼낼 때 이 책은 양이나 수에 관한 어떤 추상적 사고과정을 내포하고 있느냐 하고 묻지 않으면 안된다. 그러나 그런 것을 내포하고 있지 않다. 그럼 그 책은 사실과 존재에 관해 경험에 바탕하고 있는 그 어떤 사고과정을 내포하고 있는가? 역시 그렇지 않다. 그렇다면, 그 책은 불 속에 던져버려야 한다. 환상과 궤변 외에 아무것도 담고 있지 않기 때문이다.[23]

이처럼 이성은 그 본질인 논리적 필연성이 부정되고 단지 습관적 반복의 연상일 뿐인 것으로 간주되었고 종래의 형이상학이나 이에 토대를 둔 신학은 수리적 필연성이나 경험적 검증성 등을 결여하고 있어 궤변에 불과한 것으로 치부되었다. 나아가 "과연 형이상학은 가능하고 설령 가능하더라도 타당한가?"라는 강력한 도전에 직면하게 되었다. 말하자면 "참"을 향한 물음의 대답 형식인 "있음/없음"이 그 자체로는 전혀 충분하지 않으며, 여전히 모를 수밖에 없는 채로 희미하게 아는 것을 가지고 더듬어볼 수밖에 없다는 현실을 정직하게 받아들이라는 것이다. 결국 "무엇" 물음에 대한 "어떻게"의 도전은 이런 것이었다. 물론 이런 충격에 깊은 자극을 받아 독단적 잠에서 깨어났음을 고백하면서

---

[23] 같은 책 171.

새로운 인식론의 수립과 형이상학의 가능성을 타진한 사람이 나타났으니 그가 바로 다음 장에서 다룰 근세 후기 형이상학의 인식론적 토대를 제공한 칸트다. 그리고 이런 점에서 흄이야말로 근세 후기의 대전환을 선구적으로 촉발시킨 장본인이라고 해야 마땅할 것이다.

3. 신학의 되돌아보기

1) 이성주의와 신앙주의의 대립: 합리주의와 신비주의의 근세적 표출

"참"을 향한 물음이 "무엇"에서 "어떻게"로, 그리고 그 대답의 틀이 "있음/없음"에서 "앎/모름"으로 옮겨갔다는 것이 신학적으로는 어떤 의미를 지니며 실제로 어떻게 영향을 미쳤는가? 추릴 수 있는 많은 의미 중에서 우리는 다음과 같은 점에 주목하고자 한다. 우선 형이상학에서 인식론으로의 전환은 그리스도교의 태동과 함께 시작된 신학사에서 초대 교부 신학과 중세 스콜라 신학을 망라하며 지배해 온 이성과 신앙의 관계 구성이라는 과제를 재구성할 것을 요구했다. 물론 여기서 재구성이란 전통의 유산을 이어받으면서도 넘어서는 양면성을 지니는 과업이다. 말하자면 새 시대로서의 근세는 초대와 중세 신학사를 망라했던 이성과 신앙의 관계라는 과제에 대해 연속적이면서도 불연속적인 양면성을 지녔다. 이성과 신앙이라는 외현적 대조를 새 시대에도 여전히 해결해야 할 과제로 삼았다는 점에서는 연속적이지만 이제는 이를 "있음"의 차원만이 아니라 "앎"의 차원으로 밀고나갔다는 점에서는 과거와 불연속적인 특성을 지니기 때문이다. 연속성과 불연속성에 초점을 맞추고 그 의미를 더듬어 보자.

먼저 새 시대는 과거와의 연속선상에 놓여 있었다. 고대의 "참"에 해당하는 중세적 표현인 "신"에 접근하는 길로서 제시되었던 이성과 신앙의 관계는 근세로 넘어와서도 여전히 그 긴장의 고삐를 늦추지 못했다. 이런 점은 당장 인식론의 효시로 모셔지는 데카르트와 동시대의 파스칼이 심지어 양자택일적일 만큼 대조적인 방식으로 그들의 사상을 전개했다는 데서도 여실히 확인된다. 이처럼 합리주의를 승계하는 데카르트가 힘주는 이성의 확실성과 신비주의에 호소하는 파스칼이 외치는 신앙의 절대성은 쉽게 양보할 수 없을 것 같은 대조적 긴장으로 근세의 서두를 장식했다. 그리고 이런 합리주의와 신비주의의 근세적 표출이 펼쳐낸 긴장이 근세 전체를 지배했다는 것은 주지의 사실이다.

그러나 다른 한편, "있음"에서 "앎"으로의 전이는 신의 존재 여부와 그 정체에 대한 관심에서 신앙에 대한 관심으로의 전환을 촉발시키는 동인이 되었다. 신神만이 아니라 신信을 문제로 새기는 시대가 된 것이다. 말하자면 인간에게서 행해지는 신앙에 대한 고려를 배제한 채 신의 존재와 본질만 파고들었던 과거로부터 확연하게 불연속적인 단절을 선언했다. 물론 초대와 중세 신학에 신앙이라는 문제가 포함되지 않았다는 말은 아니다. 이미 이성과 신앙의 관계가 신학의 출현을 위한 동인이었다면 초중세 신학에서 신앙이 지닌 비중에 대해서는 새삼 강조할 필요가 없겠다. 그러나 당시에 이성이나 신앙은 신을 향한 통로로서의 의미를 지녔으되 그 통로란 그야말로 통로여서 그 통로를 통해 신이 잘 전달될 수 있게 하는 것이 그 본질적 기능인만큼 그 통로는 가능한 한 말끔하게 설치됨으로써 굴절이나 왜곡 등의 지장을 초래해서는 결코 안되었다. 말하자면 없을수록 더 바람직한 것이었기 때문에 그것에 의한 수용 그리고 이에 따른 변형이나 제한 등의 가능성에 대한 고려란 가능한 한 억제되었다. 이런 점에서 본다면 신에서 신앙으로 관심을 확장해 간 근세의 신학적 움직임은 인간 자신에게로 눈을 돌린 근세 정신을 공유하는 것은 물론이지만 그중에서도 특히 "있음"에서 "앎"으로의 인식론적 전환에 힘입어 분출되었다고 할 수 있다.

이제 근세가 고중세에 대해 지니는 연속성과 불연속성을 전제하면서 특히 이성과 신앙의 관계에 대한 재구성에 관련된 철학적·신학적 논의들에 대해 검토해 보자. 먼저 "근세 철학의 아버지"라는 칭호를 부여받은 데카르트를 본다면, 그의 철학에서 가장 주목할 만한 주장은 이성의 확실성이라고 하겠다. 그런데 인식론 시대의 서두에서 데카르트가 앎에서의 확실성을 추구하겠다고 선언한 것은 그 시사하는 바가 실로 적지 않다. 그것은 적어도 근세에 앞선 시대의 유산에 대해 확실성의 물음을 묻지 않을 수 없었다는 것을 뜻한다. 그리고 이것이 바로 "무엇"에서 "어떻게"로 전환하게 된 결정적 계기였다. 그렇다면 그런 확실성의 물음은 도대체 무엇을 향해 제기되었던가? 그것은 당연하게도 고중세를 망라하는 신神 물음으로 나타난 "참" 물음이었다. 파르메니데스의 일자에서 확인할 수 있는 "있음"의 구도에서 모셔진 "참"의 불변적 확실성과 플로티노스의 일자가 가리키는 "없음"의 구도에서 모셔진 "참"의 초월적 절대성은 고대의 거성인 플라톤과 아리스토텔레스에게서 체계적으로 집성되었거니와 이 대조가 곧 중세 전체를 지배하는 합리주의와 신비주의의 근간이었다는 점은 새삼 강조할 필요도 없다. 그런데 그런 대조는 대조인 만큼이나 "참"의 "무엇"이 확실하지 않다는 것을 가리켰다. 그리고 그런 한에서 "참"을 위해 "무엇"이라는 물음만으로는 충분하지 않다는 것을 드러냈다. 데카르트는 바로 이런 형이상학적 불확실성을 주시했으며 따라서 확실성을 추구하기 위해 "무엇"에서 "어떻게"로 물음이 넘어갔다면 인식론이 수행하는 과제가 신학에 대해 지니는 의미도 형이상학의 그것에 비해 결코 과소평가되어서는 안될 것이다.

    그러나 데카르트가 지식의 불확실성 문제에 대한 해결로서 이성의 확실성을 붙들고 늘어졌다면, 다른 한편 파스칼은 인간 자체의 불안정성이라는 문제를 파고들어 이에 대한 해결로서 신앙의 신뢰성을 갈파했다. 여기서 우리의 주목을 끄는 것은 이런 대조적 입장이 지닌 인간관이다. 데카르트에게서는 그의 "방법적 회의"가 가리키듯이 불확실성의 문제를 고민하는 회의주의가 관건이었다. 그러나 파스칼에게서는 인간은 양극성의 공존에 의한 불안정성이 문제였다. 인간을 "천사와 짐승의 중간자"라고 묘사했을 때 그는 바로 이것을 가리키고자 했다. "천사의 위대함"과 "짐승의 비참함" 사이에서 어느 것에도 속하지 않는 중간자가 아니라 이 극단을 겸비하고 있다는 뜻을 지닌 중간자는 불안정성 그 자체였다. 아우구스티누스가 중세의 실존주의자라면 파스칼이 근세의 실존주의자로 간주되는 이유가 바로 여기에 있다. 그런데 그가 말하는 중간자란 어느 한 쪽 극단으로 치우치지 말아야 한다는 당위를 포함하는 것이기도 했다. 즉, "짐승의 비참함"을 망각한 채 "천사의 위대함"만을 향해 치솟는다면 자신의 입장을 절대화하는 교조주의에 빠지게 되고, 이와 대조적으로 "천사의 위대함"을 포기하고 "짐승의 비참함"으로 추락한다면 회의주의에 매몰될 수밖에 없다. 말하자면 양극단의 중간이란 교조주의라는 절대주의와 회의주의라는 상대주의를 공히 거부하는 균형의 긴장을 가리킨다. 결국 데카르트는 이제 막 열린 인식론의 시대가 집중한 "앎"에 초점을 맞추었다면 파스칼은 현대에 이르러 비로소 본격적으로 파고들게 된 "삶"을 향해 시대를 앞서 일찍이 눈을 돌린 선구자 면모를 지닌 것으로 평가될 수 있다.

다른 한편, 근대의 철학적 전환이 지닌 신학적 파장을 새기자면 "자연"에 대한 이해의 변화에 주목하지 않을 수 없다. 자연에 대한 고전 형이상학과 근세 인식론의 관점 차이가 단순히 자연관에만 머무르지 않고 종교적·신학적 차이로 이어졌기 때문이다. 고대와 중세에 자연을 정신과 물질의 미분적 일체로 여겼음은 주지의 사실이다. 이미 고대 초기의 물활론이나 정령론은 그 좋은 예이거니와 이런 초기 사상이 고대는 물론 중세 전체에도 지배적이었다. 말하자면 자연은 영혼을 머금은 인격적이고 유기적인 것이었다. 그러던 것이 때마침 급격히 발달된 자연과학이 열어준 새 시대 근세로 넘어오면서 자연은 운명이 달라졌다. 자연은 이제 관찰과 실험을 주요 방법으로 하는 과학적 탐구 대상이 되면서 영혼과 정신을 잠시 그리고 결국 영원히 내놓을 것을 요구받게 되었다. 영혼과 정신을 지닌 자연을 관찰한다는 것도 만만치 않았지만 더욱이 관찰의 인위적 조건화인 실험이란 그 대상인 자연의 생명성을 제거하지 않고는 효과적으로 수행될 수 없었기 때문이다. 따라서 과학적 탐구를 명분으로 자연에서 정신이 제거되고 그렇게 "죽은 자연"은 한갓 물질로 취급되기에 이르렀다.

그렇다면 고중세에서 근세로 넘어오면서 일어난 자연관의 이런 차이가 신관에 어떻게 반영되고 영향을 미쳤는가? 먼저 철학계를 살펴보자. 고중세 합리주의 전통에서는 "가장 높고 가장 큰 존재"로 그려졌고 신비주의 전통에서는 "바닥 모를 심연의 무"로 읊조려졌다. 그러나 이런 외형적 대조에도 불구하고 이 양대 전통은 초자연주의적 유신론을 공유하고 있었다. 그런데 근세로 오면서 자연관의 변화가 초자연주의라는 신화를 제거하는 방향으로 이어지면서 신관의 현격한 변화로 나타났다. 즉, 근세의 합리주의 진영에서는 우주의 이법적 원리로서의 신을 설정하는 이신론이 제기되었는가 하면 신비주의 진영에서는 자연관의 근세적 변천을 거부하고 여전히 자연의 생명성에 대한 신비적 강조를 통해 신의 임재적 현현으로서의 자연을 그려내는 범신론이 나타나기도 했다.

이런 철학적 움직임들에 견주어 신학과 교회에서는 어떤 움직임들이 일어났는가? 라틴 계열의 서방교회 안에서만 보더라도 이런 사상적 대비는 곧 교회전통과 그 교리 체계 사이의 차이로 나타났다. 먼저 중세 철학을 사상적 배경으로 하는 가톨릭 교회는 자연에 대한 고전적 이해를 토대로 자연의 창조적 아름다움에 대해 아직도 긍정적 평가를 유지하고 있었다. 그러기에 영혼이 깃들어 있는 자연인 우주를 보면서 창조자인 신의 솜씨와 발자취를 더듬을 수 있고 이를 통해서 신에 대해 조금이나마 알 수 있다는 입장을 견지했다. 따라서 자연과 은총natura et gratia의 균형적 조화를 강조하는 것은 지극히 당연한 일이었다. 그러나 그런 교회 전통에서 인간과 교회의 타락을 문제시하고 이를 개혁하겠다는 개신교회에서는 그런 인간과 교회가 포함된 이 자연은 통째로 타락했으므로 이제 영혼이 없는 물질로 간주되어도 무방하며 심지어 마땅하다는 입장까지 개진되었다. 따라서 개신교회는 그런 자연 안에서는 신의 흔적을 찾을 수 없다는 입장으로 갈라져 나갔다. 상론을 생략하더라도 이처럼 자연에서 정신과 물질의 관계를 어떻게 보는가에 따라 신과 세계, 또는 자연과 은총 사이의 관계에 대한 이해가 이토록 벌어질 수 있다는 점은 인간이 얼마나 시대적 관점에 의해 지배될 수밖에 없는 한계적 존재인가를 다시금 입증해 준다.

2) 가톨릭 교회와 교회분열/종교개혁의 움직임

달리 어찌할 수도 없을 것 같은 불변적 동일성을 전제하는 "무엇"에서 이렇게 저렇게 휘저어 볼 수도 있을 것 같은 "어떻게"로 넓혀 간 인식론적 전환은 "참"을 향한 인간의 추구과정에서 분명히 진일보였다. 그러나 그런 진일보는 동시에 해결해야 할 숙제를 안겨 주었다. 결국 있음과 앎의 관계로 귀속될 주체와 대상의 관계, 또는 정신과 물질의 관계가 "무엇"이 요구하는 같은 하나를 벗어나 그 같은 하나로 향하는 길이 여럿일 수밖에 없음을 드러냈기 때문이다. 따라서 예를 들면 서방교회 안에서도 특히 교황으로 대표되는 교회의 권위가 "있음"의 지위를 누려 왔다면 이제 "앎"의 갈래들은 자연스럽고도 불가피하게도 교회의 분리로 이어지게 되었다. 말하자면 종교개혁이란 홀로 군림하던 있음에 대해 앎의 도전이 일어나면서 형성된 시대정신의 불가피한 귀결이었다.

이로써 서방교회는 소위 종교개혁을 통해 로마 가톨릭 교회와 프로테스탄트 교회로 분열되었는데 이런 교회사적 사건이 있음에서 앎으로의 확대적 전환에서 야기된 사상적 갈래들을 토대로 했거나 이를 부추겼다는 것은 굳이 설명이 필요없을 것이다. 물론 여기서 그런 갈래들을 모두 망라할 수는 없되 그런 인식론적 전환이 신학에 미친 영향을 가늠하려는 우리의 목적을 위해서는 두 교회가 취하는 교리적 입장 및 이에 깔려 있는 사상적 배경을 더듬어 보는 것이 의미 있는 일일 것이다. 그리고 이를 위해 우리는 인간관을 직접적으로 드러내 주는 죄론과 인의론認義論 등을 검토하고자 한다.

먼저 죄에 관해 논하자면, 가톨릭 교회는 인간이 타락을 통해 악한 상태로 변하는 것으로 보는 반면에 프로테스탄트 교회는 인간이 타락으로 인해 자유를 완전히 상실한다고 주장했다. 말하자면 인간의 욕망을 전자에서는 죄성을 지니기는 하지만 자연적 충동으로 간주하는 반면, 후자에서는 죄 그 자체로 간주했다. 이런 관점의 차이는 근본적으로 전자는 죄를 신의 율법에 대한 위배행위로 보는 주지주의적 입장을 취하는 데 비해 후자는 불신앙을 곧 죄로 보는 주의주의적 태도를 견지했다는 데로 거슬러올라갈 수 있다. 따라서 전자에서는 고해를 통한 사죄로 그런 죄에서 구원받을 수 있다고 여긴 반면, 후자에서는 인간 전체의 회개를 통해서만 구원의 초대에 참여할 수 있다고 보았다.

두 교회의 이런 차이는 의롭다 함을 인정하는 인의의 은총에 대해 인간이 어떤 관계를 지니는가에 대한 첨예한 대립으로 이어졌다. 즉, 가톨릭 교회는 예비적으로 활동하는 은총gratia praeveniens에 대해 인간이 조응해야 한다고 함으로써 신에 대한 인간의 지위를 상대적으로 승인했다면, 프로테스탄트 교회는 은총에 관한 신의 절대적 주권을 강조하고 신앙이란 인의를 받기 위한 전제나 조건이 아니라 단지 인의를 받아들이는 행위일 뿐이라고 했다. 소위 종교개혁의 기치로 내걸었던 구호 중 "오직 믿음만으로"라는 것이 "신앙이 은총을 따내는 티켓"이라고 천박하게 주장하는 것처럼 지금까지도 오해받고 있지만 사실상 이것은 신이 베풀어주시는 인의의 은총에 대해 인간은 받아들이는 행위인 신앙밖에 아무것도 할 수 없다는 것을 뜻할 따름이었다. 말하자면 이 종교개혁적 구호는 가톨릭 교회에서 말하는 인간의 조응이라는 협력적 행위 등이 불가능하고 불필요하다는 것을 역설하고자 함이었다. 그러나 어느 입장이 오늘날의 바람직한 인간이해에 대해 더 적절한 것인가에 대해서는 별도의 논의가 필요하다.

이런 맥락에서 종교개혁 당시 가톨릭 교회 안에서 일어났던 반동 또는 도전 중 얀센주의와 개연주의를 잠시 주목할 필요가 있다. 그 대표자의 이름을 따서 "얀센주의자"로 불린 이들은 아우구스티누스주의로의 복귀를 외쳤다. 아우구스티누스주의에서 자유와 은총의 대립을 부각시키고 토마스주의에서 자유와 섭리의 대립을 들추어냄으로써 현대적 자유주의의 근세적 선구로 평가된 예수회에 반대하여 얀센주의자들은 은총주의를 표방함으로써 가톨릭 교회 안에서 이색적 반동의 가닥으로 평가되기도 했다. 이런 움직임은 자연스럽게 서로 모순적인 주장들이 공존할 수 있다는 상황인식으로 이어짐으로써 "정도의 차이"에 주목하는 개연주의probabilism를 배태하기에 이르렀다. 말하자면 이것이 옳고 저것이 더 옳게 보이는 경우에 이것을 따라도 무방하다는 분위기가 조성됨으로써 극단적 상대주의를 거쳐 결국 방종주의로 치닫는 양상까지 보이게 되었다. 이런 개연주의는 가톨릭 교회의 전통적 권위에 대한 내부적 도전으로서의 의미도 있었지만, 그에 못지않게 주목할 것은 "죽어 마땅한 죄를 용서받을 수 있는 죄"로 변환시킴으로써 얀센주의자뿐 아니라 종교개혁자도 함께 공유하고 있던 죄에 대한 청교도적인 엄격한 자세와의 차별성을 부각시켰다는 점이다.

이런 개괄에서 우리가 확인할 수 있는 것은 근세적 전환에 즈음한 신학계의 지각변동이란 과연 마땅히 하나여야 할 "있음"에 대해 여럿일 수도 있는 "앎"의 외침이 몰고온 철학적 깨달음의 불가피한 신학적 표출이라는 점이다.[24] 우선

---

[24] 물론 시기적 선후 관계로 보아 철학이 신학에 일방적으로 영향을 주기만 했다고 볼 수는 없다. 오히려 종교개혁이 "무엇"에서 "어떻게"로의 전환을 촉진하는 역할을 일면 담당하기도 했다는 점을 간과해서는 안된다. 말하자면 철학과 신학 또는 종교 안에서 일어난 변혁은 근세적 전환이라는 시대정신을 반영하는 동시다발적 현상들로 보는 것이 적절할 것이다.

서방교회 안에서 가톨릭 교회와 개신교회의 분열로 이어진 종교개혁이 그렇거니와 나아가 가톨릭 교회 안에서의 복고적 반동과 상대주의적 개연주의의 도전, 그리고 종교개혁의 기치 아래 출현하는 개신교회의 다양한 갈래들은 이를 웅변적으로 입증해 주기에 충분한 사건들이다.

3) 종교개혁신학의 틀과 얼

"참"을 향해 던진 물음을 "무엇"에서 "어떻게"로 넓혀가게 된 근세 전기 인식론적 반성이 신학계에 미친 영향은 실로 지대하다. "무엇"이라는 물음에만 충성하던 고전시대에는 있음을 뿌리로 하는 합리주의 전통이나 없음을 꿰뚫어보는 신비주의 전통을 막론하고 오로지 신神만이 관건이었다. 그러나 이제 "어떻게"라는 물음으로 "참" 추구의 지평을 넓히게 되면서 그 물음에 대한 대답으로 등장한 앎/모름의 주체로서의 인간이 "참"에 대해 어떤 방식으로든지 의미와 비중을 지니게 되었다. 그리고 이것이 그리스도교 신학에서는 신과 인간의 관계를 규명할 것을 요구하는 데로 이어졌다. 이런 점에서 본다면 서방교회 안에서 일어난 교회분열 또는 종교개혁이란 바로 이러한 전환에 의해 촉발된 사건 이외에 다른 것이 아니다. 이제 이러한 사상사적·교회사적 사건을 통해 인간은 앎과 믿음의 주체로 부상하게 되었고 이로써 새로운 형태의 신학이 도모되었는 바 다음 절에서 다루게 될 근세 신학의 고백적 신(앙)관이란 바로 이것을 가리킨다.

그런데 종교개혁에 의한 근세 신학은 고전 신학으로부터 "무엇" 물음의 끝자락에서 추려진 합리주의·의지주의·신비주의라는 삼각구도를 유산으로 물려받았는데, 이제 이처럼 근세를 열어준 "어떻게"로의 전환은 그렇게 세 갈래로 엮어내었던 인간의 정신요소들인 지성·의지·감정을 본격적으로 전면에 등장시켰다. 따라서 "어떻게"에 의해 추동된 종교개혁 신학이 그런 세 요소를 반영하는 구호들을 기치로 내걸었던 것은 당연하다. 그러므로 우리는 이제 "무엇"에서 "어떻게"로의 전환이 몰고온 근세 신학의 새로운 틀을 살펴보고, "어떻게"가 구체적으로 펼쳐낸 세 요소의 견지에서 종교개혁의 얼을 더듬어 보자.

(1) 틀: "무엇"에서 "어떻게"로의 전환이 요구하는 신-인 관계 구성

돌이키건대, "무엇"에서 "어떻게"로의 전환이 아니고서는 교회의 분리 또는 종교개혁이란 감히 꿈꾸어 볼 수도 없었을 것이다. 그런데 "무엇"이 신을 향한 것이라면 "어떻게"는 두말할 나위도 없이 신과 관계하는 인간을 가리킨다. 따라서 근세 전기 인식론적 전환이 신과 인간의 관계에 새삼 주목할 것을 요구한 것은 당연하다. 그런데 아무리 인식론적 반성을 강조하더라도 근세 전기는 고전적 형이상학의 지배에서 아직 벗어나지 못했기 때문에 신과 인간의 관계를 무한자와 유한자의 관계로 간주하는 것 외에 별로 뾰족한 수가 없었던 것으로 보인다. 따라서 우리는 그 시대의 이러한 한계를 염두에 두면서 당시에 전개되었던 신-인간 관계 구성에 주목하기 위해 무한과 유한의 관계를 초점으로 이를 살피고자 한다. 그러나 앞서 논한 바와 같이 종교개혁 운동이 기본적으로 의지주의적 정서를 공유하고 있기는 하지만 무한과 유한의 접촉가능성에 대한 긍정과 부정의 입장은 각각 합리주의와 신비주의의 흔적을 지닌 움직임으로 읽는 것이 더욱 적절하리라는 점을 덧붙여야 할 것이다.

① 유한과 무한의 접촉가능성: 루터

먼저 종교개혁의 선두주자인 마르틴 루터는 신관과 인간관에서 스코투스와 오캄에 이어지는 의지주의적 성향을 표방한다. 이런 성향은 그의 신앙관에도 반영되는데 그에 의하면 신앙이란 높이와 깊이에 이르려는 역설적 생동성을 지닌다. 그러나 그런 행위적 차원은 믿음의 우선성을 전제로 자연스럽게 비롯된다는 것이다. 「믿음과 율법에 관한 토론문」에서 루터는 이를 다음과 같은 명제의 방식으로 표현한다:

> 34. 우리는 다음과 같이 고백한다. 즉, 선행은 믿음에 따라야 한다. 그렇다. 그래야 될 뿐 아니라 자발적으로 뒤따라야 한다. 그것은 마치 좋은 나무가 좋은 열매를 맺어야 할 뿐 아니라 자발적으로 그렇게 하는 것과 같다(마태 7.18).
> 35. 좋은 열매가 좋은 나무를 만드는 것이 아닌 것처럼 선행이 사람을 의롭게 못한다.

36. 그러나 선행이 이미 믿음으로 의롭게 된 사람에게서 비롯되는 것은 마치 좋은 열매가 본성적으로 이미 좋게 된 나무에서 맺어지는 것과 같다.
37. 그것은 철학에서도 사실이다. 행위 없이 또 모든 행위에 앞서 올바른 이성과 선한 의지가 반드시 있어야 한다.
38. 그뿐 아니라 선행으로 이성이 옳게 되거나 의지가 선하게 되는 것이 아니라 선행은 옳은 이성과 의지에서 온다.[25]

있음에 대한 앎의 위치에 견주어질 만한 의지와 행위의 관계에 대한 루터의 설파는 사실상 근세 전기 인식론적 반성이라는 시대정신과의 자연스런 호응이다. 에라스무스와의 논쟁에서 보여주듯이 루터가 인간에게서 의지의 자유를 부정하면서도 교회의 현실에 대한 비판적 혁명의지를 개진하는 방식으로 의지주의적 입장을 드러낸 것도 이런 맥락에서 이해될 수 있다. 물론 그의 이런 사상이 교회의 율법주의적 전통에 대한 반동으로 이어진 것은 당연한 일이다. 따라서 율법과 복음의 대립은 더욱 첨예화되었으며 루터에게서 복음은 은혜 이외에 다른 것이 아니었다. 율법주의에 대한 루터의 비판은 매우 격정적이다:

41. 사람이 율법을 의식하거나 이해하기 시작하는 그 순간처럼 무섭게 죄를 범하는 일은 없다.
42. 간단히 말해 사람은 율법을 이해하면서도 하느님의 은혜를 모르고 절망하거나 그렇지 않으면 율법을 모르고 하느님의 진노를 경멸하면서 자기 자신을 신뢰하든가 하지 않을 수 없다.
    ...
50. 한걸음 더 나아가 우리는 율법을 자랑하며 선행으로 의롭게 되기를 바라는 자를 기다리고 있으니,
51. 이는 세계의 시작부터 그 끝까지 심지어 교회 안에서까지도 율법을 이룩하는 다

---

[25] 지원용 옮김 『루터 선집』 제6권: 교회의 개혁자 (컨콜디아사 1993) 331-2.

만 하나의 실례를 입증하기 위해서다.
　52. 이렇게도 심각한 문제에 있어 선행과 율법의 의를 자랑하면서도 하나의 실례도 보여주지 못한다는 것은 가소로운 일이다.
　53. 엄밀히 말해 이것은 빈 무대에서 놀랄 만한 연극을 구경하는 것, 다시 말해 미친 짓이며 사탄의 웃음거리가 되는 것밖에 아무것도 아니다.[26]

이에 비해 츠빙글리는 토마스 아퀴나스의 합리적 결정론의 요소를 지니면서도 종교개혁정신을 당대의 휴머니즘과 결합하는 데 관심을 두었다. 그에 의하면 신앙은 건강한 삶을 향한 이념적 조화를 가리킨다. 말하자면 루터에 비해 츠빙글리의 신앙관은 상대적으로 정태적인데 이는 그의 합리주의적 분위기에 비추어 당연하겠다. 이런 입장이 율법에 대한 긍정적 인식으로 이어짐으로써 복음을 율법과 결합시켜 "복음적 율법"이라는 이해까지 전개하기에 이르렀다.

　이런 대조는 소위 성만찬 논쟁에서 절정을 이루었는데 루터는 인간적인 것과 신적인 것의 통일에서 출발하여 그리스도의 편재성에 관한 환상적 교설을 내세웠다면 츠빙글리는 인간적 본성과 신적 본성이 그리스도 안에서 날카롭게 분리되어 있다고 함으로써 상징설을 주장했다. 결국 이들 사이의 차이는 영혼과 육체의 관계, 그리고 자연이 지닌 종교적 의미에서의 대조적 입장으로 축약될 수 있다. 즉, 육체와 영혼의 일체성 및 이와 맥락을 같이하는 자연의 신비성을 강조하는 루터의 입장은 "유한은 무한을 포함할 수 있다"finitum capax infiniti는 공식으로 표현되었고, 육체와 영혼의 분리를 귀결시킨 자연의 합법칙성에 대한 신념을 지닌 츠빙글리를 비롯한 그밖의 종교개혁자들의 입장은 "유한은 무한을 포함할 수 없다"finitum non capax infiniti는 공식으로 정리되었다.[27] 물론 신학사적으로 앞서 이 문제에 대한 논의가 없었던 것은 아니지만, 이처럼 무한과의 관계

---
[26] 같은 책 337.

[27] 물론 이런 대조는 그런 사상의 사회적 배경을 그대로 반영했다고 평가되는데, 루터가 전근대적·귀족적 분위기를 아직도 유지하고 있던 독일을 배경으로 했다면 츠빙글리는 상업의 발전을 통해 근대화의 진전을 이룬 스위스를 배경으로 했다는 점이 바로 그것이다.

에서 유한의 비중이 부각되어 입장의 본격적 대조를 이루었다는 것은 "있음"에서 "앎"으로의 인식론적 전환을 통한 인간의 자리찾기라는 철학적 과제가 종교적으로 그리고 신학적으로 지대한 파장을 일으켰다는 것을 뜻한다. "참"에 대해 "무엇"만을 묻고 "있음/없음"만으로 대답했던 시절에 무한에 대해 유한은 그저 이어져 있거나 떨어져 있거나 아랫것일 수밖에 없었다는 점에 비추어본다면, 이제 "어떻게"를 묻고 "앎/모름"을 운운하는 인식론적 전환이 신학에 가져다준 이런 영향의 넓이와 깊이에 대해 새삼스럽게라도 주목해야 할 것이다.

② 유한과 무한의 접촉불가성: 칼뱅

칼뱅의 종교개혁적 주장의 핵심은 뭐라 해도 역시 신의 존엄성이었다. 그에게서 신의 존엄성이란 우선 당시 종교적 제도와 전통을 중시하는 가톨릭 교회의 교회주의에 대항하여 신의 지위를 회복하고자 하는 데 초점이 있었다. 말하자면 칼뱅은 "이 세계에 어떠한 것도 신적 거룩함에 필적하는 것은 없다"는 종교개혁적 원리Protestant Principle를 에누리없이 구현하고자 했다. 물론 이런 자세에는 "인간의 정신은 끊임없이 우상을 만들어내는 경향이 있다"는 예리한 종교적 통찰이 깔려 있었다. 다시 말하면, 인간은 신적 존재의 위엄을 어떤 방식으로든지 "인간적 차원에서 추앙되면서도 동시에 감지될 수 있는 것"으로 표상화해야 직성이 풀리는 본능적 한계로 인해 우상화의 유혹을 벗어나기가 거의 불가능하다는 것이었다. 물론 칼뱅의 이런 통찰에서도 예외없이 "있음"에서 "앎"으로의 인식론적 전환이 일으킨 파장이 넘실거리고 있다. 신에 관한 인간의 온갖 언설이 그저 신의 있음에 대한 직설이라기보다 어쩔 수 없이 앎 안에서 주물러낸 있음인지라 신 자체라기보다 우상일 가능성을 배제할 수 없다는 인식론적 통찰이 이처럼 종교개혁의 기치에 뼈대로 작용하고 있다. 말하자면 있음에 대한 앎의 역할이 이처럼 왜곡적으로 작용함으로써 교회의 역사와 함께 인간의 종교적 심성을 타락시켜 이 지경에 이르렀다는 것이다. 따라서 교회주의로 나타나는 온갖 형태의 우상화를 배격하기 위해 신의 존엄성은 회복되어야 한다는 것이다.

그런데 칼뱅이 그토록 강조하려는 신의 존엄성이란 인간의 비참함에서만 감지될 수 있고 인간의 비참함은 신의 존엄성에서만 인식될 수 있다는 것이 또한 그의 지론이었다. 여기서도 "있음"에 대한 "앎"의 의미가 여실하게 배어난다. 물론 여기서 그가 말하는 비참함이란 "우리는 모두 나면서부터 위선의 경향을 띠고 있으며, 그때문에 옳음 대신에 그것의 공허한 현상만으로도 만족해버린다"[28]는 그의 분석이 향하는 인간의 죄성을 가리킨다. 그런데 여기서 우리가 주목해야 할 것은 신의 존엄성이란 본디 신의 절대성을 의미했겠지만 인간의 비참함이라는 터전을 전제해야 할 만큼 상대적이기도 하다는 점이다. 이러한 모호함은 지고의 자리에 군림하던 "있음"에 대한 "앎"의 도전이 가져온 충격에 의한 것일 수도 있겠지만, 당시의 사고가 형식논리학에 지배되고 있었기 때문이라는 데서도 그 연유를 찾을 수 있다. 즉, 신과 인간은 형식논리학이 설정하는 평면적 영역 안에서 서로 "땅따먹기"를 하는 관계로 파악되었기 때문에 신의 영역이 커지기 위해서는 인간의 영역이 작아져야 하는 형국이었다. 상황이 이렇게 되었기에 신의 위엄을 더욱 드높이기 위해 인간은 더욱 낮고 천하여 "벌레만도 못한 것"이 되어야 했고, 따라서 신의 섭리는 인간에 대한 생사여탈권을 임의적으로 행사할 만큼 막강해야 했다. 이런 과정을 거쳐 소위 예정론이 태동했으니 신의 존엄성에서 예정론으로의 귀착은 그러한 과정을 밟아 왔다.

그러나 예정론이란 과연 무엇인가? 그것은 당연하게도 신의 섭리에 대한 이해에서 나타났다. 그런데 칼뱅에게 있어 신의 섭리란 우선 신의 인격성을 포함한다. 즉, 신은 "지구의 기구와 그 기구의 각 부분을 움직이게 해서 세계를 보존한다. 이 개별적 섭리에 의해 그가 지어냈던 하나하나를, 가장 작은 것, 한 마리의 참새에 이르기까지 지키고 보호하고 염려"[29]할 만큼 생동적으로 현존하신다는 것이다. 물론 이런 의미는 당시 유행하던 자연법 사상뿐 아니라 이를 받치고 있던 이신론에서 그리스도교의 신관념을 구별해 내기 위한 것이었다.

---

[28] John Calvin, *Institutes of the Christian Religion*, I,1,2 [로고스 번역위원 옮김 『칼빈 기독교 강요』 (로고스 1987) 6].

[29] 같은 책 I,16,1 [『기독교 강요』 219].

그에 의하면 그리스도교의 신은 세계 안에서 일어나는 개별적 사건들에 세세하게 관여할 만큼 전능하실 뿐 아니라 일일이 의지하여 작용하신다. 그의 이런 섭리론은 아우구스티누스의 전통을 따라 급기야 악마저 신의 의지 안에 포함된 다고 보기에 이른다: "신은 그의 올바른 의지를 나쁜 인간의 나쁜 의지를 통해서도 성취한다고 아우구스티누스는 말한다. 신은 빛과 어둠도 창조하고, 선과 악도 창조한다. 어떠한 악도 신이 수행하지 않으면 생겨나지 않는다고 아우구스티누스는 선언한다".[30] 이로써 칼뱅의 섭리론은 결정론적 차원을 한층 강화하게 되었는데 이는 당시의 상황이 불안과 파국과 혁명의 시대였기 때문에 사람들이 이런 정도의 강력한 신 이미지를 요구하게 되었다는 데서도 그 연유를 찾을 수 있을 것이다. 말하자면 세상에서 벌어지는 악도 신의 섭리영역 안에 포함되는 것으로 봄으로써 불안을 극복하는 용기를 지니고자 했다. 이렇게 본다면 칼뱅의 예정론도 인간의 필요와 욕구에 따라 신 관념이 얼마나 영향을 받을 수밖에 없는가를 여지없이 확인시키는 탁월한 사례라 하지 않을 수 없다.

인간의 구원보다 신의 영광을 우선시하는 칼뱅의 이런 입장은 인간의 궁극적 목적에 관한 섭리로서의 예정에 관한 교설에서 절정에 이른다. 예정론에서 신은 이제 인간의 의지와 전혀 무관한 폭군으로서의 행동도 불사하는 것으로 묘사된다.[31] 그러나 도대체 이처럼 비합리적으로 묘사되기까지 하는 신의 의지를 역설한 칼뱅의 의도는 무엇이었던가? 몇 가지 이유를 들먹일 수 있겠지만 그중에서도 역시 구원의 확실성을 확보하려는 의도가 가장 핵심적이라는 데는 이의가 없을 것이다. 구원이 필요한 절박한 상황에서 인간이 자신을 되돌아보아서

---

[30] 같은 책 I,18,3 [『기독교 강요』 264].

[31] 칼뱅의 다음과 같은 주장은 좋은 증거다: "우리가 예정이라고 부르는 것은 신의 영원한 섭정이다. 신은 이 섭정에 의해 모든 인간에게 일어나기를 바라는 것을 스스로 결정했다. 모든 인간은 평등한 상태로 창조되지 않았다. 어떤 사람에게는 영원한 생명을, 어떤 사람에게는 영원한 형벌을 미리 정해 놓았다. 따라서 사람은 각기 어느 쪽의 목적을 향해서 창조되었기 때문에 어느 쪽은 생명으로, 어느 쪽은 죽음으로 예정되어 있다고 우리는 말한다(같은 책 III,21,5). … 따라서 우리가 만일 신이 그의 자비를 베푼 이유에 대해 이런 일을 하는 것은 신이 좋아서 하는 것이라는 이유 밖에 아무런 이유도 댈 수 없다면 신이 다른 사람을 버렸다는 사실에 대해서도 그것은 신의 뜻이라는 사실 외에 아무런 까닭도 찾을 수 없을 것이다"(같은 책 III,22,11).

는 어디서도 구원의 확실성을 얻어낼 수 없다면 신이 구원하기로 결정했다는 식의 확실성이라도 만들어 놓아야 겨우 안심이라도 하겠기에 자가당착을 불사하면서까지 신의 절대적 주권성을 그려내고자 했다. 말하자면 신을 "폭군"으로 그려가면서 예정론을 들먹인 결정적 이유도 인간을 위한 구원의 확실성이었던 만큼 인간이란 끊임없이 인간중심주의적으로 생각하고 행동하게 되어 있고 이 점은 신에 대한 관념이라고 예외일 수 없으며 오히려 더욱 증폭된다는 것이 확인될 따름이다.

이런 점은 성서의 권위에 대한 칼뱅의 입장에서도 그대로 나타난다. 즉, 인간은 그 자체로 불안정하고 변덕스럽기 때문에 문서로 고정된 법이 필요하며 그것이 곧 성서라는 것이다. 인식론적 반성에 대해 자못 불안을 드러내기도 하는 칼뱅의 이런 율법주의적 성경관은 성서에서 묘사된 인간의 종교적 성숙단계에 대한 분석이나 비판을 시도하는 루터의 자세와는 사뭇 달랐다. 칼뱅의 이런 태도가 후일 성경주의를 부추기는 데 일조했다는 것은 부인할 수 없는 역사적 사실이려니와 그에게서 중요했던 것이 신의 사랑보다 힘 또는 영광이었다면 그 역시 "종교적 인간"의 원초적 종교성이 향하는 힘 숭배사상에서 별로 벗어나지 못했다는 지적을 면할 수는 없을 것이다.

(2) 얼: "어떻게"가 펼쳐낸 종교개혁의 뜻과 꼴

종교개혁 운동의 깃발에 내걸린 프로테스탄트 교회의 원리가 "이 세상에는 어떠한 거룩한 것도 있을 수 없다"라는 것은 주지의 사실이다. 이 세계 안에 있는 시간과 공간 같은 유한한 것들을 거룩한 것으로 지정하고 더 나아가 인간을 "성인"으로 추대한다든지 종교공동체를 "성도" 또는 "성교회"라고 한다든지, 이것도 모자라 성상을 제작하고 이를 소재로 종교적 제의를 벌이기까지 하는 종교적 제도화라는 행태는 결국 "종교적 인간"이 지닌 원초적 종교성에서 비롯된 신격화의 본능에 의한 것일 뿐이라는 것이다. 물론 이때의 신격화란 은총에 의한 인의認義로서의 성화sanctification와 달리 인간의 종교적 목적을 위해 피조물에게 신성을 부여하는 조작행위를 일컫는다. 그러므로 종교개혁이란 인간의 종교적 본능에 의해 신격화되는 많은 피조물이 한낱 피조물일 뿐이라고 지적함으로써 인간의 그런 욕망을 제도적으로 부추겨 왔던 종교체제에 대한 반동이다.

이런 종교개혁 운동은 주지하다시피 로마 가톨릭 교회의 합리주의적 분위기에 반기를 들면서 의지주의적 정서를 핵심으로 하는 "오직 …만으로"라는 형식으로 표출되었다. 그런데 "오직 …만으로"가 단 하나로 집약되지 않고 세 갈래로 정리되었다는 것이 의아하게 비칠 수도 있지만 그것은 인간 정신의 세 요소가 반영되었기 때문이라고 봄직도 하겠다. 먼저 지성적 차원에서는 고전적 합리주의가 인식론적 반성을 거치면서 지성중심주의를 표방했다면 그러한 주지주의를 거부하고 "오직 성서만으로"sola scriptura라는 구호를 내걸었다. 또한 의지적 차원에서는 고전적 의지주의가 근세로 넘어오면서 주의주의적 성향으로 나타났다고 할 때 이를 거슬러 "오직 은총만으로"sola gratia라는 구호를 외쳤다. 그리고 감정적 차원에서는 고전적 신비주의가 드디어 그 핵심으로서 감정이라는 정체를 드러내면서 주정주의로 쏠렸다면 이를 경계하면서 "오직 믿음만으로"sola fide라는 형태로 결집되었다고 하겠다. 물론 각각의 구호들은 저마다의 개혁적 기치를 표방했는데 먼저 "오직 성서만으로"는 특히 종교개혁의 대상이었던 로마 가톨릭 교회의 제도주의나 이질적 사상에 근거한 교리주의에 대항하여 성서적 전통의 순수성을 회복하겠다는 취지로 외쳐졌던 구호다. 또한 "오직 은총만으로"는 인간의 어떠한 노력과 업적도 신의 구원사역에 영향을 줄 수 없으며 구원의 은총은 오로지 신의 절대적 주권성에 의할 뿐이라는 고백이다. 그리고 "오직 믿음만으로"는 신의 구원이라는 은총에 대해 인간이 취할 수 있는 자세는 오로지 이를 받아들이는 행위인 믿음일 뿐이라는 고백이다.

이런 구호들은 그 자체로는 이처럼 고유하게 진정한 뜻을 담고 있었지만 제아무리 그럴듯한 개혁의 기치를 내걸었다 하더라도 인간의 종교적 욕망으로 인해 이내 곡해와 변질의 역사로 이어졌던 것도 또한 부인할 수 없는 사실이다. 먼저 "오직 성서만으로"는 제도주의와 교리주의로 표출되는 교회주의를 비판하려는 의도에도 불구하고 심지어 필수불가결한 여타의 모든 것을 배척하는 성경주의로 곡해되면서 주지주의적 오류인 문자주의를 거쳐 근본주의를 형성하는 빌미가 되기도 했다. 또한 "오직 은총만으로"는 신의 절대적 주권성을 강조하려던 본래의 취지가 과도하게 강조된 나머지 임의적으로 구원과 저주를 행사할 수도 있다는 폭군적 예정론으로 치달음으로써 과도한 주의주의인 반인간적 은총주의로 전락하기도 했다. 그리고 "오직 믿음만으로"는 인간이 할 수 있는 일이란 신의 구원을 받아들이는 것뿐이라는 겸양을 가리키는 취지에도 불구하고 오히려 신앙 때문에 구원받는다든지 구원받기 위해 신앙한다는 방식으로 신앙과 구원을 무리하게 묶음으로써 구원의 절대적 주권성을 손상하면서까지 신앙을 강조하는 주정주의적 신앙주의로 빠지기도 했다. 그 의도의 진정성에도 불구하고 처음마음처럼 실천되기보다 이처럼 곡해될 수밖에 없었던 것은 "오직 …만으로"라는 자세가 결국 주가 아닌 것을 주로 모시려는 신격화 본능과 불가피하게도 얽혔기 때문이리라. 결국 교회전통이 어떠하든지 인간은 이미 종교적이며 그런 이상 그의 종교적 욕망을 만족시키기 위해 피조물을 신격화하려는 본능에서 자유롭지 못하다는 점만큼은 재론의 여지가 없다. 달리 말하면 가톨릭 교회는 인간의 공적이나 금욕적 고행 등을 통한 신앙을 내세우는 업적주의로의 전락가능성을 지니고 있었다면 프로테스탄트 교회는 "오직 …만으로"의 방식으로 표출되는 자기중심주의로의 파국가능성을 안고 있었다.[32]

4) 근세 신학의 고백적 신관

지금까지 개괄한 종교개혁자들의 사상은 그 미세한 차이에도 불구하고 종교개혁 운동이 그 자체로 의지주의적 정서를 공유함을 보여준다. 다만 루터는 종교개혁을 향한 인간의 의지를 강조하는 방향이었다면, 칼뱅은 신의 의지에 초점

---

[32] 서방교회 안에서 소위 "종교개혁"이라는 이름의 교회분열이 일어난 후 소위 "개혁교회"가 구호로 내걸었던 몇 개의 "오직 …만으로"가 초래한 사상적 축소화는 그리스도교 역사의 풍부한 정신문화적 전통에서의 단절을 향해 치달았다. 위에서 간략히 살펴보았듯이 이런 단절이 온갖 형태의 환원주의적 독선과 중심주의적 아집이라는 비극으로 이어졌음은 주지의 사실이다. 따라서 개혁의 기치를 내걸었던 교회가 또 개혁의 대상이라는 목소리는 이제 진부하다. 아니 사실 교회란 늘 개혁되어야 한다. "종교개혁" 이후의 교회라는 이유로 개신교회가 무슨 개혁을 이루기라도 한 것처럼 착각한다면 이는 역사적 무지와 사상적 천박, 그리고 결정적으로는 종교적 위선이다.

을 맞추었다는 차이를 확인할 수 있다. 그런데 종교개혁 운동이 "오직 …만으로"라는 구호의 형식으로 집약될 수 있을 만큼 단호한 의지의 집결이었다는 점이 시사하는 바는 실로 지대하다. 이는 곧 전통적으로 숭앙되었던 지성적 신관에서 벗어나는 변혁을 의미한다. 종래의 지성적 신관에서 신은 지고의 지성으로 모셔져 왔다. 그리고 그런 신에 대한 인간의 관계는 지성적 차원에서 교리를 받아들이고 승인하는 방식을 기본으로 했다. 말하자면 교리적 신 관념이 지배적 유형으로 받아들여졌다. 그런데 이제 종교개혁 운동의 의지주의적 정서로 인해 신 관념은 지성적이기보다 의지적 성격을 더 강하게 띠게 되었고 그런 신에 대해 인간이 지니는 관계도 교리에 대한 지적 수용보다는 의지적 고백의 형태로 변화하게 되었다. "무엇"을 묻고 그 물음이 전제하는 불변적 동일성이라는 기준을 만족시키는 무한자로서의 신만을 그리다가 "어떻게"로 넘어가면서 앎의 유한성을 발견하게 됨으로써 신과 인간의 관계를 무한자와 유한자의 그것으로 파악하게 되었다는 것은 이미 그 자체로 혁명적 변화일진대, 도대체 무한-유한의 관계에 대한 논의라는 것이 무한자로서의 신에 대한 인간의 유한성 고백 이외에 무엇이겠는가? 따라서 인간 자신의 유한성에 대한 정직하고도 절절한 의식 없이 무한자로서의 신에 대한 "사심없는"(?) 묘사인 교리에 바탕한 신관이 부득이 객관주의적 방식의 신앙을 전제했다면, 앎과 모름 사이의 모호한 경계에 대한 깨달음에 의한 유한성 인식에서 출발하는 신관이 고백과 같은 다소 주관주의적인 형태의 신앙을 상정하는 것은 당연했다. 말하자면 단적으로 신神에 대한 유구하고도 아련한 관심에서 신앙信仰에 대한 직접적 관심으로의 전환이라는 종교-신학사적 사건이 이제 "무엇"에서 "어떻게"로, 그리고 있음에서 앎으로의 전환을 기축으로 하는 인식론적 반성에 의해 일어나게 되었다.

이처럼 인식론적 전환이라는 사상사적 사건은 "거기 그렇게 있음"이라는 틀 안에서 묘사되던 신 자체에서 "앎의 주체로서의 인간과의 관계에서의 있음"이라는 틀에서의 신, 그리고 그런 신과 관계하는 인간의 관계행위로서의 신앙으로 관심의 초점을 전환 확대시켰다. 이런 전환의 역사적 의미는 실로 지대한데, 실제로 이런 전환 이전에 벌어졌던 종교적 박해에 의한 무수하고도 무고한 순교를 현격하게 줄일 수 있었다는 데서 더할 나위 없이 고귀한 증거를 찾을 수 있다. 동일하다 못해 하나여야 할 것 같은 "무엇"이 순교와 배교 사이에서 양자택일만을 강요하던 상황에서 이리저리 더듬을 가능성을 가리키는 "어떻게"로 넘어간다는 것은 그야말로 구원의 사건이 아닐 수 없다. 말하자면 이런 사상적 전환을 통한 종교적 변혁은 인간과 종교의 관계에서 종교가 지녀야 할 위치 정립에 그만큼 다가가는 성과를 이루었다는 역사적 평가를 아무리 강조해도 지나치지 않다. 물론 이런 평가가 종교개혁에 대한 무조건적 예찬으로 오해되어야 할 이유는 전혀 없지만 말이다.

그러나 지성에서 의지로의 이런 근세적 전환은 우연한 대안적 선택에 의한 것이 아니었다. 그것은 결국 근세에서 현대로의 전환에서 등장하는 인간의 종교체험이라는 새로운 범주를 위한 예비적 단계로서의 의미를 지녔기 때문이다. 말하자면 이런 근세적 전환이 제아무리 해방을 향한 변혁의 의미를 지녔다고 하더라도 "어떻게"라는 물음과 "앎-모름"이라는 대답의 구도에서는 믿음이라는 것이 여전히 앎에 연관되는 데 머물렀을 뿐이다. 믿음의 범위와 의미가 삶이라는 영역 전반에 연관되어야 하리라는 신념이 본격적으로 체현된 것은 신-인간의 관계에 대한 이해를 위해 체험이라는 범주가 본격적으로 전면에 등장하게 된 현대에 이르러서야 비로소 기대될 수 있는 것이었다.

간추린다면, 지성주의를 기조로 하는 고전시대의 지성적 신에 대한 관계가 교리적이었다면, 근세 종교개혁 운동의 의지주의에 힘입어 전환된 의지적 신에 대해서는 고백적으로 관계했고, 현대로 넘어와 낭만주의 등 감정주의적 분위기가 고조되면서 부각된 감정적 신에 대해서는 체험을 중시하는 관계방식이 전형을 이루게 되었다. 앞으로 좀더 상세히 살펴보겠지만 이런 일련의 흐름에 대한 관찰에서 우리는 신관의 변천이 인간의 자기이해의 변화와 철저히 맞물려 있음을 다시금 확인할 수밖에 없다.

비로소 있음과 앎을 엮어 체계를 이루며 ④

근세 후기 형이상학과 신학의 가지 뻗기

1. 얼개: "무엇"과 "어떻게"를 엮어서

"참이란 무엇인가?" 이를 묻고 대답을 시도한 고중세의 형이상학이 구름잡는 모호한 이야기가 아닌가 하는 의구심이 들기 시작한 것은 새로운 시대인 근세를 열어준 자연과학의 눈부신 발전에 세인들이 매료되기 시작하면서였다. 눈앞에 분명하게 드러나는 과학의 업적에 비추어 철학이나 신학은 이래도 그만 저래도 그만인 것 같은 데다가 수천 년 내려오면서도 별로 뾰족한 수가 없어 보이니 사람들의 눈이 돌아가는 것은 당연했다. 이래서 황급히 옷매무새를 고쳐잡은 것이 철학계에서는 인식론적 전환으로 나타났고, 당시 서구 종교계의 대세였던 그리스도교계에서는 특히 서방교회 안에서 소위 "종교개혁" 또는 "교회의 분리"라는 방식으로 대응했다. 이제 "참"은 "무엇"이라는 물음만으로는 전혀 충분히 대답될 수 없을 뿐 아니라 결코 온전히 물어질 수도 없으리라는 깨달음이 팽배하던 차에 자연과학이 삼박하게 보여준 관찰과 실험이라는 탁월한 탐구방법은 "어떻게"로 눈을 돌리게 했고 이에 힘입어 "참은 어떻게 알려지는가?"라는 물음으로 인식론이 전개되었다. 말하자면 "무엇"이라는 물음에서 "어떻게"라는 물음으로 혁명적 모형전환이 이루어졌던 것이다.

이게 뭐 그리 대단해서 혁명적이냐고 할지도 모르지만 그것은 오늘날의 시각에서일 뿐이다. 이것은 여러 개의 의문사 중에서 임의로 이것에서 저것으로 단순히 옮겨간 것이 아니다. "참"에 대해 오로지 "무엇"만을 묻다가 물음이 그렇게만 제기되어서는 충분하지 않다는 당시의 깨달음은 가위 "참의 무엇"이 누려 왔던 신성불가침의 특권에 대한 도전이 아닐 수 없었다. "참"이란 오로지 그 자체로 빛을 비추어 뭇 인간을 일깨우는 근원인 동시에 힘이었고 따라서 이에 대해 감히 묻는다는 것 자체가 불경스런 일이었기 때문이다. 혹시 "참"에 대해 묻는다면 "그 '참'이 '무엇'을 우리에게 주셨는가?"를 물을 수 있을 뿐이라는 경외심이 지배적이었다. 따라서 "무엇"이라는 물음은 그밖의 다른 것으로 대치될 수 없는 유일한 제의적 경배로 간주되어 왔다. 상황이 이러하니 감히 다른 물음을 대입한다는 것은 능지처참을 면치 못할 신성모독이나 불경죄에 해당하는 것으로 여겨졌을 것은 짐작이 가고도 남는다. "어떻게"라는 물음으로의 전환이 혁명적이라고 하는 것은 바로 이때문이다. 게다가 이는 자연과학의 발전에 힘입은 인간 해방 선언으로서의 의미를 지녔다는 점에서 그런 혁명적 분위기는 더욱 분명했다.

그런데 이렇게 "참"의 "무엇"에 대해 또한 이와 연관하여 "어떻게"를 묻게 되면서 이 두 물음 사이의 관계에 대해서도 무엇인가 정리되어야겠다는 느낌이 대두되었다. "참"을 향해 던져진 물음들이 이런저런 구실로 각기 따로 논다면 "참" 추구의 가능성 자체가 실종될 수밖에 없겠기 때문이다. 그리고 "참"이란 모름지기 같음을 넘어 하나여야 할 것이라는 신념이 아직도 집요하게 지배적이었기 때문이다. 물론 인식론이라는 이름 아래 이런 작업이 이미 전개되지 않았던 것은 아니지만 이것도 이성론과 경험론의 대립으로 펼쳐지다 보니 두 물음 사이의 관계가 그리 간단하지 않았다. 이런 이유로 이를 좀더 체계적으로 정리하기 위해 인식론의 두 "지류"는 종합이라는 "호수"로 흘러들어가게 되었다. 그리고 앞장에서도 살펴보았듯이 그 "호수"에서 인간은 "앎의 주체"라는 이름으로 "어떻게"의 중요한 축을 이루게 되었고 "참의 무엇"과 얽혀서 온전히 "참"의 모습을 드러내는 것을 과제로 삼게 되었다. 여기서 비로소 "있음"과 "앎"은 "참"을 향해서 그리고 "참"을 위해서 어떤 것이 먼저고 나중이라고 할 수도 없을 만큼 얽혀야 할 본질적 요소로 받아들여지게 되었다.

물론 이런 과정이 구체적 역사를 통해 확인될 수 있듯이 그렇게 매끈하고 순탄한 것은 아니었다. 주지하다시피 이런 과정의 구체적 전개는 그렇게 유구한 세월 동안 군림해 왔던 "있음"에 대해 이제 등장하기 시작한 "앎"이 자신의 구조적 한계를 직시한 데서 출발했다. 그러나 "참"과의 관계에서 적어도 인간이 차지하고 있는 "앎"이 결코 간단히 부차적인 것이 아니라 "있음"과 동격이어야 한다는 통찰이 근세 후기의 기본구도를 이루었다는 점만큼은 분명하다. 따라서 근세 후기의 철학은 "있음"만큼이나 "앎"이 커져간 과정이었고 이를 통해 비로소 "있음과 앎의 같음"에 도달하고자 한 것이었다고 해도 좋을 것이다.

생각해 보라! 실로 "참"이란 무엇인가? "있음과 앎의 같음"이 아니던가? 있는 대로 알고 아는 대로 있으면 그것이 바로 "참"이 아니고 무엇인가? 무엇을 더 바랄 것인가? 그러기에 이 경지가 지상 목표임은 당연하다. 근세 후기는 고중세 형이상학에서 "무엇"을 그리고 바로 앞선 근세 전기의 인식론에서 "어떻게"를 물려받아 "무엇-어떻게"로 함께 묶어 물음으로써 그런 지상 목표를 달성하고자 했다. 현대인들의 예찬을 받아 마땅한 업적을 이루었으니 대대로 길이길이 물려줄 위대한 유산이었다. 형이상학과 인식론의 종합을 통한 "참"의 온전한 경지! 우주를 분석하고 종합해내는 완전한 논리 체계!! 서구 문화사의 유구한 과제요 인류의 숙원사업이 눈앞에서 성취되는 순간이었다!!! 적어도 현대의 반동이 핵폭발을 일으키기까지는!!!!

2. 흐름

근세 후기는 어떤 시대인가? 전기에 대두된 인식론에서 이성론과 경험론이 경합을 벌이는 듯했지만 그 실상도 알고 보면 저마다의 이야기가 반쪽일 뿐임을 눈치채지 못할 정도로 둔한 족속들은 아니었다. 이 양대 사조는 사실상 이쪽의 끝에서 저쪽이 시작하고 저쪽의 끝에서 이쪽이 시작한다는 것을 이내 간파했다. 이미 간략히 살펴보았듯이 이 양자는 서로간의 만남과 수렴을 부추기고 있었고 마치 꼬리부터 먹어 들어가서 결국 자기가 자기 입을 먹어야 하는 메두사처럼 이미 그렇게 얽히지 않으면 안되는 지경에 이르렀다. 그리고 바로 그런 얽힘의 틀을 매끈하게 매만지려는 한 위인이 나타났으니 그가 바로 칸트였다.

이제 칸트는 인식론의 종합이라는 터전을 구축함으로써 뒤이어 등장한 새로운 형태의 형이상학을 위한 예비자 역할을 — 그 역할이 순리적이든 역리적이든간에 — 톡톡히 해냈다. 그는 인식론에서 이성론과 경험론을 시작과 끝의 맞물림 관계로 정리하면서 독특한 체계적 인식론을 구축했다. 그런데 이성론자나 경험론자들이 "앎이 어떻게 일어나는가?"라는 문제에 관심했다면 칸트는 "그런 앎이 도대체 어떻게 보편적이고 필연적일 수 있는가?"라는 문제를 파고들었다는 점에서 구별된다. 그 스스로 고백하듯이 경험론자 중 감각회의론이라는 극단적 입장을 개진한 흄에게서 번뜩이는 통찰을 전수받은 후, 흄이 역설한 인과율의 증명불가성과 데카르트의 이성론을 연결하려고 발버둥치다가 라이프니츠의 "적극적이고 활동적인 정신"이라는 개념에 착안함으로써 선험적 이성과 경험적 감각경험을 종합적으로 연결시킬 가능성을 모색했다. 즉, 정신이 바로 그렇게 활동적이어서 이성과 경험을 연결시킬 능력을 소지한다는 것이다. 곧 구체적으로 살펴보겠지만 이것이 칸트가 시도한 인식론적 종합의 전제였다.

이제 칸트의 인식론적 종합을 토대로 근세 후기의 형이상학은 고중세와 매우 다른 모습으로 복고된다. 즉, 인식론적 반성과 종합의 강력한 영향권 안에서 다듬어지는 새로운 형이상학은 전체적으로 인식론적 형이상학이라 할 만큼 "주관적" 형이상학이 된다. 이런 관점에서 인식론적 전환 이전의 고중세 형이상학은 상대적으로 "객관적" 형이상학이라고 부를 수도 있겠다. 물론 고중세 당시는 인식론적 반성이 본격적으로 개진되지 않았으므로 아직 주체와 객체의 본격적 구별이나 분리도 나타나지 않았고 따라서 객관적이라는 수식이 딱히 적절하지는 않지만, 인식론적 반성을 분기점으로 한다면 그렇게 분류할 수도 있다는 말이다. 근세 후기의 형이상학을 단적으로 "독일관념론"으로 일컫는 것도 바로 이런 분류가능성을 토대로 한다. 그런 주관적 형이상학은 또한 그 안에서 다소 입체적인 전개 양상을 보이는데 관념론 안에서도 주관적 성향과 객관적 성향의 대조가 벌어졌고 당연하게도 이를 종합하려는 또하나의 집성적 시도로 그 흐름은 절정을 이루었다. 먼저 주관관념론으로 분류되는 피히테의 유아론적 형이상학이 개진되었다. 그런가 하면 그런 극단적 주관주의에 대한 반동이 쉘링에 의해 전개되었는데 이는 범신론적 성향을 지님으로써 객관적 관념론으로 분류되었다. 그러나 칸트가 선언한 앎의 한계를 피히테와 쉘링의 형이상학적 통찰에 힘입어 극복하려는 종합적 기획이 전개되었으니 바로 여기서 헤겔의 절대 관념론이 나타난다. 그러나 우리는 이 모든 역사적 흐름을 상론할 수 없고 그럴 필요도 없으며 단지 신학을 위한 철학이라는 목적에 비추어 칸트와 헤겔에 한해 간략히 살펴보고 그 신학적 함의와 파장에 대해 검토하고자 한다.

1) 인식론의 종합과 형이상학의 재건: 칸트

"어떻게"를 묻고 앎의 생리를 파헤치면서 "참"을 구하는 작업이 인식론이라면 칸트의 인식론은 가위 이성론과 경험론의 종합이다. 그러나 이 양자를 대책 없이 뒤섞은 것은 아니다. 칸트는 경험론에서 인간이 있음 자체를 "그대로 알 수 없다"는 통찰을 배우고 이성론에서는 그럼에도 일단 있음에서 오는 앎의 조각들을 "나름대로 엮어내는 힘"이 인간의 정신 안에 있음을 받아들였다. 이렇게 함으로써 그 순서는 자동적으로 정리된다. 즉, 먼저 "아직 알려지지 않은 있음"이 무엇인가를 뿜어내는데 인간은 이를 안으로는 시간적으로, 밖으로는 공간적으로 한정지으면서 포착함으로써 그 한계 안에 잡힌 것만큼을 일단 추려내는 기능을 지닌다. 이때 한계짓는 포착을 직관Intuition이라 한다면 이를 통해 추려지는 내용을 지각Perzeption이라 하는데 이를 담당하는 기능이 곧 수동적이고 수용적인 감성Sinnlichkeit이다. 즉, 감성 안에 시간과 공간이라는 두 팔이 있어 "아직 알려지지 않은 있음"을 향해 벌림으로써 무엇인가 받아 담게 되는데 이때 두 팔이 직관이라면 담긴 것이 지각이라는 것이다. 말하자면 경험론이 먼저 깔리지만 이때의 경험이란 경험대상을 만나기 전에 이미 설치되어 있는 직관이라는 선험적 장치를 지닌 감성을 통한 것이다. 그럼에도 "가령 우리의 모든 인식이 경험과 더불어 시작된다 하더라도 인식이 모두 경험에서 생겨나는 것은 아니다"[1]라는 칸트의 경고처럼 경험은 인식의 조건일 뿐 원천일 수는 없다.

---

[1] Immanuel Kant, *Kritik der reinen Vernunft*, B1 [전원배 옮김 『순수이성비판』 (삼성출판사 1999) 64].

더욱이 이렇게 감성적 경험을 통해 얻어진 지각은 산발적 조각들이어서 앞으로 알려질 수 있기는 하지만 아직은 안개 속에 파묻혀 있을 뿐이다. 따라서 이것들을 무엇인가로 드러나게 해야 하는데 바로 능동적이고 자발적인 오성Verstand이 이들을 조합적으로 정리한다. 이때 조합을 위해 사용되는 틀을 칸트는 범주Kategorien라고 불렀는데 이 범주들을 통해 지각이 정리되면 비로소 무엇인가로 알려질 만한 개념Konzeption이 형성된다는 것이다. 예를 들면, 감성이 지닌 시간·공간과 같은 직관뿐 아니라 범주를 통해 파악되는 물리학의 법칙도 사실상 자연계 자체에 내재하는 것이 아니라 인간의 오성 안에 연관구조로 존재한다. 따라서 오성이 자연대상계에 이런 법칙을 선험적으로 부과함으로써 비로소 필연적이고 보편적인 사유가 가능하게 된다는 것이다. 이처럼 오성의 범주들도 감성적 경험을 통한 지각이 형성되기 전에, 즉 인식대상을 만나 경험하기 전에 이미 오성 안에 설정되어 있는만큼 오성도 선험적이다.

이처럼 감성과 오성이 모두 인식대상을 만나 경험하기 전에, 아니 심지어 바로 그런 경험을 가능케 하는 조건으로 구비되어 있으므로 선험적이다. 그렇게 선험적 감성을 통해 지각이 형성되고 또한 선험적 오성을 통해 그 지각을 개념으로 형성시키기 때문에 칸트의 인식론을 "선험적 구성설"Transzendentalkonstitutionstheorie이라고 부른다. 여기서 "내용 없는 사상은 공허하고 개념 없는 직관은 맹목적이다"[2]라는 유명한 격구가 등장한다. 다시 말하면 지각은 개념을 통해 비로소 목적성을 지니고 개념은 지각에 의해 내용을 갖추게 되는 것이다.

그런데 이 시점에서 우리가 점검하지 않으면 안될 것은 바로 "아직 알려지지 않았던 있음"의 운명이다. 그렇게 "아직 알려지지 않았던 있음"이 이제 선험적 감성을 통해 지각으로 추려지고 나아가 선험적 오성에 의해 주물러져서 개념에 이르렀다면, 과연 그런 있음이 그대로 알려지게 되는가? 물론 전혀 그렇지 않다. 아니 이미 그럴 수 없다. 감성과 오성이 선험적이라는 것은 칸트가 "물 자체"Ding-an-sich라고 부른 "아직 알려지지 않았던 있음"과는 별도로 앎의 장치들

---

[2] 같은 책 B 75 [『순수이성비판』 106].

이 작동한다는 것을 뜻하기 때문이다. 물론 그런 있음과 무관하게 앎이 스스로 무엇인가 조작하고 산출한다는 것은 결코 아니다. 다만 있음이 곧 "그대로"(물 자체) 앎에 녹아들 수 없고 단지 앎의 방식 "나름대로"(현상) 주물러질 수밖에 없다는 앎의 한계가 만방에 여실히 드러났다. 말하자면 "아직 알려지지 않았던 있음"은 "여전히 그대로 알려질 수는 없는 있음"이며 "앎"이란 그런 있음에 대해 "나름대로의 방식으로 주물러 내어진 앎"일 뿐이다.

그렇다면 물 자체는 그렇게 알려지지 못한 채로 머무르고 말아야 하는가? 여기서 우리는 비로소 칸트 인식론의 마지막 단계인 이성Vernunft에 대한 논의로 들어가게 된다. 오성이 기껏해야 학문적 지식에 이르는 것과는 달리 이성은 실재에 대한 포괄적 파악을 담당한다. 이성이란 물론 시공간의 감성형식과 범주의 오성형식의 이질적 관계를 매개적으로 종합하는 능력을 포함하며, 이런 이유로 "생산적 구상력"produktive Einbildungskraft이라고 한다. 이성은 개개의 질료들에 대해 일정한 도식Schema을 구성하는데 이는 결국 이념Idee을 요청하는 방식으로 감성과 오성을 종합한다. 그러나 이런 과정에서 이성은 "아직 알려지지 않은 있음"을 액면 그대로 드러내기보다 오히려 종국적으로 이율배반에 빠짐으로써 스스로의 한계를 철저히 드러내게 된다. 이것이 칸트가 이성의 유한성, 즉 앎의 한계성에 도달한 과정이다. 이로써 칸트의 인식론은 "물 자체 불가지론과 이성의 한계성", 또는 우리의 표현으로 한다면 "있음의 무한성과 앎의 유한성"이라는 상관어구로 정리될 수 있겠다.

간략한 되짚음을 통해 우리는 이제 칸트의 선험적 구성설이 과연 이성론과 경험론의 종합으로 "두 지류를 합하는 호수"에 비견되는 이유를 깨닫게 된다. 여기서 눈여겨보아야 할 것이 있으니, 그것은 그의 선험적 구성설이 적어도 이 선언의 이전과 이후를 가르는 결정적 분기점이 되었다는 사실의 역사적 의미다. 즉, 이전에는 인간이 인식주체로서의 지위를 전혀 지니지 못했는데, 근세에 이르러 인식론으로의 전환 덕분에 데카르트에서 대상세계와 동격으로 실체성을 지닌 주체로 부상하게 되었고, 내친걸음에 한발짝 더 나아가 인간이 대상세계에 대한 경험에 앞서 선험적 주체로 부상하게 되었다. 대상세계에 대해 인간이 전혀 아무것도 아니었던 것이 잠시 맞먹는 듯하다가 이제는 아예 그 대상 위에 올라서게 되었으니 이것이야말로 천동설에서 지동설로의 대전환이 아니고 무엇인가? 칸트의 선험적 구성설이 "코페르니쿠스적 전환"kopernikanische Wendung 이라고 불리는 것은 바로 이때문이다. 이 대목에서 분위기의 숙지를 위해 있음에 대한 앎의 형식에서의 선험성에 대한 칸트의 열변을 잠시 음미해 보자:

> 사람들은 여태까지 우리의 모든 인식이 대상을 따르지 않으면 안된다고 생각해 왔다. 그러나 개념들을 통해 대상들에 관해 우리들의 인식을 넓혀줄 어떤 것을 선천적으로 결정하려는 시도는 이런 전제 아래서 헛일이 되고 말았다. 그래서 대상들이 우리의 인식을 따라야 한다고 가정함으로써 우리가 형이상학의 여러 과제에 더 잘 접근할 수 있는가를 검토해야 할 것이다. 이렇게 하는 것은 대상들이 우리에게 주어지기 전에 이들에 관해 어떤 것을 확정해야 한다는 요구를 내세우는 형이상학의 인식가능성과 선험적으로 더 잘 일치한다. 이것은 코페르니쿠스의 기본사상과 같다. 코페르니쿠스는 별들이 바라보는 자들을 중심으로 해서 돈다고 가정했을 때는 천체의 운동을 설명하는 데 실패했으나 그 뒤 이와 반대로 별들은 가만히 있는데 바라보는 자들이 돈다고 가정하면 천체의 운동을 설명하는 데 성공하지 않을까 하는 것을 실험해 보았다. 그런데 형이상학에서도 사람들은 대상들의 직관에 관해 이와 비슷한 방법으로 실험해 볼 수 있다. 만일 직관이 대상들의 성질들을 따르지 않으면 안된다면 나는 어떻게 해서 선험적으로 그 대상들에 관해 무엇을 알 수 있는지를 알 수 없다. 그러나 대상이 우리의 직관능력의 성질을 따른다면 나는 이 가능성을 매우 잘 알 수 있을 것이다.[3]

이제 철학사에서 이런 지각변동을 일으킨 칸트의 선험적 구성설은 어떤 의미를 지니는가? 거론 가능한 많은 이야기 중에서 우리의 목적을 위해 다음과 같은 두 가지 상반된 요소에 주목할 필요가 있다. 즉, 인식주체의 선험성이 지니는

---

[3] 같은 책 B XVI-XVII [『순수이성비판』 40-1].

양면성인데, 앎의 차원에서는 인식대상에 대한 인식주체의 주도권을 가리키지만, 있음의 차원에서는 인식대상에 대한 인식주체의 한계성으로 나타난다. 말하자면 선험성이란 경험에 앞서 경험을 가능케 한다는 점에서는 경험 대상에 대한 주체의 우위를 의미하지만, 감성의 장치인 직관에 의한 시공간적 유한화뿐 아니라 오성의 장치인 범주의 규정화도 곧 주체의 한계성을 가리킨다.

그렇다면 이성의 경우에는 어떠한가? 앞서 간략히 살핀 대로 칸트는 인식행위를 감성과 오성에 국한시키고 이를 종합하는 최고의 지위에 이성을 설정하면서 초월적 무제약자, 또는 이념을 탐구하고자 하는 원리로서의 이성이라고 규정했다. 그렇지만 이성이라고 별수가 있는 것은 아니었다. 이성의 선험성에 대해서는 필연성과 보편성이라는 달을 가리키는 손가락으로서의 역할이 기대되었지만 선험성의 생리와 운명에서 예외일 수는 없었다. 이성의 이율배반은 바로 이것을 증명해 준다. 예를 들어, "이 세계는 유한하다"는 명제와 "이 세계는 무한하다"는 명제는 어느 것도 진위판정을 위한 입증이 가능하지 않음으로써 모순이 동시에 성립하는 이율배반에 봉착하지 않을 수 없다. 이런 상황은 자유와 필연성의 모순이나 신의 존재 여부에 대한 상반된 주장에서도 마찬가지인데 이런 이유로 이 문제들은 이성을 궁극으로 하는 인식론의 문제가 아니라 도덕과 종교에 연관된 신앙적 영역으로 넘겨진다. 결국 칸트는 이성과 신앙, 또는 과학과 종교를 철저히 분리하고 후자는 전자의 법정에서 심판을 받아야 할 대상이 아닌 고유영역이라고 못박는다. 이런 맥락에서 그는 신의 존재에 대한 형이상학적 논증이 불가능하고 무의미하다는 점을 역설한다. 그리고 이것이 바로 그가 순수이성에서 실천이성으로 넘어가는 계기 또는 발판이 되었다. 말하자면 여전히 이성의 경우에도 선험성의 운명인 유한성은 어쩔 수 없는 것이었다.[4]

---

[4] 그런데 이처럼 선험성의 우위성과 한계성이라는 대조적 성질은 "돌이킬 수 없는 선언" 이후 시대에 대한 결정적 신호인 동시에 현대로 넘어와서 다양한 갈래로 흩어질 주체의 운명에 대한 전조이기도 했다. 선험성이 뜻하는 객체에 대한 주체의 우위성과 한계성은 실로 오묘했으며 따라서 이 양자를 어떻게 엮는가에 따라 이후의 철학적 구도는 매우 다양하게 전개되어 왔다. 사실상 헤겔도 철학적 문제를 이 지점에서 시작했으며 양자의 관계에서 한계성을 넘어 우위성을 극대화함으로써 절대정신을 옹립하게 되었고 급기야는 "인간의 신격화"라는 비판까지 받게 되었다.

이처럼 어쩔 수 없는 선험성의 운명에 의해 한계가 드러난 이성은 이제 실천의 영역으로 눈을 돌린다. 그리고 그런 전환에서 형이상학의 가능성을 다시 모색한다. 도덕형이상학이란 이런 동기에서 추동된 것이며 여기서 칸트의 철학적 기여는 고조에 달한다. 그는 이제 실천영역에서의 "참"이라고 할 수 있는 선善을 형이상학적으로 모시기 위해 선의 당위성에 대한 근거를 찾아나선다. 말하자면 "착하게 살아라"는 말을 어릴 적부터 들어오긴 했지만 "과연 착한 사람이 더 고통당하고 악한 사람들이 더 잘 먹고 잘 사는 이 세상에서 과연 착하게 살라는 것은 얼마나 정당하고 그래야 할 이유는 도대체 무엇인가?"라는 물음에 당도하지 않을 수 없기 때문이다. 이 맥락에서 당위의 형이상학적 위상에 대한 칸트의 기염은 음미될 필요가 있겠다:

> 당위는 일종의 필연성과 근거들과 결합하는 방식을 나타낸다. 이런 방식은 자연 전체에서도 일어나지 않는다. 오성이 자연에 관해 알 수 있는 것은 무엇이 있고 있었으며 있게 될 것인가 하는 것뿐이다. 자연에서는 어떤 것이 이런 시간적 관계 안에서 실제로 있었던 것과 다를 수가 없다. 만일 우리가 그저 자연의 과정만 보고 있다면 당위는 전혀 아무런 뜻도 없다. 우리는 자연에서 무슨 일이 생길 것인가 하는 것은 전혀 물을 수 없다. … 그런데 이런 당위가 한 가지의 가능한 행위를 나타낸다. 그런데 이 행위의 근거는 단순한 개념 외의 다른 아무것도 아니다. 이와 반대로 단순한 자연적 행위의 근거는 언제나 틀림없는 현상이다. … 나를 의욕하도록 몰아대는 자연적 근거가 아무리 많더라도, 또 감각적 자극이 아무리 많더라도 이런 것들이 당위를 만들어낼 수는 없고 만들어지는 것은 아직도 필연적 욕망이 아니라 언제나 조건지어진 욕망뿐이다. 이와 반대로 이성이 명령하는 당위는 조건지어진 욕망에다 기준과 목표, 아니 금지와 존경을 맞세운다. … 이성은 경험적으로 주어져 있는 근거에 따르지 않고 현상 속에서 나타나는 것과 같은 사물들의 질서에도 따르지 않고 완전히 자발적으로 이념에 따라 독자적 질서를 만들고 경험적 조건들을 이 질서에 들어맞게 한다. 그리고 이성은 아직 생기지 않았고 아마 앞으로도 생기지 않을 행위들을 이 이념들에 따라

생길 필연적인 것이라고 선언한다. 그러나 이성은 모든 행위에 관해 이성이 행위와의 관련 속에서 인과성을 가질 수 있다는 것을 전제하고 있다. 그렇지 않고서는 이성이 경험에서의 결과를 이성의 이념들에서 기대할 수 없기 때문이다.[5]

당위에 대한 이런 입장을 토대로 칸트는 우선 어떤 행위가 선하기 위해 그 행위가 자유로운 의지에 근거해야 한다는 조건에 주목하여 선을 위한 일차적 조건으로서 자유를 지목한다. 자유 없이는 어떤 행위도 그 자체로 선하거나 악하다는 윤리적 판단을 할 수 없겠기 때문이다. 말하자면 자유는 선의 존재근거 causa essendi이며 선은 자유의 인식근거causa cognoscendi가 된다. 그러나 자유롭게 선을 택하여 행위했더라도 여전히 이 세상은 악이 득실거릴 뿐 아니라 득세하여 오히려 선을 지배하고 선에게 고통을 가하는 현실이라면, 그리고 이런 현실을 극복하지 못하고 이 세상을 하직할 수밖에 없다면, 그런 선이 자유에 의한 것인들 무슨 의미가 있겠는가? 이런 문제에 직면하여 칸트는 비록 현실에서 이렇게 될 수밖에 없더라도 내세에서는 그 보상과 징벌을 합리적으로 받아야 하므로 죽은 후라도 영혼은 불멸하여 이런 정의실현에 참여해야 한다는 것이다. 따라서 영혼의 불멸성도 선을 위해 필요하다. 그런데 세상에 여전히 자유가 허용되고 또한 영혼이 불멸하려면 이런 조건을 최소한이라도 보장할 힘이 있어야 하는데 그런 존재가 바로 신이라면 신은 존재하지 않으면 안된다는 것이다. 말하자면 신은 마땅한 선과 현실의 행복 사이의 완전한 일치를 주재하는 존재로서 요청된다. 이렇게 해서 선의 당위성을 위한 형이상학적 정초는 자유, 영혼불멸성, 그리고 종국적으로 신의 존재를 전제로 요청한다는 데 이르게 된다. 이로써 실천이성은 초감각적 가치세계의 실재를 확인하는 형이상학을 다시 일으키는 동력이 된다는 것이다.

간략한 논의에서 나타났듯이, 이성의 유한성에 대한 통찰에 바탕을 둔 칸트의 철학은 인간 이성의 한계를 도외시하거나 망각함으로써 앎에 대해 본격적으

---

[5] 같은 책 B 575f [『순수이성비판』 422-3].

로 숙고하지 않았던 종래의 형이상학적 태도에 대한 비판을 핵심으로 한다는 점에서 "비판철학"이라고 불린다. 이성의 한계에 대한 그의 이런 체계적 비판은 결국 가치의 문제에 초점을 맞추게 되는데 이 점을 주시하면서 그의 비판철학 체계를 잠시 음미하는 것도 의미있는 일이다. 즉, 칸트의 비판은 인간 정신의 능력에 대한 비판이며 정신의 구성요소인 지성·의지·감정에 대해 각각 검토한다. 먼저 제1 비판은 지성적 차원에서 인식능력의 현상계 제한을 다룬 「순수이성 비판」Kritik der reinen Vernunft으로 결집되었는데 여기서 다루어지는 가치는 진眞이다. 제2 비판은 의지적 차원에서 순수의지의 물 자체 파악 가능성을 논하는 「실천이성 비판」Kritik der praktischen Vernunft으로 나타나는데 여기서는 당연히 선善이라는 가치가 다루어진다. 그리고 제3 비판은 감정의 차원에서 생명의 세계에 대한 반성적 판단력을 논하는 「판단력 비판」Kritik der Urteilskraft으로 요약되었는데 여기서 비로소 미美의 가치가 언급된다. 그런데 기왕 가치의 문제가 이렇게 비판적으로 다루어졌다면 성聖스러움의 문제가 생략될 수는 없었으니 칸트가 이를 다룬 것이 바로 「이성의 한계 안에서의 종교」Religion innerhalb der Grenzen der bloßen Vernunft라고 할 수 있다.

지금까지 간략하게 살핀 칸트의 인식론적 종합과 형이상학의 재건 시도에서 우리는 특히 인간의 앎이 "있음 자체"에 대한 것이 아니라 단지 "드러난 있음"에 대한 것일 뿐이라는 인식의 한계성이 가장 중요한 핵심임을 확인했다. 그런데 있음과 앎의 불일치 또는 괴리가 피할 수 없는 사태로 드러남에 따라 당대에 득세하던 계몽주의의 낙관론과 충돌할 수밖에 없었다. 이에 대한 반응이 서구문화에서는 대체로 두 가지로 나타났는데, 그 하나는 어차피 그럴 수밖에 없다면 앎이란 우연하고 개연적이라고 받아들여야 한다는 것이고 다른 하나는 어쨌든 있음 자체를 알 수 있는 가능성, 또는 알아야 할 당위성을 결코 포기할 수 없기 때문에 끊임없이 모색해야 한다는 것이었다. 그리고 이 가운데 후자가 근세 후기의 대세를 장악하게 되었고, 이것이 그리스도교 신학에 미친 영향은 신-인 관계의 재조정이라는 구도에서만 보더라도 여실히 확인될 만큼 지대한 것이었다.

2) 형이상학의 집성: 헤겔

인간의 주체적 지위 부상이라는 차원에서 본다면, 칸트가 선포한 선험성은 데카르트가 확보한 실체성보다 분명히 진일보했다. 그러나 앞서 논했듯이 선험성은 그 양면성 중 특히 한계성으로 인해 있음과 앎의 괴리를 초래했고 이는 곧 참의 실종가능성 또는 참의 추구불가능성을 귀결시켰다. 이런 상황에서 다양한 대안들이 나타났는데 크게 추린다면 앞서 말했듯이 그런 "현실"을 인정하고 받아들이겠다는 입장과 도저히 그 "이상"을 포기할 수 없다는 입장으로 나뉜다. 여기서 특히 후자가 철학사의 주류를 차지하면서 더 큰 힘을 얻게 되었는데 그 이유는 이들이 전통적으로 받아들여져 왔던 "참의 보편성"이라는 기치 아래 "진정한 객관성"eigentliche Gegenständlichkeit의 회복을 역설했기 때문이다.

이런 주류의 흐름에서 주의주의적 성향을 지닌 칸트가 분리시켜 놓은 있음과 앎, 즉 주체와 객체를 연결시키려는 환상적 시도들이 속속 터져나온 것은 당연했다. 피히테는 인식의 주체와 객체는 본디 "절대 자아"das absolute Ich라 부르는 근저의 실재에서 파생된 것일 뿐이어서 본디 있음과 앎은 별개가 아니라 했다. 물론 그가 제시한 절대자아의 변증법은 앎을 가리키는 자아das Ich가 원초적으로 정립된다는 데서 시작해 있음을 가리키는 비아das Nicht-Ich가 이에 대해 반정립되는데 이런 대립은 자신을 부정하는 성향에 의해 해소된다는 것이다. 따라서 앎이 있음을 설정하기 때문에 앎에 들어온 대상이 곧 있음 자체라는 것이다. 이로써 현상의 배후에 별도로 물 자체라는 것이 달리 없게 되었음은 물론이다. 그러나 피히테의 이런 주지주의적 해법은 사실상 있음과 앎의 괴리, 또는 주체와 객체의 분리를 그 관계의 한편인 주체로 묶었을 뿐 진정한 의미에서 이분법적 문제를 해결하지 못했다. 말하자면 절대자아라는 것은 여전히 주체였고 따라서 아직도 주객 분리 구도를 벗어나지 못했다.

이런 시도를 보다 못한 쉘링은 자연철학에서 객관에서 주관으로의 길을 제시하면서 동시에 선험철학에서 이와 반대로 주관에서 객관으로의 길을 보여주었다. 그리고 이런 과정을 거쳐 주관과 객관의 분리를 초월하는 절대자로서의 "절대적 동일성"을 제안했다. 그런데 오로지 분리를 극복하겠다는 주정주의적 일념에 충실한 나머지 신비주의적이고 범신론적이라는 평을 받을 만큼 그 동일성은 무차별적이었다. 즉, 그런 동일성은 차이성을 불허하는 것이어서 있음과 앎 사이의 본래적 간극에 대해 무감한 체계로밖에 간주될 수 없었다. 과연 헤겔이 비판한 대로 "모든 암소들이 까맣게 보이는 흑암의 밤"과 같은 동일성은 엄연한 현실적 차이성을 설명해 내지 못했다.

있음과 앎의 괴리를 극복하기는 해야겠는데 어느 한쪽으로 묶을 수도 없지만 그렇다고 양자 사이의 엄연한 다름을 뭉개버릴 수도 없으니 이를 어이할까? 이런 난황에서 묘수를 찾아내고자 나타난 사람이 바로 헤겔이었다. 헤겔은 우선 있음과 앎의 괴리, 또는 그의 관점에서 문제인 앎의 한계를 극복하는 데 주안점을 두었다. 그래서 발전시켜 낸 것이 소위 변증법이라는 것인데 이는 곧 있음과 앎의 다름에서 출발하여 이들의 같음을 귀결시키는 방식을 취한다. 이런 방식은 구체적으로 개별자에서 보편적인 것을 추구하는 그리스적 관조theoria와 선악의 대립에서 선을 추구하는 그리스도교적 실천praxis을 종합하려는 그의 거대한 착상에서 비롯된 것임은 물론이다. 이를 위해 헤겔은 칸트의 구도였던 인간 이성의 이원론적 구조를 지양하고 신적 이성의 단일성을 토대로 하고자 했다. 따라서 이제는 "참"에의 추구가 종래와 같이 아래에서 위로 향하는 에로스적 열망을 통해서가 아니라 절대자가 아래로 향하는 아가페적 사랑의 방식으로 전개된다고 갈파한다. 그리고 바로 이런 이유로 있음과 앎의 괴리는 궁극적으로 극복될 수 있다는 것이다.

"참" 추구의 방향 전환은 기왕에 진행되어 왔던 관념론적 분위기를 절정으로 몰고갔다. 위에서 "참"이 계시된다는데 무슨 할 말이 더 있겠는가? 이를 형이상학적으로 묘사한다면, 삼라만상은 본질적으로 정신인데 그 정신이 겉으로 표현된 것이 곧 자연이며 이렇게 정신이 자연으로 표현되었다가 다시 본질인 정신으로 되돌아가는 과정이 논리적이기 때문에 헤겔의 변증법은 논리-자연-정신의 연계체제를 이룬다. 그런데 이런 연계체제는 그야말로 이 세계의 연속성과 유기성 그리고 결국 목적성을 설정하는 데까지 이른다. 여기서 특별히 주목해야 할 것은 칸트의 경우 현상이란 물 자체가 인간의 앎에 드러나는 양태라면 헤겔에서 현상이란 자연으로 드러난 정신이라는 것이다. 즉, 칸트의 이원론적 방식과 헤겔의 종합적 방식이 그 출발부터 이토록 극명하게 대립된다.

이 점은 역사에서의 필연과 자유에 대한 칸트의 입장과 비교하면 더욱 확연해진다. 칸트에 의하면 현상계의 인간은 자연적 또는 역사적 필연의 연쇄 속에 있지만 물 자체적 존재로서의 인간은 도덕법칙에 따라 자유롭게 행위한다. 즉, 역사의 필연성 때문이 아니라 도덕법칙의 당위성이 인간에게 평화를 추구할 것을 명령하기 때문에 인간은 자유롭다는 것이다. 이에 비해 헤겔에 의하면 무한하고 절대적인 신적 이성에 근거하여 현상계와 물 자체의 구분이 말소되고 따라서 인간은 제아무리 발버둥쳐야 절대적 필연의 걸음일 뿐이며 오히려 역사적 필연을 좇아 행동하는 것이 자유다. 헤겔의 이런 지론이 마르크스 유물사관의 배경임은 새삼 지적할 필요도 없지만 하여튼 칸트가 말하는 자유가 존재적이라면 헤겔이 묘사하는 자유는 생성적이라는 대비도 아울러 지적되어야겠다.

그렇다면 칸트에 의해 폭로된 "있음과 앎의 다름"을 헤겔은 과연 어떻게 주물러서 결국 "있음과 앎의 같음"을 도출함으로써 이 문제를 해결했다고 주장했는가? 그 주장의 타당성 여부에 관한 논의는 곧 현대 철학을 촉발시켰으니 이 이야기는 뒤로 돌리기로 하자. 그렇다면 어떤 방식으로 그 묘수를 전개했는가? 헤겔은 우선 칸트가 도달한 이성의 이율배반이 가리키는 "앎의 모순"을 "있음의 모순"으로 확장하는 데서 출발한다. 헤겔에 의하면 존재가 모순을 지니지 않아야 한다는 것은 파르메니데스-플라톤으로 이어지는 정태론적 전통의 편견에 불과하다. 다시 말하면 감성적 직관이나 오성적 범주와 같은 선험적 장치들의 한계나 이성의 이율배반이 가리키는 모순이 그저 앎에서만 일어나는 일이 아니라 있음에도 해당된다는 것이다. 있음과 앎이 공히 모순을 포함함으로써 양자는 서로 얽힐 수 있게 된다는 것이다. 그런데 이런 있음과 앎의 모순은 단순히 부정적인 한계로만 작용하는 것이 아니라 오히려 역동성의 근거이며 역사의 동인이라는 것이다. 이로써 세계를 정태적 이성으로만 해석하던 종래의 관점을 넘어서 동태성을 본성으로 하는 역사에 본격적으로 눈을 돌리게 해준 통찰이 전개된다. 말하자면 이성의 보편성과 역사의 구체성을 입체적으로 종합함으로써 신과 세계의 관계를 역동적으로 읽어내려는 야심찬 시도가 펼쳐졌다. 헤겔은 이런 역설적 역동성을 부각시키기 위해 "대립의 화해"coincidentia oppositorum라는 신비주의적 통찰을 받아들였다. 이로써 모순적 존재를 지탱하는 신은 "스스로 자신 안에서, 자신에 의하여, 자신에게 본래적 모순을 매개하는 것"die Vermittlung seines eigenen Widerspruchs in und durch sich selbst으로 묘사된다. 매개에 관한 헤겔 자신의 다음과 같은 이해는 그 동학動學의 핵심을 표현해 준다:

> 한마디의 말 이상인 것, 즉 적어도 하나의 문장으로 옮겨가는 것은 본래대로 되돌아와야 할 "다른 것으로 되는 것"을 내포하고 그래서 일종의 매개다. … 매개는 움직이고 있는 자기동일성 이외의 아무것도 아니고 다시 말해 자기 자신에 대한 반성이요 … 순수한 부정성이요 … 단순한 생성이다.[6]

칸트에게서는 있음이 아직 알려지지 않은 상태에서 여전히 알려질 수 없는 것으로 남아 있음으로써 이를 어떻게 해 보지 못했던 반면, 헤겔은 그런 있음이 그 자체로 모순을 지닌다고 과감하게 갈파함으로써 앎과의 적극적 관계를 모색할 수 있었다. 말하자면 알려질 수 없는 채로 유구하게 버티고 있는 있음 앞에서 앎만 모순에 봉착하여 초라해지는 것이 아니라 있음도 마찬가지로 그렇게 모순적이니 있음과 앎은 피장파장이라는 것이다. 양자 사이의 그런 관계는 양자가 서로 떨어져 있을 때뿐 아니라 붙게 되어서도 마찬가지이니 이판사판 있음과 앎을 엮어내는 것은 당연하다는 것이다. 그리고 있음과 앎의 그런 얽힘은 결국 "존재와 사유의 단일적 원리"das einzige prinzipium essendi und cognoscendi로서의 신에 의해 보장된다는 것이다. 이로써 전 우주를 단일한 틀 안에서 구성적으로 설명하고자 한 헤겔에 의해 종합적 체계가 완성된다.

그러나 과연 "존재와 사유의 단일적 원리", 즉 "있음과 앎의 같음"이란 무엇을 가리키는가? 헤겔이 쉘링의 절대적·무차별적 동일성을 거부했다는 점을 상

---

[6] Georg W.F. Hegel, *Phänomenologie des Geistes*, 21 [임석진 옮김 『정신현상학』 (지식산업사 1997) 211].

기한다면 이런 원리는 대책 없는 동일성을 의미하는 것은 아니어야 할 것이다. "있음과 앎의 같음"은 분명히 있음과 앎의 괴리를 넘어선 경지를 일컫는다. 그렇다면 이때의 같음은 자기완결적임으로써 폐쇄적인 실체적 동일성이 아니라 타자를 향해 개방적인 관계적 동일성, 예를 들면 긍정과 부정, 보편과 개별 사이의 적극적 관계성을 가리키는 것으로 파악되어야 할 것이다. 즉, 그의「정신현상학」에서 분석된 주인-노예 변증법도 가리키듯이 어떤 긍정판단에도 부정판단이 개입되어 있고 그 역도 성립하며, 개별적 주장들은 부분적으로만 참일 뿐 온전성이 없기 때문에 부분적으로는 거짓이기도 하다는 점을 직시하는 통찰이다. 헤겔의 이런 변증법적 혁명은 그때까지 만고불변의 진리로 받아들여져 왔던 아리스토텔레스 형식논리학의 기본원리들에 정면으로 배치되는 폭탄선언이 아닐 수 없었다. 우선 동일률과 비모순율은 여지없이 무너지고 배중률마저 우롱당하는 사태가 벌어졌으니 무슨 긴 설명이 필요하겠는가?

더욱이 헤겔이 갈파한 "있음과 앎의 같음"이 가리키는 바는 여기서 머무르지 않는다. 이것은 근세 초기 자연과학에 의해 추동된 인식론적 전환을 통해 인식 행위의 주체와 대상이 실체적으로 팽팽히 맞설 만큼 명백히 구별됨으로써 인간과 자연을 별개로 간주하던 기계론에 대해 다시금 자연의 내적 목적성을 상기시킴으로써 인간과 자연의 동질성을 조성할 수 있는 유기론적 우주관을 재등장시킨다는 의미를 지닌다. 물론 여기서 같음에서 다름으로 나왔다가 다시 같음으로 되돌아간다는 목적론적 역사관은 다름 안에 포함되는 쇠퇴와 파괴 같은 온갖 부정적 계기들도 역사적 진보의 불가피한 부분으로 간주할 만큼 낙관적이고 심지어 낭만적 정서를 함유하고 있다는 점도 간과해서는 안될 것이다.

그러나 헤겔의 결론적 공식인 "있음과 앎의 같음"이 우리의 집요한 관심이 되어야 하는 결정적 이유는 무엇보다도 이것이 그의 철학의 정점인 절대정신의 경지에 대한 묘사이면서 우리가 관심하는 신학적 연관성의 결집으로서의 의미를 지니기 때문이다. 물론 여기서 고려되는 내용들이 앞에서 언급된 것과 무관할 수는 없다. 예를 들면, "있음과 앎의 같음"이란 신을 포함한 세계의 연속성을 토대로 하고 또 이를 귀결시키려는 의도도 지니는데 전통적으로 그리스도교 신학이 강조해 온 "거룩한" 신과 "죄스러운" 피조물 사이의 거리는 이런 구도에서 이만저만한 걸림돌이 아니었다. 과연 세계의 연속성과 합목적성에 대한 신념을 지닌 헤겔은 그런 대립이 화해를 통해 마땅히 해소되어야 한다는 입장을 취한다. 이를 위해 부정적 계기들이 진보의 불가피한 요소로 간주되듯이, 인간의 타락은 필연적이고 더 큰 구원의 선을 위한 계기로까지 받아들여진다. 따라서 창조-타락-구원의 삼각구도는 같음-다름-같음이라는 형이상학적 토대 위에서 풀이될 수 있는데 최초에 공허하고 다듬어지지 않은 연합이 타락의 분리를 거쳐 풍성하고 다양한 재연합에 이른다는 식으로 읽힐 수 있다.

이처럼 "있음과 앎의 같음"은 결국 인간과 신의 존재론적 연속성을 결론지으려는 데서 헤겔 철학의 신학적 의의를 결정적으로 밝힐 수 있다. 그에 의하면, 만일 인간이 신과 전적으로 다르기만 하다면 양자 사이의 교제가능성은 있을 수 없다. 자고로 화해란 본질적으로 유사한 것들 사이에서나 가능하며, 따라서 신과 인간의 화해가 가능하다면 그것은 오로지 신으로부터의 인간의 분리 또는 소외로서의 타락이 신 자신의 실현과정 안에 포함되기 때문이고 궁극적으로는 신과 인간이 본질적으로 정신이라는 점을 공유하기 때문이라는 것이다.[7] 그런데 신과 인간 사이의 이런 연속성은 정신이라는 본질의 공유에 초점을 맞추어 연합을 강조함으로써 결국 "인간의 신격화"라는 비판에 직면하게 된다. 그러나 헤겔이 그런 비판을 받아가면서까지 유한자와 무한자 사이의 화해를 말할 수밖에 없었던 이유는 무엇인가? 그것은 데카르트에게서 시작되어 칸트에서 절정을 이룬 인식론적 반성이 "있음과 앎의 괴리"로 귀결됨으로써 "참"을 오리무중 상태로 만들어 버리는 것으로 보였고, 이는 곧 신과 인간의 관계에서도 불연속과 거리를 뜻하는 것으로 비쳤기 때문이다. 그러나 "참"의 실종을 방관할 수는 없는 노릇이고 신-인간 사이의 와해는 더욱 견딜 수 없는 것이었다. "있음과 앎의 같음"은 바로 이때문에 그토록 절실하게 요청되었다. 말하자면 헤겔에서 완

---

[7] 디오게네스 알렌 (정재현 옮김) 『신학을 이해하기 위한 철학』 (대한기독교서회 1996) 366-7. 신과 인간의 관계가 그렇게 본질적 유사성을 지닌다면 그런 신-인 결합으로서의 성육신 사건은 역사적 우연이 아니라 우주적 필연이라는 것이 또한 헤겔 그리스도론의 핵심이다.

성된 "있음과 앎의 같음"은 온 우주는 물론 신까지도 포함하는 체계를 구성하고 그 체계 안에서 그야말로 모든 것의 자리를 배치하고 지정함으로써 우주의 합목적적 체계성을 드러내고자 했다. 그리고 이로써 유구한 흐름을 구사해 오던 합리주의와 신비주의와 의지주의가 거대한 종합을 이루게 된 것이다.

그러나 위의 논의에서 헤겔의 입장에 대한 타당성 여부는 별도로 하더라도, 그에게 유산으로 전해진 이성의 보편성과 그의 시대에 새로이 부상한 역사의 구체성을 적극적으로 관계지으려는 헤겔의 노력은 높이 평가되어야 마땅하다. 이제 역사가 그저 우연한 이야깃거리가 아니라 "참"을 향해 뜻을 지닐 가능성을 본격적으로 부여받았기 때문이다. 다만 그런 역사의 구체성을 이성의 추상성으로, 또한 역사의 개별성을 이성의 보편성으로 끊임없이 흡수시키려는 그의 집요한 경향으로 인해 그가 결국 개별과 구체로 이루어진 다름의 항거를 받을 수밖에 없었다는 점이 덧붙여져야 할 것이다. 말하자면 헤겔도 어쩔 수 없이 시대의 사람인지라 "같음의 신화"에 희생될 수밖에 없었다. 헤겔에 의한 같음의 대단원적 종합, 이것이 바로 현대라는 새로운 시대를 열게 된 기폭제가 되었거니와 그가 서 있는 철학사적 위치, 즉 전통과 현대 사이의 결정적 분기점에서는 불가피했을 것이다.

3. 신학의 가지 뻗기

1) 근세 철학의 소용돌이와 신학적 파장

인간의 자기이해가 신관에 얼마나 영향을 주는가는 인류의 정신문화사가 너무도 탁월하게 증명하고 있다. 인간이 그 본질을 정신 중에서도 이성에서 구하려 했던 고대에는 신을 지고의 지성적 존재로 모셨다. 그런데 그리스도교의 태동과 함께 시작된 중세에는 인간의 본질로 간주된 정신 안에 이성만이 아니라 이와 매우 다른 신앙이 또하나의 중심적 요소로 부상되었다. 따라서 이 시대에 신은 이성적 접근과 신앙적 접근이라는 대조적 방식의 공동 대상으로 그려졌다. 물론 이것은 이미 고대에서 정립된 소위 합리주의와 신비주의의 중세적 변형이라고 할 수도 있겠지만 중요한 것은 그런 대조적 접근이 지닌 공통적인 형이상학적 차원이다. 즉, 신의 절대성이 삼라만상에 대한 초월성을 의미하므로 신의 "있음/없음"이 관건이었는데, 이를 접근할 길로서 대두된 이성과 신앙이 그 대립과 긴장에도 불구하고 신의 존재를 전제했다. 말하자면 중세기의 신관은 인간의 본질로 군림하던 "정신"을 이루는 이성과 신앙 사이의 대립을 축으로 하는 "유신론"이었다.

이런 대립은 근세 초기 인식론적 전환 이후에도 기본적 구도를 이루었다. 그러나 16~17세기에 자연과학이 본격적으로 발전하면서 자연의 비중이 부상됨에 따라 인간의 자기이해에 일대 전환이 일어나게 되었다. 즉, 인간을 정신으로만 간주했던 고전적 관점에서 벗어나 "자연", 즉 인간의 육체라는 것에 본질적 의미를 부여하기 시작했다. 인간의 본질에서 자연성이라는 차원이 부각되면서 신관은 유신론의 지배를 벗어나게 되었고 스피노자에게서 보이듯이 이따금 꿈틀거리던 "범신론"이 고개를 쳐들게 되었다. 자연으로서의 인간에게서 자연성이 주요한 구성 요소라면 신도 그럴 것이라는 막연한 감상이 발동했던 것이다. 그러나 인간의 육체를 중심으로 하는 자연성에 주목하게 된 이 단계는 고전적 인간관의 핵심인 이성적 정신에 대한 반동으로서의 성격이 지배적이었기 때문에 자연성에 근거하여 생명의 유한성에 주목할 여유를 지니지는 못했다.

그러다가 18세기에 이르러 산업혁명과 함께 1차산업에 근간한 봉건체제에서 2차산업에 힘입은 시민사회로의 대변혁이 일어나면서 인간은 자기이해에 사회적 차원을 본격적으로 추가하게 되었다. 봉건체제에서는 1차산업의 생산수단인 토지의 소유 여부에 따라 봉건영주와 농노라는 전근대적 계층이 형성될 뿐이었지만 2차산업의 생산수단인 기계의 발명과 이에 따른 대량생산의 가능성은 새로운 경제·정치적 계층의 분화를 초래했고 개인들 사이의 연계조직에 의한 집단적 갈등이 야기됨에 따라 "사회"라는 새로운 단위의 인간관계가 필요하게 되었다. 그리고 이렇게 인간에게 부여된 사회성이라는 차원은 인간을 개인과 사회의 관계역학이라는 관점에서 보게 했으되 그런 사회의 역동적 변화 과정이 두드러지게 드러남에 따라 19세기에 이르러 "역사"라는 차원에 새로이 눈을 뜨게 되었다. 이로써 인간은 자연성을 넘어 사회성과 역사성까지 자신의 구성요소로 흡수하게 되었고 이는 곧 인간의 자기이해에서 유한성에 주목하는 결정적 터전이 되었다. 사회성과 역사성이라는 범주는 이미 인간의 자연성이 지닌 시간성과 공간성의 인간적 변형이로되 자연성의 단계가 정신에 대한 육체의 반동으로 특징지어졌다면 사회성과 역사성은 무엇보다도 인간의 시공적 유한성을 부각시키는 구도로 작용했기 때문이다. 이런 인간관의 변화는 인간의 자연성을 근간으로 했던 범신론에서 더 나아가 헤겔에서 보듯이 사회성과 역사성이 가리키는 유한성을 내재적으로 아우르되 이를 초월하는 신을 그리는 "범재신론"으로 전환하는 계기가 되었다.

간추리건대, 인간이 자신을 이성과 신앙의 대립으로 이루어진 정신으로 볼 때 유신론이 기본적 신관이었다면, 인간의 본질에 자연으로 표현되는 물질이나 육체를 포함하게 되면서 범신론이 부각되었고, 인간의 구체성과 유한성을 가리키는 사회성과 역사성은 이를 아우르며 넘어서는 존재로서의 신을 그리는 범재신론을 귀결시켰다고 할 수 있다. 근세 후기까지의 전통을 정리하는 이 시점에서 돌이키건대, 이처럼 인간의 자기이해의 변화과정과 신관의 진화과정이 소름끼칠 만큼 정확하게 맞물려 있다는 사실은 시대를 넘어 역사를 읽어갈수록 더욱 분명해져 가고 있음을 부정할 수 없다.

이런 통찰을 토대로 근세 후기 신학사상의 분위기를 간략하게나마 살펴보자. 이를 위해 근세 전기의 한 장면을 다시 떠올리는 것도 의미있는 일이다. 바로 위에서 언급한 대로 신학이 결국 신과 인간의 관계 규명이라면 인간의 자기이해의 변천에 따라 신관의 변화가 귀결되는 것은 불가피한 일이다. 그런데 신의 초월성을 더듬어가는 데 있어 "확실성을 구가하는 이성"과 "절대성을 표방하는 신앙"은 과연 어떤 관계를 지니는가? 역사적으로 고대의 이성과 중세에 나타난 신앙이 처음 조우했을 때 서로 으르렁거리기는 했지만 중세 내내 사이좋게 지낸 것처럼 보인다. 신앙 쪽에서도 복음선포라는 구실로 그럴 필요가 있었을 터이며, 이성 쪽도 당대의 분위기를 감안하여 적당히 처신했기 때문이다. 이때는 말하자면 이성과 신앙은 "물과 물감의 관계"에 비견될 만한 상황이었다.

그러나 그렇게 결론날 일이 아니었던지 근세가 동터올 무렵 이성과 신앙 사이에 메워두었던 틈새가 다시 갈라지기 시작했다. 그리고 이런 분리는 걷잡을 수 없는 지경이 되면서 서로간의 결별선언을 통해 새로운 시대가 열리게 되었다. 이제 이성과 신앙의 긴장과 대립은 물과 물감의 관계가 아니라 "물과 기름의 관계"였다. 이 둘은 얼리든지 끓이든지 도무지 섞이지 않으니 이 둘 사이의 긴장은 그야말로 타협의 여지 없이 팽팽했다. 근세 초기에 이미 이성의 확실성에 기초하여 진리를 수립하려는 데카르트와 신앙의 절대성에 의존하여 진리를 수용하려는 파스칼은 공존불가의 길을 걸어가고 있었다.

데카르트에게서 이성의 확실성이 소중했던 것은 고중세 형이상학 유산들의 불확실성과 모호성, 그리고 결국 이로 인한 불가지성 때문이었다. 불가지성에 의한 회의주의가 시대를 뒤덮는 분위기에서 그가 앎의 문제에 천착하여 인식론을 전개하면서 가지성의 범위와 한계를 가늠함으로써 이성의 확실성을 붙잡으려 했던 것은 따라서 너무도 당연했다. 그는 이를 위해 모든 것을 의심하는 소위 "방법적 회의"를 도입함으로써 의심하는 인간 주체의 확실성을 철학적으로 정초하는 지대한 공헌을 한다. 인식주체로서의 자아의 확실성이 전제될 수 있다면 이를 통해 검토될 수 있는 대상에 관한 지식에서의 확실성도 기대할 수 있다는 다소 낙관적이고도 관념적인 주장이 개진되었다.

이와 달리 파스칼에게 이성이란 확실하기보다 가련한 것이었다. 이성은 제아무리 확실성을 제공하더라도 실존적 안정성을 보장하지 못할 뿐더러 오히려 실존적 불안을 부채질도 하기 때문이다. 데카르트가 이성의 확실성을 보여주는 탁월한 모형으로 수학을 말했지만 살상무기 제작에 응용되는 수학은 이성의 확실성이 가련함을 드러낼 뿐이다. 따라서 파스칼은 "이성만으로는 충분하지 않다"는 깨달음과 함께 건전한 추론raisonnement에 감각적 느낌sentiment이 결부되어야 함을 역설하게 되었다. 이 점은 그가 지식의 불확실성과 불가지성에 대한 회의주의보다 인생 자체의 불안정성 문제에 더 깊이 파고들었다는 데서도 그 연유를 확인할 수 있다. 파스칼에 의하면 인간은 위대함grandeur과 비참함misère을 동시에 지닌, "천사와 짐승의 중간 존재"여서 근본적으로 불안정할 수밖에 없다:

비참은 위대로부터 결론지어지고 위대는 비참으로부터 결론지어지기 때문에 어떤 사람들은 위대를 그 증거로 삼을수록 그만큼 더 비참을 결론지었다. 그리고 다른 사람들은 비참 그 자체로부터 위대를 결론지을수록 그만큼 더 강력하게 그것을 결론지었기 때문에 어떤 사람들이 위대를 보여주기 위해 말할 수 있었던 모든 것이 다른 사람들에게는 비참을 결론짓기 위한 논증으로 사용될 뿐이었다. 더 높은 곳에서 떨어질수록 더욱 비참하기 때문이다. 또다른 사람들은 그와 반대였다. 인간들은 지혜를 많이 가짐에 따라서 인간 속에서 위대와 비참을 발견하게 된다는 것은 분명한 일이기 때문에 그들은 끝없는 원을 그리면서 서로 상대편에 근거를 두었다. 한마디로 인간은 자기가 비참하다는 것을 알고 있다. 그러므로 그는 비참하다. 그는 비참하기 때문이다. 그러나 그는 대단히 위대하다. 그는 그가 비참하다는 것을 알고 있기 때문이다.[8]

이처럼 인간의 불안정성에 근본적으로 관심하는 파스칼에게는 무엇보다 신앙의 절대성이 결정적 관건이고 해답이었다. 말하자면 이성의 한계로 인해 이내 불가지론을 외치는 회의주의뿐 아니라 회의주의의 불안을 견디지 못해 쉽사리 그럴듯하게 보이는 것을 붙들고 늘어지려는 교조주의라는 대조적 극단 사이에서 신앙의 절대성만이 의미로운 대안이라는 것이다.

이처럼 적어도 근세 전기에는 이성과 신앙이 양립할 수 없을 만큼 팽팽하게 대립하고 있었고 이런 점에서 이 시대는 아직도 고전적 유산의 지배에서 벗어나지 못했다고 평가되어 마땅하다. 그럼에도 이 둘은 공통적 요소를 지니고 있었는데, 그것은 바로 진리의 보편타당성 및 이것이 가리키는 초역사성이었다. 이성의 확실성이든 신앙의 절대성이든 이는 모두 진리의 보편타당성을 향하는 길이었으며 곧 그것의 내용이기도 했다. 말하자면 진리의 보편타당성을 향한 확실성을 위해 이성은 곧 목적인 동시에 수단이었으며 또한 진리의 보편타당성을 향한 절대성을 위해 신앙 또한 목적인 동시에 수단이었다.

---

[8] Blaise Pascal, *Pensées*, 155 [김형길 옮김 『팡세』 (서울대학교 출판부 1991) 82-3].

그런데 이성과 신앙이 그토록 서로 대립하면서도 동시에 진리의 보편타당성과 이를 위한 초역사성을 공통의 목표로 공유하고 있었다는 것은 우리의 특별한 주목을 요한다. 그것은 이성과 신앙 대립관계의 정체인 동시에 한계이기 때문이다. 즉, 이성과 신앙은 어느 한 쪽의 손을 들어줌으로써 해결할 수 없을 만큼 철저히 대립적이지만 진리의 초역사성이라는 공동 목표는 차라리 둘 사이의 대립을 넘어설 가능성을 시사한다고 할 수 있다. 그리고 실제로 그런 가능성은 인간이해의 새로운 범주로서의 역사에 주목하기 시작한 19세기에 본격적으로 개진된다. 다시 말하면, 위에서 논한 인간 자기이해의 구성요소들로서 특히 근세 전후기에 걸쳐 개진된 자연성과 사회성 그리고 역사성은 진리의 초역사성이라는 고전적 관념의 허상을 드러내는 기폭제의 역할을 담당하게 되었다. 말이 좋아 초역사성이지 그런 것이 도대체 자연 안에서 사회적이고 역사적인 삶을 살아가는 인간에게 무슨 의미가 있을까라는 문제가 제기되지 않을 수 없었기 때문이다. 결국 "진리의 역사성"이라는 관점으로의 혁명적 전환이 요청되는 시대적 상황에서 헤겔은 이성의 보편성과 역사의 구체성 사이의 변증법적 역동성을 설계했고 이에 힘입어 진리의 역사성에로의 진전은 더욱 박차를 가하게 되었다.

  이제 이런 진리관의 변천이 신관의 변화에도 그대로 적용된다는 것은 새삼 설명할 필요가 없을 것이다. 진리의 초역사성을 후광으로 업은 유신론이 대립관계에 있는 이성과 신앙이 공유하는 신관이라면 이때의 신은 철저히 초월적이므로 세계(공간)와 역사(시간)의 바깥에 초시공적으로 존재하는 것으로 모셔진다. 구체적으로, 고중세에는 만유 위계질서의 정점에서 지고의 존재로 받아들여졌으므로 세계 "위에" 존재했다고 할 것이고 근세에 들어와 세계를 설명하기 위한 전제나 가설로서의 지위에 입각하여 세계 "밖에" 모셔졌다고 하겠다. 그런데 이제 진리의 역사성은 신으로 하여금 세계와 역사 "안에" 내재할 것을 요구하게 된다. 즉, "밖에" 존재하던 신을 모셔들여 "안에" 존재하도록 할 만큼 진리관의 혁명적 변천은 세계와 역사에 대해 신이 지니는 관계와 지위에도 근본적 변화를 초래했다. 이처럼 신의 내재성이 요구되는 상황에서 자연성의 부각과 함께 잠시 고개를 쳐들었던 범신론이 새로운 포장으로 다시 부상하게 된 것은 너무도 당연한 일이었다. 그런데 본질적으로 초월자인 신이 내재성을 요구받는다는 것은 결국 초월성과 내재성의 긴장이라는 문제의 해결을 관건으로 할 것인바 양자의 관계를 어떻게 정리하는가에 따라 범신론은 유신론 편이 될 수도 있는가 하면 정반대로 무신론과 동전의 앞뒷면 같은 관계를 이루기도 했다.

그러나 신관의 변화는 여기에 머무르지 않았다. 세계와 역사 너머 그 위에서 또는 그 밖에서 독야청청하던 신이 세계와 역사 안에 들어와 간섭하는 모습은 기왕에 내친 방향으로 치달음으로써 이제는 급기야 본질적으로 "세계적이고 역사적인" 신으로 변모한다. 범재신론이라고 불리는 이런 현대적 신관들에 대해서는 근세 후기를 논하는 이 자리에서 상세히 언급할 수 없지만, 예를 들어 테이야르 드 샤르댕이 말하는 "진화하는 신"이나 알프레드 화이트헤드가 말하는 "과정 중에 있는 신" 등은 이전에 상상도 할 수 없는 파격적 신관이다. 물론 이런 파격의 배경에 보편성만을 붙들고 늘어지는 전통형이상학에 대한 현대의 실존적 절규가 깔려져 있음은 두말할 나위도 없다.

우리는 지금까지 인간관-진리관-신관의 유기적 관계라는 해석학적 전제 위에서 한 관점의 변화가 이와 연관되어 있는 다른 관점의 변화를 초래한다는 것을 간략하게나마 살펴보았다. 그런데 이런 신관의 변화과정에서 우리가 특별히 주목해야 할 것은 유신론-범신론-범재신론으로 이어지는 과정에서 각 신관이 이미 그 자체로 무신론을 촉발시킬 동인을 지니고 있거니와 더욱이 일련의 변화과정은 그런 여건을 오히려 더욱 강화하는 방향으로 진행되었다는 점이다. 즉, 무신론이라는 것이 유신론이나 범신론 또는 범재신론과는 전혀 다른 토양의 산물이 아니라 오히려 그 안에서 씨앗이 심겨지고 자라고 숙성하게 된 배경과 연유를 지니고 있다는 엄청나고도 예리한 자성적 통찰이 그것이다.

먼저 유신론부터 살펴보자. 유신론의 전통에서 신앙이 특히 이성과 대립하는 경향을 강화하면 "신앙주의"로 전락하게 된다. 그런데 이런 신앙주의는 인간과 사회 그리고 자연이라는 차원에 걸쳐 여러 형태의 파행을 일으키고 이는 결국 각각의 차원에서 무신론을 초래하게 된다. 첫째로, 인간의 차원에서 신앙주의는 이웃사랑을 위한 자기 비움을 내세우는데 이는 사랑을 향하기보다 오히려 인간의 본성을 억누르는 "비인간적 금욕주의"로 나타남으로써 인간적 저항감과 도덕적 실망감을 불러일으키게 된다. 말하자면 사랑 대신에 금욕이 주요한 덕목으로 간주됨으로써 본래의 의도와는 달리 비인간화로 치달아 가면서 뜻하지 않게 인간적 차원에서의 무신론을 촉발시키는 동인이 된다:

> 예수 그리스도의 제자가 되자면 나날의 고통을 십자가로 질 것이지 구태여 사막의 고대 은수자나 참회자들을 본떠 이상한 고통을 스스로 짊어져야 할까? … 자기를 낮춘다는 것을 이웃에게 봉사하는 뜻으로 알아들을 것이지 굳이 자기 파괴로 이해할 필요가 있을까? … 이것은 그리스도와의 상호관계라기보다 차라리 모방이라고 하겠으며, 새 시대, 새로운 상황에서 우리 나름대로 그리스도를 따르는 대신 베끼고 흉내내는 짓이라 하겠다. … 인간을 희생시켜야 하느님이 살아나는 것처럼 보이는 이상, 그리스도인이 됨은 인간이 됨을 희생시켜야 가능한 것으로 보인다. 이 모두가 인본주의적 무신론이 등장하는 길을 마련했다.[9]

둘째로, 사회적 차원에서 본다면 신앙주의는 정치적 투신 대신에 이웃사랑을 중시하는 것을 빌미로 개인의 고독과 비참에만 관심을 집중하는 경향으로 나타난다. 이런 경향은 사회적 문제들에 당면하여 적극적으로 대처하기보다 기껏해야 종교적 미사여구로 포장하는 개인적 자선에 머무르기 십상이다. 이는 신앙주의가 사회와의 관계에서 "반사회적 교회주의"로 전락함을 뜻하며 이로써 신에 대한 적대감을 오히려 증폭시키는 결과를 초래함으로써 사회적 차원에서의 무신론이 고개를 쳐들도록 부추기게 된다:

> 예수의 행동과 운명이 담고 있는 사회적 암시, 전체로 본 그리스도교 메시지의 사회-윤리적 저력과 사회학적 특성이 모두 무시되었다. 영성화되고 개인화된 신앙이 … 하느님 신앙을 갈수록 믿지 못할 것으로 만들었다.[10]

---

[9] 한스 큉 (성염 옮김) 『신은 존재하는가?』 (분도출판사 1994) 128-30.
[10] 같은 책 133.

셋째로, 신앙주의는 실존적 안정성을 보장한다는 구실로 이성의 수학적이고 과학적인 확실성이 야기할 수도 있는 실존의 불안정성을 제거하기 위해 이성의 확실성을 평가절하하는 일도 주저하지 않게 된다. 말하자면 철학이나 과학 같은 학문이 묘사하는 세계의 기원과 정체는 인간의 진보적 발전을 전제하는 데 비해 이에 대한 경멸을 보이는 신앙주의는 인간이 본래 완전했는데 타락했기 때문에 지식이나 쾌락 또는 권력을 욕구하는 것은 적절하지 않다는 정서를 담고 있다. 이처럼 자연적 차원에 관련하여 신앙주의는 "반자연적 종교주의"로 전락하게 된다. 그러나 이런 입장은 다음과 같은 일련의 물음에 직면한다:

> 과연 신적 신비의 궤적을 따라가자면 필히 자연의 신비를 대상으로 삼는 공부는 포기해야 하는가? … 성서에 나오는 하느님의 이미지를 이성적으로 고찰하지 않는 한, 의인적이고 유치한 신앙으로 빠질 염려가 있지 않을까? … 세계와 인간의 기원 및 진화에 관한 한, 과학은 세계와 인간의 원초적 완전성과는 정반대되는 입장을 설정하지 않았는가? … 그리고 이런 그리스도론과 결부되어 나타나는 인간학은 인간 본성의 세 단계 내지 상태들을 논하면서 "창조된 은총"을 너무 비인격적으로 이해하고 실체화시키지 않았던가?[11]

그럼에도 이런 질문을 회피하는 종교주의는 결국 종교를 개인적 사정에 불과한 것으로 축소시킴으로써 이제 자연적 차원에서는 세계 "위"나 세계 "밖" 그 어디에도 신을 가정할 필요가 없게 될 뿐 아니라 그런 신이 있어서도 안되는 데까지 몰아간다. 따라서 종교가 스스로 편협한 이해에 갇힘으로써 자연세계에서 고립되고 자연세계는 거추장스러웠던 신이라는 가설을 자연스럽게 내던져 버릴

---

[11] 같은 책 134-5, 137. 여기서 인간 본성의 세 단계란 소위 "창조-타락-구원"이라는 신학적 인간학의 전통적 삼각 구도를 일컫는다. 이를 "순진무구한 본성" - "타락한 본성" - "정화된 본성"으로 표현할 수도 있을 텐데 이 질문의 취지는 창조자의 절대적 주권성을 강조하려는 동기에 지나치게 억눌린 나머지 인간의 최초 상태를 완전성으로 규정하는 자가당착의 오류를 행하게 되었고 이는 결국 현실의 악을 설명하기 위해 황급히 타락설화를 끌어들이는 또다른 오류를 빚어내는 방식으로 전개되었다는 지적에서 출발하는 것으로 보인다.

수 있게 됨으로써 이런 자연적 무신론은 어느 곳에서나 대대적으로 환영을 받게 된다. 그러나 진정한 의미에서 그리스도교 신앙은 이성과 철학 그리고 과학에 대해 적대적 태도를 요구하지 않는다는 것은 두말할 나위도 없을 터이다.

간략히 살펴본 바 유신론의 전통에서 무신론의 씨앗이 이렇게 심겨졌다면 범신론에서는 그런 무신론의 씨앗에 물을 주는 단계로 접어들었다고 할 것이다. 그리고 곧 이어진 범재신론도 방식은 다소 다를지언정 역시 기왕에 싹터 자라난 무신론을 더욱 성숙시키는 토양으로 작용해 왔다는 지적이 대체로 동의되고 있다. 결국 근세는 고중세에서 형이상학적 신관을 유신론의 형태로 물려받아 이성과 신앙의 대립이라는 구도에서 인식론적으로 정리한 후 이를 극복하려는 시도로서 범신론과 범재신론을 전개하면서 무신론을 함께 키워 왔다. 이런 상황은 비단 신앙주의에만 해당되는 것도 아니었다. 즉, 신앙주의와 대립관계에 있는 이성주의에서도 검증제일주의를 표방하는 극단적 합리주의라는 사례에서 살펴볼 수 있듯이 무신론은 얼마든지 도출될 수 있었다. 이런 근세 전후기의 분위기로 인해 근세 말에서 현대의 초입에 걸쳐 무신론이라는 기폭제가 전면에 등장하게 되고 이로써 사실상 현대라는 새로운 시대가 열린 것이 아닌가 한다.

그런데 다음의 제III부에서 다룰 현대는 근세의 유산에 대해 곱씹는 과정에서 다음과 같은 상황을 대면해야 하게 되었다. 즉, 전통적 유신론과 이에 대한 도전으로서의 무신론 사이에서 과연 신의 존재 여부는 이제 신념 이상의 증거를 확보할 수 없다면 어느 쪽으로도 일방적으로 손을 들어줄 수 없는 난감한 상황에 처하게 되었다. 이런 상황에서 현대 초기는 적어도 겉으로 보기에 상호대조를 이루는 두 가지 반응을 전개했다. 그 하나는 낙관적 방향에서 이미 근세에 새로이 부상해 온 과학이 전통적 종교의 위치를 대신할 것이라는 입장으로 나타났고, 다른 하나는 비관적 방향에서 전통적 가치관의 붕괴에 대한 애절한 체험을 절규하는 입장으로 나타났다. 전자가 현대적 미신이라 할 수 있는 "과학주의"라면, 후자는 유신론-무신론이라는 근세적 대립에 대한 냉소적 반응으로서의 "허무주의"로 명명되었다. 그러나 여기서 간과해서는 안될 것은 이런 과학주의와 허무주의가 그저 낙관과 비관이라는 단순대조의 관계에 머무른 것이 아니라는 점이다. 사실상 과학주의와 허무주의는 동전의 앞뒷면처럼 서로가 서로를 부추기면서 대안으로 제시되기도 하는 오묘한 관계를 지녔다. 현대가 이처럼 외현적 대조와 내면적 상통이 뒤얽힌 정서에서 시작되었다는 사실은 그후에 전개될 다양한 사조들에 대한 예고로서의 성격을 다분히 지니고 있어서 이를 도외시하고 현대를 조망한다는 것은 어불성설이 아닐 수 없을 것이다.

2) 종교개혁 이후 신학의 삼각구도적 갈래들

신화에서 합리주의와 신비주의를 넘겨받아 형이상학적으로 틀을 잡기 시작한 것이 고대라면 그리스도교의 출현에 의한 신의 인격성 개념을 위해 의지주의라는 제3의 틀이 제시된 것이 중세였음은 주지의 사실이다. 그런데 근세 초기에 형이상학에서 인식론으로 넘어오면서도 이성론자들은 여전히 형이상학적 과제 수행을 목적으로 하고 있었기에 합리주의-신비주의-의지주의라는 삼각구도는 당연히 기본적이었다. 그러나 이성론과 마주한 경험론의 자극과 비판에 힘입어 근세 후기 인식론의 종합이라는 단계를 거치면서 "무엇"의 논리인 합리주의-신비주의-의지주의는 이제 "어떻게"에 입각하여 지성-감정-의지라는 인간 정신의 요소론적 구도로 정리되어야 한다는 요청이 대두되었다. 물론 여기서 지성·감정·의지는 더 축소될 수 없는 정신의 구성요소일진대 이렇게 정신 전체가 망라됨으로써 근세 후기의 사상적 배경인 관념론적 체계성을 반영하고 있다.

사실상 "있음과 앎의 같음"이 인간의 신격화라는 비난을 받을 만큼 인간과 신의 연속성을 향해 치달았다면 이런 분위기가 신학에서는 인간의 정신적 요소들이 신관에 직접적으로 반영되는 현상으로 나타났다고 하겠다. 여기서 사용하게 될 주지주의·주정주의·주의주의라는 표현들은 바로 이것을 가리킨다. 말하자면 "무엇" 물음에서부터 이미 인간관은 신관에 작용했지만 이제 "어떻게"를 거쳐 "무엇-어떻게"가 엮이고 "있음과 앎의 같음"이 귀결된 마당에 신관의 근저가 되어 왔던 인간의 정신요소들이 마치 무관한 것인 양 덮여진 채로 저변에 깔리고 말 이유가 없었다. 게다가 인식론적 종합에 바탕을 두고 다시 복고하는 형이상학이 "인식론적 형이상학"일 수밖에 없다면 이제 "어떻게"에 대한 고려 없이 "무엇"에만 집중하는 신관의 일방성이 적절하지 않다는 것은 재론의 여지가 없다. 누차 강조되어 온 것처럼 신관이 인간관의 반영이라면, 그리고 이에 대한 인식론적 반성 덕택으로 그런 점이 명시적으로 공인되었다면 지성-감정-의지라는 정신적 요소들을 계속 은폐한다는 것은 사상적 위증일 뿐이다. 차라리 노골적으로 드러내는 것이 인간중심주의로 치달아가던 그 시대의 낭만적 분위기와 함께 더욱 부추겨졌으니 이런 방식의 환원주의를 통해서라도 그런 욕구의 분출은 불가피했다. 따라서 우리는 여기서 종교개혁 이후의 근세 신학을 시기적으로 구분하여 16~17세기에 대해서는 요소론적 구도에서의 표기를 직접 적용할 것이고, 그런 요소들로의 집중이 좀더 노골화된 18~19세기에 대해서는 요소론적 환원주의를 의미하는 주지주의-주정주의-주의주의라는 분류를 사용할 것이다. 비교적 짧은 시기를 양분하여 그 경향에서의 차이를 굳이 드러내려는 것은 인간 안에서 집요하게 작용하고 있는 중심주의에 의한 환원주의의 경향에 대해 비판적 성찰이 필요하다는 점을 강조하고자 하기 때문이다.

(1) 16~17세기:
지성주의적 정통주의 - 감정주의적 경건주의 - 의지주의적 자유주의

16~17세기 종교개혁 운동 이후 그리스도교 신학은 그 운동의 이념을 체계화하는 소위 정통주의를 기조로 전개되었다. 이념의 체계화를 위해 지성주의를 기틀로 채택함으로써 "스콜라주의적 프로테스탄티즘"이라고도 불리는 정통주의는 이후의 프로테스탄트 신학을 위한 터전을 마련한 것으로 평가된다. 그러나 바로 그때문에 뒤이어 등장한 감정주의적 반동인 경건주의뿐 아니라 의지주의적 도전인 자유주의를 촉발시킨 연유로서의 의미도 지닌다. 말하자면 종교개혁 이후 근세 후기의 신학은 지성중심의 정통주의, 감정중심의 경건주의 그리고 의지중심의 자유주의가 명실공히 지-정-의 삼각구도적 긴장을 이루면서 전개되었다. 이제 우리는 이런 사조의 사상적 특성을 간략히 살핌으로써 근세 사상의 신학적 함의를 들추어내고, 나아가 인간의 자기이해가 신관과 신앙관의 토대로 작용한다는 원리를 종교개혁 이후 시대에서도 재확인하고자 한다.

먼저 정통주의 신학은 프로테스탄트 사상의 고전적 체계를 이루었는데, 무엇보다 교리의 객관적 정립을 목표로 한다는 점에서 그러했다. 그런데 이런 목표를 위해 정통주의는 철학이 절실하게 필요했지만 철학에 대한 태도에서는 이중적이라는 특성을 지니고 있었다. 즉, 가톨릭 신학이 자연과 은총 또는 이성과 계시의 관계에 대해 비록 상하구조의 이분법적 방식일지언정 긍정적이었던 데 비해 종교개혁 운동은 자연과 이성이 타락했다고 보고 이를 부정하는 자세를 취함으로써 철학에 대해 상대적으로 경계하는 입장이었다. 그러나 다른 한편 개신교회 신학도 교리의 체계화를 위해 철학적 범주를 사용하지 않을 수 없었다. 결국 철학에 대한 정통주의의 이런 이중적 태도는 루터파 신학 체계화의 기수인 요한 게르하르트의 예가 보여주듯이 이성에 근간한 자연신학을 하부구조로 하고 그 위에 계시에 입각한 계시신학을 설정하는 방식으로 귀결되었다. 정통주의 신학을 "스콜라주의적 프로테스탄티즘"이라는 별칭으로 부르게 된 것도 이때문이다. 소위 순수한 교리와 혼합된 교리doctrinae purae et mixtae라는 구별도 여기서 나왔는데, 전자가 계시에 뿌리를 두었다면 후자는 이성과 계시 이중구조의 산물로서 후대 계몽주의 신학으로 발전하는 토대가 되기도 했다.

정통주의의 이런 교리주의적·율법주의적 분위기는 성서의 권위에 대한 입장에도 그대로 반영되었는데 신앙고백 없이도 성서를 해석할 수 있다는 "비개심자의 신학"theologia irregenitorum을 옹호했다는 점에서도 확인된다. 더 나아가 정통주의는 칼뱅의 축자영감설을 일부분이나마 계승하면서 성서 안의 모순들을 해결하기 위해 "성서의 유비"analogia scripturae sanctae라는 원리를 주장하게 되었다. 즉, 성서 안에서 분명하지 않거나 외관상 모순으로 보이는 것들은 더 분명한 다른 부분들로부터의 유추적 해석을 통해 해명될 수 있다는 것이었다. 여기서 염두에 두어야 할 것은 이런 원리가 정통주의의 객관주의적 기조를 보장하는 것으로 오해되어서는 안된다는 점이다. 아무리 유비적 원리라도 어느 정도의 주관성이 개입되는 것은 불가피하며 그것은 사실상 모든 유비의 경우에 그렇다. 중요한 것은 정통주의의 지성주의적 성향은 교리주의로 귀결되었다는 점이며, 성서신학보다 조직신학을 선호한 경향도 이와 무관할 수 없을 것이다.

그러나 정통주의의 객관주의적 경향에 대해 주관주의적 반동이 일어났으니, 곧 감정주의적 성향을 띤 경건주의였다. 필립 스페너를 선구자로 하는 이 새로운 운동은 교회와 윤리 등 실천적 영역에서의 개혁을 부르짖었다. 예를 들면, 루터의 만인사제설을 적극적으로 수용함으로써 교회의 조직적 활성화를 시도했고, 존 웨슬리의 예에서 보듯이 신앙인들의 성화sanctification에 대한 관심을 집중적으로 표명했다. 그런데 여기서 성화라는 것은 밖에서 오는 "신의 말"이 인간에게 도달하고 인간을 심판한다는 정통주의적 이해와는 달리 내면적 경험에 드리워지는 빛을 가리키는 것이었다. 그리고 이런 점에서 경건주의는 신비주의적 요소를 본질적으로 포함하고 있었다. 물론 경건주의가 내포하는 신비주의란 신적 현존에 대한 내적 참여를 가리키는 것으로서 일자와의 합일을 갈파하는 신비주의와는 구별되었다.

정통주의와 경건주의의 이런 대립은 합리주의와 신비주의의 대립이라는 고전적 구도의 근세적 표출이며 결국 인간 정신 안에서 일어나는 지성과 감정 사이의 긴장에서 비롯되었다. 실제로 루터에서도 이렇게 대조적인 양대 성향이 동시에 나타났으며 칼뱅의 경우에도 별로 다르지 않았다. 그런데 이에 대해 또다른 제3의 반동이 나타났으니, 바로 의지주의를 표방하는 자유주의였다. 물론 자유주의는 이를 선취한 소지니주의에 의해 예고되었기에 여기서는 이에 대해 간략히 살펴보는 것에 머무르고자 한다. 창시자인 파우스토 소지니를 따라 소지니주의라고 불리는 이 사조는 정통주의나 경건주의와 달리 이성과 상식, 도덕과 자유 등을 근거로 성서와 교리를 비판하는 입장을 표방했는데, 예를 들면 삼위일체론의 성서적 논거가 분명하지 않다든지 원죄설은 인간의 자유에 비추어 자기모순적일 수밖에 없다든지 하는 것이 그것이다. 그리고 이런 입장은 후대에 자유주의로 계승되어 역사비판방법으로 발전하게 되었다.

이 간략한 논의를 토대로 근세 후기 신학을 정리한다면 다음과 같이 추릴 수 있겠다. 먼저 신학의 역사는 지속적 확대발전의 과정이라기보다 밀물과 썰물처럼 오락가락하면서 이전의 문제를 해결해 가고 또 새로운 문제에 부딪쳐 해결을 시도하는 방식으로 엮어 간다고 평가된다. 중세에 이미 본격적으로 전개되었던 이성과 신앙의 관계 문제가 근세에도 전기는 물론이거니와 후기에도 여전히 중심과제로 자리잡고 있다는 것은 이를 말해준다. 그러나 그것은 결코 단순한 반복은 아니었다. 고중세의 유구한 역사를 지배하면서 독야청청할 것 같았던 "있음"에 대해 근세 전기 인식론적 전환에 의해 "앎"이 얽히면서 "있음"을 향하는 길로서의 "앎"의 갈래들 이상으로 신관의 형성에 작용하는 인간관을 이루는 요소들 사이의 각축전이 치열하게 펼쳐졌기 때문이다. 말하자면 이제는 신의 본성을 확실성으로 잡으려는 이성과 절대성으로 구하려는 신앙 사이의 대립보다도 인간의 정신을 이루는 지성과 감정과 의지라는 세 요소 사이를 맴돌면서 강조의 초점을 달리해 가는 방식으로 신관과 신앙관이 전개된다. 그리고 인식론의 이런 영향과 파장은 곧 살펴볼 다음 세기로 넘어가면서 더욱 강하게 퍼져나간다. 그러나 "있음"과 "앎"의 관계가 양자의 같음에까지 이르더라도, 아니 바로 그렇기에, 인간은 아직도 본질적으로 정신으로만 규정된다는 한계를 넘어서지 못했다. 그러기에 지성-감정-의지 사이를 아무리 맴돌아 보아야 여전히 정신 안에서의 놀음일 뿐이었다. 물론 이것이 아직도 "있음과 앎의 관계"에 머물러 있던 근세의 한계였음은 새삼 지적할 필요도 없다.[12] 다만 있음과 앎의 괴리를 넘어 그 둘 사이의 같음을 어떤 식으로든 추구해야 한다면 중심주의의 극단화에 의한 환원주의도 불사할 수밖에 없지 않은가라는 상황인식이 바로 이어서 살펴볼 일련의 환원주의적 구도를 전개하도록 했다고 해야 할 것 같다.

(2) 18~19세기:
주지주의적 계몽주의 - 주정주의적 낭만주의 - 주의주의적 삶의 철학
① 18세기 주지주의적 계몽주의
16~17세기가 종교개혁의 직접적 파장을 겪어가던 시기였다면 18세기는 이를 다소 차분하게 다듬어간 시기라고 하겠다. 마침 인간의 자기이해를 위한 범주

---
[12] 말하자면 근세 초기 철학계에서 자연에 대한 인식이 부각되긴 했지만 인간관의 본격적 변혁에는 아직 이르지 못했으며 더욱이 신학계에 이런 파장이 전달되기에는 두어 세기를 더 기다려야 했다. 그리고 우리는 육체를 포함한 전 실존의 절규로 "삶"을 곱씹는 현대를 논하면서 이를 확인하게 될 것이다.

에서도 16~17세기의 "자연"에서 18세기의 "사회"와 19세기의 "역사"로 넘어가게 되는 때인지라 그런 과정을 밟게 되는 것은 당연한 일이었다.

먼저 계몽주의라는 이름의 근세 후기적 합리주의는 과연 이성과 자율을 중시하는 데서 시작한다. 앞서 16~17세기의 지성주의적 정통주의가 여전히 교리주의적이었다면 자연-사회-역사라는 일련의 인간적 범주 확대를 경험한 후예들에 의해 개진된 계몽주의가 교리적 굴레로부터의 자율이라는 기치로 나아가는 것은 불가피한 일이었다. 종래에 자율은 신의 법과 의지에 대한 도전으로 여겨져 온 평면논리에 갇혀 있었지만 이제는 오히려 신의 법에 대한 복종이란 안정을 보장받기 위한 권위주의적 타율일 뿐이라고 간주된다. 물론 이런 전환의 토대에 결정적으로 공헌한 것은 역시 이성에 대한 근대적 신뢰였다. 당시 이성은 오늘날의 그것처럼 기술적이거나 기능적인 차원으로 축소되기 이전 객관적 실재와 주관적 정신을 관통하는 보편적 구조로서의 의미를 지닌 것으로 모셔졌기 때문이다.[13] 계몽주의를 주지주의적이라고 할 수 있다면 바로 이때문이다. 더 나아가 당대의 이성은 오늘날과도 상통하는 비판성도 아울러 지니고 있었다. 물론 여기서 이성의 비판성이란 봉건주의나 권위주의에 대한 항거로서의 의미도 포함했다. 이런 이성의 자율이 계몽주의의 핵심이라면 타율적 안정만을 찾아다니는 대중들이 계몽의 대상이 되어야 한다는 계몽주의의 주장은 재론의 여지가 없었다.

계몽주의의 사상적 핵심이 이성과 자율이었다면 이를 토대로 한 조화 개념 또한 주목해야 할 요소였다. 물론 이성적 자율 또는 자율적 이성을 강조할수록 개체들 사이의 갈등이라는 문제가 현안으로 부상할 가능성이 높아지기 때문에 조화의 문제가 대두되는 것은 현실의 이치상 당연했다. 아닌게아니라 철학적으로는 근세 초기에 전개된 인식론적 전환이 도전으로 전개되었는가 하면, 종교적으로는 종교개혁과 이어진 계몽주의를 통해 이론적이고 실천적인 이성의 도전이 일어남으로써 중세의 초자연주의적 권위가 붕괴되어갔고 따라서 중심상실

---

[13] 폴 틸리히 (송기득 옮김) 『19-20세기 프로테스탄트 사상사』 (한국신학연구소 1998) 41-2.

과 함께 저마다의 목소리가 터져나오기 시작했다. 철학적으로 본다면, 인식론적 전환은 이성론이든 경험론이든 "있음"에 대한 "앎"의 갈래를 촉발시켰고 결국 "같음"에서 "다름"으로 뻗어나가는 조짐의 시작이었다. 또한 종교적으로 본다면, 종교개혁과 이후 신학의 재구성은 이런 시대적 조류에 힘입어 더욱 박차를 가하게 되었다. 이런 상황에서 중세의 초자연주의적 권위를 대치할 새로운 근대적 덕목이 요구되었으며, 여기서 조화의 원리가 등장하게 되었다.

그런데 계몽주의의 사상적 핵심으로서 조화의 원리를 논하자면 우선 인식론에서 라이프니츠의 "예정조화설"과 로크의 "감각반성론"을 거론할 수 있다. 앞선 논의로 반복을 피한다면 로크의 감각반성론에 대한 간략한 설명으로 족할 터인데, 이는 사물에서 오는 감각들이 비록 혼돈스러울지라도 인간의 정신 안에서 조화의 원리를 따라 의미로운 표상을 이루어냄으로써 앎을 가능케 한다는 것이었다. 물론 이런 조화의 원리는 일찍이 설파된 플라톤 사상에 뿌리를 두고 있기는 하지만 근세에 이르러 이런 인식론적 결집 이후 자연법에 근거한 사회적 조화사상을 외친 장 자크 루소, 그리고 "보이지 않는 손"과 같은 낙관적 경제관을 피력한 애덤 스미스에게로 이어져 왔었다. 이런 계보를 지닌 조화사상은 사회적으로 중세의 수직적 계층구조에서 수평적 연계구조로의 변혁과 함께 발전함으로써 곧 진보적 개선에 대한 인간적 신뢰의 기반으로 작용했다. 따라서 조화의 원리에 바탕한 이런 사회사상이 신학적으로 "신의 섭리" 개념을 변화시켰다는 것은 너무도 당연하다. 신은 이성적 질서를 갖춘 세계를 창조하되 사회의 진보적 개선을 위해 구체적 간섭을 하지 않고 창조질서의 수호자 역할만 담당하기에 머물러야 한다는 이신론deism이 대두되었기 때문이다. 이런 분위기에서 종교는 비합리적 요소, 예를 들면 원죄사상이나 은총론과 같이 인간의 이성적 자율성을 저해하는 교리들을 배제할 것을 요구받았다. 그러나 흥미로운 것은 영혼불멸사상이 죽은 후에도 진보적 개선을 지속할 수 있는 인간의 능력에 대한 신뢰를 포함한다는 뜻에서 수용되었다는 점이다.[14]

---

[14] 같은 책 63.

그러나 진보에 대해 이런 낙관적 입장을 취했던 계몽주의가 지배했던 18세기 중엽 리스본에서 발생한 대지진은 그런 분위기에 일대 타격을 가하기에 충분한 사건이었다. 언제든지 발생할 수 있지만 그렇게 우연히 벌어진 한 사건이 당시 사상적 정서에 엄청난 충격을 던졌다. 따라서 인간의 복지를 위한 완벽한 설계를 토대로 창조된 세계라는 관점이 뿌리째 뒤흔들리면서 우주적 비관주의가 나타났다.[15] 그렇지만 진보적 개선에 대한 계몽주의적 신념에 타격을 준 것은 이런 자연적 악만이 아니었다. 오히려 인간의 도덕적 악이 더 심각한 문제였는데, 개인적 차원뿐 아니라 사회적 차원에서도 불가피할 만큼 항존적이었기 때문이다. 먼저 개인적으로는 초기 계몽주의의 노동원리가 금욕주의적 분위기를 지녔음에도 노동의 결과물에 대한 경제적 교환의 효과를 높이기 위해 구매와 사용의 욕망을 일으키지 않으면 안되는 상황에 처함으로써 오히려 욕망을 부추기는 자가당착에 빠졌다. 당시 "인간 행동의 유일한 원리는 자기 사랑"이라고 갈파한 헬베티우스를 들먹이지 않더라도 이미 인간의 욕망에 대한 현실적 인식이 자리잡아 가고 있었으며 이런 통찰은 마키아벨리와 다음 세기의 니체로 이어져 왔다. 또한 사회적으로는 특히 학문이나 예술 같은 인간의 문화활동이 도덕과 윤리에 공헌하기보다 사치와 위선을 조장함으로써 부도덕을 부추겼다고 비판되었다. 물론 이런 비판에 가장 앞장섰던 루소의 문명비판은 "자연으로 돌아가라!"는 구호와 함께 오늘날 오히려 더욱 절실한 지침으로 다가오고 있다.

그러나 우리가 여기서 특별히 주목할 것은 계몽주의에 대한 이런 일련의 반동이 칸트에게서 가장 첨예하게 밀집되었으며 칸트의 철학이 이후 개신교 신학에 결정적 전환의 계기로 작용했다는 점이다. 그도 그럴 것이 칸트는 앞선 누구보다 인간의 유한성에 대해 깊이 천착했기 때문이다. 물론 인식론적 반성이 이미 인간의 유한성에 대한 통찰이기는 하지만 칸트는 이를 더욱 심도있게 실존적으로 끌고갔다는 점에서 분명히 구별되었다. 철학적 논의에서 간략하나마 다루어졌으므로 재론하지 않겠으나 유한성에 대한 칸트의 통찰은 계몽주의적

---

[15] 당대 염세주의의 대표자로 알려진 쇼펜하우어가 좋은 에이러니와 괴테나 볼테르도 이에 가세했다.

낙관론에 혁명적 쐐기를 박는 결과를 초래했고, 이제 신학의 기본구도도 고전적 유형인 "교리"중심적 신관에서 "고백"중심적 신관으로 전환을 이룸으로써 본격적 근세 신학의 터전이 마련되었다. 어쨌든 진보에 대한 신뢰를 기치로 내건 계몽주의는 종교의 추상적 원리에만 집중함으로써 종교를 자연신학과 도덕으로 환원시키려는 경향에 지배되었고 바로 이때문에 이토록 집요한 일련의 내적 반동을 받을 수밖에 없었다. 그 결과 계몽주의는 그 찬란한 취지에도 불구하고 결국 19세기의 낭만주의에게 지배적 사조의 자리를 내주게 되었다.

② 19세기 주정주의적 낭만주의

계몽주의는 주지주의적 성향으로 인해 이성으로 신을 포함한 모든 것을 설명할 수 있다는 낙관적 입장을 표방했는데 이것이 사람들에게 오히려 답답함을 불러일으키는 폐쇄성으로 다가왔다. 말하자면 "있음"에 대해 접붙게 되는 "앎"이라는 것이 반드시 지성의 전유물이어야 하는가라는 물음이 제기되었다. 따라서 당연하게도 이에 대한 반동이 일어나게 되었는데 그것은 신비주의의 유산 안에서 주정주의의 궤적을 더듬어내는 낭만주의라는 형태로 나타났다. 칸트에게서 좋은 예를 볼 수 있듯이 계몽주의가 유한과 무한을 분리하여 수직적 관계에 둔 것과는 달리, 헤겔과 슐라이어마허로 대표되는 낭만주의는 유한과 무한의 적극적 관계를 강조하는 특성을 지닌다.[16] 즉, 유한한 것 안에 무한이 현존할 뿐 아니라 거꾸로 유한은 무한 안에 들어 있다는 것이 낭만주의의 기본적 원리다. 그런데 이런 원리가 이렇게 근세 후기에 와서 처음 제기된 것이 아님은 말할 필요도 없다. 앞서 살펴본 근세 전기의 종교개혁시대에 이미 루터와 칼뱅의 대립에서 확인할 수 있거니와 이는 거슬러올라간다면 중세 말기에 근세의 서주를 전개한 쿠자누스의 "대립의 일치"coincidentia oppositorum를 거쳐 고대 신비주의까지 이를 수 있다. 그리고 앞서도 잠시 논급한 바 있지만 역시 계몽주의의 원조

---

[16] 앞서 우리는 이를 "있음"과 "앎"의 관계라는 도식으로 설명한 바 있다. 칸트의 경우 물자체의 불가지론이 있음의 무한을 가리킨다면 인식대상으로서의 현상이 앎의 유한을 가리키는데 그에 있어 양자는 넘을 수 없는 간격을 지닌 것이었다. 이 문제를 극복하려는 헤겔이 양자를 연관지으려는 구도를 설정하게 된 것은 당연한 일이었다.

가 아리스토텔레스라면 낭만주의는 플라톤을 원조로 모시는 것이 마땅하다고 하겠다. 그러나 먼 이야기를 다시 들먹이기보다는 쿠자누스의 근세 후기적 재현으로서 탈아적 자연주의라는 형태의 신비주의를 외치다가 신적 실재를 부정했다는 혐의로 종교재판Inquisition을 거쳐 화형당한 죠르다노 브루노가 밀접하게 연관된다는 점을 지적하는 데서 만족해야겠다.

그렇다면 이 시대의 낭만주의는 어떤 정서를 지니고 있었는가? 무한한 것이 유한한 것 안에 현존한다면 그 무한한 것은 직관적으로 인식될 것이다. 그리고 바로 이런 점이 신비주의와의 연관성을 드러내는 대목이다. 그런데 낭만주의가 지닌 이런 직관주의와 신비주의는 당연히 세계의 유기체성에 대해 적극적 입장으로 이어졌기 때문에 전통을 개혁하려는 계몽주의와는 달리 과거의 역사에 대해서도 긍정적이어서 때로 보수주의로 오해되기도 했다.

먼저 슐라이어마허는 유한과 무한의 상호내재성이라는 신비주의적 원리에 입각해서 로크의 이신론으로 대표되는 합리주의적 종교와 칸트에게서 볼 수 있는 도덕적 복종을 강조하는 의지주의적 종교를 비판한다.[17] 이 양자는 주체와 객체의 분리를 전제하는데, 그럼으로써 주체와 객체 사이에는 다름difference과 떨어짐detachment과 거리distance가 생기기 때문이다. 그리고 바로 이런 이유로 슐라이어마허는 이를 극복할 근거로서 우주의 직관을 뜻하는 신적 인식으로서의 감정 das Gefühl을 설파했다.[18] 이로써 그는 종교를 지식화하고 도덕화한 계몽주의의 왜곡을 극복한 낭만주의자로 평가되었다. 그에 의하면 종교는 그 본질에 있어 주지주의가 표방하는 지식도 아닐 뿐더러 주의주의가 역설하는 행위도 아니며 반성에 앞서 자신 안에 있는 무조건적인 것에 대해 지니는 의식이다.[19] 그런데 여기서 우리가 주의해야 할 것은 그가 말하는 감정이나 의식이 단순히 심리학

---

[17] Friedrich Schleiermacher, Über die Religion: Reden an die Gebildeten unter ihren Verächtern = 최신한 옮김 『종교론』 (한들 1997) 38-55.

[18] 같은 책 56.

[19] 이런 이유로 그는 지식과 행위의 대상으로 간주될 수도 있는 "인격성"(Personalität)이라는 개념이 신에 대해 적절하지 않다면서 그 대안으로 "정신성"(Geistlichkeit)을 제시할 정도였다.

적 개념이 아니라는 점이다. 실로 많은 경우에 그렇게 오해되어 왔지만 여기서 감정이란 무한한 것이 유한한 인간 안에 현존함으로써 유한한 인간이 자신 안에 있는 무한한 것을 우주 안에서 다시 인식한다는 것을 가리킨다. 인간은 인간 안에 우주를 갖지 않고서는 결코 우주를 이해할 수 없다는 것이 낭만주의의 신념이었다. 그리고 그런 신념을 전제한다면 이런 낭만주의를 주정주의적 · 신비주의적 구도로 해석하지 못할 이유는 없다.

그러나 슐라이어마허에게서 유한과 무한의 상호내재성이라는 원리는 이런 정도의 의미에만 머무르지 않는다. 그것은 신학적 패러다임의 혁명적 전환으로까지 나아간다. 이제는 그저 유한자와는 이질적인 무한자로서의 신에 대한 이야기인 신론에서 시작하는 것이 아니라 무한자가 깃들어 있는 것으로 간주되고 고백되는 유한자로서의 인간에 대한 파악에서부터 종교의 이야기가 시작되어야 한다는 점이 역설된다. 다시 말하면 신에 관한 신학적 명제를 궁극적인 것에 대한 인간의 실존적 참여에서, 즉 인간의 종교적 의식에서 끌어낸다는 방법상의 혁명이 선포된다. 따라서 이제는 신에 관한 이야기로서의 "신학神學"theologia 이 아니라 신앙에 관한 이야기로서의 "신학信學"Glaubenslehre이어야 한다는 것이다.[20] 인간이 "신의 본질"essentia dei에 대해 감히 알 수 있다고 떠들어댔던 고전적 주장들은 이제 소박하고 유치한 단계로서 극복되어야 할 것으로 간주되었으며 인간은 단지 신과의 관계를 바탕으로 해서만 신에 대한 경험을 말할 수 있다는 유한성 인식이 강조된다.[21] 말하자면 이제는 "있음"만 가지고 신을 논한다는 것은 시대착오적이며 "앎"을 마땅히 고려해야 하는데, 그 "앎"이라는 것도 "있음"이 군림하던 시대의 정서를 지배하던 지성의 전유물일 수 없을 뿐더러 경험으로 체득되는 감정이라는 요소가 오히려 더 큰 비중을 지닌 것으로 여겨

---

[20] 참조: Friedrich Schleiermacher, *Kurze Darstellung des theologischen Studiums zum Behuf einleitender Vorlesungen* = 김경재 외 2인 옮김 『신학연구입문』 (대한기독교출판사 1983).

[21] 예를 들면 삼위일체론도 신의 초월적 본질에 대한 이론적 구성이 아니라 신에 대한 인간의 관계 방식으로 이해해야 하며 이를 결코 넘어설 수 없다는 것이다. 말하자면 삼위에서의 성부 · 성자 · 성령은 개별적인 형이상학적 실체성을 지닌 것으로 볼 것이 아니라 인간이 신과 관계하는 방식에서 각각 초월부동적 영역, 인간적 차원, 그리고 양자를 이어주는 관계적 활동으로 보아야 한다는 것이다.

져야 한다는 것이 신학계 안에서 본격적으로 외쳐지게 되었다. 그가 개신교 사상사에서 "현대 신학의 아버지"라고 불린다면 그 근거는 바로 여기 있다.[22]

슐라이어마허가 고전적 가치인 지성과 근세적 가치인 의지에 대해 현대에서 부각될 감정을 설파함으로써 신학계에서 현대의 서주를 울리는 역할을 했다면 이와 쌍벽을 이루는 헤겔은 합리주의와 신비주의를 종합하여 거대한 체계를 이루고자 했다는 점에서 신학적 견지에서는 낭만주의의 대단원에 속하는 것으로 분류할 수 있겠다. 과연 헤겔에게서는 고전적 형이상학은 물론이거니와 근세의 계몽주의와 낭만주의도 포함되며 여기에 그리스도교 전통까지 합류하여 엮어내는 거대한 종합이 시도되었다. 그중에서도 신학적으로 중요한 의미를 지니는 가장 중심적인 종합은 역시 "신과 인간의 종합"이라고 하겠다. 바로 이런 요소 때문에 헤겔은 범신론적이라거나 "인간의 신격화"라는 비난도 받았지만 그보다 중요한 것은 바로 그런 종합 안에서 합리주의와 신비주의가 만난다는 점이다. 그러나 문자주의적 범신론이 어불성설이라면 헤겔의 그런 종합은 오히려 범재신론의 확립으로 읽혀져야 한다. 이런 맥락에서 근세 후기 낭만주의에 대한 틸리히의 다음과 같은 해석은 음미할 가치를 지닌다:

> 만물은 본질적으로 신적 생명의 자기 표현이다. 이 세계 과정은 자연을 통해서, 정신의 여러 가지 실현을 통해서 진행된다. 인간의 정신에서, 특히 인간의 예술적·종교적·철학적 창조에서 신은 본질적으로 존재하는 자기 자신을 재발견한다. 신은 자신에게서 자신을 발견하지 않고 세계의 과정을 통해서, 그리고 마지막에는 인간을 통해서, 특히 인간의 신 인식을 통해서 자신에게 이른다. 여기서 우리는 신에 대한 인간의 인식에서 신은 자기를 인식하고, 신에 대한 인간의 사랑에서 신은 자기를 사랑한다는 신비사상에 접하게 된다.[23]

---

[22] "있음"에 대해 "앎"을 관계짓는다는 점에서 슐라이어마허는 아직 근대에 머물러 있지만 "앎"을 지성일변도로부터 감정으로 전환시키려 한다는 점에서는 현대의 선구자 지위를 차지하기에 충분하다. 이처럼 새 시대의 기점이라는 것이 언제나 전 시대와의 연속적 불연속성을 지닌다고 할 때 슐라이어마허도 역시 예외일 수는 없다.

[23] 틸리히, 위의 책 150-1.

만물이 정신의 표현이라는 것이 관념론의 뿌리를 드러내주기는 하지만 여기서 정신이라는 것이 우선적으로는 종래의 지성을 포함하면서도 나아가 생동성을 뜻하는 동적 개념까지 아우른다면 과연 합리주의와 신비주의가 만날 수 있는 지점이 확보되고 있다고 할 수 있겠다. 이처럼 역사적 평행선을 그려온 이질적이고 대조적인 사상구도가 이토록 거대한 종합이라는 이름 아래 만난다는 것은 이미 그 자체로 다분히 낭만적인 정서의 반영이라고 해도 좋을 것이다. 이미 논급한 바 있지만 헤겔 철학의 신학적 의미를 이 자리에서 되새기는 것도 바로 그때문이다. 개인의 불합리성과 현실의 모순에도 불구하고 역사는 신의 섭리적 목적과 부합한다는 그의 낙관주의적 역사철학에서도 그런 낭만적 종합을 발견할 수 있음은 물론이다.

그러나 헤겔이 세계사는 절대정신의 자기실현 과정이라고 했을 때 그가 이 세계의 불합리성과 모순에 대해서 무지하거나 무감각했다는 것을 뜻하지는 않는다. 오히려 세계의 불합리성을 통해 절대정신이 자신을 실현한다는 역설paradox을 신의 섭리에 대한 적극적 이해와의 연관에서 설파했다. 따라서 그의 역사 철학이 "…에도 불구하고"라는 방식의 신정론을 귀결시킨 것은 당연한 일이었다.[24] 그의 이런 신관이 그의 철학의 결론인 "있음과 앎의 같음으로서의 참"에서 주어지는 귀결이었음은 물론이다. 헤겔이 갈파하는 "있음과 앎의 같음으로서의 참"이란 현실의 다름에 대해 대책 없이 무감각한 동일성을 뜻하는 것이 아니라, 바로 그럼에도 불구하고 그런 다름이 같음을 향해 거대하고도 유구하게 움직인다는 그의 역사이해에서 비롯된 것이다. 이처럼 합리성의 구현방식이 신비적이며 신비적 현현 안에 담기는 내용이 합리성이라는 통찰로 이루어진 헤겔의 역사 해석은 그 타당성 여부를 떠나서 가위 장관이라고 하지 않을 수 없다. 그리고 바로 이런 이유로 그의 철학적 체계는 근세를 종합적으로 마감하고 나아가 오히려 이에 대한 반동으로 분출하는 새로운 시대인 현대의 기폭제가 되었다.

---

[24] 참조: G.W.F. Hegel, *Die Vernunft der Geschichte* = 임석진 옮김 『역사 속의 이성』 (지식산업사 1993).

③ 19~20세기 주의주의적 삶의 철학

철학과 신학을 중심으로 하는 서양 정신문화사에서 의지주의가 본격적으로 등장하기 시작한 것은 중세 후기 토마스 아퀴나스의 합리주의에 대한 도전을 펼친 둔스 스코투스와 이를 유명론적으로 전개한 오캄에 의해서였다. 아울러 이런 의지주의가 곧이어 근세 전기에는 종교개혁의 주요한 정서를 이루기도 했음은 주지의 사실이다. 그런데 근세 후기에 이르러서는 신학사상계에서 주지주의적 계몽주의와 주정주의적 낭만주의가 대립의 쌍벽을 이루었다면, 이런 양대 사조 사이의 긴장을 뚫고나온 주의주의적 도전은 뒤늦게 현대의 초입단계에서 절규된 "삶의 철학"을 중심으로 전개되었다. 따라서 시대적으로는 주의주의적 삶의 철학이 근세 후기와 현대 초기에 걸치게 되었지만 근세 후기를 장식한 계몽주의와 낭만주의 사이의 대립에 대한 제3의 대안이라는 의미를 지니기 때문에 지·정·의라는 삼각구도의 조성을 위해서도 여기에 연관지어 살펴보는 것이 바람직하리라 여겨진다.

그렇다면 근세 후기 주의주의는 어떻게 등장했는가? 중세 후기에는 지성에 근거한 필연성의 족쇄에서 신을 해방시켜 신에게 자유를 부여(?)하기 위해 의지를 내세웠다면, 근세 전기 종교개혁기에는 교회의 개혁을 위한 결집을 위해, 또는 교회의 전통에 대한 반동의 차원에서 신의 권위를 드높이기 위해 의지를 강조했다. 그러나 근세 후기 주의주의는 계몽주의와 낭만주의 사이의 대립을 해소하려는 취지에서 그 정체를 이해하는 것이 더 효과적일 것이다. 계몽주의가 인간의 이성을 뽐내면서 기계적 신을 우주 밖으로 내몰려고 했던 반면에, 낭만주의가 감정에 대한 호소를 통해 신의 초월성을 인간 안으로 끌어들이려는 열망으로 끓고 있었다면, 삶의 철학으로 불려질 수 있는 일련의 주의주의적 움직임은 더 현실적 감각을 가지고 삶에 대해 주시하고자 했다. 말하자면 근세 후기의 정점에서, 아니 엄밀히 표현한다면 현대로 넘어오는 길목에서, "있음과 앎"의 이야기를 넘어서는 "삶"의 이야기가 지성과 감정 사이를 뚫고 솟아오르는 의지의 절규에 힘입어 드디어 봇물 터지듯이 분출하기 시작했다. "있음과 앎의 같음"이 가리키는 체계적 정합성이 그 자체로는 그럴듯하더라도 구체적 삶과는 동떨어진 공허한 이야기였기 때문에 급기야 삶의 현실을 구실로 체계성에 대한 도전과 항거가 일기 시작했다. 그리고 이런 상황은 당시 주의주의의 대표자인 쇼펜하우어뿐 아니라 니체와 베르그송, 딜타이 등으로 이어지는 삶의 철학에 의해서도 확인된다. 그런데 이들에게서 의지란 단순히 심리적 현상으로서의 의도를 가리킨다기보다 삶의 모든 형태에 들어 있는 원동력을 가리키는 것이었다. 물론 이 때 원동력이란 합리적으로 설명될 수도 없고 감정적으로 해소될 수도 없다는 특성에 근거하여 의지의 핵심을 이루는 것으로 간주되었다.[25]

당대의 이런 분위기를 대표하는 쇼펜하우어는 무의식적 의지가 겨냥하는 것을 향한 욕구가 실현되지 못하는 불만과 이어지는 불가피한 실패에 대한 통찰에서 비관주의와 염세주의로 빠질 수밖에 없었다. 그러나 그가 갈망하는 의지가 삶에 대해 바로 삶을 호소하는 것이었다는 점이 지닌 사상적 파장은 결코 적지 않았다.[26] 헤겔의 진보주의적 낙관주의가 삶의 현실을 도외시한 이상주의로 전락할 수밖에 없게 된 마당에 쇼펜하우어의 그런 호소는 전통을 집성한 헤겔에 대한 현대적 반동의 불길을 당기는 데 혁혁하게 이바지했다. 그리고 바로 그런 결실이 눈앞에 펼쳐졌으니 그가 다름아닌 니체였다.

쇼펜하우어가 19세기를 대표하는 주의주의자라면 이에 필적하면서 또한 능가하는 20세기의 대표자는 바로 니체라고 하겠다. 물론 우리는 여기서 니체의 사상에 대해 상술할 수는 없고 다만 "힘에의 의지"라는 그의 구호와 그 신학적 파장을 살피고자 한다. 주의주의가 말하는 의지가 단순한 심리적 현상이 아니라 삶의 동력을 가리키는 것이라면 니체가 말하는 "힘"이란 사회적 권력이 아니라 존재에 대한 자기 긍정이었다. 그렇다고 해서 니체가 삶에 대해 소박한 낙관주의를 피력했다는 것은 결코 아니다. 오히려 그는 삶의 심연과 모호성에

---

[25] 말하자면 의지란 생명이 없는 물체에서는 인력이나 경향성 따위로 나타나는데 식물에서는 이를 포함하면서도 충격으로, 그리고 동물들에서는 앞의 것들을 포함하면서도 본능이나 충동으로서 표출되고, 결국 인간에서는 이 모든 요소를 포함하면서도 때로 의식과 결합하여 실행되기도 하는 삶의 동력을 일컫는다.

[26] 참조: Arthur Schopenhauer, *Die Welt als Wille und Vorstellung* = 김중기 옮김 『의지와 표상으로서의 세계』 (집문당 1978).

대해 누구보다 예리한 통찰을 구사했다. 그럼에도 그가 굳이 그런 의미로 힘을 강조한 것은 특별한 이유가 있을 터인데, 특히 사랑에 대한 그리스도교의 풀이가 못마땅해서인 것과 관련되어 있다는 것을 주목할 필요가 있다. 그리스도교가 말하는 사랑이 특히 낭만주의를 통해 감상적 욕구나 동정과 구별될 수 없을 만큼 혼동되었기 때문이다. 그리고 사랑에 대한 이런 낭만적·감상적 관념은 타자착취를 욕구하거나 연장시키는 결과를 초래한다는 데 심각한 문제가 있다고 보았다.[27] 결국 니체가 비판한 것은 사랑에 대한 그리스도교의 이해 자체가 아니라 사랑을 동정으로 축소하는 감상적 환원주의였다.

그러나 무엇보다도 니체의 절규가 지닌 신학적 함의의 가장 중요한 요소는 역시 "신의 죽음" 선언이라고 하지 않을 수 없다. 이 문제는 그 자체로 방대하고도 심도있는 논의가 필요하기 때문에 여기서 상술할 수는 없다.[28] 다만 전통적으로 옹립되어 온 "있음"과 "앎"의 얽힘으로 이루어진 객관적 가치 체계가 "삶"이라는 현대적 지평 위에서 와해되는 과정을 겪으면서 "있음과 앎의 같음"으로 똘똘 뭉친 "신"의 죽음을 외치게 되었다면 이 선언은 단순히 소박한 형이상학적 유신론에 대립되는 또하나의 유치한 형이상학적 무신론으로 읽혀서는 결코 안될 것이다. 그것은 과연 신의 자리 회복을 통해 인간의 해방을 꿈꾸는 예언자적 선포라고 하지 않을 수 없기 때문이다. 그리고 이런 뜻을 공유하는 본격적 터전이 바로 다음 장에서부터 다루려고 하는 현대라는 새로운 시대다.

---

[27] 참조: Friedrich W. Nietzsche, *Also Sprache Zarathustra* = 정동호 옮김 『차라투스트라는 이렇게 말했다』 (책세상 2000).

[28] 니체가 선언한 "신의 죽음"이 지니는 신학적 의미에 대해서는 획기적 분석과 비판을 제공하는 다음 저서 참조: 한스 큉 『신은 존재하는가』 I, 성염 옮김 (분도출판사 1994).

III
"참"은 도대체 왜 참인가?

체계를 벗어나 죽음과 얽힌 삶을 살아가며

실존철학적 반동과 신학의 제자리 찾기

1. 얼개: "무엇"에서 "어떻게"를 거쳐 "왜"로

인간은 본디 죽음에 대한 체험에서 자기를 되돌아보며 "나는 누구인가?"를 홀연히 묻게 되었다. 여기서 종교도 예술도 철학도 나왔다. 그도 그럴 것이 죽지 않았다면 이런 물음이 안 나왔을 것이고 혹시 나왔더라도 그리 크게 관심할 바는 아니었을 것이다. 그렇지만 이렇게 묻는다고 해서 대답이 쉽사리 주어지는 것은 아니었다. 그래서 대책을 세우게 되었으니, 이 구체적 물음을 좀더 넓고 큰 물음 안에 담는 것이었다. 크고 넓은 물음에 대한 감이 조금이라도 잡히면 작은 물음은 다소 손쉽게 해결할 수도 있을 것 같은 기대 때문이었다. 그래서 대뜸 "참이란 무엇인가?"라고 묻게 되었다. 그러나 사실로 말하여 "참"이라는 것이 뭐 그리 대수란 말인가? 그것이 인간이 죽고 사는 문제와 관련이 없다면 말이다. 말하자면 "참" 자체가 아니라 삶과 죽음이 중요한 문제이기 때문에 인간은 "나는 누구인가?"에서 "참이란 무엇인가?"로 뛰어들게 되었다.

이렇게 시작된 "참이란 무엇인가?"라는 물음은 앞서 서양 고중세를 논하면서도 살핀 바와 같이 "있음"과 "없음"이라는 형식으로 추릴 수 있는 대답을 놓고 씨름했다. 그런데 이런 대답들은 영원한 평행선으로 팽팽하게 맞설 밖에 달리 방법이 보이지 않는 듯했다. 어느 한 쪽을 손들어 주기에는 다른 쪽이 결코 만만치 않았다. 그도 그럴 것이 아폴론과 디오니소스를 뿌리로 하는 신화적 연원에서 출발한 합리주의와 신비주의의 기본 뼈대가 바로 "있음"과 "없음"이었기 때문이다. 따라서 "무엇인가?"라고만 묻고 있다간 끝없는 세월일 것 같은 예감이 밀려오면서 "참" 추구과업은 뭔가 대책을 세우려는 취지에서 "어떻게"로 나아갔다. 말하자면 "참이 무엇이든지간에 도대체 어떻게 알려지는가?"라는 물음이 본격적으로 등장하게 되었다. 물론 이런 대책이 철학 자체 안에서 자연발생적으로 나왔다기보다는 철학의 주류를 이루던 형이상학에서 때마침 독립을 꿈꾸던 자연과학의 귀띔을 받은 것이었음은 공공연한 비밀이다. 그리고 이렇게 방법의 문제를 파고들게 되면서 "앎"이라는 것에 새삼 눈을 돌리게 되었다. 그런데 이 이야기도 한 쪽에서는 미리 주어진 틀에 만족시키는 방식으로 알 수 있다는 다소 낭만적이면서 독단적인 주장이 제기되었는가 하면, 다른 쪽에서는 그런 틀이 어디 있는가라고 반문하면서 원래 아무것도 없는데 외부에서 받아들임으로써 어느 정도는 알게 된다는 현실적이면서도 심지어 회의적인 주장도 결코 만만치 않게 제기되었다. 전자가 이성론이라면 후자를 경험론이라고 하는데 꽤 대조적인 이야기를 하는 것 같지만 결국 이들은 전체를 이루는 각각의 반쪽에 관한 것이 아닌가라는 통찰 안에서 용해되었다. 그리고 이것이 다음 과정을 위한 초석으로 등장했으니 바로 선험적 구성이라는 이름의 인식론적 종합이었다.

이제 이렇게 발판이 깔렸다면 기왕에 마련된 토대 위에서 내친 김에 이전의 것들을 모두 긁어모으려는 데까지 나아가려는 욕심은 말릴 수도 없으려니와 차라리 자연스런 것이었다. 말하자면, 어차피 밀접하게 연관되어 있는 두 물음, 즉 "무엇"과 "어떻게"를 한데 묶으려는 야심찬 작업이 벌어지게 되었다. 그리고 바로 여기서 인식론적 반성을 토대로 다시 일어난 형이상학이 "있음과 앎의 같음으로서의 참"을 선언함으로써 "참" 추구과정은 절정을 이루게 되었다. 즉, "있는 대로 알고 아는 대로 있으면 그것이 곧 참"이라는 지극히 당연한 결론에 이르렀다. 생각해 보라, 실로 그렇지 아니한가? 무엇을 더 바랄 것인가? 바로 이런 이유로 전통의 마지막 주자는 이 경지를 "절대정신"이라고 불렀다.

그러나 절대정신의 찬란한 광채도 일순간이어서 곧 "있는 대로 앎"에서 "있는 대로"가 어느 정도이며, 또한 "아는 대로 있음"에서 "아는 대로"가 어디까지인지를 어떻게 가늠할 수 있는가라는 문제가 제기되지 않을 수 없었다. 말하자면 앎을 위해서는 있음이 어언간 주어지지 않으면 안되며, 마찬가지로 있음을 위해서도 앎이 어언간 주어지지 않으면 안된다는 순환논리로 내몰리게 되었다. 게다가 이런 논리적 문제보다 더 중요했던 것은 "있음과 앎의 같음"이라는 것이 과연 현실적으로 이루어질 수 있는가라는 문제가 더욱 심각하게 제기되었다는 점이다. 말하자면 그것이 아무리 공식적으로 그럴듯한 "참"이라 하더라도 도대체 "왜 참인가?"를 묻지 않을 수 없게 되었다. 인간이 살아가는 현실은 그야말로 죽음과 뒤얽힌 삶의 과정일진대 죽음의 그림자도 얼씬거릴 수 없을 것 같은 "있음과 앎의 같음"이라는 삼박한 포장의 "참"이 도대체 죽음과 뒤엉킨 삶의 어느 구석에 자리잡을 수 있는가라는 절규가 터져나오게 되었다. 말하자면 아무리 좋은 이야기라도 그것이 죽음을 떨칠 수 없는 삶에 의미롭게 닿을 수 없다면 어찌 "참"이라고 할 수 있겠는가라는 저항이 폭발했다. 현대의 시대정신이 체계에 대한 항거라고 하는 것은 바로 이를 두고 하는 말이다. 이렇게 해서 "참"을 향한 물음을 애당초 일으켰던 죽음과 삶의 얽힘은 "무엇"에서 출발하여 "어떻게"를 거치는 동안 잠시 수면 밑으로 가라앉은 듯했다가 "왜"에 이르면서 다시 본래의 자리를 되찾게 되었다. 달리 말한다면 "있음과 앎의 같음"이라는 것이 오히려 죽음과 얽힌 "삶의 다름"을 더욱 분명하게 드러내 줌으로써 이제는 "삶의 다름"이 "왜"를 묻지 않으면 안되게 했고 그렇게 물어진 "왜"에 대해서는 "삶의 다름"이라는 형식의 대답이 모색되었다.

"참"을 향한 구도과정에서 "무엇"에서 "어떻게"를 거쳐 "왜"로 향하는 일련의 움직임은 이처럼 서구 정신문화사에서 유구한 흐름을 거쳐 진행되었다. 이것은 개별적 인간들에게도 대체로 적용되는 물음의 진화과정이라 할 수 있다. "개체발생은 계통발생을 되풀이한다"라는 진화론자의 통찰이 여기도 적용되니 우리가 물음을 시작하고 전개하는 과정도 이와 흡사하다. 이제 "무엇"이라는 정체 물음이 "어떻게"라는 방법 물음을 거쳐 "왜"라는 근거 물음으로까지 진화했다면, 특히 "무엇-어떻게"의 얽힘 및 이에 연관된 "있음과 앎의 같음"에 대해 "삶의 다름"을 절규하는 "왜"라는 물음은 어떤 방식으로 펼쳐졌는가?

서양 정신문화사에서 "왜"를 묻고 "삶의 다름"이라는 형식으로 대답을 본격적으로 모색하기 시작한 시대는 바로 현대다. 물론 현대는 키에르케고르의 절규가 절정에 이르면서 동시에 마르크스-엥겔스의 「공산당 선언」Communist Manifesto이 터져나온 19세기 중엽을 기점으로 하여 지금도 진행되고 있으니 대략 한 세기 반이 경과되고 있다. 그러나 비록 다른 시대들에 비해 그리 길지는 않지만 오히려 우리 자신이 몸담고 있는 현장이기 때문에 그만큼 자세한 분화가 필요한 것도 사실이다. 그래서 짧은 현대를 굳이 구별하여 고전적 현대와 이후의 소위 포스트모더니즘 시대로 구분할 수도 있겠다. 물론 이런 시기적 구분에 앞서 먼저 지역적으로 나누어지는데 동구와 서구와 영미가 바로 그것이다. 먼저 동구에서는 전통 형이상학을 정신 일변도의 유심론이라고 비판하고 그 반동적 대안으로 유물론을 내세웠다. 다른 한편, 서구에서는 전통 형이상학을 보편주의에 희생된 본질철학이라고 비판하고 그 반동적 대안으로 실존철학을 표방했다. 물론 실존철학에 앞서 삶의 철학이 현대적 반동의 기치를 내걸었으며 이어 나타난 실존철학의 정신을 공유하면서 방법론적으로 정교화한 현상학이 등장했는가 하면 이런 사조들의 교류를 통해 해석학이 꽃피었다. 유럽 대륙에서의 반동들이 저마다의 갈래로 퍼져 나갔다면 영미 계통에서는 역시 경험론의 전통을 이어받아 전통 형이상학을 검증verification도 반증falsification도 할 수 없는 사변철학이라고 비판하고 그 반동적 대안으로 실증주의를 표방했다. 이런 세 갈래가 현대 초반의 양상이었다면 20세기 중반부터 본격적으로 포스트 시대가 전개되었다는 것은 상식이다. 그러나 이런 사조들은 현재 진행중이어서 역사적 의미에서의 해석은 시기상조이므로 차후의 과제로 미루고자 한다.

어쨌든 간략한 구도적 정리를 통해 확인할 수 있거니와, 지역적 특성의 차이를 반영이라도 하듯이 다양한 목소리가 분출되었지만 이 모든 움직임은 전통 형이상학이 귀결시킨 "있음과 앎의 같음"이 그럴듯한 내용과 삼박한 포장에도 불구하고 죽음과 얽힌 "삶의 다름"에 대해서는 현실적으로 그리 큰 의미가 없을 뿐 아니라 합목적적 체계성을 구실로 "같음"의 이데올로기를 강요함으로써 오히려 이를 억압한다는 비판적 반동을 공유하고 있다. 그리고 바로 이때문에 현대 철학은 그 다양성에도 불구하고 질식할 것 같은 체계성으로 똘똘 뭉친 전통 형이상학에 대한 해방적 반동이라는 뜻에서 "반anti형이상학"[1]이라고 통칭될 수 있다. 아울러 포스트모더니즘이 기본적으로 구가하는 해체라는 것도 이런 체계성에서의 해방을 가리킴으로써 반형이상학적 시대정신을 이어가고 있다.[2]

물론 이렇게 현대적 반동의 다양한 갈래들은 과연 현대의 특성인 "삶의 다름"을 저마다의 방식으로 절규하고 있어서 일일이 또 상세히 살필 가치가 있다. 그러나 논의의 효과를 위해 우리의 연구목적인 신학적 연관성을 기준으로 일부를 선택하여 다룰 수밖에 없음을 지적해 두어야겠다. 즉, 무엇보다 현대 신학에 가장 폭넓게 영향을 미친 실존철학을 맨 먼저 다루고, 시대 순서에 따라 유물론적 반동의 신학적 파장을 집중적으로 강조할 것이다. 그리고 마지막은 아무래도 현대 철학과 현대 신학이 가장 밀접하고도 빈번하게 교류하고 있는 해석학 분야로 장식하는 것이 마땅하겠다.

2. 실존철학: "있음과 앎의 같음"에서 "삶의 다름"으로[3]

서양의 고중세를 장식한 "무엇" 물음은 그 대답과 같은 것만을 "참"으로 간주하고 다른 것은 "거짓"으로 내몬 역사를 지니고 있다. 그런데 같음만이 참이고 다름은 거짓이라는 배타적 진리관에서 서로 다를 수밖에 없는 개체들은 그만큼이

---

[1] 여기서 "반형이상학"이란 키에르케고르나 사르트르에서 볼 수 있는 것과 같은 좁은 의미는 물론이지만 특히 하이데거의 사상을 집약적으로 표현하는 탈형이상학(Nachmetaphysik)이라는 개념도 포함하는 넓은 의미로 사용하고 있음을 밝힌다.

[2] 이 맥락에서 "왜" 물음에 뿌리를 둔 반형이상학적 시대정신을 공유하면서도 바로 그런 터 위에서 "무엇" 물음을 다시금 묻고 되씹어야 하지 않겠는가라는 과정철학을 잠시 살피는 것도 흥미로울 것이다. 과정철학은 신을 포함한 세계의 실재성을 변화와 운동을 본질로 하는 유기적 창조성의 과정으로 이해한다는 점에서 근세 후기 "역사"에 대한 철학적 반성을 거치고 나타난 "왜" 물음을 분명히 지니고 있다. 그리고 이 점에서 전통 형이상학과는 판연히 구별되며 오히려 명백히 현대 반형이상학의 시대정신을 반영하고 있다. 그러나 "왜" 물음을 "무엇" 물음으로 포장하기를 더 큰 과업 ― 그야말로 우주를 포괄할 수 있을 것 같은 형이상학적 체계를 이루려는 야심 ― 으로 여긴다는 점에서 현대의 반형이상학적 사조들과는 또 다른 특색을 지닌다. 또 그런 점은 "개체적 인간으로의 전환"이라는 현대적 조류에 대해 과정철학이 다소 예외적 성격을 지닌 것으로 보이게 하는 이유이기도 하다. 어쨌든 반형이상학의 지배적 분위기에서 그 정서를 공유하면서도 형이상학을 재건하려는 과정철학의 시도는 특별한 주목을 요한다. 그리고 이런 시도에 대한 신학적 부응인 과정신학의 전개도 우리의 틀에서 볼 때 "무엇"과 "왜"의 독특한 얽힘이라는 점에서 흥미를 끌기에 충분하다.

[3] 이 절은 『티끌만도 못한 주제에』 제1부 제2장을 발췌하여 수정한 것이다.

나 "참"에서 거리가 멀었다. 그러다가 주지하다시피 "무엇"이라는 정체 물음만을 계속 묻는 한 서로 다르다 못해 충돌하는 "참들의 난무"를 중단시킬 수 없다는 깨달음과 함께 근세에 이르러 "어떻게"라는 방법 물음으로 초점을 이동하게 되었다. 이 분위기가 무르익으면서 근세 후기에는 "무엇"과 "어떻게"의 결합이 시도되었는데 여기서 "참"은 다름들을 아우르는 같음으로 새겨지게 되었다. 그러나 다름이 같음으로 흡수된다는 것은 다름이 나름대로 가치를 지니기는 하지만 여전히 같음보다는 열등하다는 것을 뜻했다. 그러던 것이 현대에 이르러 "왜"라는 근거 물음과 함께 그동안 도외시되던 "삶"이 "참"의 터전으로 깔리면서, 전통에서 보편적 같음이라는 이름 아래 난도질당해 온 개체적 다름을 이루는 "누가"-"언제"-"어디서"가 전면에 부상했다. 말하자면 "무엇"에서 "어떻게"를 거쳐 "왜"에 이르면서 그동안 웅크리고 있던 나머지 물음들인 "누가"-"언제"-"어디서"가 비로소 봇물 터지듯 솟구쳤다. 그리고 이로써 다름이 같음의 굴레 안에 용해되기보다 나름대로 "참"을 향한 가치를 지닌 것으로 읽히게 되었다. 말하자면 "왜"가 터뜨린 "누가"-"언제"-"어디서"라는 물음이 고중세에서는 "거짓"으로 치부되었다가 근세에는 "덜떨어진 것"으로 짓눌려 왔던 다름을 풀어내는 물음으로서 현대에 이르러 비로소 전통의 유산인 "무엇-어떻게"와 동가적 비중을 부여받게 되었다. 그리고 이로써 같음의 족쇄에서 다름의 해방 선포를 위한 결정적 계기로 부상했다.[4] 체계로부터의 해방이란 바로 이것을 가리키며, 이제 우리가 살펴볼 현대 실존철학이 절규하는 "실존"이란 본질을 가리키는 보편적 같음의 올가미에서 개체적 다름을 해방시키려는 몸부림 외에 다른 것이 아니다.

그렇다면 왜 새삼스럽게 "실존"인가? 중세 스콜라 철학 시대가 가장 대표적인 예이겠지만 전통적으로 실존은 본질과 매우 사이좋은 관계였다. 즉, 본질essentia이 원초적으로 주어진 원형이라면 실존existentia은 본질의 잠재성을 현실화하는 과제를 부여받을 뿐이었다. 그런데 그 현실화란 개연적일 수밖에 없기 때문에

---

[4] 간략히 정리한다면 같음-다름의 구도가 고중세에는 참-거짓의 구별을 위한 배타적 기준으로 모셔졌다면, 근세에는 상위포섭적 우열관계로 변형되었고, 이제 현대에는 참-거짓의 구별기준이 아닐 뿐더러 우열관계에 있지도 않으며, 상호동격적 위상정립을 통한 다름의 부상으로 결국 같음의 올가미로부터 다름의 해방을 가리키는 의미를 포함한다 하겠다.

실존은 임의적이고 우연적인 것으로 간주되었다.[5] 이런 고전적 구도에서 실존이란 본질의 "주어진 잠재성"이라는 테두리 안에서의 임의성일 뿐이어서 오늘날 실존에 새롭게 부여된 "열린 가능성"이라는 의미는 차라리 배제되어 있었다. 말하자면 "본래 같음"으로서의 본질에 대해 실존이란 "어쩌다가 다름"일 뿐이어서 "참"을 위해 이바지하기는커녕 거추장스럽다 못해 심히 방해스런 "잡동사니들"로 여겨졌다. 그러나 앞서 언급된 대로 "참"의 보편성이라는 미명 아래 "본래 같음"이 "어쩌다가 다름"을 도대체 허용하지 않는 방식으로 횡포를 부리고 억압함에 따라 "다름"의 아우성이 일어나고 급기야 이 "어쩌다가 다름들"이 "본래 같음"의 족쇄에 갇혀 있을 수 없다는 항거와 함께 해방을 절규하게 되었다.[6] 다시 말하면 보편성이 그 자체로 문제되는 것은 아니지만 그런 보편성이 죽음과 얽힌 삶을 살아가는 개별적 인간들에게는 부적절함에도 당연한 양 부과됨으로써 억압적 족쇄로 등장하게 되었다는 데 문제의 심각성이 있었다.

이 현대적 반동에서 외쳐진 개체적 다름을 가리키는 실존이란 보편적 본질이 표상하는 같음sistere의 껍질을 깨고 나오는ek 행위라고 할 때 실존은 인간의 자기이해에서의 현대적 혁명을 위한 신호탄으로 등장한다. 다시 말하면 전통에서의 실존은 본질의 "주어진 잠재성" 실현을 지상과제로 지닌 명사였지만, 현대적 반동에서의 실존Ek-sistenz은 본질의 원형적 껍질을 깨고 나아가 "열린 가능성"으로 발현하는 사건적 행위로서 동사다. 따라서 실존은 한편 있음의 차원에

---

[5] 이야기를 거슬러서 아리스토텔레스로부터 비롯된 구분인 "자체적 존재"(ens a se)와 "우유적 존재"(ens ab alio)라는 묶음도 본질의 필연성과 실존의 우연성을 가리키는 것이었다.

[6] 말하자면 "인간이란 무엇인가?"라는 질문에 대해 우선적으로 "참된 인간"을 상정하기는 하지만 그 "참된 인간"이란 "보편적 인간"이라는 대표단수의 형식으로 한정되어야 한다는 보편주의적 본질철학의 지론, 즉 전통형이상학의 기조에 대해 분연히 반기를 들었다. 그 "보편적 인간"이란 "참"을 위해 "보편적"이어야 한다지만 바로 그 "보편적"이라는 것이 영원하고 무한해야 하는만큼 "보편적 인간"이란 죽을 수 없고 따라서 살아 있지도 않으니 지금 여기서 이렇게 살아 숨쉬고 언젠가는 죽을 수밖에 없는 구체적 인간들과는 전혀 별개의 존재다. 그러기에 바로 그 "보편적 인간"이라는 같음의 대표단수성을 거부하고 "개별적인 사람들"이라는 다름의 복수성을 외치게 되었다. 덧붙인다면, 말이 좋아 보편성이지 사실 보편성이란 모든 개별적 사례들에 앞서서 원초적으로 주어지는 본질을 가리키는 속성이라고 한다면 개별적이고 구체적인 사례들에 대해 획일성으로 나타날 수밖에 없고, 따라서 개별적인 사례들을 관통하는 경험적 공통성이 있을 뿐이며 원초적 보편성이란 허상일 따름이다

서 보면 완결적으로 규정된다기보다 규정을 거부하는 과정성을 지니며, 다른 한편 앎의 차원에서 보면 전제 없는 순수성이 환상임을 폭로하면서 특정성을 지닐 수밖에 없음을 역설한다. 그런데 이런 반규정성과 특정성은 어언간 상호모순적 긴장관계를 이루는데, 이것이 바로 실존의 동사성의 근거가 된다.

"삶"으로서의 실존이 이렇게 "있음"과 "앎"의 상호모순적 긴장관계로 얽혀 있다는 통찰이야말로 현대의 개체적 다름을 전통의 보편적 같음에서 해방시키는 결정적 모형전환이다. 전통에서는 말끔하게 명사적으로 완결된 개념화를 통해서만 절대성이든 확실성이든 추구할 수 있다는 사고가 지배적이었다면, 현대의 반동은 그런 개념적 명사화가 본래 동사인 인간 실존의 생동성을 억압하고 심지어 말살하는 폭력이었음을 절절히 체험하면서 내뱉는 절규다. 이 점은 실존의 반규정성이 본질에 항거하는 "자유"를, 실존의 특정성이 선先이해에 근거한 "상황"을 가리킨다는 사르트르의 분석에서도 확인될 수 있다. 자유가 상황 초월적이고 상황이 자유에 한계를 부여하려는 요소라면 양자의 상호모순은 불가피하고, 그런 모순 사이의 긴장은 실존을 동사로 드러내지 않을 수 없겠다.

그렇다면 실존이 원초적 동사성을 그 핵심으로 지닌다고 할 때, 그 실존의 구성요소, 즉 반규정성과 특정성 또는 자유와 상황 사이의 상호모순성은 어떤 방식으로 실존의 원초적 역동성의 근거가 되는가? 그것은 바로 상호 모순의 역설적 연합이라는 방식을 통해서라 하겠다. 그러나 실존철학은 물론이거니와 현상학이나 해석학 등에서 그리고 탈근대적 해체주의 등에서도 강조하는 상호모순의 역설적 합일은 결코 새로운 구도가 아니다.[7] 인간으로 하여금 실존이라는 동

---

[7] 상호모순의 역설적 합일은 이미 전통 안에서 소위 "대립의 일치"(coincidentia oppositorum)라는 신비주의의 유구한 역사를 유산으로 지니고 면면히 흘러온 실재관이다. 그런데 유감스럽게도 재래의 합리주의가 표방하는 형식논리학의 위압적 횡포에 짓눌려 현실에서의 대립(opposition)은 동일률과 비모순율에 의거하여 제거되어야 할 한갓 모순(contradiction)으로 간주되어 왔다. 말하자면 평면적 모순이 역설(paradox)로 입체화될 수 있는 신비주의적 통찰의 가능성은 억압되었다. 이런 합리주의의 지배가 결국 자기동일성에 대한 비모순적 확인을 토대로 하는 보편적 본질에 대한 낭만적 예찬으로 치닫게 되었음은 물론이다. 따라서 그 안에서 상호모순의 긴장을 체험할 수밖에 없던 개체적 실존은 같음의 올가미 안에서 신음할 수밖에 없었다. 이렇게 본다면 개체적 실존의 해방을 절규하는 현대의 반동들이 전통적 신비주의의 공리라 할 만한 "대립의 일치"에 눈을 돌리게 된 것은 너무도 당연하다.

사로 드러나게 한 "삶과 죽음의 얽힘"이야말로 이미 그 자체로 상호모순의 역설적 연합이 아니고 무엇이겠는가? 그러나 일상에서 모순으로 겪어지는 모든 것이 사실상 역설적으로 연합되는 관계에 있다는 통찰은 삶과 죽음의 얽힘을 본격적으로 드러낸 "왜" 물음에 와서야 비로소 널리 받아들여지게 되었다. "무엇" 물음이 펼쳐낸 있음과 없음은 합리주의와 신비주의라는 대조 구도를 엮어낼 만큼 상호 대조적이었으며, "어떻게" 물음이 부상시킨 앎과 모름도 서로 경계가 모호할지언정 서로 얽혀 그 무엇인가를 말해줄 만큼의 관계를 이룬 것은 아니었다. 말하자면 "무엇" 물음은 철저한 동일성의 논리에 지배됨으로써 언제나 양자택일의 상황으로 내몰았다면, "어떻게" 물음은 갈래의 가능성을 안고 있으면서도 여전히 하나로 정리되어야 한다는 동일성의 신화를 떨쳐내지 못했었고, "왜"에 이르러서야 죽음과 얽힌 삶의 몸부림을 통해 비로소 대책 없는 모순을 이미 그렇게 생겨먹은 삶 안에서 역설로 승화시켜 낼 수 있는 지혜를 더듬게 되었다.

그렇다면 구체적으로 실존의 구성요소로서의 자유와 상황의 상호모순은 어떻게 역설적 연합을 이루는가? 자유란 타자들에 대해 자기가 지니는 중심적 한계를 극복함으로써 구현된다는 뜻에서 "자기 부정"을 가리킨다면 상황이란 자기가 어떻게 할 수 없는 타자들을 받아들이는 "타자긍정"이라고 풀이할 수 있겠다. 적어도 이런 풀이에 따르자면 자유의 자기 부정과 상황의 타자긍정은 자연스럽게 역설적으로 조합될 수 있을 것이다. 물론 현실에서는 이런 조합이 자동적으로 이루어진다기보다 희망이나 지표로서의 의미를 지니겠지만 말이다. 어쨌든 인간 실존의 그런 역동적 얽힘이 관건이라면 이제 우리는 이를 좀더 밀도있게 이해하기 위해 그런 현대적 반동의 선구인 키에르케고르와 완성자인 하이데거를 잠시 음미하고자 한다. 즉, 실존철학이 말하는 실존이 보편성에서 개체성으로의 전환은 물론이거니와 실체성에서 관계성으로의 전환을 포함한다는 것을 키에르케고르의 실존 묘사에서 살펴보고, 나아가 실존을 "유한한 초월"로 묘사하는 하이데거의 현존 분석에서 언뜻 보기에 따로 놀 것 같은 유한성과 초월성이 어떻게 얽히는지를 더듬어보고자 한다. 아울러 이런 철학적 개념들의 얽힘이 신학적으로 피조성에 대한 인간해방적 재해석에 적지않게 기여할 것으로 기대된다.

1) 보편성에서 개체성으로: 키에르케고르의 실존에서

"있음과 앎의 같음"이라는 헤겔의 형이상학적 집성은 인간이란 본래 영원과 무한 속에서만 완성될 수 있으므로 그의 "참"은 오직 보편적 본질과의 일치에서만 도달될 수 있다는 선언으로 귀결된다. 즉, 헤겔에게 개체 인간이란 체계적 구조의 전체적 정합성을 위해 봉사하는 무차별적이고 무명적인 사례에 불과했다. 그러나 역사를 존재의 이성적 자기 전개 과정으로 보는 헤겔의 변증법을 결정주의적 환원주의라고 비판하는 키에르케고르는 보편성의 필연적 족쇄에서 인간을 해방시키기 위해 개체성에 입각한 "실존"Existenz의 의미를 파고들었다. 헤겔의 "있음과 앎의 같음"은 사실상 그 누구와도 무관한 보편정신의 자기 놀음이었으며 이 과정에서 인간은 "삶의 다름"에 의거한 개체성을 배제당함으로써 결국 진정한 의미의 주체성이 위협받게 되었다는 것이 키에르케고르가 헤겔에게 가한 비판의 정점이었다. 아울러 보편타당성이라는 명분에 입각한 통속적 대중성 속에서 불가피하게 초래되는 개체성의 말살에 의한 인격의 무명화를 개탄하면서 키에르케고르는 "참됨"과 "사람"을 잇는 실존주의 진리관을 선언한다: "진리는 주체성이다. … 자고로 객관적 진리란 존재하지 않으며, 진리는 오로지 인격적 전유다".

다소 황당해 보이기도 하는 이 선언은 도대체 무엇을 뜻하는가? 이 선언은 분명히 전통에 대한 도전이요 거부다. 그렇다면 키에르케고르가 비판의 화살을 날린 것은 무엇인가? 헤겔이 선언한 "있음과 앎의 같음으로서의 참"을 "은폐된 동어반복"에 불과하다고 비판한 키에르케고르가 거부한 것은 사실상 인간의 개체적 실존에 대한 개념화가 아니라 이런 개념화가 불가피하게 수반하는 물상화 Verdinglichung에 의한 실존적 개체성의 말살이었다. 그는 이런 폐해를 제거하면서 동시에 실존의 역동성을 드러낼 수 있는 개념적 분석을 위해 불안과 절망이라는 지극히 개체적인 체험에 대한 현상학적·심리학적 분석을 시도했다. 유한과 무한의 대립을 그 내적 자기부정성을 통해 매개적 종합으로 지양한다는 헤겔의 관념적 변증법과 달리 키에르케고르는 인간을 육체와 영혼, 필연성과 가능성, 유한과 무한의 종합을 그 내용으로 하는 시간과 영원의 역설적 종합으로 묘사한다.[8] 물론 이때 역설적 종합으로서의 인간은 역설 자체가 가리키듯이 합리주의 전통에서 자명하게 주어진 보편적 자아라기보다는 현실상황에서 구체적으로 추구되어야 하는 개체적 실존을 지칭한다. 이렇듯이 보편적 사실로서의 정신이 아니라 개체적 사건으로서의 육체와 정신의 종합인 실존은 "마차에 누워 실려 가는 술취한 농부에서 영원성이라는 날개가 달린 마부로의 변신"[9]을 위한 자유와 책임을 요청한다. 다시 말하면 이제 실존은 흔히 통속적으로 감지되는 것처럼 "그렇게 있는 그대로의 사실"이 아니라 오히려 이를 비본래적인 것으로 간주하고, 보편성과 객관성이라는 미명 아래 은폐되어 온 일상성의 부적절함을 적나라하게 드러내어 개별적 주체성으로 회복하려는 행위를 가리킨다.

그렇다면 개별적 주체성이란 무엇을 뜻하는가? 키에르케고르가 그토록 절규하는 주체성의 의미를 새기기 위해서는 그가 그렇게도 비판하면서, 바로 그렇기 때문에 불가피하게 연관되어 있었던 헤겔과 이의 역사적 배경이 되는 데카르트까지 거슬러 살펴보아야 할 것이다. 인간이 단순히 삼라만상의 "무색투명한 수용자"로 간주되었던 고중세의 형이상학과는 달리 데카르트의 "나는 생각한다, 즉 존재한다"라는 선언에서 인간은 비로소 주위 세계를 대상으로 설정하는 주체로 부상하기 시작했으며, 인식 대상과 동격의 실체성을 지닌 인식 주체로서의 인간에 대한 격상 과정이 전개되었다. 칸트의 인식론적 종합인 선험적 구성설은 대상에 대한 주체의 우위를 가리키는 선험적 주체로까지 인간을 부각시켰으며 심지어 근세 주관적 형이상학의 집대성으로서 헤겔의 절대정신은 인간 주체의 신격화 deificatio hominis라는 비판까지 받을 만큼 주체성의 절대화 과정의 정점을 이루었다. 그러나 인간의 주체성에 대한 이런 일련의 격상 과정에도 불구하고 키에르케고르가 반기를 들 수밖에 없었던 것은 바로 그런 주체성의 부상 과정이 오히려 인간으로 하여금 그의 개별적 삶에서 점점 더 멀어지게 했기 때문이다. 즉, 키에르케고르에게는 그런 보편 인간이 세계와의 관계에서 아

---

[8] Søren Kierkegaard (Howard V. Hong - Edna H. Hong 역) *Sickness unto Death* (Princeton: Princeton University Press 1983) 〈줄임: *SD*〉 29-42; (Reider Tomte 역) *The Concept of Anxiety* (Princeton: Princeton University Press 1980) 〈줄임: *CA*〉 93-6.

[9] Kierkegaard (David F. Senson - Walter Lowrie 역) *Concluding Unscientific Postscript* (Princeton: Princeton University Press 1974) 〈줄임: *CUP*〉 276.

무리 막강한 주도권을 지닌 주체라 하더라고 단지 인식행위의 주체일 뿐, "삶의 다름"을 싸안으면서 "참됨"을 추구하는 전인격적 실존은 결코 아니었다.[10]

그러나 보편적 주체가 부적절하여 역설된 개별적 주체성에서 과연 "삶의 다름"과 "참됨"은 어떻게 아울러질 수 있는가? 자칫 주관주의적 상대주의나 자아중심적 유아론으로 전락할 수도 있는 이런 시도는 과연 가능하고 타당한가? 키에르케고르는 이런 난관을 극복하기 위해 "삶의 다름"을 가리키는 실존적 주체성subjectivity을 "참됨"에의 종속성subjectedness에 역설적으로 연관시킨다.[11] 그런데 여기서 특별히 신학적 연관성이라는 견지에서 우리의 주목을 요하는 장면이 전개된다. 실존의 전인적 주체성이 진리에의 종속성에 힘입어 궁극적 기반으로 향하려는 초월성을 본성으로 부여받음으로써 종교적 차원을 덧입기 때문이다. 더 나아가 실존은 초월성을 통해서 그 자신의 유한성을 부정하기보다는 오히려 유한성과 초월성의 오묘한 얽힘으로 이루어진 피조성의 의미를 깨닫게 된다. 따라서 피조성에 대한 전인적 수행이 신앙이라고 할 때 "삶의 다름"에 터한 실존은 "참됨"의 종교적 구현인 신앙을 가능케 하는 조건이 된다.

그렇다면 "삶의 다름"을 가리키는 실존에 대해 "참됨"을 담보해야 하는 신앙은 어떤 의미를 지니는가? "가장 열정적인 내면성을 체득하는 과정에서 굳건히 지속되는 객관적 불확실성이야말로 실존하는 개인이 획득할 수 있는 지고의 진리"[12]라면 이제 신앙은 "개인의 내면성에 드리워진 무한한 열정과 그 대상의 객관적 불확실성 사이의 모순"[13]으로 이해된다. 그러나 여기서 특별히 명기할 것은 키에르케고르가 신앙의 대상을 지칭하면서 사용한 구절인 "객관적 불확실성"이 신 자체의 본성에 관한 묘사가 아니라 신적 본성에 대한 인간 체험의 한계성을 지칭하는 것으로 새겨져야 한다는 점이다. 이런 지적은 진리에 대한 위

---

[10] 이런 견지에서 실존은 비평형적 미완성품으로 묘사된다: "인간은 그 내면적 정황에 있어 완성된 실재가 아니라 생성과 자유로운 추구라는 지속적 과정에 있다. 인간의 실존과 그 가능성들이 무한한 신과의 연관성의 견지에서 파악되기 때문에 이것들은 결코 평형상태나 매끄럽게 잘 다듬어진 완성품의 견지에 이른 것으로 취급되지는 않는다". James Collins, *The Mind of Kierkegaard* (Princeton: Princeton University Press 1983) 143.

[11] *CUP* 306. [12] *CUP* 305. [13] *CUP* 182.

와 같은 언명에 이어 곧 등장한 그의 다음과 같은 부언에 의해서도 더욱 옹호된다: "만일 내가 신을 객관적으로 포착할 수 있다면 나는 그런 신을 믿지는 않을 것이다. 그러나 바로 그렇게 할 수 없기 때문에 나는 믿을 수 있고 믿어야 한다".[14] 그리스도교가 태동되면서 그리스 문화와의 만남에서 불가피하게 야기될 수밖에 없었던 이성과 신앙 사이의 긴장에 대해 당시 테르툴리아누스가 취한 바 "불합리하기 때문에 믿는다"Credo quia absurdum est라는 입장을 상기시키는 키에르케고르의 이런 고백은 신앙에서의 비약의 필수성에 대한 설파라 하겠다. 이런 비약은 불확실성과 상호관계를 이루는 모험을 요구하며 동반한다:

> 모험 없이 신앙이란 불가능하다. 모험이 클수록 신앙은 더욱 위대해진다. 객관적 안주의 경향이 짙어질수록 내면성(곧 주체성)은 흐려질 수밖에 없으며 그런 안정성이 적을수록 가능한 내면성이 더욱 심오해질 것이다.[15]

이 시점에서 우리는 신앙에서의 모험이 야기하는 불안-절망-죄-신앙의 고리에 대해 잠시 살펴볼 필요가 있다. 먼저 신앙의 모험이 동반하는 불안은 내면성을 심화하고 개체성의 섭리적 차원을 부각함으로써 죄의식을 촉발한다.[16] 죄의식은 신의 임재 또는 신성과 만남을 전제하기 때문이다. 키에르케고르가 죄를 "신 앞에서 또는 신 개념과 더불어 … 강화된 나약함 또는 강렬해진 반항"[17]이라고 표현한 것도 이런 이해를 반영하고 있다. 또한 신 앞에서 이루지 못한 자아의 내적 비관계로 묘사되는 절망은 그 관계성을 회복시키려는 신앙과의 관계에서 아직도 꿈을 꾸는 듯한 소박함에서 그를 뒤흔들어 자기 자신이 될 가능성을 일깨우는 정신적 자극으로 등장한다.[18] 즉, 만남 없이는 그것이 분리로도 인식되지 않기 때문에 초월적 기반으로부터의 분리에 대한 인식은 곧 초월자와 만남의 체험이라는 것이다. 다시 말하면 이런 절망과 신앙의 역설변증법에는 죄에 대한 개체적 실존의 자기의식이 깔려 있다. 그러기에 키에르케고르에게 있어

---

[14] *CUP* 182. [15] *CUP* 188. [16] *CA* 174, 179. [17] *SD* 77.
[18] Kierkegaard, *Either/Or* (Garden City: Doubleday-Anchor 1959) II, 219.

죄의식은 불안과 절망의 계기인 동시에 진정한 그리스도인이 됨을 위한 출발점이었다: "그리스도교는 죄에 대한 의식에서 비롯되었고 따라서 개체 인간과 함께 출발한다".[19] 강렬한 내면적 주체성과 고도의 열정으로 충만한 삶도 그 자신의 초월적 기반과 아직도 그렇게 분리되어 있다는 개체적 실존의식, 즉 죄의식 없이는 진정한 의미에서 회복가능성을 포함한 본래적 삶이 아니기 때문이다.

이토록 철저히 개체성을 일깨우는 죄의식은 곧 "삶의 다름"과 "참됨"이 서로 얽힐 수 있는 결정적 토대가 된다. 개체성이란 "삶의 다름"에 의한 것이고 죄의식이란 "참됨"을 향한 신앙을 전제하기 때문이다. 말하자면 보편 인간 안에 안주하던 자기확증을 포기하고 신 앞의 죄의식을 통해 자기를 부정함으로써 인간은 비로소 "홀로"인 자기를 이루어 간다.[20] 그가 그렇게도 외친 "신 앞에 선 단독자"란 바로 이를 두고 하는 말이다. 그러기에 그는 다음과 같이 설파한다:

> 자기부정이야말로 인간이 신과 형성할 수 있는 관계를 위한 본질적 형식이다. … 종교적 차원에서 보면 인간은 신 앞에서 아무것도 아님을 깨달아야 하며 전적으로 무das Nichts가 됨으로써 신 앞에서 홀로 실존해야 하는 과제를 지닌다. 이런 무력의식을 그는 신 앞에서 계속 지니고 있어야 하며 그런 의식이 사라진다면 종교성도 함께 사라지고 말 것이다.[21]

---

[19] 같은 책 197.

[20] CUP 182; *Fear and Trembling* (Princeton: Princeton University Press 1962) 77.

[21] CUP 412; 실존과 신앙의 동가적 상호관통성은 자기부정으로서의 자기실현을 역설적으로 선포함으로써 신의 주권적 은총과 인간의 실존적 자유의 관계에 대해 전통 신학이 설정한 형식논리적 모순성을 역설적 연합의 관계로 대치시킨다. 심미적 단계에서 관능적 방종이기까지 했던 자유가 윤리적 단계에서 자율과 책임을 수반하는 성실을 의미하고 자기 비움을 통한 자기회복을 이루는 종교적 단계에서는 실존을 가능성과 필연성의 종합으로 설정하는 신의 선물로 등장한다. 자유가 충만하게 의식되면 불안은 그 밀도를 더해 가며 실존적 개체는 공허한 가능성 속에서가 아니라 죄로 인해 파괴된 자유를 다시금 얻게 하는 초월적 능력의 상황에서 자유를 실현한다: "자유는 무한자의 열정을 가지고 객관적 불확실성을 선택하며 역설을 극단에까지 수행하는 대담한 모험으로 이루어져 있다. 역설적 사유에 의한 정열의 결론들만이 신앙할 가치가 있다". 바로 이때문에 절망의 치유로서의 신앙은 자유의 원천으로 그 모습을 드러내며 이 자유가 인간 존재로 하여금 진정한 의미에서 실존되게 하는 원동력이라고 할 때, 실존과 신앙의 상호관통성은 개체적 자유를 그 공속적 내용으로 하면서 다시금 확증된다. 이것이 "진리는 주체성"이라는 주장을 핵심으로 하는 실존의 개체성 선언의 내적 구성이다.

2) 실체성에서 관계성으로: 키에르케고르의 실존에서

체계의 족쇄에서 벗어나기 위해 반反체계성을 부르짖는 키에르케고르는 헤겔에서 선포된 바 "있음과 앎의 같음으로서의 참"이 살아 숨쉬는 인간들을 우연적이고 심지어 하찮은 것으로 내몰아 버림으로써 결국 개별적 주체성을 제거할 수밖에 없었던 종래의 진리관을 검토하면서 "있음"과 "앎"의 관계가 관건임을 지적했다. 헤겔의 주장대로 "있음"과 "앎"이 같을 수만 있다면 그것이 곧 "참"이겠지만 "삶"의 현실에서 "있음"은 "없음"과 얽혀 있고 "앎"은 "모름"과 뒤섞여 있기 때문에 이 양자 사이의 일치가 어느 시점에서도 이루어질 수 없겠다: "진리는 그 결론이 미확정적이고 그 결과가 반향적이기 때문에 어떤 절대적 출발점마저도 설정될 수 없는 근사치가 되어버린다".[22] 이런 그의 비판 밑에는 "있음과 앎의 같음으로서의 참"이란 생성소멸로 이루어진 "삶"의 과정이 멈출 때만 가능하며 따라서 이런 진리관에 의한다면 "삶의 다름"은 제거될 수밖에 없기 때문에 죽음과 얽힌 삶을 살아가는 사람은 결코 "참"에 이를 수 없게 된다는 예리하고도 냉소적인 통찰이 깔려 있다.[23]

그러나 키에르케고르가 "있음과 앎의 같음으로서의 참"이라는 전통적 진리관의 귀결을 송두리째 거부한 것은 아니다. "진리는 주체성"이라는 그의 명제는 "사물과 판단의 일치"adaequatio intellectus et rei라는 전통적 진리관에 대한 대안alternative이나 대치replacement라기보다 실존하는 개체에게 그렇게 얽어진 진리가 확보될 수 있는 길에 관한 진술로 이해되어야 한다.[24] 말하자면 "진리가 주체성"

---

[22] *CUP* 176.

[23] 이런 상황에서 키에르케고르는 존재의 의미를 추상적 반성의 결과로 해석할 것을 제안했는데, 이 경우 사유와 존재의 일치를 완결된 것으로 볼 수는 있지만 그럼에도 생성의 과정으로부터의 그런 추상은 결국 구체적 실재를 부정함으로써 그 대상은 순수한 개념적 존재가 되고 만다. 여기서 키에르케고르는 근본적으로 보편적 사유가 보편으로 환원시킬 수 없을 만큼 개별적인 경험적 실재에 어떻게 도달할 수 있는가에 대한 헤겔 자신의 관심을 들추어낸다. 헤겔은 개별적으로 특수화된 모든 존재의 영역들을 점진적으로 결합함으로써 사유가 종국적으로 존재와의 동일성을 획득했다고 주장할 수 있다고 했지만 키에르케고르는 구체적 실재로부터의 추상적 반성은 순수개념적 존재에 갇혀 있기 때문에 사유와 개념적 존재의 일치로서의 진리란 엄밀히 말하면 사유와 사유 자신의 일치라는 동어반복 형식을 취한다고 공격했다.

[24] 참조: *CUP* 181; Richard Campbell, *Truth and Historicity* (Oxford: Clarendon Press 1992) 297-304. 종전의 진리관에서는 "무엇이 거기 있는가"가 주안점이라면 키에르케고르의 실존적

이라는 것은 "참됨과 사람의 만남"이라는 사건을 가리키며, 따라서 종래에 주장되던 진리의 보편타당성이라는 객관성이 인간과는 무관한 것일 수밖에 없음을 드러내고자 함이었다.[25] 바로 이런 이유로 그는 진리와 연관된 실존적 주체성은 관계성에 뿌리내려야 한다고 단호하고도 다소 당혹스럽게까지 절규한다:

> 객관적으로 진리에 대해 물음을 던질 때, 인식하는 자는 그가 관계하는 대상으로서의 진리에 대해 객관적으로 반성한다. 여기서 그는 관계에 대해 반성하지 않고, 그가 관계하는 것이 진리라는 것에 대해, 즉 그가 관계하는 참된 것에 대해 반성할 뿐이다. … 진리에 대해 주관적으로 물음이 제기될 경우에는 개인의 관계에 대해서도 주관적으로 반성이 된다. 이 관계의 방법이 진리 안에 있기만 하다면, 이때 개인은 비록 비진리와 관계했다 하더라도 진리 안에 있다.[26]

우선 여기서 중간 생략에 의해 시각적으로도 구분되어 있는 객관적 접근과 주관적 접근의 대비가 결코 완전히 균형적인 대칭이 아니라는 점을 주목할 필요

반성에서는 "그것을 어떻게 만나게 되는가"가 강조점이다. 그러나 이때의 "어떻게"는 표현 방식에 관한 것이 아니라 실존하는 개체자가 그의 반성내용에 대해 지니는 관계의 방식을 가리킨다. 키에르케고르는 이 "어떻게"란 바로 무한자의 열정이며 무한자의 열정이 곧 진리라고 갈파했다. 이것은 무엇을 의미하는가? 결국 진리는 대상을 설정하는 사유에 의해 대상 안에 정초되는 것이 아니라 모험과 비약을 동반하는 결단적인 행위를 통해 발현된 실존에 의해 — 심지어 비진리일 수도 있는 — 불확실한 대상과 맺는 관계 안에서 수행된다는 것을 뜻한다: "가장 정열적인 내면성의 내재화 과정에서 집요하게 흐르는 객관적 불확실성이야말로 실존하는 개체 인간이 획득할 수 있는 최고의 진리다"(*CUP* 182). 이 정의는 개인의 임의적 욕구나 관심과 관련이 없으며, 오히려 실존하는 개체는 생성과정에 있기 때문에 그의 삶은 바로 그의 실존을 관장하는 윤리적·종교적 이념들의 추구 자체라는 것을 의미한다.

[25] 키에르케고르의 이런 역동적 진리관의 배경을 역사적으로 더듬어보면, 데카르트의 코기토로 효시를 이룬 인식론적 차원에서의 주체 부각이 칸트에 이르러 선험적 구성설로 집결되면서 "없지 않고 있되 참으로 있는 것"을 진리로 구성하는 주체가 이론적 유한성과 실천적 초월성을 지닌 선험적 주체였다면 헤겔에게서는 그런 이론이성과 실천이성의 구분을 포월하는 무한한 신적 이성의 절대정신이라는 우주적 주체로 나타났다. 물론 이 모든 노작이 "참"을 구현하려는 목적을 띠고 있었음에는 재론의 여지가 없지만 칸트의 선험적 주체나 헤겔의 우주적 주체가 담지하는 진리란 과연 지금 여기 살고 있는 인간에게 어떤 의미를 지니며, 그에 앞서 도대체 그런 보편적 주체들은 어떤 방식으로 살아가는가라고 묻지 않을 수 없었다. 바로 여기에 키에르케고르가 설파하는 인간개체적 실존이 지니는 주체성의 의미가 놓여 있다.

[26] *CUP* 178.

가 있다. 만일 그렇다면 주관적 접근이란 주관주의적 상대주의 이외에 다른 것일 수 없을 것이다. 다시 말하면 앞에서도 언급된 바와 같이 객관적 접근은 대상지향적이지만 주관적 접근은 주체지향적이 아니라 주체와 대상 사이의 관계가 이 양자의 정체를 드러낼 것이라는 전제에 입각해서 그 관계에 주의를 기울인다. 엄밀히 말하자면 관계의 방법, 즉 "관계함" 자체가 진리성의 여부를 판가름할 수 있는 기준으로 깔려 있음을 설파하고 있다. 특히 "비록 그가 비진리와 관계했다 하더라도"라는 어구는 그런 관계함의 원초성을 역설하는 급진적 표현이라 하지 않을 수 없다. 비록 이런 선언이 다소 당혹스럽게 들리지만 선험적 보편성의 기저에 깔려 있는 자기폐쇄적 실체성이 실존적 개체에 대해 무의미할 수밖에 없음을 드러내며, 이를 초극하기 위해 키에르케고르는 "관계"라는 초실체적 뿌리를 향해 돌진한다. 다시 말하면 주체성의 개별화를 통한 실존은 바로 그런 이유로 관계적이며, 엄밀히 말하면 원초적 뿌리로서의 관계로부터, 관계에 의해 그리고 관계를 거슬러 각각의 실존이 개체적일 수 있음이 역설된다. 관계를 뿌리로 하지 않고서는 개개의 인간은 단지 실체적 주체성의 동일한 무차별적 사례일 뿐이어서 이들 사이에서는 개별성이 범주화될 수 없을 것이기 때문이다.

돌이켜보면 서구 사고의 언어구조인 주-술 모형에서 한 요소에 대한 편파적 절대화의 산물로 나타난 주체근거적 관념론이나 객체지향적 실재론이 보여주듯이, 실체 중심의 형이상학은 행위자로서의 주체나 피행위체로서의 객체가 엄연히 그 무엇으로부터의 파생derivativum임에도 근원fundamentum으로 오인하는 왜곡의 역사로 점철되어 왔었다. 그러나 이런 일방성은 결국 주체마저 이와 마주하는 대상에 의해 대상화됨으로써 인간의 자기소외를 초래하게 되었다. 따라서 이런 문제를 극복하기 위해서는 주객분리의 근저에 있는 선개념적·비대상화적 원초성의 차원으로 소급되어야 하는데, 이 차원이 바로 원초적 사건-행위로서의 관계 자체다. 원초적 행위에 앞서 어떤 행위자나 피행위체도 있을 수 없다. 따라서 원초적 관계relatio 자체를 근원으로 출발하는 관계성의 해석학은 그 원초적 관계에서 비롯된 주체와 객체를 동시파생co-derivativum으로 간주함으로써 일방적 편향성의 문제를 극복하고 총체적 조망을 가능하게 하는 토대를 추구한다.[27] 이런 관계성의 진리선언은 주체성을 가리키는 인간 자신에 관한 그의 또 다른 분석에 연관지어 보면 더욱 분명하게 이해될 수 있다:

> 인간은 정신이다. 그러면 정신이란 무엇인가? 자기 자신이다. 자기 자신이란 무엇인가? 자기 자신과 맺는 관계다. 또는 관계가 자기 자신과 관계를 맺는 그 관계 속에 있음을 말한다. 그러므로 자기 자신이란 관계가 아니라 관계가 자기 자신과 관계함을 말한다. … 요컨대 인간은 한 종합이다. 종합이란 양자 사이의 한 관계다. 이렇게 볼 때 인간은 아직 자기 자신이 아니다. 양자의 관계에서의 관계는 부정적 통일로서의 제3자다. 그리고 양자는 관계에 대해 그리고 관계에 대한 관계 속에서 서로 관계한다. … 이와 반대로 관계가 자기 자신과 관계하게 되면 이 관계는 긍정적 제3자다. 이것이 자기 자신이다.[28]

첫 세 구절은 "인간은 자기 자신이다"라는 명제로 압축된다. 그 다음의 네 구절은 "자기 자신은 관계에 의해 관계되는 관계함이다"라는 명제로 귀결된다. 이렇게 도출된 두 명제를 결합하면 "인간은 관계함이다"라는 일단의 전제적 명제로 귀결된다. 인간 실존은 정체적인 명사적 존재noun-being가 아니라 이행과정을 수행하는 동사적 행위verb-act임이 강조되고 있다. 그런데 첫째 중략 후의 세 구절은 관계를 역설적 종합으로 묘사하면서 첫 명제를 부정하여 "인간은 자기 자신이 아니다"라는 반대 명제를 도출시킨다. 그러나 이어지는 두 구절에서 역설적 종합을 이루는 양자를 기점으로 할 때 관계는 부정적 통일로 나타나지만, 둘째 중략 이후 이어지는 마지막 두 구절에서는 관계가 기점이 되면서 긍정적

---

[27] 어떤 근원적 행위든지 관계체를 파생적으로 지니며 이를 원인으로 향해 보면 주체가 등장하고 결과의 관점에서 보면 객체가 나타나는데 이를 라즐로는 이중관점론이라고 불렀다. 참조: Ervin Laszlo, *Introduction to Systems Philosophy* (New York: Harper & Row 1972) 154. 그뿐 아니라 하이데거의 "해석학적 순환성"이나 가다머의 "지평융합"과 같은 철학적 해석학의 구도들, 그리고 불트만의 "실존과 신앙의 상호공속성"이나 본회퍼의 "성숙한 세계와 무신성 신앙의 상호구성성"과 같은 신학적 해석학의 구도들도 탁월한 예증에 속한다.

[28] SD 185.

통일로 나타나기 때문에 역설적 종합으로서의 관계에 의해 부정되었던 첫 명제는 다시금 긍정되어 "(관계함으로서의) 인간은 자기 자신이다"라는 결론적 명제에 도달한다. 말하자면 첫째 긍정 명제가 둘째 부정 명제의 단계를 거쳐 다시금 셋째 긍정 명제에 도달하는 과정으로 위의 인용문은 엮어 있다. 내적 자기부정성에 의한 외화를 거쳐 다시금 자기확증으로 귀환하는 헤겔의 변증법적 도식이 키에르케고르에게서도 초점을 달리하여 전개됨을 여실히 볼 수 있다.

그러나 더 깊이 눈여겨보아야 할 점은 바로 이런 변증법적 부정을 통한 자기긍정으로의 회귀라는 흐름 밑에 깔려 있는 역동성의 기저로서의 관계의 원초적 동사성이라 할 것이다. "관계가 자기 자신과 관계한다"는 표현이 위의 짧은 인용문에서도 세 번이나 등장한다면 이 표현을 기본 축으로 설정하지 않고서는 독해불가능한 횡설수설로밖에 여겨질 수 없는 키에르케고르의 이 외침은 과연 "관계함의 원초성"을 역설하는 반형이상학적·초실체론적 절규다. 데카르트의 실체성에서 칸트의 선험성을 거쳐 훗설에 이르는 자아론적 선험주의egological transcendentalism에서 "자아"란 선재하고 타자를 만나서 비로소 자아-타자의 관계를 파생적으로 형성시킨다는 입장이지만, 키에르케고르가 외치는 상호동격적 대화주의mutual dialogicalism는 만남이라는 원초적 관계 행위에 의해 비로소 "나"로서, 그리고 동시에 "너"로서 존재하게 된다는 입장을 취한다.[29]

결국 키에르케고르에게 있어 진리와 주체성, 즉 "참됨"과 "삶의 다름"을 묶어 주는 결정적 기제는 "관계함"이라는 것이 분명히 드러났다. "관계함"은 이처럼 진리가 실존적 주체에 대해 진리여야 하고 주체는 개체성을 기본 범주로

---

[29] 참조: Michael Theunissen (Christopher Macann 역) *The Other: Studies in the Social Ontology of Husserl, Heidegger, Sartre, and Buber* (Cambridge, MA: The MIT Press 1984). 엄밀히 말해 자아론적 선험주의 구도에 입각한 관계에서는 주체적 자아에 대해 대상으로서의 타자가 순수하게 그 타자성을 유지하기보다 또하나의 변형된 자아(alter ego)로 전락할 가능성을 피할 수 없다. 결국 자아와 또다른 자아의 관계, 즉 자아의 내적 관계이므로 진정한 의미의 관계 가능성 구도라기에는 재론의 여지가 있다. 그러나 상호동격적 대화주의가 가리키는 관계의 원초성은 "너"라는 2인칭의 즉각성과 직접성에 입각해서 타자성을 확보함으로써 일인칭 주체인 내가 선험적으로 조작할 가능성을 배제하면서 동시에 그런 피관계체들의 비매개적 상호동격성을 정초한다. 다시 말하면 "너" 없는 "나"란 있을 수 없거니와 그 역도 성립하는 것이어서 "나-너" 관계에서 "나·너"는 이미 불가분의 공동적 존재다.

해서 진리를 향해야 함을 역설한다.[30] 그런데 이렇게 관계론적 대화주의에 입각해서 키에르케고르의 주체적 진리관을 재구성하는 우리의 시도는 단순히 한 세기 반 전의 실존주의적 절규가 일시적 유행사조가 아니라 급변하는 현대의 시대정신에도 연속적일 수 있음을 밝히는 의미를 지닌다. 더 나아가 탈근대적 해체주의라는 유행의 혼미한 물결 속에서 합리적 구성의 체계화가 지니는 폐쇄성으로부터의 해방을 위한 해체가 진정한 해방으로서 지녀야 할 방향지침을 받을 수 있다는 적극적 의미도 포함한다. 다시 말하면, 진리나 주체성을 부질없이 실체화hypostatization하려는 인간의 전통적 안주 욕구로부터의 과감한 탈근대적 해방은 물론이거니와 그런 해방이 오도할 수도 있는 개체적 상대성에 의한 무정부주의적 자기절대화의 충동을 다스릴 삶의 지혜도 기대할 수 있을 것이다.

진리관과 인간관의 이런 관계론적 재구성은 오늘날의 종교적 상황에 대해서도 심장한 의미를 함축하고 있다. 즉, 한편 자기절대화의 오류에 대한 경고로서의 의미를 지니고 다른 한편 자타상대화의 오류에 대해서도 지침이 될 수 있다. 예를 들면, 자기 신앙을 진리와 동일시하는 독단주의는 관계가 근원임을 망각하는 자기절대화의 오류요, 모든 개인의 신앙이 피장파장이라는 회의주의는 관계와 무관한 가상적 보편인의 상대주의일 뿐이다. 이렇게 관계성을 절규하는 실존철학은 "참"의 터전이란 바로 개체적 실존들이 관계하는 삶의 자리 Sitz-im-Leben임을 드러냄으로써 "참"과 "삶"이 얽히는 분위기를 조성한다.

나아가 이런 관계성의 존재론은 신학에서도 관계성을 회복시킬 것을 요구한다. 사실상 유다-그리스도교 전통은 인간과의 관련성을 배제한 신의 본질 이해에는 관심이 없었다. 라틴계 서방의 존재론적 연속성에 근거한 합리kataphatic 신학에서나 그리스계 동방의 신비적 연합을 외치는 신비apophatic 신학에서나 공히

---

[30] 그런 초실체적 관계에 진리와 주체성이 공동적으로 정초함으로 해서 "진리"는 보편성이라는 미명 아래 일방적 획일성을 인간 개체에게 행사할 수 없게 되었으며, "주체성"도 대상을 또하나의 상대적 실체로 설정함으로써 역으로 대상화되는 자기소외의 편향적 대립을 극복하고 주-객 분리 전의 원초적 공속성인 관계 행위로의 회복을 외치는 개체적 관계 덕목으로 등장하게 되었다. 한마디로, "진리가 주체성"이라는 격언은 "주체가 진리"라는 것과 확연히 구별되는 것으로서 "관계함으로서의 진리가 관계하는 주체성"이라고 새겨져야 한다.

인간 문제가 신 이해와 별개로 분리되어 있지 않았다는 것은 그 좋은 증거다. 그럼에도 역사적으로 그리스도교 신학은 유다-그리스도교의 공통적 유산인 관계성의 통찰을 사유의 주-객 도식으로 전환시킴으로써 실존적 참여에서 빠져나와 인식론적 공동으로 빠져들게 했다. 특히 그리스도교는 "비관계적이고 멀리 떨어져 있는 신"이라는 그리스적 개념에서 뿌리칠 수 없는 유혹을 받아 왔다. 이로 인해 "굴러 온 돌이 박힌 돌을 빼듯이" 서방 그리스도교에서는 신의 자존성이 신의 관계적 역동성이라는 본래의 통찰을 대치시키기도 했다.[31]

그러므로 우리는 유다-그리스도교 전통 본래의 원초적 관계성을 회복하기 위해, 그리고 나아가 탈근대성의 시대에 합리적 체계화의 족쇄로부터의 해방이라는 구호 아래 난무하는 상대주의적 와해가 몰고오는 문화적·종교적 혼란에 대한 적절한 진단과 처방을 위해 관계성의 존재론에 입각한 관계성의 해석학을 개발해야 할 것이다. 어떤 형태의 종교적 담론에서도 실체론적·비관계적 해석은 신앙의 역동성에 대한 관심을 신의 확실성과 절대성에 대한 탐구로 전이시킴으로써 대부분의 신학적·종교적 논의를 공허하게 만든다.[32] 같은 맥락에서 종교적 제의의 경우에도 신을 대상화하고 경배하는 것은 원초적 상호관계성의 파괴이기 때문에 진정한 의미에서 예배가 아니라 하나의 우상숭배일 뿐이다.[33]

---

[31] 참조: Harold H. Oliver, *Relatedness: Essays in Metaphysics and Theology* (Mercer, GA: Mercer University Press 1984) 10장. 그러나 유다-그리스도교 전통에서 신성의 자존적 실재성에 관한 질문은 결코 제기될 수 없다. 신성의 부정은 곧 자기 파멸을 가리키며, 이런 관계성의 지향적 구조가 엄격히 지배하는 곳에서 비관계적 행위는 곧 죄로 간주되기 때문이다.

[32] 이런 점에서 체계화의 작업이 필연적으로 수반하는 주객분리와 이에 따른 대상화를 극복함으로써 그 생동성을 유지하려는 시도 안에서 이야기 신학(narrative theology)이 새로운 방식으로 부각되고 있는 것도 관계성의 존재론이 구가하는 이런 정신과 맥을 같이하는 하나의 해석학적 시도라 하겠다. 이야기 속에 등장하는 인물들(dramatis personae)은 모두 관계에 근거하고 얽혀 있어서 그중 누구라도 이야기 밖으로 끌어낸다면 아무 의미를 지니지 못하며 관심의 대상이 되지도 못하기 때문이다.

[33] 다시 말하면, 비종교인에게는 신이라는 용어가 하나의 명사이지만 종교인에게 신은 불가피하게 그리고 기꺼이 동사다. 덧붙이자면 예를 들어 종교다원주의 논쟁에서 보여주듯이, 인간들의 다양한 종교적 체험은 비록 무수히 다르더라도 그 너머의 초월자는 동일할 것이라는 주장이나 이에 대한 반론 모두 다시금 신을 관계성에서 분리시켜 무인격적 자존자로 대상화하는 고전적 어리석음의 반복일 뿐이다. 과연 종교적 제국주의와 종교다원주의 사이의 대립은 실체론적 사고에 뿌리를 둔 일신론-다신론의 그것과 엄연히 다름에도 그리로 다시 돌아가려는 집요한 형이상학적 향수는 과연 못 말릴 지경인지도 모른다.

3) 피조성 이해를 위한 유한성과 초월성의 얽힘: 하이데거의 현존에서

하이데거는 초기 대작 「존재와 시간」을 스승 훗설에게 바침으로써 당시의 지배적 사조이던 현상학 운동에 자리했다. 그러나 훗설이 형이상학적 전제나 개별적 경험에 의한 왜곡에서 벗어나기 위해 선험적 자아에 근거한 보편적 주체성을 토대로 진리관을 수립하려는 현상학을 전개했다면 하이데거는 일상적 경험의 사실적 삶에서 출발하므로 처음부터 현존재의 해석학을 지향했다. 우선 훗설은 선험적 현상학을 통해 "무엇-어떻게"의 상호연관성 복원이라는 현대적 과제를 수행하고자 "어떻게"에 집중한 나머지 "무엇"을 아전인수격으로 그려 온 근세 전기 인식론의 몰주관적 한계를 직시하고 더 나아가 이를 극복한답시고 "무엇-어떻게"의 보편적 동일성을 선포한 근세 후기 형이상학의 유아론적 맹점을 비판했다. 반면에 하이데거는 훗설의 "사상 자체로!"zu den Sachen selbst라는 구호를 받아들이면서도 이때의 사상이란 "왜"의 대답에 해당하는 "이미 그렇게 살아가고 있는" 삶이 배제된 선험적 본질을 가리킨다면 오히려 보편적 추상화라는 조작의 산물일 수밖에 없음을 지적한다. 즉, "무엇-어떻게"가 아무리 보편성을 구가하더라도 그런 보편성을 누릴 것으로 여겨지는 "누가"가 바로 그 보편성을 위해 그의 "언제"와 "어디서"를 제거당한 채 선험적일 것을 요구받는다면 전혀 "왜"를 묻고 답할 수 없게 되며, 결국 "무엇-어떻게"라는 상황초월적이고 따라서 공허한 고리에 갇혀 숨죽이고 있는 가련한 주체일 수밖에 없다는 것이다. 말하자면 하이데거는 "참"의 초역사적 보편성이라는 미명 아래 익명성에 불과한 선험적 주체성과 무역사성에 불과한 영원성이 궁극적 덕목으로 예찬되던 전통의 굴레 안에서 "누가"-"언제"-"어디서"가 소설이나 신문기사 같은 우연한 이야깃거리로 취급되어 왔음을 개탄하면서 같음의 족쇄에서 다름의 해방을 절규했다.

"누가"를 선험적 주체성에 못박음으로써 "무엇-어떻게"의 고리에 충실하고자 했던 훗설이 본질 직관의 방법을 중시한다면 이 고리를 "왜"에 뿌리내리려는 하이데거는 당연하게도 사실적 삶에 근거한 실존 이해의 방식을 택하게 된다. 이 "왜"야말로 "무엇-어떻게"가 비로소 의미를 구현하는 터전인 "누가"-"언제"-"어디서"라는 일련의 질문을 내포하는 근거 물음이기 때문이다.[34] 그러기에 하이데거의 "왜"는 "누가"에서 시작되는데, 그는 훗설의 고립된 내면의 무인격적인 선험적 자아와 달리 "세계-내-존재"das in-der-Welt-sein[35]로서의 현존재Dasein가 바로 이 "누가"에 해당한다고 주장한다. 훗설의 선험적 자아는 육체적 생명을 지니지 않음으로써 죽음을 가능성으로도 상정할 수 없으며 따라서 존재의 의미를 진지하게 질문하는 주체가 될 수 없음으로 해서 "누가"라는 질문이 관건이 되지 못하는 데 반해, 하이데거의 현존재는 죽음의 무화 앞에서 불안하면서도 선구적으로 결단하려는 살아 숨쉬는 주체이기 때문에 "누가"에 대한 대답이 "왜"에 대한 대답의 결정적 요건이 된다. 다시 말하면 훗설에게 있어 "누가"는 선험적 자아의 무차별적 사례에 대한 임의의 지칭일 수밖에 없으므로 질문과 대답 자체가 애당초 성립되지 않는 반면, 하이데거에게서는 바로 이 "누가"가 "언제"-"어디서"의 주체이며 그렇기 때문에 "왜"라는 궁극적 질문에 대답하는 근거가 된다.

그런데 여기서 주목할 것은 하이데거에게서 이런 "누가"의 구체적 터전인 "언제"-"어디서"로 표기되는 시공적 요소는 단지 우연한 부대상황이 아니라 다른 현존재로 대체될 수 없는 고유한 주체성을 구성하는 유한성의 구조라는 점이다. 그리고 바로 이때문에 그 "누가"를 실존Existenz이라고 한다. 따라서 "누가"라는 물음과 "언제/어디서"라는 물음이 별개로 분리될 수 없다. 그리고 이렇게 개별적 다름을 가리키는 "누가-언제/어디서"라는 물음은 보편적 같음을 향하는 "무엇-어떻게"라는 물음의 근저에 또아리를 틀고 있는 "왜"라는 뿌리물음을 제기하게 한다. 다시 말하면, "무엇"에 답하는 "있음"(존재)과 "어떻게"에 답하는 "앎"(사유)의 관계는 "왜"에 답하는 "삶"(실존)에서 비로소 참으로 뜻있게 얽혀질 수 있다. 이것이 바로 하이데거가 주장하는 해석학적 순환성이며, 그가 "이해는 현존재의 실존 구조"라고 했을 때 이것을 말하고자 함이었다.[36]

---

[34] 따라서 하이데거에게 있어 "왜"라는 질문을 담당하는 해석학은 방법적으로 스승인 훗설의 현상학에서 배우지만 내용적으로는 사실적 현존재 및 이의 지평으로서의 존재를 추구하는 존재론의 모습을 취하게 된다.

[35] Martin Heidegger, *Sein und Zeit* (Tübingen: Max Niemeyer Verlag 1986) 〈줄임: *SZ*〉 53.

[36] 해석학적 순환성의 견지에서 보면, 전통적으로 있음과 앎의 관계는 어느 일방에로의 환원이라는 방식으로 양자의 관계를 구축함으로써 그 자체로는 영원히 해소될 수 없는 실재론과 관념론의 대립을 겪어왔으며, 주어진 폐쇄적 본질(essentia)의 현실화라는 의미에서의 실

이처럼 "언제/어디서"를 떠나서는 존재할 수도 없고 사유될 수도 없는 "누가"에 해당하는 실존으로서의 현존재는 도대체 누구인가? 하이데거에 의하면 "언제"를 가리키는 시간성Zeitlichkeit과 "어디서"를 가리키는 세계성Weltlichkeit이 곧 "누가" 자체의 구성요소다. 시간성과 관련해서 현존재는 우선 이미-세계-내-존재로서 과거적 피투성Geworfenheit을 사실성Faktizität으로 지니며 이로써 이미 향해 던져진 세계 안에서 타자들과 함께 현재적으로 빠져 있음Verfallenheit의 상태에서 자신의 가장 고유한 가능성으로서의 죽음을 향한 선구적 결단을 통해 그-자체에-앞서-있음으로서의 미래적 실존성Existenzialität을 지닌다.[37] 그런데 여기서 과거-현재-미래는 그 안에서 현존재가 살아가는 별개의 우주적 시간의 흐름을 지칭하는 것이 아니라 현존재가 곧 시간성이라고 할 만큼 시간성은 현존재로 하여금 현존재이게 하는 구성요소다. 다시 말하면 "죽음을 향한 존재"Sein-zum-Tode[38]로서의 현존재는 자신의 고유한 죽음을 가능성으로 대면하면서 선구적 결단을 통해 미래를 현재에로 접근시킴으로써 자신으로 하여금 자신에게 오게 하고, 과거에 던져진 사실성의 부정성을 확증하기 위해 자신에게 되돌아오며, 현재의 존재가능성을 이루는 과정을 종합적으로 구성함으로써 가위 시간성의 구조에 입각해서 현존재 자신의 본래적 실존을 구성한다.[39] 그런데 하이데거에 의하면 현존재의 시간성은 "삶의 연속성"Lebenszusammenhang[40]에 대한 고려를 간과하기 때문에 편향성을 극복하기 위해서는 태어남과 죽음의 전 과정을 포함하는 역사화의 차원에 이르러야 하며 이로써 현존재의 개인적 숙명Schicksal은 타자와 함께하는 존재자의 공동적 운명Geschick이라는 의미를 덧입게 된다.[41] 따라서 현존재의 시간성은 곧 존재와의 관계구조로서의 이해와 이의 명료화로서의 해석의 지평이며[42] 아울러 역사성은 현존재의 그 전체성에 있어서의 실존적 드

존(existentia)을 논했던 스콜라 철학에서의 그것과 달리 이제 삶이라는 지평을 가리키는 현대의 실존(Existenz)은 본질의 보편적·필연적 껍질을 깨는 탈존(Ek-sistenz)의 성격을 지닌다. 이를 하이데거 자신의 용어로 표현한다면 스콜라 철학에서의 실존이 단순사실적 존재자(Vorhandensein)요 실존철학에서의 실존은 의미연관적 존재자(Zuhandensein)라 하겠다.

[37] *SZ* 134-6. 이를 하이데거는 이렇게 표현한다: "Das Sein des Daseins besagt: Sich-vorweg-schon-sein-in-(der-Welt-)als Sein-bei (innerweltlich begegnendem Seienden)". 참조: *SZ* 192.

[38] *SZ* 245.   [39] *SZ* 325-6.   [40] *SZ* 373.   [41] *SZ* 384.   [42] *SZ* 17.

러냄의 장이 됨으로써[43] 현존재는 시간성과 역사성으로 인해 실존적 유한성을 지닌다.[44]

그러나 이런 현존재의 실존적 유한성은 시간성과 역사성으로 구체화되는 "언제"만이 아니라 세계성으로 드러나는 "어디서"에서도 확증된다. 하이데거에 의하면 현존재가 향해 던져지는 세계란 물체적 연장성을 본성으로 하는 물리적 우주나 자연적 지구가 아니라 존재자들의 상호지시적 의미연관Bedeutungszusammenhang의 총체를 일컫는 것인즉 세계성이란 곧 시간성·역사성의 공간은유적 표현이다. 따라서 "우리는 하나인 지구에서 살면서 인간의 수만큼 개별적 세계를 자신의 세계로 살고 있다"고 해야 한다. 칸트에게 있어 세계는 "모든 현상의 본질"[45]로 규정되는 선험적 타당성을 지니고 훗설에게 있어 세계는 현상학적 환원에서 배제되어야 하는 자연적 태도의 대상일 뿐인 데 비해 하이데거에게 있어 세계성은 시간성과 마찬가지로 현존재와 상호구성적이어서 주객관계의 도식을 허용하지 않는다. 하이데거가 현존재를 "세계-내-존재"라 했을 때 현존재와 세계의 상호구성적 관계를 의미하려니와 이는 현존재가 시간성·역사성과 세계성의 상호공속성에 근거함을 가리키고자 한 것이었다. 다시 말해 "언제"와 "어디서"마저도 별개의 것이 아니라 상호규정적 관계를 지니고 있어서 이것이 바로 서로 다른 "누가"를 구성하는 시공적 유한성의 근거가 된다.

---

[43] SZ 381-2. 해석학은 어떤 특정한 상황에 대한 우연적인 관심들이 우리를 구체적이고 개별적인 역사에서 무작정 끌어내는 소박한 객관주의에 의해 제어되기보다 인간의 무반성적 기대와 예상을 거슬러 역사가 도전해 오는 방식에 관해 더 자기비판적이고 숙고적인 입장을 취함으로써 조정될 수 있다고 주장한다. 가다머에 의하면, 우리가 만일 우리의 신념들을 형성함에 있어 역사가 차지하는 역할에 대해 더 인식하게 된다면 예상되는 붕괴와 타락에도 더 민감하게 대처할 수 있게 되며, 역사의 발전과정 자체가 이전에 고수되었던 입장들에 대해 비판과 수정을 제시하는 방식도 깨달을 수 있게 된다. 말하자면 가다머는 역사가 내재적 자기교정 성향을 지니고 있다고 하는데, 비판적 자기교정의 이성적 과정으로 자기운동을 하는 헤겔의 변증법적 사관의 잔재라 할 만큼 낭만적이고 낙관적인 역사관을 갖고 있는 것으로 평가할 수 있다. 그러나 가다머의 이해를 헤겔의 절대지라는 변증법적 목적과 구별짓는 것은 하이데거의 진리와 비진리의 동위근원성에서 그 근거를 찾을 수 있을 것이다.

[44] Heidegger (James S. Churchill 역) *Kant and the Problem of Metaphysics* 〈줄임: *KPM*〉 (Bloomington, IN: Indiana University Press 1975) 247.

[45] Immanuel Kant (Norman K. Smith 역) *Critique of Pure Reason* (New York: St. Martin's Press 1929) B 391.

이제 시간성과 역사성(언제) 그리고 세계성(어디서)으로 구성되는 실존(누가)의 유한성은 현존의 자유와 연합하여 실존의 개체적 탈자성을 수립하면서 실존을 탈존으로 부각시킨다.[46] 여기서 탈존은 "무에 빠져들어감"Hineingehaltenheit in das Nichts[47]으로 묘사되면서 "초월"die Transzendenz[48]로 표현된다. 다시 말하면 무란 탈존으로서의 인간이 초월성을 부여받는 근거다. 여기가 하이데거 사상에 스며든 신비주의 궤적을 발견할 수 있는 여러 대목 중의 하나이기도 하다. 여기서 주시할 점은 탈존의 개념 속에서 언뜻 상호 모순으로 보이는 "유한"과 "초월"이 무라는 끈에 교묘히 얽혀 있다는 것이다. 그러나 하이데거는 "존재 자체는 본질적으로 유한하며 무에 투여되는 현존의 초월 안에서만 드러난다"[49]는 주장으로 이를 적극적으로 옹호하며, 이로써 탈존으로서의 실존은 "유한적 초월"endliche Transzendenz[50]로 선포된다. 유구한 흐름의 합리주의와 신비주의가 인간 이해 안에서도 오묘하게 얽힌 것을 드디어 여기서 보게 될 것이다.

그런데 앞서 논의된 바와 같이 이 "유한적 초월"도 상황과 자유의 관계와 마찬가지로 상호모순의 역설적 연합의 산물일 것인바 유한은 "존재의 이해를 가능케 하는 결정적 요소"[51]로서 초월의 대상이며 초월은 존재의 이해가 가리키는 "유한성의 가장 깊은 내면적 본질"[52]이어서 양자의 역설적 조합은 가능하게 된다: "초월 안에서 인간은 존재의 이해가 필요한 것으로 자신을 드러낸다. … 이 필요성은 현존의 원천인바 그 가장 근본적인 차원에서 보면 바로 유한성이다".[53] 이렇게 유한과 초월은 형식논리적 모순관계에 있지 않고 탈자적 실존 안에서 역설적으로 연합됨으로써 초월이 배제된 유한이 귀결시키는 결정주의적 소외에 의한 숙명주의적 인간관이나 그와 대조적으로 유한이 망각된 초월이 치닫게 되는 자유주의적 환상에 의한 낭만주의적 인간관 같은 환원주의의 오류를

---

[46] Heidegger, Brief über den Humanismus, 157-8 172-3: *Wegmarken* (Frankfurt am Main: Vittorio Klostermann 1978) 323-4 338-9.

[47] Was ist Metaphysik? 〈줄임: WM〉 12: *Wegmarken*, 114.

[48] WM 15: *Wegmarken*, 117: "은폐된 불안에 근거해서 무에 빠져들어간 현존은 존재자들의 총체를 넘어서는 것, 즉 초월이다".

[49] WM 17: *Wegmarken*, 119. [50] *KPM* 245. [51] *KPM* 240. [52] *KPM* 237. [53] *KPM* 44.

극복할 가능성을 제공한다. 더 나아가 유한과 초월의 역설적 연합에 뿌리를 둔 이런 정합적 구도가 신학적으로 중요한 개념인 피조성에 대해서도 해방적 해석을 시도할 수 있는 토대를 제공한다.[54]

3. 전통 형이상학에 대한 실존철학적 반동이 향하는 탈중심주의적 해방: "있음-즉-없음"과 "앎-즉-모름", 그리고 "삶-즉-죽음"[55]

"참"을 추구하는 인간의 지난한 역사가 "무엇"에서 시작하여 "어떻게"를 거쳐 비로소 "왜"에 이르면서 여태 숨죽이고 있던 "누가-언제/어디서"가 폭발하듯 절규되었음을 살펴보았다. 말하자면 실존철학에 대한 간략한 개괄을 통해 우리는 "누가-언제/어디서"로 표기되는 인간의 자기이해 없이는 "참" 추구라는 것이 무의미하고 공허하며 결국 불가능하다는 것이 드러났음을 확인했다. 인간관을 기준으로 이를 다시 표현한다면, 인간의 자기이해의 역사는 앞에서 논한 것처럼 전통적으로는 많은 다름들을 묶어낼 같음에 근거한 하나를 위해 총체적 구성을 향해 가다가 현대에 이르러 수많은 다름들의 도전으로 인해 그 총체성의 허상을 직시하게 됨으로써 급기야 껍데기를 벗기고 벗어내는 주체파악을 향하게 되었다고 하겠다. 이런 혁명적 전환이 바로 앞에서 살펴본 실존철학의 절규로 대표되는 현대의 반형이상학적 움직임들에 의한 것임은 두말할 나위도 없다. 따라서 이 절에서 우리는 "왜"라는 물음이 터뜨린 "누가-언제/어디서"라는 일련의 물음이 향하는 인간의 자기이해의 궤적을 살펴보고 과연 "누가-언제/어디서"라는 물음에 걸맞은 대답을 위해 어떤 방식으로 인간의 자기이해를 재구성해야 하는가를 더듬어 보고자 한다. 그럼으로써만 "참"을 향한 물음으로서의 "왜"가 실로 인간해방이라는 의미를 향할 수 있을 것이기 때문이다. 그리고 이것이 신-인간 관계에 대한 좀더 적절한 이해를 향하는 길이기도 하다.

---

[54] 참조: 『티끌만도 못한 주제에』 제2부 제1장.
[55] 이 절은 『티끌만도 못한 주제에』 제1부 제3장을 발췌하여 수정한 것이다.

인간의 자기이해는 당연하게도 인간이 죽음으로 절정에 이르는 불안을 극복하고 안정을 추구하려는 원초적 목적에서 시작되었다. 이를 위해 삼라만상을 아우르는 우주를 살피고 나아가 신으로 표기되는 절대자를 향해 더듬어 가는 방식을 취했기에 인간의 자기이해가 종교와 철학으로 나타났을 뿐 아니라 이의 뼈대가 되는 것은 당연한 일이었다. 다시 말하면, 종교와 철학이란 절대자 또는 "참"의 영원불변성에 기대어 인간의 자리와 위치를 가늠함으로써 그런 소기의 목적을 달성하려는 인간의 애달픈 노력의 산물이다. 여기서 절대자의 영원불변성이라는 기준은 철학적으로 본다면 있음의 차원에서 "있다"로 귀결되는 존재, 그리고 앎의 차원에서 "이다"로 정리되는 본질이라는 두 핵심요소를 인간의 자기이해를 위한 기본적 범주로 설정하게 했다. 존재(있음)는 실체성을 지향했고, 본질(앎)은 보편성을 전제했으니 실체성과 보편성은 영원불변성이라는 절대적 기준에 비추어 더할 나위 없이 탁월한 속성이었다. 그러나 실체성과 보편성에 뿌리를 둔 영원성 구현은 불가피하게도 중심성을 향해 치달을 수밖에 없었다. 그도 그럴 것이 존재가 가리키는 실체성을 기준으로 볼 때 관계성이란 "우연적 주변"일 뿐이었고, 본질이 가리키는 보편성을 기준으로 볼 때 개체성이란 "부분적 변두리"일 뿐이기 때문이었다. 즉, 실체성과 보편성을 토대로 하는 영원한 자기동일성이란 그 규정적 테두리를 벗어난 것들을 이질적 주변으로 보는 중심지향성을 지니지 않을 수 없었다. 그리고 이런 성향이 인간의 자기이해에 결부되어서는 불가피하게도 인간중심주의anthropocentrism를 귀결시켰다.

그러나 이런 인간중심주의도 세부적으로 검토해 보면 있음의 차원에서 설정되는 자타自他 구도에서는 당연하게도 "자"自에게 중심성을 부여해 왔고, 앎의 차원에서 등장하는 주객主客 구도에서도 자연스럽게 "주"主에게 중심성을 부여함으로써 자주自主적인, 즉 "스스로 주인이 된" 인간에게 씌워진 중심성은 이제 자기중심주의egocentrism로 내달리지 않을 수 없었다. 그런데 문제는 원초적 불안을 극복하겠다던 숭고하고도 유구한 역사적 과제가 오히려 인간의 자기중심주의로 쏠리면서 결국 인간이 있어야 할 자리에서 이탈되는 자기소외의 사태가 벌어지게 되었다는 데서 비롯된다.

그렇다면 인간중심주의로의 흐름은 구체적으로 어떻게 진행되어 왔는가? 인간의 자기이해의 큰 흐름은 역시 고중세에는 주객 미분 상태에서 인간은 "있음"에 대해 자신을 투명성의 존재로 전제하는 데서 시작했다. 그러나 숙지하는 바와 같이 자연과학이 선도했던 근세의 여명과 함께 "앎"이라는 행위가 불가피하게 개입할 뿐 아니라 왜곡과 굴절의 불가피성마저 지닌 주체의 특정행위임을 깨닫게 되면서 이제 인간은 그 자신을 둘러싼 것들을 대상으로 설정할 수 있는 지위를 지닌 주체로 상정하게 되었다. 말하자면 주객 구분 구도가 근세를 고중세와 확연하게 구별되게 하는 결정적 준거로 등장하게 되었다. 근세에서의 주객 구분은 초기에는 데카르트의 실체이원론과 함께 선포된 주객 대등 구도에서 인간이 실체성의 존재로 상정되었는데, 일단 인간이 자신을 이렇게 실체화하게 되면서 인간의 자기중심화의 씨앗이 심겨졌다. 그런데 그것이 씨앗인지라 심겨진 채로 있지 않고 발아하여 싹을 돋우고 점점 자라 가니 이제는 인간이 주객 대등 구도에 머무를 수 없는 단계로 성장했다. 여기서 이제 인간 주체는 대상과의 만남에서 주도권을 행사하는 주체우위를 점하는 데까지 이름으로써 인간은 스스로 선험성의 존재로 격상되었다. 그런데 사실상 칸트의 선험적 구성설로 예증되는 이 사건은 격상 정도가 아니라 천동설에서 지동설로의 전환에 비길 만하다고 해서 "코페르니쿠스적 전회"라고까지 한다. 고중세에는 이 세계에 대해 무색투명하다던 인간이 근세에 들어와서 그 세계와 대등한 위상을 부여받더니만 이제는 주도권을 지니는 선험적 자아라 하니 지위의 대역전이 아니고 무엇이겠는가? 그러나 인간 주체의 중심주의적 격상 과정은 여기서 멈추지 않았다. 칸트의 선험성의 토대인 이성의 유한성을 극복하려는 의도에서 헤겔은 무한 이성으로서의 절대정신을 근거로 주체의 절대화를 통한 인간의 보편성, 즉 "보편 인간"을 선언하기에 이르렀다. 결국 "인간의 신격화"라는 비판까지 받을 만큼 이제 인간은 본질적 보편성의 존재로 부상되었다. 말하자면 인간의 자기중심주의는 더 어찌할 수 없는 극한점에까지 치닫게 되었다.

그러나 오르막이 있으면 내리막이 있다는 이치는 인간 자기이해의 역사에도 해당되었다. 현대에 들어와 "보편 인간"의 현실적 타당성에 대해 강렬한 의문이 제기되었고 더 나아가 그 억압구조적 본성을 간파한 현대인들이 이에 항거하고 반동하기 시작했다. 인간이 보편적이라는 것은 또한 영원하다는 것인데 영원하다면 죽지 않아야 하고 죽지 않는다면 살아 있지도 않으니 죽음의 가능성을 안고 살아가는 "지금 그리고 여기"의 개별인간들과는 무관한 허울좋은 허상일 뿐이라는 것이다. 말하자면 자신을 중심에 위치지은 인간은 현실의 다름으로 엮인 삶과 동떨어진 같음만을 구가하도록 강요당하는 자가당착 또는 자기모순에 봉착했다. 이로써 인간중심주의는 인간의 삶에 대해 적절한 구도가 아닐 뿐더러 오히려 삶의 생동성을 파괴하는 억압구조로 작용하는 피폐성마저 지니고 있음이 드러났다. 말하자면 인간이란 결코 중심주의적 같음으로 묶일 수 없는 다름으로 엮인 삶이라는 터 안에서 죽음을 싸안고 숨쉬는 가련한 것임을 깨닫게 되었다.

사실상 있음이 영속한다면 인간중심주의라는 것이 전혀 문제될 거리가 없었을지도 모른다. 그러나 있음이 없음에 삼키우는 죽음의 사건은 도대체 인간의 주체적 중심성을 허용하지 않는다. 더 나아가 죽음과 얽힌 삶이 인간에게 씌워진 실체-보편이라는 포장의 억압성과 허구성을 드러냄으로써 결국 인간중심주의란 그런 허상에 토대를 둔 착각임을 폭로하기에 이르렀다. 그러기에 같음의 구도에서 상정된 보편 인간을 기조로 하는 인간중심주의는 현실과의 만남에서 그 자신을 불가능으로 드러내면서 허무의 나락으로 떨어지고 말았다. 그래서 헤겔의 본질적 보편성은 실존주의의 효시인 키에르케고르의 실존적 개체성으로, 더 거슬러서 칸트의 관념적 선험성은 삶의 철학의 선구자인 딜타이Dilthey의 현실적 체험성으로, 그리고 데카르트의 자족적 실체성은 실존해석학의 완성자인 하이데거나 관계존재론의 거장인 부버에 의해 제시되는 상호의존적 관계성으로 대치되어야 함이 역설되었다. 말하자면 현대에서는 근세의 주객 구분을 다시 고전적 미분으로 되돌릴 수는 없으되 주체의 중심주의적 격상의 왜곡사를 청산하기 위해 주객 교호라는 구도를 설정하고자 했다. 그런데 이 주객 교호의 터는 바로 "삶"일진대 앞서 지적한 대로 삶은 죽음과 그렇게도 얽혀 있으니 현대적 주객 교호의 지평은 바야흐로 그리고 명실공히 "삶-죽음"이라 하겠다.

III. "참"은 도대체 왜 참인가?

위의 논의를 간략하게 정리한다면, 고중세의 신중심주의적 구도에서 인간은 당연히 비중심적이었던 것이 근세에 들어와서 인간중심성을 신격적으로까지 격상시켰다가 현대에 와서 삶과 죽음의 얽힘에 대한 불가피한 체험의 새삼스런 부상으로 인해 인간의 중심성이 무장해제당했다. 말하자면 영점(허공)에서 출발하여 신격화의 경지(하늘)에까지 치솟았던 인간의 자기이해의 과정은 현대를 열어준 대파괴의 전율적 체험들로 인해 그동안 인간의 자기 물음의 원초적 계기인 죽음 체험을 망각해 왔음을 소스라치게 깨닫게 되었고 이제 비로소 인간의 자리가 현실(땅)임을 처절할 만큼 철저히 받아들이게 되었다. 여기서 어떤 사람들은 막 지나가 버린 "하늘"의 시절을 동경하는 낭만주의로 현실을 덮으려 하기도 했고 더 많은 사람들은 "하늘"에서 "땅"으로 추락한 인간의 자화상 때문에 걷잡을 수 없는 허무주의에 빠지기도 했다.

그러나 대부분의 사람들은 그런 비현실적 낭만주의나 염세적 허무주의를 극복한다는 미명 아래 막강한 지성적 권력을 지니고 등장한 과학이 인간을 구원해 주리라는 신념과 함께 과학주의로 모여들었다. 이제 인간은 중심성을 와해당한 인간 자신은 물론이거니와 고전적 신마저 믿을 수 없게 되었고 이 와중에서 과학만큼은 붙들고 늘어져야겠다는 과학주의가 현대적 미신으로 자리잡게 되었다. 그러나 낭만주의의 환상성이나 허무주의의 소극성을 극복하겠다던 과학주의가 오히려 이들을 부추길 수밖에 없었다. 건전한 과학적 사고방식과는 달리, 과학주의는 전통적으로 신과 인간 자신에 대해 부여했던 가치와 신뢰가 붕괴되면서 새로이 등장한 과학을 대안으로 무조건 신봉함으로써 인간의 노작인 과학이 오히려 인간의 "주"主로 등극하는 몰인간적 역전을 일으켰기 때문이다.

그렇다면 인간중심주의의 핵심 문제는 무엇이었는가? 중심이 아닌 것이 중심으로 자리잡으려 한 것이 문제였다. 한마디로 주제파악이 제대로 되지 못한 것이다. 그렇다면 인간의 주제가 무엇이길래 저리도 유구한 역사에서 이리도 힘들게 헤매어 왔는가? 인간의 주제파악을 위한 몇 가지 의미로운 제안이 있겠지만, 우리는 여기서 "참"에 대한 우리의 분석구도인 "있음"과 "없음", "앎"과 "모름", 그리고 "삶"과 "죽음"의 관계를 다시 엮을 것을 제안한다. 이들의 관계가 왜곡

된 역사가 "참"을 곡해해 왔고 나아가 인간으로 하여금 주제를 망각하게 함으로써 결국 소외와 허무로 전락할 수밖에 없는 중심주의로 내몰아 왔기 때문이다. 이런 반성과 비판이 실존철학적 반동에 뿌리를 두고 있음은 물론이다.

그렇다면 그런 관계 재구성을 위해 "참"에 대한 종래의 형식적 정의인 "있음과 앎의 같음"을 작업가설적으로 사용해 보자. 있는 대로 알고 아는 대로 있다면 그게 바로 "참"일 것이다. 그런데 여기서 문제는 "같음"의 방식이다. 그 같음이 어느 일방을 기준으로 하는 환원주의적 흡수를 통해 이루어지는 같음이라면 결국 중심주의로 전락할 수밖에 없기에 환원주의는 거부되어야 한다. 환원주의를 거부한다는 것은 무엇인가? 그것은 그야말로 본래대로 그냥 두는 것이다. 그러나 그냥 두는 것이 어찌하여 중심주의적 환원주의의 억압을 벗어나 "참"으로 하여금 "참됨"으로 드러나게 하는 길인가? "본래대로 그냥 둔다는 것"은 종래의 방법, 즉 "있음과 앎의 같음"에서 바로 이 "같음"이라는 미명 아래 "있음"과 "앎"이 "삶의 다름"을 마구 난도질해 왔었다는 점을 직시하고 그 깎여 버려진 것이 그 자리에서 다시 드러나게 하는 것이다. 다시 말하면 "있음"이란 그 안에 "없음"이 질퍽하게 드리워져 있는 것인즉, 그것을 "있기만 한 있음"의 구도에 한정하지 말고 "없음" 또는 "비어 있음"과 하나인 자리에서의 "있음"으로 읽을 일이다. 마찬가지로 "앎"이라는 것도 그 "앎"이 "모두 다 아는 앎"일 수 없을진대, 이미 그 "앎" 안에는 "알 수 없음"을 포함한 "모름"이 어딘지 모르게 돌아다니고 있음을 직시할 일이다. 이것은 결코 반대말을 찾아 엮는 말장난이 아니며 오히려 삶에서 체험되는 구체적 사태들을 통찰해 보면 동의하지 않을 수 없는 현실의 논리다.

돌아보건대 자연과 사회, 역사, 문화가 그렇고 인간이 그렇지 않은가? 우리는 그동안 잡아낼 수 없는 사태의 역동적 얽힘을 잡아낼 수 있는 줄로 착각하다가 "있음"과 "없음"을 서로 모순되는 것으로 찢어 놓음으로써 안심할 수 있었고, "앎"과 "모름"을 양립할 수 없는 것으로 떼어놓고서 "모름"을 정복할 수 있다는 무식한 용기를 가질 수 있었다. 그러나 바로 이 안심과 용기 때문에 우리는 "없음"을 모르게 되었고 "모름"을 없애 버렸다. 이런 "없음의 모름"과 "모름의 없음"은 날아다니는 나비를 잡아 고정시켜 관찰하고 급기야 박제해서 탐구함으로써 나비의 본질이 간파될 수 있다는 양일 뿐이다. 박제된 나비가 날아다니는 나비와 전혀 무관하지는 않겠지만 생동성이 아니고서는 도저히 설명될 수 없는 나비의 날아다님을 얼마나 반영할 수 있을까? 아니, 가능하기나 한가?

그러기에 "있음-즉-없음"과 "앎-즉-모름"이란 인간중심주의의 유구한 역사 안에서 명사적 개념으로 깔끔하게 다듬어져 왔던 "있음"과 "앎"을 본래대로 해방시키기 위해 거칠고 모호한 동사로 되돌아갈 것을 가리킨다. 따라서 우선 이를 각각 검토하고 후에 상관적으로 논의함으로써 이 양자를 "삶-즉-죽음"에 연관지을 가능성을 살펴보자. 먼저 "있음-즉-없음"에 관해 살펴보자. 예를 들면, 인간이나 사물이 있다고 할 때, 그것이 주어와 술어의 결합으로 표현되는 한 사건 안에서 대체로 명사로 묘사되어 왔던 역사를 돌이켜보아야 한다. 각종 사물을 지칭하는 일반명사부터 대체할 수 없는 유일성을 지닌 고유명사까지 실로 명사는 개념화를 위한 명백성의 견지에서 여타 품사의 추종을 불허하는데, 바로 이런 이유로 대체가능성과 모호성으로 인해 다소 열등한 것으로 간주되었던 동사나 형용사 등과는 비교도 되지 않는 융숭한 대접을 받아 왔다. 그러나 인간은 물론이려니와 하나의 사물조차도 그것이 단순히 사물이기만 한가? 즉, 명사적 정태성이 그 본래적 성질인가? 아니 오히려 어떤 사물도 이미 "있다"로 표기되어야 하는, 즉 반드시 동사를 취하여 주술관계를 이루어야 하는 사건이 아니던가? 말하자면 명사도 원초적으로는 동사가 아니던가? 잠정적으로 명사화된 것의 원초적 동사성을 회복시키는 것이 관건이라면 바로 여기서부터 "본래대로 그냥 둠"에 대한 실마리를 얻을 수 있다. 즉, 다소 거칠고, 그래서 모호하고, 따라서 불편하고, 심지어 불안하더라도 애당초 사건이 지니는 역동성을 향해 최대한 가까이 가기 위해 동사·형용사·부사 등을 — 명백성이라는 구실로 명사로 포장하지 말고 — 그대로 드러내야 한다. 사실 사물이 본래 사건이라면, 그래서 원초적으로 동사를 취하는 주술부적 서술이 필요하다면 사물을 지칭한다는 명사란 실로 잠정적인데, 이것이 그 명백성을 뽐내면서 영속적인 것으로 둔갑하는 바람에 오늘날과 같은 비극이 벌어졌다. 달을 가리키는 손가락이 달을 빙자하더니 어느덧 달로 둔갑하는 것과 같은 이치다. 그러므로 손가락이 달이 아니라 손가락임을 스스로 파악할 수 있는 본래 자리를 회복시키는 일이 시급하다. 삼박한 개념화적 명백성을 구실로 거칠고 모호한 입체적 동사성을 평면화하는 명사화의 굴레를 벗어나서 불편하고 비능률적이더라도 원초적 동사성이 지니는 입체성이 드러나는 시원적 원시성의 광야에로 내모는 과제가 절실하다는 말이다. 말하자면 "있음-즉-없음"이란 있음이나 없음으로 고정됨으로써 평면적으로 명사화되는 안이함 뒤에 깔려 있는 억압성을 직시하고 이에서 해방되어야 하는 과제의 필수성을 역설하려는 안간힘의 소산이다.

 이와 연관하여, 그리고 다른 한편으로, "앎-즉-모름"에 관해 검토해 보자. 앎의 표상인 개념화라는 미명 아래 자행되는 모든 규정은 "… 이다"의 형식으로 표현되는 본질 규정으로서 동시에 한정이다. 그런데 이 한정은 이중적인데 그 이유는 규정은 규정되는 것을 그렇게 규정되는 것 이외의 것에서 분리시키고 외적으로 제한할 뿐 아니라 또한 규정된 것 안에 들어 있는 그것 아닌 것을 그렇게 규정된 것으로 묶어 버림으로써 내부적으로도 한정하기 때문이다. 그래서 규정은 부정이라고 하지 않았던가? 바로 이런 이유로 규정, 즉 긍정이면서 동시에 부정인 규정은 규정에 포함되지 못하는 것에 대해 무차별적으로 배제하는 폭력을 불가피하게 행사하게 된다. 예를 들면, 여기 펜이 하나 있다고 하자. 물론 이 펜이라는 사물도 하나의 사건이니 앎의 차원에서 보면 "이것은 펜이다"라는 주술형식으로 표현된다. 그런데 이런 본질규정은 과연 그렇게 지칭되는 이것을 이루고 있는 요소들을 남김없이 모두 담고 있는가? 만일 그렇다면 그렇다고 할 수 있는 근거는 무엇인가? 그러나 사실 그렇지 않고 그렇지 못할진대, 그럴 수 없는 이유는 무엇인가? 그 펜 안에 "펜 아닌 것"이 도사리고 있을지도 모르기 때문이 아닌가? 그렇다면 결국 "… 이다"라고 안다는 것도 역시 그 안에 "… 이 아니다"로 표기되는, 즉 그 앎을 부정하는 모름이 드리워져 있다는 것을 부정할 수 없지 않겠는가? 바로 이런 이유로 "앎"이란 "알 수 없음"을 포함하는 "모름"과 하나인 자리에서의 "앎"일 수밖에 없고, 이런 점을 직시하는 것이 사태 자체에로 근접하는 길이라는 것이다. 이런 관점에서 본다면 규정을 넘어서는 "절대긍정-즉-절대부정"[56]은 손가락이 단지 손가락이며 절대로 달이 아닐 뿐 아니라 달이 아님을 잊지 말아달라고 부르짖는 몸부림이다.

더 나아가 궁극적으로, 이런 "있음-즉-없음"과 "앎-즉-모름"은 앞서 전제된 "삶-즉-죽음"이 준엄하게 요구하는 바이기도 하다. 인간이란 어디까지나 없음에 의해 철저하고도 처절하게 에워싸인, 그리고 없음의 가능성을 싸안고 있는 가련한 있음일진대 당연하게도 그 있음은 없음과 하나인 있음이다. 그럼에도 참이라는 미명 아래 없음을 배제한 있음을 상정했던 것은 실체성에 대한 허상적 집착에 기인할 따름이다. 아울러 모름을 배제한 앎이란 배제된 모름을 모름, 즉 뭘 모르는지도 모르기 때문에 앎의 보편성이 구현될 수 있다고 착각하는, 지극히 알량하고 가련한 앎이다. 이에 비해 모름과 하나인 앎이란 모름을 안다는 것, 즉 뭘 모르는지를 알고 더 나아가 앎의 경계 너머의 알 수 없음을 깨닫는다는 것을 뜻한다. 그래서 "무지無知의 지智"[57]라고 하지 아니했던가? 그러므로 이제 "참됨"이란 "죽음과 하나인 삶"에서 "없음과 하나인 있음"과 "모름과

---

[56] 여러 좋은 참고자료 중 특히 참조: 히사마츠 신이치, 야기 세이이치 외 (정병조, 김승철 공역)『무신론과 유신론: 포스트모던 시대의 종교와 철학이란?』(대원정사 1994) 제1부 4장.

[57] "무지의 지"에 대해 다음과 같이 음미해 보자: 우선 뭘 모르는지도 모르고 까불지 말고 최소한 뭘 모르는지는 알도록 할 일이다. 그러나 모른다는 것을 알아야 할 뿐 아니라 종국적으로 알 수 없다는 것을 깨달아야 한다. 모름은 알려고 하기 전에도 가능하지만 알 수 없음은 알려고 한 다음에나 가능하다. 즉, 모름은 앎 전에 속하고 알 수 없음은 앎 후에 속한다. 다시 말해 모름은 앎에 못 미친다면 알 수 없음은 앎을 넘어선다. 일찍이 서양의 그리스도교 신비주의나 동양의 불교에서 말해 온 "무지의 지"(docta ignorantia)란 모른다는 것을 아는 것(知)은 물론이려니와 이를 넘어서 알 수 없음을 깨달음(智)을 일컫는다.

좀더 부언해 보자. 주객 구분에 입각한 의식의 장에서의 이성의 인식행위를 앎이라고 한다면 그런 앎은 주체가 대상을 안다는 의미에서 공히 앎이다. 그러기에 그런 앎의 반대로서의 모름은 모른다는 것을 모르는 것, 즉 뭘 모르는지도 모르는 것을 가리킨다. 그런데 과연 앎과 모름이 이토록 철저하게도 상호배타적일까? 아니, 안다는 것이 과연 모든 것을 제대로 아는 것인가? 그렇지 않음에도 그런 줄로 착각한다면 이것이야말로 뭘 모르는지도 모르는 것이 아닌가? 그렇다고 해서 바로 앎과 모름이 같다고 할 것인가? 그러기에 모름지기 앎과 모름에 대해 논하려면 ① 뭘 모르는지도 모르는 것 ② 뭘 모르는지를 아는 것 ③ 알 수 없다는 것을 알고 깨닫는 것의 세 단계를 전제할 필요가 있다. 우선 ①은 순수한 모름이라 하겠고 ②는 모르는 것을 빼고 알 만한 것을 아는 것이라고 새긴다면 일반적으로 앎이라 할 수 있을 터인즉 이 양자는 곧 종래의 모름과 앎에 각각 해당된다. 그렇다면 ③은 무엇인가? 이것이 바로 "무지의 지"가 가리키는 경지다. 앎의 경계 너머로 알 수 없음이 드리워져 있음을 절절히 깨닫는 것, 바로 그것이다.

하나인 앎"의 얽힘이라고 추려진다.[58] 이것은 "있음과 앎이 얽힌 같음"과 "없음과 모름이 얽힌 다름"이 서로 확연하게 경계지어질 수 없다는 엄연한 통찰이 요구하는 바이기도 하다. 한마디로 "참됨"이란 삶에서의 같음과 다름의 만남이라는 유한성의 사건이고 역동성의 행위다.[59] 앞 절에서 논의한 "'있음과 앎의 같음'에서 '삶의 다름'으로"라는 것은 바로 이것을 가리킨다. 이럴 때만 인간은 중심주의를 야기하는 명사적 규정의 족쇄로 인한 억압에서 벗어나 유한성 때문에 불안하고 험난하더라도 결코 포기할 수 없는 역동성의 자유를 향할 수 있게 될 것이다. 그리고 이것이 바로 체계성이 배태하는 중심주의로부터의 탈중심적 해체[60]를 통해 추구되는 "인간의 주제파악"이 향하려는 뜻이다.

---

[58] "참"을 향한 "있음-없음" · "앎-모름" · "삶-죽음"의 역설적 조합은 동양의 비이원론적 논리에서 즉비(卽非, sive-not)의 형식으로 귀결되었고 서양의 경우 특히 신비주의 전통에서 "대립의 일치"(coincidentia oppositorum)라는 방식으로 구현되었다. 현대에 이르러서는 무수한 예를 지적할 수 있겠지만 하이데거의 "해석학적 순환성"이 좋은 예증이다. 규정과 부정의 오묘한 역학관계를 직시한 선조들의 지혜가 이렇게 사태의 명백한 사실적 규정을 거부하고 모호하지만 역동적인 사건적 행위의 자기부정성이라는 통찰에 이르렀다는 것은 동서고금을 막론하고 거부할 수 없는 사람됨의 원초적 동시성이 가리키는 해방에 의한 것이다.

[59] 있음은 없음에 의해 제한되고 또한 없음은 있음에 의해 규정되니 상호간 유한성의 고리를 형성하는 것은 불가피하다. 그러나 없음이 없는 있음이기만 하다면 그 있음은 꼼짝달싹할 수 없는 고정성을 뜻할 뿐이고 없음도 있음이 없이는 무한 광대하여 바닥 모를 심연을 가리킬 뿐이다. 따라서 있음은 없음으로 인해 변화의 가능성을 입게 되고 없음은 있음으로 인해 움직일 거리를 취하게 된다. 말하자면 있음과 없음은 서로 한계를 주면서 동시에 서로 움직이게 하는 관계를 지닌다. 그리고 이런 관계는 앎과 모름에 대해서도 적용된다. 그러나 있음과 없음, 앎과 모름의 그런 관계는 궁극적으로 삶과 죽음의 얽힘에서 비롯된다. 유한성의 사건이요 역동성의 행위라는 것은 바로 이를 두고 하는 말이다.

[60] 참조: 『티끌만도 못한 주제에』 제1부 제2장 3절. 이 해체(deconstruction)가 파괴(destruction)가 아닌 것은 새로운 자기통합을 위한 몸부림이기 때문이다. 말하자면 해체란 있음과 앎의 폐쇄적 고리를 삶으로 풀어헤치고 같음의 올가미로부터 다름의 해방을 선포하는, 바로 다름의 몸부림이다. 그렇다면 해체란 인간의 자기이해 역사에서 상정되었던 중심성 및 중심주의와 밀접하게 관련되어 중심성의 해체 또는 중심주의의 극복으로서의 탈중심성 선포일 것이다. 근자의 여러 좋은 자료 중 특히 참조: 벵쌍 데꽁브 (박성창 역) 『동일자와 타자: 현대 프랑스 철학(1933~1978)』 (인간사랑 1990); Gaston Bachelard (김용선 역) 『부정의 철학』 (인간사랑 1996); 임마누엘 레비나스 (강영안 역) 『시간과 타자』 (문예출판사 1997).

[61] 고대에는 근원 탐구의 틀에서, 그리고 중세에는 신 이미지를 통해서 인간이 자기이해를 추구해 왔다면 인간 자신에 대해 좀더 솔직히 직시하게 된 것은 16~17세기에 시작된 근세에 와서라고 하겠다. 근세를 열어준 자연과학은 인간의 자기이해를 위한 새로운 범주로서 종래의 초자연과 확연히 구별되는 자연을 제시했기 때문이다. 그리고 18세기에 이르러 주요 생산수단이 1차산업의 터전인 땅에서 2차산업의 터전인 기계로 옮겨가면서 전통적 봉건체제

4. 현대의 실존적 몸부림들이 요구하는 신학의 제자리 찾기: 지성-감정-의지의 정신적 삼각구도를 넘어서는 실존의 체험적 신(앙)관

전통 형이상학에 대한 현대적 반동이 현대 신학에 미친 가장 큰 영향은 인간의 유한성에 대한 정직하고도 처절한 주제파악을 새삼 일깨웠다는 데 있다. 전통 형이상학의 본질주의는 "참"의 보편성을 기치로 내걸었기 때문에 영원성과 무한성이라는 가치들이 자연스레 신을 규정하는 근거로 군림했다. 신 개념이 그러했다면 인간들이 이를 기준으로 자신을 파악하는 것은 불가피했다. 말하자면 인간 자체의 모습을 보기보다 영원성과 무한성에 입각해서 자신을 보고 따라서 자신을 항상 "불완전한 존재"로만 그려 왔다. "있음과 앎의 같음"이 섭렵하려는 체계적 전체성은 이처럼 그 안에 사는 인간을 전체의 부분으로만 보게 했다. 그러던 것이 앞서 언급된 현대적 반동들에 힘입어 신적 완전성에 입각한 인간의 불완전성이 인간이해의 적절한 범주가 아님을 절감하게 되었다. 이제는 인간 자체의 개체성과 유한성이라는 고유한 범주가 인간의 자기이해를 위해 차라리 해방적 동인으로 부각되었다.[61] 이른바 체계로부터의 해방이란 바로 이를 가리킨다.

가 붕괴하고 시민사회가 형성됨에 따라 사회라는 새로운 범주가 등장했다. 정치학과 경제학에 이어 사회학이 모태인 철학에서 분리된 것이 이때였다는 것은 우연이 아니다. 그런데 개인과 사회의 역학관계에 대한 조정논리로서의 사회이론은 곧 사회적 변동을 주시하게 되고 그런 변화의 과정은 사회라는 공시성으로 설명할 수 없는 통시성에 눈을 돌리게 했으니 여기서 역사라는 범주가 다음 세기인 19세기에 또 새로이 부상하게 되었다. 이제 인간은 자기이해를 구성함에 있어 자연이라는 원점에서 출발하여 사회와 역사를 씨줄과 날줄 관계로 엮어내는 단계에 이르렀다. 이런 근세적 유산을 물려받은 현대는 드디어 인류 문화의 다양성과 상대성을 삶으로 체험함으로써 바야흐로 문화의 시대라는 20세기를 풍미하게 되었다.

간략히 살펴본 인간의 자기이해의 변천사는 곧 소위 종교간의 관계 구성에 대한 입장들의 관계와 진화과정을 보여준다. 즉, 근원을 탐구하고 이를 절대화하는 신 이미지를 즐겼던 고중세는 오로지 그것일 뿐 다른 것은 고려될 이유가 없다는 점에서 당연한 배타주의로 귀결되었다. 그러다가 자연-사회-역사를 엮어낸 근세에 이르러 전에는 생각지도 못했던 유한성과 가변성에 대해 절절한 체험이 이루어졌으며 따라서 변화과정으로서의 역사에 대해 못내 불안할 수밖에 없는 상황에서 이를 극복하고자 역사의 종말론적 성취라는 낙관론이 개진되었다. 따라서 완성을 향한 역사는 진보와 성장의 과정으로 진행된다는 관점이 환영받게 되면서 역사의 완성으로서의 그리스도교에 대해 타종교들이 그 완성을 향한 중도의 단계로 간주되고 따라서 종국적 완성 안에 포함된다는 포괄주의가 득세하게 되었다. 그러다가 20세기 문화의 다양성 시대를 맞이하면서 문화상대주의는 종교다원주의로 자연스레 표출되었다.

물론 현대에 이런 움직임은 사실상 여러 갈래로 표출되었다. 그러나 우리의 관심인 신학적 함의를 논하기 위해서는 근세 인식론의 기본구도인 주객 도식에 의한 주객 분리 문제를 극복하려는 조정신학Vermittlungstheologie자들과 특히 "칸트로 돌아가자"는 신칸트 학파에 잠시 주목할 필요가 있다. 먼저 에얼랑엔Erlangen 학파로 대표되는 조정신학은 전통적으로 형이상학적 지위를 부여받으면서 군림하던 신적 실재와 이제 근세적 반성과 현대적 반동을 통해 부상한 인간의 경험 사이를 어떻게 관련시키는가에 집중함으로써 종교적 신앙을 현대적으로 다듬으려는 조정과 매개의 노력으로 특징지어진다. 이런 변화는 일찍이 근세와 그 이전에는 볼 수 없었던 새로운 시도로서 신 이해와 신앙에서 인간이 차지하는 비중에 대해 정직하게 받아들이려는 현대적 노력의 반영이라 해야 마땅할 것이다.

또한 신칸트 학파는 칸트로부터 리츨과 하르낙을 거쳐 독일에서는 트뢸치로, 그리고 미국에서는 라우쉔부쉬와 자유주의로 이어지는 사상적 계보를 지닌다. 그런데 이 흐름은 칸트가 애써 부각시킨 인간의 유한성을 다시 전통적 범주인 무한성과 보편성으로 되돌린 헤겔에 대한 반동이었다. 따라서 "칸트로 돌아가자"는 구호는 사실상 사상적 복고주의의 표방이 아니라 오히려 반대로 칸트가 주도한 유한성에 대한 현대적 인식으로의 진행이 헤겔에서 후퇴한 데 대한 유감의 표시로 간주되어야 마땅하다. 이 관점에서 본다면 헤겔에서 시도된 신과 인간의 종합이란 신비주의적 조작이거나 인간 신격화의 산물일 뿐이었다. 같은 맥락에서 이들은 근세 후기와 현대 초기에 걸쳐 특히 슐라이어마허에 의해 그 비중이 급부상한 인간의 경험에 대해서도 그리 크게 주목하지 않았다. 경험이 인간의 유한성을 가리킨다는 점에서는 긍정적 의미를 지닐 수도 있었겠지만, 종교적 경험이 인간 안에 신적인 것을 가진다는 것을 뜻하는 한 받아들일 수 없었기 때문이다. 따라서 이 운동은 리츨에게서 볼 수 있는 바와 같이 종교의 도덕화 또는 신앙의 인격화로 평가되는 현대적 대안을 제시했고, 특히 하르낙에서는 역사적 예수에 대한 탐구에서 절정을 이룬 종교에 대한 역사적 연구로 이어졌다. 그 어떤 경우이든 인간의 유한성에 대한 철저한 인식에 토대를 두고 종교이해를 시도했다는 점에서 현대적 특성을 보여주는 좋은 예라고 하겠다.

III. "참"은 도대체 왜 참인가?

그러나 이런 대안들은 얼마 지나지 않아 비판을 받게 되었다. 당장 종교에서 신비성을 핵심으로 여기는 신비주의자들은 종교를 도덕으로 축소시키는 데 대해 적지 않은 유감을 표시했으며, 특히 유한성에 대한 지나친 강조가 초월성의 비중을 상대적으로 약화시킴으로써 신 관념마저 불분명해지는 결과를 초래했다고 비판했다. 예를 들면, 전통적 대립개념인 힘과 사랑의 관계를 사랑에만 환원시킴으로써 신의 신됨의 궁극성이 결여되었다는 지적이 그것이다. 또한 근본주의적은 아니나 여전히 성경주의적인 입장에서 종교에 대한 역사적 비평에 반기를 든 성경적 실재론[62]이라는 학파도 등장했다. 그런데 이런 비판들이 다소 우파적인 입장에서 제기되었다면 이와 대조적으로 더 급진적인 입장의 비판도 있었는데 이는 역사적 연구를 통해서도 예수의 역사적 실재성에 도달할 수는 없다는 역사적 회의주의로 나타났다. 말하자면 성서의 사실적 역사를 추적하기 위해 과거로 회귀하는 것이 불가능할 뿐 아니라 더 나아가 무의미하다면 오히려 현재의 의미를 파고드는 것이 더 가치있는 일이라는 신념이 급진적으로 개진되었다. 그리고 이런 배경에서 성서해석에 실존철학을 적용하여 성서해석학을 개발하려는 움직임이 나타났으니 불트만의 비신화화론이 그 대표적 예다.

그러나 해석학에 관해서는 다른 장에서 좀더 상세히 다룰 것이므로 여기서는 실존철학이 현대 신학에 대해 지닌 함의에 잠시 주목하는 정도로 논의를 맺고자 한다. 전통에서 현대를 갈라낸 분기점으로서의 실존철학은 처음에는 전통에 대한 반동 또는 저항으로서 나타났지만 점차로 하나의 양식으로 자리잡아 오고 있었다. 종래의 형이상학과 인식론이 보편적 진리라는 이름 아래 현실의 밝은 면에 집중했다면, 이제 실존철학은 인간 자체뿐 아니라 바로 그 인간이 처한 현실의 어두운 면에 눈을 돌려야 한다고 외침으로써 좀더 솔직한 인간관을 엮어낼 가능성에 그만큼 다가가고 있었다. 다시 말하면, 종래 옹립되던 "참"의 보편성을 저해할 것으로 여겨진 인간의 불안과 절망 그리고 심지어 죽음이 삶

---

[62] 성경적 실재론의 입장에 속한 사람으로는 Martin Keller, Adolf Schlatter, Wilhelm Lütgert, Hermann Cremer 등을 들 수 있다. 덧붙인다면, 우리는 여기서 경전의 위상에 대해 권위주의적 입장을 취하는 경우에 대해서는 "성경"이라는 용어를 사용하고, 그럼에도 경전이 여전히 비판과 해석의 대상이 될 수 있다는 입장에 대해서는 "성서"라는 표현을 써 왔다.

의 현실을 읽어내기 위해 도외시되어서는 안되는 결정적인 실존적 요소로 분석되었다. 때마침 등장한 무의식에 대한 정신분석학과 함께 무대 뒤로 시선을 돌리는 실존철학의 현실 더듬기는 이제까지 종교나 신앙의 이름으로 강조되던 도덕주의적이고 이상주의적인 경향의 유치함을 폭로하기에 충분히 혁명적이었다. 이로써 인간의 처참한 상황은 은폐나 여과 없이 곧 신학의 출발점이나 터전으로 간주되었고 이제 신학은 인간의 이런 상황에서 주어지는 물음에 대답할 수 있는가의 여부와는 별도로 그 물음을 외면할 수 없게 되었다.

그런데 실존철학이 "있음과 앎의 같음"에 뿌리를 둔 체계를 벗어나 "삶의 다름"으로 이루어진 상황, 그리고 바로 그 상황을 살아내야 하는 인간의 개별성에 주목하려는 목소리라면 이런 시대정신을 공유하는 신학의 반향으로서 다양한 사조들 중에서 특히 종교사학파와 종교사회주의를 거론하는 것도 의미있을 것이다. 공교로우면서도 당연하게도 이런 반향들은 통시성과 공시성의 차원으로 전개되었는데 종교사학파가 통시적 예에 해당한다면 종교사회주의는 공시적 예로 평가할 수 있겠다. 먼저 종교사학파Religionsgeschichtliche Schule는 본질주의를 거부한다는 점에서 실존철학과의 소통가능성을 지니는데 여러 종교들의 역사를 단순히 추적한다기보다는 특정 종교의 형성에 참여하고 포함되는 문화-종교적 요소들을 분석함으로써 종교 자체의 역사적 격의성을 밝히는 데 목적을 두었다. 말하자면 한 종교가 다른 종교와 전혀 무관하게 독존적으로 생성된다는 것은 불가능하며 문화복합적 흐름이라는 역사적 상황에서 형성된다는 것이다. 따라서 종교의 정체를 이해하기 위해서는 이 점을 반드시 고려해야 하는데, 이런 통찰은 이미 작금에 벌어지고 있는 종교간의 만남과 대화의 전주였다는 역사적 의의를 지닌다. 더욱이 이 학파의 대표자인 트뢸치가 갈파하듯이 인간은 어떤 특정 종교에 구체적으로 참여하기 전에 이미 종교적 선험성 또는 원초적 종교성[63]이라고 부를 만한 요소를 본질적으로 가지고 있다는 주장도 이와 같은 맥락에서 이해되어야 한다.

종교사학파가 실존철학적 시대정신을 통시적으로 공유하는 움직임이라면 이를 공시적으로 전개하는 신학적 반향으로서 종교사회주의Religionssozialismus를 들 수 있다. 이 운동은 당시 종교적 행태가 지닌 일반적 특징으로서 개인주의적이고 자아중심주의적인 성향과의 대결에서 추동되었기 때문에 외형적으로 사회주의적 포장을 취하는 것으로 보였다. 그러나 블룸하르트 부자나 쿠터와 라가츠로 대표되는 이 운동은 개인과 사회가 지니는 마성적 악을 통찰하고 나아가 역사 안으로의 신의 개입 사건인 카이로스를 선취하고자 개인의 인격적 자율성과 사회의 제도적 타율성 사이의 대립을 신율적으로 승화시킬 것을 주장하기에 이르렀다. 이런 통찰과 주장 역시 실존철학이 눈을 돌려 주목하게 한 인간의 어두운 면에 대한 정직한 대면을 통해 주어진 것이라고 본다면 종교사회주의라는 운동도 이런 맥락에 연관지어 이해되어야 마땅하다.

간략히 살핀 사례를 넘어서 실존철학과 현대 신학의 관계에 대한 본격적 논의는 또하나의 과제이므로 다른 기회에 시도하기로 한다. 다만 여기서의 개괄을 통해 다시금 확인하고자 한 것은 삶과 죽음의 얽힘이 가리키는 인간의 유한성에 대한 정직하고 진지한 대면이 철학계와 신학계에서 공유되기 시작했다는 점이다. 실존철학뿐 아니라 종교의 시간적 유한성에 대한 통찰인 종교사학파나 종교의 공간적 유한성에 대한 통찰인 종교사회주의 등은 부정할 수 없는 증거다. 말하자면 이런 현대의 움직임들은 종교에서의 인간의 위치에 대한 진솔한 주제파악을 위한 몸부림이다. 그러므로 우리는 이제 신만을 붙들고 늘어지지 않고 신앙으로 들어오는 것은 물론이지만, 믿음을 그저 앎에만 연결시키는 근세적 사고에서 머무르지 않고 죽음과 얽힌 삶에 적극적으로 잇대고자 한다. 있음의 여부에 대해 목숨을 건 교리적 신앙관이 지배했던 고전시대를 넘어서 앎에 기대어 믿음을 고백적 차원으로 끌어들이고자 하면서도 바로 그런 이유로 믿음을 앎과 마주하는 정도에 머무르게 한 근세를 지나 죽음에 이르기까지 삶

---

[63] 이런 이유로 인간은 일찍이 "종교적 인간"(homo religiosus)이라는 표현을 개발했다. 인간의 구조 안에 유한과 무한의 접촉가능성이 내재되어 있지 않다면 인간은 어떤 형태의 신 인식이나 신 체험도 불가능하며 따라서 신앙이란 어불성설일 수밖에 없다는 입장이다. 그런데 이런 입장은 종래의 유구한 대립구도에 이미 등장해 왔던 주장이어서 새삼스럽지는 않지만 그 전개의 터전이 현대적 정황이라는 점은 또다른 주목을 요한다. 참조: Ernst Troeltsch, *Die Absolutheit des Christentums und die Religionsgeschichte* (Tübingen: J.C.B. Mohr 1929).

의 전 영역에서 믿음의 뜻을 이루도록 승화시키는 체험적 신앙관이 드디어 자리잡게 되었기 때문이다.[64] 물론 이런 전환은 지성과 감정과 의지라는 세 요소를 중심으로 돌아가던 정신의 삼각구도가 인간을 정신으로 축소시키는 환원주의로 귀결되고 만 역사에 대한 비판에서 나오는 실존의 절규에 의한 것이다. 말하자면 이제는 단지 지성만이 아니요 그런 지성이 포함된 정신만도 아니며 육체도 아우르는 전 실존이 믿음의 터라는 것이 선포되고 있다. "누가-언제/어디서"는 바로 이것을 가리키며 이렇게 고유하고 유한한 실존이란 곧 믿음을 살아내야 하는 삶을 가리킨다. 이런 점이 오늘날 너무도 당연하여 새삼스런 강조가 어색하거나 시대착오적이라는 느낌을 받을 수도 있겠지만 그렇게 느낄 수 있는 사람들은 사실상 소수일 뿐이다. 니체가 죽인(?) 신이 아직도 버젓이 살아 있다면 한 세기 전과 같은 예언자가 다시 출현하기를 기다려야 할지도 모를 일인 것이 오늘의 현실이기 때문이다. 따라서 인간의 유한성에 대한 솔직한 인식과 체득이 신학계 그리고 특히 그리스도교회에 대해 더욱 절실하게 강조되어야 하는 이유가 결코 은폐되어서는 안된다. 그리고 이런 점에서 이 개념에 주목하여 지금도 진행되고 있는 현대를 잠시 추려보는 것은 여전히 의미있는 일이다.

---

[64] "무엇" 물음에서 비롯된 교리적 신(앙)관은 이미 교리 자체가 가리키듯이 누구에게나 동일해야 할 것을 전제하는만큼 아직도 인간을 주체로 설정하지 않은 단계다. 그러나 "어떻게" 물음에 뿌리를 둔 고백적 신(앙)관은 앎이라는 행위가 전제하는 주체의 지위를 인간에게 부여함으로써 주관주의적 형태를 취하게 된다. 그리고 고백적 신(앙)관이 주관주의적 성향을 지닌다면 교리적 신(앙)관은 상대적으로 객관주의적 성격을 띤다고 볼 수 있다. 이제 현대에 이르러 절규된 "왜" 물음이 요구하는 체험적 신(앙)관은 체험 자체의 입체성, 즉 능동성과 수동성을 동시에 겸비하는 특성으로 인해 객관주의와 주관주의의 대립을 넘어 상호성의 구도를 추구하는 것으로 이해된다. 현대 신학이 그 다양한 경향과 사조에도 불구하고 신과 인간 사이의 상호관계성에 주목하는 것은 물론 이런 체험의 상호성에 기인한다.

그런 삶의 현실을 몸으로 겪어내며

유물론적 비판과 신학의 음모 까발리기

1. 종교비판의 기본적 입장

헤겔에게서 집성을 이룬 서양의 전통 형이상학은 "있음의 차원에서의 참인 실재"와 "앎의 차원에서의 참인 진리"를 추구하여 이를 종합하려는 그야말로 유구하고도 찬란한 위업이었다. 그런데 이런 위업은 근세라는 새로운 시대를 연 자연과학의 혁격한 발전이 요구한 물질과 정신의 공식적 분리에 힘입어 정신일변도의 관념론으로 치달으면서 더욱 추동되었다. 그럼에도 불구하고, 아니 바로 그렇기 때문에, 그 위업은 바로 그 집성이 향하는 관념론적 이상으로 인해 구체적이고도 개별적인 인간의 현실로부터는 거리를 지닐 수밖에 없었다. 따라서 죽음을 싸안은 삶을 살아가야 하는 인간은 그런 형이상학적 이상에 반동을 제기할 수밖에 없었다. 구체적으로 전통 형이상학의 유심론적 횡포에 반기를 든 현대의 새로운 움직임은 유물론의 기치를 내걸었다. 헤겔이 역사에서의 모순과 대립을 절대정신의 자기귀환 과정에 포용하는 관념적 체계를 제시하는 이상에 머물렀던 데 비해 그런 대립의 모순성에 대한 변증법적 지양이란 결국 현실의 모순이라는 비밀의 은폐일 뿐이라고 비판하면서 모순의 현실을 그대로 직시할 것을 주장하는 한 탁월한 시대적 예언자가 나타났으니 그가 바로 포이어바흐였다.

포이어바흐는 구체적으로 경험되는 현실 전체를 관념과 사유의 운동법칙으로 해소하려는 헤겔의 시도를 거부하고 자연 안에서 이와 교감하면서 감각적으로 경험함으로써 욕망과 결핍을 느끼는 구체적 인간에서 출발하고자 했다. 말하자면 전통 형이상학이 추구한 현실적 모순의 통일적 종합이라는 이상이 무차별적 봉합일 뿐이라면 포이어바흐에게서 추동된 새로운 반동은 삶의 현실에 대한 관념적 포장을 벗기고 이런 현실의 모순을 모순으로 솔직히 드러냄으로써 진지하게 문제해결에 접근하려는 것이었다. 오죽하면 신정통주의적 초자연주의를 내세우는 칼 바르트마저 포이어바흐가 "인간을 영혼으로서만 아니라 가슴과 위를 가진 존재", "살과 피를 가진 인간"으로 보는 데에 기쁨을 느낀다고 했겠는가?[1]

돌이켜보면, 서구 전통은 그동안 여럿을 하나로, 다름을 같음으로 묶으려는 형이상학적 염원을 끈질기게 물고늘어져 왔다. 과연 전통 형이상학은 이렇게 같음과 하나에 대한 불굴의 환상으로 인해 현실에서 엄연히 겪게 되는 다름들의 충돌에 의한 모순을 싸매려는 가련한 시도들의 연속이었다고 해도 과언이 아니다. 그러나 현실의 역사는 같음과 하나로 봉합하려 할수록 오히려 여럿의 충돌과 다름의 모순이 더욱 여실히 드러날 뿐임을 증명하고 있다. 있음이 홀로 군림하던 고전시대를 지나 앎이 이와 마주하는 근대에서는 특히 칸트에 의해 앎의 모순이 폭로되었다. 헤겔은 이를 해결하고자 오히려 있음의 모순까지 들추어내는 과감한 솔직함을 발휘하는 듯했지만 결국 양자 사이의 같음으로 봉합하려 했다. 그러나 그런 봉합이란 현실에서 괴리된 이상일 뿐이라는 것이 죽음과 얽힌 삶의 현실을 직시하는 포이어바흐에 의해 예리하게 지적되었다. 말하자면 이처럼 있음과 앎의 같음이란 차라리 양자가 공히 현실적 모순으로 이루어져 있음을 직시하게 하는 결정적 계기로 작용했다. 더 나아가 포이어바흐는 그런 모순이 가리키는 다름이야말로 인간의 공동체성을 구성하는 결정적 요소라고 함으로써 대화의 철학에 대한 강력한 신호탄을 쏘아 올렸다.[2]

---

[1] Ludwig Feuerbach, *Das Wesen des Christentums* = 김쾌상 역 『기독교의 본질』 (까치 1992) 〈줄임: 『기본』〉 11-2. 포이어바흐는 살과 피를 가진 구체적 자연인을 현실분석의 출발로 삼는다는 입장을 다음과 같이 천명했다: "현실적 인간존재의 총체성에서 분리되어 그것 자체에서 단독으로 존재하는 어떤 능력을 가진 사상가로서 사유하지 말라! 현실세계 경험의 바다에 출렁이는, 생기를 주는 파도에 맞닥뜨렸을 때처럼 현실적이고 살아 있는 존재로서 사유하라! 실존 속에서, 세계 속에서 그 한 부분으로 사유할 것이지, 마치 고립된 단자, 절대군주, 초연한 신처럼 추상의 진공에서 사유하지 말라!" "진리란 오직 인간 생활과 존재의 총체다." "인간, 곧 인간의 본질은 가장 현실적인 존재(ens realissimum)일 뿐, 칸트와 피히테의 자아라든가 쉘링의 절대동일성이라든가 헤겔의 절대정신과 같은 것이 아니다." *Die Philosophie der Zukunft*, 41, 68; *Das Wesen des Christentums*, 38, 바르트의 해설에서 재인용.

다름과 모순에 주목하는 이런 흐름은 유물론적 반동에서만 보더라도 포이어바흐에서 머무르지 않고 칼 마르크스에게서 더욱 증폭되었다. 포이어바흐가 인간에 초점을 두고 현실의 모순을 드러내고자 했다면 마르크스는 사회적 구조에서 모순의 근거를 찾는 방식으로 이 문제를 물고늘어졌다. 비록 마르크스도 현대적 종교비판의 주요한 길목에 있기는 하지만 여기서 우리는 그에 대한 상세한 논의로 들어가지는 않을 것이다. 다만 전통에서 현대로 넘어오면서 현실적 모순을 외면할 수 없음을 직시하고 이에 대해 점차로 솔직해져 온 역사라는 점을 지적하는 데서 머무르고자 한다. 그리고 우리의 관심인 신학적 연관성의 차원에서 인간학적 유물론과 이에 입각한 무신론을 전개한 포이어바흐의 사상을 그의 주저인 「기독교의 본질」에 집중하여 분석할 것이다.[3]

그러나 포이어바흐의 그리스도교 비판에 대한 논의를 분석하기 전에 먼저 언급해야 할 사항이 있는데 그것은 항간에 퍼져 있는 소박하지만 유치한 오해다. 포이어바흐의 사상이 반그리스도교적 "마귀의 짓"이고 따라서 그의 이름조차 거론하는 것은 불경죄에 해당한다는 것이다. 그러나 니버가 머리말에서 갈파하듯이, 그리스도교의 대중적 옹호자들이 포이어바흐의 역작을 포함하여 그리스

---

[2] 대화주의 철학의 핵심인물인 부버가 포이어바흐로부터의 영향에 대해 진술하는 것은 이런 평가의 좋은 증거라 하겠다.

[3] 그러나 여기서 그의 저서를 단순히 요약하여 정리라는 방식을 취하지는 않을 것이다. 철학사와 신학사의 평행구조를 꿰뚫는 정신요소론적 구도를 도출하여 이를 토대로 창조적으로 재구성하는 방식으로 그의 사상을 비판적으로 논의하고자 한다. 그런데 여기서 정신요소론적 구도란 지성·의지·감정으로 분류되는 세 요소의 관계를 중심으로 하는 구도를 일컫는다. 동서고금을 막론하고 동의되는 정신의 세 요소인 지성과 의지와 감정은 서로간에 환원되거나 치환될 수 없는 독립적 근원성을 공유한다. 즉, 서양 정신문화에서 살펴본다면, 지성과 감정은 일찍이 합리주의와 신비주의의 대별로 그 대조를 이루었으되 이는 이에 앞선 신화 시대에 이미 태양신인 아폴론과 달의 신인 디오니소스 사이의 전통을 각각 뿌리로 하고 있다. 그런데 지성과 감정의 이런 대조는 고중세를 지배하는 기본축이었는데 그런 대조에도 불구하고 지성의 필연성과 감정의 불가피성은 자유의 임의성을 함의할 수 없다는 공통성을 지녔다는 점이 착안되었다. 따라서 중세 말기에 자유의 임의성을 담보하기 위해 의지가 제3의 요소로 부상했으며 이로써 의지주의가 본격적 구도로 자리잡게 되었다. 이제 이런 3요소는 정신활동 유형분류에서도 주지주의·주정주의·주의주의로 나타나는 일관성을 보이고 있음은 새삼 강조할 필요도 없을 것이다. 그리고 포이어바흐도 신관 및 종교관 분석에서 바로 이런 유형분류를 비록 명시적으로 전제하지는 못했더라도 이미 이런 구도가 잠재적으로 작용하는 인간분석을 전개했다.

도교에 대한 비판이나 반대에 귀를 막으려는 경향에 지배되고 있지만 이는 오히려 그들이 그토록 소중히 모시려는 하느님의 우선성을 부정하는 꼴이 되고 말 것이라는 점이 우선 지적되어야 한다: "자신에 대해 너무나 불확실한 하느님, 아니 인간에게 비판에 귀기울이기를 허용하지 않는 하느님에 대한 신앙이야말로 취약하다. … 불신자들의 책을 불태우는 신앙 … 그것 자체가 불신앙의 고백이다".[4] 머리말에 이어 해설을 쓴 바르트도 같은 맥락에서 "포이어바흐의 반신학은 근대 신학의 미심쩍은 특징들에 대해 심대한 의의를 가지고 있는만큼, 그가 근대 신학자에 속하지 않으면서 신학에 해를 끼쳤다고 해서 그의 말을 듣기를 거부한다면 우리는 결정적인 신학적 자료를 잃게 될 것"[5]이라고 덧붙였다. 물론 포이어바흐의 언설이 신학에 해를 끼쳤다는 대중적 오판을 바르트가 수용한 것이 껄끄럽기는 하지만 그마저도 포이어바흐 사상의 가치를 소중히 여긴다는 것이 시사하는 바는 여전히 적지 않다. 그렇다면 포이어바흐는 과연 무엇을 의도했는가? 우리는 그의 사상에 대한 자세한 논의를 시작하기 전에 먼저 그의 의도를 적절하게 읽어내어야 할 것이다. 그리고 이런 점에서 포이어바흐 자신의 언술과 이에 이은 바르트의 해설은 꽤 의미로운 진술을 담고 있다:

> "신은 인간의 가장 고상한 감정과 생각들을 기록한 인간을 위한 비망록이며, 인간이 자신에게 가장 소중하고 성스런 것들의 이름을 기입한 족보다(WC, 132)." 포이어바흐는 이런 감정들과 성스런 것들을 존중한다. 그러나 그는 이 족보에는 애당초 인간의 가슴 속에 있었던 것만 존재하는 것으로 이해하고 싶어한다. 그는 다만 이른바 종교의 신비는 인간의 신비라는 정직한 고백만을 바랄 뿐이다.[6]

포이어바흐의 의도가 이러하다면 우리가 액면 그대로 받아들이지는 않더라도 그의 의도를 읽어내려는 우리의 의도만큼은 중요하다. 여기서 우리의 의도란 종교적 신앙의 실제에서 종교의 신비로 간주되었던 부분 중 인간의 신비로 해

---

[4] 『기본』 12.   [5] 『기본』 16.   [6] 『기본』 22.

소될 수밖에 없는 부분이 결코 적지 않을 것이로되 과연 어디까지가 그런가를 가늠하려는 노력이 필수적으로 요구된다는 점을 함께 인식하자는 것이다. 그럴 때만 인간의 신비를 넘어서는 신의 신비에 대해 인간이 포착해내려는 알량한 어리석음을 깨달아 참으로 신의 신비를 향해 인간이 그 자신을 열어 놓을 최소한의 가능성을 일깨울 수 있을 것이기 때문이다. 말하자면 그리스도교의 신은 인간의 환상일 수도 있지만, 그럼에도 신 자체가 인간의 그런 환상에만 귀속될 수는 없을 것임을 간과해서는 안될 것이다.

그의 의도에 대한 우리의 입장을 일단 위와 같이 정리한다면 이제 본격적 내용분석으로 들어가도 좋겠다. 포이어바흐는 종교비판의 주저인 「기독교의 본질」에서 그리스도교를 탁월한 사례로 사용하여 인간과 연관하여 종교가 지녀온 의미와 정체를 그 뿌리로 파고들어가 밝힘으로써 그 허상을 폭로하는 데서 시작한다. 그리고 결국 종교가 그려내는 신이란 인간 욕구의 자기복제적 투사일 뿐이라고 갈파하기에 이른다. 신의 무조건성이나 자족성이란 세계를 이루는 객관적 질서를 위한 절대적 시작이라는 전제요건의 충족을 위해 요청된 개념이고, 신의 인격성이란 인간이 희망하는 초자연성의 종교적 변형이며, 신의 존재는 곧 인간의 불멸성에 대한 욕망의 산물이라는 것이다. 과연 영원성과 불멸성 및 이에 근거한 자족성을 희구해 온 인간적 이상주의 전통은 "있음과 앎의 같음으로서의 참"이라는 기준 아래 현실의 괴리와 모순이 지양되고 극복되는 종국적 시원으로서의 신을 옹립했다. 그러나 그처럼 "삶의 다름"과는 전혀 무관한 "있음과 앎의 같음"이 설정하는 종교란 "삶의 다름"으로 엮여 있는 이 세계를 부정하고 "있음과 앎의 같음"이 그려내는 저 세계만을 바라보게 하는 유토피아적 허위의식을 조장했다. 따라서 종교는 피지배자에의 억압을 운명으로 받아들이게 하는 지배자의 이데올로기로 전락할 수밖에 없었다. 그러나 이제 "삶의 다름"을 은폐하려는 "있음과 앎의 같음"의 음흉한 전략이 백일하에 드러난 만큼 종교는 그 같음의 허상에 안주하면서 영위될 수는 없다는 것이다. 말하자면 종교는 이제 삶의 터전에서, 즉 죽음과 대면하는 삶의 반응으로서의 욕망이라는 진솔한 대전제 아래에서 그 본질이 낱낱이 밝혀져야 한다는 것이다.

그렇다면 그런 전제 아래 밝혀지는 종교의 본질 또는 정체란 무엇인가? 포이어바흐는 종교를 인간으로부터 보는 것이 그 참모습을 볼 수 있는 길이로되 이는 곧 종교의 비밀을 드러낼 수 있는 길인 반면에, 종래의 방식대로 종교를 신으로부터 보게 되면 신학적으로 포장된 거짓 모습만 만나게 되며 더욱이 이에 대한 분석은 결국 여러 형태의 모순에만 봉착한다고 지적한다. 그가 저서를 구성하면서 종교의 인간학적 본질을 "비밀"Geheimnis로, 그리고 종교의 신학적 본질을 "모순"Widerspruch이라고 칭한 것은 바로 이런 대비를 드러내고자 함이었다. 그리고 바로 이런 방식과 순서로 그의 역작은 전개된다. 즉, 전체적 주제이면서 골격에 해당하는 인간과 종교의 관계에 대한 논의를 위해 각각의 본질을 간단히 정의한 서론에 이어 제1부에서는 인간으로부터 접근해야 비로소 밝혀지는 종교의 비밀, 곧 참된 본질을 분석하고 제2부에서는 전통적으로 기존종교가 취한 방식, 즉 신으로부터 접근함으로써 봉착할 수밖에 없는 종교의 거짓된 본질, 곧 모순을 지적하고 이를 비판함으로써 종교에 대한 신학적 포장이 지니는 허상을 드러내고자 했다.

우선 포이어바흐는 「기독교의 본질」 2판 서문에서 그의 철학적 입장을 밝히면서 논의를 시작한다. 그는 이를 위해 그에 앞선 전통 형이상학이 유구하게 엮어 온 "있음과 앎의 같음으로서의 참"이라는 진리관을 공박하고 "삶의 다름에 얽히는 참"을 구현하려는 현대 정신의 선구자 위치를 확고히 선언한다: "진리는 인간이지 '추상적 이성' Vernunft in abstracto이 아니다. 또한 진리는 생명이지 종이 위에 고정된 사상, 자기에게 어울리는 전 실존을 종이 위에 가진 사상이 아니다".[7] 펜으로 하는 철학이 아니라 살과 피를 가진 철학을 추구하는, 즉 "참"을 "삶을 사는 사람"에 이으려는 이런 자세는 사실상 그의 사상 전체에 분명하고도 엄숙하게 드리워져 있다. 그가 "초인간적이고 초자연적인, 곧 반인간적이고 반자연적인 종교나 사변에 의해 부패하고 불구가 된 모든 인간에게 반항하면서"[8] 인간의 현실에 상응하는 철학을 새롭게 일구어내고자 한 것도 이런 맥락에서였

---

[7] 『기본』 51.

다. 그런데 이런 자연적 인간철학은 그리스도교 비판과 얽혀서 인간숭배를 외쳤다고 비난받았다. 그러나 그는 오히려 "인간을 숭배한 것은 내가 아니라 종교다"라고 되받았다. 그에 의하면 종교는 우선 신을 인간으로 만들고 그런 후에 비로소 인간적으로 형성되고 인간적으로 느끼고 인간적으로 생각하는 신을 숭배와 존경의 대상으로 삼았다. 그는 이어서 다음과 같이 기염을 토한다:

> 나는 그리스도교의 비밀을 누설했을 뿐이다. … 종교 자체는 인간 본질의 진리성과 신성 외의 어떤 것도 믿지 않고 있다는 것에 주의하라. [따라서 결국] 적어도 이 책에서 말하는 의미에서의 무신론은 종교 자체의 비밀임에 주의하라![9]

진술하게 듣자면 허를 찔린 것 같기도 하고 치부가 드러난 것 같기도 한 느낌이 들게 하는 서문의 위와 같은 일갈은 논의가 진행될수록 더욱 격렬해진다. 그러나 여기서 한 가지 분명히 짚고 넘어가야겠거니와, 그는 신이나 삼위일체 등 종교의 온갖 구성들을 신학의 환상이 만들어낸 것이라고 간단히 유치하게 치부하지 않았다. 오히려 그것들은 밖에서 주어진 비밀이 아니라 인간성의 비밀이라고 역설했다. 이것은 무엇을 말하고자 함인가? 다음과 같이 간략하게 정리해 볼 수 있겠다:
① 신은 인간의 회구적 투사이지만 그렇다고 그것이 곧 신의 존재를 부정하는 데 이르는 것은 아니다.
② 그러나 신이 존재하더라도 인간이 만나고 경험하는 신은 바로 존재하는 그 신에 대한 인간적 투사의 포장에서 벗어나기 어렵다.
결국 그는 신의 부재를 귀결하려는 것이 아니라 신에 대한 끝없는 인간적 포장의 정체를 까발리는 데 초점을 맞추었다. 포이어바흐의 이런 입장은 종교적 기

---

[8] 『기본』 55. 그런데 포이어바흐에 의하면 초자연이란 자연적 인간이 회구하여 그려낸 것이다. 어떤 경우에도 초자연은 자연의 방식과 표상으로 그려지는 바 자연에서 비롯된 것이다. 그런데 초자연이 때로 자연을 억압하는 방식으로 군림함으로써 반자연이 되기도 하니 종교의 억압기제가 바로 이에 근거한다.
[9] 『기본』 57. 이후 직접 인용에서 [ ] 삽입은 모두 필자의 것임.

적에 대한 논지에서도 분명히 나타난다. 반그리스도교적 역사가들이 자연주의적이나 과학주의적인 관점에서 기적의 현실성을 부인하는 것과 달리 그는 어떤 사건을 기적으로 보게 되는 인간의 심성 구조를 밝히는 데 초점을 맞추었다. 그러나 포이어바흐 자신의 절절한 경고와 해명에도 불구하고 여전히 많은 독자들이 그 엄연한 차이를 읽어내지 못하고 그를 소박한 무신론자 또는 천박한 자연주의자로 오해하고 있다. 굳이 그 이유를 지적하자면 역시 인간 자신에 대한 자기반성의 결여 때문이라고 할 수밖에 없을 것이다. 종교가 인간 자신에게서 비롯된 것임을 인정할 만큼 자기를 돌아볼 시간도 없으려니와 설령 그렇다 하더라도 이를 시인하기에는 포기해야 할 것이 너무도 엄청나서 도저히 물러설 수도 없는 형국이다. 이런 불가능성과 불가피성은 결국 죽지 않으려는 인간의 뿌리깊은 욕망에서 비롯된 것이니 이를 해결할 길은 없을 수밖에 없다. 포이어바흐 자신의 말을 빌린다면 원상보다 모사를 또는 본질보다 가상을 택하는 인간의 환상 희구 성향으로 인해 환상을 파괴하고 현실로 되돌리려는 그의 지론은 파괴적인 것으로밖에 들리지 않기 때문이다.

2. 인간과 종교의 이중적 관계, 그리고 투사의 불가피성

"서문"을 통해 확인한 포이어바흐의 입장이 이렇다면 이제 이를 토대로 그의 본격적 전개를 살펴보자. "서론"에서 그는 인간과 종교의 본질을 소름끼칠 정도로 적나라하게 규정한다. 그에 의하면 인간의 본질은 의식이며 의식은 본질적으로 무한하다.[10] 이런 규정은 유물론적 자연주의라는 그의 철학적 입장과 썩 어울리지 않아 보이지만 이것은 종교의 본질에 대한 정의와 맞물린 그의 논지에서 이해되어야 한다. 즉, 종교란 무한성을 본질로 하는 의식에 대한 의식이라고 규정하기 위한 전제로서 그런 인간 규정이 필요했다. 말하자면 인간의 본질은 의식인데 의식의 본질은 무한성이며 종교란 그렇게 무한성을 본질로 하는 의식을 의

---

[10] 『기본』 73-5.

식하는 것, 즉 무한자에 대한 경배라는 것이다. 달리 말하면 종교란 인간이 이미 희구하는 무한성을 무한자로 간주하고 이를 경배하는 것이다.

이제 인간의 자기본질적 무한성에 대한 신격화의 산물인 신에 대한 의식으로서의 종교라는 정의는 그의 투사投射론을 위한 대전제가 된다. 그런데 투사는 이미 인간의 본질 안에 그 근거가 있다. 인간이 자기의 무한한 본질을 의식하게 되는 것은 대상과의 관계에서인데 이때 대상이란 바로 인간 주체의 인식적 반영 안에서 비로소 대상으로 나타난다면 대상이란 결국 주체의 변형일 가능성을 배제할 수 없기 때문이다. 또한 반대로 인간이 그 무엇을 대상으로 인식한다는 것은 자신을 주체로 확증하지 않고서는 불가능하기 때문이다. 이처럼 투사성은 인식의 주-객 구도에서 비롯되는 불가피한 속성이며 인간의 종교적 신관에서는 이 점이 더욱 두드러진다는 포이어바흐의 해석학적 통찰은 그의 주저 전체를 꿰뚫고 있다:

> 당신의 본질은 당신의 눈이 미치는 곳까지 연장되며 또 거꾸로 당신의 눈은 당신의 본질이 연장되는 곳까지 미친다. … 당신의 제한되지 않은 자기의식은 당신의 본질이 이르는 곳까지 이르며, 그리고 거기까지 당신은 신이다. … 따라서 당신이 무한자를 사유한다면 당신은 사유능력의 무한성을 사유하고 또 확증하는 것이다. … 신적인 것은 오직 신적인 것에 의해서만 인식되며 "신은 오직 신 자신에 의해서만 인식된다. … [그러나, 아니 바로 그렇기 때문에] 인간은 단 한 번이라도 자기의 진정한 본질을 넘어설 수 없다. … 즉, 이들 규정에서 인간은 사실 자기 자신의 모습을 투영하거나 투사할 뿐이다.[11]

투사성에 대한 이런 해석학적 통찰은 결국 "무한한 의식은 자기투사를 통해 무한자의 존재를 설정한다"는 「기독교의 본질」의 저 유명한 대전제를 귀결시킨다. 언뜻 보기에 관념론적 분위기를 물씬 풍기기도 하는 그의 이런 전제는 종

---
[11] 『기본』 81 82 84.

교의 본질에 대한 논의에서 다시금 확인된다. 그에 의하면 종교란 본질적으로 인간 본질의 자기대상화인데 인간의 본질이 무한한 의식이라면 무한한 의식의 자기대상화가 무한자의 존재 상정으로 이어짐으로써 이에 대한 의식, 곧 경배를 통해 종교가 성립된다. "인간의 종교적 대상은 인간이 스스로 대상화할 수 있는 자기 본질 외에 다른 것이 아니다."[12] 그럼에도 인간이 종교의 본질을 간파하지 못한 것은 인간이 자기를 대상화하고서도 그 대상이 자기의 본질에서 비롯된 것임을 인식하지 못했기 때문이다. 종교사의 굴곡에 대한 포이어바흐의 예리한 비판은 그런 증거다:

> 종교에서의 모든 진보란 인간이 자기의식을 일층 심화시키는 것이다. 그런데 개개의 종교는 한결같이 이전의 모든 종교를 우상숭배로 특징지으면서 자기 자신은 그런 운명의 — 즉, 종교의 일반적 본질의 — 예외라고 여긴다. 이것은 처음부터 필연적이다. 그렇지 않다면 그 종교는 이미 종교가 아닐 것이기 때문이다.[13]

이처럼 종교는 인간의 자기대상화 산물이면서도 그런 기원을 망각하거나 은폐하려는 경향을 지닌다.[14] 그리고 이를 위해 신적인 것과 인간적인 것을 대립관계로 설정한다. 그러나 그런 대립은 사실상 인간의 보편적 본질과 개체적 실존 사이의 대립이며 결국 투사와 현실 사이의 차이일 뿐이라는 것이다. 그러나 다른 한편 "인간에게는 신에 관해 일정한 표상을 만드는 것이 필요하다. 그리고 인간은 인간이기 때문에 신에 관해 인간적 표상 외에 어떤 표상도 만들 수 없다".[15] 그렇다면 종교에서 인간은 도대체 어떤 지위를 가지는가? 한편 인간의 본질을 스스로 대상화함으로써 종교가 형성되었으면서도 이를 의식하지도 못하는가 하면,

---

[12] 『기본』 87. [13] 『기본』 88.

[14] 인간은 대체로 다른 사람들의 종교는 그렇더라도 자기 종교는 결코 인간의 자기대상화 산물이 아니라고 믿으려 한다. 그러나 그것은 사실 그 종교를 믿는 것이 아니라 자신을 믿을 것이며 이것이야말로 모든 종교가 적어도 인간적 경험의 차원에서는 자기대상화의 산물일 가능성을 벗어나기 어렵다는 것을 차라리 웅변해 줄 뿐이다.

[15] 『기본』 91.

다른 한편 인간적 방식으로만 신에 관해 표상할 수 있고 그러기를 요구한다면 서로 모순인 듯한 이 성향들은 어떻게 읽혀야 하며 도대체 무엇을 뜻하는가?

이런 질문을 자신에게 제기했을 법한 포이어바흐가 취한 태도는 소위 "그 자체에서의 신"과 "인간과의 관계에서의 신" 사이의 구별이 무의미하다는 것이었다.[16] 앞서 지적된 대로 전자와 후자의 관계는 사실상 본질과 실존의 대립, 또는 투사와 현실의 차이에 뿌리를 두고 있는 것일 뿐이기 때문이다. 이 점은 신에 대한 일반적인 종교적 진술에서도 확인될 수 있다. 예를 들어 "신은 사랑이다"라는 명제에서 "신"이라는 주어는 "자체에서의 신"에 해당하고 "사랑"이라는 술어는 "인간과의 관계에서의 신 또는 신적 본질"이라고 보는 것이 일반적 경향이다. 그러나 "사랑"이라는 술어가 의인적 표현이라면 그 술어의 주어도 의인적 표현의 한계를 벗어날 수 없다는 것이다. 그러기에 포이어바흐는 "당신은 어찌하여 신에 대한 신앙 일반이 인간적 표상방법의 한계가 아니라고 믿는가?"[17]라고 되묻는다. 결국 인간은 오로지 인간적 방식으로만 신적 본질을 표상할 수 있고 바로 그렇기 때문에 그렇게 하고 있다는 것을 새삼 의식할 수 없다는 점이 예리하게 지적된다. 말하자면 종교와의 관계에서 인간은 자기중심적이면서 동시에 자기무의식적이라는 이중적 성향을 지니고 있다는 것이다.

종교와의 관계에서 인간 성향의 이중성이 부정될 수 없음은 위에서도 잠시 논급된 신에 대한 종교적 언명의 주술 구조를 분석해 보면 다시금 확인된다.

> 어떤 성질이 신적인 것은 신이 그 성질을 가지고 있기 때문이 아니다. 오히려 신이 어떤 성질을 가지는 것은 그 성질 자체가 신적이기 때문이며 또 그 성질을 가지지 않으면 신이 결함을 지닌 존재자가 되기 때문이다. 정의와 사랑을 포함하

---

[16] 『기본』 92. 포이어바흐는 다음과 같이 단언한다: "새에게 대상인 신은 단지 깃털이 빛나는 존재자로서 대상이다. 새는 깃털이 빛나는 것보다 더 높은 것, 더 행복한 것을 모른다. … 자체에서 존재하는 신은 나에 대해 존재하는 신과 동일한가의 여부를 묻는 것은 신이 신인가의 여부를 묻는 것이며 신 위에 세우는 것이고 신에게 대항하는 것이다"(93).

[17] 『기본』 93. 그는 이어 주장한다: "당신이 신적 특성으로서의 사랑을 믿는 것은 당신 자신이 사랑하기 때문이다. 당신이 신은 현명하고 자애로운 존재라고 믿는 것은 당신이 당신 자신에 대해 자애와 오성보다 더 좋은 것을 아무것도 모르기 때문이다"(93-4).

여 신성을 구성하는 모든 규정은 그 자체에서 규정되고 인식된다. 그런데 신은 이런 규정을 통해 비로소 인식된다. … 신이 주어이면서 규정된 것이고 그에 반해 술어인 성질이 규정하는 것이라면 우선적 본질, 즉 신성이라는 지위는 실제로는 주어에 어울리는 것이 아니라 술어에 어울리는 것이다.[18]

신을 주어로 모시는 모든 종교적 명제에서 사실상 신을 규정하는 술어가 우선적이어서 신성적이며 주어로 모셔진 신은 다만 규정적으로, 즉 부차적으로 상정될 뿐이라는 말이다. 그럼에도 사람들이 이를 잊어버리는 것은 다음과 같은 인격화를 통한 투사의 과정 때문이라는 것이다:

많은 서로 모순되는 특성이 하나의 본질로 결합되고 더 나아가 이 본질이 인격적 본질로 파악되며 따라서 특히 인격성이 강조될 때, 이때 비로소 사람들은 종교의 기원을 망각한다. 또한 사람들이 반성적 표상에서는 주어와 구별되고 분리될 수 있는 술어가 근원적으로는 진정한 주어였다는 것을 망각하는 것도 이때 비로소 시작된다. … [그러나, 바로 그렇기 때문에] 종교의 본질과 의식 속에는 일반적으로 인간의 본질, 그리고 자신과 세계에 대한 인간의 의식 속에 있는 것 외에는 아무것도 없다. 종교는 독자적 내용을 조금도 가지고 있지 않다.[19]

인간에게서 가장 바람직하고 고귀한 성질들이 신적 본질로 간주되고 그런 본질이 구체적인 인격적 존재자로 구현되는 투사의 과정이 곧 종교에 대해 인간이 지니는 이중적 성향의 결정적 근거라는 것이다. 여기서 투사란 인간이 경험하는 성질이 술어에 배정되면서 그런 술어가 신적 존재라는 주어를 규정하는 데서 벌어지는 현상이다. 즉, 술어가 주어보다 우선적임에도 여전히 술어의 위치를 지니면서도 우선적이기 때문에 주어를 설정하고 규정하는 사건이다. 다시 말하면 인간에서 인간적 방식으로 종교가 비롯되었으면서도 이를 전혀 의식하

---

[18] 『기본』 97-8.   [19] 『기본』 98.

지 못하고 오히려 인간과 다른 신적 존재의 군림에서 종교가 태동되었다는 착각의 근저에 투사가 있다는 것이다.

이처럼 종교에 대해 인간이 지니는 이중적 성향의 근거가 되기도 하면서 동시에 이에 의해 입증되기도 하는 투사는 바로 그런 이유로 신과 인간의 관계를 형식논리가 지배하는 평면적인 것으로 설정한다. 그보다도 차라리 신과 인간의 관계를 형식논리적 긴장의 그것으로 여기는 통속적인 종교적 심성이야말로 투사의 결정적 증거라고 할 것이다. "욕구 총량 불변의 법칙"이라고 해야 할 것 같은 포이어바흐의 다음과 같은 언명은 이를 드러낸다:

> 신을 풍부하게 하기 위해서는 인간이 빈곤해질 수밖에 없으며 신이 전부이기 위해서는 인간이 무이어야 한다. 그러나 또 인간은 자기 자신이 굳이 어떤 것일 필요가 없다. 인간이 자기에게서 제거하는 모든 것은 신 안으로 이관되어 유지되기 때문이다.[20]

과연 인류 역사는 진실로 이런 방식으로 신을 옹립하고 추대해 왔다. 나약한 인간을 위한 막강한 힘의 원천이기 위해 신은 더없이 크고 높은 존재여야 했고 그러기 위해 인간은 상대적으로 더더욱 작고 천한 것이 되어야 하지 않았던가? 실로 인류의 지난한 역사가 얼마나 이런 지적에서 자유로울 수 있는가? 우리가 이런 물음을 되묻지 않을 수 없는 것은 바로 그런 종교화 또는 신격화 과정이 부인할 여지 없이 투사의 증거일 뿐 아니라 더 나아가 그런 과정이 취하는 목적과는 오히려 반대되는 결과를 초래하는 모순에 봉착하기 때문이다. 다시 말하면 신을 드높이기 위해 인간을 낮추는 종교적 행위는 언뜻 보기에는 충실한

---

[20] 『기본』, 102. 그는 다음과 같이 부연한다: "감성적인 것이 부인되는 일이 많을수록 감성적인 것을 희생하여 바친 그 대상인 신은 그만큼 더 감성적인 것이 된다. … 일반적으로 인간에게 마음에 드는 것은 신에게도 마음에 든다. … 그러므로 사람들이 감성의 즐거움을 부인하고 신의 마음에 드는 제물을 만드는 곳에서는 바로 감성에 최고의 가치가 인정된다. 그리고 거기서는 사람들이 버린 감성적 즐거움 대신 신이 나타남으로써 방기되었던 감성이 부지중에 회복된다. … 인간은 자신에게 부정하는 것을 신 안에서 긍정한다. … 종교는 실제로 의식적으로 부인한 모든 것을 무의식적으로 신 안으로 가지고 들어간다"(103).

숭배 자세처럼 느껴지겠지만 사실상 인간의 축소를 전제해야 신이 확장될 수 있다는 것으로서 신과 인간을 동격의 위상에서 보는 신성모독일 수도 있다.[21] 이처럼 자기모순적 피폐의 가능성을 지니고 있는 투사는, 그럼에도 불구하고, 여전히 "힘 숭배"dynamolatry라는 인간의 원초적 종교성에 근거하여 힘의 정점으로서의 신을 옹립하기까지 밀어붙이는 생리를 지니고 있다. 그렇다면 도대체 어떤 방식으로 투사가 벌어지는가?[22]

3. 투사의 구조와 기제

드디어 포이어바흐의 투사론의 핵심으로 파고들어야 할 때에 이르렀다. (그는 "본론"을 시작하면서 바로 이를 본격적으로 개진한다.) 먼저 "지성의 본질로서의 신"에서 출발하여 "도덕적 본질로서의 신"을 거쳐 "심정의 본질로서의 신"에 이르는데 이는 곧 지성·의지·감정이라는 인간정신의 세 요소에 바탕을 두고 전개된 분석이다. 이미 서론에서 밝혔듯이 종교란 무한한 의식을 본질로 하는 인간의 자기대상화일진대 그런 특성을 지닌 인간의 정신을 이루고 있는 요소들이 극대화를 통해 투사됨으로써 신성의 개념이 그려진다는 것이다. 앞으로 상세히 논하겠지만 지성에서 의지를 거쳐 감정에 이르는 과정이 임의적 흐름이 아니라 자기대상화의 생리에 의거하여 불가피할 만큼 당위성을 지닌 전이의 과정임을 지적해 둘 필요가 있다. 개체발생은 계통발생을 되풀이한다고 했던가? 과연 종교와 관련된 인류의 정신문화사를 합리주의와 신비주의 및 그 사이에

---

[21] 참조: 『티끌만도 못한 주제에』 246-51.

[22] 포이어바흐는 인간정신의 세 요소에 따른 투사의 방식을 본론에서 본격적으로 논하기에 앞서 다음과 같이 간략하게 표현한다. 지성적 차원에서의 투사: "인간은 종교에서 자기의 이성을 부인한다. … 그러나 그 대신 신의 사상은 인간적이고 지성적인 사상이다"(104). 의지적 차원에서의 투사: "종교는 또한 인간 본질의 특성인 선을 부인한다. 인간은 악하고 타락해 있으며 선에 대해 무능력하다. 그러나 그 대신 신은 한결같이 선이며 선한 존재자다"(104). 감정적 차원에서의 투사: "본성상 나와 구별되는 다른 존재자는 나와 아무런 관계도 없다. 내가 죄를 죄로서 느낄 수 있는 것은 오직 죄를 나와 나 자신의 모순으로서 ― 즉, 나의 개인성과 나의 본질성의 모순으로서 ― 느낄 때뿐이다. 다른 존재로서 생각된 신적 존재자와의 모순에 의한 죄악감이란 어불성설이며 무의미하다"(105).

자리하는 의지주의라는 구도로 살펴볼 수 있거니와 그런 구도들이 인간정신의 요소에 뿌리를 두고 있음을 드러내는 웅대하고도 섬세한 분석이 펼쳐진다.

먼저 종교적 차원에서 인간이 인간 자신에 대해 지니는 가장 우선적인 의식은 인간은 유한하고 불완전한 존재자라는 것이다. 이는 동서고금의 어느 종교를 막론하고 예외없이 해당되는 인간의 원초적 종교성을 이루는 핵심이기도 하다. 그러나 인간의 유한성과 불완전성에 대한 자의식은 그저 홀연히 주어지는 것은 아니다. 그것은 무한성과 완전성을 지닌 존재를 어떤 방식으로든지 전제하거나 요청하면서 나타난다. 여기서 우리가 주의해야 할 점은 그렇게 무한하고 완전한 존재, 즉 신이 지니는 본질로서의 무한성과 완전성이 인간의 본질과 다르다면 그것은 도대체 인간에게 어떤 관계가 있고 어떤 의미를 지닐까 하는 것이다. 말하자면 신의 그런 속성은 이에 상응하는 인간의 성질들에 대해 긴장이나 갈등을 일으키는데 그 이유는 양자가 사실상 다른 것이 아니기 때문이라는 것이다. "만일 종교의 대상인 신적 존재자가 실제로 인간의 본질 외의 본질을 지녔다면 분열이나 갈등은 전혀 일어날 수 없었을 것이다."[23] 결국 무한-유한, 또는 완전-불완전 같은 신성과 인성의 상응적 대립이란 오직 서로 나누어져 있기는 하지만 하나여야 하고 또한 하나일 수 있는 본질 사이에서만 일어나는 사실상의 "동어반복"이라는 점이 주시되어야 한다. 그리고 바로 이런 요건을 만족시키는 본질이 있으니 그것이 바로 논리적 동일성을 본질적 특성으로 하는 지성知性이며 여기서 "지성적 본질로서의 신"이 투영된다는 것이다.

그렇다면 지성으로부터의 투사는 어떤 과정을 통해 진행되는가? 지성은 "사물의 본성적 필연성"을 설정하고 수행하는 성향으로서 무엇보다도 논리적 동일성을 특성으로 한다. 그런데 이런 논리적 동일성은 우선 무감성無感性을 포함한다. 이런 이유로 포이어바흐는 "자기 아들을 유죄로 인정한 아버지가 재판관으로서 아들에게 사형선고를 내리는 것은 오직 지성인으로서 가능할 뿐 감정인으로서는 불가능하다"[24]고 꼬집었다. 그런데 무감성이라는 대가를 치르고서도 유

---

[23] 『기본』 115.   [24] 『기본』 116-7.

지되어야 하는 지성의 논리적 동일성은 순수한 사유의 대상성을 만족시키는 성질이다. 그런데 순수한 사유의 주체이면서 대상인 지성은 자기 자신 안에서 만족하면서 자기를 절대적 존재자로서 사유하는 지성이다. 그리고 지성의 바로 이런 속성, 즉 지성의 순수성과 자기충족성은 곧 여타의 것에서 비롯되지 않은 최초의 원인으로서 근원성을 이룬다. 이때 근원성이란 세계의 근거에서 목적까지를 지배하는 원초성이다. 이를 곧 신이라고 일컫는다면 이것이 바로 지성이 신의 일차적 속성으로 등장하는 이유이며 투사의 첫 차원을 장식하는 근거다. 포이어바흐는 이를 다음과 같이 단호하게 주장한다:

> 지성은 지성의 본질과 일치하는 신 — 지성 자신의 품위 이하의 신이 아니라 오로지 지성 자신의 본질을 표현하는 신 — 을 믿을 수 있을 뿐이다. … 신은 무한히 전능하면서도 자기, 곧 지성에 모순되는 어떤 일도 할 수 없다. 비지성적인 것은 전능할 수 없기 때문이다. 따라서 신의 전능성도 지성이라는 더 높은 위력에 의해 판정된다.[25]

지성을 신의 전능성마저 판단하는 기준으로 옹립해 온 그리스도교의 역사는 헤겔에서 완성된 "있음과 앎의 같음으로서의 참"에서 절정을 이룬다. 그러나 바로 이런 과정이야말로 지성 자체에 대한 신격화일 뿐임을 간파한 포이어바흐는 이를 다음과 같이 신랄하게 비판한다:

> 당신은 비지성적이고 정열적인 존재자로서의 신을 믿을 수 있겠는가? 절대 불가능하다. 왜? 그런 존재자를 신으로 가정하는 것은 당신의 지성에 모순되기 때문이다. 그렇다면 당신은 신 안에서 무엇을 긍정하고 무엇을 대상화하는가? 그것은 바로 당신 자신의 지성이다. 신이란 당신이 지닌 최고의 개념이며 당신 사유 능력의 정점 외에 다른 것이 아니다. 결국 신은 모든 실재성〔있음〕의 총체, 즉

---

[25] 『기본』 120.

모든 지성적 진리성〔앎〕의 총체다. 말하자면 지성 안에서 본질적인wesenhaft 것〔앎〕으로 인식된 것이 신 안에서 존재하는 것seiend〔있음〕으로 조정된다.[26]

이처럼 "있음과 앎의 같음으로서의 참"이라는 전통 형이상학적 기준을 만족시키는 지성적 존재로서의 신은 엄밀하게 본다면 그런 기준을 만족시킨다기보다 사실상 그런 기준에서 비롯된다는 점이 날카롭게 지적된다. 그리고 이런 점은 지성적 정신에 부여된 온갖 속성들, 즉 실재성·자존성·주체성·통일성·무한성 등을 고려한다면 더욱 분명하게 확인된다.[27] 그러나 지성으로 하여금 궁극적으로 신성으로 등극하게 하는 결정적 속성은 필연성이다. 무릇 "존재는 절대적 욕구이며 절대적 필요다".[28] 포이어바흐는 지성의 필연성이야말로 신적 존재자를 투사하는 데 있어 움직일 수 없는 근거라는 점을 다음과 같이 설명한다:

> 자신을 느끼는 존재, 생명의 근거는 무엇인가? 생명의 욕구다. 생명은 누구에게 욕구인가? 생명을 가지지 않은 것에 대해서다. … 세계는 어디서 왔는가? 결핍에서, 욕구에서, 필요에서 존재한다. 세계는 세계와 구별된 다른 존재자 안에 있는 필요에서 존재하는 것이 아니다. 그런 것은 순수한 모순이다. 세계는 가장 고유하고 가장 내적인 필요에서, 즉 필요의 필연성에서 존재하는 것이다.[29]

있어야 할 필요와 이를 충족시키려는 욕구는 그것을 있게 하며 있는 것으로 알려지게 한다. 그리고 이런 구도 전체를 관장하는 지성적 정신은 곧 그것을 신으로, 그것도 자기를 닮은 지성적 신으로 그려낸다. 이것이 바로 "지성적 차원에서 투사되는 신"이다. 과연 신은 그렇게 지고의 지성적 존재로 모셔졌다. 그리스도교 신학의 태동 배경이었던 그리스 사상은 이와 관련하여 더없이 좋은 예증이다. 말하자면 이런 차원에서의 신은 이미 교부 신학에서 싹텄지만 중세 전성기 스콜라 신학에서 절정을 이룬 신관의 뼈대라고 하겠다.

---

[26] 『기본』 120-1.   [27] 참조: 『기본』 121-6.   [28] 『기본』 126.   [29] 『기본』 125-6.

그러나 인간을 포함한 삼라만상이 그렇게 있다는 것이 필요와 욕구에 의한 것이고 그런 필요와 욕구를 보장하는 근거로서의 지성적 필연성이 급기야 신의 존재를 설정했음에도 인간은 여전히 지고의 지성적 존재로서의 신 안에서 만족을 누리지 못한다. 그렇게 투사되어 옹립된 지성적 신은 여전히 보편적이고 범신론적이어서 우주에 대한 일반적 사랑을 지닐 뿐인 반면에 인간은 여전히 종교 안에서 배타적 자기긍정의 욕구를 충족시키고자 하기 때문이다. 포이어바흐는 이를 다음과 같이 정리한다:
① 인간은 종교 안에서 자기를 만족시키기를 바란다.
② 그런데 무릇 살아 있는 모든 것은 오직 자신의 본래 거처에서만, 오직 자기의 본질에서만 평화를 느낀다.
③ 그러므로 인간이 신 안에서 자기를 만족시키고자 한다면 신 안에서 자기를 발견하지 않으면 안된다.[30]

말하자면 인간은 자기 존재의 근거를 설정하고 이를 영위하기 위해 지성의 필연성을 토대로 지고의 지성적 존재인 신을 추대했지만 그런 신 안에서 인간은 유감스럽게도 "태어난 곳에서의 안락함"을 얻지 못한다. 이미 지성의 여러 속성들은 인간이 바라는 향수적 평온과는 거리를 지닐 수밖에 없는 "무차별적 동일성"의 그것이었기 때문이다. 그렇다면 어떻게 신 안에서 인간이 자기를 발견함으로써 소기의 종교적 목적을 달성할 수 있겠는가?

포이어바흐에 의하면, 신 안에서 인간이 지성의 차가운 필연성을 넘어서 자기를 발견하고 확인하려는 종교적 욕구는 구체적으로 의지의 형태로 나타난다. 그것은 일단 도덕적 완전성을 지향할 것을 표방한다. 그리고 여기서 바로 의지적 차원에서의 투사가 펼쳐진다. 이제 신은 지고의 지성적 존재라기보다 도덕적 완전자로서 표상된다. 지성적 투사의 신이 고중세 철학과 초중세 신학의 신관을 장식했다면 의지적 투사의 신은 그런 고전적 신관에 대한 도전의 기치를 내건 종교개혁기 신학의 신관에서 좋은 예를 찾을 수 있을 것이다. 그런데 의

---

[30] 『기본』 129-30.

지적 차원에서의 신에 대한 이런 규정에서도 여전히 인간본질에 근거한 투사가 이루어지고 있음을 포이어바흐는 다음과 같이 논급한다: "도덕적으로 완전한 본질로서의 신은 또한 인간 자신의 양심이다. 만일 그렇지 않다면 인간이 어떻게 신적 본질의 면전에서 부르르 떨거나 자기를 고발할 수 있겠는가?"[31] 과연 도덕적 완전자로서의 신은 인간 안에서 양심의 소리로서 임재한다는 종교윤리의 지론은 투사론적으로 본다면 순서가 뒤집어졌다고 해도 좋을 만큼이다.

그러나 바로 그런 이유로 도덕적 완전자로서의 신은 인간에게 "단지 이론적이고 정적인 표상일 뿐 아니라 동시에 행위와 모방으로 몰고가거나 나를 나 자신과의 분열이나 갈등에 빠뜨리는 실천적 표상"[32]으로 작용하게 된다. 지성적 차원에서 투사된 신은 인간에게 주어진 자연적 유한성을 고려하여 전능이나 영원을 명령하지 않는 데 비해 의지적 차원에서 투사된 신의 도덕적 완전성은 인간에게 심지어 율법으로까지 의식되기 때문이다. 말하자면 인간의 자기확인 욕구로 인해 투사의 준거가 지성에서 의지로 옮겨가지만, 그럼에도 의지에 근거해 투사된 신의 도덕성은 인간에게서 현실과 당위 사이의 괴리를 증폭시키고 이런 분열과 갈등은 결국 죄의식으로 나타나게 된다. 지고의 지성적 신 안에서 자신을 발견할 수 없었던 인간이 자기를 찾고자 의지적 신, 즉 도덕적 완전자로서의 신을 구현했음에도 그런 신은 도덕적 완전성을 들이댐으로써 오히려 인간에게 죄의식을 불러일으킬 뿐이었다는 것이다. 실제로 종교개혁자들의 많은 청교도적 지론들은 이 점을 드러내는 좋은 역사적 증거다.

그렇다면 어떻게 해야 하는가? 아니, 어찌되는가? 포이어바흐의 대답을 들어보자:

> 인간은 자기와 완전한 본질 사이의 이런 갈등에서, 죄의식의 고통에서, 허무감의 고통에서 무엇에 의해 구원받는가? 인간은 죄악이 가진 치명적 가시를 무엇에 의해 무디게 하는가? 인간은 오로지 심정이나 사랑을 최고의 절대적 위력이나 진리로서 의식함으로써, 또 신적 본질을 단지 지성적 본질이나 도덕적 본질

[31] 『기본』 131.　　　[32] 『기본』 131-2.

로서 직관할 뿐 아니라 오히려 인간을 사랑하는, 애정이 깃든, 나아가 주관적인 인간적 존재로서 직관함으로써 죄악이 가진 치명적 가시를 무디게 한다.[33]

인간은 결국 감정적 차원에 이르러서야 비로소 종교적 투사의 본래 목적을 달성하게 된다. 지성적 차원에서의 이질감, 의지적 차원에서의 괴리가 감정적 차원에서 비로소 해소되고 화해될 수 있기 때문이다: "진실로 율법은 벌을 내리지만 심정은 죄인도 불쌍히 여긴다. … 율법은 인간을 자기에게 복종시키지만 사랑은 인간을 자유롭게 한다".[34] 세계의 근거와 목적을 설명하고 그 안에서 인간이 자기를 확인하며 평안을 누리기 위해 시작된 투사는 결국 현실과 당위의 괴리에 의한 죄의식에서의 용서와 해방을 선포하는 사랑의 신, 즉 감정적 차원에서 투사된 신에 이르러서 완결된다. 그런데 죄인을 불쌍히 여겨 용서하고 자유롭게 해방시키는 구원의 사건은 오직 살과 피를 가진 사랑에서만 이루어질 수 있다. 오직 이런 사랑만이 살과 피를 지닌 몸이 범한 죄를 용서할 수 있기 때문이다. 그리고 바로 이런 이유로 감정적 차원에서 투사된 신은 필연적으로 살과 피를 지녀야 하게 되었고 따라서 성육신 사건이 이루어졌다는 것이다:

> 성육신은 신의 인간적 성질이 극히 명백한 사실로서 감성적으로 드러난 것이다. 신은 신 자신을 위해 인간이 된 것이 아니다. 인간의 필요와 욕구가 성육신의 근거였다. 그리고 이 욕구는 오늘날도 여전히 종교적 심정의 욕구가 되고 있다.[35]

그런데 성육신의 근거가 인간의 욕구였다는 것은 성육신을 신의 인간화로만 보는 것에 머무르게 하지 않는다. 그것은 성육신의 반쪽일 뿐이다. 왕이기만 한 왕은 결코 신하를 돌보지 않는 것처럼 신이기만 한 신은 인간을 알지 못한다.

---

[33] 『기본』 132.

[34] 포이어바흐는 사랑이 인간을 자유롭게 한다는 주장을 다음과 같이 환상적으로 표현한다: "사랑은 정신의 유물론이고 … 물질의 관념론이다. 신앙, 고백이 분리시키는 것을 사랑은 결합시킨다"(133).

[35] 『기본』 136.

신이 인간화할 수 있었다면 그것은 신 안에 인간이 있었기 때문이고 이것은 결국 신의 인간화의 근저에는 인간의 신격화가 깔려 있었다는 점을 부정할 수 없게 한다는 것이다: "신이 인간이 되기에 앞서 이미 인간은 신 안에 있었고 이미 신 자신이었다".[36] 그럼에도 그리스도교가 성육신을 신의 인간화라는 관점에서 받아들여온 것은 "종교의 진실한 모습에서는 근거인 것이 종교의 의식에서는 귀결로서 규정된다"[37]는 종교적 원리 때문이라는 것이다. 말하자면 본래 인간의 심정이 근거인데 종교라는 포장 안에서는 신의 사랑이 근거로 설정되고 그런 사랑이 구원을 앙망하는 인간의 심정에 이른다고 본다는 것이다. 그러기에 포이어바흐는 성육신이 오직 초자연적 계시에 의해서만 알려지는 신비로운 사건이라는 기존의 교리적 주장이야말로 종교적 유물론이라고 비판한다. 오히려 그는 성육신 사건이 경험적이고 역사적인 사실이라고 강조한다. 언뜻 보기에 문자주의적 성서해석을 고수하는 근본주의 같은 소박한 신앙관을 옹호하는 듯하지만 이것은 신의 인간화의 근저에 깔린 인간의 신격화라는 엄연한 자연적 사건의 현실성을 지적하는 것일 따름이다.

이처럼 신의 인간화와 인간의 신격화의 고리에 뿌리를 둔 감정적 차원에서의 투사가 그려낸 신은 결국 성육신에서 자신을 드러냄으로써 용서와 화해를 통해 인간을 구원하는 사랑의 신이다. 여기서 사랑은 지성적 차원에서 투사된 필연성이라는 신성이나 의지적 차원에서 투영된 완전성이라는 신성을 포기하도록 하는 사건이다. 그런데 여기서 우리가 주목해야 할 점이 있다. 그것은 바로 신성을 포기할 만큼의 사랑이 일어나는 곳이 어디인가라는 물음이다. 이에 대한 포이어바흐의 답변은 매우 간명하다: "('신은 사랑이다'라는 명제에서) 신이

---

[36] 『기본』 136. 포이어바흐는 헤겔에게서 결집된 전통 형이상학의 성육신 이해를 비판적으로 거부하고 자신의 견해를 다음과 같이 피력한다: "성육신, 즉 신인(Gottmensch)이라는 비밀은 결코 대립물을 신비적으로 합성한 종합적 사실이 아니다. 사변적 종교철학에서는 '신인'이라는 비밀이 이런 종합적 사실로 인정되고 있다. 사변적 종교철학은 모순에서 특별한 기쁨을 느끼기 때문이다. '신인'이라는 비밀은 분석적 사실, 즉 인간적 의미를 가진 인간적인 말이다"(143). 말하자면 성육신은 초자연적 신비의 사건도 아니고 신이나 인간에 대해 또다른 제3 존재의 출현을 의미하는 것도 아니며 다만 이미 인간 안에 있는 신격화의 성향이 신의 인간화라는 종교적 포장을 덧입은 것이라는 말이다.

[37] 『기본』 137.

자기의 신성을 거부하는 것은 신의 신성 자체에서 일어난 일이 아니라 숨어인 사랑에서 일어난 일이다. 따라서 사랑은 신성보다 높은 위력이고 높은 진리다".[38] 단도직입적으로 묻자면, 신이기에 사랑인가, 아니면 사랑이기에 신인가? 포이어바흐는 주저 없이 후자를 택한다.[39] 전자라고 하더라도 그런 전자는 후자를 전제한다는 것이다. 그리고 이것이 바로 사랑의 신 또는 신의 사랑이란 인간에 대한 인간의 인간적 사랑 외에는 알지도 못하고 경험하지도 못하는 인간의 감정적 차원에서 투사된 것임을 입증한다는 것이다.

그렇다면 포이어바흐가 그토록 강조하는 사랑의 우선성은 어떤 의미를 지니는가? 우선 사랑이라는 신의 심정적 본질은 인간의 기도와 신의 섭리 사이의 함수관계에 대한 재래의 신학적 난황을 해결할 수 있는 실마리를 제공한다. 전통적으로는 인간의 기도가 신의 창조적 섭리 안에 미리 계획된 바에 부합됨으로써 성취된다는 기계론적 결정론의 냄새를 물씬 풍기는 지론이 대세를 장악해 왔다. 또한 이로써 신의 섭리란 그런 결정론이 초래하는 운명론 구도를 정당화하는 역할을 할 뿐이었다. 그러나 감정적 차원에서 투사된 신은 기도를 통해 구사되는 심정의 힘에 의해 움직이는 "변덕스런 신"이어야 한다. 말하자면 포이어바흐가 인용한 라바터가 내뱉듯이 "우리는 변덕스런 신이 필요하다".[40] 그리고 그런 요구를 충족시키는 것이 바로 감정적 투사에 의한 사랑의 신이다.

더 나아가 성육신의 근거가 된 사랑은 수난Passion을 감당할 열정Passion도 포함한다. 따라서 그리스도의 수난은 삼위일체를 위협하는 신학적 딜레마가 전혀 아니며 오히려 신의 본질이 심정적 투사의 핵심인 사랑이라는 것을 온몸으로 증거할 따름이다. 이로써 감정적 차원에서 투사된 신의 사랑은 성육신에서 수

---

[38] 『기본』 139.

[39] 포이어바흐는 이를 다음과 같이 서술한다: "누가 우리의 구제자이며 화해자인가? 신인가 아니면 사랑인가? 그것은 사랑이다. 신 그 자체가 우리를 구원한 것이 아니라 신적 인격성과 인간적 인격성의 구별을 초월한 사랑이 우리를 구원했기 때문이다. 신이 사랑을 위해 자기를 버렸던 것과 같이 우리 또한 사랑을 위해 신을 버려야 한다. 우리가 신을 사랑에게 바치지 않는다면 사랑을 신에게 바치게 되며 만일 그렇게 되면 신은 사랑이라는 술어를 가지면서도 종교적 광신의 악한 본질을 덧입게 되기 때문이다"(140).

[40] 『기본』 141.

난까지의 전과정을 망라하게 되고 이로써 가위 종교적 투사의 결론을 선언하게 된다. 신이 살과 피를 지니고 더욱이 그렇기 때문에 고통을 당한다는 것은 신의 본질이 심정임을 의미하며 그런 한에서 인간의 자기대상화의 산물임을 다시금 확증한다. 결국 인간이 자신의 유한성과 불완전성 문제를 해결하기 위해 나선 유구하고도 집요한 절대자 추구의 과정이 필연성에서 출발하여 완전성을 거쳐 사랑에 이르러서야 비로소 소기의 목적을 이루고 위로를 받는다고 느끼게 되는 것은 포이어바흐가 지적한 대로 다음과 같은 이유에서다:

> 인간에 대해 본질적으로 가치있는 것, 인간에 의해 완전하거나 탁월한 것으로 인정되는 것, 인간에게 진정한 만족을 주는 것, 오직 이런 것만이 인간에게 신이다. … 따라서 민감하고 감성이 풍부한 사람은 오직 민감하고 감성이 풍부한 신을 믿는다. 즉, 인간은 오직 자신의 존재와 본질의 진리를 믿을 뿐이다. 그는 그의 본질 안에 있는 것 외의 어떤 것도 믿을 수 없다.[41]

그렇다! 인간의 종교성과 이를 둘러싼 심리를 이토록 솔직하고도 예리하게 파헤친 분석에 즈음하여 이에서 벗어날 수 있는 사람이 과연 있을까? 인간은 이미 자기가 생겨먹은 대로 신을 그릴 뿐이다. 말하자면 인간은 생리적으로 자기와 같음을 찾거나 복제함으로써 끊임없이 자기를 확인하려는 본능적 욕망을 벗어날 수 없다. 다름을 만나고 받아들인다는 것은 환상에서나 그려지는 불가능한 꿈일 뿐이다. 그리고 이런 같음의 굴레라는 인간의 한계는 종교에서도 결코 예외가 아니다. 이렇게 종교적 차원에서도 여전히 다름을 거부하고 끝없이 같음을 붙잡으려는 인간의 욕망이 본능적으로 지배하고 있는 현실을 포이어바흐가 직시할 수 있었던 것은 그가 "있음과 앎의 같음으로서의 참"의 폐쇄성에서 벗어나 "삶의 다름에 닿는 참"의 해방성을 향하려는 현대의 시대정신에 선구적으로 충실하고자 했기 때문이다. 그는 이런 정신적 토양에서 기왕에 분석된 종

---
[41] 『기본』 152-3.

교의 본질 안에 도사리고 있는 인간의 종교성의 정체를 다음과 같이 적나라하게 까발림으로써 그의 투사론의 기본적 주장을 종결하는 것으로 보인다:

> 모든 사물을 한 가지 사물에 총괄하는 신앙인은 감성적 생활 속에서 자기를 잃어버리는 일이 없다. 그러나 그는 대신에 편협성, 종교상의 자기 본위 및 탐욕이라는 위험에 노출되어 있다. 그러므로 적어도 신앙인에게는 반신앙인 또는 무신앙인은 주관적이고 전횡적이며 오만하고 경박한 인간으로 보인다. 그러나 그것은 신앙인에게 신성한 것이 반신앙인에게는 자체에서 신성하지 않기 때문이 아니다. 그것은 오직 무신앙인이 단지 자기 두뇌 속에 가지고 있을 뿐인 것을 신앙인은 자기 밖에 그리고 동시에 자기 위에 대상으로서 조정함으로써 정식의 종속관계를 자기 안에 받아들이기 때문이다.[42]

인간의 종교성은 그의 구체적 신앙 여부와 무관하게 원초적으로 깔려 있다는 인간적 통찰은 일찍이 인간을 "종교적 인간"homo religiosus이라고 부르게 했거니와 이제 그런 종교적 인간의 원초적 종교성이 신으로의 투사의 원천이었다는 것을 포이어바흐는 세계만방에 선포했다.

4. 종교의 비밀: 투사하는 인간과 투사된 신

바로 위에서 우리는 인간이 신을 옹립하기 위해 인간 정신의 구성요소인 지성·의지·감정에 입각하여 일련의 투사과정을 전개해 왔음을 살펴보았다. 근원성을 담당하는 지성에서 표상된 신의 필연성에서 자신을 찾지 못한 인간은 의지로 옮겨가면서 도덕적 신을 그렸는데 그런 만큼이나 인간에 대해 완전성의

---

[42] 『기본』 153. 그는 이어서 인간의 이런 원초적 종교성이 지니는 현실적인 효과를 고려하면서 종교의 유용성에 대한 긍정적 평가를 첨가하기도 했다: "하찮을지라도 목적을 가진 사람은 비록 실제로는 더 훌륭하지 않더라도 아무런 목적을 갖지 않은 사람보다 곤경을 훨씬 잘 벗어난다. … 목적 자체에서 진실하고 실제적인 목적을 가지고 있는 사람은 바로 그것에 의해 종교를 가지고 있다"(154).

기준으로 다가오면서 인간 안에서 현실과 이상 사이의 괴리로 인한 죄의식을 일으켰고 그런 죄의식은 급기야 감정으로의 전환을 부추겼으며 여기서 신은 용서와 구원을 베푸는 사랑을 본질로 하는 존재로 옹립되었다. 투사의 기본 구도와 과정이 이러하다면 이제 우리는 그런 투사에 관여하는 인간과 신이 각각 어떤 모습을 취하고 서로 어떻게 관계하는가에 대해 살펴보는 것이 마땅하다. 그럼으로써 투사가 단순히 이론적 조망에 머무르는 것이 아니라 엄연한 현실적 불가피성이 있음을 확인할 수 있을 것이다. 더 나아가 투사의 불가피성에도 불구하고 투사환원주의에 빠지지 않고 그 한계를 넘어 신으로 하여금 신의 자리에 여전히 계실 수 있게 하는 최소한의 가능성을 모색할 수 있을 것이다. 이를 위해 우리는 아래의 구도를 토대로 인간이 지닌 정신의 세 요소가 종교적 차원에서 뿜어내는 특성을 검토하고 이에 상응하는 신의 본질적 속성들을 분석하는 방식으로 포이어바흐가 전개한 논의를 재구성하고자 한다. 아울러 이렇게 신-인 관계에서 투사가 전개되는 역학dynamics을 드러냄으로써 투사의 한계를 가늠하고 이를 넘어설 가능성을 모색하는 기초로 삼고자 한다.

〔지성〕 인간이 생각하는 교리의 초이성성 : 신의 창조성
〔의지〕 인간이 뜻하는 소망의 욕구성 : 신의 전능성
〔감정〕 인간이 구하는 기도의 전능성 : 신의 인격성

투사가 세계의 근원과 목적을 설명하기 위한 원초성을 책임지는 지성에서 시작하듯이 우리의 재구성도 지성에서 출발하고자 한다. 그런데 종교와 연관하여 인간이 지성적 차원에서 시도하는 가장 우선적인 것은 교리의 정립일 것이다. 그러나 종교적 교리란 인간의 이성으로 해소될 수도 없고 그래서도 안되는 특성을 지니고 있다. 만일 그렇지 않다면 그것은 종교적 교리일 수 없다. 교리가 인간의 이성적 한계를 넘어서야 하는 이유를 포이어바흐는 다음과 같이 서술한다:

> 인간은 적어도 행복한 상태에 있는 한 죽고 싶지 않다는 소망을 가진다. 이 소망은 근원적으로는 자기보존 본능과 같다. 무릇 살아 있는 것은 자기를 주장하고

싶어하며, 살고 싶어하며, 따라서 죽고 싶어하지 않는다. … [그러나] 이성은 이 희망을 충족시켜줄 수 없다. … 이성은 나에게 나의 인간적 영속의 확실성을 줄 수 없다. 그럼에도 사람들은 이런 확실성을 바란다. 그런데 이런 확실성에는 이성적 추론보다는 감성적 보증이나 사실적 확증이 필요하다.[43]

죽음을 넘어 영속하기를 바라는 인간의 욕망은 종교적 교리가 이성을 넘어서는 확실성을 보장해 줄 것을 요구하는 데 이르게 된다. 따라서 교리는 초이성적일수록 교리로서의 권위와 가치를 지니는 것으로 받아들여졌다. 이런 경향이 때로 파행을 일으키기도 해서 전혀 비이성적이고 무의미할 만큼 엉뚱한 것들이 교리라는 포장을 뒤집어쓰고 종교의 억압성을 강화하는 데 일조하기도 했지만 하여튼 교리는 그런 것이었다. 그리고 이런 요건을 만족시키는 교리로서 우리는 특히 예수의 동정녀 탄생과 부활을 들 수 있다.

예수의 동정녀 탄생은 처녀성과 모성의 결합이라는 초자연적 사건인데, 자연과 이성에는 모순되지만 심정과 공상에는 가장 잘 일치한다.[44] 원죄의 전염원인 정액에 의해 더럽혀지지 않은 마리아의 수태를 가리키는 처녀성은 인류를 정화할 수 있는 것이었으며, 풍부한 여성적 애정으로 아들을 품는 모성은 신이 인간이 되는 성육신 사건이 본질적으로 모성애에 의한 것임을 가리키는 것이었다. 마찬가지로 예수의 부활도 인간의 유한성과 무한성의 결합인 개인적 불멸성에 대한 희망이 초이성적으로 투사되어 한 사건으로 형상화된 것이다. 누구보다도 인간이 된 신, 즉 신이 되려는 인간에게서 나타나는 것이 마땅한 한 사건이 바로 예수의 부활이라는 것이다. 이처럼 인간은 지성적 차원에서도 이미 신적 지성을 투사함으로써 교리의 초이성성을 당연한 것으로 요구한다.

그렇다면 그런 교리의 초이성성을 보장하는 신의 속성은 무엇인가? 그것은 당연하게도 지성의 차원에서 접근될 수 있다. 지성적 차원에서 투사된 신은 지고의 지성이라고 한 바 있다. 그런데 새삼 설명할 필요가 없을 만큼 지성이 사

---

[43] 『기본』 237.   [44] 『기본』 240.

유를 본성으로 한다는 것은 명백하다. 그런데 사유는 구별성을 본질적 원리로 하는바 지성으로서의 신은 마땅히 구별성을 지닌다. 신이 구별성을 지닌다는 것은 신 아닌 것과의 관계에서이고 신 아닌 것은 신에 의해 창조된 것이어야 하며 이를 세계라고 한다. 따라서 신의 세계창조란 구별성을 본성으로 하는 사유를 핵심으로 지니는 지고 지성의 본성적 사건이다:

> 신의 자기의식이 세계의 근원이다. 신은 자기를 사유함으로써 비로소 세계를 사유한다. 자기를 사유하는 것이 자기를 산출zeugen하며 세계를 사유하는 것이 세계를 창조schaffen한다.[45]
>
> 신 안에 있는 세계 산출의 원리는 그 궁극 근거로 환원되면 사유작용이 자신의 가장 단순한 요소에 따라 대상화된 것 외에 아무것도 아니다.[46]

말하자면 지성적 차원에서 인간으로부터 요구된 교리의 초이성성의 보장 근거로서 신은 사유의 구별성에 근거한 창조성을 그 본질적 속성으로 지닌다. 이성을 넘어서는 영역에서 세계와 구별되는 신의 창조성이 펼쳐진다는 것이다. 이렇게 지성적 투사에서 얽힌 신-인 관계를 포이어바흐는 다음과 같은 물음의 형식으로 요약한다: "내가 신 안에 구별을 설정하는 것은 사유원리 곧 지성의 진리성과 필연성을 증명하고 대상화하는 것이 아니고 무엇이겠는가?"[47]

---

[45] 『기본』 174. "세계는 신이 자신 안에서 자기로부터 자기를 구별함으로써 발생한다"(179).
[46] 『기본』 179.
[47] 『기본』 180. 신 안에서의 구별성에 연관하여 소위 삼위일체설을 검토하는 것도 의미가 있을 것이다. 포이어바흐에 의하면, 타자성에 대한 경험을 조건으로 하는 인간의 공동체성을 모형으로 신성에 관한 삼위일체설이 성립되었다. 삼위일체설은 역사적으로 정교한 이론을 향한 일관된 발전과정을 거친 것이 아니다. 실제로 신의 위계적 삼위성과 평등적 일체성의 갈등이 초대 교부 신학의 역사를 지배했거니와 결국 핵심적 관건으로 부상한 그리스도론 논쟁에서도 이 문제는 더욱 증폭될 뿐 해결되지는 못했다. 그러나 포이어바흐에 의하면 논의는 사뭇 다르게 전개된다. 신의 본질인 사랑이 타자의존성을 핵심으로 한다면 신은 타자의존적이어야 한다. 그러나 신이 신 외의 타자에 그 본질을 의존한다면 신의 본질적 신성인 자족성을 상실하게 된다. 따라서 신은 부득이 자체 안에서 타자의존성을 만족시켜야 하고 따라서 복수적 또는 다수적이어야 하며 이런 이유로 삼위일체설이 태동되었다는 것이다.

이제 의지의 차원에서 인간과 신은 어떻게 얽히는가? 먼저 인간부터 살펴보자. 포이어바흐는 "신앙이란 신으로부터 일체의 선善을 기대하는 용기"[48]라고 단정한다. 그런데 그의 이런 규정은 다음과 같은 주장으로 이끌기 위한 초석일 뿐이다:

> 신이 당신을 위해 존재한다고 믿는 것은 어떤 것도 당신에게 반대하지 않으며 또 반대할 수 없다는 것, 그리고 당신을 거스르지 않는다는 것을 믿는 것이다. 그러나 그렇게 믿는 당신은 무엇을 믿는가? 그때 당신이 믿는 것은 "당신이 신이다"라는 것과 다르지 않다. … 당신은 신이 당신 자신의 본질〔앎〕이라는 것을 신이 당신을 위한 존재〔있음〕라는 것으로 바꾸어 표현할 따름이다.[49]

결국 신앙은 자기확인을 향한 의지적 욕구이며 따라서 내가 믿는 것은 내가 믿는다는 사실, 즉 나 자신일 뿐이라는 것이다. 이 점은 의지적 차원에서의 투사에서 인간이 취하는 행위가 소망이라는 점을 주시한다면 더욱 명백히 확인된다. 소망은 분명히 지성으로 설명될 수도 없고 감정으로 해소될 수도 없는 의지적 특성을 지닌 것이기 때문이다. 이런 점에서 종교적 소망이 가장 집중적으로 향하게 되는 것은 아마도 초자연적 기적일 것이다. 기적은 결코 지성적 사고의 대상도 아니지만 감관의 대상도 아니면서 오로지 욕구된다.[50] 기적활동은 "곡선이 아니라 직선으로 원을 그리는 것처럼" 수단을 사용하지 않고 목적을 실현함으로써 소망과 성취의 직접적 통일을 귀결시킨다. 그러기에 기적은 종교적 소망의 정점이요 절정이다. 그런데 기적에서 기적을 통해 성취되는 소망이란 무엇인가? 결국 인간의 불사다: "인간은 영원불멸을 소망한다. 따라서 인간

---

[48] 『기본』 228. 여기서 선을 향한 용기는 물론 의지적 차원에 속한다. 인간의 정신 요소로서 지성·의지·감정은 각각 진·선·미라는 가치를 추구함에 있어 지혜·용기·절제라는 덕목을 요구받는 것으로 정리할 수 있다. 그 순서대로 그리스도교의 삼주덕인 믿음·소망·사랑을 연결한다면 너무 지나친 얽힘일까? 포이어바흐의 다음과 같은 언술을 고려한다면 그렇지 않을 수도 있을 것이다: "소망은 아직 성취되지 않았지만 성취될 약속의 성취에 관계한다. 사랑은 이 약속을 주고 또 성취시키는 존재자에 관계한다. 믿음은 이미 성취되어 역사적 사실이 된 약속에 관계한다"(229-30).
[49] 『기본』 228-9.   [50] 『기본』 231-2. "기적의 활동은 목적활동이다".   [51] 『기본』 229.

은 불사다".[51] 말하자면 기적에서 성취되기를 바라는 인간의 소망이란 여전히 인간의 자기확실성이요, 이에 대한 확인이다. 이처럼 "기적이란 종교적 이기주의다".[52] 어떤 종교적 기적에 대한 이야기도 이런 범위를 벗어나지 않는다.

이처럼 의지적 차원의 투사에서 인간은 기적을 통해서라도 자기를 영구히 확인하려는 소망을 성취하기를 원한다. 그렇다면 그런 투사의 저편에서 오는 신은 어떤 모습으로 나타날까? 의심할 나위 없이 섭리와 기적의 전능성일 것이다. 초자연적 권위를 통해 자연적 질서와 법칙을 넘어 인격적으로 세계에 개입하려는 신의 의지를 섭리라고 한다면 이것이야말로 어떤 기적도 일으킬 수 있는 신의 전능성을 가리킨다. 그리고 이 전능성을 가장 근본적으로 확실하게 선언하는 것이 바로 "무에서의 창조"라는 섭리의 원천이다. "없음"에서 "있게 함"을 통해 "있음"이 창조되었는데 그 무엇이 불가능할 것인가? 이처럼 "있음의 질서"인 자연법칙도 언제든지 무장해제시킬 수 있는 "없음에서"라는 전제는 세계의 허무성과 신의 전능성을 극적으로 대비시키는 것 외에 다른 목적이 없다.

그러나 세계의 허무성을 대가로 치르고서라도 신의 섭리적 전능성을 확고히 한다는 것은 무슨 의미를 지니는가? 언뜻 보기에는 신의 초자연적 권위를 드높이려는 지극히 종교적인 행위로 비칠 수도 있다. 그러나 실상 모든 종교적 행위가 그렇듯이 그런 행위는 결국 인간의 원초적 종교성이라는 포장 안에 도사리고 있는 인간중심주의에서 비롯된다. 신이 짐승을 위해 짐승이 되었다든지, 동식물을 위해 기적을 베풀었다는 신화는 인류문화사의 유산에서 찾을 수 없다.[53] 포이어바흐가 지적하는 것처럼 "섭리는 인간을 위해 사물을 마음대로 처리하며 경우에 따라서는 자연법칙의 효력을 폐기한다. … 섭리는 본질적으로 오직 인간에게만, 본래는 인간 중에서도 믿음이 깊은 인간에게만 관계한다. …

---

[52] 『기본』 311.

[53] 포이어바흐는 성서에 기록된 예들을 들어 섭리의 사건에 깔려 있는 인간중심주의를 통박한다. 즉, 가엾은 무화과나무가 열매를 맺지 못했다는 이유로 저주를 받았다든지, 사람을 괴롭히는 악마가 인간에게서 쫓겨나가 짐승에게로 들어가 죽게 했다든지, 참새 한 마리보다 더 귀한 인간의 머리카락이라는 언명과 같은 예들에서 여지없는 인간중심주의적 섭리관을 확인할 수 있다는 것이다(199-200 참조).

종교가 인간에게만 속하는 것과 마찬가지로 섭리는 인간에게만 속한다".[54]

그렇다면 섭리란 과연 무엇인가? 신의 전능성을 드러낸다는 섭리는 위에서 본 것과 같이 차라리 "인간의 특권"이며 "인간이 자신의 실존의 무한한 가치에 대해 가지고 있는 확신"일 뿐이라는 것이다.[55] 따라서 섭리에 대한 신앙은 사실상 영원불멸에 대한 인간의 소망과 같은 것이다. 의지적 차원에서의 투사에서 인간과 신이 만나는 것은 바로 이런 근거에서다. 그 만남의 모습은 어떠할까? 포이어바흐의 묘사를 들어 보자:

> 신은 나를 걱정한다. 나의 행복, 나의 구원을 목표로 한다. 신은 내가 행복하기를 바란다. 나 또한 같은 것을 바란다. 따라서 나 자신의 관심은 신의 관심이고 나 자신의 의지는 신의 의지이며 나 자신의 궁극 목적은 신의 목적이고 나에 대한 신의 사랑은 나의 자기 사랑을 신성시하는 것 외의 아무것도 아니다.[56]

새삼스런 이야기가 결코 아니지만 인간의 치부를 드러낸 듯하면서도 동시에 적지 않은 반감을 불러일으킬 만한 묘사다. 그러나 혹시 그런 반감이 치솟는다면, 즉 여전히 섭리의 초자연적 실재성을 믿고 싶다면, 그럴수록 신의 인격성 논의에 대한 포이어바흐의 다음과 같은 비판을 외면할 수는 없을 것이다:

> 인격신에 관한 사변가는 모든 사물을 있는 그대로 서술하지 않고 … 오로지 자기의 행복욕이라는 이익을 위해 사변하기까지 한다. 그럼에도 그들은 자기가 어

---

[54] 『기본』 199-200.

[55] 『기본』 200, 201. 그는 섭리에 대한 인간의 관점을 다음과 같이 간명하게 정리한다: "인간은 자신의 무한한 가치에 대한 확신 안에서 외재적 사물의 실재성을 부인한다. 섭리는 종교의 관념론이다"(201).

[56] 『기본』 201. 그는 섭리에서의 신-인 만남이 인간의 자기복제일 수도 있다는 점을 다음과 같이 피력한다: "종교는 모든 인간을 창조의 목적으로 인정한다. … 그러나 인간이 창조의 목적이라면 인간은 또한 창조의 참된 근거이기도 하다. 목적은 활동의 근거적 원리이기 때문이다. 근거가 추상적 본질에서 추출된 것이라면 목적은 현실적이고 개별적으로 드러난 것이라는 차이가 있을 뿐이다. 인간은 확실히 자기를 창조의 목적으로는 알고 있지만 창조의 근거로서는 알지 못할 뿐이다"(201-2).

떤 다른 존재자의 비밀을 찾고 있다고 망상하면서 오로지 자신의 일로 골치를 썩이며 사변하고 있다는 것을 인정하려 들지 않는다. … 〔그러나 도대체〕 그들 자신의 경우에 대해서는 보편타당한 법칙의 예외를 왜 설정하고 싶어하는가?[57]

신의 인격성에 도사린 투사성에 관한 포이어바흐의 이런 강변은 자연스럽게 우리의 논의를 감정적 차원의 투사에서 벌어지는 인간과 신의 만남으로 이끌고 간다. 그렇다면 감정적 차원의 투사에서 인간은 자신을 어떻게 드러내는가? 포이어바흐에 의하면 인간은 무엇보다도 가장 단순하고도 극적인 종교적 행위인 기도를 통해 감정적 투사를 결정적으로 표출한다. 인간이 과연 기도 안에서 어떻게 감정적 투사를 하는지 그의 말을 들어 보자:

> 인간은 자기와 가장 가깝고 가장 친밀한 존재자로서의 신에게, 다른 때라면 누가 들을까 두려워하는 자기의 비밀스런 생각이나 내밀한 소망을 고백한다. 그러나 그는 소망이 충족된다는 것을 신뢰하고 확신하며 발표한다. 어떻게 자기의 호소에 조금도 귀를 기울이지 않는 존재자에게 의지할 수 있겠는가? 그렇다면 기도란 실현될 것을 믿고 드러낸 심정의 소망 외의 어떤 것이겠는가? 이 소망을 충족시키는 존재자란 자기의 일을 들어주고 자신에게 동의하며 의의도 항의도 제기하지 않고서 자기를 긍정하는 인간적 심정 외의 무엇이겠는가?[58]

단적으로, 자기긍정의 욕구가 전제되지 않고서는 기도라는 종교적 행위는 불가능하다는 것이다: "기도할 때 인간은 그 자체로 보면 자연적 목적인 것을 달성하기 위해 초자연적 수단을 택한다".[59] 기도는 부모 안에 있는 "어쩔 수 없이 자식을 사랑하는 심정"을 빌미로 자식이 부모에게 떼를 쓰는 것에 비견된다:

---

[57] 『기본』 203. 그는 인격신론의 투사성에 대해서 아예 다음과 같이 단언한다: "당신들이 먼저 당신들의 인격성을 신 안으로 가지고 들어가지 않았다면, … 당신들은 결코 당신들의 인격성을 신 안에서 가지고 나오지 못할 것이다"(207).

[58] 『기본』 222.   [59] 『기본』 310.

6 유물론적 비판과 신학의 음모 까발리기   357

자기 아버지에게 어떤 것을 간구하는 자식은 자기와 구별된 독립된 존재자로서의 아버지, 주主로서의 아버지, 일반적 관계에서의 아버지에게 의지하는 것이 아니라 아버지다운 감정이나 자식에 대한 사랑에 의존하고 동시에 그것들에 의해 규정되는, 또 그런 한에서의 아버지에게 의지한다. 간구는 자식이 부모에게 휘두르는 강제력의 한 표현에 불과하다. … [그러나] 자식의 강제력이란 아버지의 심정 그 자체의 강제력 외의 아무것도 아니다.[60]

기도의 강제력이 심정의 강제성에 터한 것이라면 이제 인간은 감정적 투사를 통해 "원한다는 이유만으로 그것은 옳다"는 무조건적 절대성을 붙잡으려고 한다. 지성적 차원의 투사가 합리주의의 표상인 확실성을 추구하는 것이었다면 이제 심정적 차원의 투사는 당연하게도 신비주의의 덕목인 절대성을 향하게 된다. 말하자면 지성적 차원의 투사가 "신의 낮"에 해당하는 사유의 분별성을 부여했다면 이제 감정적 차원의 투사는 그처럼 지성으로 비출 수 없는 "신의 밤"으로 들어가 사랑을 끌어낸다는 것이다. 정신분석가 프로이트의 환상론을 상기시키는 이런 투사의 성향은 급기야 "사랑과 분별은 신에게도 동시에 속하기 어렵다"Amare et sapere vix Deo competit[61]는 고전적 잠언을 떠올리게 한다. 즉, 이제 신은 분별적 지성이라기보다 구원의 소망을 충족시키는 사랑으로 모셔진다. 그런데 사랑은 살과 피를 가진 육화가 필요하기 때문에 신이 사랑이라면 인격성을

---

[60] 『기본』 224. [61] 『기본』 186에서 재인용.
[62] 사랑으로서의 신을 말하자면 인격화의 저변에 형상화의 욕구가 도사리고 있음을 지적하지 않을 수 없다. 인간의 종교적 행위에는 절대자에 대한 끊임없는 형상화의 경향이 있기 때문이다. 즉, 인간은 추상적인 이성적 본질을 감관의 대상으로 전환시키려는 집요한 성향을 지니고 있다. 그리스도교의 성자 하느님은 형상을 직관하려는 욕구와 무관할 수 없다는 것이 포이어바흐의 논점이다. 그러나 그는 "형상화된 대상이 주는 작용은 대상 그 자체가 주는 작용이 아니라 형상이 주는 작용"(167)이라고 경고한다. 말하자면 실재와 상징의 관계에서 상징은 상징 그 자체를 부정하여 실재를 가리키는데도 인간의 감관적 대상화의 욕구는 그런 욕구에 의해 상징화된 것을 실재로 여기고 이를 붙들고 늘어지려는 성향을 배태한다. 오죽하면 "성자를 형상 안에서 존경하는 것은 형상을 성자로 존경하는 것"(168)이라는 비아냥까지 등장하게 되었을까? 결국 형상화의 욕망에 의한 투사는 저급하게는 원시적 우상화에서 물상화를 거쳐 개념화에 이르는 과정으로 전개된다. 많은 종교인들에게서 일어나는 신에 대한 임의적 개념화도 결국 우상화의 한 형태이며 형상화 욕구의 산물일 뿐이다.

지녀야 한다.[62] 이로써 감정적 투사의 신은 인격신으로 나타나는데, 포이어바흐에 의하면 "일반적으로 인격신이 필요하다는 근거는 인격적 인간이 인격성 안에서 비로소 자기와 만나며 자기를 발견하기"[63] 때문일 뿐이다.

지금까지 우리는 인간의 정신 요소인 지성과 의지와 감정의 차원에서 벌어지는 종교적 투사의 전개들을 특히 인간과 신의 만남에 초점을 맞추어 구체적으로 살펴보았다. 포이어바흐에 의하면 이것이 바로 인간으로부터 접근함으로써 드러나게 되는 "종교의 비밀"이다. 의도적으로 은폐하려는 비밀이라기보다 원초적 종교성으로 포장된 욕구에 대한 자기반성의 결여로 인해 의식하지도 못하는 비밀이었기에 이를 파헤치는 과제는 결코 간단한 것이 아니었다. 그것은 욕구로 포장된 인간의 폐부를 들추어내는 고통을 수반하는 것이었고, 따라서 저항과 반감을 감수하지 않으면 안되었다. 그러나 참으로 적절한 신과의 관계 수립을 위해 이런 과제는 불가피한 것이었다. 이 점은 다음 절에서 살펴보려는 "종교의 모순"에도 마찬가지로 적용된다. 덧붙인다면 "종교의 모순"에 대한 논의는 차라리 투사의 한계를 넘어설 가능성을 도출할 수 있는 토대가 되기도 할 것이다.

5. 종교의 모순:
신에서 본 종교의 허상성과 신학의 음모 까발리기

이제 논의하려는 "종교의 모순"이란 지금까지 논의한 "종교의 비밀"에 담긴 내용일 뿐 새삼스런 것은 아니다. 즉, 비밀을 까발렸더니 그 안에 도사리고 있던 모순이 드러났다는 것이다. 따라서 전통적으로 진행된 신학의 모습에 대한 직접적 반성의 계기가 될 수 있다면 그것으로 족할 것이다.

포이어바흐는 신앙과 연관된 자유와 강제의 관계에 대한 논의로 "종교의 모순"에 대한 비판을 시작한다:

---
[63] 『기본』, 194. "인간이 인격적일수록 그만큼 더욱 인격신에 대한 욕구가 강해진다"(195).

믿지 않으면 벌을 받는다는 것이 교묘하게 양심에게 신앙을 강요한다. 지옥에 대한 공포가 나에게 믿을 것을 강요한다. 나의 신앙이 근원적으로 자유로운 것일 때조차 거기 항상 공포가 섞여 있다. 나의 심정이 처음부터 끝까지 구속되어 있다. 이론적 자유의 원리인 회의가 나에게 범죄로 나타난다.[64]

신앙은 이처럼 자유와 강요 사이의 모순을 겪어야 한다. 또한 종교는 도덕적 치유력을 의미하는 진실성과 인간희생도 불사하는 광신적 비진실성을 함께 지니고 있다. 포이어바흐에 의하면 신앙이나 종교의 이런 모순은 결국 신의 모순에서 기인한다. 신을 인간으로부터가 아니라 신 자체로부터 보려 했던 재래의 신학적 접근은 이런 모순에 봉착할 수밖에 없었다는 것이다. 그렇다면 구체적으로 신은 어떤 모순을 지니는가?

전통신학이 취하는 형이상학적 접근은 신을 "있음"과 "앎"의 구도에서 분석해 왔다. 먼저 있음의 구도에서 보면 신은 지성적 사유의 정점에서 "가장 큰 것으로 존재한다고 증명되었다"는 주장이 있는가 하면 무엇보다도 철저히 감성적 체험의 대상이라는 주장이 팽팽히 맞서 있다: "신의 존재는 현실적이기는 하지만 동시에 전혀 현실적이지 않다. … 즉, 신의 존재는 감성적 존재와 사유되는 존재 사이의 중간물이며 모순에 가득 찬 중간물이다".[65] 말하자면 신의 존재 여부에 관한 유신론과 무신론의 형이상학적 대립이 사실상 검증도 반증도 될 수 없는 신념들의 팽팽한 대결일 뿐이라면 이는 곧 있음의 차원에서 신의 모순일 뿐이라는 것이다. 또한 앎의 구도에서 보면 신은 인간에게 알려질 수 있는가의 여부에 따라 합리주의적 가지성과 신비주의적 불가지성이 여전히 팽팽한 긴장을 이루어 왔다. 이에 대해 포이어바흐는 신에 대한 인식가능성은 그 고유행위로서의 계시에서 종교적 객관주의의 정점을 이루지만 그런 객관적 사실성이란 단지 "사람들이 그 진리성을 의심하지 않는 표상"일 뿐이라 한다. 그런데 "표상의 대상은 결코 이론의 대상이 아니라 심정의 대상이며, 심정은 자

[64] 『기본』 302. [65] 『기본』 320.

신이 소망하는 것이 존재하기를 바라는 것"[66]일 뿐이다. 사실보다 소망이나 욕구가 앞서며, 욕구가 오히려 사실을 지배한다는 것이다:

> 우리는 계시를 매개로 해서 신을 신 자신에 의해 인식한다. … 계시에서는 숨겨진 자가 드러나고 모든 초감성적 신비들이 드러난다. 여기서는 이성이 침묵해야 한다. 그럼에도 신의 계시(사실)는 인간 본성(욕구)에 의해 규정된다. 신은 동물이나 천사가 아닌 인간에게 말한다. 따라서 인간적 표상을 가지고 인간적 언어로 말한다. … 신 자신의 사유능력(사실)으로 생각하는 것이 아니라 인간의 사유능력(욕구)을 가지고 생각한다. 신이 계시(사실)를 계획할 경우 신 자신에 의존하는 것이 아니라 인간의 이해력(욕구)에 의존한다. 신에서 인간으로 오는 것(사실)은 단지 신 안에 있는 인간(욕구)에서 인간으로 오는 것에 지나지 않는다.[67]

달리 말하면, 원한다는 이유만으로 그것은 있어야 하며 따라서 있다는 것인데, 이처럼 희망에서 당위를 거쳐 현실로 이르는 일련의 과정은 신의 계시의 당위성과 현실성 사이의 간극을 메워 버린다. 이런 맥락에서 포이어바흐의 다음과 같은 절규는 도저히 외면할 수 없다:

> 신이 인간의 머리카락까지 세어 두었다면, 그리고 신의 의지에 의하지 않고서는 참새 한 마리도 땅에 떨어지지 않는다면, 신이 어떻게 자신의 말 — 인간의 영원한 행복이 달려 있는 말 — 을 필기자의 무분별과 변덕에 맡기겠는가? 그리고 어째서 신이 자신의 사상을 모든 왜곡에서 지키기 위해 필기자에게 구술하지 않았겠는가? "그러나 인간이 성령의 단순한 기관이었다면 그것에 의해 인간의 자유는 폐기되었을 것이다!" 오, 이것은 얼마나 보잘것없는 논거인가? 도대체 인간의 자유는 신적 진리 이상으로 가치가 있는가? 또는 인간의 자유는 오로지 신적 진리의 왜곡 속에서만 성립하는가?

---

[66] 『기본』 325. [67] 『기본』 327.

그러나 절대적 진리로서의 일정한 역사적 계시에 대한 신앙에는 필연적으로 미신이 결합되어 있는 것과 마찬가지로 그 신앙에는 또한 궤변이 필연적으로 결합되어 있다. 성서는 도덕에 모순되고 이성에 모순되고 자신과도 수없이 모순된다. 그러나 성서는 신의 말이며 영원한 진리다. 그리고 "진리는 자신과 모순될 수 없으며 또 그래서도 안된다". 계시를 믿는 사람은 신적으로 조화된 진리로서의 계시의 관념과 이른바 실제의 계시 사이의 이런 모순에서 어떻게 빠져나오는가? 그것은 오로지 자기기만에 의해서, 어리석은 구실에 의해서, 가장 진실하지 못한 궤변에 의해서다. 그리스도교적 궤변은 그리스도교적 신앙 — 특히 신의 계시로서의 성서에 대한 신앙 — 의 산물이다.[68]

있음의 구도에서 만난 신의 존재의 모순과 앎의 구도에서 만난 신의 계시의 모순은 결국 신성을 "모순덩어리"로 드러낸다. 다시 말하면 신의 있음과 없음, 그리고 신에 대한 앎과 알 수 없음이라는 모순의 공존은 신성의 대립적 양면성을 귀결시킨다. 우선 신은 보편적이면서도 인격적일 만큼 개체적이어야 한다. 그런데 포이어바흐는 전통 형이상학이 이 문제를 해결하려 했지만 궤변만 늘어놓았을 뿐이라고 꼬집는다: "이 정의의 한쪽 절반은 다른 한쪽 절반과 언제나 모순된다. 현실에서 주장되는 것은 당위에서는 항상 거부된다. 근본개념은 단지 궤변에 의해 숨겨져 있을 뿐이다".[69] 그는 보편성-개체성의 문제를 인간성의 문제에 연관지으면서 다음과 같이 비판한다:

> 우리를 걱정하지 않는 신, 우리의 기도를 들어주지 않는 신, 우리를 보지도 않고 사랑하지도 않는 신은 결코 신이 아니다. 따라서 인간성은 신의 본질적 술어가 된다. 그러나 동시에 독립적으로, 인간 밖에, 인간 위에 다른 존재자로서 실존하지 않는 신은 환영이라고 불린다. 따라서 비인간성과 초인간성이 또한 신성의 본질적 술어가 된다.[70]

---

[68] 『기본』 331-2.   [69] 『기본』 335.   [70] 『기본』 335.

이처럼 신은 인간과 본질적으로 통일적이어야 하며 동시에 본질적으로 인간과 구별되어야 하는 모순적 요건을 지니는데 그리스도교는 역사적으로 이런 모순을 "신비성과 불가해성"으로 포장해 왔다는 것이다. 그런데 종교적 불가해성이란 "반성이 분별을 잃을 때마다 찍는 무의미한 구두점이 아니라 공상이 심정에 대해 부여하는 인상이 내뱉는 간절한 감탄부호"[71]라는 것이다. 이 점은 신에게 부여된 시간적 무한성으로서의 영원성과 공간적 무한성으로서의 편재성이 시공간적 유한성을 부정한다기보다 특정한 시공간의 배타적 제한을 부정할 뿐이라는 점에서도 확인된다. 말하자면 신성이란 인간의 감성에서 양적으로 무한히 확장된 것일 뿐이어서 그 출발의 근거인 인간의 유한성과 이에서 확장된 무한성이 초래하는 모순을 피할 길이 없다는 것이다. 그런데 이런 양적 차이가 개념적 반성을 통해 질적 차이로 변화되고 이것이 곧 객관적 성질이 됨으로써 종교적 불가해성으로 고정된다는 것이다. 여기서 개념적 반성이란 인간과 신의 유사성에 근거하여 신인동형설을 유포시킴으로써 사실 가상일 뿐인 것을 실체화하는 투사를 일컫는다.[72]

신성의 이런 모순은 그리스도론의 핵심인 "신-인" 개념에서 절정에 이른다. 포이어바흐는 이를 다음과 같이 묘사한다:

> 신은 오직 인간을 양자로 삼은 것이지 어떤 짐승을 양자로 삼은 것이 아니다. 입양의 근거는 인간성 안에 포함되어 있다. 신의 은총에 의해 양자가 된 인간은 단지 자기의 신적 본성과 품위를 의식하고 있는 인간에 지나지 않는다. 또한 외아들 자신은 인간성의 개념, 자기 자신에 몰두하는 인간, 자신과 세계에서 물러나서 신 안에 숨어 있는 인간 외의 어떤 것도 아니다. 로고스는 숨어 있는 인간, 묵묵히 있는 인간이며, 인간은 공공연한 로고스, 표현된 로고스다.[73]

---

[71] 『기본』 336. [72] 『기본』 337-46.
[73] 『기본』 347. "인간이 신의 형상이라는 것은 인간이 신과 유사한 존재라는 것 이상의 어떤 것도 의미하지 않는다"(348).

이렇게 신과 인간의 친족적 유사성이 사실상 동일성과 비동일성의 공존이라는 모순을 해소하려는 타협책으로 제시된 것인데 포이어바흐의 다음과 같은 분석은 결국 이 유사성이 그의 투사론의 인식론적 근거임을 밝히는 것으로 보인다:

> 유사성이란 현실성의 영역에서는 직접적으로 감성적 표상에 의해 분할 중단되고, 종교의 영역에서는 상상력의 표상에 의해서 분할 중단되는 이성의 동일성이다. 간단히 말해 유사성이란 개체성 또는 인격성의 표상에 의해 양분된 이성의 동일성이다. … 유사성이란 이성에 의해 긍정되고 감성에 의해 부인되는 그런 동일성이다. 유사성 또한 구별의 가상을 존립시키는 동일성이다. 즉, "그렇다"고도 "그렇지 않다"고도 직접 말하지 않는 허위의 표상Scheinvorstellung이다.[74]

말하자면 동일적 비동일성 또는 비동일적 동일성이라는 모순으로밖에 볼 수 없는 유사성에 근거하여 인간은 신을 투사했고 바로 이때문에 신성은 어떤 형태로든지 모순적일 수밖에 없다는 것이 "종교의 모순"을 논하는 포이어바흐의 핵심이다. 신성의 모순은 신 자체의 구조를 일컫는 삼위일체론의 모순에서도 여지없이 확인되거니와[75] 이는 결정적으로 신-인 관계에서 신앙과 사랑 사이의 모순이라는 종교의 비극적 모순을 귀결시킨다는 포이어바흐의 지적은 인간의 원초적 종교성을 그 뿌리에서부터 되돌아보게 하는 실로 엄청나고도 지대한 통찰이라고 하지 않을 수 없다.

---

[74] 『기본』 349. 포이어바흐는 사변적 신학이 논하는 유사성을 비진실한 동일성으로 평가하고 그 모순을 다음과 같이 간결하게 정리한다: ① 신은 신 아닌 것에 의해 구별됨으로써만 신이다; ② 본질(있음)과 의식(앎)의 통일만이 진리다; ③ 따라서 자신과의 통일이 아닌, 즉 내적 분리를 지닌 비진실한 동일성은 자기모순적이다(354-6 참조).

[75] 삼위일체의 모순에 대한 포이어바흐의 분석은 이를 넘어서야 하는 과제를 우리에게 제시해 주고 있다: "삼위일체는 다신론과 일신론의 모순이며 감성과 이성의 모순이며 상상과 현실의 모순이다. 감성은 인격들의 삼원성이며 이성은 인격들의 일원성이다. … 인격이라는 개념은 단지 하나의 상대적 개념, 즉 하나의 관계라는 개념에 지나지 않는다. … 그러나 이 관계는 단순한 관계나 비독립성이 아닌 실제의 인격, 즉 실체로 주장된다. 따라서 다시 복수형의 진리성이나 다신론의 진리성이 긍정되며 일신론의 진리성이 부정된다. 따라서 삼위일체라는 신성한 비밀에서도 그 비밀이 결국 인간적 존재자와 구별되는 진리를 표상하는 한 모든 것이 기만 · 환각 · 모순 · 궤변으로 해소된다"(358, 361).

6. 투사가 야기하는 종국적 문제: 신앙과 사랑의 모순

포이어바흐에 의하면, 신-인 관계의 친족적 유사성을 이루는 동일성과 비동일성의 모순은 종국적으로 신앙과 사랑 사이의 모순으로 나타난다. 즉, 신과 인간이 본질적으로 구별된다는 데서 신앙이 정초된다면 양자의 동일성은 사랑으로 나타난다. 아니 거꾸로 신앙은 신과 인간을 분리시키고 사랑은 인간과 신을 동일시한다는 것이 더 적절할 것이다. 이런 신-인 관계가 종교의 뼈대라면 "종교는 신앙을 통해 인간의 도덕·이성과 모순에 빠지는 반면 사랑을 통해 다시 이 모순과 대립한다".[76] 신앙은 신을 인간과 다른 특수한, 심지어 배타적인 존재자로 개별화하지만 사랑은 신을 인간과 어우러지는 존재로 일반화한다. 따라서 신앙은 그렇게 특수하고도 개별적인 신에 대한 복종을 강조하는 율법이 되는 반면, 사랑은 그런 것에서의 자유를 가리킨다. 그렇다면 구체적으로 신앙과 사랑이 종교에서 각각 어떤 역할을 하길래 상호모순으로까지 치달아 가는가?

신앙 문제부터 살펴보자. 철학적 사유나 과학적 이론도 그 체계를 제한하기는 하지만 그 제한이 사물의 본성에 근거한 반면, 신앙은 본질적으로 자기 결정을 이익과 행복욕에 내맡긴다는 점에서 더 제한적이다. 그럼에도 이 제한은 인간에게 오히려 특수한 우월감을 주는데 여기서 신이란 신앙인이 비신앙인에 대해 가지는 그런 구별과 우월감이 인격화된 것일 뿐이다. 신이 인간에게 착각이나마 우월감을 제공하는 것이 아니라 착각적 우월감이 인격화함으로써 신이 된다는 말이다. 그렇지만, 그렇기 때문에 신앙인은 자신의 명예를 자신에게 직접 부여하지 않고 "오로지 주에게 명예를 주기 위해 자신에게는 모든 공적을 부인한다. 그러나 그것은 단지 주에게 돌리는 공적이 자신에게 도움이 되기 때문이다. 그는 주의 명예 속에서 자기 명예감정을 만족시킨다. 신앙은 교만이다".[77]

그런데 신앙의 이런 교만성은 도덕과의 관계에서 이중적 성향으로 나타난다. 한편으로는 신앙이 자신을 도덕과 동일화한다:

---

[76] 『기본』 376.   [77] 『기본』 379.

> 신앙은 제한되어 있고 선입견에 사로잡혀 있어서 모든 불신앙을 도덕적 성향과 결부시킨다. 신앙에서 보면 신앙을 가지지 않은 사람은 완고와 악의 때문에 믿지 않는다. … 신앙은 신앙인들에게는 선량하지만 비신앙인에게는 사악하다. … 신앙을 가진 사람은 축복을 받고 신의 마음에 들고 영원한 행복에 참여하지만 신앙을 가지지 않은 사람은 저주받고 신에게서 쫓겨나고 인간에게 비난받는다.[78]

그런가 하면, 다른 한편 신앙은 도덕과의 모순도 불사한다:

> 신앙은 영생의 행복을 신앙 자체에 의존시킬 뿐 평범한 인간적 의무를 다하는 것에 의존시키지는 않는다. … 그러므로 내적으로 도덕이 신앙에 종속되는 것과 마찬가지로 외적·실천적으로도 도덕은 신앙에 희생될 수 있고 또 그렇게 되지 않으면 안된다. 신앙이 도덕과 구별되어, 또는 오히려 신앙이 도덕과의 모순 속에서 나타나게 되는 행위가 존재하는 것은 필연적이다.[79]

그러나 면밀히 검토해 보면, 도덕에 대한 신앙의 이중성은 사실상 신앙 자체의 당파성에 기인한다:

> 신앙은 인간의 자연적 유대를 폐기한다. 즉, 일반적이고 자연적인 통일 대신 특수한 통일을 설정한다. 신앙은 본질적으로 당파적이다. 그리스도를 찬성하지 않는 자는 그리스도를 반대하는 자다. 신앙은 적이냐 친구냐를 알 뿐 비당파성을 모른다. 신앙은 자신에게만 마음을 빼앗긴다. 신앙은 본질적으로 불관용이다.[80]

---

[78] 『기본』 381-2.

[79] 『기본』 390. 그는 이어서 확언한다: "신앙이 인간에게 결코 실제로 도덕관념을 주입하지 않는다는 것만은 확실하다. 만일 신앙이 인간을 개선하고 도덕관념을 귀결시킨다면 그것이 단지 도덕이 가진 확신에서 나온 것에 지나지 않는다"(391).

[80] 『기본』 384. 신앙의 당파성은 신을 향한 배타성으로 나타난다: "인간의 선한 행위의 동기는 사랑 그 자체도 사랑의 대상도 아니다. 그렇다! 그는 선을 선 자체를 위해 행하는 것도 인간을 위해 행하는 것도 아니며 오직 신을 위해 행한다"(391).

신앙의 이런 당파적 불관용에 대한 포이어바흐의 비판은 다음과 같은 고전 인용에서 절정에 이른다:

> 지옥은 행복한 신앙인의 기쁨을 감미롭게 한다. 그들 선택된 사람들은 배신자의 고뇌를 바라보러 나타날 것이다. 그리고 그들은 배신자의 고뇌를 보더라도 고통에 시달리지 않는다. 반대로 그들은 배신자의 형언할 수 없는 고뇌를 봄으로써 자신들이 구원받은 것을 기쁨에 넘쳐 신에게 감사드린다.[81]

실로 신앙이 이렇다면 사랑과 모순관계를 이룰 수밖에 없다. 그런 모순은 어떻게 나타나는가? 포이어바흐는 "사랑은 신앙의 반대"라고까지 말한다: "사랑은 죄 안에서도 덕을 인식하고 오류 안에서도 진리를 인식한다".[82] 이와 달리 "신앙에 따르면, 그리스도교도에서 발생한 선은 인간이 행한 것이 아니라 그리스도교나 신앙이 행한 것이지만, 그리스도교의 사악은 그리스도교가 행한 것이 아니라 인간이 행한 것이다".[83] 그럼에도 그리스도교가 신앙과 사랑을 양자택일의 관계로만 본 것은 아니었다. 만일 그랬다면 전혀 종교가 아니거나 사악한 악마교가 되었을 것이기 때문이다:

> 그리스도교는 사랑에서 나오는 행위와 사랑을 수반하지 않는 신앙에서 나오는 행위를 동시에 시인한다. … 〔그러나〕 사랑은 단지 그리스도교의 공교적인exoterisch 가르침에 불과하며 신앙은 그리스도교의 비교적인esoterisch 가르침이다. 즉, 사랑은 단지 그리스도교의 도덕에 불과하지만 신앙은 그리스도교의 종교다. … 신앙은 신의 독립성에 집착하며 사랑은 신의 독립성을 폐기한다.[84]

---

[81] 롬바르디아의 페트루스 『명제집 4권』 제4권 제50편 제4장 [『기본』 386에서 재인용].
[82] 『기본』 386. "사랑이나 이성이 아니라 신앙이 지옥을 발명했다"(같은 면).
[83] 『기본』 387. 포이어바흐는 상당한 지면(387-9)을 할애하여 신약성서의 복음서와 바울로서신들에서 신앙의 배타성에 입각한 축복과 저주의 경계를 확고히 하려는 선언들을 뽑아 열거했다.
[84] 『기본』 392-3.

신앙과 사랑의 이런 모순은 급기야 사랑을 제한하고 왜곡함으로써 비극을 초래했다:

> 성서는 신앙을 통해 벌하고 사랑을 통해 은혜를 베푼다. 그러나 성서는 단지 신앙을 근거로 한 사랑을 알 뿐이다. 따라서 여기에 이미 저주받은 사랑, 신뢰할 수 없는 사랑, 자신이 냉혹하지 않다는 어떤 보증도 주지 않는 사랑이 있다.[85]

그러나 이처럼 "신앙에 의해 제한되는 사랑은 진실하지 않은 사랑이다". 그렇다면 사랑은 어떻게 진실한 사랑일 수 있는가? 포이어바흐의 다음과 같은 언명은 중요한 실마리를 제공하는 것으로 보인다: "사랑은 신앙의 승인이 필요하지 않다. … 신앙에 의해 속박된 사랑은 자기 자신 안에 신앙의 증오를 숨기고 있다".[86] 따라서 신앙과의 모순 때문에 사랑이 제한되고 왜곡될 수밖에 없다면 사랑이 진정한 사랑이기 위해서는 종교성을 벗어야 한다:

> 그리스도교적 사랑은 그리스도교적 성격을 버리지 않는 한, 즉 사랑을 단적으로 최상의 율법으로 삼지 않는 한, 자신의 특수성에 의해 사랑의 본질과 모순에 빠지는 사랑이며 결국 사랑이 없는 사랑이다. … 진실한 사랑은 어떤 특수한 호칭도 권위도 필요하지 않다.[87]

이처럼 사랑의 진실성을 회복하기 위해서는 신앙의 배타주의와 종파주의에 대한 거부를 통해 비종교화해야 한다는 점이 역설되고 있다.[88] 또한 같은 맥락에서 진실한 사랑은 어떤 매개도 허용할 수 없다는 점도 갈파된다:

---

[85] 『기본』 395. [86] 『기본』 394. [87] 『기본』 395.

[88] 그리스도이기 때문에 사랑인가, 아니면 사랑이기 때문에 그리스도인가? 전자라면 여전히 종교성에 머물러 있을 뿐이라는 것이다. 포이어바흐는 이에 대해 다음과 같이 역설한다: "그리스도는 모든 미신적인 표상에서 인정되는 것과는 달리 사랑의 소유주가 아니었다. 사랑의 개념은 독립적인 개념이며 내가 그것을 처음으로 그리스도의 생애에서 끌어낸 것은 아니다. 반대로, 내가 그리스도의 생애를 존경하는 것은 오직 그 생애가 사랑의 율법이나 개념과 일치하는 것을 발견하기 때문이다"(396).

사랑은 직접적이어야 한다. 사랑은 오직 직접적 사랑으로서만 사랑이다. 그런데 만일 사랑을 통해 보편성을 실현하는 나와 타인 사이에 이미 자기 안에서 보편성을 실현하고 있는 개체성의 표상을 삽입하게 되면 나는 사랑의 본질을 폐기하고 우리 이외의 어떤 제3의 표상에 의해 통일을 교란시킨다. 이 경우 타인이 나에게 사랑의 대상인 것은 오직 그가 이 원형에 대해 가지고 있는 유사성 또는 관계 때문이지, 그 자신을 위해서, 즉 그의 본질을 위해서가 아니다.[89]

이런 사랑의 비종교성과 비매개성[90]이야말로 이제 "신앙과 사랑의 모순"이라는 핵심적 논의를 통해 포이어바흐가 결국 주장하려는 종교적 환상의 극복을 위한 결정적 준거가 된다:

> 종교에 대해 자각적 이성이 할 일은 단지 환상을 파괴하는 것뿐이다. 환상은 아무래도 좋은 것이 아니라 오히려 인류에게 근본적으로 파괴적 영향을 미치고 인간의 실제생활의 힘을 없애고 또 마찬가지로 진리와 덕에 관한 감각을 없앤다. 그 자체 가장 내적이고 가장 진실한 감정인 사랑조차 신앙을 통해 단지 외견적이고 환상적인 것이 되며, 종교적 사랑은 단지 신을 위해 인간을 사랑하는 것에 불과하므로 외견적으로 인간을 사랑할 뿐 실제로는 단지 신만을 사랑한다.[91]

인간이 종교에서 투사한 환상이 오히려 인간을 소외시키고 억압하는 현실은 인간의 어리석은 자가당착이므로 그런 환상은 파괴해야 한다는 것이 포이어바흐의 통찰의 핵심이다. 그의 이런 통찰은 한 세기 반이 지난 오늘의 우리에게서도 여전히 폐부를 찌르는 종교적 자기반성을 위한 탁월한 준거 역할을 수행하고 있

---

[89] 『기본』 398.
[90] 사랑의 이런 성질들이 오히려 그리스도의 정체를 제대로 볼 수 있는 눈을 열어준다. 그리고 포이어바흐의 다음 언술은 이를 증명한다: "사랑의 의식으로서의 그리스도는 보편성의 의식이다. 우리 모두는 그리스도 안에서 하나다. … 따라서 인간을 위해 인간을 사랑하는 사람, 자기를 인류의 사랑에까지 끌어올리는 사람은 그리스도교도이며 그리스도 자신이다. 그런 사람은 그리스도가 행한 것을 행하고 그리스도를 그리스도이게 만든 것을 행한다"(399).
[91] 『기본』 407.

다. 지금까지의 논의를 되돌아보건대, 사실상 그의 논의에 대한 구태의연한 비판이나 얄량한 거부보다 그의 통찰의 가치를 되새기는 것이 더 중요한 선결과제임은 이제 두말할 나위조차 없다. 그러나 그리스도교계와 신학계는 이런 자성의 요구에 대한 비판에 귀기울이는 지혜를 발휘하기보다 이를 외면하고 "선교"라는 이름의 교세 확장을 위해 종교적 환상의 장막을 더욱 높고 두텁게 쳐가는 어리석음을 여전히 범하고 있다. 따라서 우리는 포이어바흐의 통찰에 의해 촉구된 자기반성이라는 과제를 전제한 후에야 그에 대한 비판을 첨가할 수 있다는 점을 명시해야 할 것이다. 아울러 그의 분석에 대한 우리의 비판이 결국 우리의 자성에로 되돌아와야 함은 물론이다.

7. 투사의 불가피성을 넘어서

"인간의 투사에 신을 가두지 말지어다!"

포이어바흐의 그리스도교 비판에서 우리가 추려낼 수 있는 가르침은 한마디로 위와같이 정리될 수 있다. 이런 가르침은 비록 그가 의도하지 않았더라도, 아니 그의 의도를 넘어섰다 하더라도, 여전히 그리스도교의 본질에 대한 그의 분석에 대한 우리의 평가와 비판의 출발점이 된다. 그러기에 우리의 평가적 비판은 대체로 다음과 같이 크게 두 부분으로 나누어 펼치는 것이 바람직할 것이다. 우선 인간의 원초적 종교성에 근거한 투사를 욕망의 소이로 보는 그의 인간 성찰이 긍정적이고 수용적으로 평가되어야 할 것이다. 인간과 종교 사이의 얽힘에 도사린 욕망에 대한 진솔한 반성 없이는 신을 인간의 투사에서 해방시키기란 불가능할 것이기 때문이다. 그럼에도 포이어바흐 자신이 끊임없이 자신에게 경고하면서도 때로 자가당착에 빠지기도 하는 인간적 영역 넘어서기의 유혹을 그가 어떻게 다스리는가에 대한 비판의 고삐도 늦출 수는 없다. 그 자체에서의 신의 존재와 신성에 대한 그의 표상, 즉 신-인간의 관계에 대한 그의 추론이 그 자신이 그토록 강조하는 인간적 범주의 한계, 즉 인간학적이고 해석학적인 영역을 벗어나는 오류를 범할 수도 있기 때문이다.

먼저 그리스도교의 본질에 대한 포이어바흐의 비판이 던져진 시대정신-문화적 정황에 대한 고찰은 그의 입지와 동기를 이해하면서 동시에 그 한계를 가늠하게 한다. 인간 주체의 부상을 특징으로 하는 서구 근세에서 그리스도교 신학이 주지주의를 공유하는 정통주의와 계몽주의를 거쳐 주정주의를 특성으로 하는 경건주의와 낭만주의로 이어졌는데 이런 흐름은 헤겔의 형이상학적 집성이 보여주듯이 인간의 신격화와 불가분의 관계에 있었다는 것은 주지의 사실이다. 따라서 포이어바흐가 그런 신격화의 투사성에 대해 그토록 기염을 토한 것은 차라리 그 시대에 대한 정직하고 순수한 반응이었다고 하지 않을 수 없다. 말하자면 중세의 신을 하늘 높이로 올려 버린 근세의 과학은 한편 과학주의라는 소박한 현대적 미신으로 흘러갔지만, 다른 한편 근세적 과학도 고전적 신에 대한 대안일 수 없다는 지성적 허무주의를 배태하면서 인간은 급기야 자력구원을 획책하게 되었다. 그리고 그렇게 시도된 자력구원은 신 안에서 인간을 발견하는 방식으로 인간으로부터 신을 투사하기에 이르렀다. 포이어바흐의 다음과 같은 집약적 언급은 이에 대한 귀결이면서 동시에 비판의 실마리를 보여준다:

> 신은 인간의 또하나의 자아이며 인간의 또하나의 잃어버린 반신半身이다. 인간은 신 안에서 자기를 보완한다. 인간은 신 안에서 비로소 완전한 인간이 된다. 신은 인간에게 욕구다. 인간은 자신에게 무엇이 결여되어 있는지를 모르지만 무엇인가 결여되어 있다. 신은 이 결여되어 있는 어떤 것이다. 따라서 신은 인간에게 불가결하다.[92]

신이 인간에게서 결여된 것이고 보완되어야 할 것으로 규정된 것은 "사람은 삶이 두려워서 사회를 만들었고 죽음이 두려워서 종교를 만들었다"는 인간학적 통찰과도 맥을 같이한다. 이것은 또한 인간이 자신의 유한성에 대한 돌파구로서 무한성을 갈구하려는 원초적 종교성이 신의 존재설정의 근간이었다는 것을

---

[92] 『기본』 312.

폭로하는 지성적이고도 종교적인 정직성의 선언이다. 물론 그 선언의 정직성이 그 선언 자체의 타당성을 보장하는 것은 아닐 뿐더러 더욱이 저편 너머 신 자체의 존재 여부에 관한 언명이 아님은 두말할 나위도 없다. 따라서 우리는 이런 오해에 사로잡혀 그런 비판의 의도와 정신을 간과하는 어리석음을 범해서는 안된다. 말하자면, 저편 너머에 대해서 인간은 영원한 인식적 판단중지를 해야 할 것이며 다만 "이편에서 인간이 종교라는 이름으로 얼마나 자의적이고 작위적인 신관념을 설정하고 이를 숭배해 왔는가?"라는 문제에 대해 진지하게 반성해야 하겠다. 실로 교회 안에서 오히려 이런 형태의 관념적 우상숭배가 지배적이라면 그에 대한 반성의 기제로 포이어바흐의 이런 솔직한 지적을 외면하지 말아야 할 것이다. 과연 신정통주의자인 바르트마저도 절찬리에 평가하듯이 종교적 관념의 우상에 대한 숭배를 넘어 "진정한 신을 인식할 필요를 철저하게 상기시켜 준 점에서 포이어바흐는 절대다수의 근대 및 최근 신학자들보다 진정으로 강력했으며 지금도 여전히 그렇다".[93]

그럼에도 신이 인간의 종교적 욕망에 근거해서 정신의 요소들로부터 투사되었다는 것은 인간의 본질을 너무나 비현실적으로 온전하고도 아름다운 것으로 잘못 본 것이라는 비판을 피할 수는 없다. 인간은 그렇게 선하지만은 않고 더욱이 죽을 수밖에 없는데 인간에게 도사리고 있는 악과 죽음에 대한 "즐거운 망각"이 곧 인간으로 하여금 신의 원천이 되게 했다는 지적이 가능하기 때문이다. "포이어바흐가 말하는 인간이 실제로 현실적 인간인가?"라는 물음을 던진 헤겔 좌파의 슈티르너를 인용하여 바르트가 가한 비판은 바로 이런 문제의 정곡을 찌른 것이었다.[94] 악과 죽음이라는 인간의 차이가 신과의 동일성을 부정할 수밖에 없는 명백한 계기임에도 "신과 인간 사이의 무한한 질적 차이"를 간과한 "천박한 무지"가 포이어바흐의 맹점이었다는 것이다.

그럼에도 만일 바르트의 이런 비판이 타당하다면 이것은 곧 포이어바흐가 인간적 경험 너머에까지 신의 존재 여부를 지배하고 간섭하려 했다는 것이 된다.

---

[93] 『기본』, "바르트의 해설" 32.   [94] 『기본』, "바르트의 해설" 35-6.

그러나 욕망이 당위를 낳고 당위가 존재를 낳는 과정으로 이루어진 그의 투사론은 어디까지나 인간적 경험에 대해서만 적용되는 해석학적 비판이 아니었을까? 포이어바흐가 과연 유신론-무신론의 대립 같은 케케묵은 형이상학적 논쟁에 뛰어들거나 행여 이에 대해 부분적이나마 어떤 입장을 표명할 의도가 있었다면 그렇게도 "인간으로부터" 또는 "삶으로부터"라는 전제를 구호처럼 외칠 이유가 있었을까? 오히려 우리가 그의 의도를 정직하게 읽어주고자 한다면 그는 신의 존재여부에 관한 어떤 존재-신학적 관심도 본격적으로 가지고 있지 않았음에 주의를 기울여야 하지 않을까? 그럼에도 그의 논의의 출발과 귀결을 그렇게 확대하는 것은 종래의 형이상학과 현대의 탈형이상학적 시도로서의 유물론적 인간학 사이의 근본적 차이를 인지하지 못하는 몰이해에서 비롯된 것이 아닐까? 그리고 바로 그런 몰이해가 포이어바흐를 소박한 무신론자로 간주하는 천박한 곡해로 이어지고 있는 것이 아닐까?

그러나 이런 반격적 물음들은 우리가 포이어바흐의 논지를 무조건 옹호한다는 것을 뜻하지는 않는다. 다만 포이어바흐 투사론의 근저에 전제되어 있는 신념이 자연과 인간에 초점을 맞추는 유물론임을 고려한다면, 그리고 그런 유물론이 종래의 유심론적 형이상학에 대한 반동이라면, 그가 구태의연하게 신의 존재여부에 대한 형이상학적·유심론적 논의로 되돌아갈 이유가 없었다는 것은 분명하다는 점을 지적하고자 할 따름이다. 말하자면 그가 그토록 전제하고 강조하는 신-인 동일성이라는 것이 인간 경험에 대한 해석학적 반성의 범위를 넘어서, 즉 어떤 긍정이나 부정의 판단도 개입될 수 없는 신 자체의 타자성까지 지배하려는 범주의 오류에 대한 유혹을 포이어바흐 자신도 떨쳐야 하는 과제를 지니고 있기는 하다. 그리고 이런 점은 투사의 본질적 불가피성에 대한 그의 다음과 같은 신념에도 해당된다: "옳은 것, 진실한 것, 선한 것은 어떤 경우에도 자신을 신성화하는 근거를 자신 안에, 자신의 질 안에 가지고 있다".[95] 즉, 여기서도 "옳음·진실함·선함" 등의 수식을 받는 인간경험적 주어가 그 영역

---

[95] 『기본』 407.

안에서의 자기복제를 통한 형상화를 거쳐 신격화에 이르는 종교화의 생리를 인간이 지니고 있기는 하지만 이것이 저편의 신적 존재에 대한 어떤 긍정이나 부정의 빌미도 될 수 없다는 점을 분명히 해 두어야 할 것이다. 그리고 바로 이렇게 인간적 범주에 의한 분석의 저편, 즉 투사의 영역 너머에서의 신에 대한 인간의 판단 불가성을 확인하고 겸허하게 받아들이는 것이야말로 인간에게서 그나마 투사를 넘어설 가능성을 모색해 볼 수 있는 길이 될 것이다.

덧붙인다면, 「기독교의 본질」 전체를 지배하는 논리적 전개에서의 혼란을 정리할 필요성을 덮어 둘 수는 없다. 즉, 포이어바흐에 의하면 종교란 무한한 의식이 본질인 인간의 자기대상화의 산물이고 신은 보완이 필요한 인간의 결여된 본질이라고 했는데 여기서 관건이 되는 것은 "자기대상화"와 "결여의 보완"이라는 외형적으로 상충하는 것으로 보이는 핵심 개념들이 어떻게 얽혀서 종교와 신의 관계에 대한 유기적 이해에 이를 수 있는가 하는 것이다. 그런데 이 점에서 그는 충실한 논리적 정합성을 구현하지는 못한 것으로 보인다. 차라리 전자는 개념적 전제였고 후자는 추후 조치였다는 식으로 교통정리를 해 줄 수도 있겠고, 양자를 형식과 내용의 관계로 정리해 줄 수도 있을 것이다. 그러나 그에 대한 이런 비판이 그의 예언자적 외침의 가치를 격하시키지 않는다는 것은 새삼 강조할 필요조차 없다.

그럼에도 "참"과 삶의 거리를 좁히기 위해

해석학적 반성과 신학의 주제 파악하기

무릇 인간의 삶이란 고상하게 보자면 "참"을 갈구하는 것이요 솔직히 까발리자면 욕망 충족을 추구하는 것일진대 이 둘은 기실 따로 떨어진 것이 아니었다. 그런데 그게 서로 다른 줄 잘못 알고 헤맨 세월은 "참"이라는 포장 안에 담긴 욕망의 신세만큼이나 애달프게 "진리"라는 이름의 보편타당성과 객관성이라는 허상에 갇혀 온 인간의 역사 바로 그것이었다. 말하자면 삶을 우연한 이야기로 내몰았던 있음과 앎의 지배는 "참"과 삶 사이의 관계를 거리가 멀수록 더욱 바람직한 것으로 오도해 왔다. 그러나 그렇게 내몰렸던 삶이 죽음과 얽힐 수밖에 없음을 새삼 드러내면서 "참"의 자리는 "있음과 앎의 같음"이라는 이상에서 나아가 "삶의 다름"으로 이루어진 현실을 아우를 것을 요구받게 되었다. 이런 요구에 부응하는 몇 가지 노작들 중에 "참"과 "삶"을 이으려는 인간의 부단한 노력의 현대적 결실이라 할 수 있는 해석학은 "참"(진리)과 "뜻"(해석)의 경계 허물기를 통해 종국적으로 인간해방에 이바지할 것을 감히 꿈꾸고 있는 듯이 보인다. 물론 그 꿈이 얼마나 실현될 것인지는 두고볼 일이지만 그냥 보기만 할 수 없는 것은 우리 자신도 삶을 살아가면서 나름대로 이미 그 뜻을 풀어내고 있기 때문이다. 따라서 해석학은 우리들 삶의 과제이며 이 과제는 우리로 하여금 해석학에 전문적으로 종사하는 사람들로부터의 단순한 전수에 머무르기를 허락하지 않는다.

그러나 해석학적 성찰에 천착했던 몇 사람들의 이야기를 살펴보는 일은 여전히 중요하다. 그들의 통찰이 우리의 과제를 더욱 명료하게 드러내는 데 이바지할 것으로 기대되기 때문이다. 이들이 씨름했고 우리가 함께 나눌 물음은 무엇인가? 해석학은 현대의 시대적 물음인 "참은 도대체 왜 참인가? 되묻노니 언제 어디서 사는 누구에게 참인가?"를 당연히 공유한다. 이런 현대적 물음에 대한 시대의 반응은 이미 논했듯이 지역적·문화적 배경에 따라 매우 다양하게 표출되었다. 그중에서도 특히 서구를 중심으로 한 일련의 움직임들, 즉 실존철학·현상학·해석학은 그 갈래마다의 특성을 지니면서도 전통 형이상학을 보편성을 추구하는 본질철학으로 규정하고 이를 비판하면서 보편성이 초래할 수도 있는 획일성의 굴레로부터 개별성의 기치를 내걸음으로써 죽음과 얽힌 삶에서 출발하여 이를 파고드는 과제를 공유한다. 굳이 그 갈래들의 특성을 재론한다면, 실존철학은 죽음과 얽힌 삶을 있음/없음의 차원에서 절규하려는 시도라 하겠고 현상학은 죽음과 얽힌 삶을 앎/모름의 차원에서 해명하려는 시도로 볼 수 있겠다. 그리고 이제 우리가 이 장에서 관심하는 해석학은 그런 삶과 죽음의 얽힘을 있음/없음과 앎/모름의 얽힘으로 읽어내려는 시도라고 할 수 있겠다.

해석학의 출발 물음을 다시 새겨 보자. "참"이란 도대체 왜 참인가? "참"이라는 것이 있고 또한 알려질 수 있다 하더라도 그것이 도대체 왜 "참"인가? 이런 물음은 과연 "참"이 참인 근거를 들추어내려는 것이라고 할 때 "참"의 "무엇"과 "어떻게"를 묻고도 여전히 만족할 수 없는 현대라는 시대의 특징을 극명하게 드러내는 물음이다. 말하자면 해석학은 "참"의 정체와 방법의 근저에서 그 근거를 물으려는 노골적이고도 진솔한 시도라 할 수 있다. 지금까지 이 연구에서 다룬 철학사의 분석을 위한 우리의 구도를 사용해서 위의 묘사를 다시 표현한다면, 해석학은 "참"의 "왜"라는 물음에 대한 대답의 틀로서의 삶/죽음이라는 터전 위에서 "참"의 "무엇"이라는 물음에 대한 대답의 틀로서의 있음/없음과 "참"의 "어떻게"라는 물음에 대한 대답의 틀로서의 앎/모름을 상호 비환원적이고 동격적으로 얽어내려는 시도라고 할 수 있다. 이른바 해석학적 순환성이란 바로 이것을 가리키는데 삶에서의 있음과 앎의 시간적 동시성과 공간적 상호성에 주목하여 "참"과 삶의 관계를 엮으려는 것이다.

그런데 여기서 해석학자들의 지론을 살펴보기 전에 먼저 검토해야 할 것이 있다. 그것은 바로 "참"을 향해 던져진 "무엇"·"어떻게"·"왜"라는 물음들은 어떤 관계를 지닐까라는 것이다. "무엇"이 정체 물음이고 "어떻게"가 방법 물음이며 "왜"가 근거 물음이라고 할 때 각 물음이 나름대로의 위상을 지니지만 논리적으로는 동가적이고 등가적이라고 할 수 있을 것이다. 그러나 우리가 지금까지 살펴본 것과 같이 실제의 역사에서 그리고 특히 이제 우리가 관심하려는 해석학이라는 분야의 견지에서 본다면 이 물음들의 관계는 동가적이라기보다는 점층적 또는 점강적 관계를 이루고 있다는 것을 발견하게 된다. "참"을 향한 물음에서 "무엇"이 "거기 그렇게 있음/없음"을 구하고자 한다면 "어떻게"는 "앎의 주체와 관련된 있음/없음이 그 주체에 알려짐"을 찾으려는 것이어서 전자보다는 부득이 제한될 수밖에 없다. 그러나 해석학이 공유하는 "왜"라는 물음은 "죽음과 얽힌 삶을 사는 나와 관련된 있음과 앎의 얽힘"에 의해 추동되면서 동시에 이를 향한 것이어서 앞의 "어떻게"보다도 더욱 제한된 것일 수밖에 없다. 결국 일련의 물음은 제한의 점진적 가중으로 이루어진 "참"에 대한 구체화 과정이라고 하겠다. 말하자면 "참"과 관련하여 사람의 주제파악이 점차로 진솔해져 감에 따라 "참"의 모습이 현실화해 가는 과정이다.

다른 한편, "무엇"에서 "어떻게"를 거쳐 "왜"에 이르는 일련의 물음은 "참"의 영역을 점차로 축소하는 과정이면서 동시에 "참과 사람의 관계"를 더욱 심화해 가는 과정이라고 할 수 있다. "무엇"이라는 물음에서 "참"은 사람을 염두에 두지 않아도 좋았지만 "어떻게"라는 물음에서 사람은 최소한 앎의 "주체"로 모셔지게 되었고 "왜"라는 물음에 이르러서는 사람은 죽음을 싸안는 삶을 사는 "나"로 드러나게 되었다. 이로써 일련의 물음은 평면적으로 보면 "참"의 넓이가 줄어드는 과정이나 입체적으로 보면 "참"의 깊이가 더욱 깊어지는 오묘한 역리가 펼쳐지는 것으로 평가될 수 있다. 이를 달리 표현한다면 "참"을 향한 일련의 물음은 형식적으로는 한계의 점강적 설정 과정이며, 내용적으로는 관계의 점층적 심화 과정이라고 할 수 있겠다.

해석학에 대해 이렇게 형식적으로 개괄한다면 구체적으로 해석학에 종사한 사람들이 이토록 오묘한 역리를 어떻게 풀어내었는지 살펴보기 전에 다음과 같은 점을 덧붙이는 것이 적지 않은 도움이 될 것이다. 즉, 해석학이 특히 성서

해석을 중심으로 한 그리스도교 신학으로부터 추동되었다는 사실을 새삼 눈여겨볼 필요가 있다. 흔히 회자되는 이야기이지만 이런 사실은 그저 우연한 역사적 과정이 아니었다. 물론 신학사의 전개과정은 인간의 정신요소론적 구도에서 본다면 지성이 지배하던 초중세로부터 종교개혁이 보여주듯이 의지가 지휘하는 근세를 거쳐 감정에 본격적으로 호소하기 시작한 현대에 이르고 있다. 그런데 이런 일련의 변천과정이 소위 "참"에 대한 다양한 주장을 점증적으로 가능케 하는 방향으로 나아갔다는 데서 해석학은 그 과제를 발견하고 수립해 온 것으로 보인다. 말하자면 초중세의 덕목이었던 지성(호수)은 논리적 동일성과 현실적 필연성을 본질로 하는바 결국 초시공적 일의성이라는 기준에 적합한 실재적 진리를 내세움으로써 다의적 해석의 가능성을 허용하지 않았다. 그러던 것이 근세로 넘어오면서 새롭게 표방되는 의지(강)가 구가하는 자유의 임의성으로 인해 일의적이었던 진리는 서서히 갈래를 형성하게 되었다. 그런데 한 묶음으로 묶여 있던 것이 일단 풀리기 시작하니 이게 걷잡을 수 없는 노릇이었다. 이런 과정이 곧 다음 단계인 현대의 감정(바다)으로 분출되면서 감정의 예측불허성에 의해 진리에 대한 해석의 다의적 가능성은 이전과 비교할 수 없을 만큼 폭발적으로 퍼져나가게 되었다. 말하자면 해석학이 공유하는 현대의 시대정신이 구가하는 "죽음과 얽힌 삶에 맞닿는 참"이란 바로 진리의 다의적 해석 가능성을 가리키는 것 외에 다른 것이 아니다.

따라서 현대 해석학의 고전적 원조이면서 "현대 신학의 아버지"로 옹립되는 18세기의 슐라이어마허가 이런 감정에 호소하여 "체험"에 집중하게 되었고, 한 세기 후인 19세기에 이를 다소 다듬은 딜타이가 "역사"에 주목하게 된 것은 당연한 일이었다. 이제 이런 고전적 원조들에 의해 개진된 해석학의 기술적 차원을 본격적으로 철학적인 터전에서 구축한 것은 20세기에 와서 특히 "시간"에 대한 예리한 통찰에 입각해 존재론적 해석학을 전개한 하이데거로부터 시작되었다고 하겠다. 이를 이어받은 가다머는 다소 낙관적으로 "전통"의 지위를 부각하는 방식을 통해 해석학을 체계적으로 발전시키고자 했다. 그런데 그의 이런 입장은 전통의 영향에 의한 의사소통의 왜곡가능성을 간과하여 이를 극복하기 위해 "비판"을 외쳐대는 하버마스와 대립하게 된다. 이런 논쟁에 대해 리쾨르는 전혀 다른 문화권의 배경을 반영이라도 하듯이 "차이"에 눈을 돌릴 것을 호소함으로써 신-인 관계에 대한 재고를 위해 결코 간과할 수 없는 신학적 함의를 지닌 독특한 해석학을 전개하기도 했다.

그러나 여기서 가장 주목할 것은 이 일련의 발전과정이 상호보완적 균형 추구의 역사였다는 점이다. 슐라이어마허가 언어의 이해에서 체험을 부각시켜 주관과 객관의 상호보완적 균형을 강조했다면, 딜타이는 주객관계의 공시성과 그에 대한 체험의 역사적 축적에 의한 통시성 사이의 그것을 역설했다. 하이데거가 해석의 적절함을 위해 진리와 자유의 관계, 또는 본질과 실존의 관계에서의 상호보완성을 갈파한 데 이어 가다머는 이를 정교화하기 위해 옹고집을 부릴지도 모르는 전통과 이를 굳이 벗어나고 싶어하는 이성 사이의 교호를 내세우기도 했다. 그러나 그런 방식의 수정적 보충에 만족하지 못한 하버마스는 가다머가 내세운 과거와의 친숙화를 거부하고 미래를 향한 개방적 비판의 지평을 위해 과거로부터의 소격화를 주장하면서 인간해방을 위한 이데올로기 비판이 해석학의 주요과제여야 함을 역설했다. 그런데 이런 대조적 양 갈래를 반쪽 이야기들로 느낀 리쾨르는 과거와의 친숙화와 과거로부터의 소격화, 즉 "전통으로의 귀속"과 "해방을 향한 비판"이 서로서로 필요한 과제임을 간파함으로써 양자의 조합을 꾀했다. 이렇듯이 철학적 해석학은 상호동격성에 근거한 대화주의 구도에서 삶을 구현하고 이를 통해 있음과 앎의 관계를 재구성함으로써 상호보완적 균형의 구도를 끊임없이 갈고닦아온 역사였다 해도 과언이 아니다.

그러나 상호보완적 균형 추구의 역사는 철학적 해석학뿐 아니라 당연하게도 신학적 해석학에서도 마찬가지로 해당되었다. 해석학의 본격적 철학화의 거두인 하이데거의 전기 사상을 성서해석에 적용하여 신학적 해석학을 발전시킨 불트만에게서 "실존과 신앙의 상호공속성"을 도출할 수 있거니와 이를 또 철학적으로 다듬은 틸리히는 저 유명한 "상호관계의 방법"으로 "신-인간의 상호관계성"을 선언하기에 이르렀다. 굳이 이런 각도에서 분석한다면 본회퍼도 "성숙한 세계와 무신성 신앙의 상호연관성"으로 정리할 수 있을 만큼 시대정황에 대한 해석학적 통찰을 절규했으며, 다소 차분하게는 에벨링이 "말씀과 사건의 상호 구성성"을 갈파함으로써 신학적 해석학을 정교하게 다듬어 갔다고 평가할 수 있다. 그런데 신학적 해석학에서 특별히 주목할 것은 신학적 관심을 신에서 신앙으로 전이 또는 구체화시켰다는 점이다. 상호보완적 균형이라는 해석학적 정신이 종교에서 인간의 신앙이라는 문제에 관심할 것을 요구하는 것은 당연하다. 따라서 철학적 해석학에서는 삶이라는 터 위에서의 있음과 앎의 관계가 문제였다면, 신학적 해석학에서는 삶이라는 터에서 믿음이 지니는 뜻이 관건이 될 것임은 두말할 나위 없이 자명하다.

1. 삶의 얼개와 철학적 해석학

1) 슐라이어마허: 객관과 주관의 보완적 통합

슐라이어마허는 이전까지 전해오던 고전문헌학과 성서주석을 위한 특별한 해석방법을 일반화하려는 시도를 최초로 본격적으로 전개했다는 데서 해석학의 시조로 모셔진다. 말하자면 이전에는 형이상학적 차원에서 실재를 탐구하고 또한 인식론적 차원에서 진리를 추구하는 단순한 표현 도구로 간주됨으로써 특별히 철학적 관심과 주목을 받지 않던 언어를 "참"을 위해 결코 적지 않은 비중을 지닌 것으로 새삼 부각시킴으로써 현대 철학의 언어적 전환의 신호탄을 쏘아올렸다는 철학사적 의의를 지닌다. 그뿐 아니라 이제 그런 언어가 단순히 사심없는 통로나 수단만이 아니라 그 통로를 통하는 의미를 주물러낸다는 사실을 발견함으로써 언어를 기호라기보다 의미부여자로서의 지위로 격상시켰다. 즉, 언어는 이제 "이해되어야 하는 그 무엇"이 되었다. 결국 슐라이어마허는 "언어의 이해"에 주목함으로써 해석학의 보편성을 추구하게 되었고 이로써 해석학이 철학적으로 정초되는 터전을 마련했다.

좀더 구체적으로 논한다면, 전통에 대한 현대의 반동적 포문이 본격적으로 열리기 한 세대 전인 근세 말기에 나타난 슐라이어마허는 우선 근세의 이상인 보편과 전체에 대한 낭만적 감상을 여전히 간직하고 있었다. 말하자면 진리의 보편타당성이라는 근세의 인식론적 이데올로기를 대체로 신봉하고 있었다. 그러나 다른 한편 그런 진리의 보편타당성이 객관성으로만 연결되는 데 이의를 제기하는 시대적 분위기도 외면하지 않았다. 그런 분위기는 우선 인간의 자기이해를 위한 범주로 18세기에 새롭게 등장하게 된 "사회"와 "개인"의 관계에 대한 논의가 사회명목론과 사회실재론의 대립 등으로 나타나면서 추동되었다. 즉, 이 논의를 통해 "개인"의 비중이 부상하면서 이에 힘입어 "주관성"의 무게를 무시할 수 없는 것으로 받아들이게 되었고 이것이 곧 종래의 객관성이 지니고 있던 지위와의 대등성을 요구하기에 이르게 되었다.

아울러 간과할 수 없는 것은 개인의 주관성이 사회적 지위를 부여받게 되면서 그런 개인의 주관성을 이루는 요소 중 하나인 감정이 또한 낭만주의적 예찬의 대상으로 떠올랐다는 점이다. 슐라이어마허도 고중세를 지배한 지성이나 근세 초기에 부상된 의지만으로 아직도 충족될 수 없었던 인간의 자기이해를 위해 감정에 본격적으로 호소하는 데 앞장서기를 주저하지 않았음은 물론이다. 그가 종교의 핵심을 "절대의존 감정"이라고 표현한 것은 바로 이런 맥락에서였다. 그런데 지성이나 의지가 예측가능성을 공유하는 것과 달리 감정이란 예측불가능성과 이에 따른 가변성을 특성으로 하는 것이어서 전체보다는 부분에, 또한 보편보다는 개별에, 그리고 일반보다는 특수에 주목하게 했다. 그리고 이렇게 새로이 주목된 부분·개별·특수는 지성의 논리적 동일성을 근간으로 하는 전체·보편·일반을 지탱하기 위해 무조건 전제되던 언어의 일의성이 지극히 협소한 가상적 개념임을 드러내게 되었다. 말하자면 감정의 가변성은 부분·개별·특수에 대한 주목을 거쳐 언어의 다의성을 은폐할 수 없는 사실로 받아들이도록 몰아갔다.[1] 따라서 언어는 가변성의 지배를 받는 상황에 대한 고려와 함께 그 뜻이 이해되어야 하는 것이 되었다. 앞서 언급한 "언어의 이해"란 바로 이것을 일컫는 것이었다.

---

[1] Friedrich Schleiermacher, *Hermeneutik*. Nach den Handschriften neu herausgegeben und eingeleitet von H. Kimmerle (Heidelberg Universitätsverlag 1974) = 구희완 역 『해석학: 1819년 해석학 강의』 (양서원 1992) 127-59.

이처럼 "언어의 이해"란 오늘날 우리에게는 너무도 당연하지만 당시로서는 새삼스런, 아니 혁명적인 것이었다. 그런 "혁명"은 어떻게 일어났는가? 그것은 바로 객관과 주관의 상호보완적 조화를 통해서였다. 이것이 혁명적이라는 것은 진리의 보편타당성과 객관성 사이의 넘볼 수 없는 결속에 대한 정면 도전으로서의 의미를 지녔기 때문이다. 그는 이를 위해 객관적 이해를 위한 문법적 해석과 주관적 이해를 위한 심리적 해석의 균형을 주장했다.[2] 그가 전체와 부분의 순환, 즉 전체를 이해하기 위해서는 그 전체를 이루는 부분들을 이해해야 하는데, 또한 그 부분들을 이해하기 위해서는 그 부분들이 속한 전체에 대해 이해하고 있어야 하므로 전체와 부분은 서로 우선권을 주장할 수 없는 동격의 순환관계를 이룬다는 해석학적 통찰을 제시한 것도 이런 맥락에서였다. 이로써 현대 해석학에서 상호보완적 균형 추구의 역사는 그 획기적 출발을 선언했다.

2) 딜타이: 객관과 주관의 공시적 통합으로서의 체험과 이에 대한 통시적 보완으로서의 역사

슐라이어마허보다 한 세기쯤 후에 나타난 딜타이는 상호보완적 균형 추구라는 해석학적 과업에 더욱 박차를 가하는 진전을 이루어냈다는 점에서 철학사적 의의를 지닌다. 19세기는 인간의 자기이해에서 또하나의 급진전을 이룬 시기였는데 그것은 바로 18세기의 "사회"라는 범주에 대해 "역사"라는 또하나의 범주에 착안하게 되었기 때문이다. 말하자면 이제 인간이해의 요소인 사회가 변동을 겪게 됨으로써 나름대로의 흐름과 과정이라는 것이 간과할 수 없는 요소로 부상하게 되었거니와 이를 묶어낼 별도의 범주가 요구되었으니 이름하여 "역사"라고 했다. 19세기가 이처럼 "역사의 시대"였다면 시대의 아들인 딜타이가 이에서 벗어날 까닭은 없었다. 당연히 역사의 눈으로 슐라이어마허의 해석이론을 살피게 되면서 딜타이는 슐라이어마허가 간파한 주체와 객체의 얽힘이 가리키는 이해보다 더 큰 범위를 아우를 것을 기획하게 되었다.

---

[2] 같은 책 162-227.

딜타이는 슐라이어마허가 말한 "주관과 객관의 얽힘"을 한마디로 "체험"으로 묶어냈다. 그러나 묶어냈다고 해서 주관과 객관이 무차별적으로 동일화되는 것은 아니다. 물론 그래서도 안될 것이었다. 체험 안에서 종래의 객관은 "표현"으로, 그리고 새로이 슐라이어마허를 통해 부각된 주관은 "이해"로 나타남으로써 양자는 순환적 관계로 체험의 입체성을 구성한다는 것이다. "설명Erklärung과 이해Verstehen"라는 그의 학문방법론적 대조의 뿌리가 바로 여기에 있음은 물론이다. 단순한 객관적 분석의 대상인 자연은 설명으로 충분하지만, 객관과 주관의 교호를 통해 형성되는 역사는 바로 그런 교호적 구조에 입각해서 이해되어야 한다는 것이었다. 그럼에도 딜타이에 의하면 표현과 이해의 순환을 통한 객관과 주관의 그런 얽힘은 공시성만 부각된 편향적 해석을 향할 뿐이다. 따라서 이런 편향성을 극복하기 위해서는 주객교호에 의한 체험의 공시성을 보완할 통시성을 가리키는 역사에 주목해야 한다고 그는 역설했다. 이로써 딜타이에서는 체험과 역사가 서로 보완되어야 할 더 큰 틀을 이루게 되었다.[3]

그렇다면 체험과 역사는 어떻게 엮여서 상호보완적 균형을 추구하게 되는가? 그것은 체험 안에서 역사를 추적해 내고 역사 안에서 체험을 발견해 내는 방식을 통해서라는 것이다. 체험의 역사성과 역사의 체험성이 그것인데 곧 하나 안에서 보완되어야 할 다른 것의 잠정적 차원을 드러냄으로써 외견상 별개인 것으로 보였던 것들을 본래의 얽혀 있는 모습으로 되돌리는 것이 바로 참다운 해석을 향한 길이라는 것을 웅변하고 있다. 예를 들면, 체험의 역사성이란 어떤 순간의 감각 경험이 과거의 경험에 대한 추억을 일으키거나 연상을 야기한다는 정도가 아님은 물론이지만, 또한 체험이 시간적 진행을 통해 축적되어야 할 것을 가리키는 데도 머무르지 않는다. 물론 체험의 역사성이란 이런 성질들을 포함할 수도 있지만 그보다도 어떤 체험이 형성됨에 있어 이전까지 체득되고 축적된 역사의 무게가 바로 형성되는 체험 안에 작용하여 영향을 미친다는 것을 뜻한다. 말하자면 어떤 체험도 앞선 체험이 역사로 포함되지 않고서는 결코 체

---

[3] 참조: Wilhelm Dilthey, *Gesammelte Schriften*, III과 IV; Rudolf A. Makkreel, *Dilthey: Philosopher of the Human Sciences* (Princeton: Princeton University Press 1975) 제3부.

험으로 형성될 수도 없다는 것이다. 이와 마찬가지로, 역사의 체험성도 역사라는 것이 단순한 실증적 분석의 대상이 되는 사실의 집적이 아니라 체험, 즉 객관과 주관의 불가분적 얽힘에 의한 역학구조가 그런 흐름을 역사로 형성해 낸다는 것을 뜻한다. 딜타이는 이런 방식으로, 즉 체험에서 역사를 들추어내고 역사에서 체험을 캐어냄으로써 공시성의 체험과 통시성의 역사를 엮어 해석을 향한 길을 제시하고자 했다. 물론 해석학이란 이미 "삶"의 이야기이지만, 이런 점에서 딜타이는 슐라이어마허의 해석학이 아직 "앎"의 터에 머물렀던 것에 비해 "있음"의 차원에까지 이어갈 기틀을 마련한 것으로 평가될 수 있겠다.

3) 하이데거: 삶에서 있음과 앎의 해석학적 순환성

우리는 5 2.3)에서 하이데거의 실존철학에 대해 간략히 검토한 바 있다. 이제 여기서는 그런 실존 분석에 의해 드러난 현존 개념을 토대로 그의 해석학적 지론에 대해 간략히 살펴보자. 이를 위해서는 앞서 말해진 바 "누가-언제/어디서"를 바탕으로 "무엇-어떻게"의 구체적 내용을 살펴보아야 하며 이 양자를 연결하기 위해 "왜"를 묻는 데까지 가야 한다. 다시 말하면 현존재(누가)는 그에 의해 구성되면서 또한 그를 구성하는 시간성·역사성(언제)을 동시에 세계성(어디서)으로 살아가는 구체적 실존인바 그에게 궁극적 "참"의 정체(무엇)와 이의 개진 방식(어떻게)을 함께 살피기 위해 이에 관련된 현존재가 지니는 근거(왜)를 파고들어야 한다. 시간성과 세계성, 즉 유한성을 살아가는 현존재에게 궁극적인 것은 무엇인가? 그리고 그 궁극적 "참"은 유한한 현존재에게 어떻게 드러나는가? 더 나아가 그런 현존재에게 궁극적 "참"은 도대체 왜 참인가? 물음이 이렇게까지 퍼져나가는 것은 분명히 슐라이어마허에게서의 객관과 주관의 통합은 물론이거니와 딜타이에게서 시도된 체험과 역사의 얽힘을 그 근거까지 파고들어간다는 의미를 지닌다.

하이데거에 의하면 "언제/어디서"를 살아가는 "누가"인 현존재에게 "무엇"에 해당하는 것은 한마디로 있음이다. 그런데 이때 있음이란 전통 형이상학이 상정하는 존재 자체나 무라기보다는 이를 넘어 "삼라만상으로 하여금 없음에 의해 둘러싸인 있음(유한자)이게 하는 초월적 지평이며 원초적 사건das Grundgeschenis"을 가리킨다.[4] 즉, 있음이란 전통적으로 규정되었던 바와 같이 영원 · 불변 · 무한 · 필연 등을 속성으로 하는 자기충족적 완결체라기보다 "모순충돌적 격동의 총체"die Gesammeltheit dieser gegenwendigen Unruhe나 "상호모순의 '원초적 동일성으로의' 공속"Zusammengehoerigkeit des Gegenstrebigen[5]으로 묘사될 만큼 역동적 사건-행위다. 그런데 하이데거에 의하면 유감스럽게도 그간 서구 형이상학사에서 바로 이런 있음의 원초적 동사성Seyn이 망각되어 왔다. 따라서 그는 이를 회복시키기 위해 "참"의 동사성 복원을 역설한다. 그에 의하면, "참"aletheia이란 있음의 드러남Erschlossenheit[6] 또는 벗겨짐Unverborgenheit[7]이고 따라서 드러남 없는 있음은 있음이 아니며 있음은 곧 열어 보여짐을 가리킨다. 말하자면 있음의 동사성은 "무엇"이 이미 "어떻게"를 본래 끼고 있다는 것을 가리킨다. 그러나 하이데거

---

[4] Heidegger, *Sein und Zeit* (Tübingen: Max Niemeyer Verlag 1986) 〈줄임: *SZ*〉 38.

[5] Heidegger, *Einführung in die Metaphysik* (Tübingen: Max Niemeyer Verlag 1953) 〈줄임: *EM*〉 102 106.

[6] 하이데거의 열어 보임(Erschlossenheit)으로서의 진리관은 가다머에게 상황준거적 해석가능성을 지닌 진리라는 긍정적 통로를 제공했다. 질문의 상황에 대한 이해를 가진 자만이 해답의 상황적 성격을 이해할 수 있을 것이라는 것이다. 그러나 인문학에서의 이런 상황화는 진리를 매우 암시적이고 모호한 현상으로 드러내게 했다. 특정 상황에서의 해답이 진리를 보유하고 있다 하더라도 이는 상대적인 것일 수밖에 없겠기 때문이었다. 따라서 진리를 향한 해석을 위한 주체의 상황성이 불가피할 만큼 당연함에도 이런 상황성의 불가피성이 진리를 추구함에 위협으로 작용한다는 우려가 제기되기도 한다. 참조: Brice R. Wachterhauser 편 *Hermeneutics and Truth* (Evanston, Ill: Northwestern University Press 1994) 5.

[7] 탈은폐(Unverborgenheit)의 사건으로서의 진리란 존재의 개시 안에서 인간은 인간 자신을 발견하며, 이해할 수 있는 방식으로 실재를 경험하기 때문에 심지어 회의론자마저 만족시킬 수 있을 만큼 질문의 여지를 남기지 않는 진리를 입증하지는 못하더라도 진리가 인간 경험의 부분이어서 진리를 전제할 수 있음을 뜻한다. 그러나 이 탈은폐라는 표현 자체가 가리키듯이 모든 진리적 계시는 존재의 자기은폐를 배경으로 하고 있어서 오해가능성이나 오류가능성이 배제된 이해란 있을 수 없음을 가리키기도 한다. 다시 말하면, 존재의 자기은폐는 탈은폐만큼이나 근본적이어서 오류를 제거하려는 인간의 어떤 노력에도 불구하고 회의와 왜곡의 가능성이 제거된 진리란 확보될 수 없다. 하이데거는 이를 빛과 어둠의 관계라는 은유로써 설명하기도 했는데 이를 전통적 어휘를 사용해서 한마디로 정리한다면 시간과 공간의 제약적 조건이 없는 온전한 규정적 진리 계시란 불가능하다는 것이라고 하겠다. "전체적 진리"란 유한한 인간 존재에 대해서는 불가능한 것이며, 따라서 모든 진리는 "부분적"일 수밖에 없으나 이런 부분성이 의지나 방법의 힘으로 극복될 수 있는 인간의 결여성에 의한 것은 아니라고 하이데거는 갈파했다. 참조: 같은 책 4.

의 이런 "참"은 근대 형이상학의 유산인 "있음과 앎의 같음"과 전혀 다르다. 그리고 바로 이 점이 우리의 특별한 주목을 요한다. 왜냐하면 여기서 바로 하이데거의 해석학을 철학적으로 정초하는 본격적 단계가 시작하기 때문이다. "참"의 동사적 개방성을 강조하기 위해 이를 자유와 밀접하게 연관시키는 그의 다음과 같은 언명에서도 이 점을 확인할 수 있다: "'참'의 가능성의 내적 조건으로서의 관계의 개방성은 자유에 근거한다. '참'의 본질은 자유다".[8] 그러면서도 하이데거는 "'참'의 본질이 자유라는 이 주장은 '참'을 인간의 임의성에 종속시키는 것이 아닌가?"라고 제기됨직한 비판적 질문을 스스로 던진다. 그러나 곧이어 그는 "참"과 있음을 자유에 잇는 결정적 선언을 제시한다:

> 자유는 상식적으로 통용되어 온 바와 같이 선택이나 경향에서의 임의성이 아니다. 또한 모든 인간의 행동에 대한 금지적 제한의 제거를 뜻하지도 않는다. … 그런 모든 "부정적"이고 "긍정적"인 규정에 앞서서 근본적으로 자유란 존재의 개시에 참여하는 것이다.[9]

결국 "참"과 있음은 자유에서 동위근원적gleichursprünglich임으로써 모두 철저히 동사다. 자유가 있음의 드러남에의 참여라고 할 때 현존재에 있어서 "무엇"은 단지 있음만이 아니라 현존재가 있음과 맺는 관계라 할 것이다. "있음은 그 자체로서 모든 있는 것을 관통하는 '참'의 장으로서 있음이 탈존을 그의 실존적, 즉 탈자적 본질에 내포하는 한에서 관계다."[10] 그런데 인간의 실존이 있음의 "참"에 대해 갖는 이 탈자적 관계는 인간 실존마저 관계로 드러낸다: "인간은 인간의 존재를 우선 드러내는 바의 관계로 나타난다. 인간임이란 … 있음의 구체화를 수행하는 자유에로 내몰려진 바를 가리킨다".[11] 이제 "인간은 주체가 객

---

[8] Heidegger, Vom Wesen der Wahrheit 〈줄임: WW〉 81: *Wegmarken* (Frankfurt am Main: Vittorio Klostermann 1978) 183.

[9] WW 84: *Wegmarken*, 186.

[10] Brief über den Humanismus 〈줄임: BH〉 163: *Wegmarken*, 329.   [11] *EM* 130.

체에 대해 맺는 관계가 존재하게 되는 '사이'zwischen를 밝혀주는 있음의 개방성에로 탈존함이기"[12] 때문에 현존재에게 "무엇"이란 인간 저편의 자존적 있음 자체가 아니라 인간 자신이 포함된 "관계함으로서의 있음"임이 분명해졌으며, 따라서 "있음의 드러남"으로 묘사되었던 "어떻게"는 이제 "관계함으로서의 있음과 관계함"이라는 구체적 내용을 덧입게 된다.

현존재에 관계되는 "무엇-어떻게"가 이러하다면 이를 꿰뚫는 자유로 표상된 "왜"는 어떠한가? 도대체 시간성과 세계성으로 이루어진 현존재에게 있음의 "참"이 왜 연관되는가? 그러나 이 질문은 오히려 새삼스러울 따름이다. 위에서 암시되었듯이 "왜"가 터뜨리는 "누가-언제/어디서"와 "무엇-어떻게"의 만남은 "왜" 없이 불가능하며 따라서 그 만남의 과정 안에 이미 "왜"의 대답이 포함되어 있기 때문이다. 그렇다면 "왜"는 어떤 방식으로 그 과정에 깔려 있는가? 하이데거가 "해석은 이미 주어진 것에 대한 무전제적 파악이 아니다"[13]라고 했을 때 해석이란 현존재가 그의 고유한 세계에 앞서서 먼저 순수히 놓여 있는 다른 존재자들을 만나는 것이 아니었다. 다시 말하면 그런 해석이 없었다면 전혀 "벌거벗은" 상태로 있을 수밖에 없는 사물에 대해 비로소 의미를 부여하거나 가치를 상정하는 행위가 아니다. 해석이란 오히려 자신을 구성하는 의미연관적 총체로서의 세계 속에서 먼저 이해된 것을 "로서-구조"Als-Struktur의 틀로 명료화하는 것을 말함이었다. 말하자면, 이해의 선구조Vor-Struktur인 "누가-언제/어디서"가 결국 "무엇-어떻게"로 명료화될 사건에 대한 해석의 전제가 됨으로써 "누가-언제/어디서"는 "무엇-어떻게"와 순환구조를 이루는데, 이를 가능케 할 뿐 아니라 필수적이게 하는 것이 곧 "왜"이며 이 "왜"는 다름 아닌 삶이다. 결국 하이데거에게 삶(왜)이란 시간성(언제)과 세계성(어디서)을 얽으며 살아가는 현존재(누가)가 궁극적 의미사건으로서의 있음의 자기개시(무엇)와 맺는 관계함(어떻게)의 지평이라고 하겠다. 달리 표현한다면, 있음에 해당하는 현존재에서의 "현"現과 앎에 해당하는 선이해에서의 "선"先이 곧 삶을 가리킨다고 할

---
[12] BH 180-1: *Wegmarken*, 346-7.   [13] *SZ* 150.

때 삶이라는 터 위에서 있음과 앎이 순환적으로 얽힘으로써 "참"을 드러내어 간다는 것이다. 이런 순환 구조는 전통 논리학에 의하면 "순환의 오류"circulus vitiosus일 뿐이지만 삶이라는 전제적 "왜"의 근본 물음을 던짐으로써만 순환구조로 얽혀 있는 삶 안에서 진리를 구현할 수 있다는 해석학의 입장에서는 차라리 순환 구조의 개방성에 주목하는 일이 주요한 과제로 등장한다. 말하자면 순환의 번거로움을 무릅쓰고서라도 고전적 객관주의나 근대적 주관주의와 같은 일방적 환원주의를 극복할 방도를 찾으려고 몸부림친다. 과연 죽음과 얽힌 삶이 요구하는 상호성이란 그저 이론적 사색의 틀이 아니었기 때문이다.

이처럼 해석학의 새로운 입장에서 본다면 "참"은 종래의 관점에서 혁신적으로 수정될 필요에 직면한다. 플라톤의 "동굴의 비유"에서 대표적 예를 볼 수 있듯이, 모상의 그림자로부터 모상과 존재자의 반영을 거쳐 존재자 자체에 이르는 단계적 상승과정으로 이루어지는 비은폐성이 "참"이라는 고전적 진리관에 대해 하이데거는 "참"이란 존재자 자체의 근본연관인 단순한 비은폐성이 아니라 이념적 지각으로서의 봄ein Sehen이며 존재자에 대한 인간 관계의 타당성이라고 설파한다.[14] 더 나아가 그는 데카르트를 효시로 하는 근세 전기 인식론적 반성과 함께 대두되었던 표상주의적 진리관에 대해서도 통박한다. 표상주의적 진리관이란 인간이 인식주체를 넘어 형이상학의 근거를 설정하는 세계구성적 자아의 지위로까지 부각됨으로써 세계는 인간 주체가 산출하는 대상이라는 주관주의적 관점이다. 이에 대해 하이데거는 사고가 기술적이고 조작적이게 되어 대상을 지배하고 장악함으로써 오히려 세계 현상에 대해 개방적으로 반응할 수 없게 된다고 지적한다. 그에 의하면 진정한 사고란 이미 드러난 사실에 대한 조작이 아니라 숨어 있는 사실의 드러냄이어서 선개념적이고 비대상화적으로 "초연함에 안겨지는 것in die Gelassenheit eingelassen"이다.[15] 의도적 표상주의에 대한 하이데거의 거부는 후기에 갈수록 더욱 강화되는데, 이런 이유로 존재의 진리를 이해하는 주체는 정립하고 대상화하는 인간중심적 표상이 아니라 존재 자체

---

[14] Heidegger, *Platons Lehre von der Wahrheit*, 42.

[15] Heidegger, *Gelassenheit* (Pfüllingen 1959) 34.

라고 선포하기에 이른다. 이로써 그는 표상주의적 사고를 비판함으로써 주관주의를 넘어서려 하고 초연함에 대한 갈구를 통해 객관주의를 거부하는 입장을 확연하게 제시한다. 결국 관계함으로서의 있음과의 관계함을 내용으로 하는 "무엇-어떻게"가 삶을 근거로 하는 "왜"라는 근본 물음을 매개로 해서 "언제-어디서"를 유한적 구성요소로 짊어지는 "누가"에 대해 지니는 의미구현이 곧 해석이라고 할 때 이 해석이 바로 "참"이다.

4) 가다머: 전통과 이성의 영향사적 지평융합

앞선 논의에서 명시되었듯이, 인식론과 해석학의 결정적 차이는 주객관계의 설정에 관한 입장 차이로 나타난다. 인식론에서는 앎이라는 행위가 있을진대 인간은 앎의 주체로서 그 행위의 대상과의 관계에서 주도권을 지닌 존재로 부상되는 것은 당연했다. 이로써 주체중심주의, 그리고 더 나아가 결국 인간중심주의를 귀결시키기까지 했던 역사를 지니고 있다. 그리고 이런 입장이 소위 관계의 도식에서도 자아론적 선험주의로 이어졌다. 그러나 죽음과 얽힌 삶에서 인간이 그저 주체일 수만은 없다는 통찰을 얻어낸 해석학에서 인간은 단순히 객체에 대해 주도권을 지니고 우위를 점하는 주체가 아니었다. 죽음과 얽힌 삶은 인간으로 하여금 주체적인 것 못지않게 객체적이고 수동적이게 하기 때문이다.

우선 현대 해석학의 시조인 슐라이어마허에게서 철학적 지위를 부여받게 된 "감정"은 인간이 그 무엇의 주체이기만 한 것이 아님을 극단적으로 고발하는 결정적 기제다. 지성의 논리적 동일성에 의한 필연성이나 의지의 자유로운 임의성과는 달리, 감정은 생리적으로 외부의 자극에 대한 반응이라는 수동성과 함께 자극-반응의 방식이 함의하는 것처럼 기계적일 만큼 불가피성을 지니고 있어서 도무지 인간의 알량한 주체성 따위를 확인할 소지가 상대적으로 희박하기 때문이다. 이에 이어 딜타이에게서 천착된 "체험"도 삶의 수용성과 포괄성을 가리키는 것으로서 인간의 주체성 일변도와는 거리를 지닐 수밖에 없었다. "체험"에 대한 "표현"과 이에 대한 "이해" 사이의 순환을 지적했을 때 그가 체험의 주객순환적 수동성을 직시했다는 점은 이를 말해준다.

그럼에도 슐라이어마허나 딜타이에서는 해석학이 아직도 인식론적 분위기에 머물러 있었다. 이들에게서 해석학이 "해석의 기술" 또는 "해석의 방법"을 의미했다는 것은 이를 단적으로 입증해 준다. 이런 해석학은 하이데거에 이르러 삶이라는 차원에서의 인간 존재에 대한 재정립 시도를 통해 의미해석의 철학적 차원으로 도약하게 되었으며 그의 제자인 가다머에게서 더욱 정교하게 다듬어진다. 가다머에게서 이해는 대상에 대한 인간 주체의 행위가 아니라 하이데거와 마찬가지로 "세계-내-존재"인 인간 현존재의 존재방식으로 간주된다. 그렇다면 가다머는 이를 어떻게 다듬어 갔는가?

형이상학의 궁극 문제인 존재를 새롭게 천착하려는 하이데거가 전기에는 실존을 통해서 그리고 후기에는 언어를 통해서 이 문제를 다루었다는 것은 결코 우연이 아니다. 과연 현대 철학의 주요한 두 개의 화두인 실존과 언어를 망라하는 하이데거로부터 가다머는 종합적 통찰의 감각을 익혔다. 이보다 앞선 딜타이로부터 "역사"를 물려받고 훗설에게서 "현상"을 참조하되 하이데거를 통해 현존재의 사실성과 존재론적 이해를 연관시키는 중후한 과제를 연마함으로써 가다머는 가위 현대 철학적 해석학의 집성자로서의 지위를 부여받기에 부족함 없는 위치를 점하게 되었다.

이런 유산을 종합하면서 가다머는 해석학을 다음과 같이 묘사한다: "해석학은 유한성과 역사성으로 구성된 인간 실존의 근본운동을 가리킨다. 따라서 그것은 그의 세계경험 전체를 포괄한다. … 이해 운동은 포괄적이고 보편적이다".[16] 이해의 체험성과 역사성에 주목한다는 점에서 딜타이의 유산을 더듬을 수 있지만 이해의 보편성을 염원한다는 점에서 훗설의 영향을 확인할 수 있으며 인간 실존의 유한성이라는 통찰에서 하이데거의 구도를 기본으로 삼고 있음을 볼 수 있다. 결국 가다머의 해석학에서 이해란 인간의 유한성을 토대로 역사성을 읽어냄으로써 보편성을 향하는 움직임으로 정리할 수 있겠다. 그런데 여기서 우리가 특별히 주목할 것은 이해의 역사성이라는 개념이다. 물론 이해

---

[16] Hans-Georg Gadamer, *Wahrheit und Methode* (J.C.B. Mohr 1960) XVI.

의 역사성이 인간의 유한성에 기인하지만 그저 유한성에만 매몰되고 만다면 보편성은 고사하고 역사성도 기대할 수 없을 터인즉, 그에게 역사성이란 서로 긴장스러울 수도 있는 유한성과 보편성을 아우르는 연결고리로서의 기능을 지닌다고 볼 수 있겠다. 그렇다면 그가 말하는 이해의 역사성이란 무엇인가?

가다머가 말하는 이해의 역사성은 한마디로 "이해"란 단순히 한 순간의 즉각적 인식과 달리 시간적 과정의 무게를 지니면서 진행되는 사건이라는 것을 뜻한다. 특히 이해라는 사건에 앞서 선입견Vorurteile과 선이해Vorverständnis가 불가피하게 깔려 있다는 하이데거의 통찰을 수용하면서 가다머는 더 나아가 이를 역사적 현실로 끌어낸다: "개인의 자기성찰은 역사적 삶의 닫혀진 흐름 속에서 한 순간에 불과하다. 따라서 개인의 선입견은 그의 판단보다도 훨씬 넓은 그의 존재의 역사적 현실이다".[17] 이제 가다머를 통해 선입견은 극복되어야 할 부정적 예비판단이라는 종래의 분위기를 떨쳐버리고 유한한 인간이 배워야 할 역사적 원천으로서의 의미를 덧입는다. 그리고 그런 선입견과 선이해는 전통이라는 이름으로 이성의 유한성을 규정하게 되고 따라서 전통과 이성의 관계는 계몽주의가 선전했던 것처럼 서로 배리적이라기보다는 오히려 전자가 후자의 조건 또는 지평이라는 점이 갈파된다: "이해는 주체성의 행위로서가 아니라 과거와 현재가 부단히 그 속에서 매개되는 전승사건으로 들어감Einrücken in ein Überlieferungsgeschehen이다".[18] 말하자면 이해의 역사성이란 이해 안에서 과거와 현재가 어우러짐으로써 미래까지 전망하게 되는 역사가 벌어진다는 것을 가리킨다.

이런 이해의 역사성은 결국 가다머의 저 유명한 해석학적 공식을 귀결시킨다: "전제 없는 해석은 있을 수 없다". 하이데거가 일찍이 "해석은 주어진 것에 대한 무전제적 파악이 아니다"라고 갈파한 것과 맥을 같이하는 가다머의 이 명제는 해석학적 정신을 간결하게 축약한 선언이라고 해도 과언이 아니다. 여기서 해석에 불가피하게 작용하는 전제란 전통뿐 아니라 이해하는 사람의 현재적 자기이해도 포함된다. 그런데 한 개인이나 사회에 연관된 전통이란 그 개인이

---

[17] 같은 책 261. [18] 같은 책 266.

나 그 사회를 이루는 개인들의 자기이해와 무관할 수 없을 터인즉, 양자는 사실상 별개의 것이 아니다. 결국 가다머는 전통의 역사적 전승과 실존적 자기이해 사이의 변증법적 상호작용을 말하는데 이것이 바로 위에서 언급한 해석학적 공식이 가리키는 뜻이다. 말하자면 현재적 해석에 역사적 전승이 작용할 뿐 아니라 그렇게 영향받은 현재적 해석은 곧 또하나의 전승적 전제가 되어 다음의 해석에 작용하게 됨으로써 어떤 경우에도 절대적으로 타당한 해석이나 영구히 고정된 완전한 해석이란 있을 수 없다는 것을 뜻한다. 이해의 역사성이란 바로 이런 통찰의 지혜를 일컫는 것이었다.

이해의 역사성이 주는 지혜는 우리의 이해가 이미 그러하므로 이제 그렇게 되고 있다는 사실을 직시하고 이를 인정함으로써 자기절대화라는 어리석음에 빠지지 않도록 한다는 데서 그 진가를 발휘한다. 그리고 그런 지혜가 현실적으로 힘을 나타내도록 하는 조건으로서 가다머는 "시간간격"Zeitenabstand이라는 개념을 도입한다. 즉, 시간간격을 포함하는 역사적 지평에서 바른 선입견과 그른 선입견이 구분되면서 오류의 원천은 제거되고 이해의 새로운 원천이 드러난다는 것이다. 비록 지나치게 소박한 낙관주의라는 비판을 받기는 하지만 헤겔의 종말론적 역사관을 수용하는 가다머가 시간간격이라는 개념을 통해 "그릇된 것을 소멸시키고 바른 것을 드러나게 하는 역사"에 신뢰를 지니는 것은 당연한지도 모른다. 그러나 여기서 간과해서 안될 것은 역사의 진전을 추구하는 시간간격이라는 개념이 단순히 과거의 재구성Rekonstruktion이나 회복Restitution 또는 재생산Wiederherstellung이라기보다 또하나의 창조라는 뜻을 담은 통합Integration을 가리킨다는 점이다. 이처럼 이해의 역사성이란 오히려 역설적으로 이해가 "결단코 완결되지 않는 무한한 과정"이라는 것을 드러낸다는 데서 절정에 이른다.

이제 이해의 역사성은 해석에 미치는 전통의 영향을 "영향사"Wirkungsgeschichte라고 표현하게 한다. 그런데 이런 영향사는 전통과 이성의 관계를 상호동격적 구도 안에 조정한다는 의미를 지닌다. 즉, 영향사는 역사주의가 표상하는 것과는 달리 전통을 단순히 사유의 대상으로 간주하는 객관주의 또는 방법주의적 이해방식을 거부한다. 그렇다고 해서 영향사가 절대정신의 자기매개와 자기귀환 과정을 말하는 헤겔의 주관주의적 역사관을 가리키는 것은 아니다. 헤겔의 역사적 이해는 타자를 자아의 반성적 투영으로 귀속시키는 주관주의적 방식으로서 타자는 실재적 직접성을 상실하게 됨으로써 진정한 상호동격성을 이룰 수 없다. 이와 달리 상호동격적 구도에 입각한 영향사는 타자를 말하는 전승으로 간주함으로써 타자에 의해 수정될 수도 있는 개방적 사고방식을 가리킨다. 이처럼 "전승을 향한 개방성"은 전승을 대상對象으로 보는 것과 달리 말하고 있는 상대相對로 만남으로써 그 위에서 해석을 펼치는 지평으로 드러낸다. 여기서 비로소 텍스트와 해석자 사이에 소위 지평융합Horizontverschmelzung이 일어난다.[19]

그렇다면 이제 지평융합의 핵심이 전승을 향한 개방성에 있다고 할 때 그것은 구체적으로 무엇을 뜻하는가? 가다머에 의하면 무엇보다도 실망과 좌절과 같은 부정적 계기들을 통해 인간이 자기의 유한성을 배우게 되는데 이것이 곧 역사적 체험의 내용을 이룬다: "모든 경험은 기대에 어긋난다. … 인간의 역사적 존재는 경험과 통찰의 본질연관에서 나타나는 원칙적 부정성을 본질요소로 지니고 있다".[20] 즉, 부정적 수단을 통해서만 새로운 경험을 하게 되는데 이런 이유로 모든 경험은 결국 인간의 유한성에 대한 체험이며 따라서 인간 자신의 역사성에 대한 체험이라는 것이다. 여기서 "새로움"이 과거와 무관할 수 없다는 통찰이 핵심이라면 지평융합이란 텍스트로서의 전승을 단순한 참고자료가 아니라 말하는 상대로 만남으로써 현재적 해석자와의 사이에서 이루어지는 해석학적 순환 외에 다른 것이 아니다.

그런데 지평융합의 골격인 경험의 개방성은 질문과 대답의 순환구조를 통해서 좀더 상세히 설명될 수 있다. 즉, 경험의 개방성은 질문-대답의 한계설정을 내포함으로써 개방성과 한계성의 역설적 역동성이 지평융합을 하나의 사건으로 드러낸다. 그런데 가다머에 의하면, "질문의 설정은 질문된 것의 존재를 드러낸다. 이 드러난 존재를 전개시키는 로고스는 그런 한에서 이미 항상 대답이다".[21] 심지어 질문에 앞서 대답이 등장할 만큼 무전제적인 경험은 없다는 예리

---

[19] 같은 책 343.   [20] 같은 책 338.   [21] 같은 책 345.

한 통찰이라 하지 않을 수 없다. 이런 질문-대답의 변증법은 다음과 같이 정리된다: "모든 명제는 전제된 질문에 대한 대답이다. 그런데 그 전제적 질문도 이에 앞선 전제적 질문에 대한 대답이거나 그로부터 비롯된 것이다". 말하자면 어떤 명제도 전제 없이, 그야말로 밑도 끝도 없이 불쑥 튀어나온 것은 없다는 것이며, 이런 원리는 무한히 소급될 만큼 예외 없이 적용된다는 것이다. 그리고 무한 소급이란 결국 해석학적 순환성의 원천일 것이다. 아니 엄밀하게 말한다면 무한소급에 대한 인간의 이해방식이 순환적일 수밖에 없다고 하겠다. 이렇게 질문과 대답의 변증법은 질문이 대답에 우선한다는 상식적 통념을 뒤집는 것인데 이것이 바로 이해의 역사성이 뜻하는 바이며 또한 이에 의해 이해는 개방성과 한계성을 아우르는 역사성을 지닐 수밖에 없게 된다는 것이 입증된다. 그리고 이로써 이해는 "전승과 현재의 역사적 자기매개의 과제"die Aufgabe der historischen Selbstvermittlung der Gegenwart mit der Überlieferung로 표현된다.

이해가 이처럼 역사성을 본질적으로 지니는 것이라면 그런 이해의 매체인 언어는 사유적 반성에 의한 산물이 아니라 존재의 표현이며 체험의 요구에 대한 반응으로 간주된다. 달리 말하면 이해의 내용으로서 의미가 주어지고 이를 언어가 표출하는 것이 아니라 언어를 통해 비로소 의미가 형성된다. 따라서 언어는 이해의 기호적 도구가 아니라 이해를 일으키는 세계경험이다: "언어는 이해과정을 통해 비로소 우리의 현실을 드러낸다. 따라서 언어는 이해의 단순한 수단이 아니다".[22] 더 나아가 이해에 대한 언어의 관계는 "단순한 추후수행"bloßer Nachvollzug이나 "재선언"Nachreden이 아니라 "이해의 새로운 창조"eine neue Schöpfung des Verstehens라고까지 묘사된다.[23] 이쯤 되면 언어는 있음과 앎의 근원적 귀속성을 드러내는 차원에까지 이른다. 가다머는 이를 다음과 같이 표현한다: "존재는 이해될 수 있는 바의 언어다"Sein, das verstanden werden kann, ist Sprache.[24] 이처럼 가다머의 해석학에서 이해의 역사성은 언어로 하여금 있음과 앎을 삶 안에서 원초적으로 얽히는 사건으로 드러냄으로써 언어는 의미를 형성하고 이해를 수

---

[22] 같은 책 422.   [23] 같은 책 448.   [24] 같은 책 450.

행하는 그 무엇이다. 그리고 이 점에서 가다머는 하이데거보다 상호동격적 대화 추구라는 해석학적 과업에 더욱 충실했다고 평가될 수 있다.

5) 가다머와 하버마스의 대립, 그리고 이에 대한 리쾨르의 대안

적절한 이해를 위해 전통을 중시함으로써 결국 이해의 역사성에 천착하게 되었던 가다머의 입장에 대해 반기를 들고 전통의 체계적 왜곡가능성을 지적하면서 이에 개입되어 있는 이데올로기를 비판해야 한다는 입장이 있었으니 그가 곧 하버마스였다. 그에 대해서도 간략하게나마 살펴보는 것이 균형적 논의를 위해 바람직하겠지만 이 연구의 흐름에 비추어 이들 사이의 논쟁에 대해 간단히 훑어보고 리쾨르의 대안 제시를 논하는 것이 더욱 효과적일 것으로 여겨진다.

먼저 가다머는 현재 상황에 대한 해석을 위해 과거로부터의 영향의 결정적 족적인 "선이해"Vorverständnis에 초점을 맞추었다면, 하버마스는 미래의 과제와 관련하여 밀려오는 "관심"Interesse에 주목하고자 했다. 이런 차이는 당장 가다머에서 선이해로 자리하는 전통과 현재의 이성 사이에 지평융합이 이루어진다는 다소 낙관적인 주장으로 나타나는 반면에, 하버마스는 이를 "전승의 실체화"라고 거부하고 마르크스가 말하는 "사회적 삶의 과정"에 대해 헤겔이 강조하는 "자기반성"을 연결시킬 것을 주장한다. 하버마스가 특히 자기반성에 대해 강조하는 것은 전통이라는 이름의 사회적 힘에의 독단적 종속으로부터의 자유를 위함이다.[25] 특히 독단적 종속이란 전통에 대한 보존과 얽혀 있는데 이로부터의 자유란 관심과 인식 사이의 함수 관계가 드러내듯이 경험적 학문을 지배하는 기술적 관심과 역사학문을 지배하는 실천적 관심 사이의 대조를 넘어 그가 말하는 "해방적 관심"을 통해서 비로소 추구된다. 말하자면 가다머가 전통의 권위에 무게를 둔다면 하버마스는 비판적 반성에 중점을 둔다고 할 수 있다.

이런 입장 차이는 이해의 자리를 설정하는 데도 여전히 이어진다. 가다머에게서 전통에의 참여를 통한 친숙화Aneignung의 방법이 기조를 이룬다면 하버마

---

[25] Jürgen Habermas, *Erkenntnis und Interesse* (Frankfurt 1968) 256.

스는 전통에 대한 비판을 통한 거리두기, 즉 소격화Verfremdung의 방법이 근간이 된다. 이렇게 본다면 결국 가다머와 하버마스의 논쟁은 현재를 읽어내는 데 과거가 더 중요한가 미래가 더 중요한가의 씨름이었다고 해도 과언이 아니다. 이런 대조는 급기야 해석학이 당면해야 하는 과제를 설정하는 데서 극명하게 드러난다. 가다머는 적절한 이해를 위해 오해라는 것이 이해에 따라나오면서 결국 이해 안에 흡수되는 발전적 계기로 보는 데 비해 하버마스는 이해가 오해를 해결한다기보다 오히려 그 자체로 사회적 힘의 지배가 실리는 이데올로기로서 왜곡될 가능성을 소지하고 있다고 평가한다. 이런 이유로 하버마스는 단순히 해석학에 머무르기보다는 그처럼 인식될 수 없는 왜곡에 대해 파고들어가는 정신분석을 도입해야 하며 이를 통해 이데올로기가 비판되어야 한다고 갈파한다. 하버마스의 해석학이 심층해석학Tiefenhermeneutik 또는 메타해석학으로 분류되는 것은 바로 이때문이다. 요컨대, 가다머의 해석학은 회상적 진리관을 향한다면 하버마스의 해석학은 예기적 비판으로의 이상적 전환을 도모한다고 하겠다.

가다머와 하버마스의 대조를 이렇게 읽어낼 수 있다면 리쾨르는 이를 포괄적으로 종합하려는 입장이라고 할 수 있다. 물론 그는 이들을 단순히 뒤섞는 것이 아니라 한쪽 입장에 다른 쪽이 필요함을 드러냄으로써 양자의 상호보완성을 지적하는 방식을 취한다. 즉, 가다머가 말하는 전통 해석학은 비판적 거리두기를 수용해야 하며 하버마스가 말하는 이데올로기 비판은 전통의 영향을 벗어날 수 없다는 인식 위에서 이를 재해석함으로써 기획되어야 한다는 것이다.[26] 그렇다면 리쾨르는 구체적으로 어떤 보완책을 제시했는가?

먼저 리쾨르는 가다머의 해석학에 대해 비판적 반성을 보완할 것을 주장한다. 이를 위해 그는 가다머가 전통에의 참여를 강조했음에도 과거와 현재 사이의 상호소통에 주목하는 영향사적 지평융합이라는 개념에 비판적 거리 두기의 가능성이 포함되어 있다고 본다. 또한 가다머가 말하는 "텍스트에의 개방성"은 이데올로기 비판으로 나아갈 가능성을 함유한다는 것이다.[27] 아울러 리쾨르는

---

[26] Paul Ricoeur, "Ethics & Culture – Habermas & Gadamer in Dialogue", 159-60 [김영한 『하이데거에서 리쾨르까지: 현대 철학적 해석학과 신학적 해석학』 (박영사 1993)에서 재인용].

하버마스의 이데올로기 비판에 대해서도 해석학적 반성을 보완할 것을 주장한다. 그에 의하면 이 양자는 서로 침투할 수 있다. 우선 하버마스가 주목하는 관심이란 선이해와 마찬가지로 결국 이해의 유한성의 근거가 됨으로써 이데올로기와의 연관성을 가리킨다. 말하자면 무엇을 관심한다는 것은 이미 그렇게 얽혀 있음으로써 전반성적 영향에서 완전히 자유로울 수 없음을 뜻한다는 것이다. 더 나아가 리쾨르는 이데올로기 비판이란 오직 문화적 유산에 대한 창조적 재해석의 근거 위에서만, 즉 전통에 대한 이해에서만 가능하다고 갈파한다:

> "왜곡"이라는 "합의의 이름으로만" 그리고 "규제적 이념의 방식으로만" 비판될 수 있을 따름이다. 상호소통의 이념이란 엄밀히 말하면 과거에서 받아들인 작품을 해석함에 있어 문화적 간격을 극복하는 우리의 능력이다.[28]

리쾨르의 이런 입장은 설명과 이해에 대한 딜타이의 구별을 넘어설 것을 주장하는 데서 더 확연하게 나타난다. 가다머가 딜타이의 이해에 초점을 맞추었다면, 하버마스는 도구적 관심에 연관된 설명과 실천적 관심에 연관된 이해 그리고 이를 포괄하는 해방적 관심으로 나누었지만, 리쾨르는 그런 대립적 구별을 거부하고 양자의 보완적 통합을 주장한다: "과거 유산의 상호소통이 소격화와 객관화의 조건 아래 일어난다면, 설명이란 이해를 향한 필수적 단계다. 우리는 더 잘 이해하기 위해 항상 설명한다".[29] 즉, 리쾨르에 의하면 설명은 이해를 향한 길이며, 결국 가다머가 분리한 진리와 방법도 배타적으로 보아서는 안된다.

이제 가다머와 하버마스를 포괄하려 하는 리쾨르에게 있어 이해란 텍스트에 대해 특정하게 제한된 가능성을 강요하는 것이 아니라 텍스트로 나아가 그것에서 넓어진 자기를 얻게 되는 것을 말한다. 다시 말하면 주관이 이해를 산출하는 것이 아니라 오히려 텍스트의 사실을 통해 자기가 산출된다. 더 나아가 리쾨르는 종교비판과 신앙의 자기이해의 본질적 연관성에 입각해서 이런 이해가

---

[27] Paul Ricoeur, *Hermeneutics & Critique of Ideology*, 94.
[28] 같은 책 97.   [29] Paul Ricoeur, "Ethics & Culture ...", 163.

신학에 대해 지니는 의미를 도출함으로써 철학적 해석학과 신학적 해석학을 연관시킨다.[30]

2. 믿음의 생리와 신학적 해석학

1) 신학적 해석학의 태동과 발전

철학적 해석학이 "참과 삶 사이의 거리 좁히기"라면 신학적 해석학은 "참과 믿음 사이의 거리 좁히기"라고 할 수 있다. 말하자면 "있음과 앎의 같음으로서의 참"을 구하던 전통적 관점이 서로 다를 수밖에 없는 삶을 억눌러 왔음을 폭로하고 이를 극복하기 위해 "삶의 다름"에 닿는 "참"을 찾으려는 것이 철학적 해석학이었다면, 각 시대마다 확보하고 있던 입지의 변화에도 불구하고 저마다 자기가 믿는 것을 절대적으로 모시려는 신앙의 절대성이 야기하는 혼란을 다스릴 지혜를 구하는 것이 신학적 해석학이라고 할 수 있다.

이런 신학적 해석학도 그 태동기에서 현대까지의 유구한 역사에서 많은 굴곡을 겪었다. 우선 그리스도교의 형성과 함께 시작된 신학사의 초기에는 소위 경전화 과정을 거친 정경에 대한 해석이 우선적 관건이었다. 이미 그 경전이 쓰여진 시대적 배경과 저자 또는 필자의 의도에 대해 독자가 불가피하게 간격을 경험하기 때문에 이 간격을 해소하기 위해 해석이 절실히 중요한 과제였다. 그러나 초대 신학사에서 성서해석이 신학적 해석학의 주요 과제였다면 종교의 제도화 역사가 축적된 중세로 넘어가면서 상황은 매우 달라진다. 이제 종교의 제도적 운영을 위한 교리의 형성과 제정이 교회의 주요 사업으로 등장하면서 주요 관심이 성서해석에서 교리 설정으로 옮겨갔기 때문이다. 게다가 이런 전환은 성서해석과 교리 제정 사이의 긴장으로 이어졌고, 때로는 종교의 제도화 과정이 경전화 과정과 함께 교리화 과정을 후속조치로서 포함한다고 할 때 오히려 교리 설정을 정당화하기 위해 성서해석을 사용하는 경향까지 대두되었다.

---

[30] P. Ricoeur, "Philosophische und theologische Hermeneutik": *Evangelische Theologie*, (München: Sonderheft 1974) 43.

그러나 인식주체로의 대전환이라는 근세의 시작과 함께 신학적 해석학의 국면에 현격한 변화가 일어났다. 인간이 인식행위를 통해 대상과의 관계에서 주체인 것과 같이 종교적 행위로서의 신앙에서도 신앙이라는 행위의 주체라는 의식이 생겨나기 시작했다. 말하자면 종교개혁의 주요한 주장 중에 "오직 믿음으로"sola fidei라는 구호가 웅변적으로 가리키듯이 이제 인간의 행위로서의 신앙이 신학적 해석학에서 주요한 탐구대상이 된다. 근세 초기의 이런 전환은 후기로 가면서 더욱 강화되는데 감정이나 체험에 초점을 맞추어 신앙을 이해하려는 움직임이 그 주류를 이루기 때문이다. 이제 근세의 신학적 해석학은 성서해석에서 출발하여 교리 설정과 긴장을 이룬 고전적 유산을 물려받고 새로이 부상한 신앙과 관계를 엮어야 하는 중차대한 과제를 안게 되었다. 그러나 근세라는 시대의 특성과 한계로 인해 그런 관계를 성공적으로 조성하기보다는 교리와 신앙의 긴장이라는 또다른 형태의 긴장이 근세의 기조가 되었고 결국 이들 사이의 적극적 관계 조성은 다음 시대인 현대의 과제로 넘겨졌다.

이제 현대라는 우리의 시대가 바야흐로 인간의 자기이해에서 대변혁이 일어난 시대임은 새삼 지적할 필요도 없다. 주지하다시피, 고중세에는 인간이 "참"을 향해 특별한 지위를 지니지 않았던 데 비해, 그리고 근세에 이르러 인식주체로 부상하게 되었지만 인식이란 정신의 행위여서 정신적 주체로서의 지위만이 주요한 관건이 되었던 반면, 현대에는 정신뿐 아니라 육체를 포함하는 전존재가 자기이해를 구성한다는 방식으로 전개되어 나갔다. 그런데 이런 인간관의 변화가 신학적 해석학의 구도에 미친 영향은 실로 지대하다. 이제는 아무런 전제 없이 성서해석을 초점으로 다루기보다 교리와 신앙 사이의 긴장 관계를 어떻게 관리하는가가 관건이 되었으며 이 문제를 위해 성서해석이 다루어져야 한다는 입장이 주류를 이루게 되었다. 그리고 그 문제에 대한 해결의 다양한 방식에 따라 여러 갈래의 신학적 입장이 나타나고 있는 것이 작금의 현실이다.

신학적 해석학의 태동과 발전에 대해 위와 같이 간략히 훑어보았다면 이제 그 구체적 내용들을 더듬어볼 필요가 있겠다. 말하자면 신학적 해석학의 사상적 체계와 역사적 계보를 씨줄과 날줄 엮듯이 얽어매어 그 전체적이고도 유기적인 연관성을 살펴볼 필요가 있을 것이다. 현대 신학적 해석학 중 일부를 좀 더 자세히 음미하기 위해서라도 그런 기본적 배경은 필수불가결하다.

먼저 신학적 해석학의 사상적 체계부터 논하자. 사상적 체계라 하여 거창할 것은 없되 무릇 이것이 "참과 믿음"의 관계를 관심하는 해석학이라면 "참"에 대해 인간이 설정해 온 기본 구도가 우선 적용되는 것은 의심의 여지가 없을 것이다. 여기서 그 기본 구도란 다름 아닌 인간의 정신요소인 지성과 감정과 의지 사이의 역학관계를 일컫는데 이런 정신요소가 신화와 철학에 공히 연관되어 있다는 것 또한 새삼 지적할 필요가 없을 것이다. 우선 신화의 단계에서 지성은 태양신인 아폴론 숭배전통에 연유하며 감정은 흑암의 신인 디오니소스 숭배전통에 연관된다고 분류할 수 있다. 그리고 이런 대조가 철학으로 넘어오면서 이미 고대에서부터 신과 인간의 관계에 적용되는 절대와 상대(무한과 유한)의 관계에서 존재론적 연속성과 인식론적 가지성을 주장하는 합리주의, 그리고 이와 대조적으로 존재론적 불연속성과 인식론적 불가지성을 말하는 신비주의로 대별되었음도 주지의 사실이다. 이런 고대철학적 대비는 합리주의의 원조로서 아리스토텔레스를 꼽는다면, 신비주의는 플라톤 및 특히 그의 추종자들인 중기 플라톤주의자들과 신플라톤주의자들에게서 탁월한 예를 살필 수 있다.

이렇게 고대 그리스 철학을 사상적·문화적 배경으로 지니고 태동한 그리스도교는 우선 종교의 제도적 형성과정에서 가장 주요한 과업인 경전화 과정을 위해 본격적 해석학을 개발할 필요에 직면하게 되었다. 따라서 여기서 그리스도교 형성의 배경으로 작용한 그리스 철학이 한몫을 하는 것은 역사적 우연이 아니었다. 초대 교부들 중 테르툴리아누스가 성서해석을 위해 문법적이고 문자적인 규칙 이해의 방법을 주장하는 본격적 효시가 되었다면, 이와 대조적으로 이레네우스는 우의적 해석방법을 옹호하고 나섰다. 전자가 합리주의 전통으로 분류할 수 있는 안티오키아 학파의 기조가 되었다면 후자는 다소 신비주의적 성향을 품고 있던 알렉산드리아 학파로 이어졌다. 이런 양대 계보가 각각 토마스 아퀴나스와 아우구스티누스로 이어져 중세의 커다란 대조적 전통을 형성했다는 것은 상식이다.

III. "참"은 도대체 왜 참인가?

그러나 이런 양대 전통의 흐름은 16세기 종교개혁으로 시작된 근세에 와서 다소 다양해진다. 종교개혁자 루터와 칼뱅과 츠빙글리 등은 미세한 차이에도 불구하고 의지주의적 성향이라는 개혁적 공통성을 공유하고 있었다. 그러나 이런 개혁에 근거한 개신교 자체 내에서의 정립이나 이에 대한 가톨릭에서의 반동은 곧 각 교회에서의 정통주의를 표방하게 되었는데 이는 곧 지성을 중시하는 합리주의 전통의 근세적 표출이라고 할 수 있다. 정통주의가 합리주의에 뿌리를 둔 것이라면 이에 대한 반동이 감정에 눈을 돌리는 신비주의적 성향을 머금은 경건주의로 나타나는 것은 불가피할 만큼 당연하다. 이로써 정통주의와 경건주의의 대립이 17~18세기에 걸친 근세 중후기를 장식하거니와 이런 대립은 곧 의지에 매력을 느끼고 어느 편에도 손을 들어주지 않는 자유주의의 태동배경으로 작용하게 된다. 그런데 신학적 해석학에서의 근세적 갈래들이 이처럼 제법 입체적으로 엮어졌다면 이는 곧 교회 안에서의 움직임일 터인즉, 이런 움직임과 상응하는 사회적 조류로서는 지성을 표방하는 계몽주의와 감정에 호소하는 낭만주의의 대립이 그 시대를 풍미했다는 점도 간과해서는 안될 것이다.

이런 근세 후기의 혼미는 때마침 부상한 역사성과 역사의식에 힘입어 여러 갈래의 역사주의를 배태했는데, 특히 신학적 해석학에서 의미를 지니는 흐름은 실증주의적 성향을 지닌 역사주의였다. 그리고 이것이 20세기의 신학적 해석학에 화두와 과제를 던져준 위력적 유산으로 다가옴으로써 20세기라는 한 세기는 이를 둘러싼 논의의 장이라고 해도 좋을 것이다. 그러나 우리는 여기서 이 모든 논의들을 망라할 수 없고 단지 철학적 해석학과 밀접한 연관성을 지니는 신학적 해석학의 몇 가닥을 선택하여 논하는 데 머무르고자 한다.

2) 불트만: 실존과 신앙의 상호공속성

현대 철학의 근본 거점이 "삶"이라면 그런 삶에 근거하여 "믿음"의 뜻을 되새기려는 현대의 신학적 해석학은 "삶에서의 참과 믿음 잇기"라는 형태로 나타날 것이다. 그리고 이 점에서 대표주자를 고르라면 그 다양한 목소리에도 불구하고 아무래도 당대 신약성서신학의 대가인 불트만을 꼽아야 할 것이다. 그는 현대의 시대정신이 주목한 "삶"에 집중하는 데 타의 추종을 불허하는 탁월성과 진지성을 보였다. 이를 위해 그는 하이데거의 실존분석에 적지 않은 빚을 지고 있지만 그럼에도 이에 대한 단순한 신학적 변형이라고 치부할 수 없을 만큼 그의 신학적 해석학은 독특한 방향을 지니고 있다.

불트만의 신학적 입장은 현대 신학의 본격적 전개에 앞선 근세 신학의 기본구도에서 지성주의를 표방하는 정통주의와 감정주의적 정서를 지닌 경건주의 사이에 드리워진 틈을 비집고 올라온 자유주의가 제시하는 인간의 도덕성에 대한 낙관적 신뢰를 거부하고, 신의 초월성에 대한 바르트의 강조에 동조하는 데서 출발한다. 그러나 바르트가 신의 초월성에 대한 초자연주의적 옹호로 기울어지는 데 반대하면서 신의 계시는 인간실존이 역사적 삶에 참여함으로써 이루어지는 체험 안에서 이해되어야 한다고 역설한다. 이로써 계시와 체험 사이의 밀접한 얽힘이 강조되는데 특히 체험이 딜타이에게서 갈파되었듯이 주관과 객관의 통합적 차원을 아우르는 것이라면 해석과 불가분의 관계를 가질 것인즉 이것은 바로 하이데거가 말하는 선이해의 또다른 표현이었다. 말하자면 무색투명의 지평 위에서 일방적 계시가 획일적으로 내리부어질 것이라는 초자연주의적 발상은 환상이거나 신화일 뿐이며 어떤 형태로든지 이미 생겨먹은 대로의 모양 안에 담기는 방식으로 계시는 받아들여질 수밖에 없다는 것이다.

이렇게 계시와 체험이 얽혀서야 비로소 종교가 이루어진다면 그리스도교의 경전인 성서도 예외가 아님은 물론이다. 말하자면 성서는 일방적 계시에 대한 단순한 기록이 아니며, 축자영감설이란 한마디로 웃기는 이야기다. 그것은 신과 인간 모두에 대한 무지요 모독의 소치다. 신의 말씀이 어찌 그렇게만 갇힐 것이며 결국 쓰인 인간의 언어에 인간이 끼어들지 않았다는 것은 무슨 궤변인가? 계시는 체험과 얽혀서 비로소 계시가 되는 것이며, 성서는 오히려 그 명백한 증거다. 그렇다면 계시와 체험은 어떻게 얽히는가? 계시가 체험과 불가분의 관계라는 것은 계시에서의 신의 주권성을 부정하지 않으면서도 체험의 수용성을 요건으로 한다는 것을 뜻한다. 그런데 체험의 수용성은 여러 가지로 설명될 수는 있겠지만 아무런 생각 없이 받아들이기만 한다는 것이 결코 아님은 말할 필요도 없다. 신의 계시에 즈음하여 이를 체험해야 하는 인간이 이미 지니고 있는 수용성을 가리키는 선이해를 불트만은 "신에 관한 물음"[31]이라고 표현한다. 다시 말하면 인간은 신에 관한 물음을 어떤 방식으로든지 제기하면서 신으로부터 계시를 받게 된다는 것이다. 그런데 여기서 신에 관한 물음이란 신에 대한 고색창연하고도 경건한 관심 때문이라기보다 사실상 삶의 의미나 욕망의 충족을 통한 행복 추구에의 관심에서 비롯된다. 말하자면 인간이 죽음의 가능성과 불가피성을 대면하면서 자신의 삶에 대해 던지게 되는 물음이 결국 신에 관한 물음으로 나타난다는 것이다. 그렇지 않고서야 인간이 굳이 신에 대해 관심하고 애써 물을 것이 무엇이랴? 그러기에 불트만은 이를 다음과 같이 간결하게 선언한다: "신에 대한 질문과 나 자신에 대한 질문은 그 자체로 동일하다".[32]

실로 그렇지 아니한가? 인간들 중 어느 누가 자신의 처지와 무관하게 오로지 신을 모시고 경배하기 위해 신에 대해 관심하고 그를 묻고자 할 것인가? 지난 세월이 그럴 것이라고 착각한 무지의 역사였다면 이제는 이를 새삼스레 깨달아야 할 것이다. 그리고 이 깨달음을 거부한다면 이제는 그나마 정당화될 수 있는 종교적 무지가 아니라 가증스런 종교적 위선일 수밖에 없다. 이처럼 인간이 자신에 대한 관심으로 인해 신에 관심하게 된다면 인간이 신과 관계하고 마주하는 차원은 종래의 그것처럼 지성·감정·의지 등을 포함한 정신에만 한정된다기보다 그런 정신과 육체를 총체적으로 아우르는 전실존이어야 함은 더욱 분명해진다. 인간 자신에 대한 관심은 지엽적인 것이 아니라 삶으로 나타나고 겪어지는 실존 전체에 해당하기 때문이다. 이로써 그리스도교의 태동과 함께 시작된 중세의 주요과제였던 신앙과 이성의 관계 구성이 근세를 통해 신앙과 정신의 관계로 확장되었다면 이제 삶에 바탕한 해석학적 반성에 힘입은 현대에는 신앙과 실존이 서로 얽혀야 할 것으로 더욱 넓어짐으로써 인간 자기이해의 확대와 함께 신앙의 범주도 확장되는 상응관계를 이룸을 다시금 확인할 수 있다.

---

[31] 참조: Rudolf Bultmann (L.P. Smith 역) *Faith and Understanding* (Philadelphia: Fortress Press 1987) ch.2.

[32] R. Bultmann, *Jesus Christ and Mythology* (New York: Charles Scribner's Sons 1958) 60.

추린다면, 신에 관한 물음이 결국 인간 자신에 대한 물음에 뿌리박고 있음을 직시함으로써 신앙에 상응하는 인간의 노작은 이성과 같은 정신적 요소가 아니라 실존 전체임을 확인하려는 것이 불트만의 신학적 해석학이 지닌 주요 과제다. 그리고 그는 이런 "실존과 신앙의 상호공속성"을 위해 구체적으로 종교의 해석에 대한 새로운 방법을 제시한다. 신앙이 단순히 지성적 인정이나 감정의 동화가 아니라 전인격적 참여를 뜻한다면 종교적 해석은 마땅히 실존적이어야 한다. 그런데 그러기 위해서는 신앙의 내용을 이루는 종교적 교리와 현재적 실존 사이의 간격을 조정해야 하는 과제가 주요한 관건이 되지 않을 수 없다. 예를 들면 성서와 같은 경전에 대한 해석에서 과거의 시대상이 반영된 언어들과 현재의 사고방식 사이의 간격을 지성이나 감정을 동원하여 인위적으로 메우려 할 것이 아니라 과거에 의도되었던 의미를 현재적으로 되살려내어야 한다는 것이다. 그런데 과거의 것을 현재 다시 살린다는 것은 과거의 것을 임의로 현재적으로 주물러낸다는 것을 뜻하지는 않는다. 아니 오히려 반대로, 과거로서의 과거를 현재 안에서 과거로서 되살린다는 것을 뜻한다. 다시 말하면 과거의 것을 함부로 현재의 잣대로 저울질하여 과거를 왜곡하는 것이 아니라 비록 현재라는 다른 터이긴 하지만 과거를 과거로서 읽어주려는 것이다. 여기서는 결국 과거에 대한 현재의 다름을 말살하지 않으면서 동시에 현재에 대한 과거의 다름 또한 확보해야 하는 매우 긴장스런 과제가 관건이 된다.

 이런 과제의 성공적 수행을 위해, 그리고 구체적으로 성서해석에의 적용을 위해 불트만은 하나의 방법을 제안했으니 "비신화론화"Entmythologisierung라는 이름으로 알려진 것이 바로 그것이다. 물론 불트만 자신도 누누이 강조하거니와 오해되지 말아야 할 것은 비신화론화란 신화를 제거하는 것이 아니라는 점이다. "비신화론화"는 신화를 문자 그대로의 사실로 받아들이는 미신을 거부하는 것은 물론이지만 신화를 사실주의적으로 분석하여 사실이 아닌 것, 즉 비사실로 치부함으로써 제거해버리는 천박한 이성주의를 말하는 것은 더욱 아니다. 비신화론화는 신화를 신화에 어울리지 않는 사실주의라는 준거에서 해방시켜 신화를 신화로, 즉 진실성을 향한 의미의 언술로 보아 해명해내는 것을 가리킨다. 그런데 이처럼 신화를 사실주의라는 어줍잖은 잣대로써가 아니라 진실한 의미를 추구하는 신화로 받아들인다는 비신화론화는 신화 자체의 성격에 의해서도 요구된다. 신화란 현대의 자연과학적 세계상과 대비될 만한 고전적 세계상을 조성하고 규명하는 데 목적을 두고 있는 것이 아니라 유한자로서의 인간이 초월자에 대해 어떤 관계를 지니는가라는 인간학적 관심에 의거하여 쓰여진 것이기 때문이다. 신화란 신에 대한 의인화의 형식을 빌리기는 하지만 기실 인간의 신격화적 언어라는 것도 이런 맥락에 부합되는 분석이다.

그런데 불트만에 의하면 특히 신약성서에 대한 이해에서 비신화론화가 필요한 것은 신약성서의 신화적 세계상과 현대인의 자연과학적 세계상 사이의 차이보다 인간의 자기이해의 변화라는 훨씬 깊은 연유 때문이다. 즉, 인간을 본질적으로 지성적 영혼의 차원에서 보던 고전시대로부터 의지와 감정을 포함하는 정신으로 확장한 근세를 거쳐 육체와 정신을 함께 아우르는 온몸의 삶을 뜻하는 실존으로 선언하는 현대에 이르기까지 흘러온 인간관의 변화가 세계관, 그리고 결국 신관의 변화를 요구하게 되었다. 그리고 이런 변화와 아울러 한편 신화를 자연스런 일상의 언어로 받아들이던 고전시대의 유산을 물려받고, 다른 한편 신화를 과학의 이름으로 재단하던 근세를 막 거쳐온 현대인들이 신화의 정체에 대해 혼동을 겪을 수밖에 없게 됨으로써 일상적 언어생활에서 신화적 언어의 위상을 재정립할 필요가 절실하게 대두되었다. 신화적 언어가 일상적으로 익숙한 언어는 아니지만 그렇다고 해서 비과학적·비사실적이라 하여 무의미한 것으로 간주하기에는 삶의 심연이 허락하지 않음을 경험한 현대인들이 그나마 신화의 의미를 캐려는 시도가 비신화론화로 표출되었다고 볼 수 있다.

그럼에도 불트만의 비신화론화는 실로 적지 않은 오해를 받아 왔다. 너무도 많은 경우의 오해들이 있어 이를 다 열거할 수는 없으니 주요한 것들을 분류해 본다면, 비신화론화는 성서 기록의 사실성에 대한 부정이라는 오해가 대종을 이루고, 그밖에는 다소 전문적인 논의에서 선이해를 포함한 실존론적 해석에 대한 몰이해로 인한 오해가 주류를 이루는 것으로 보인다. 먼저 사실성 부정의 문제는 성서의 온갖 기록이 비신화론화적으로 해석된다면 사실성 여부와 무관하게 의미를 파고든다는 것인데 사실성에 근거하지 않은 의미가 얼마나 힘을 쓸 것인가라는 소박하고도 가련한 반론이 그것이다. 이런 반론의 충정은 십분 이해되지만 그런 반론의 충동이 어디에 뿌리박고 있을까를 스스로 한번쯤은 되묻는 것이 바람직할 것이라 여겨진다.

그리고 덧붙인다면, 해석학을 무수히 들먹거리면서도 여전히 다름의 해방이라는 주제를 공유하지 못하는 측은함이 아직도 엄청나게 팽배해 있음을 안타까워하지 않을 수 없다. 예를 들면, 성서에 대한 실존론적 해석의 경우 이에 불가피하게 개입하는 선이해라는 것을 의도적이고 조작적으로 주입하는 것으로 오해한 나머지 "인간의 선이해가 성서의 말씀에 의해 비판받아야 한다"는 주장이 해석학에 대한 비평이라는 구실로 버젓이 튀어나오는 것이 현실이다. 물론 그래야 마땅하고 그럴 수 있으면 바람직한 일이다. 또한 실존론적 해석이라는 것도 사실상 아전인수격의 해석을 부추길 소지가 있기는 하다. 그러나 선이해란 그렇게 그 무엇에 의해 비판받을 수 있을 만큼 명료하게 대상화하고 개념화할 수 있는 것이 아니다. 만일 그랬다면 그것은 선이해가 아니라 그저 이해의 한 쪼가리였을 것이다. 선이해란 개념적 명료화의 가능성에 앞서 "이미 그렇게 있는 것"으로서 앞으로 전개될 있음과 앎의 모습을 아우르는 삶의 전제성을 가리킨다. 또한 선이해를 비판하는 준거로서 "성서의 말씀"이 자주 들먹거려지는데 성서의 말씀이라는 것이 그냥 성서의 말씀이던가? 진실로 누가 읽고 풀이해도 언제나 어디서나 동일한 것이던가? 그럴 수 없다는 것이 해석학이 그토록 목청 돋우어 외치는 바라면 자기가 읽는 방식에 의한 "성서의 말씀"일 뿐이지 않겠는가? 해석학적 지론에 대한 비판 자체가 해석학적 통찰을 결여하고 있는 경우 그런 내적 모순은 어떻게 해도 정당화될 수 없을지니 그것이 문제로다.

〈보론〉 좀더 적절한 성서해석을 위한 신학적 해석학의 반성

"참과 믿음 사이의 거리 좁히기"를 추구하자면 생각해 보아야 할 점이 많겠지만 특히 믿음이라는 이름으로 자기를 절대화하려는 종교적 본능을 염두에 둔다면 우리가 성서를 어떻게 읽을 것인가라는 물음을 고려하는 것도 의미있을 것이다. 이것은 우리가 자신도 모르게 엮어가고 있는 욕망과 신앙의 관계를 새삼 드러내어 진솔하게 되돌아볼 수 있는 좋은 실마리가 되겠기 때문이다. 아울러 성서 읽기에서 정점이면서도 인간의 자기보존 본능과 부단히 얽혀 있는 부활 신앙에 초점을 맞춘다면 그런 목적을 더욱 효과적으로 추구할 수 있을 것이다.

우리는 성서를 어떻게 읽고 있는가? 흔히 "성서는 하느님의 말씀이다"라는 말을 많이 하는데 우리는 이런 말을 어떻게 이해하고 있는가? 다시 말하면 성서와 하느님의 말씀이라는 것이 어떤 관계를 지니고 있다고 이해하고 있는가? 혹 이런 질문을 황당무계하다고 생각하고 있지는 않은가? 그러나 잘 생각해 보면 "성서는 하느님의 말씀이다"라는 말은 여러 가지 뜻을 가지고 있고, 실제로 우리들은 그렇게 여러 가지로 이 말을 풀어서 새기고 있다. 먼저 "성서는 하느님의 말씀이다"라는 말을 "성경에 기록되어 있는 모든 문장이 그 자체로 하느님의 말씀이다"라고 풀이할 수 있다. 말하자면 "성경에서(from) 하느님의 말씀이 나온다"는 것이다. 수십 년 전쯤 대한성서공회에서 개역성경 계획을 발표하고 여론조사를 했을 때 "하느님의 말씀을 감히 인간들이 새로 바꾸어 쓴다는 것은 신성모독이다"라는 강력한 저항에 부딪쳤던 사건을 돌이켜보면 이런 관점이 얼마나 대중적으로 팽배해 있는가를 가늠할 수 있다. 성경책 자체를 더욱 거룩하게(?) 신주단지처럼 모시고자 빨갛게 칠하고 그것도 모자라서 금박 처리까지 하는 것도 이런 관점과 무관하지 않을 것이다.

그런가 하면 "성서는 하느님의 말씀이다"라는 말을 "하느님은 성서를 통해(through) 우리에게 말씀하신다"라고 새길 수도 있다. 이런 태도는 성서를 신주로 모신다기보다 하느님과 인간 사이의 인격적 교류를 목표하는 태도로서 성서는 단지 그런 교류를 위한 자료로 간주하는 자세다. 이런 입장에서는 성서가 분석될 수도 있고 비판될 수도 있다. 그리고 바로 그런 과정이 하느님이 인간을 향해서 말씀하시는 사건이 일어나는 터전이기도 하다. 말하자면 이것은 성서 읽기에서 인간이 참여하고 차지하는 비중에 좀더 무게를 두는 태도라고 할 수 있다. 그런데 이런 태도는 앞의 입장에서 보면 오만불손이요 경거망동이며 신성모독이다. 그렇다면 이런 상호반목이 도대체 왜 야기되고 있는가?

이에 답하기 위해 우리가 성서를 읽는 행위에 대해 곱씹어 보자. 우선 성서 말씀을 "그대로" 읽음으로써 "아무런 왜곡 없이" 진리로서 이해하노라고 확신하는 경우를 흔히 볼 수 있다. 말하자면 왜곡하려는 의도를 지니지 않았다는 이유로 자기의 "그대로"를 "올바로"라고 간주하는데 이때의 "올바름"이란 "하느님으로부터 비롯된 것"이므로 곧 지체없이 "절대로"로까지 격상된다. 그런데 이렇게 다른 사람들의 "그대로"와 다를 수밖에 없는 자기의 "그대로"를 "절대로"로 모시게 되면 다른 사람들의 "그대로"들은 공존불가할 뿐더러 박살내지 않으면 안되는 "마귀들의 장난"으로 간주된다. 그러나 이처럼 "절대로"의 위치로까지 격상된 "그대로"란 부분일 따름인 것을 전체라고 우겨대는 "마음대로"일 뿐이다. 그럼에도 자기 "마음대로"인 것을 하느님 "그대로"인 양 착각하는 것은 결국 그가 믿고 있는 것이 자기 자신이라는 것을 드러낼 뿐이다.

그러나 인간이란 영원한 미완성의 존재여서 언제나 불가피하게 부분적이기 때문에 "그대로"란 결코 의도하는 바가 아니라 하더라도 사실상 "나름대로"일 수밖에 없으며 따라서 다른 부분에 대한 고려가 결여되어 있거나 필요한 경우가 대부분이다. 백인의 눈으로 그린 파란 눈의 하느님, 흑인의 손이 그린 검은 피부의 하느님, 틀어 올린 상투 위에 갓을 쓴 한국 전통의 하느님 등의 예가 보여주듯이 "나름대로"란 그들 각자에게는 매우 자연스런 "그대로"이되 불가피하게 부분적이며 더 나아가 무의식적이더라도 이미 특정한 해석의 틀을 지닐 수밖에 없다. 문제는 자신의 "그대로"가 결국 부분적이고 특정한 의도와 이유를 지닌 "나름대로"일 뿐이라는 데 있는 것이 아니다. 그럴 수밖에 없을 뿐 아니라 더 나아가 이를 고유한 특성으로 발전시킬 수 있음에도, 이를 간과하여 오로지 "그대로"라고 고집하며 나아가 그 "그대로"를 "올바로"라고 "마음대로" 간주하고 더 나아가 "절대로"로 "마음대로" 포장하는 데 문제가 있다. 다시 말하면, 누구든지 "나름대로"일 수밖에 없는 것을 "그대로"라고 고집하면 그것이 곧 "마음대로"가 되니 자기 "마음대로"인 줄을 모르고 "그대로"인 줄로 착각하는 자기절대화라는 함정을 이미 그 자체 안에 지니고 있다. 고유성과 우연성이 얽힌 영원한 미완성의 인간에게 "그대로"란 사실상 불가능하기 때문이다.

이처럼 일상생활에서는 인간이 자신의 불완전성을 여지없이 체험하면서 주저 없이 인정하다가도 유달리 신앙이라는 문제에 들어서면 갑자기 마치 신이나 된 것처럼 완전하고 절대적인 존재인 양 착각하는 유혹에 빠지는 종교적 현실은 실로 개탄스럽다. 그런데 여기서 심각한 문제는 신에 대한 오해보다 인간 자신에 대한 자기 착각과 타자 기만이라고 하겠다. 따라서 우리는 "로부터"의 성경에 "갇혀서" 이를 절대화하는 것을 신앙으로 여기는 몰인간적 독선을 벗어나서 "통하여"가 가리키는 바 성서를 "넘어서" 하느님이 말씀하고자 하시는 데 귀를 기울이도록 영원한 미완성인 우리 자신을 열어야 할 것이다. 신앙이란 주어진 그대로 받아들이는 것이라고 오인되는 경우가 많으나 참된 신앙은 오히려 반대로 아무 반성 없이 그대로 따르고 있는 신조나 교리체계를 무조건 받아들일 수 없다는 것을 믿는 것이다. 말하자면 참된 신앙이란 "믿는다"는 행위가 "나름대로" 부분적이고 상대적임을 깨달음으로써 자기 믿는 것을 "마음대로" 전체적이고 절대적이라고 고집하지 않는 것, 즉 주제를 파악하는 행위라고 하겠다.

이렇게 주제파악을 전제로 하는 성서 읽기의 의미와 필수성에 동의할 수 있다면, 이제 우리는 그리스도교 신앙이 설정하는 구원관의 핵심적 내용인 부활과 영생에 대한 그간의 곡해를 검토함으로써 욕망에서 벗어나야 하는 신앙의 참된 뜻을 조금이나마 더듬어볼 수 있겠다. 그런데 부활과 영생을 논하기 위해서는 해석학에서 설정하는 기본구도인 소위 "사실과 의미의 관계"에 대해 새삼 주목할 필요가 있다. 그렇다면 예수의 부활 사건과 이에서 예시적으로 상징되는 우리의 죽음과 부활에 대해 흔히 가지는 이해는 무엇인가? 부활復活을 문자 그대로 "사실적으로 다시 사는 것"으로 풀이하는 것이 일반적이다. 그러다 보니 이를 설명하거나 이해하기가 막막해서 해마다 부활절이 다가오면 교회에서 설교를 해야 하는 이들은 곤혹스러워하거나 스스로 어떻게 이해하고 있는지는 몰라도 애매한 내용으로 목청만 돋운다. 그래서 설교를 듣는 회중들에게서는 "부활은 잘 모르겠지만 부활절인 것만은 확실하다"라는 자조까지 나온다고 한다. 그러나 사실상 설교자들이 난감해할 것도 없고 설교를 듣는 회중이 겸연쩍어할 것도 없다. 솔직히 말해서, 예수의 부활이 역사적으로, 과학적으로 사실인가? 아니면 사실이 아닌가? 어떤 방식으로든지 사실이라고 믿는 사람들도 있을 것이고, 또 사실이 아니라고 생각하는 사람들도 있을 것이다. 그러나 이 두 부류의 사람들은 모두 적절하지 않은 것으로 보인다. 예수의 부활은 역사적으로나 과학적으로나 사실로 입증될 수도 없고 사실이 아닌 것으로 입증될 수도 없다. 이런 것을 가지고 억지로 사실인 것처럼 믿으려 하니 뭔가 석연치 않고 사실이 아니라고 주장하는 사람들은 "죽은 사람이 어떻게 다시 살아날 수 있는가?"라고 하면서 부활의 사실적 불가능성을 확신한다.

그러나 부활을 문자 그대로 "사실적으로 다시 사는 것"이라고 풀이한다면, 그리고 이에 근거해서 이를 인정하거나 부정한다면 이것은 부활을 "하찮고도 알량한 사실"로 전락시키는 잘못을 범할 뿐이다. 다시 말하면, 사실이라는 것은 역사적으로 그리고 과학적으로 입증할 수 있다는 것인데 예수의 부활이라는 사건을 사실적으로 판정하려는 자세는 곧 부활사건을 그런 역사적·과학적 입증의 검토대상으로 축소시킬 뿐이라는 말이다. 그래서 부활을 사실로 믿고 싶어하는 사람들은 비록 예수의 부활이 이 세상 사람들 가운데 누구도 부인할 수 없을 만큼 역사적·과학적 사실로 아직 입증되지 않았지만 역사가 더 흐르고 과학이 더 발달하면 언젠가는 엄연한 사실로 밝혀지리라는 알량한 희망을 부활에 대한 신앙인 줄로 착각하고 있다. 또한 예수의 부활이 사실이 아니라고 거부하는 사람들은 부활사건이란 과학적으로 사실일 가능성이 없다는 신념을 근거로 삼고 있다.

그러나 부활 신앙은 그런 것이 결코 아니다. 말하자면 그것은 사실로 입증될 수 있을 가능성에 대한 기대가 전혀 아니다. 오히려 사실이 아닌 것으로도 입증될 수 없지만 설령 사실이 아니라고 입증된다 하더라도 전혀 동요하지 않는 믿음이다. 부활 신앙이란 이미 지나간 과거 사실을 지금 따져서 그 진위를 가려 인정하거나 말거나 하는 일 따위가 아니라 인간의 죽음을 넘어서는 하느님의 사랑에 의해 새로운 창조가 이루어지는 예수의 사건에 우리가 초대받고 참여하는 행위다. 설령 그 옛날의 부활이 사실로 입증된다 한들 그것이 우리와 이토록 관련되어 있지 않다면 무슨 의미가 있을까?

그럼에도 여전히 그 "사실"에 대한 미련을 떨쳐버릴 수 없다면, 아니 더 나아가 "애매모호한" 의미보다 "누구나 인정할 수밖에 없는" 사실을 더욱 높이 받들고 싶다면, 예수의 부활 사건을 잠시 덮어두고라도 그의 십자가 사건에 대해 우리가 지니고 있는 이해와 믿음의 내용을 살펴보는 것이 꽤 도움이 될 것이다. 그렇다면 과연 우리는 예수의 "십자가 사건"을 어떻게 이해하고 있는가? 그토록 중요하게 모셔져 온 사실적 차원에서 말한다면 예수의 십자가 사건이란 단지 민중 선동이라는 정치적 범죄와 신성모독이라는 종교적 범죄를 저지른 한 사람에 대한 처형일 뿐이었다. 그러나 우리는 십자가 사건에 대해 이렇게 알량한 사실적 차원에만 머물러서 이해하지는 않는다. 이미 우리는 예수의 처형이라는 사실을 속죄와 구원을 위한 수난과 죽음이라는 의미로 받아들이고 있다. 이렇듯이 십자가 사건에 대한 믿음에서 우리는 이미 하찮은 사실 따위를 넘어서 의미의 숭고함을 체험하고 있다. 그런데 곧 이어지는 부활 사건에 대해서는 어찌하여 그리도 사실성에 대한 미련을 버리지 못하고 이리로 전락하고 마는가? 다시 말하면 십자가 사건에 대해 우리는 이미 사실적 차원을 넘어서 너무도 자연스럽게 의미의 지평을 열어 받아들이면서도 유달리 부활 사건에 대해서는 갑작스레 그런 의미의 숭고함을 내던져 버리고 천박한 사실성을 요구하는 알량한 욕망을 드러내는 자기모순을 범하고 있지나 않은가 하는 것이다.

그러나 좀더 솔직하게 본다면, 이런 자신에로의 되물음이 가리키는 바와 같이 부활을 "사실적으로 다시 사는 것"으로 새기려는 태도는 "다시"가 가리키는 것처럼 현생의 인간이 죽음 너머의 영속성을 희구하는 욕망의 소치일 뿐이다. 이런 욕망은 일찍이 동서양을 막론하고 영혼불멸설이나 환생론과 같은 방식으로 표출된 역사를 가지고 있다. 그리고 유감스럽게도 그리스도교의 역사에서는 부활 신앙이 서구 고대의 영혼불멸 사상과 뒤섞여 급기야 양자가 동일시될 만큼 혼동스런 분위기가 지배적이었다. 그러나 어찌 부활이 단지 영혼의 불멸이기만 할 것인가? 영혼불멸설이 옳다면 부활은 가능하지도 않지만 필요하지도 않다. 그리고 더 나아가 흔히들 오인되는 것처럼 "영혼불멸적 부활"이라는 혼합적 이해는 성서에서 고백되는 하느님의 주권성과는 모순될 수밖에 없다.

그러므로 참다운 의미에서의 부활에 대한 이해를 위해서는 그런 사실성을 넘어서 부활 사건의 진실성을 읽어야 한다. 즉, 부활은 사실로서 욕망될 것이 아니라 의미로서, 즉 진실로서 희망되어야 한다. 이미 인간의 삶에서조차 사실보다 의미가 더욱 소중하게 체험된다고 할 때 믿음에서 더욱 그렇다는 점은 새삼 강조할 필요도 없겠다. 앞서 말한 바와 같이 설령 부활이 "얄량한 사실"이 아닌 것으로 드러난다 하더라도 이에 동요될 이유가 전혀 없다는 것은 바로 이를 뜻한다. 그럴 때만 부활이란 영혼불멸 사상이 가리키는 것처럼 "다시 되돌아옴"이 아니라 하느님의 창조적 주권에 의한 "새 하늘과 새 땅에서의 새로운 태어남"일 수 있게 된다. 그리고 이것이 오히려 인간을 포함한 피조물의 생명에 연관된 하느님의 주권성을 더욱 적절하게 받아들일 수 있는 이해이기도 하다. "부활 신앙"이라는 말보다도 "부활에의 희망"이라는 표현이 더욱 적절한 것도 이때문이다.

이런 이해를 담은 부활에의 희망을 표현해 주는 핵심적 고백을 우리는 사도 바울로의 다음과 같은 편지 글에서 읽을 수 있다:

> 누가 감히 우리를 그리스도의 사랑에서 떼어놓을 수 있겠습니까? 환난입니까? 역경입니까? 박해입니까? 굶주림입니까? 헐벗음입니까? 혹 위험이나 칼입니까? 우리의 처지는, "우리는 종일토록 당신을 위해 죽어 갑니다. 도살당할 양처럼 천대받습니다"라는 성서의 말씀대로입니다. 그러나 우리는 우리를 사랑하시는 그분의 도움으로 이 모든 시련을 이겨내고도 남습니다. 나는 확신합니다. 죽음도 생명도 천사들도 권세의 천신들도 현재의 것도 미래의 것도 능력의 천신들도 높음도 깊음도 그 밖의 어떤 피조물도 우리 주 예수 그리스도를 통해 나타날 하느님의 사랑에서 우리를 떼어놓을 수 없습니다(로마 8,35-39).

앞에서 논했듯이 의미의 진실성이라는 차원에서 보면 부활이란 죽은 후의 내세에 대해서만이 아니라 죽을 수밖에 없는 현재의 삶에서도 여전히 큰 의미를 지니고 다가오는 사건으로 받아들여질 수 있다. 부활 사건을 어느 한 시점에서의 사실로 가두는 닫힌 "교리"로서 인정하기보다는 부활 전이라도 그리고 죽음 후라도 하느님과 맺을 수 있는 우리의 관계를 엮어 주시는 그의 "사랑"으로 체험할 수 있다면 이것이 바로 알량한 것임에도 여전히 소중한 것인 양 모셔져 왔던 "사실 그대로" 따위를 넘어서 하느님과의 관계에서 각자의 결단을 요구하는 "나름대로의 의미"를 살아가는 삶으로서의 믿음이 지니는 뜻이 아닐까 한다. 되뇌인다면, 누구에게나 동의를 받을 수 있을 것이라고 기대하는 "사실 그대로"를 고수하려는 태도는 사실상 타인들의 동의와 인정을 근거로 평안을 얻으려는 안주지향적 심리에서 비롯된 것으로서 결국 자기보존 본능적 욕망에 기인한다. 그러므로 자기보존 본능에 근거한 욕망의 충족 추구가 신앙일 수 없음을 확인한 이 마당에 겟세마네 동산의 예수처럼 불안하더라도 용기있게 예루살렘을 향해 전진하는 삶의 자세야말로 우리가 따라가지는 못할망정 바라보기라도 해야 할 "나름대로의 의미"의 원형이라는 점을 거부할 수는 없을 것이다.

3) 틸리히: 신앙에서의 신-인 상호관계성[33]

틸리히는 그의 주저 「조직신학」의 서문에서 "변증신학의 관점에서 구성되고 철학과 지속적 상호관계를 수행하는 신학 체계의 방법과 구조를 제시하는 것"[34]이 그 저작의 목적이라고 밝히고 있다. 이런 목적을 지닌 그의 신학 체계 전반에 대한 사상사적 검토를 통해 확인되는 바 그의 사상적·문화적 배경은 그와 동시대인 하이데거와의 시대정신의 공유는 물론이거니와 헤겔·쉘링·칸트·데카르트·아우구스티누스·플라톤에게까지 거슬러올라가는 유구한 맥락의 현대적 발현으로서의 의의를 지니고 있다고 할 만큼 폭넓고 긴 흐름의 길목에 서 있다. 물론 이를 모두 논의하는 것은 가능하지도 않지만 더욱이 바람직하지도 않기에 우리는 해석학적 정신을 공유하는 신학적 예증으로서의 의미를 부각시키는 데 초점을 맞추고자 한다.

---

[33] 이 대목은 『티끌만도 못한 주제에』 제4부 제1장 3절을 발췌하여 수정한 것이다.
[34] Paul Tillich, *Systematic Theology* (Chicago: University of Chicago 1951~1962) 〈줄임: ST〉 I, i.

틸리히의 신학체계는 인간과 신의 만남을 상관성의 구도로 파악하고 구성하려는 야심찬, 그러나 당연히 수행해야 할 과제를 시도하고 있다. 방법론적 구축을 위해 질문과 대답, 내용과 형식 그리고 철학과 신학의 상호관계성을 드러내고 이를 토대로 우선 앎의 문제를 다루기 위해 이성과 계시라는 인식론적 상호관계성을 검토한 후 구체적으로 있음의 영역을 논하는데, 유한하면서 초월을 향하는 존재와 유-무한성의 구별을 초월하는 신, 자유와 타락을 함께 체험하는 실존과 새로운 존재로서의 그리스도, 모호하면서도 역동적인 삶과 활동성의 원천인 성령, 그리고 의미의 구현체로서의 역사와 의미의 실현으로서의 하느님 나라 사이의 상호관계성을 밀도있게 점검해 나간다. 이렇게 엮인 그의 상호관계적 구도가 하이데거의 해석학적 순환성이나 불트만의 실존과 신앙의 상호공속성처럼 "왜"라는 근거 물음의 필수성으로 향함은 물론이다. 이제 이를 밝히기 위해 그가 전개한 상호관계의 모든 항목을 망라할 필요는 없되, 비존재에 의해 제한되는 유한성을 가리키는 "언제/어디서"로 이루어진 "누가"로서의 인간 존재가 "무엇"에 해당하는 존재의 기반 — 합리적·긍정적 힘인 동시에 신비적·부정적 심연 — 으로서의 신과 상호 관계하는 "어떻게"에 관한 근거 물음으로서의 "왜"까지 파고들어가는 것으로 우리의 논의를 한정시키고자 한다.

앞서 논한 하이데거에게서 "무엇"이 존재함의 드러남이고 "어떻게"가 이와 관계함이며 드러남이 곧 관계함이어서 결국 "무엇-어떻게"가 하나로 묶일 수 있다면, 틸리히에게서 "무엇"이란 인간의 유한성이라는 질문에 대답이 되는 존재의 기반으로서의 신의 유·무한성 구분 초월이라 할 것이며 그의 "어떻게"는 질문과 대답의 변증법에 토대를 둔 양자의 상호관계함이라 할 것인즉 그에게서도 "무엇-어떻게"의 내적 통일성은 신학 체계 전체의 뼈대를 이루고 있다. 틸리히는 이 점에 대해 다음과 같이 명백하게 못박고 있다:

> 방법(어떻게)이란 실재(무엇)를 무관심하게 임의로 포착하는 그물이 아니다. 오히려 방법이란 실재 그 자체의 요소다. 적어도 중요한 면에서 방법에 대한 묘사는 곧 그 방법이 적용되는 실재의 본질에 대한 그것이기도 하다.[35]

III. "참"은 도대체 왜 참인가?

"무엇-어떻게"의 이런 묶음은 틸리히의 주요과제인 신-인 관계의 형식에 관한 분석의 뼈대가 된다. 그는 "신-인 만남"divine-human encounter[36]을 모색함에서 전통적으로 전개된 접근방식을 관계의 주도권의 향배에 따라 크게 셋으로 분류하고 그 부적절성을 각각 지적하는 데서 출발한다. 첫째로, 전통적 정통주의와 신정통주의에서 취하는 "초자연주의적" 방법을 들 수 있는데, 여기서는 계시된 진리가 고정성과 영원성을 지니면서 신-인 관계의 기준으로 등장함으로써 인간 상황에로의 매개를 위한 접촉점을 설정할 수 없기 때문에 상황적 연관성을 지니기 어렵다는 비판을 받는다. 말하자면 "어떻게"에 대한 고려 없이 "무엇"에만 초점이 집중됨으로 인해 몰자아적 객관주의de-egological objectivism의 방식을 벗어날 길이 없다. 그리고 이에 대해 틸리히는 "인간은 그가 묻지도 않은 질문에 대한 대답을 대답으로서 받을 수는 없다"[37]고 비아냥거리기까지 한다. 둘째로, 자유주의 신학이 취하는 "자연주의적" 또는 "인본주의적" 방법은 자연의 질서 및 이에 속한 인간에서 문제 해결의 실마리를 모색하려는 방법으로서 우선 인간 실존 자체가 문제라는 엄연한 사실에 대한 통찰의 결여로 말미암아 "질문과 대답이 동일하게 인간에서 파생된다"[38]는 비판을 면하기 어렵다. 관계의 방식을 기준으로 보자면 이 방법은 "어떻게"에 집중한 나머지 그 "어떻게"가 "무엇"으로까지 둔갑하게 되면서도 이를 간파해 내지 못하는 오류를 지니고 있으며, 타자를 반성적 투영으로 다루는 주관주의 내지는 타자의 자기화를 통해 체계내적 정합성을 구현하려는 자아론적 선험주의egological transcendentalism에 해당한다고 할 것이다. 셋째로, 틸리히가 거부한 전통적 방법은 "자연적 하부구조 위에 초자연적 상부구조를 설치하는 이분법적" 방법으로서 위의 두 방법을 영역구분을 통해 교차적으로 병합한 것이라 할 수 있다. 이 방법은 초자연적 영역과 자연적 영역 사이의 "긍정적 관계" 설정 가능성을 상정한다는 점에서 앞의 두 방법보다 한층 진보한 것으로 여겨지기는 한다. 그러나 중세 스콜라 신학에서나 현대 신토마스주의 신학에서 보듯이 두 영역이 계층구조적으로 서열화되어 있어

---

[35] *ST* I, 60.　　[36] *ST* I, 61.　　[37] *ST* I, 65.　　[38] 같은 곳.

서 진정한 의미에서의 "관계"라고 하기에는 미흡한 감을 떨칠 수 없다는 것이다. 말하자면 "무엇"과 "어떻게"가 함께 관련되기는 하는데 우열관계를 지님으로써 어떤 형태로든지 왜곡가능성을 배제하기 어렵다는 것이다.

이런 종래의 접근방식들에 대한 비판과 함께 틸리히는 그 대안으로 상호관계 방법method of correlation을 제시한다. 물론 이런 제안은 그가 사상사적으로 속해 있는 아우구스티누스-프란치스코적 존재론 전통에 대한 비판적 재해석에서 연유한다. 그는 이 전통이 지니고 있는 바 "인간은 이론적으로만 아니라 실제적으로도 주체와 객체의 구분과 상호작용에 앞서는 무제약적인 것das Unbedingte을 즉각적으로 인식하고 있다"[39]는 전제에서 상호관계성의 정수에 대한 통찰을 받는다. 하이데거가 지적하고 불트만이 공유하는 선이해Vorgriff에 견줄 만한 신비적 선험 전제mystical a priori, 즉 무제약자에 대한 인간의 즉각적 인식은 주-객 분리구도를 초월하는 것이어서 이를 규명하기 위한 타당한 방법은 그런 초월적 체험과 인간 실존의 궁극적 질문이 상호동가적 관계로 만남이 이루어지는 가능성과 현실성을 평가하는 것이며, 이것이 바로 상호관계의 방법이라는 것이다. 틸리히에 의하면 이 방법은 "상호의존 관계에 있는 실존적 질문과 신학적 대답을 통해 그리스도교 신앙의 내용을 설명하는 것"을 목표로 한다. 이런 점에서 상호관계의 방법은 "무엇-어떻게"와 "누가-언제/어디서"가 명실공히 상호동가적으로 만나야 함을 역설한다고 하겠다. 그런데 이 만남은 "왜", 즉 무제약자에 대한 인간의 비매개적 인식으로 지칭되는 근거적 지평에서 이루어지며, 따라서 이는 타자의 타자성이 자아의 선험적 자기화를 넘어서 보존되는 상호동격적 대화주의mutual dialogicalism 방식에 해당한다고 할 수 있다. "신은 그 자체로는 어떤 방식으로도 인간에게 의존하지 않지만 그 자신의 창조행위 안에서 인간에 대해 자신을 의존적이도록 드러낸다"[40]는 트락의 설명은 틸리히의 상호관계 방법이 지니는 상호동격적 대화주의의 특성을 단적으로 가리킨다고 하겠다.

---

[39] P. Tillich (R.C. Kimball 편) *Theology of Culture* (London: Oxford University Press 1980) 29.

[40] Joachim Track, *Der theologische Ansatz Paul Tillichs: Eine wissenschaftstheoretische Untersuchung seiner "Systematischen Theologie"* (Göttingen: Vandenhoeck & Ruprecht 1975) 272.

이렇게 본다면 틸리히의 상호관계 방법은 전통적으로 신-인 관계에 대한 대조적인 두 입장인 합리주의와 신비주의의 조합으로 이해될 수 있다. 존재론적 계층구조의 정점에 신이 위치를 지님으로써 주어지는 신-인간의 있음의 연속성에 의거하여 지성적 앎의 확장을 통해 신적 지성을 상징적으로나마 상정할 수 있다는 합리주의뿐 아니라, 신은 있음의 구조에 의해 결정되지 아니하고 이를 초월하는 심연이므로 신과 인간 사이는 존재론적으로 불연속적이어서 신에 대한 앎도 당연히 부정될 수밖에 없다는 신비주의의 입장이 공히 틸리히의 상호관계의 방법 안에 흘러들어가 있음을 보게 된다.[41] 이처럼 상호관계의 방법이 지니는 대조의 균형성은 그가 일찍이 쓴 논문에서도 단호하게 언명된다:

> 상호관계의 방법은 어떤 점에서도 자연주의(합리주의)와 초자연주의(신비주의) 사이의 상호 비방을 일삼는 논란에로 내몰리지 않는다. 그 방법은 단지 인간 상황의 견지에서 어떤 사건이 종교적 의식에로 자신을 드러내는 바대로 그 사건을 묘사할 따름인데 단지 그 상황은 질문을 내포하며 또한 그리스도교적 메시지에 의해 주어지는 대답을 받는 상황이다. 이제 신학은 비로소 신학 자체의 상관성 및 실존적 성격을 재발견했을 따름이다. 그럼으로써 단지 객관적 진술형식(합리주의)이나 주관적 정서주의(신비주의)로의 함몰을 극복하고자 하는 것이다. 궁극적 관심은 어느 한쪽에서만 접근되고 해소될 수 없기 때문이다.[42]

---

[41] Carl J. Armbruster, *The Vision of Paul Tillich* (New York: Sheed & Ward 1967) 27-9. 그에 의하면 계시의 사건은 그런 합리주의적 연속성과 신비주의적 불연속성이 동시에 필요한데, 만일 전자가 없다면 인간의 수용성의 결여로 말미암아 계시의 사건 자체가 불가능하게 되며, 만일 후자가 없다면 심연의 드러남이 불가능해서 계시가 공허해짐으로써 내용적 모순에 봉착한다는 것이다. 더 나아가 합리주의적 연속성의 원리가 다소 자연주의와 연관성을 가지는 한편 신비주의적 불연속성의 원리가 초자연주의와 관련되어 있다고 한다면 앞서 언급된 재래적 신학방법론에 대한 그의 비판은 그 자신의 표현을 빌리자면 결국 "자기초월적 실재론"(gläubiger Realismus)의 신학을 구성하려는 목적을 집요하게 향하고 있음이 다시금 확인된다.

[42] Paul Tillich, "The Problem of Theological Method"〈줄임: PTM〉: *The Journal of Religion* 27, no.1 (January 1947); Will Herberg 편 *Four Existentialist Theologians* (New York: Doubleday & Co., 1958) 263 264.

틸리히의 상호관계 방법은 이처럼 상호동격적 대화주의의 구도를 지니고 있는데 특히 다음과 같은 그의 구절은 앞서 논의된 하이데거의 해석학적 순환성의 신학적 표현으로 보기에 매우 충분하다:

> 변증법적 사고는 … 만일 신으로부터의 대답이 — 비록 예비적이거나 난해한 것일지라도 — 이미 거기에 그렇게 등장하지 않는다면 신적 가능성에 대한 어떤 질문도 제기될 수 없었을 것임을 주장한다. 신에 관한 질문을 제기하기 위해서는 인간은 그 자신이 제시할 수 있는 질문의 목표로서의 신을 이미 체험했어야 했기 때문이다.[43]

좀더 상세히 검토해 본다면, 틸리히는 상호관계의 방법이 지니는 해석학적 순환성을 형식과 내용의 견지에서 질문과 대답의 상호관계성으로 설명한다: "질문들의 형식은 그 대답이 주어지는 신학적 형식에 대해 결정적이다. 그리고 반대로, 질문의 내용은 대답의 내용에 의해 결정된다. … 결국 인간의 궁극적 관심에 연관해서 질문은 대답의 내용을 포함하고 대답은 질문의 형식에 의해 조형된다고 할 수 있다".[44] 다시 말하면, 흔히 상식적으로 상정되는 바와 같이 질문이 우선 제기되고 대답이 이에 종속적으로 제시된다는 것이 사실적 삶을 사는 인간 실존에게 불가능할 뿐 아니라 이를 넘어서 질문의 원초적 지평이 무색무취할 수 없음으로 인해 이미 그런 특정 지평 위에서 펼쳐지는 질문과 대답의 관계는 원초적 지평에로 소급되어야 한다는 것이다. 그리고 이로부터의 전개는 차라리 원초적 지평의 특정한 색깔과 향취가 드러내는 입체적 연결고리라고 보아야 한다는 것이다. 한마디로 대답은 질문을 위해서뿐 아니라 질문에 의해서 대답으로서 수용되고 해석된다는 것이다. 그러나 더욱 눈여겨보아야 할 점은 대답의 근거인 계시적 사건은 질문에 대해 독립적이면서 동시에 신학적 대답은

---

[43] Paul Tillich, "What is Wrong with 'Dialectical' Theology?": *The Journal of Religion* 15 (April 1935) 137.

[44] PTM 279-89.

실존적 질문의 역사적 지평에 의존함으로써 타자성이 손상되지 않으면서 참으로 상호관계성이 이루어진다는 점이다.[45]

이런 분석은 틸리히가 상호관계법을 말하는 첫 마당이 상황과 메시지의 관계라는 점에 의해서도 옹호된다. 그가 말하는 상황은 개인이나 집단이 처해 있는 심리적·사회적 상태라기보다 그런 조건에서 살아가는 그들의 실존에 대한 창조적 자기해석의 총체를 의미한다. 그런데 상황 안에서 상황을 살아가는 것이 이미 해석이고 그 해석은 질문의 제기라는 형식으로 전개되기에 상황은 그 자체로 가치중립적 객관성에 머무르지 않고 특정한 지향성을 가진다.[46] 말하자면 "무엇-어떻게"의 묶음이 신-인 상호관계적 만남의 형식적 틀이었다면 그 만남의 근거를 묻는 "왜"는 곧 상황으로부터 대답되고, 상황이 실존적 조건에 대한 자기해석이라고 할 때 이미 "누가-언제/어디서"를 내포하기 때문에 틸리히의 상호관계성 역시 하이데거의 해석학적 순환성만큼이나 어느 일방에서의 시작을 허용하지 않는 상호동격적 대화-연관 구조를 이루고 있다고 하겠다.

---

[45] 이 점은 특히 하이데거의 탁월한 제자인 가다머의 발전적 제안에 비추어보면 더욱 확연하게 드러나는데, 가다머에 의하면 무릇 모든 사태에 관한 명제는 그 명제에 대한 전체적 질문의 대답이어서 바로 그 전체적 질문에 대한 이해 없이는 그 대답인 명제 자체가 이해불가능하며, 이는 결국 원초적 질문에로의 소급으로 인도하는데 여기서 곧 인간 실존이 그 자체로 인간 자신에 대해 질문으로 등장한다는 점이 확증된다는 통찰이 이를 증명해 준다. 그의 상호관계 방법론에서 질문과 대답의 상관성이 결코 임의적이 아님을 역설하는 틸리히도 이 점에서 가다머의 해석학적 정신을 공유하고 있다고 하겠으며, 특히 인간이 그 자체로 질문임을 선언하기에 이르는 데서는 그 극치를 보여준다고 하겠다.

[46] *ST* I, 4. 상황에 대한 이런 정의는 조직신학의 구성요소, 즉 원천·매개·규범 등에 대한 그의 논의에서 원천의 하나로서 성서에 대한 그의 입장에서도 일관되게 나타난다. 즉, 성서만이 유일한 원천이라는 신정통주의적 성경주의에 대해 그는 "제 종교와 문화에서 이에 대한 준비가 없었더라면 성서는 이해될 수도 없고 받아들여질 수도 없었다"(*ST* I, 34)는 점을 지적하면서 비판한다. 더 나아가 성서의 형성 자체가 교회사적 사건으로서 여타의 교회사적 자료들도 같은 비중으로 다루어져야 하며, 이런 점에서 사실상 종교개혁 직후의 교의학적 주장에 의존하고 있으면서도 마치 원시 교회공동체의 정신을 계승하는 것으로 착각하는 급진적 성경주의는 자기기만일 뿐이라는 것이다. 그뿐 아니라 조직신학의 구성을 위한 매개에 대한 논의에서 그는 체험을 다루는데, 매개로서의 체험은 제시된 바의 것을 채색하며 받아들인 것에 대한 해석을 결정한다고 설파한다. 그리고 규범이란 원천과 매개의 관계를 결정하는 준거로서의 기능을 지닌 것으로 구약성서가 그리스도교의 경전으로 채택된 판정의 규범이 신약성서이고 신약성서 역시 이후의 초대교회사적 자료를 준거로 정경화된 것인만큼 성서가 그 자체로 성서에 대한 해석의 준거일 수 없다는 지적이 아울러 함축된다.

이처럼 틸리히의 상호관계법은 연역법이나 귀납법처럼 어느 일방의 우선권을 허용하지 않는 것이어서 상호관계의 시원은 곧 상호관계의 종국이기도 하다. 사실상 상호관계성은 별개의 둘 또는 그 이상의 실체에 부차적으로 부과되는 성질이 아니라 그 자체로 원초적 사건이어서 모든 피관련체들이 이에서 파생되며, 상호관계적 질문과 대답은 실재에 대한 원초적 해석에서의 동시적 파생이어서 실존적 질문이란 "인간의 대상체험의 가능조건인 존재의 구조에 대한 명료화"이며 신학적 대답이란 "바로 그런 존재론적 구조의 심연에 대한 관점을 제공한다".[47] 다시 말하면 상호관계성이란 단지 하나의 방법론적 도식이 아니라 실재의 구성적 본질이어서 상호관계법의 진정성은 방법적 기술의 성공적 수행에 달려 있는 것이 아니라 이를 수행하는 인간 주체의 자기이해에 달려 있다.[48]

　　이런 상호관계성이 인식론적 구도인 이성과 계시의 관계에도 적용됨은 물론이다. 틸리히는 다음과 같이 하이데거의 해석학적 순환성에 견줄 만한 결정적 언표를 한다: "대상에 대한 수용에 조형이 포함되며, 대상에 대한 반응에 포착이 포함된다. 인간은 대상을 보는 방식에 따라 대상을 변형시키며, 대상을 변형시키는 방식에 따라 그것을 본다".[49] 따라서 초자연적 일방성이 강조되고 옹호될수록 계시의 절대성과 순수성이 더욱 진하게 확보되는 것으로 여기는 통속적 계시관에 대해 그는 계시의 신적 근거(무엇)에 대한 논의에 앞서 계시의 징표들(어떻게)에 대한 현상학적 분석의 필요성을 강조하면서 인간과의 관계에서 계시가 지니는 의미(왜)에 대한 논의에서 출발한다.[50] 그리고 이런 논의를 통해

---

[47] ST I, 61.

[48] 이런 점에서 틸리히의 신학방법론은 그리스도교 신학 자체의 자기이해뿐 아니라 특정 종교에 대한 통문화적 이해를 위한 구도여서 종교간의 대화와 만남을 위한 적절한 하나의 방법이 될 수 있다. 상호관계의 방법이란 기존의 이론적 체계에 대한 조작이 아니라 신-인간의 상호 관계·작용에 대한 반성적 투영이기 때문이다.

[49] ST I, 76.

[50] 그는 더 나아가 이성의 주객구조를 지칭하는 정신(mind)과 실재(reality) 및 그 통합 개념으로서의 존재(being)라는 입체적 구도에 대응하는 방식으로 계시에 있어 탈자성(ecstasy)과 기적(miracle) 및 그 통합개념으로서의 신비(mystery)라는 구도를 설정해서 이성과 계시의 상관성을 논하는데, 이성의 구조에서의 문제는 물론이지만 특히 계시의 구조에서 "무엇-어떻게"를 초자연주의적으로 장식하려는 탈자성과 기적의 오용례에 대한 예리한 비판은 결

결국 이성-계시의 상관성은 의미의 장으로서의 "왜"의 근거성을 다시금 드러냄으로써 "무엇-어떻게"나 "누가-언제/어디서" 중 어느 것도 일방적 주도권을 지니지 않는다는 것을 귀결시킨다.[51]

이성과 계시의 이런 상관성은 신학적 해석학의 목표인 "참과 믿음 잇기"에 대한 논의를 위한 결정적 초석으로 작용한다. 그런데 「신앙의 역동성」*Dynamics of Faith*이라는 그의 저서에서 지적하듯이, 이 대목에서 틸리히와 함께 먼저 주목해야 할 것은 "신앙"이라는 용어 자체다. 즉, 신앙이란 말이 인간의 치유를 위해 사용되기 전에 그 용어 자체부터 치료될 필요가 있는데, 그 이유는 이 용어로 인해 많은 혼동과 오용, 그리고 회의주의와 광신주의, 지성적 저항과 정서적 굴종 등의 문제를 야기하기 때문이다. 이런 필요성에 부응하는 노력의 일환으로 그는 신앙을 수동적 상태state와 능동적 행위act[52]의 견지에서 중립적으로 정의를 하는데, 전자는 "궁극적으로 관심되어 있는 상태"로, 그리고 후자는 "전 인격의 중심적 행위"로 각각 표현된다. 총체적 복종에 대한 요구와 총체적 성취의 약속이라는 대조적 두 요소를 지니고 있는 궁극적 관심이 신앙의 수동적 상태를 가리킨다면 신앙은 또한 인간의 부분적 특수현상이 아니라 전존재의 능

코 간과할 수 없다 하겠다. 즉, 탈자성이 때로 영감과 연결되면서 성경 축자영감설과 같은 기계적 행위의 수동적 상태를 의미하는 것으로 오인된다든지 또는 반합리적일수록 더욱 계시적인 것으로 간주하는, 즉 반합리적 사건의 반합리성을 강조하는 합리주의적 반합리주의 등에 의한 기적 개념의 오용에 대한 지적 등이 그것이다. 이와 대조적으로 양심 등으로 표현되는 내면성의 언어가 때로 계시로 간주되기도 하는 경향에 대해서도 틸리히는 "누가-언제/어디서"가 결코 "무엇-어떻게"를 지배하거나 배제할 수 없다고 경고하기를 주저하지 않는다. 소위 "내적 계시"는 결국 새롭다기보다 회상적이어서 적절한 결합어가 아니라는 그의 지적은 계시에 대한 자연주의적 접근의 부당성을 역설한다고 하겠다(*ST* I, 114-5 참조).

[51] *ST* I, 144-7. 위의 논의가 보여주듯이, 계시에 대한 일방적 접근의 문제들을 비판하는 틸리히의 노력은 철저히 그의 상호관계법, 즉 상호동격적 대화주의에 근거하고 있다. 계시의 준거점의 불변성과 준거행위의 가변성 사이의 역동성에 입각해서 원초적 계시와 의존적 계시의 관계를 논하면서 결국 계시는 그러한 공시적 구조를 지니면서 역사 속에서 계속해서 진행됨을 말한다. 다시 말하면 그리스도로서의 예수 안에서 일어난 궁극적 계시가 준거이긴 하지만 어느 특정한 시공간에만 한정되는 것이 아니라 역사를 통해 그때마다의 사건으로서 의존적 계시가 이루어진다는 것이다. 결정적으로 계시는 구원과 별개의 구도에서 접근하면 수용자의 실존을 변화시키는 힘을 지니지 못하는 단순한 정보로 전락하고 만다는 지적에서 틸리히의 비판은 절정에 달한다.

[52] *DM* 1.

동적 행위, 즉 무의식적 차원을 포함하되 이에 지배되지 않는 자유로운 의식적 행위로 이해된다.[53]

신앙의 이런 능수연합성은 그 주객구조에서 다시금 확증되는데, 신앙의 행위인 주관적 면fides qua creditur과 신앙의 내용인 객관적 면fides quae creditur이 궁극적 관심이라는 표현 안에서 연합됨으로써 드러난다. 인간이 신에 대해 아는 것은 신이 신 자신에 대해 아는 것이라는 신비주의자들의 주장이나 하느님의 영이 인간 안에서 기도함 없이는 인간의 기도가 불가능하다는 바울로의 지적도 이런 신앙의 주객교호성을 지칭한다고 볼 수 있다. 신앙의 이런 주객교호성은 믿음의 참됨을 판정하는 기준이어서 주관적 면이나 객관적 요소로 일방적으로 흡수되는 우상적 신앙을 준별해 낼 수 있게 한다.[54] 그럼에도 신앙은 결정적으로 무한자와 관련된 유한자의 행위라는 점에서 불확실성으로 나타난다. 문제는 신앙이 엄연히 지니고 있는 불확실한 요소들이 마치 반신앙적인 것으로 간주되어 이를 제거해야만 참된 믿음이 이루어질 것이라는 오해로 인해 오히려 신앙의 역동성을 파괴하며 이로써 신앙의 진정성을 상실하게 되는 비극이 현실에 팽배하다는 점이다. 그러나 틸리히에 의하면 신앙은 거룩함의 체험이라는 점에서 확실성을 지니지만 그런 만큼이나 동시에 유한자의 무한자 수용에 의한 불확실성을 불가피하게 내포하고 있는데, 오히려 이를 적극적으로 받아들이는 용기가 신앙의 역동성을 구현하는 길이라는 것이다. 불확실성을 받아들이는 모험이야말로 신앙이 취해야 할 바여서 이제 신앙faith이란 의심을 허용할 여지 없이 어떤 것이 참되다고 믿는 것belief이 아니라 모험이 필연적으로 수반하는 불확실성에 의한

---

[53] 그런데 이런 신앙과 자유의 동치적 관계는 신앙이 지적 내용을 지니는 의지의 행위이긴 하지만 그 어떤 것에서도 파생된 것이 아님을 가리킨다. 만일 지성이나 의지가 신앙의 근거라면 그런 주장마저 신앙에 근거하는만큼 신앙은 다른 것으로 환원될 수 없다는 것이다.

[54] *DM* 13-4. 진정한 신앙은 매혹적 신비(mysterium fascinosum)와 공포적 신비(mysterium tremendum)의 공존이 자아내는 거룩함의 역동성을 지니는데 틸리히에 의하면 본래 거룩함은 신성의 창조적 요소와 악마의 파괴적 요소를 동시에 지닐 만큼 신비스러워서 인간은 이를 모호함으로 경험할 수밖에 없다. 그럼에도 현실의 종교들에서는 창조적 신성과 파괴적 악마의 싸움이 전자의 승리로 귀결되면서 거룩함이 지니는 양면성은 상실되고 어느덧 정의와 진리만을 표방하면서 거룩함이 일면적으로 논리적 타당성이나 도덕적 완전성과 동일화됨으로써 비균형적인 왜곡이 일어나게 되었다는 것이다.

의심을 내적 요소로 지니는 궁극적 관심이라는 것이다.[55] 물론 이때의 의심은 학문적 연구에서 취해지는 방법적 의심이나 확실성 자체에 대한 부정의 태도에 기인한 회의적 의심이라기보다 전존재의 불안정성을 동반하는 실존적 의심을 말한다.[56] 이런 실존적 의심이 심각할수록 신앙에 대한 확증도 강해지는데, 그 이유는 신앙이란 다름 아닌 "궁극적 관심"이기 때문이다. 즉, 관심에 수반되는 의심의 심각성은 관심 자체의 진지성과 무제약성을 가리키기 때문이다.

신앙과 의심의 이런 역동적 관계는 전인격의 능동적 행위로서의 신앙이 인간의 부분적 기능에 국한될 수 없음을 가리킨다. 인간 정신기능의 세 요소, 즉 지성·의지·감정은 공히 유기적으로 연관되어서 총체적 인격을 구성하는데, 현실의 인간은 그런 유기적 총체성을 구현하지 못하고 어느 한 부분에로 쏠림으로써 환원주의적 왜곡을 자아내며, 이로써 신앙의 총체성이 파괴되고 따라서 진정성이 상실된다는 것이다. 예를 들면 신앙을 비록 증거가 불충분하지만 노력하려는 일말의 지식 행위로 파악하려는 주지주의적 입장은 결국 신앙을 신념으로 전락시키는 객관주의적 일방성의 오류를 지닌다. 사실상 신앙이 추구하는 확실성은 여타의 학문적 탐구가 목표하는 개연적 확실성과 달리 실존적 확실성이어서 주지주의의 그런 판단은 지식의 틀에서 신앙을 평가하는 왜곡일 따름이다. 그런데 주지주의의 이런 입장을 옹호하면서 신앙이 지니는 지식적 확실성의 결여가 의지의 행위를 통해 보완될 수 있다는 주의주의적 입장이 나타나는데 이는 역시 "믿으려는 의지"를 곧 신앙 자체로 간주하는 주객분리적 이원론의 오류를 지닌다. "믿으려는 의지"가 인간의 노력이 아니라 신의 은총이라고 보는 가톨릭적 주의주의와 "믿으려는 의지"는 곧 도덕적 성향을 의미하는 것으로 해석하는 개신교적 주의주의로 대별되는데 양자 모두 신앙이 의지에 앞서 있음을 간과한 왜곡일 따름이다. 그러나 이렇게 지성과 의지의 대결이 파괴적으로 흘러가면서 새로운 대안이 등장했는데 신앙은 감정이라는 주정주의적 입장이 그것이다. 이 입장은 슐라이어마허 등에 의해 강력한 지지를 받기도 했으

---

[55] *DM* 16-7. [56] *DM* 18-22.

나 신앙의 순수성이라는 이름 아래 단순한 주관적 감정으로 축소시키는 주관주의적 일방성의 오류를 지니고 있다. 이런 신앙의 왜곡상들에 대한 틸리히의 비판은 상호관계성이 단순히 조직신학의 방법론에 그치지 않고 실재를 해석하고 구성하는 원리로 이해되어야 함을 드러내 준다. 즉, 신앙은 가장 신성한 권위에 대한 신뢰 이상으로 궁극적으로 관심된 바에 참여하는 것이라는 주장은 앞서 주장된 바 "누가-언제/어디서"와 "무엇-어떻게"가 "왜"에 대한 대답인 신앙에서 교호적임을 다시금 입증한다.

지금까지의 논의를 바탕으로 틸리히는 드디어 신앙의 진정성에 관한 결론적 선언을 그의 진리론[57]과 연관해서 피력한다. 그는 그의 상징론[58]이 가리키는 바 진리 판정에서 검증의 기준이 경험적-실증적인 것과는 달리 비록 정확하거나 규정적이지 않더라도 삶에 더욱 적절한 체험적 입증으로 확보되어야 하며[59] 이렇게 입증되는 삶의 진리는 인간과 함께 살기 원하는 진리라고 갈파한다. 그것은 인간을 살리는 진리이기 때문이라는 것이다. 반복 가능한 실험을 통해 검증되는 진리를 삶에 요구하는 것은 우선 삶의 일회적 역동성에 대한 무감각 내지는 무지의 소치요 나아가서는 진리의 생명성에 대한 모독이다. 따라서 진리는 모든 의미있는 인지적·체험적 행위의 불확실성을 감내할 뿐 아니라 이를 수용함으로써 초월해야 한다는 것이다. 이제 틸리히는 신앙과 관련해서 불확실성의

---

[57] DM 51-3. 틸리히의 간결하고도 체계적인 상징 분석은 결국 상징은 그것이 종교적이라 하더라도 그 자체로 거룩한 것이 아니라 단지 거룩함을 가리킬 뿐이라는 자기초월성을 핵심으로 하는 것으로 이해될 수 있다. 상징 자체가 신성화될 수 없다 함은 곧 언어 자체가 절대화될 수 없음을 가리키는 것이요 결국 언어의 절대화라는 오류를 범하는 문자주의는 오히려 신으로부터 신성을 갈취하는 우상화에로의 전락을 배태하기 때문에 배격되어야 한다.

[58] DM 41-3. 상호관계성에 근거한 신앙의 진정성에 대한 틸리히의 논의는 그의 상징론 및 이의 핵심으로서의 진리론에서 절정에 이른다. 신앙은 궁극적 실재와의 관계에서 상징(symbol)으로 표현되어야 하는데, 우선 기호(sign)와 비교한다면 상징이 자기를 초월해서 타자를 가리킨다는 공통점을 지니지만 기호의 일방적 지시성과는 달리 상징은 그 가리키는 바에 참여한다는 상호관계성을 특성으로 한다. 이런 상호관계성은 곧 실재(reality)와의 관계에도 그대로 적용됨으로써 주도권이 실재에만 한정된다기보다 실재-상징의 상호동격적 대화주의로 귀결된다는 것이다. 이는 곧 상징이 무의식적 내면성을 지니고 이로써 개념(concept)처럼 임의적 조작이 불가능함을 포함한다.

[59] ST I, 102.

수용과 초월이 엮어내는 역동성을 "적절성"adequacy으로 묘사한다. 즉, 신앙은 궁극적 관심을 적절하게 표현함으로써 진정성을 확보한다는 것이다. 여기서 "표현의 적절성"이란 곧 응답, 행위 그리고 의사소통을 창출할 능력을 의미하는 것이어서 결국 생동성을 가리킨다고 하겠다. 그럼에도 일찍이 칼뱅이 지적한 바와 같이 "인간의 정신은 끊임없이 우상을 만들어내는 공장 같아서" 어떤 형태의 신앙이든지 그 구체적 상징들을 절대적 실재로 격상시키려는 경향에서 벗어나기 쉽지 않다. 따라서 신앙의 생동성은 상징의 자기초월성에 힘입어 신앙 자체의 자기부정성에 뿌리를 두어야 한다는 것이다.[60] 즉, 그리스도의 십자가라는 가장 탁월한 상징이 보여주듯이 상징의 자기부정성은 상징이 궁극자를 표현하면서도 그 자체로 궁극성을 지니지 않는 것처럼 신앙이 자기부정적임으로써만 참되게 된다는 것이다. 결국 어떤 믿음의 참됨도 자기비판의 필수성을 벗어날 수 없다는 것만이 믿음의 참됨에 관한 유일하게 무오한 "참"이며, 이는 믿음에서 "참"이란 곧 자기부정성을 뜻하는 것으로 읽혀도 좋을 것이다.

〈보론〉 우리의 종교적 상황에서 해석학적 상호관계성이 지니는 뜻[61]

지금까지 우리는 철학적 해석학에 대한 논의를 통해 "참"과 "삶"을 이으려는 노력을 살폈고 이의 신학적 적용인 신학적 해석학에 대한 검토를 통해 "참"과 "믿음"을 이으려는 시도들을 논의했다. 어느 분야든지 해석학은 결국 "참의 뜻풀이"가 관건일진대 이것은 "삶"에서 "있음-앎의 순환성"이나 "믿음"에서 "신-인 상호관계성"이 가리키듯이 열린 관계함으로서의 "참"이 곧 관계함의 열림으로서의 "뜻풀이"임을 확인하는 데 도달했다. 그렇다면 이런 노작이 과연 우리의 종교적 상황에 대해 어떤 함의를 지닐까?

우선 "참과 뜻풀이"의 관계에서 보면, 한편으로 임의의 해석 따위를 영구불변한 진리에서 격리시켜야 한다는 독단적이고 교조적인 입장이 있다. 이 입장은 신의 계시적 진리와 관련해서 인간의 해석적 수용을 도대체 불순한 것으로

---

[60] DM 97.
[61] 이 대목은 『티끌만도 못한 주제에』 제4부 제1장 4절을 발췌하여 수정한 것이다.

보고 이를 최대한 억제하는 것이 진정한 신앙에 근접하는 길이라는 주장으로 나타난다.[62] 이 주장은 인간의 위치를 격하시킬수록 신의 지위를 더욱 고양시킬 수 있다는 언뜻 보기에 경건한 듯한 전제를 깔고 있지만, 면밀히 분석해 보면 이 전제야말로 그 본래 목적과는 반대로 오히려 신을 인간과 동위화시키는 모순에 봉착할 뿐이다. 결국 이런 입장은 인간의 지위격하라는 위장 속에서 스스로 투명하다고 착각하는 인간 자신이 지니고 있는 신의 진리만이 유일한 진리라고 선포하는 유아론적 자기절대화의 오류를 범하게 된다. 다른 한편 "참과 뜻풀이"는 주체성의 구현이라는 미명 아래 다소 임의적이더라도 해석의 독자성 수용을 외침으로써 상대주의적 분위기로 전락하기도 한다. 즉, 인간이 신과 맺는 관계의 개별성의 밀도에 따라 신앙의 진정성이 확보될 수 있다는 주장인데 언뜻 건강한 공존논리처럼 보이지만 극단적으로 나아가면 회의주의를 동반한 상대주의적 자기절대화를 초래하게 된다.

"참과 뜻풀이"의 관계는 이처럼 일방적 파행으로 치달을 경우 신앙의 문제에 관련하여 공히 자기절대화라는 피폐에 봉착할 수밖에 없다. 구체적으로 살펴보면, 주체성을 불순한 것으로 보는 소위 근본주의적 입장과 주체성을 넘어 중심성으로까지 치닫는 소위 급진주의적 입장은 신에 대한 독점 선언이라는 공통적 요소를 지니고 있고, 실제로 구체적 신앙인들에게서 이 요소는 계시적 진리와 주체적 해석의 관계에 대한 다양한 입장들의 차이에도 불구하고 자기절대화라는 공통적 비극으로 나타난다. 다시 말하면 진리와 해석의 관계 및 이에 연유한 신앙 노선들의 다양한 차이의 근저에 인간의 다양한 자기이해가 있지만 그럼에도 그 다양성을 넘어 진리라는 이름 아래 자기절대화를 공유하고 있다. 그런데 여기서 간과할 수 없는 것은 우리가 이렇게 신앙과 관련해서 자기절대화 문제를 논의할 때 대체로 자신을 자연스럽게 비판자의 입장에 위치지으면서 동시에 넌

---

[62] 사실상 자연계시를 거부하는 입장은 이것이 해석의 대상이 되는고로 임의적일 수 있으며 따라서 진리성을 훼손한다는 이유로 거부한다고 볼 수 있다. 그러나 문제는 그렇다면 특별계시로서의 성서는 해석 이전의 경지에서 받아들여지는가? 그럴 수 있다면 그들로 보아서는 좋겠지만 유감스럽게도 그렇지 못할 뿐 아니라 다행스럽게도 그렇지 않다. 만일 그렇다면 그것은 "왜"를 결여하거나 간과한 것이어서 진정성을 확보할 수 없겠기 때문이다.

지시 자신을 비판의 대상에서 제외하는 경향을 지닌다는 점이다. 그러나 적어도 다음과 같은 두 가지 문제점을 고려하지 않는다면 "참과 뜻풀이"의 관계 및 "믿음의 참됨"이라는 문제에 대한 논의는 수포로 돌아가고 말 것이다.

첫째, 자기절대화라는 표현 자체가 이미 타인의/에 대한 언어여서 어느 누구도 자신이 자기절대화에 빠져 있다고 스스로 생각하지 않는다. 통속적으로 보면 자기절대성이란 모든 판단의 기준이 자기라는 것인데, 자기절대화라는 문제에 대한 판단의 기준조차도 역시 자기여서 그것을 오류로 판정할 수 없을 뿐 아니라 애당초 자기 안에서 자기절대화의 경향을 읽어내기조차 불가능하다. 말하자면 자기절대화에 대한 자기반성이 구조적으로 불가능하다. 이는 신앙의 문제뿐 아니라 진리탐구로서의 학문활동을 포함한 일상적 삶의 현실에서 등장하는 의견대립이나 입장차이에서도 수많은 예들을 발견할 수 있는데, 사실상 뭇 인간관계들이 거의 이런 방식으로 이루어져 있다고 해도 과언이 아닐 것이다.

둘째, 위에 지적된 문제가 연유된 근거이기도 한데, 자기절대화의 경향이 취하는 현실적 모습이 자기 자신을 중심적 절대자의 위치로 부각시키는 원색적 방법을 취하기보다는 — 물론 이런 유치한 형태의 자기절대화의 예들을 역사 안에서 적지 않게 확인할 수는 있지만 — 대체로 자기와는 다른 것을 상정하여 이를 절대화하되 진리라는 이름 아래 그 다른 것과 자기의 동일성이 구축되기까지 그 연관성을 무/의식적으로 도모하는 형태로 나타난다.[63] 전통적 가톨릭 교회에서의 교회주의라든지 종교개혁 당시 및 그 이후의 개신교회에서의 성경주의 등에서 이런 예들을 볼 수 있는바 교회와 인간 자신 또는 성경과 인간 자신의 동일화라는 은밀한 구조에 바탕해서 결국 자기절대화로 귀결되는 것이 바로 그것이다. 구체적으로 한국 그리스도교의 현실을 살펴보면, 신앙공동체로서의 교회의 설립과 성장을 신앙의 가장 중요한 목표로 부상시키는 세속적 성공주의의 경향이 지적될 수 있는데, "이 땅에 하느님 나라를 건설한다"는 구호와

---

[63] 자기절대화란 사실상 절대성과는 거리가 먼바 절대화라는 용어는 판단기준의 축이 유아독존적으로 자기 안에서만 설정된다는 주장뿐 아니라 자기제어를 위한 상관적 축을 주체적·임의적으로 구성할 수 있다는 주장에 대해서도 적용되어야 한다.

함께 교회의 대형화를 추구하고 이를 목회적 성공과 신앙적 성취의 목표로 삼는 작태 역시 예비적인 것에 궁극성을 부여하는 우상화의 한 행태이며 이는 결국 자기절대화의 한 구체적 표출인 인간의 자기확장 욕구에 기인한다. 또한 신과 인간의 상관성을 부정해야 신의 절대성이 확보될 수 있다는 신념이 신앙의 진정성의 척도로 둔갑하고 있는 현실을 개탄하지 않을 수 없다. 예를 들어 "성경의 모든 문장은 신의 말씀"이라는 성경주의, 즉 성경의 우상화 역시 해석의 적극적 불가피성을 외면하면서 수용자로서의 인간 자신이 무색투명하다는 소박한 무식을 토대로 신의 말씀을 굴절이나 왜곡 없이 받아들일 수 있다는 낭만적 착각과 함께 성경과 인간 자신을 동일시함으로써 어느덧 자신의 언어를 진리로 선언하는 자기절대화에 빠진다.

그런데 이런 현상들은 참과 뜻풀이의 관계가 왜곡됨으로써 빚어진 신앙의 진정성 상실의 모습일진대, 이는 사실상 인간이 지니고 있는 신 관념 자체에 대한 우상화라는 깊은 뿌리에서 연유한다. 즉, 교회의 우상화나 성경의 우상화는 결국 신의 우상화, 즉 비규정성의 규정화라는 원초적 오류에 뿌리를 두고 있다. 말하자면 인간의 이해나 고백 속에 결코 제한되거나 규정될 수 없는 신을 신앙의 확실성이라는 미명 아래 포착하려는 온갖 시도들은 결국 나름대로의 신 관념을 신 자체와 동일시하는 우상화에 지나지 않으며 이런 신의 우상화가 교회나 성경의 우상화를 초래한다. 그렇다면 신의 우상화는 도대체 왜 일어나는가? 잠시 언급되었지만 비대상성의 대상화라는 인간의 집요한 규정화 경향에서 그 이유를 찾을 수 있다. 물론 이런 경향은 곧 인간의 안주 추구 심리에 기인하며, 더 나아가 자기보존 본능, 즉 인간의 자기우상화에 근거할 터이다. 이로써 교회주의나 성경주의가 인간의 자기절대화에서 기인될 뿐 아니라 동시에 이를 초래할 수밖에 없다는 점이 확연히 드러난다.

그러므로 이제 믿음의 참됨, 즉 신앙의 자기부정적 생동성을 위해서 신의 우상화를 넘어서서 신을 신으로 해방시키는 — 이 표현도 실로 이만저만한 어불성설이 아닐 수 없지만 작금의 현실이 이런 어휘를 잠정적으로 요구한다 — 인간의 자기부정이 절실히 요청된다.[64] 말하자면 신앙적 자기부정은 한 인간의 어떤 신 이해나 신앙 체험도 타인에 대해서는 물론이거니와 자신에 대해서도 결코 절대화될 수 없음을 의미하며, 어제의 신앙을 오늘 부정하면서 내일을 위해 새롭게 결단하는 종말론적 실존을 구현할 것을 요청한다.[65] 신앙의 이런 사건성-동사성은 곧 신을 명사로 묶어두는 고전적·전통적 족쇄로부터의 해방으로 이어지며 따라서 신의 동사성 회복을 통해 신의 우상화를 극복할 수 있는 결정적 근간이 된다. 이런 일련의 해방과정은 교회주의나 성경주의의 극복을 거쳐 결국 그 뿌리인 인간의 자기절대화로부터의 해방으로 귀결됨으로써 믿음의 참됨 회복을 위한 참과 뜻풀이의 관계에 상관적 역동성을 부여한다. 이로써 믿음의 참됨이란 진리와 해석의 역동적 상호관계성에 근거한 자기부정성임이 다시금 확증된다. 그러기에 신앙과 관련해서 누군가 "해석 이후에도 진리가 있는가?"라고 묻는다면 우리는 다음과 같이 되묻지 않을 수 없다: "해석 이전에 과연 진리가 있는가?"

---

[64] 그렇다면 그토록 부정되어야 하는 자기는 도대체 무엇인가? 이때 부정되어야 할 자기란 타자를 주변적 대상으로 설정하는 중심적 자아를 지칭하는 것이어서 자기부정이란 단순히 자기무화나 자기소멸이 아니라 자기중심성의 해체, 즉 탈중심적 해방이라는 상호관계적 행위를 일컫는다. 말하자면 이제 인간 자신이 "타자"를 주변적 대상으로 설정하는 일방적 중심으로서의 명사적 사물, 즉 "자기"가 아니라 지금까지 한갓 주변적 대상이던 것들이 상호동격적 상대인 "너"로 등장하면서 그런 상대와 상대하는 동사적 사건, 즉 "나"를 구현한다.

[65] 만일 자기의 신앙이 타인의 신앙을 평가하는 잣대로 사용되는 것을 무심히 방치하거나 자신에게 있어 어제의 신앙이 오늘의 신앙의 토대가 되는 것을 허용한다면, 즉 신앙을 축적될 수 있는 경험의 연륜이나 이해의 심화 또는 심지어 기술의 숙달로 보는 작태에 대해 자기반성을 하지 않는다면, 그러한 자기는 신을 믿고 있다기보다 자기가 신을 믿고 있다는 사실을 믿고 있는 것이며, 자기의 믿음을 믿는다는 것은 결국 자기를 믿는 것에 지나지 않는다고 할 것이다. 그럼에도 이런 형태의 신앙일수록 자기최면적 확신에 입각해서 "신의 이름으로!"라는 포장을 즐겨 사용하기 때문에 이런 태도와 관련된 자기절대화의 문제는 영원히 타인의 문제일 뿐이다. 그런데 여기서 사실 가장 심각한 문제는 신에 대한 오해보다 인간 자신에 대한 자기착각이라 할 것이다.

7 〈부록〉

있음과 말함

하이데거가 읊조리는 참됨의 생김새[1]

1) 문제의 제기: 있음과 참됨의 태생적 얽힘(?)

인간은 그 삶의 한계성을 대면하는 상황에서 "나는 누구인가?"라는 궁극적 질문을 제기하게 되며, 이 질문은 "인간이란 무엇인가?"라는 보편적 질문으로 확장된다. 그러나 대부분의 일상적인 삶은 그런 질문을 제기하게 하는 한계 안에서 전개되기 때문에 이 궁극적 질문이 일상생활에서 그리 큰 의미를 지니지 못하거나 무용한 것으로 간주되는 경향이 지배적이다. 그럼에도 이 질문이 궁극적이고 또한 그럴 수밖에 없는 것은 인간은 누구나 예외없이 죽음이라는 최종적이고 극단적인 사건으로 대표되는 유한성을 삶의 과정 속에서 다양한 모습으로 체험하고 있으며 바로 이때의 유한성에 대한 체험을 가능하게 하는 근거로서 초월성이라는 것을 존재론적으로 지니고 있기 때문이다. 다시 말하면 상호 모순인 듯이 보이는 유한성과 초월성이 인간 안에 공존하므로 인간은 궁극적 질문 및 이에 상응하는 해답을 추구하려는 노작에 종사하게 되었으며 인류의 정신문화사란 이런 궁극적 차원에 대한 추구의 역사라고 해도 과언이 아닐 것이다. 이런 추구가 종교의 형태로 발전하게 되기도 했지만 그 근저에는 만물의 근원의 정체와 본질적 원리를 밝힘으로써 궁극적 질문에 대한 해결의 실마리를 모색하는 인간의 몸부림이 깔려 있다 할 것이니 이를 일컬어 형이상학이라 했다.

---

[1] 이 글은 필자가 「존재와 언어: 하이데거의 탈형이상학적 진리관」이라는 제목으로 아래의 책에 발표했던 것인데 이 맥락에 연관된 것으로 판단되어 여기에 싣는다: 고원 박영식 교수 화갑기념 논총 간행위원회 편, 언어철학 연구 II『현대 언어철학』 (현암사 1995) 199-229.

이런 근본적 동기를 지닌 형이상학적 탐구는 탈레스의 물활론적 유물론과 피타고라스의 영혼활동적 유심론이라는 우주론적 탐구에서 태동되어 곧 존재와 생성을 대립구도로 설정하는 파르메니데스와 헤라클레이토스의 존재론적 단계로 발전되었다. 그러나 이 존재론적 전개가 우주론적 물-심의 대립이라는 문제를 해결하기보다는 오히려 근원 탐구의 과제를 더욱 세분화하게 되었으며 이런 상황에서 다원론자들과 원자론자들에 의해 우주-존재-론적 종합이라는 낙관적 시도가 개진되었으나 형이상학의 본래 목적에서 오히려 멀어져 가는 "근원들의 난무"라는 결과를 초래함으로써 상대주의와 회의주의의 공격과 비판을 받게 되었다. 이런 형이상학적 난황은 곧 형이상학적 영웅들을 만들어냈으니 이들이 곧 플라톤과 아리스토텔레스였다. 이들은 상대주의적 공격으로부터의 방어를 위한 절대화로서 신론을 발전시켰는바 이들에게서 비로소 고대적 의미에서의 형이상학, 즉 우주-존재-신-론적 근원학의 완성이 이루어졌다고 할 것이다.

이런 삼차원적 입체구조를 지닌 형이상학적 집대성의 과정은 결국 "없지 않고 있되(존재) 참으로 있는 것(실재)"을 찾으려는 역사였다. 그러나 플라톤에게 실재란 형상이라고 불리는 보편적 본질이라면 아리스토텔레스에게 실재는 그런 형상이 개별화의 원리인 질료를 취하여 이루는 실체였다. 이들에게 이미 참으로 있는 것으로서의 실재는 고정성·영원성·불변성·부동성·무차별성·불가분성·필연성·무한성·절대성을 그 본질적 속성으로 하는 존재에 근간한 보편적 본질이라는 견해와 그런 속성들과는 대조되는 생성도 아울러 현실화의 소재로 포함되어야 한다는 견해의 대조를 보이고 있었다. 이런 대조는 곧 "있되 참으로 있는 것"에서 "참으로"란 무엇을 뜻하는가라는 질문의 제기를 불가피하게 했는데 여기서 이들이 공통적으로 설정하는 존재성의 정도에 의한 존재론적 계층구조에 입각하여 이미 "있음"(존재)과 "참됨"(진리)의 불가분적 정비례성이 설정되었다. 사실상 이들에게서 설정된 존재와 진리의 이런 관계는 양자의 상호동치를 가능하게 했으며 결국 존재와 진리의 동어반복적 관계란 그들의 형이상학적 탐구의 궁극 목표인 실재의 또다른 표현일 뿐이었다.

그러나 존재와 진리의 이런 상호동치적 관계는 자기충족적 완결성으로 인해 어느 일방에서의 출발을 허용하지 않는 순환적 폐쇄성을 불가피하게 지니게 되었다. 따라서 앞서 언급한 질문, 즉 "참됨"이란 무엇인가라는 질문이 "있음"에 대한 질문과 별도로 제기될 수 없는 것으로 보게 했다. 예를 들면, 플라톤의 경우 가변적 다름의 현상계로부터는 억견doxa들만이 주어질 뿐이고 참된 지식 episteme으로서의 진리란 오로지 그런 다름들을 묶어내는 불변적 같음의 형상계에서 얻어질 수 있을 따름이라고 했으며 아리스토텔레스도 유사한 맥락에서 다음과 같이 주장했다:

> 존재하는 것을 존재하지 않는다고 말하거나 존재하지 않는 것을 존재한다고 말함은 거짓이요, 존재하는 것을 존재한다고 말하거나 존재하지 않는 것을 존재하지 않는다고 말하는 것은 참이다.[2]

참된 것을 찾으려는 인간의 노력은 결국 아리스토텔레스에 의해 사물과 이에 대한 영혼의 경험의 동화성homoiosis으로 공식화된 이래 그 영향을 받은 중세 스콜라 철학자들에 이르러 사물과 판단의 일치adaequatio intellectus et rei라는 고전적 진리관으로 성립되었다. 그러나 진리에 이르기 위한 과정으로서의 지식의 형성에 대한 인식론이 철학의 전면에 등장하게 된 근세 초기에 이르러서야 비로소 고전적 진리관에서의 일치의 방식에 관한 탐구가 본격적으로 펼쳐졌다. 이에 유럽 대륙의 이성론자들은 일치란 보편적 이성에 근거한 판단들 상호간의 정합성에 다름 아니라고 주장한 반면에 영국의 경험론자들은 일치란 기준으로서의 외계 사실에 대한 개별 감각적 판단의 대응을 의미하는 것이라고 논박했다. 그리고 이 일치가 칸트에게서는 인식과 그 대상의 공통적 유한성을 가리켰고, 논리실증주의자들에게서는 사실에 대한 주장의 부합성을 의미하는 경험적 검증성 등으로 다양하게 규정되기에 이르렀다.

---

[2] Aristoteles, *Metaphysica*, 1011 b.

그러나 사실상 진리관의 이런 역사적 흐름은 그 일치의 외형적 다양성에도 불구하고 이미 언급한 바 있는 순환적 폐쇄성이라는 공통적 난제를 해결하지 못한 채 진행되어 왔다. 바로 여기서 하이데거는 일치의 원초적 구조를 밝히고자 했으며 모든 일치는 대상 사물인 존재자들을 드러내 보이도록 하는 발견entdecken을 전제한다고 갈파했다. 그런데 존재자의 발견이란 현존재와 세계의 개시성Erschlossenheit에 근거하기 때문에 진리의 본래적 의미는 결국 탈은폐성Unverborgenheit이라는 것이다. 다시 말하면 일치라는 상태는 발견이라는 능동적 행위를 전제하지만 이 발견도 드러내어짐이라는 수동적 행태(행위적 상태라는 의미에서)에 근거한다고 함으로써 전통적 진리veritas logica관의 타당성을 부정하기보다는 이를 넘어서 그 뿌리veritas ontologica를 캐는 과제를 수행하고자 했다고 하겠다.

그렇다면 개시성과 탈은폐성이란 무엇인가? 아울러 앞서 언급한 바 있는 순환적 폐쇄성을 지닌 "참됨"과 "있음"의 상호 동가적 관계는 어떤 새로운 조망을 요구하는가? 바로 이 문제에 대한 새로운 해결의 시도 속에서 우리는 이 연구의 주요 관심 중 하나인 언어에 대한 논의를 전개하고자 한다. 하이데거에게서 언어Sprache란 그것에 대한 철학적 연구가 별도의 분과로 설정될 수 있을 만큼 대상화할 수 있는 기술적 도구라기보다 그런 것을 가능케 하는 존재의 원초적 드러냄의 행위로서 파악되고 있다. 그러기에 우리가 진리의 문제에서 출발하고자 한 것은 진리 자체가 지닌 문제성도 그 하나의 이유이겠지만 언어 자체에 대한 직접적 논의가 오히려 하이데거의 언어관을 오도할 우려가 있기 때문이었으며 그런 판단은 바로 이런 그의 언어이해에 근거를 두고 있다. 따라서 본 소고는 진리를 전체적 주제로 삼으면서 이 진리에 대해 이제 우리가 새롭게 밝혀야 할 관계에 있는 존재의 의미를 다루는 데서 출발하여 이를 바탕으로 인간중심주의의 극복을 위한 사유의 원초적 지평으로서의 언어를 존재와의 밀접한 연관성의 견지에서 논함으로써 하이데거가 제시하고자 하는 진리의 원초성에 이르고자 한다. 그리고 이 새로운 진리관이 배태하는 언어이해에 뿌리를 둔 새로운 인간이해의 필요성을 지적하는 것으로써 맺고자 한다.

2) 원초적 사건으로서의 있음의 의미

하이데거의 철학에서 가장 중심적인 과제는 역시 존재의 의미에 대한 현상학적·초형이상학적[3] 탐구라고 하겠다. 전통 형이상학을 존재자Seiende의 이해의 지평으로서의 존재Sein에 대한 망각의 역사, 즉 존재론적 차이[4]에 대한 무지의 역사[5]라고 개탄하면서 이의 초월을 역설한 그는 존재란 우선 철학의 근본적 주제로서 존재자들을 통괄하는 유개념Gattung이 아니라 오히려 더 높은 차원에서 추구되어야 할 "보편성"으로 이해되어야 하며 이와 관련하여 현존재의 존재 초월은 가장 근본적인 개별화의 가능성과 필연성을 가리킨다고 설파했다: "존재는 순수하고 단순한 초월이다Sein ist das transcendens schlechthin. … 존재를 초월로 드러냄은 선험적 인식이다".[6]

모든 존재자의 보편적 존재성과 개별적 의미성의 선험적 지평으로서의 존재에 대한 이런 형식적 정의를 토대로 하이데거는 그리스에서 유래된 전통 형이상학에서 존재가 "항구적 현존"ständige Anwesenheit[7]으로 ─ 그 표현이 공허함에도 ─ 받아들여지고 있다고 지적하고 이런 통속적 존재관을 정제하기 위해 지금까지도 지배적 관점으로 통용되고 있는 그리스 형이상학의 존재관을 그 개념의 문법적 위치와 어원의 견지에서 분석한다. 그의 문법적 분석에 의하면 그리스 사유에서 "우시아" 또는 "파루시아"로 인식되는 존재는 "나타나고, 일어나며, 자신을 드러낸다"는 의미를 지닌 "퓌지스"라는 표현에서 절정을 이룬다.[8] 또한

---

[3] 하이데거는 소위 전회(Kehre) 후에도 현상학적 방법을 계속 사용했다고 볼 수 있는데 단지 후기에는 전기의 실존론적 분석에 근간하기보다 오로지 존재가 그 자신에게 자신을 유한하게나마 드러내는 차원을 전개했다는 점이 특징이라 하겠다. 참조: William J. Richardson, S.J., "Heidegger's Way Through Phenomenology to the Thinking of Being": Thomas Sheehan 편 *Heidegger: The Man and the Thinker* (Chicago: Precedent Publishing Inc. 1981) 93.

[4] M. Heidegger, *Sein und Zeit* (Tübingen: Max Niemeyer Verlag 1986) 〈줄임: *SZ*〉 6-9; Vom Wesen des Grundes, 21: *Wegmarken* (Frankfurt am Main: Vittorio Klostermann 1978) 123, 여기서 존재자와 존재의 존재론적 차이를 무(das Nichts)라고 묘사했다.

[5] Was ist Metaphysik? 〈줄임: WM〉 16: *Wegmarken*, 118.　　　　　　[6] *SZ* 38.

[7] *Einführung in die Metaphysik* (Tübingen: Max Niemeyer Verlag 1953) 〈줄임: *EM*〉 46.

[8] *EM* 47. "퓌지스"는 자연이라기보다는 비존재의 흑암으로부터 존재의 빛으로 드러나는 행위라는 의미를 지닌 존재자들의 총체성을 뜻하며 또한 "우시아"나 "파루시아"로 표현되는 근저적-실체적 지속성과 항구성을 의미하기도 한다.

어원적 탐구를 통해 존재는 "자기지속적 삶을 사는 것, 현존과 현상에로 드러나는 것, 현존과 비존을 지속하는 것"[9]이라는 다소 상세한 표현을 부여받는다. 그럼에도 이런 언어학적 탐구 후에 그 자신이 제기한 "순수하게 논리적이고 문법적인 해석에 근거한 바 추상적이고 파생적이기까지 한 존재의 의미가 과연 본유적으로 총체적이며 또 근원적일 수 있는가?"[10]라는 질문은 존재의 의미에 대한 그의 추구가 존재를 슬며시 구체적 개별자들로부터의 추상적 산물로 보게 하는 문법적 분석과 어원적 탐구보다 더 근본적임을 가리킨다.

그리스적 존재관의 이런 한계를 넘어 하이데거는 "존재자를 규정함으로써 그 규정을 근거로 존재자가 그렇게 이해되도록 하는"[11] 존재가 "그 자신을 우리의 이해 안에 개방한다"[12]고 함으로써 존재의 자기개시의 해석학적 순환성을 전통 형이상학 초월의 근거로 제시한다. 더 나아가 존재자들의 존재성 여부에 관한 판단 이전에 존재와 비존재의 구별성이 설정되어야 함을 갈파하면서[13] 그 구별성의 근거에 있는 원초적 공속성을 밝힘으로써 그가 추구하는 존재의 의미의 근본성을 더욱 확연하게 제시하고자 한다. 즉, 그의 "존재의 제한"die Beschränkung des Seins에 대한 논의에서 나타나는 바 전통적 의미에서 존재의 대조로 간주되었던 모든 개념들이 원초적으로는 존재 안에 숨어 있는 통일성에서 파생되어 존재를 부차적으로 제한하는 것들일 뿐 결코 존재에 대해 모순 개념이 아니라는 통찰은 그가 존재를 얼마나 포괄적으로 이해하는가를 극적으로 보여준다. 예를 들면, 생성Werden과의 대조에서 존재를 "격동과 변화에 구애되지 않는 항구성의 순수한 충만"[14]으로 묘사한다든지 현상Schein을 존재의 실재성에 대비하여 비실재적인 것으로 간주하는 통속적 관점의 피상성을 지적한다. 그리고 이에 대해 현상은 존재와 관련해서 때로 일어날 수도 있는 부차적인 것이 아니라 본유적으로 존재에 속하며 존재와 현상의 이런 관계의 뿌리에 존재와 생성의 관계가 있어서 결국 "생성이 존재의 현상인 것처럼 현전행위로서의 현상은 존재의 생성"이라고까지 선포한다.[15] 더 나아가 존재와 현상의 이런 관계는 나타

---

[9] EM 55. [10] EM 56. [11] SZ 6. [12] EM 66.
[13] EM 59 62. [14] EM 74. [15] EM 77 87.

남을 의미하는 "퓌지스"로서의 존재와 은폐에서 존재자들을 드러냄을 뜻하는 "알레테이아"로서의 진리[16]를 연관시킨다: "진리는 존재의 본질에 속한다"[17] 또는 "진리의 존재는 존재의 진리다".[18]

후에 자세히 살펴보겠지만 존재와 진리의 이런 동치적 교호성은 생성이나 현상에 대한 관계와는 다른 방식이지만 사유Denken에 대한 존재의 관계를 포함한다. 하이데거는 존재와 사유의 전통적 분리의 근저에 본원적 연결이 전제되어야 함을 주장하는 데서 더 나아가 헤라클레이토스의 도움을 받아 항구성과 지속성을 본질적 속성으로 하는 존재자들의 원초적 공속성(logos)으로서의 사유와 퓌지스로서의 존재를 동일시하고자 한다.[19] 이런 존재-사유의 동일성은 전통 형이상학의 주객분리에 의한 객관적 대상화나 근대 형이상학에서 존재의 사유로의 주관적 흡수와 같은 환원주의를 넘어서 파르메니데스의 원초적 통일성(hen)의 개념에 힘입어 드디어 존재를 "모순충돌적 격동의 총체"die Gesammeltheit dieser gegenwendigen Unruhe 또는 "상호모순의 원초적 동일성으로서의 공속"Zusammengehörigkeit des Gegenstrebigen[20]으로 묘사함으로써 — 존재와 당위Sollen의 관계까지 포함하여 — 존재자의 선험적 지평이라는 존재의 의미를 이제 주어진 사실eine vorhandene Tatsache로서가 아니라 역사적 현존을 가능케 하는 원초적 사건das Grundgeschehnis으로 선포하기에 이른다.

그렇다면 존재를 선험적 사건으로 선언하는 초형이상학Transmetaphysik은 도대체 어떤 의미를 지니며 궁극적 동기는 무엇인가? 하이데거는 존재망각에 기인한 허무주의를 극복하기 위함이라고 대답한다.[21] 비록 대상화하여 다룰 수는 없지만[22] 불안의 체험에서 드러나는 무das Nichts의 한계에 이르기까지 존재를 탐구

---

[16] SZ 219. [17] EM 78; SZ 316.
[18] Vom Wesen der Wahrheit 〈줄임: WW〉 96: Wegmarken, 198.
[19] EM 91 94 100. 이런 관계에서는 사유가 독자적 주관의 자의적인 행위가 아니라 진정한 사유는 존재의 드러냄으로부터만 존재한다. 즉, 사유가 일어나고 사유된 것이 사유에서 솟아오르게 되려면 사유되지 않은 것(Das Ungedachte)이 필요하다. 그런데 사유의 본질은 "사유되지 않은 것" 외에 아무것도 아니다.
[20] EM 102 106. [21] EM 155. [22] WM 4: Wegmarken, 112.

함으로써 허무주의를 극복할 수 있다고[23] 주장하는 그에게 무는 존재자의 단순 부정이 아니라 이의 선험적 이해지평으로서의 존재 안에서 이 존재를 무화함으로써 존재자를 드러나게 하는, 이른바 존재의 자기은폐에 다름 아니다: "존재자의 존재 속에서 무의 무화가 일어난다".[24] 다시 말하면 무란 존재의 선험성에 의한 비규정성으로서 존재가 무로 내던지는 현존의 초월 속에서 자신을 개시한다는 존재의 유한성을 가리킨다.[25] 이런 이해야말로 토마스 아퀴나스와 라이프니츠 그리고 쉘링에게서 제시된 근본적 질문, 즉 "왜 도대체 없지 않고 그 무엇이 있는가?"Warum ist überhaupt Seiendes und nicht vielmehr Nichts에 대한 하이데거 자신의 대답이 될 것이다. 종국적으로 존재는 무와의 본유적 상통성으로 인해 개방성Offenheit으로 이해되며 존재자로 하여금 무에 거슬러서 사유될 수 있게 하는 신비Geheimnis적 사건과 행위로서 묘사된다.

3) 있음의 말함과 말함의 있음: 인간중심주의의 극복을 위한 언어의 초존재론적 원초성

선험적 지평으로서의 존재가 인간을 포함한 만물에 대해 어떻게 원초적 사건으로서 나타나는가? 이런 "있음의 말함"을 논하기 위해 다음과 같이 요약되는 현대 논리실증적·분석적 언어철학에서의 가장 주요한 두 개의 언어관을 언급하는 것은 의미있는 일이다. 하나는 언어란 외부 자극에 수동적으로 반응하는 뇌와 신경 조직의 활동에 영향을 받아서 발성기관에서 뜻을 가진 단어들이 산출된다는 견해이고, 다른 하나는 전달 수단이나 장치로부터의 아무런 영향 없이 한 사람의 생각을 다른 사람에게 전달하기 위해 사용되는 기호와 상징들의 체계, 즉 기계적이고 물리적인 전달체계로서의 언어라는 견해다.[26] 다시 말하면 인간의 사유는 언어의 주어진 구조와 전제에 종속되어 있다는 견해와 인간은 독립적으로 자유롭게 사유하는 자로서 주어진 보편적 언어를 고유한 방식으로

---

[23] *EM* 155. [24] WM 4: *Wegmarken*, 109. [25] WM 17: *Wegmarken*, 119.

[26] Maurice Merleau-Ponty, *Phenomenologie de la perception* (Paris: Gallimard 1945) 204-10 = Colin Smith 역 *Phenomenology of Perception* (New York: Humanities 1962) 175-81.

개별화한다는 견해로 대조된다. 그런데 외관상으로 매우 다르게 보이는 이 두 견해도 사실상 언어란 단지 생각의 교환이나 의미의 전달을 위한 수단일 뿐이며, 이런 수단을 통한 표현에 앞서 생각이나 의미가 이미 이 세계 안에 또는 의식의 영역 안에 형성되어 있다는 전제를 공통적으로 지니고 있다. 즉, 표현 수단으로서의 언어는 선재하는 생각이나 의미에 대해 부차적 추가물일 뿐이라는 것이다. 다시 말하면 이 세계가 이미 의미의 영역이기 때문에 인간의 역할은 그런 의미로서의 주어진 자료들을 만나고 발견할 뿐이라는 객관적·수동적 의미론에 입각하여 언어를 파악하고자 한다.

그러나 대부분의 현상학적 해석학자들은 분석적 언어철학의 이런 견해들에 동의하지 않는다. 이들에게 언어는 의미를 드러내는 창조적 행위이며 때로 의미의 근원으로까지 작용하는 위치를 점한다. 오로지 인간의 의식만이 의미창출의 유일한 원천이라는 주관적·능동적 의미론에 친화적 입장을 취한다고 볼 수 있겠으나[27] 이런 차이는 결국 의미부여의 주체로서의 인간과 언어의 관계에 대한 이해의 차이에 기인한다고 하겠다. 실존하는 인간을 의미부여의 주체로 보는 실존론적 현상학은 타자와의 생동적 대화 안에 있는 실존을 — 사유하는 실체가 아니라 — 강조한다는 점에서 그리고 그 관계의 전반성적 차원까지도 포함한다는 점에서 언어의 본질을 밝혀 줄 의미의 근원과 연관하여 인간의 위치를 새롭게 설정하려고 한다.

이런 실존론적·현상학적 해석학의 구도 안에서 하이데거는 그의 철학 전반에 걸쳐 언어 문제에 지대한 관심을 유지했다. 그러나 전기에는 주로 인간의 말Rede의 관점에서 언어를 밝히려 했다면, 후기에는 인간의 말Sage의 가능성에 대한 언어Sprache의 본질적 기여에 초점을 맞추었다. 하이데거의 초기 대작인 「존재와 시간」에서 언어에 관한 논의를 전개한 것은 기초존재론의 구성을 위한 실존분석에 등장하는 실존구성범주existentiale 중의 하나인 말(로고스)의 한 표현방식이라는 의미에서였다.[28] 여기서 언어는 로고스의 선험적-존재론적 파생으로

---

[27] Joseph J. Kockelmans, "Language, Meaning, and Ek-sistence": Joseph J. Kockelmans 편 *On Heidegger and Language* (Evanston: Northwestern University Press 1972) 9-10.

만 간주되었다. 이때는 말과 언어의 관계가 다음과 같이 묘사되었다: "언어의 실존론-존재론적 기초는 말이다. … 말이 밖으로 말해져 있음이 언어다".[29] 그러나 전회 이후 하이데거에게서 언어란 이 개념이 지칭하는 가능한 범위에서의 가장 넓은 의미로 사용된다. 즉, 언어란 단어와 문장들을 사용해서 표현하거나 예술품 또는 사회 제도, 종교적 상징 등 어떤 형식을 취하든지 나름대로 정제된 방식으로 인간이 의미를 드러내기 위해 사용하는 모든 것을 가리킨다. 여기서는 인간의 말함sagen은 언어의 말함sprechen에 대한 응대로 간주된다.

여기서 더 상세한 논의를 위해 인간과 언어의 관계에 대해 다음과 같은 상호대조적 방향에서의 질문이 제기될 수 있다. 즉, 인간이 의미를 발현하는 방식들이 다양하게 있을진대 그중에서 언어는 어떤 위치를 차지하며 여타의 발현방식들과는 어떤 관계를 지니는가? 또는 언어가 이미 구성되어 있어서 단순히 채용하기만 하면 된다면 인간은 그런 언어를 근거로 어떻게 말을 하는가? 우선 첫째 질문의 각도에서 논해 보자. 의미설정 주체로서의 인간의 존재 양식은 사물들이 상호지시하며 저마다 의미있는 것으로 드러내는 관계의 총체로서의 세계에 대한 인간의 원초적 이해에 의해 세계와 동위근원적gleichursprünglich으로 결정된다.[30] 즉, 존재가능으로서의 인간과 지시적 의미연관의 총체로서의 세계의 교호가 원초적 이해[31]에서 이루어진다. 자아에 대한 기획투사는 반드시 세계에 대한 기획투사와 동시에 이루어진다. 따라서 자아와 세계의 동위근원적 교호의 장으로서의 원초적 이해는 언제나 해석적 개념화의 성격을 보유한다. 그런데 이 해석적 개념이 아직 이해의 차원에서는 명백하게 정제되지 않은 단계에 있으나 해석Auslegung을 통해 이해는 이미 원초적으로 이해된 바를 전유화한다. 그러나 이때 해석이란 그런 해석이 없었다면 전혀 "벌거벗은" 상태로 있을 수밖

---

[28] SZ 59-62. 하이데거의 실존분석에 의하면 현존재의 실존 구성요소로는 처해 있음(Befindlichkeit)과 이해(Verstehen)와 말(Rede)의 세 가지가 있다.

[29] SZ 160, 161.   [30] SZ 142-60.

[31] 주객 초월 도식의 근거로서의 원초적 이해에서 세계-내-존재는 이미 타자와 함께하는 존재(mit-Ander-sein)이기 때문에 굳이 의사소통에 의해서 비로소 타자와의 관계 속에서 존재하게 되는 것은 아니다.

에 없는 사물에 대해 비로소 의미를 부여하거나 가치를 상정하는 행위가 아니다. 오히려 이 세계 안의 사물은 세계에 대한 인간의 원초적 이해 안에 이미 암시적으로 포함되어 가리켜지며 해석은 이를 명료화할 뿐이다. 그러므로 어떤 주제적 해석도 원초적 이해에 뿌리를 두고 있다. 결국 인간이 의미설정의 주체이며 언어의 외부에는 아무런 세계가 없다고 할 때 이는 원초적 이해 속에 이미 예재되어 있는 세계의 의미가 해석을 통해 명료화[32]되어 인간과 사물의 관계를 밝혀 준다는 것을 뜻한다.

이제 언어가 이미 구성되어 있다는 전제 아래 인간의 말함이 어떻게 이루어지는가라는 둘째 질문의 각도에서, 즉 언어를 출발점으로 해서 논하기로 한다. 사실상 언어철학에서는 인간이 말을 한다는 사실보다도 무엇인가 말해진다는 사실이 더욱 중요한 의미를 지닌다는 점을 상기한다면 이런 출발이 지니는 가치는 재론의 여지가 없을 것이다. 인간이 이미 구성되어 있는 언어를 채용해서 말한다는 것은 인간이 그의 말함 안에서 언어가 말하고자 하는 바를 듣는다는 것을 뜻한다. 말하자면 언어의 본질은 "밝히 드러냄" 또는 "나타나게 함"이라는 뜻을 지닌 말함에서 추구되어야 한다. 말함이 곧 들음이라는 것은 인간들 사이의 대화에서 말함과 들음이 공존한다는 것을 뜻하는 데 머무르는 것이 아니라 말함과 들음이 그 자체로서 동일함을 가리킨다. 심지어 들음은 모든 말함에 앞서 있다. 즉, 인간이 말을 한다는 것은 이미 그렇게 할 수 있기 이전에 그런 말함을 들었기 때문이며, 이때의 그 말함이란 곧 언어의 "말함"이다.[33]

언어의 "말함"이란 발성 이전의 의미전달로서의 가리킴 또는 드러냄이어서 "언어가 말한다"라는 표현이 가능하다고 하겠다. 언어의 소리 없는 음성 das Geläut der Stille이 인간의 발성을 통해 말이 된다. 그러기에 자고로 인간의 말함이

---

[32] 해석의 한 방식으로 우리는 명료화(Artikulation)를 들 수 있는데 이는 그 자체로부터 자신을 드러내게 한다, 서술적 속성을 주어에 귀속시킨다, 그리고 전달 또는 표현한다는 뜻을 지니며 그 근저에는 언어의 즉각적이고 실존론-존재론적인 기초이면서 추론적 명료화의 역할을 하는 로고스가 있다. 그런데 로고스는 어떤 구체적 형태를 취하는지 인간의 세계-내-존재(in-der-Welt-sein)의 개시성을 상호구성하기 때문에 언제나 지향적 성격을 지니고 있다.

[33] *Unterwegs zur Sprache* ⟨줄임: *US*⟩ 145 179-81 198-202.

가능하기 위해서라도 언어 자체의 말함이 이루어지도록 허용하는 근본적 의지가 인간의 이에 대한 들음에 앞서 있다. 그런데 이런 의지는 인간존재가 이미 그런 언어의 말함에 대해 열려 있음에 기인한다. 인간이 언어의 말함을 듣는 것은 오로지 언어가 그 말함을 통해 인간에게 개시하는 영역 안에서일 뿐이다. 즉, 언어에 속한 인간들에게만 언어는 이를 들을 가능성을 부여한다. 바로 이런 원초적 말함의 가능성 부여에 언어의 본질이 있다.[34] 그런데 언어의 원초적 말함에 의해 보여지고 전해지는 것은 결국 세계다. 즉, 언어의 말함은 개시와 은폐를 통해 그런 세계를 해방시킨다.[35] 언어의 원초적 말함이란 사물들을 인간존재의 역사적 연관 속으로 불러냄이며 인간으로 하여금 사물들을 관심하게 하는 부름Ruf이다. 또한 이 부름은 인간과 이미 동위근원적으로 상호이해의 관계에 있는 세계를 구성한다. 따라서 불리어진 모든 사물들이 모여서 세계를 이루며 사물들은 이 세계 안에서 비로소 각각의 의미를 지니게 된다.[36] 결국 언어의 원초적 말함은 세계를 부르며, 이런 부름은 세계를 지평으로 하는 인간의 말함으로 이어져 인간과 세계를 연관시켜 준다.

하이데거는 칸트의 선험적 구성설 이래 복고하는 근대 주관성의 형이상학 지배로 인해 언어가 그 본질을 벗어났다고 개탄하면서[37] "인간은 마치 자신이 언어의 조형자이고 주인인 것처럼 행동하지만 사실상 언어가 인간의 주인이다"[38]라고 설파한다. 그러므로 언어의 본질을 회복하는 과제가 우리에게 요구되는데 이는 언어의 대상화를 넘어 언어의 본질에 대한 인간의 관계를 변화시킴으로써 수행되어야 한다. 그런데 이 변화는 일찍이 설정되어 있었으나 잠시 은폐되었던 언어의 주도성을 회복시키는 것도 아니며 인간에 의해 수행될 수 있는 것도

---

[34] *US* 11-5 145-9 252-5. [35] *US* 20-2.

[36] 세계와 사물들은 서로 독립적이 아니며 중간점에서 하나의 통일체를 이루는 것도 아니다. 그렇지만 언어의 원초적 말함이 사물들을 사물대로 설정하고 후속적으로 이를 중간점에서 연결하기 위해 세계를 설정하는 것은 아니다. 원초적 말함이 부르는 것은 세계와 사물의 본질적 상호관련성에서의 차이다. 참조: *US* 20-8.

[37] Brief über den Humanismus, 9: *Wegmarken*, 180.

[38] *Vorträge und Aufsätze* (Pfüllingen: Verlag Günther Neske 1954) 146.

아니다. 그것은 언어 자체에 의해 수행되어야 할 것이다. 예를 들면, 한 편의 시에서 시인은 지정된 존재자를 명명하기 위한 어휘들을 통제하려는 태도를 포기하는데 이것은 사물의 본질적 존재성이 언어 없이 표방될 가능성을 부정하는 것, 또한 사물들이 명명 이전에도 이미 현전한다는 인식의 준거 관점을 포기하는 것, 사물에 대한 명명이란 이미 충분하게 설정되어 있는 것들을 단지 묘사할 뿐이라는 견해를 버리는 것을 의미한다. 그렇게 되면 어휘들이 사물들로 하여금 현전하도록 허용하는 언어의 원초적 말함의 경지가 그 모습을 드러낸다.[39] 그래서 하이데거는 다음과 같이 말한다:

> 언어는 존재의 집이다. 그러기에 우리는 끊임없이 이 집을 통해 존재자들에게 도달한다. 우리가 샘으로 가거나 숲을 통과할 때 항상 이미 "샘"이나 "숲"이라는 어휘를 통해 가고 있다. 비록 우리가 그 어휘들을 전혀 말하지 않을 뿐 아니라 언어에 관련된 어떤 것도 떠올리지 않는다고 하더라도 말이다.[40]

이제 시인은 그가 언어의 주인이라는 주장을 포기한다. 더 나아가 언어가 본유적 회피성으로 인해 자기보존적 은폐로 은둔하도록 함으로써 존재에 고유한 자기은폐라는 본유적 부정성을 선사하며 이로써 언어의 본질에 대한 인간의 관계가 역전된다. 다른 곳에서 하이데거는 이런 역전을 "언어와 함께 체험을 몸소 겪는다"mit der Sprache eine Erfahrung machen[41]라고 표현한다. 이때 체험이란 언어에 대한 직관에 도달한다는 것도 아니고 언어를 대상화해서 인간 주체에 의해서 재현시킨다는 것도 아니지만 그렇다고 해서 주관적 반성의 대상으로 간주하는 것도 아니다. 자고로 언어는 주객의 분리를 초월하는 총체적 체험을 일컫는 것이었다. 언어란 본디 개념화되어 있는 것을 후차적으로 표현하는 수단이 아니라 언어로서의 언어를 언어 자체에 의해 언어로 가져감으로써[42] 비로소 개념화가 이루어질 만큼 원초적 고유성을 지닌다: "언어가 말한다"die Sprache spricht. 그

---

[39] US 232-3.   [40] Holzwege (Frankfurt am Main: Vittorio Klostermann 1980) 286.
[41] US 159.   [42] US 161.

러나 이 선언은 결코 인간의 말함을 부정하려는 것은 아니다. 단지 인간의 말함이 과연 인간에게서 비롯된 것인가 아니면 그 시원은 무엇인가라는 질문의 절박함 때문이다.

언어의 말함은 인간의 말함 가능성의 선험적 조건이다. 그러나 인간의 말함에서 언어의 말함으로의 소급은 언어의 전건적 근거로의 소급과는 전혀 다르다.[43] 하이데거가 이 소급의 종점에 설정한 사건Ereignis도 그 자체로 근거라기보다 그 자체를 드러내는 행위라는 뜻을 지니고 있기 때문이다. 그러므로 "오로지 일상적 말함에서 언어가 대체로 은폐된 채이기 때문에 인간이 언어를 말할 수 있으며 그런 말함을 통해 대상들을 다루게 된다".[44] 아울러 언어의 소리 없는 음성은 유성화하는 인간의 말함이 필요하다. 그러나 인간이 말하지 않는다면 언어는 결코 어떤 것도 말하지 않는다고 할 때 과연 언어의 말함sprechen과 인간의 말함sagen을 분리할 수 있는가? 그렇다면 도대체 언어의 말함의 원초성이란 무엇인가? 언어는 "밝힘"Lichtung으로서 인간에게 그리고 인간을 통해 사물들에게 진리의 가능성을 선사한다. 즉, 언어는 세계 안에서 인간과 사물들 사이의 원초적 의미의 얽힘을 엮어낸다. 따라서 인간과 사물은 언어를 통해 인간에게 그 자신을 제시하는 세계 안에서만 의미있게 서로 연관될 수 있다. 궁극적으로 언어의 말함의 원초성이란 세계 안의 존재자로서의 사물들로 하여금 존재하게 하는 초월적 지평인 존재가 그 자체로 언어 안에 그리고 언어를 통해 드러남Unverborgenheit des Seins을 일컫는다. 여기서 존재는 언어와 관련하여 의미의 총체성Bedeutungsganze이라는 수식을 부여받는데 이 수식은 곧 존재의 언어가 원초적으로 말한다는 것에 다름 아니다. 그리고 인간의 말함이란 존재의 그런 자기현시에 봉사하는 기능, 즉 존재로부터 언어를 통해 현시되는 것을 "받음"이다.[45] 이 관점에서

---

[43] John Sallis, "Towards the Showing of Language": Robert W. Shahan & J.N. Mohanty 편 *Thinking about Being: Aspects of Heidegger's Thought* (Norman and London: University of Oklahoma Press 1984) 81.

[44] US 236.

[45] 그렇기 때문에 한 사람이 채용한 언어와 외형상 동일한 언어를 다른 사람이 채용한 경우에도 그 의미가 완전히 동일하지는 않다. 이것은 바로 언어의 의미가 표현에 기인하지 않고 존재와 현존의 관계에 의존함을 가리킨다.

본다면 진리를 수호하기 위해 인간은 하나의 구체적 언어를 통해 자신을 드러내는 존재 자체에 주의를 기울여야 한다.[46] 하이데거가 "인간은 존재의 목동이다"[47]라고 갈파했을 때 그는 바로 이것을 주장하고자 함이었다.

존재가 언어를 통해 인간에게 말을 건넴으로써 하나의 출발점이 형성되는데, 이에 대해 인간의 말하기는 하나의 응답이다: 인간의 말은 대답이다Wort ist Antwort. 인간 자신은 그에게 말을 건네는 세계의 의미성에 대해 이렇게 대립해 있을 때만 말한다. 즉, 인간이 밝히고자 하는 새로운 의미는 실존이 의미의 가능한 모든 지평 중 지평으로서의 존재를 향함으로써 새롭게 주어진다. 존재가 시원적 언어와 관련하여 총체적 의미성으로 간주되는 것은 바로 여기에 기인한다. 다시 말하면 존재가 전유화적 사건, 즉 역사적 현존을 가능케 하는 원초적 사건이 되는 지평이 바로 언어라고 하겠다. 그러기에 하이데거는 "언어 없이는 존재도 없고 존재 없는 언어도 없다"[48]고 갈파한다. 언어는 세계에 대한 경험 자체와 존재를 분리하지 못할 만큼 이미 그 자체로 해석학적이다. 존재의 언어성Sprachlichkeit이란 존재의 이해가능성Verständlichkeit에 다름 아니기 때문이다. 다시 말하면 언어는 존재에서 사유로의 실체적 이행이라는 관계적 사건으로서 부름과 답함으로 구성되어 있어서 결국 존재와 인간 사이의 본질적 상호배려의 영역을 가리킨다 하겠다. 이처럼 언어에 관한 하이데거의 모든 언급은 언어의 본질과 관련한 인간의 위치 재정립에 그 목적이 있었다고 해도 과언이 아니다.

이와 관련하여 하이데거가 언어 외의 다른 것을 시원적으로 설정할 목적으로 언어를 설명하려는 시도를 거부한다는 점에 주목할 필요가 있다. 그에 의하면 언어 외의 다른 것마저도 언어로 표현되고 전달될 뿐이다. 그래서 그는 언어를 인간의 말함이라는 사건에 대한 현상학적 분석에서 출발해서 언어의 원초적 말

---

[46] 전회 이전에는 현존재(Dasein)는 존재에 대한 이해가 자체규정의 본질인 존재자를 지칭했다면 전회 이후에는 좀더 존재주도적인 차원에서 현-존재(Da-sein)는 존재의 자기계시의 장을 가리킨다. 이런 차이는 사실 방향상의 차이일 뿐이며 이 양자는 공히 인간 실존 자체를 가리키기보다 존재와 인간의 관계를 지칭한다.

[47] BH 10: *Wegmarken*, 182. 「존재와 시간」에서 "존재의 목동"이라는 표현을 예견하게 해주는 칭호로 "실존"을 들 수 있는데, 이는 존재를 이해하는 현존재의 존재방식을 가리킨다.

[48] *EM* 63.

함으로 소급함으로써 인간이 말하는 것이 아니라 언어가 인간을 사용하는 한에서 말하는 것이라는 통찰에 도달했다. 즉, 언어는 전유화적 사건으로서 언어의 본질을 침묵시킬 수 있을 때 인간의 말함에 이를 수 있다는 것이다. 인간이 언어를 대상화할 수 있는 도구로 설정하는 것이 아니라 역사적으로 그 자체를 구현할 수 있는 언어의 본질을 "언어로부터" 인간이 체험하는 것을 일컫는다. 그러므로 언어는 이제 현전과 비현전이 각각 위임되는 안내자이며 존재가 단순한 현전이라는 고착된 항존으로 변형되지 않으면서[49] 존재자들이 그 본질에 이르는 길을 모색하고 발견할 수 있는 "존재의 집"이다. 존재의 집으로서의 언어는 탈은폐의 사건을 수집하는데 무의 너울을 통해 존재를 보존하며 구조적 공조의 조율 안에서 사유될 때 세계를 드러내게 된다.

결론적으로 언어란 존재와 사유가 서로 연관되어 인간에게 파악가능한 것으로 드러나는 지평이다. 이런 견해는 종래의 언어관, 즉 말하기란 인간의 표현활동이라는 전통적 언어관에 비추어보면 획기적이라 하지 않을 수 없다. 물론 하이데거가 이를 단적으로 부정하는 것은 아니다. 단지 그가 지적하는 바는 그런 언어관이 언어의 시원적 본질에 이르지 못하며 이는 전통 형이상학의 존재망각에 기인한다는 것이다. 이렇게 볼 때 하이데거에게 있어 전통적 언어관의 문제점은 흔히 비평되는 바 주관주의적 경향에 있다기보다 인간중심주의적 경향에 있다고 해야 할 것이다. 그가 제시한 대안은 객관적 관점의 강조라기보다

---

[49] 전통적 형식논리학에서 존재는 우리가 언제나 복귀할 수 있는 항존적 현전성으로 간주되었고 바로 이런 이유에서 존재와 본질은 동의어적으로 사용되었으며 존재자들은 그런 견지에서 현전하는 것으로 상정되었기 때문에 시간과 역사를 그 안에 투입시킨다는 것은 불가능했다. 그러나 하이데거에게 있어 본질이 보편적 타당성을 지닌다고 할 때 그 보편성도 한정된 관점에서의 유한한 인간의 사유방식들에 의해 평가될 수 있었다. 즉, 역사적으로 현전하는 본질은 타자에 의해 작인되기도 하고 자기변형을 수행하기도 하는 것으로서 시간을 초월해서 불변하고 영원한 것이 아니라 역사적으로 제한된 것이다. 본질의 단일성과 동일성은 변화의 가능성을 본유적으로 내포한다. 하이데거가 탈은폐(Entbergung)로서의 언어로 끌어내려는 존재의 본질도 초시간적 즉자가 아니라 인간이 체험할 수 있는 것인데 그 이유는 인간의 구체적 언어들이 존재에 관한 질문에 의해 역사적으로 규정되기 때문이다. 다시 말하면 그의 해석학적 현상학이 추적하는 로고스는 존재자의 자기이해를 설명하며 그 존재자의 존재는 존재자의 자기이해를 통해 변형되고 존재자는 존재를 위한 시간·역사적 가능성으로서의 본질을 파악한다. 하이데거에게는 역사적 기원이 곧 본질의 근원이기 때문이다.

인간의 말함을 언어의 기원으로 보는 피상성을 극복하고자 언어의 근원적 지평을 원초적 사건으로서의 존재에서 추구한 것이기 때문이다.

4) 있음의 말함으로서의 참됨

언어에 관한 질문은 진리에 관한 질문과 별개일 수 없다. 언어에 관한 질문은 곧 진리가 어떻게 전면으로 드러나고 이를 통해 세계가 어떻게 조성되는가에 관한 질문이기 때문이다.[50] 즉, 있음의 열어보임으로서의 말함은 참됨과 얽혀 있다. 따라서 있음의 말함의 의미성을 위해 참됨을 이와 관련하여 논함은 필수적이라 하겠다. 그런데 이미 언급한 바 있는 전통적 진리관이 주장하는 사태와 판단의 일치에 대한 훗설의 비판에 의하면 객관적 사태에 대해 일치되어야 하는 것은 주체적 판단이라기보다 주어짐의 방식만이 서로 다른 동일한 객관적 사태일 뿐이라는 것이다. 즉, 하나는 인식 주체가 지향적으로 관계하는 대상 사물의 지시적 주어짐이고 다른 하나는 바로 그 동일한 대상의 자체성이라는 것이다. 그런데 이 양자의 자기동일성은 인간의 경험 영역에 대해 초월적인 것이 아니라 주어짐의 독특한 양태에 대해 상관적인 것이었다.[51] 그러나 하이데거에 의하면 그런 일치는 이보다 더 근원적인 구조를 갖고 있을 만큼 파생적이고 부차적이다. 그래서 그는 일치에 대한 훗설의 비판적 해석을 바탕으로 이를 넘어 일치의 근저에 있는 원초적 사건을 찾아내고자 한다. 훗설이 사태에 부합되는 진술을 지향성의 한 양태로서, 즉 이미 주어진 대상성의 자기현시로서 정태적으로 파악하는 반면에 하이데거는 인간으로 하여금 사태를 볼 수 있도록 열어주고 밝혀주는 사건 또는 행위로서 동태적으로 이해하고자 한다.[52] 진술이 의도나 지향을 의미한다면 "그것이 그 자체에서인 바와 같이"라는 근거 규정이 필요하지만 진술이 지시나 탈은폐를 의미한다면 잘못된 진술이란 그 대상적 존

---

[50] Otto Pöggeler, *Der Denkweg Martin Heideggers* (Neske 1963) 268.

[51] 참조: Edmund Husserl, *Logische Untersuchungen* (Tübingen: Max Niemeyer Verlag 1928) 4판 6장.

[52] 그리고 이런 동태적 이해에 근거해서 훗설의 지향성 개념에서는 암시적으로만 내포되어 있던 인간의 "비추어 밝혀짐"(Gelichtetsein)에 대한 주제화가 하이데거에게서 시도된다.

재자를 드러내지 않고 감춘 것일 뿐이며 따라서 탈은폐란 이미 그런 규정이 굳이 필요하지 않은 진리다.[53] 즉, 하이데거는 존재자의 드러나 있음과 관련하여 존재자 자체를 문제시함으로써 진리를 탈은폐Entbergung로 파악한다. 따라서 진리의 개념이 사태에 합치되는 진술의 올바름으로 이해되는 데 머무르지 않고 도리어 모든 올바름에 앞서 그 올바름을 비로소 가능하게 하는 드러남Erschlossenheit 또는 열어보여짐Unverborgenheit의 사건으로서 더 본원적으로 이해된다.[54]

더 나아가 하이데거는 열어보여짐으로서의 진리의 개방성을 강조하기 위해 이를 자유와 밀접하게 연관시킨다. 그래서 그는 "진리의 가능성의 내적 조건으로서의 관계의 개방성은 자유에 근거를 둔다. 진리의 본질은 자유다"[55]라고 선언한다. 이 언명에 제기되어 마땅한 질문을 하이데거는 스스로 던진다: "진리의 본질이 자유라는 이 주장은 진리를 인간의 임의성에 종속시키는 것이 아닌가?" 전통 형이상학에서 진리는 인간과 관련된 시간적 제약성이나 나약성과 달리 불멸하고 영원한 것으로 간주된 반면 자유는 인간의 임의성과 동일시되었으며, 이것은 주객 분리에 뿌리를 둔 재래적 사유의 불가피한 산물이기는 하지만 이때문에 심지어 진리와 자유는 상호모순 관계에 있는 것으로까지 상정되어 왔다. 그러나 하이데거는 자유가 단순히 인간의 속성이라는 통속적 견해를 단호히 거부한다. 나아가 자유를 존재의 개시로서의 진리의 본질에 동치시킴으로써 자유는 진리의 가능성의 근거이고 진리는 자유의 본질의 근원으로 이해된다:

> 자유는 상식적으로 통용되어 온 바와 같이 선택이나 경향에서의 임의성이 아니다. 또한 인간의 행동에 대한 금지적 제한의 제거를 뜻하지도 않는다. … 그런 모든 "부정적"이고 "긍정적"인 규정에 앞서 근본적으로 자유란 존재의 개시에 참여하는 것이다.[56]

---

[53] *SZ* 153-60.

[54] 따라서 진리에 대해 탐구한다는 것은 진술의 정확성 여부에 관해 판정하는 것이 아니라 대상 존재자의 본질적 존재 방식을 탐구하는 것을 의미한다.

[55] WW 81: *Wegmarken* 183.

[56] WW 84: *Wegmarken* 186. 전기에서 자유가 세계를 향한 자아의 초월이라는 의미에서의

한마디로 "존재의 개시를 가능하게 하는 자유는 이미 모든 거동을 존재에 맞추어 동조한다"[57]는 하이데거의 언명에서 존재와 진리의 동위근원성Gleichursprünglichkeit, 즉 무의 역동성이 가리키는 자유에 의거한 순환적 통전성의 관계가 확증된다.

존재 개시의 수용으로서의 자유와 동치되는 진리가 인간에 의해 주도되는 사건이 아닌 것과 같이 발성되지 않은 언어의 원초적 말함도 언어의 "본질화"로서 전혀 인간에 의해 조성되는 것이 아니다. 사물과 세계가 언어의 이런 원초적 말함 안에서 그리고 그것을 통해서 그것의 "진리"에 이르게 되는 한에서 진리는 비로소 인간의 본질을 존재에 연관시킬 가능성을 가리키게 된다. 따라서 인간의 임의성에 의해서가 아니라 무의 역동성에 의해서 정초되는 자유에 근거하는 존재와 진리의 상호동치성에 입각해서 하이데거는 전통적 진리관의 연원인 플라톤의 진리론을 비판한다. 즉, 플라톤에서는 진리가 형상이라 불리는 초감각적 영역에 정초됨으로써 사물들이 본성적으로 자신을 드러내는 바의 사태 자체에서 이탈하여 그 개념의 주관화로, 즉 인간에 의해 상정될 수 있는 것으로 변질되어 갔다고 지적하면서 더 근원적인 기준을 퓌지스로서의 존재의 드러남에서 찾아야 한다고 갈파한다. 다시 말하면 이성적이든 경험적이든 인식 주체가 대상과의 관계에서 얻게 되는 지식이 진리를 향한 예비적 단계로서 간주되는 인식론적 진리관veritas logica에서 모든 인식 대상들로 하여금 그렇게 인식되도록 존재하게 하는 초월적 사건으로서의 존재가 진리의 선험적 지평이라는 존재론적 진리관veritas ontologica으로의 이행을 역설했다. 따라서 진리와 언어의 관계가 그보다 더 근원적인 것에 근거하는가 아니면 그것이 자기원인causa sui으로서 자존적인 것인가라는 질문은 대상화를 통한 입증이나 배후 근거 추적을 도모하기 때문에 탈은폐로서의 진리에 대해 적절하지 않다.[58]

자기실현을 뜻했다면 후기에는 존재의 개시를 선물로 받아들이는 현존재적 사건을 일컫는다. 이제 자유는 존재자들과의 관계에서 능동적인 것은 진리로서의 비은폐를 뜻함이고 존재와의 관계에서 수동적인 것은 비진리로서의 은폐를 지칭한다. 참조: *Was heisst Denken?* (Tübingen: Max Niemeyer 1954) 85-94.

[57] WW 87: *Wegmarken*, 189.

그러나 투겐다트[59]에 의하면 진리를 은폐성 여부에만 한정하여 파악한다면 참됨과 거짓됨의 구체적 의미를 규정하는 것은 불가능하다. 거짓된 진술도 부분적으로는 감추어졌던 것을 드러내고 은폐된 채로 남아 있는 것은 아직 인지되지 못한 것으로 간주할 수도 있겠다는 것이다. 따라서 거짓된 진술이 은폐라는 하이데거의 통찰은 분명히 하나의 발전이기는 하지만 진술의 참됨을 가리키는 좁은 의미에서의 탈은폐와 지시apophansis라는 넓은 의미에서의 탈은폐를 구별할 가능성이 없기 때문에 "그것이 그 자체에서인 바와 같이"라는 근거 규정을 도외시해서는 안된다는 것이다. 다시 말하면 진리가 탈은폐라고 할 때 이는 진술이 존재자를 탈은폐하는 방식에 관심하는 것이 아니라 일반적으로 탈은폐를 한다는 사실 자체에 주목하는 것으로 보인다는 것이다. 그런데 하이데거는 즉각적인 현상적 주어짐과 존재자의 본질적 존재방식 사이의 차이를 간과한 나머지 훗설은 물론이거니와 플라톤과 아리스토텔레스가 공유하는 진리 개념에서의 주어짐의 탁월한 양태를 — 그 가능성의 원초적 조건을 탐구한다는 미명 아래 — 일반화시킴으로써 비진리가 진리의 한 단면으로 간주되는 오류를 범했다는 것이다.[60] 다시 말하면, 즉자적·대자적 드러남을 진리로 간주함으로써 진리에 연관되기보다 오히려 진리에서 가려지는 결과를 낳게 되었다는 것이다.

그러나 전기에서 "현존의 드러남"이나 후기에서 "존재의 비추어 밝힘"을 진리로 지명함으로써 종래의 진리관에 다소 상충되는 견해를 제시한 듯이 보이기는 하지만 전후기를 관통하는 공통적 규정인 "가장 원초적인 주어짐"은 진리를 있음의 영역과 동떨어진 앎의 영역에서 추구하던 전통적 진리관에 대해 실로 의미심장한 선언이 아닐 수 없다. 아울러 "가장 원초적인 주어짐"이 결국 세계를 지칭한다고 할 때 이 세계는 존재자들의 결정론적이고 실체적인 지평이 아

---

[58] Otto Pöggeler 앞(각주 50)의 책 295.

[59] Ernst Tugendhat, "Heidegger's Idea of Truth": Richard Wolin 편 *The Heidegger Controversy* (Cambridge, MA: The MIT Press 1993) 245-63.

[60] 주어짐의 탁월한 양태란 존재자가 그 자체를 사실적으로 보여주는 것(현상) 또는 존재자를 주어짐으로 끌어내는 것으로부터 존재자 자체의 자기현시(본질), 즉 존재자를 근거로 주어짐을 측정하는 것으로의 이행을 가리킨다.

니라 바로 그런 지평들의 개방된 영역Spielraum으로 받아들여져야 할 것이다.[61] 결국 하이데거는 훗설의 진리 개념의 출발점인 무역사적이고 절대적인 자기확실성에 정초한 선험적 자아를 거부했지만 훗설의 증빙적 확실성이라는 규정적 개념을 포기하지 않으면서 역사적이고 유한한 지평 속에 던져져 있는 현존의 드러남이나 이를 자기개시의 장으로 삼는 존재의 비추어 밝힘이라는 가장 원초적 주어짐의 사건으로서의 탈형이상학Nachmetaphysik적 진리를 구현하고자 했다. 이로써 서두에서 언급한 바 있는 고전 형이상학에서의 존재와 진리의 초시간적 상호동치성이 지니는 순환적 폐쇄성은 이제 시간적·공간적 지평의 유한성에 바탕한 개방적 공속성의 관계로 새로이 정립된다. 이를 역사적 유산과 연관지어서 본다면 "진리는 있는 바의 것이다"Verum est id quod est라는 아우구스티누스의 이성의 빛lumen intellectuale으로서의 진리 개념을 존재의 유한성에 대한 현대적·탈형이상학적 이해에 근거해서 재구성하려는 시도로 읽혀질 수 있다. 따라서 하이데거에게서의 이런 초실체론적 진리는 결코 그 자체로서 독립적으로 표상될 수 없고 현존재를 포함한 존재자들과 연관된 존재와의 관계에서 이해되어야 한다. 그러기에 하이데거는 다음과 같이 진술했다:

> 진리의 존재는 현존재와 근원적으로 연관되어 있다. 그리고 오직 현존재가 열어 밝혀져 있음에 의해, 다시 말해서 이해에 의해 구성되어 있기 때문에 존재도 이해될 수 있고 존재이해가 가능하다. 존재(존재자가 아니라)는 진리가 있는 한 있다. 그리고 진리는 현존재가 있는 한 있다. 존재와 진리는 동위근원적이다.[62]

결론적으로 말하면 하이데거에서의 진리가 "열어 밝혀져 있음"이라는 수동적 사건과 "비추어 밝힘"이라는 능동적 행위라는 두 개의 상관적 차원을 동시에

---

[61] 이렇게 본다면 세계를 어떤 구체적 개념으로 제한하더라도 드러남은 결코 소갈될 수 없는 것으로 그 위치를 유지한다. 주체나 실체를 그것의 장으로 설정하는 진리의 구체적-상황적 개념에 대해 반성한다면 드러남이나 비추어 밝힘을 진리라고 부를 수는 없을 것이다.

[62] SZ 230.

지니고 있음에 주목해야 할 것이다. 즉, 진리로 향하는 과정에 있음도 진리 연관으로 이해할 수 있음으로 해서 이제 진리는 소유될 수 있는 완결체가 아니라 추구의 목표로 이해된다.[63] 그가 "밝힘이 없이는 빛도 밝음도 없다"[64]고 한 것도 "밝힘"으로서의 진리가 도달된 명사가 아니라 진행되는 동사로 이해되어야 함을 가리킨다 하겠다. 존재·언어·진리는 자존적이고 완결적인 별개의 실체들이 부차적으로 관계를 조성하는 것이 아니라 "있음의 말함으로서의 참됨"이라는 역동적 관계로서 얽혀져 있다.

5) 맺음말: 참됨과 사람

언어의 문제에 대해 현대 언어철학과 분석철학 등은 반형이상학이라는 기치 아래 전통 형이상학의 기본 도식인 "있음과 앎의 관계"에 입각한 논의를 기초주의적인 낡은 관점이라고 거부함으로써 언어를 존재와 사유의 문제에서 분리시키는 결과를 초래했다. 그러나 하이데거는 선언한다: "모든 것은 오직 존재의 진리가 언어에 이르고 또 사유가 과연 이 언어에 도달하는가에 달려 있다".[65] 그럼에도 그는 이런 선언을 통해 전통 형이상학의 존재-사유의 관계 도식으로의 복귀를 주장하려는 것은 아니었다. 오히려 그는 특히 데카르트 이래 그런 종래의 도식이 취하고 있던 바 사유가 주관적 의식의 영역으로 귀속되고 존재가 이성적 분석의 대상이 되는 주객 분리 구도에 의한 언어의 도구주의적 관점에 대한 비판을 통해 언어는 존재와 사유의 일치를 위한 궁극적 매개로서 진리를 드러낸다고 갈파하고자 했다.

현대 과학과 기술에 대한 그의 비판에 의하면 전통적 주객 분리 도식으로 인해 사유는 사물의 질서의 드러남을 향한 비객관적인 "관조적 사유"theoria로 승화되기보다 대상적 조작을 위한 측량 행위로 환원되었으며 이로 인해 지성은 대상에 대한 정보를 위한 도구로 전락하고 따라서 언어는 쇠퇴하고 빈곤하게

---

[63] Ernst Tugendhat, *Der Wahrheitsbegriff bei Husserl und Heidegger* (Berlin 1967) 347 [이기상 『하이데거의 실존과 언어』 (문예출판사 1991) 210에서 재인용].

[64] *Zur Sache des Denkens*, 74.   [65] BH 174: *Wegmarken*, 342.

되었다는 것이다.[66] 그러나 하이데거는 본디 기술이란 사물들을 생산해 내기 위한 실제적 지식 이상의 것으로서 잠세태 안에서 현실화되기를 기다리는, 즉 덮여 있던 것을 벗기는 시적 행위poiesis인데 이 안에서 기술적 활동technē과 과학적 사고epistēmē가 근원적으로 관련되어 있으나 기술이 목적과 수단을 연결하는 도구적 장치로 전락하면서 이 양자 사이의 괴리가 일어났다고 보았다.[67] 여기서 더욱 주시해야 할 것은 기술에 대한 이런 도구주의적 관점은 재래적 기술에서의 측량적 사유가 인간 세계에서 관조적 사유를 몰아냄으로써 결국 사유 자체에 대한 도구주의적 관점을 배태하기에 이르렀다는 점이다. 그런데 바로 사유에 대한 도구주의적 관점은 사유와 운명적으로 얽혀 있는 언어에 대한 도구주의적 관점으로 이어지면서 언어를 도구적 계산술로 간주하게 되었고 결국 관조적 사유는 이제 시인의 언어로 스며들게 되었다는 것이다. 이것이 바로 이 기술지배 시대에 시어가 진리를 선포할 수 있는 마지막 언어라는 하이데거의 통찰의 근거다. 사물과 판단의 일치라는 종래의 진리관은 단지 측량적 사유를 주요수단으로 하는 퇴락된 기술에 대해 적절한 진리관일 뿐 관조적 사유의 지향으로서의 진리를 담지하는 시적 활동을 위해서는 결코 충분하지 않다는 것이다. 따라서 진리는 측량적-계산적 사유가 침범하기 이전, 즉 소크라테스 이전의 관점으로 돌아가서 이 세계를 진리로서의 언어로 표현될 수 있는 잠재적 의미의 장으로 드러내는 로고스의 개시, 즉 존재의 탈은폐로 이해됨이 마땅하다는 것이다.[68] 여기서 진리는 본성적으로 존재의 언어와 동치되어 있음이 확연하게 드러난다.

이제 우리는 존재의 언어로서의 진리, 또는 있음의 말함으로서의 참됨이 인간에게 어떤 의미를 지니는가를 물어야 함을 가리키는 하이데거의 간결하고도 단호한 언명을 인용함으로써 이 소고를 맺고자 한다:

---

[66] "Memorial Address": John Anderson - F. Hans Freund 역 *Discourse on Thinking* (New York: Harper Torchbooks 1966) 45-6.

[67] "The Question Concerning Technology": William Lovitt 역 *The Question Concerning Technology, and Other Essays* (New York: Harper Colophon Books 1977) 6-13.

[68] *EM* 128.

> 존재의 사유에게 언어는 존재의 밝히며 감추며 오는 도래이고, … 인간은 존재의 진리를 보호하며 그 진리에 속할 때 그 안에서 거주하며 실존하게 된다.[69]
>
> 존재는 인간들을 그의 탈존적 본질에 있어 그들의 진리로 보호해 주는 보호로서 이 보호가 탈존을 언어에 기거하도록 한다. 그러기에 언어는 존재의 집이며 동시에 인간존재의 기거다.[70]

지금까지 살펴본 바와 같이 하이데거의 언어관에 비추어보면 현대의 기술지배가 가져다준 인간의 정신·인격적 공동화로 인해 인간의 언어는 점차로 기호로 치환되어 가는 과정 속에서 본래적 의미성을 상실해 가고 있다고 진단할 수 있다. 따라서 언어를 존재와 사유의 본래적 일치로서의 진리에 입각한 원초적 말함으로 회복시켜야 한다는 하이데거의 비판적 성찰은 오늘날의 언어행위자로서의 우리에게 적절한 처방이라 하겠다. 그러나 인간의 삶의 현실이 선험적인 것으로 환원될 수 없는 다양성을 지니고 있다고 할 때 우리는 그가 주장하는 언어의 원초성이라는 것을 어떻게 이해해야 할까? 더욱이 인간의 말함이 지니고 있는 현재적 생동성은 언어의 원초적 말함과 어떤 관계에 있는가?[71] 이런 일련의 질문들에 대해 하이데거 자신이 새삼스럽게 관심을 갖도록 요구한다는 것은 무리일지도 모른다. 단지 우리는 그의 존재론적 언어관이 제시하는 통찰력에 힘입어 이 문제들에 대한 규명을 시도해야 할 것이다. 그리고 하나의 가능한 시도가 그의 탁월한 제자 중의 하나인 가다머Hans-Georg Gadamer에게서 이루어졌음을 보게 된다.

---

[69] BH 158 164.   [70] BH 191.

[71] 하이데거의 언어존재론을 토대로 철학적 해석학을 발전시킨 가다머는 지평융합(Horizontverschmelzung)을 통해 이 문제를 해결하고자 했다.

나오면서

우리 자리에서 신학하기를 위하여

1.1. 애써 "왜"를 묻는 데까지 가야 한다.

"참"을 향해서, 즉 신을 향해서, 인간이 그토록 찾아 헤매었다. "무엇"을 묻기 시작해서 뱅뱅 돌다가 "어떻게"로 빠져나가게 되면서 틈바구니를 엿보기 시작했다. 그러나 그 틈바구니가 행여 불안하여 다시 "무엇" 안으로 기어 들어가려고 발버둥쳤다. 그래서 엮인 것이 "무엇-어떻게"였다. 같음을 향한 집요한 귀속 본능은 어쩔 수 없었던 모양이다. 그러나 바로 여기서 그동안 숨죽이고 있던 다름으로 똘똘 뭉친 "누가-언제/어디서"가 "왜"를 물으면서 나타났다. 아무리 그럴듯하더라도 그것이 도대체 왜 "참"이냐는 것이었다. 그것이 신이라면 도대체 무슨 이유로 그러냐는 것이었다.

우리는 내내 이런 이야기를 했다. 사실 "왜"라는 물음은 불안하다. 묻지 않을 수는 없을 것 같은데 물음으로 뱉어내면 바로 나 자신이 어떤 식으로든지 드러나야 할 것 같기 때문이다. "어떻게"는 그래도 좀 낫다. 다소 갈등이 있어 보이지만 여전히 추려져야 할 것으로 여겨지고 추려진 묶음 안에 숨을 수도 있을 것 같기 때문이다. 거슬러 "무엇"은 한결 편하다. 누가 언제 어디서 묻든지 또 왜 묻든지 "무엇"은 한결같은 것, 아니 하나로 대답되어 마땅한 것이라고 암암리에 간주되기 때문이다. 이처럼 "무엇"이 요구하고 전제하는 동일성은 바로 이런 이유로 "참"에 대해, 즉 신에 대해 가장 적합한 것으로 여겨져 왔다.

이런 경향은 지금도 여전하다. 아니 아직도 우리들은 거의 "무엇"이라는 물음에 머물러 있다. 좀더 솔직히 말한다면 "무엇"이라는 물음을 붙잡고 있다. 이 물음이 보장해 줄 것 같은 "언제나 같음"을 포기할 수 없기 때문이다. 그게 우리를 더욱 안심시키기 때문이다. 그리고 바로 그때문에 동일성은 종교적으로 포장되면서 절대성으로까지 둔갑한다. 그런데 목에 칼이 들어와도 포기할 수 없다는 절대성은 어느덧 "신앙의 신실성"이라는 이름으로 인간의 소유가 된다. 그러기에 "무엇"이 보장해 주는 같음은 설령 그것이 통째로 잘못되었더라도 거의 상관없는 듯하다. 그야말로 모두 사기를 당하고 모조리 "지옥"에 가더라도 모두 함께 간다면 억울하지도 않을 뿐더러 견딜 만도 할 것이라는 계산이 본능적으로 깔려 있는 듯하다. 이게 종교 안에서는 교리라는 이름으로 유구한 역사를 지배해 왔다. 다른 것은 몰라도 모름지기 교리는 같아야 하고 하나여야 한다는 것이다. 물론 그것도 나의 것과 말이다. 그러니 나의 것과 다른 것은 곤란하다는 것이다. 이래서 서로 정죄하고 결국 분열된다.

그런데 이것은 "무엇"에 머물러 있는 한, 아니 "무엇"을 붙잡고 있는 한, 피할 수 없는 광경이다. 지금도 종교의 이름으로 벌어지는 많은 작태들이 이 유형을 벗어나지 못하고 있다. 교리라는 이름의 진리를 수호한다는 명목으로 자기와의 같음을 끝없이 확대재생산하고자 한다. 종교 안에서 자기절대화가 최고조로 기승을 부리는 것은 이처럼 이미 예정되어 있었다. 그러나 사실상 신의 절대성이란 인간이 지켜 주어야 할 그런 것이 아니다. 만일 그런 것이라면 그것은 절대성도 아니고 신도 아니다. 그럼에도 사람들은 여전히 절대성을 붙들고 늘어진다. 결코 잡힐 수 없는 것인데도. 아니 잡혀서는 안되는 것인데도. 이것을 바로 인간의 자기절대화라고 한다면, 이런 작태가 불안을 넘어서려는 인간의 안주 추구 본능 때문인 것은 물론이다. 그리고 이것이 바로 "무엇"이라는 물음이 지금까지도 그토록 소중하게 옹립되고 있는 이유다.

사실상 사람들은 "왜"는 고사하고 "어떻게"라는 물음으로 넘어가기조차 꺼린다. 그리고 이런 경향이 종교 안에서는 더욱 강렬하게 나타난다. 다른 데서는 몰라도 종교 안에서만큼은 긴장과 고통을 야기하는 불안이라는 것을 해결하고 싶어하기 때문이다. 그래서 종교에서는 지금도 "무엇"을 붙잡고 같음만 물고 늘어진다. 상황이 이러할진대 "어떻게"가 경거망동으로, "왜"가 불경죄로 간주되는 것은 불가피할지도 모른다. 그러나 "무엇"에 머물러 있는 한, 아니 "무엇"

만을 붙들고 늘어지는 한, 우리의 신앙은 "그들의 신앙"을 되뇌는 것일 뿐이다. 그런데 여기서 "그들"이란 실제로 어떤 누구도 아니다. 말하자면 내용 없는 암호들의 반복적 나열일 뿐이다. 그리고 뜻 모를 어휘들의 단순한 반복이 가져오는 주술적 마력을 통해 자기최면이 일어난다. 아무런 내용도 없을지언정 지속적으로 반복하면 어느덧 신기한 주술효과를 보게 되는 것은 종교의 공공연한 비밀이다. 그러나 종교의 이름으로 들먹이는 수많은 고유한 어휘들이 얼마나 공허한지는 경험한 사람들의 공통적 고백이 속삭여 준다. 더욱 부지런히 들먹일수록 그 공허함이 더욱 충만하게(?) 느껴지고 있다. 그런데 이런 경험은 차마 누설하지도 못한다. 이른바 종교적 공모. 공모라도 좋으니 함께 같은 곳에 있다면 그나마 조금은 안심이라는 것이다.

"무엇"을 묻고 그 물음이 보장할 것 같은 같음 안에서 인간들은 이렇게 안정을 느끼고자 한다. 결국 인간은 종교 안에서 아마도 같음이라는 신을 믿고 있는지도 모른다. 다시 말해서 신이 중요해서가 아니라 영원불변성을 뜻하는 같음이 중요해서 이것을 붙잡으려고 하는 것일지도 모른다. 그렇다면 같음이 왜 그렇게 소중한가? 같음은 우리에게 불변성을 토대로 예측가능성을 보여주기 때문이다. 그리고 예측가능성은 예측불허성 때문에 일어나는 불안을 해소하기에는 꽤 그럴듯한 성질이다. 인간이 그토록 같음을 잡으려는 이유는 이처럼 명백하다. 예측가능성에 바탕을 둔 안정성, 바로 그것이다.

그러나 이 안정은 자유를 대가로 치르고야 얻어진다! 안정은 불가피하게 속박과 심지어 억압까지 동반한다. 예를 들 필요도 없다. 이미 종교는 이런 방식으로 번창해 왔다. 복종이라는 구실로 강제와 속박은 종교적 쾌감마저 일으킨다. 그러나 피학의 생리가 이미 그렇듯이 이게 오래 갈 수 있는 게 아니다. 불안을 끼고 있는 자유가 없이는 안정도 제대로 된 안정일 수 없기 때문이다. 그리고 사람들이 이걸 알아차리는 데는 그리 오랜 시간이 걸리지 않는다. 종교와 정치의 전제주의적 결탁 때문에 오랜 은폐의 세월을 보낸 서구 그리스도 교회들도 자유의 욕구를 폭로하면서 이내 축소와 쇠퇴의 역사를 겪어 왔다. 그리고 불안스럽게도(?) 한국의 교회들은 더 빠른 속도로 이런 전철을 밟으려는 것으로 보인다. 아닌게아니라 "진리가 너희를 자유하게 하리라"[1]는 말씀은 "자유하게 하는 것이 아니면 진리가 아니라는 것"을 가리킨다. 따라서 자유를 포기한 안정이 신앙의 핵심이나 목표가 된다면 그야말로 잘못된 것이 아닐 수 없다. 자유 없는 신앙은 이미 신앙이라고 할 수도 없겠지만 "자유 없는 신앙"이라는 개념 자체가 아예 불가능하기 때문이다. 불안하고 또한 불편하더라도 "무엇"의 굴레를 떨치고 "어떻게"로 또 결국 "왜"로 나아가야 하는 이유가 바로 여기에 있다.

1.2. 그러나 사실상 "무엇" 안에 이미 "왜"가 깔려 있다. ⋯ 따라서 신학은 인간학일 수밖에 없다.

그러나 굳이 노심초사할 것은 없다. 우리들은 "무엇"이라는 물음을 던지면서 이미 "왜"를 안고 있었다. 사실상 어떤 것에 대해서라도 아무런 생각 없이, 그야말로 사심 없이, "무엇"을 물을 까닭은 별로 없다. 게다가 그것이 "참", 즉 신에 관한 것이라면 더욱 그렇다. 예를 들면, "하느님은 창조자다"라는 명제를 생각해 보자. 이 말은 도대체 어떤 의미를 지닐까? 아무도 묻지도 않았는데 누군가 불쑥 이런 말을 한다면 그 누구는 정신이상자로 몰릴 가능성이 많다. 즉, 이 말이 어떤 의미를 지니려면 이 말을 대답으로 취할 만한 물음을 깔고 있어야 한다. 말하자면, 무엇인가 앞선 관심이나 의도에 의해 이 말이 비로소 어떤 뜻을 지니게 된다. 그리고 바로 그런 관심이나 의도가 바로 "왜"에 해당한다. "무엇" 물음이 이미 왜 물음을 깔고 있다는 것은 바로 이때문이다.

나아가 "무엇"이라는 물음에 대해 등장한 수많은 대답들은 그렇게도 서로 다를 수밖에 없는 "누가-언제/어디서"가 묻게 한 "왜"라는 물음을 이미 안고 있다는 것을 입증한다. 같아야 한다고, 아니 같다 못해 하나여야 한다고, 그래서 예측가능한 동일성의 토대가 됨으로써 인간의 불안을 해소해 주어야 할 것이라

---

[1] 요한복음서에 전해지는 "예수의 말씀"인데, 여기서 특히 "자유하게"라는 표현은 개신교회가 오랫동안 받들어(?) 온 개역 성경의 표현을 고수하기 위해 그대로 사용한 것은 아니다. 우리말 어법에 자연스런 "자유롭게"가 형용사 "자유롭다"의 부사형이어서 다소 그 뜻이 약하게 느껴지는 수동적 분위기를 지닌 반면에, "자유하게"는 비록 어법에 맞지 않아 어색하더라도 동사의 적극적 역동성을 품고 있는 것으로 느껴지기 때문에 굳이 선택한 것이다.

고 요구된 "무엇"이라는 물음은 그런 요구나 전제와 달리 이미 엄청나게 서로 다른, 심지어 서로 모순되는 대답들을 만나 왔다. 다시 말해서 "무엇"이라는 물음에 그리고 그 물음의 대답을 찾아가는 일에 "언제/어디서"를 살아가는 "누가"가 그 나름대로 절실한 "왜"를 가지고 이미 그렇게 종사했다. 우리가 이 연구 전체를 통해 살펴본 바와 같이, "무엇" 시대에 있음에서 비롯된 합리주의와 없음에서 비롯된 신비주의, 그리고 이 사이를 비집고 신의 인격성을 위해 등장한 의지주의와 같은 신관들, 그리고 "어떻게"라는 물음과 함께 전개된 이런 삼각구도의 근대적 변형인 주지주의·주정주의·주의주의 같은 신(앙)관들이 모두 인간의 지성과 감정과 의지의 표출이었다는 점은 이를 증명해 주고도 남는다. 말하자면, 그렇게 서로 다를 수밖에 없는 "누가-언제/어디서"가 그렇게 서로 다른 "왜"라는 물음으로 "무엇"을 풀어내고자 함으로써 그토록 다양한 갈래들을 연출할 수밖에 없었다.

이처럼 인간이 인간 자신에 대해 지닌 이해가 신에 대한 관념과 믿음에 깊고도 진하게 깔려 왔다면, 결국 신관이란 어쩔 수 없이 인간관의 반영에서 벗어날 수 없으며, 따라서 신학은 인간학일 수밖에 없다. 우리가 신학을 굳이 정의한다면 "신과의 관계에서의 인간의 자기이해 및 이에 토대를 둔 종교적 체험의 체계"라고 할진대, 신학은 바로 이런 맥락에서라야 이해될 수 있다. 이처럼 신학이 인간학일 수밖에 없다면, 좀더 구체적으로 표현하여 신관이란 어떤 방식으로든지 인간의 자기이해를 깔고 있다면, 이제 우리의 신학하기는 인간에 대한 성찰에서부터 시작되어야 한다. 돌이켜보건대, "무엇"을 물으면서 시작된 신학의 역사는 바로 그렇게 시작했기 때문에 언제나 신을 출발점으로 삼았다. 교리신학이나 교의신학 또는 조직신학으로 대표되는 많은 신학의 체계화 작업이 신론에서 시작하고 있는 것은 아주 좋은 증거들이다. 그러나 좀더 자세히 살펴보면 우리는 신학 체계화의 서두를 장식하고 있는 신론들이 서로 베낀 경우를 제외한다면 적지 않게 서로 다르다는 것을 발견할 수 있다. 심히 반갑고도 다행스런 일이 아닐 수 없다. 말하자면, 신학도 "무엇"에서 시작했지만 이미 "언제/어디서"를 살고 있는 "누가"가 "왜"를 절규하면서 "무엇"을 물었기 때문에 이렇게 많은 갈래의 신론들이 펼쳐질 수밖에 없었다. 그러므로 이제 우리가 할 일은 "무엇" 안에 이미 "왜"가 깔려 있다는 것을 솔직하게 시인하고 바로 그 "왜"라는 물음을 파고들어 그렇게 묻게 한 "누가-언제/어디서"를 정직하게 드러내는 것이다. 이제 우리의 신학하기는 신론에서부터가 아니라 우리 자신에 대한 진솔한 주제파악, 즉 인간론에서부터 시작되어야 한다. 신학이 인간학일 수밖에 없는 것은 그래서 포기가 아니라 오히려 희망이다.

2.1. 신학이 인간학일 수밖에 없다면, 우리의 신학하기는 인간의 주제파악, 즉 우리의 "왜" 물음에서부터 시작되어야 한다.

신학을 한답시고 대뜸 신을 묻더라도 "신의 무엇"에 이미 "인간의 왜"가 깔려 있다면 이제는 신의 말씀을 인간이 직접 말하듯 위선을 떨 일이 아니다. 동료 인간들아, 제발 주제파악 좀 하자! 인간이 "신이 되려는 유혹"이나 "신이 된다는 착각"에서 벗어나야 그나마 신 앞에서 인간다워지는 길에 다가갈 수 있을 것이기 때문이다. "신이 되려는 유혹"이라니, "신이 된다는 착각"이라니? 혹자는 강한 거부감을 가질 수도 있겠다. 내가 언제 그랬냐, 당치도 않은 소리라고.

그러나 신학이 인간학일 수밖에 없다는 사실을 망각해 온 지난 세월들은 사실상 그런 착각과 유혹의 역사다. 신학이 인간학임을 깨닫지 못했기에 인간이 신학을 한다면서 "신"神과 "학"學을 묶어 가지고 "신의 말씀"을 빙자하기 외에 다른 길이 없었다. 신학이 인간학임은 이제 신학을 이루는 "신"과 "학"의 묶음 이전 상태로 되돌아가 다시 시작할 것을 요구한다. 그리고 기왕 다시 시작하는 마당이라면 "신"과 "학"의 결합이 과연 적절하고 나아가 바람직했던가를 되물을 필요가 있다. 과연 "신"과 "학"은 서로 어울리는가?

사실상 "신"은 물론 "학"의 전유물이 아닐 뿐더러 그 둘이 잘 어울리는 것도 결코 아니었다. 더 나아가 애써 어울려야 하는 것도 아니었다. 그런데 이걸 굳이 묶으려니 그렇게 무리가 따를 수밖에 없었다. 그러나 신학이 인간학일 수밖에 없다는 점을 거부할 수 없다면, "신"을 애써 "학" 안에 가두려는 어리석음을 이제는 그만두어야 하지 않을까? 물론 그렇게 하려 한다고 해서 그렇게 될 수 있는 것도 아니었지만 말이다. 그럼에도 여전히 그 일을 거룩하게 수행해야 한다고 믿는다면 그것이야말로 바로 "신이 되려는 유혹"에 희생되고 있다는 증거일 따름이다. 그러니 이제 "신을 학해야 한다"든지 "신을 학할 수 있다"는 망상 때문에 헛수고하도록 자학하지는 말아야 할 것이다. 그리고 우리 자신에 대한 주제파악이야말로 그 길을 가르쳐 줄 것이다.

그렇다면 신학하기를 위한 출발점으로서 우리의 주제파악은 어떤 뜻을 지니는가? 다시 말하면 도대체 우리는 왜 "왜"를 묻는가? 혹은 왜 "왜"를 묻지 않고 못배기는가? 자꾸 "왜왜" 하는가 하겠지만, "왜"가 아니면 나 자신에까지 이르지 못하고 여전히 남들의 이야기에 머무르고 말게 되기 때문이다. 그리고 이때 "남들"이란 사실상 자신에 대해 아직 솔직해지지 못한 "나"의 무수한 집합일 뿐이다. 말하자면 "왜"까지 가야, 아니 좀더 정직하게 말해서 "왜"를 들추어내어야 나 자신의 모습을 읽어내고 이에서 해방의 길을 조금이라도 더듬을 수 있을 것이다. 물론 해방이라 하여 인간의 한계를 넘어서는 대책 없는 초월을 말하려는 것은 아니다. 이게 신이 되는 지름길이거니와 많은 사람들이 그런 이유로 이를 꿈꾸었지만 어림없는 일이라는 것은 인류의 유구한 종교사가 입증하고 있다. 이와 달리, 유한을 초월한다는 것은 무한계로 날아감으로써가 아니라 오히려 유한성을 철저하고도 처절하게 받아들이는 데서 기대될 수 있다는 것이 그간 인류가 경험적으로 체득해 온 인간에 대한 종교적 통찰이다. 따라서 그리스도교 신학도 여기서 해방을 이해하기 위한 실마리를 찾는 것은 마땅하고 옳은 일이다. 그런데 인간이 해방을 향해 "왜"를 묻는다는 것은 "왜"라는 물음을 던지는 인간의 주제가 "해방되어야 할 것"으로 파악된다는 것을 뜻한다. 나아가 그런 "왜"가 "참" 또는 신에 대해 "무엇"을 묻게 했다면, "고상하고 거룩한 듯이 신을 묻는 인간"은 다름 아닌 "해방되어야 할 가련한 인간"이었다.[2] 따라서 인간의 주제파악에서 시작해야 한다는 점에서 신학은 당연히 인간학일 수밖에 없는가 하면, 인간의 해방을 위해 신학은 기꺼이 인간학이어야 한다.

---

[2] "주여, 우리를 불쌍히 여기소서, 평화를 주소서!" (Miserere nobis, dona nobis pacem)

2.2. 인간의 해방을 갈구하는 "왜" 물음이 터뜨린 "누가-언제/어디서"는 우리의 신학하기를 위해 "우리가 서로 다르다"는 것뿐 아니라 "우리가 곧 몸"이라는 것을 가르쳐 준다.

"왜"로 가야 할 뿐 아니라 사실상 이미 "왜"를 깔고 있었다면 그것은 우리가 우리 자신과 우리 동료들에게 "누가-언제/어디서"를 묻고 이리저리 대답하거나 대답을 구하고 있었다는 것을 뜻한다. 단지 그 "무엇"의 동일성이라는 허상적 신화에 사로잡혀 있어서 그렇게 하고 있었던 사실을 미처 의식하지 못했고, 이게 습관으로 굳어지면서 기왕 굳어진 편리함이 "무엇"의 같음을 더욱 공고히 해 줄 것이라는 기대와 함께 이미 "왜"를 묻고 있었다는 사실을 은폐하기까지 했다. 그러나 앞서 말했듯이 "무엇"은 "누가-언제/어디서"가 나름대로의 "왜"를 싸안고 던져진 물음이었고, 인간은 이미 그렇게 고유하고도 구체적으로 그리고 유한하고도 우연하게 "언제/어디서"를 살아가는 "누가"로 신 앞에 서 있었다.

그런데 안타깝게도 우리는 "언제/어디서"가 가리키는 우리의 유한성과 우연성이 그 자체로 결점이 아닌데도 마치 제거해야 할 커다란 잘못이나 모자람으로 여기는 강박관념에 희생되고 있다. 그뿐 아니라 종교 안에서 이를 어떻게 해 보려는 악습에 깊이 젖어 있다. 그래서 인간의 유한성은 신의 무한성에 비추어, 인간의 우연성은 신의 필연성에 비추어 해소되어야 할 문젯거리처럼 자학적으로 다루는 데 익숙해져 버렸다. 왜? 유한성이나 우연성은 인간들이 서로 다를 수밖에 없다는 것을 가리키는데 이게 또 불안해서 견딜 수 없기 때문이다. 유한성이나 우연성 자체가 싫어서가 아니라 다름을 견디지 못해서다. 그래서 무한자와 필연자를 향해 그렇게 더듬거린다. 이러다 보니 우리 인간들은 무한자인 체하고 필연자인 체하다가 어느덧 자기도 모르게 신의 자리에 냉큼 올라가고 만다. 바로 이때문에 소위 신앙이 돈독할수록 아예 신을 없애고 자기가 신이 되어 버린다는 "실제적 무신론"에 더 다가가는 것이 아닌가. 이쯤 되고 보면 자가당착도 정도가 지나치다 하지 않을 수 없다. 따라서 "해방되어야 할 인간"이라는 주제파악이 이토록 절실하다. 그리고 그런 주제파악은 무엇보다도 유한성과 우연성을 겸허하고도 솔직하게 받아들이는 데서 시작해야 한다.

이제 유한성과 우연성은 똘똘 뭉쳐서 우리 인간들로 하여금 그렇게 서로 다른 개별자로 드러낸다. 이게 바로 구체성이고 고유성이며 바로 이런 이유로 인간은 하나하나가 그토록 소중하다. 어떤 한 사람이든 없어도 그만인 무수한 사례들이 아니라 다른 사람으로 대체할 수 없는 소중함을 지니고 있다. 물론 이 소중함은 그만한 대가를 치르고서야 지탱될 수 있는 것이기도 하다. 그리고 바로 이런 이유로 많은 사람들은 치러야 할 대가가 안정성 포기일 수도 있기 때문에 고유한 소중함을 포기하고서라도 안정성의 세계로 귀의하고 싶어한다. 그러나 그렇게 한다고 해서 유한성과 우연성이 사라지는 것은 아니다. 물론 이것들이 극복되어야 할 그 무엇이 아닌 것은 더 말할 나위도 없다. 그것은 오히려 우리들 각자의 "서로 다름"을 이루는 결정적 요인이 된다. "누가-언제/어디서"는 바로 이것을 가리킨다.

그러나 "누가-언제/어디서"는 "우리가 서로 다르다"는 것만을 말하는 것이 아니다. 우리가 그렇게 다를 뿐 아니라 "언제/어디서"가 바로 "누가"를 이루는 결정적 구성요소라고 할 만큼 "우리가 곧 몸"이라는 것을 가리킨다. 우리가 몸을 가지고 있는 것이 아니라 우리가 곧 몸이다. 사실상 우리가 서로 다른 것은 그렇게 서로 다를 수밖에 없는 몸이기 때문이다. 그럼에도 너무나 긴 세월 동안 우리는 같음만을 붙들고 늘어지며 마음만으로 이를 붙들 수 있다고 착각하여 우리가 그렇게 "서로 다른 몸"이라는 것을 잊어버리거나 억눌러 왔다. 그러나 이것은 이미 창조와 함께 선포된 준엄한 명령이다. 이미 그럴 수밖에 없고 적극적으로 그래야 하는 서로 다른 몸, 이것이 바로 창조된 인간 실존이다. 창조신앙에 담겨 있는 인간의 피조성이라는 것이 바로 이것을 가리킨다. 신이 우리들을 이미 그렇게 창조하셨다는 것이 우리가 믿는 창조신앙이 아니던가?[3]

---

[3] 물론 여기서 서로 다른 몸이 가리키는 개체성이 다른 사람들과 함께하는 공동체성을 부정함을 뜻하지는 않는다. 오히려 공동체적 연대성도 개체성 없이는 불가능하다는 데 주목하자는 뜻을 포함한다. 개체성 없이 공동체는 획일적 집단주의로 전락할 수밖에 없기 때문이다. 개체성에 대한 주목은 같음의 신화 때문에 그동안 전체적 동일성이 지나치게 강조되던 전통에 대한 반동으로서 이제는 상대적으로 개체성의 소중함이 좀더 강조되어야 한다는 뜻을 지닌다. 기왕 밀려들어온 서양사상 안에서도 이런 개별성과 개체성의 논리는 그동안 우리네를 억눌러 온 집단주의적 생리로부터의 해방을 위해 좀더 진하게 새겨져야 할 요소라고 보인다.

돌이키건대, "우리가 서로 다른 몸"이라는 것을 새삼 들추어낸다는 것은 실로 해방을 향한 엄청난 폭발력이 있다. 지난 세월 "같음"에 대한 무조건적 동경과 이를 보장할 정신의 지배 아래 억눌려 온 것이 바로 "다름"과 "몸"이다. "무엇-어떻게"가 엮어낸 "있음과 앎의 같음"이야말로 "삶의 다름"을 말살하는 결정적 계기였고, 그렇게 축출당한 "다름"의 삶이란 결국 몸의 짓이라면 "몸"이 억눌린 것은 예정된 수순일 따름이었다. 따라서 이제 믿음의 참된 뜻인 자유를 향해 "우리가 서로 다른 몸이라는 것"을 절감하는 것은 같음의 굴레에서 다름을 놓아주는 것이며 정신에 의해 육체가 지배당하여 일그러져 온몸을 펼쳐내는 것이다. 그러므로 "서로 다른 몸"이란 작위적 개념의 유희가 아니라 해방을 향한 인간의 몸부림이며, 신의 창조란 바로 그런 인간의 해방을 신 자신의 과제로 삼는 신의 선물이다.

이처럼 "누가-언제/어디서"가 특별히 우리의 신학하기를 위해 "우리가 서로 다른 몸이라는 것"을 가리킨다면, 이것이 궁극적으로 뜻하는 바는 무엇인가? 그것은 곧 어떤 경우에도 인간이 절대화되어서도 안되고 자신을 절대화할 수도 없다는 것을 가리킨다. 절대자로 옹립한다는 신 앞에서 서로 다른 몸으로 창조된 인간들이 감히 스스로 절대를 운위하다니? 너무도 당연하여 굳이 강조할 필요가 있을까 할 수도 있지만 우리네 현실에서 이 가리킴은 새삼스럽게 절실하다. "우리끼리"라는 정서가 유달리 강한 이 땅에서 내가 속해 있는 우리를 같음의 논리로 싸잡으려는 집단주의적 횡포에 너도나도 경쟁하듯이 익숙해져 있을 뿐 아니라 제도적으로나 사상적으로나 자신을 절대화하겠다는 것들이 특히 종교 안에서 더욱 날뛰니 말이다. 예를 들면, 아직도 "인간들이 서로 다른 몸"이라는 주제파악을 하지 못한 채 마치 자신들이 신神인 양 "진리의 이름으로" 남들의 신信을 마구 재단하는 그리스도교들·교회들·신학들이 이 땅 위에 이토록 범람하고 있는 현실이 그것이다. 이제는 거부할 수 없는 창조의 명령을 준수하기 위해서, 아니, 외면할 수 없는 "누가-언제/어디서"의 해방을 향한 "왜"의 절규를 들어서라도, 이런 작태들을 깨부수어야 한다. 그리고 신학은 높고 높은 보좌에서 그렇게 자기절대화를 즐기는 "거룩하신 분들"과 그들에게서 신의 현현이라도 만난 듯이 줄줄이 따라가면서 종교적 욕망을 채우려는 뭇 대중들의 아우성이 그득한 교회들에서 종교재판을 당하더라도 이 임무를 감당해야 할 것이다. 자유롭게 하는 것이 아니면 참이 아니니 신일 수도 없고, 마찬가지로 우리를 해방하는 것이 아니라면 믿음이 아닐 것이기 때문이다.

3.1. 따라서 신학을 이 땅에서 스스로 엮어 보겠다는 시도들도 "우리들이 서로 다른 몸"이라는 점을 염두에 두어야 한다.

다른 동네에서 건너온 복음이라는 이름의 종교가 우리 동네에 걸맞고 어울리게 자리잡아야 하는 것이 마땅할진대, 그러려면 우리 동네의 생리에 대해 뭔가 살펴두어야 하지 않겠는가라는 지적이 제기되는 것은 당연하다. "무엇"이 그냥 "무엇"으로만 군림할 수 없는 것이 역사의 가르침이라면 "누가-언제/어디서"에 해당하는 이 시대 이 동네를 살아가는 우리네가 당연히 "왜"라는 물음을 갖고 그 "무엇"을 만날 수밖에 없겠기 때문이다. 그걸 어떻게 만나고 어찌 받아 곱씹어야 하는가를 새삼스레 살피자는 것은 사실 때늦었다 싶을 만큼 너무도 간절한 것이었다. 그래서 이렇게 당연한 주장들이 소위 토착화 신학이라는 이름으로 이 동네에서 한참 신나게 펼쳐졌었다. 땅에 뿌리를 내린다 하여 토착土着이라 했으니 땅은 어떤 땅이고 내릴 뿌리는 무엇인가라는 물음을 중심으로 이야기가 전개되었던 것이다.

그동안 서구 문물에 눈이 뒤집혀 정신없이 받아들이다가 문득 "이게 아닌데?" 하면서 정신 좀 차리자는 이야기가 소위 주체성을 구호로 내걸면서 온 나라를 뒤덮었으니 토착화 신학에게 시류 편승 혐의가 뗬던 것도 부인할 수 없는 사실이다. 이게 벌써 한 세대를 넘긴 이야기인데 때마침 일어난 민족주의적 정서 고양과 맞물려 이 땅의 그리스도교 신학이라는 것도 왠지 이에 동조하지 않으면 안될 것 같은 강박관념에 시달려 왔기 때문이다. 물론 한 세기 앞선 선교 역사를 지닌 가톨릭 교회가 비교적 자연스런 토착화 과정을 밟게 되었다면, 전래 과정부터 왜곡의 소지를 훨씬 강하게 지녔던 개신교회는 이런 문제를 겪을 수밖에 없었다.

20세기 후반 개신교 동네에서 전개된 이 땅의 토착화 신학 논의는 복음의 뿌리가 내릴 "이 땅"의 정신적 문화라는 상황을 살피는 일로 시작되었음은 주지의 사실이다. 그런데 토착화에서 "토"가 가리키는 것이 "땅"이어서인지 "언제"보다는 "어디서"에만 초점을 맞추려는 듯한 분위기가 지배적이었던 것 같다. 예를 들면, 이 땅은 당연히 한반도인데, 그런 우리 동네를 본다고 하면서 작금 벌어지고 있는 현상들에서는 별로 볼 것이 없었던지 그보다 한 세기 전 동학운동사상을 문화적 배경으로 보겠다는 시도들이 잠시 뜬 적이 있는가 하면, 좀더 올라가 18세기 실학사상을 우리 동네의 문화적 배경으로 삼겠다는 부류들도 나타났다. 기왕 거슬러올라가는데 한 천년 더 올라가 보는 것이 더 좋지 않겠나 싶었는지 7세기로 올라가 신라의 불교사상을 끌어내 오려는 노력도 등장했다. 그밖에 무수한 시도들이 이 땅의 생리를 파헤쳐 복음이 제대로 뿌리내리도록 하겠다는 일념으로 전개되었다.

물론 이런 모든 시도가 그 의도와 성의는 가상하다는 점을 부정할 수 없다. 그리고 진실로 문화적 주체화를 위해 기여한 바도 결코 적지 않다. 그러나 안타깝고도 유감스런 것은 이런 시도들이 공교롭게도 "어디서"에만 일관되게 초점을 맞추고 "언제"는 매우 임의적으로 설정하는 공통성을 지녔다는 점이다. "이 땅"의 이야기가 하필이면 그렇게 옛것으로 거슬러올라가야 하는가라는 의구심을 떨칠 수 없기 때문이다. 분명히 "이 땅"이란 20세기 후반에서 21세기 초반에 걸친 시대라는 시간과 그 시간을 살아내고 있는 공간인데, 그리고 우리네란 바로 그런 시간을 "언제"로, 그리고 그런 공간을 "어디서"로 살아내고 있는 "누가"들인데, 옛 언제로 거슬러올라가서 "이 땅"이 가리키는 "지금 그리고 여기"를 살필 수 있겠는가 말이다. 사실상 당장 20세기 후반과 그보다 한 세기 전 동학혁명 시대였던 19세기 후반을 비교하자면 거의 비교할 수 없을 만큼 엄청난 변화가 이 땅에 일어났다는 것은 시대의 상식이다. 아마도 한반도 반만년 역사에서 어느 한 세기가 이처럼 급격한 변화를 겪었을까 싶을 정도로 혁명적 변화를 경험한 격동의 세기였는데 이건 몽땅 어디로 사라지고 갑자기 한 세기를 거슬러올라가서 "이 땅"을 살피겠다는 것인가? 물론 20세기 후반 또는 21세기 초반의 "이 땅"이 19세기 후반의 그 땅과 전혀 무관하지는 않을 것이다. 그러나 과연 과거의 어느 것이 지금 얼마나 어떻게 자리하고 있을까라는 물음을 고려하지 않고서 우리의 전통이라는 이름으로 그렇게 과거로 거슬러올라가는 것이 무조건 타당할 수 있느냐고 반문하지 않을 수 없다. 게다가 더욱 가관인 것은 더 과거로 거슬러올라가면 더욱 전통적이고 더 전통적이면 더욱 우리의 것이라는 착각이다. 이런 착각이 거의 신성불가침한 것처럼 우리에게 군림해 왔기 때문에 이에 대해 감히 시비를 한다는 것은 반민족주의자로 몰릴 각오를 해야 하는 "뭘 모르는 사람"의 짓일 뿐이었다. 그러나 7세기에 살았던 우리 조상들을 무덤에서 일으켜 그들에게 복음을 전하겠다면 그런 작업이 의미가 없지는 않겠지만, 20세기 후반을 거치고 21세기를 살아오는 우리네에게도 20세기라는 엄청난 격동과 변화의 세월 전으로 돌아가 전통이라는 이름으로 과거를 뒤져 끌어낸 이야기들이 여전히 적용되리라는 오산은 사상부재(무엇)와 시대착오(어떻게)를 넘어 자기인식(왜: 누가-언제/어디서)의 결여라고 하지 않을 수 없다.

분명히 강조하건대, "무엇" 안에 깔려 있는 "왜", 그리고 바로 "왜"를 터뜨리는 "누가-언제/어디서"라는 물음은 한가로운 지적 유희가 결코 아니다. 말하자면 상황이란 역사적 가설에서 비롯되는 상상의 산물이 아니다. "언제/어디서"로 표기되는 상황은 "누가"로 표기되는 주체를 둘러싸고 있는 임의적 부대상황이 아니라 바로 그 주체를 "누가"로 엮어내고 있는 구성요소다. "언제/어디서"가 없이는 "누가"도 불가능하다는 것은 바로 이때문이다. 물론 "누가"가 없이는 "언제/어디서"란 물리적 시공간만을 가리키고 말 것이며, "언제/어디서"도 "누가"에 의해 고유하게 엮어지는 법이다. "서로 다른 몸"이란 바로 이것을 가리킨다. 이제 주체와 상황의 관계가 그처럼 상호구성적이라면 "누가-언제/어디서"가 가리키는 "지금 그리고 여기서 서로 다른 몸인 우리"는 "언제"와 "어디서"를 이곳저곳에서 마구 끌어내어 "누가"에 이리저리 묶어서 이럭저럭 주물러낼 수 있는 것이 결코 아니다. 사실상 우리 인간들은 이미 다른 인간으로 대체될 수 없는 자신만의 고유한 삶을 살아가고 있지 않은가? 그리고 바로 그런 우리들에 대해 뜻을 지니는 "참"을 찾고자 몸부림치는 삶이 아닌가?

"참"을 향한 물음들이 이렇게 얽혀질진대, "무엇"에 해당하는 "신"과 "어떻게"를 가리키는 "학"을 엮어 스스로 신학하기를 해 보겠다고 하면서 "누가"에 해당하는 우리의 "언제/어디서"를 그토록 멀리 "그때 그곳"으로 돌려 버린다면 이건 뭔가 단단히 잘못된 것이라고 하지 않을 수 없다. 그렇게 흘려버린 이유야 여럿 있겠지만, 앞서도 말했듯이 때마침 융기했던 고고학적 민족주의의 집단주의적 고취도 적지 않은 한몫을 하지 않았나 싶다. 어쨌든 "왜"가 터뜨려낸 "누가-언제/어디서"를 파고든답시고 일을 벌이다 보니 "언제/어디서"가 애매하게 벌어지고 넓어짐으로써 결국 "누가"가 실종되고 말았다. 그 이유를 굳이 파헤치자면 토착화를 구실로 "무엇-어떻게"와 "누가-언제/어디서"를 연결시켜야겠다는 데만 집중한 나머지 오히려 "왜"를 잃어버렸기 때문이 아닌가 한다. "누가, 언제, 어디서"를 열심히 뒤졌는데 그러다가 "왜"를 잃어버림으로써 "언제"와 "어디서"가 마구 헤벌어지게 되었고 결국 "언제/어디서"의 "누가"가 누구인지조차 애매하게 되어버린 것이다.

사실상 토착화 논의가 "복음과 문화"의 관계에 대한 다양한 모형시도라는 방식으로 전개되어 왔지만, 위와 같은 점에 비추어본다면 복음과 문화를 별개로 놓고 부차적으로 그 관계를 엮어 보겠다는 것이 과연 적절한지 되묻지 않을 수 없다. 문화적 토양 없이 복음이 원초적으로 형성되었다고 보는 일방적 계시주의의 관점을 무반성적으로 전제하는 이런 시도들은 역시 "무엇"과 "왜"를 분리하거나 또는 "무엇" 안에 "왜"가 깔려 있음을 간과한 소치다. 이렇게 본다면 기실 토착화란 그렇게 기획될 것이 아니었다. 좀더 진솔하게 말해서 우리네는 이미 토착화를 해 오고 있었다. 토착화란 특별기획을 통해 의도될 수 있는 것이라기보다 지금 여기를 살고 있는 서로 다른 몸인 사람들이 건너온 복음과 관련하여 그리고 그것에 관심하게 되면서 자연스럽게 벌어지는 현상이다. 말하자면 "언제/어디서"를 살아내고 있는 "누가"들에 의해, 그리고 바로 그 "누가"가 "무엇-어떻게"에 대해 던지는 "왜"라는 물음을 연결 고리로 하여, 전해진 이런저런 이야기들은 이미 풀이되고 다시 엮어지고 또 그렇게 살아내어져 왔다. 앞서 말한 대로, "무엇" 안에 이미 "왜"가 깔려 있었다는 것은 바로 이를 일컫는다.

이처럼 우리들은 이미 우리네 삶에서 토착화적 해석과 구성을 해 오고 있었다. 다만 그렇게 하면서 살아오고 있는 대중들과 그걸 잘 다듬어 보겠다고 덤벼들던 상아탑 동네 사이에 차이가 있다면 체계적으로 개념화되지 않은 일상언어의 "투박함"과 몇 개의 개념들에 의한 포장의 "번지르르함" 사이의 그것일 뿐이다. 그런데 상아탑 동네는 그렇게 전문적 포장을 한다는 빌미로 그들 자신도 착각한 채 결국 앞서 지적된 오류에 빠지게 되었다. 그러나 문화라는 땅에 뿌리를 내릴 복음의 "첫 순수함"을 가정한다는 것이 도대체 얼마나 어리석은 일인가를 깨닫게 된 것은 한참 후의 일이었다. "무엇"과 연관하여 분명히 "왜"를 묻고 그 "왜"가 끌고나온 "누가-언제/어디서"를 밝히려 했지만, 특히 "언제"를 "첫 순수함"이라는 환상 안에서 찾으려다가 "누가"마저 잃어버리고 결국 "왜"가 잠겨 버렸기 때문이다. 말하자면 "누가-언제/어디서"는 "서로 다른 몸"을 가리키는만큼 대체불가능할 정도로 상호구성적인데 "첫 순수함"에 홀려 이를 풀어헤침으로써 "누가-언제/어디서"가 가리키는 "몸"은 갈기갈기 찢어질 수밖에 없었다. 아직도 못다 한 "토착화"의 목소리가 조금은 가라앉게 된 것은 바로 이때문이다. 그러므로 "무엇" 안에 이미 "왜"가 깔려 있다면 그렇게 깔려 있는 "왜"를 밝혀내고 "왜"를 그렇게 깔아놓은 "누가-언제/어디서"를 "지금 여기서 이미 그렇게 서로 다를 수밖에 없는 몸인 나와 너"에서 더듬어내면서 "무엇-어떻게"와 만나도록 도모하는 것이 우리 스스로 신학하기에 있어 그나마 해방을 향한 뜻을 구하는 길이 아닐까 한다.

3.2. 아울러 다른 종교들과 만나는 방식에 관한 논의들도 마찬가지다.

사람들이 저마다 자기 동네가 온 세상인 줄 알고 그 안에서 한통속으로 살던 시절이 있었다. 그것도 결코 짧지 않은 세월 동안. 그러다가 교통과 통신기술을 포함한 과학의 발전 덕택에 다른 동네의 다른 사람들이 엄연히 함께 살고 있음을 거부할 수 없는 현실로 확인하게 되었다. 그런데 이런 충격적 확인은 그야말로 온 세상이 쪼개어지는 아픔으로 이어졌다. 본능적 발악이 나오는 것은 불가피했다. 그러나 얼마 가지 않아 그렇게만 해서는 안되겠다는 감이 들게 되었다. 이래서 이야기는 복잡해진다. 이런 이야기가 해당될 수 있는 것이 어찌 한둘이겠는가? 사는 집, 먹는 음식, 입는 옷은 물론 살아가는 방법에 이르기까지 문화라는 애매한 이름을 쓸 수 있는 온갖 것들이 사실 이렇게 서로 달랐다. 그런데 이렇게 다르다는 것이 때로는 흥미를 일으켜서 좋을 수도 있었지만 더 많은 경우에는 불편했던 모양이다. 그리고 이것이 종교라는 데로 들어오면 훨씬 심각해진다. 이래서 사람들은 종교의 이름으로, 아니 진리를 수호한다는 구실로, 엄청나게 많이 싸웠다. 죽이고 죽어 가면서!

그러나 역사의 진전이란 무수하고도 무고한 희생 위에서만 가능했다던가? 사람을 살리자는 종교가 바로 종교를 이유로 사람을 죽이고 죽고 하는 상황을 겪으면서 사람들이 이래서는 안되겠다고 생각하게 된 것은 짧지 않은 비극의 세월을 보내고 난 뒤였다. 어쨌든 이래서 타협가능성이 서서히 모색되었다. 말하자면 자기를 같음으로 읽어낼 필요조차 없었다가 다름과 마주치게 되면서 비로소 자기를 같음으로 읽어내게 되고 다른 사람들의 다름과 이루게 되는 긴장이라는 문제를 해결해야겠다는 자각이 일기 시작했다. 그런데 이런 마당에 자기의 것만 홀로 "참"이라고 고집하는 독단적 착각은 시대착오적 웃음거리에 지나지 않지만, 그렇다고 해서 평화공존이라는 미명 아래 점잔빼며 양보만 하고 있다면 무정부적 상대주의라는 비난을 안팎에서 받을 수밖에 없으니 종교에서의 "참"에 관한 시비는 실로 탁상공론일 수 없다.[4]

그렇다면 우리의 관심인 그리스도교가 "참" 물음을 중심으로 다른 종교들과 엮어온 관계는 어떠한가? 그리스도교가 지녀온 이천 년 세월이 서양문화 안에서였음을 고려한다면 그 시작이 어떠했으리라는 것은 짐작하기 어렵지 않다.

---

[4] 이처럼 삶과 죽음의 문제를 풀기 위해 인간은 종교를 통해 "참"을 찾아나선다고 하지만, "참"을 향한 궁극적 물음인 종교가 하나만이 아니고 여럿이니 신앙과 관련된 "참"의 자리매김은 여전히 어려운 일이다. 그러나 이런 문제를 다루기 위해 세계사에 등장한 모든 종교를 비교함으로써 옳고 그름을 갈라낸다는 것은 불가능할 뿐 아니라 설령 가능하더라도 무의미하다. 구체적 종교 밖에서 종교들을 비교할 수 없을 뿐 아니라 구체적이고 개별적인 종교들을 제외하고는 그 어떤 종교도 존재하지 않기 때문이다. 결국 자신이 속한 종교에 대한 참여를 전제로 다른 종교들과의 관계를 모색하는 것이 현실적으로 가능하고 또한 자신의 신앙을 위해서도 의미있는 일일 것이다.

서양의 제국주의에서 그리스도교라고 예외일 수 없었다면 다른 종교와 문화들에 대한 배타주의는 이미 불가피한 귀결이었다. 배타주의는 그리스도의 유일성에 입각하여 "다른 것은 몰라도 종교에서야 나의 것과 다른 것들은 거짓이어서 같이 놀 수 없는 것은 물론이고 목숨을 걸고 결코 양보할 수 없다"고 선포하는 입장이었다. 그러다가 "다른 종교들을 생판 거짓이라고만 치부할 수는 없지 않은가?"라는 약간의 자성이 일어나면서 비교우위를 주장하는 방향의 수정제의가 나타났다. 말하자면 그리스도의 유일성을 그리스도교의 우월성으로 포장함으로써 타종교를 어느 정도 인정하면서 사이좋게 지내자는 제안이 모색되었는데, 이게 바로 포괄주의다. 이는 애당초 다른 것들과 같이 못 놀겠다는 배타주의와 달리, "같이 놀아주기는 하겠는데 내가 반드시 제일 큰 형님노릇을 해야겠으며 데리고 놀면서 한 수 가르쳐 주겠다"는 태도라고 하겠다. 더 나아가 기왕 허물어진 절대성이라면 좀더 적극적인 자세로 피차간의 교류를 통해 자기이해를 더욱 고양시키자는 입장이 그리스도의 유일성과 그리스도교/교회의 우월성을 신의 절대성이라는 더 큰 범주로 확대해야 한다고 주장하면서 나타났다. 다원주의로 분류되는 이 입장은 결국 고백되는 바로서의 신이 우주의 창조자라면 어느 특정 문화나 종교에 제한될 수 있겠는가라는 제법 그럴듯한 외침과 함께 급기야 "이판사판 그게 그거 아니냐?" 또는 "혹 서로 거리가 멀더라도 인사는 하고 지내자"는 제안으로 등장하게 되었다.

 간략히 추리자면, 우선 배타주의란 누구를 막론하고 같음을 보장해야 할 것 같은 "무엇" 물음에 집중함으로써 "참된 하나와 같음"만이 참이고 다른 것은 거짓일 수밖에 없다는 입장으로 나타나는 데 비해, 포괄주의는 "무엇"의 같음에 도전이 될 수밖에 없는 앎의 문제를 끌고나옴으로써 같음의 틈바구니를 헤집어 볼 수도 있겠다는 "어떻게"라는 물음에 힘입어 "정도의 다름"에 주목하는 다소 온건한 입장으로 보인다. 말하자면 여전히 같음을 기준으로 보아 다름은 나름대로의 가치를 지니기는 하되 적어도 같음에 비해 열등하므로 더욱 우월한 같음으로 흡수되어야 한다는 주장으로 귀결된다. 한편 다원주의는 같음과 다름의 관계란 참과 거짓의 구분기준이 아닌 것은 물론이지만 우열관계에 있는 것도 아니고 차라리 동가적이어서 같음과 다름 사이의 구별은 잠정적이고 임의적이라고 주장하는데, 이런 점에서 "종류의 다름"에 초점을 맞추는 "왜라는 물음을 공유하는 구도로 볼 수도 있다. 그러나 다른 한편, 종교들 사이의 만남에 대한 이런 입장들은 이처럼 단순히 다양하기만 한 것이 아니라 실제로 서로 모순되거나 상반되기까지 하다는 점도 주목해야 한다. 논리적으로는 배타주의와 포괄주의가 서로 모순관계에 있으며, 현실적으로는 배타주의와 다원주의가 서로 상반된 입장에 있기 때문이다.

그러나 좀더 면밀히 들어가 보면 이야기가 그리 간단하지 않다. 같음이나 다름은 비교와 대조를 위한 개념으로서 공히 최소한 "둘" 이상의 개체를 전제하고, 이 최소 구성수로서의 "둘"이란 결국 최소단위로서의 "하나"를 전제하는데, 실제로 구체적이고 역사적인 종교에 대해 "하나인 종교"라는 표현이 과연 가능한가를 묻지 않을 수 없기 때문이다. 다시 말하면 실제 역사에서 구체적이고 가변적일 수밖에 없는 종교가 "하나인 종교"로 분류될 수 없으며 따라서 다른 종교들과의 경계나 분리도 그렇게 분명하다고 할 수 없다. 그렇다고 해서 모든 종교들이 같거나 비슷하다는 것은 물론 아니고, 서로 다른 종교들을 통폐합하자는 것은 더욱 아니다. 다만 시간과 공간에 따라 그리스도교는 달라질 수밖에 없거니와 같은 시대 같은 동네에서 임의의 두 교회가 표방하는 그리스도교들도 엄연히 서로 다를 수밖에 없을 때, 한 종교의 깔끔한 같음을 단서 없이 설정할 수 없다는 것을 지적하고자 할 따름이다. 더욱이 한 이름을 사용하는 종교 안에서의 만남이 여러 종교들 사이의 만남보다도 오히려 더 어렵고 심각할 수 있다는 점을 고려한다면 "하나인 종교"라는 표현은 현실과 거의 무관한 비역사적 환상일 뿐이다. 더 나아가 종교들의 만남이란 엄밀한 의미에서 "무엇들"의 만남이라기보다 "왜"를 품고 있는 "누가-언제/어디서"가 가리키는 "서로 다른 몸들"의 만남이라는 점을 상기한다면, 그리고 차라리 임의의 그리스도교도들 사이의 다름이 임의의 그리스도교도와 임의의 불교도 사이의 다름보다도 훨씬 클 수 있다면, 종교들 사이의 서로 다름이란 결국 개별 종교를 이루는 일련의 고유명사들 묶음 사이의 서로 다름일 뿐이라고 해도 과언이 아니다.

구체적으로 우리네 상황을 보면 이 문제는 더욱 복잡하다. 우선 우리네 동네는 여러 종교들이 소위 "황금분할"[5]이라고 할 만큼 혼재되어 있는 다종교 상황이다. 게다가 역사적으로 유구한 전통으로 중첩되어 있으니 문화적으로도 혼합적일 수밖에 없다. 혼합적인 것은 사회적이나 집단적인 단위에서의 문화만도 아니다. 한 사람에게서도 여러 종교들이 혼합되어 있다. 말하자면 여러 종교가 한 개인 안에서도 "겹치기 출연"을 한다. 예를 들면, 한국 그리스도인의 경우 그의 종교적 품성 안에 그리스도교적인 것은 물론 불교적이나 유교적인 성향뿐 아니라 이보다 결코 덜하지 않게 무속적 성향 등도 포함되어 있다. "서로 다른 몸"인 각 사람마다 그 비율은 서로 다를지언정 여러 종교적 성향의 혼재만은 부인할 수 없을 만큼 공통적이다. 이른바 종교적 중층성이다. 앞서 논한 종교 자체의 격의성이 가리키듯이 이미 그리스도교조차 여럿일 수밖에 없는 데다가 종교적 중층성이 의미하는 바 한 사람에게서도 여러 종교가 뒤섞일 수밖에 없다면, 또 더 나아가 그런 사람들이 그렇게 "서로 다른 몸"일 수밖에 없다면 "하나인 종교"란 논의의 편의를 위한 개념적 가정일 뿐 그 어디서도 찾아낼 수 없는 허구라고 하지 않을 수 없다.

그럼에도 우리는 여전히 자신이 속한 종교만은 적어도 같은 이름을 사용하는 한 "하나인 종교"일 것이라는 비역사적 착각에서 벗어나지 못하고 있다. 말하자면 앞서 누차 지적했듯이 영원한 같음을 제공해 줄 것 같은 "무엇"만을 붙들고 늘어지고 있다. 그런데 이런 착각은 사실상 인간 자신이 자기를 지키고 보존하려는 본능에 연유한다. 말하자면 "무엇" 안에 깔려 있는 "왜"를 보지 못할 뿐 아니라 오히려 꿈틀거리는 "왜"를 숨겨가면서까지 불안을 떨치려는 종교적 욕망추구에 급급하기 때문이다. 그러나 "하나인 종교"라는 것이 어디까지나 허상일 뿐이라면 이제는 같음과 다름의 경계가 흔히 통속적으로 상정되는 것처럼 그리 명확할 수 없다는 점을 시인하는 일이 요청된다. 게다가 "같음과 다름의 경계 불확정성"이란 단지 경계가 불분명하다는 소극적 의미에만 머무르지 않

---

[5] 이 표현의 출처: 정양모 「오늘과 내일의 그리스도교」: 정양모 교수 은퇴기념 논총 간행위원회 『믿고 알고 알고 믿고』 (분도출판사 2001) 129.

고, 오히려 종교가 생명을 지니고 존속하기 위해 끊임없이 경계를 철폐해야 한다는 것을 요구한다. 만일 종교가 정체성(같음)을 구현한다는 미명 아래 변화(다름)를 거부한다면 결국 바로 그 정체正體성이라는 것에 의해 정체停滯될 뿐이고, 불변적 정체는 사멸을 뜻할 뿐이기 때문이다.

나아가 이처럼 같음과 다름의 경계가 불확정적이고 더욱이 그 경계가 철폐되어야 한다면 앞서 분석되었던 종교들의 관계 방식들이 당연히 새로 정리되어야 한다. 소위 배타주의와 포괄주의 그리고 다원주의가 언뜻 보기에 서로 모순되고 상반되더라도 이런 입장들이 모두 "하나인 종교"라는 허상을 공유하는 한 이들 사이의 차이가 실제로 주장되는 것만큼 그렇게 확연하지 않기 때문이다. 구체적으로 본다면, 복음주의라는 이름의 배타주의의 경우 배제되어야 할 타자가 과연 누구인가를 묻지 않을 수 없다. 이미 종교적 격의성과 중층성으로 뒤범벅되어 있는 것이 오늘의 우리들인데 배제되어야 할 타자와 배제하려는 자기가 얼마나 그리고 어떻게 다른지 의심하지 않을 수 없기 때문이다. 물론 대책 없이 서로 같다는 이야기는 결코 아니다. 엄연히 서로 다른 몸인데 그럴 수도 없다. 다만 밀쳐내야 할 만큼 다르기보다 그렇게 다른 것처럼 보이는 다른 사람들의 것들이 나에게도 있을 수 있다는 사실에 대해 좀더 정직해질 필요가 있지 않을까를 묻고 싶을 따름이다. 포괄주의도 마찬가지다. 이미 그토록 켜켜이 뒤엉켜 있다면 무엇이 무엇을 싸안을 수 있을지 묻지 않을 수 없기 때문이다. 게다가 다원주의마저도 침튀겨 가면서 외칠 일이 아니다. 다원주의를 주장할 필요도 없이 이미 사회에서 개인까지 매우 중층적이고 썩 혼재적이어서 충분히 다중적이기 때문이다. "서로 다른 몸"이 이것을 온몸으로 웅변한다. 그럼에도 그렇지 않다고 느끼게 되는 것은 이름의 차이 때문일 수도 있다. 물론 이름의 차이가 그 모든 것들 사이의 차이의 전부라고 말하는 것은 결코 아니다. 다만 우리 인간들은 그런 이름의 차이 이상으로 넘어가기가 그리 쉽지 않기 때문에 그것을 붙들고 목숨을 걸려고 할 따름이라는 점을 지적하고자 한다. 따라서 종교신학적 논의가 증명하듯이, 별로 다르지 않은 입장들 중에서 무슨 대단히 별다른 선택이 취해질 수 있는 것처럼 거품 물고 싸울 일이 결코 아니다!

조금은 더 진솔하게 우리 자신을 보자. "참"을 향해 던져진 "무엇" 안에 깔려 있는 "왜"를 묻게 한 "누가-언제/어디서"는 "하나인 종교"라는 이념의 허상을 드러내는 데 더없이 소중한 물음이다. 앞서 말했듯이 "누가-언제/어디서"는 우리가 서로 다른 몸이라는 것을 가리키는 데 비해 "하나인 종교"라는 이념은 역사를 넘어서는 초월 영역에 자신을 자리매김하고 있는 것으로 보인다. 착각이 일어날 수밖에 없는 이유가 바로 여기에 있다. 해석 이전의 원계시라는 환상을 붙들려는 인간의 욕망이 음모를 꾸미는 한 어쩔 수 없는 것 같다. 그러나 원계시라는 환상은 인간이 스스로 인간임을, 즉 서로 다른 몸임을 잊어버릴 때나 튀어나오는 헛소리다. 인간이 인간임을 순간이라도 망각하면, 즉 "누가"가 "언제/어디서"로 이루어진다는 것을 잠시라도 잊어버리면, 이런 유혹과 착각에 빠지는 것은 시간도 안 걸린다. "하나인 종교"란 이처럼 "왜"를 억누름으로써 "누가-언제/어디서"를 덮어버리고 "무엇"이라는 물음만 붙들고 늘어지면서 나오는 왜곡과 축소의 산물이다.

그렇다면 "누가-언제/어디서"가 가리키는 "서로 다른 몸"은 우리에게 과연 무엇을 가리키는가? 믿음에서도 인간이란 "서로 다른 신앙인들"일 뿐이라는 것을 가리킨다. 배타주의·포괄주의·다원주의가 그렇게 많이 서로 다르다기보다는 "누가-언제/어디서"인 우리들 각자가 이미 그 이상 서로 다르기 때문이다. 그러므로 이제 "하나인 종교"라는 환상은 폐기되어야 한다. 그 울타리 안에서 자신의 믿음이 "반석 위에 집을 짓듯이" 공고하게 엮일 수 있으리라는 유혹이 우리를 지배하는 한, 우리는 사실상 그렇게 "하나인 종교"에 속해 있다고 착각하는 우리 자신을 믿고 있을 뿐이다. 더욱이 투키디데스의 통찰처럼 역사가 정말 반복되는지 이념전쟁 시대가 물러가고 오히려 종교전쟁 시대가 다시 오지 않는가 하는 의구심을 떨칠 수 없는 요즘 상황에서 "하나인 종교"라는 허상은 오히려 위험하기까지 하다.

그렇다면 이제 우리에게 남겨진 과제는 무엇인가? 철저히 서로 다를 수밖에 없는 개별적 신앙인들로서 서로 다른 다름을 그 다름과 다른 자기의 같음으로 환원시키려는 패권주의적 획책을 포기하고 개별적 다름들과 공존하는 겸허함을 배우는 일이다. 이것이 바로 불안을 없애 준다는 미명 아래 같음의 도가니로 마구 쓸어넣었던 "무엇"의 횡포에서 벗어나 불안하지만 자유를 향해 다름을 살려 주는 "왜"의 해방선언이다. 신 앞에서의 실존적 결단으로서의 믿음이란 이것을 가리킨다. 그리고 이럴 때만 믿음이 그나마 "참"에 가까이 갈 수 있을 것이다. "자유하게 하는 진리"가 바로 이것을 가리킨다면 이것이 바로 믿음이 지니는 본래의 뜻이다. 불안 극복을 구실로 진리와 자유를 떼어놓으려 한 종교의 역사가 거꾸로 이것을 증명하고도 남는 것은 물론이다.

4. 우리가 그렇게 서로 다를 수밖에 없는 것이 우리가 곧 몸이기 때문이라면, 이제 우리는 온몸으로 신과 만나야 하고 따라서 온몸으로 신학하기를 해야 한다.

이른바 "몸으로 하는 신학"이다. "마음과 뜻과 정성을 다하여 주 너의 하느님을 예배하라!" 이게 바로 온몸으로 신과 만남이 아니고 무엇이겠는가?

인간이 신과 마주할 수 있는 길은 오로지 지성뿐이라 하여 믿음이라는 것을 알량하게 우리의 머리에 몰아넣고 지긋이 눈감은 채 고개를 끄덕이는 주지주의적 작태를 이제는 멈출 때다. 이미 그 자체로도 어림없는 가관이지만 이거야말로 "종교를 경멸하는 교양"을 주도한 천박한 계몽주의를 오히려 더욱 부추기는 꼴이기 때문이다. 지성이라는 이름으로 신에게 자신의 머리를 디밀어대는 불경스런 어리석음이니 이제는 "몸"에게 머리를 조아려야 할 때다. 또 때로 뜨끈뜨끈해지는 가슴을 부여잡고 "이게 바로 계시인가봐?" 하면서 감읍해 대는 감정 부추기기는 제풀에 지치게 되어 있으니 지긋이 "몸"의 소리를 들으면서 기다리면 될 일이다. 느낌이란 몸에 비하자면 여전히 부분일 따름이니 그럴 수밖에 없기 때문이다. 겨자씨도 없으면서 공연히 불끈불끈 힘이 넘쳐 이 산 저 산 옮겨 보겠다는 부류들이 외쳐대는 의지라는 것도 온 세월 꼿꼿할 수는 없는 법이니 그분의 인내야말로 가위 경이롭다.

이제는 몸이다! 지성·감정·의지, 물론 이런 것들이 나쁘다는 것도 아니고 잘못 되었다는 것도 아니다. 그러나 오로지 그것만이라고 해 온 지난 세월의 횡포를 돌이켜본다면 이제 이것들은 깊은 자숙에 들어가도 좋으리라. 그런 것들 똘똘 뭉쳐 봐야 기껏 정신인데, 그 정신이라는 게 살코기를 떠나 어디에 자리한다던가? 배가 고파 봐라, 하늘도 노랗다는 것은 겪어 본 사람들은 동감하지 않을 수 없다. "사흘 굶으면 보이는 게 없다"라든지, "목구멍이 포도청"이라든지 하는 것도 다 이런 맥락의 이야기들이다. 먹는 얘기에 따라나오지 않을 수 없는 것이 싸는 얘기일 텐데, 똥누기 전과 똥누고 난 다음은 세상이 다르다. 그까짓 정신이라는 것, 지성·감정·의지라는 것, 똥 앞에서 별수 없다. 똥 전과 똥 후의 세상이 그렇게 다르다는데 뭔 말이 더 필요할까? 덧붙여 몸 이야기에 빠질 수 없는 게 성행위일진대, "수컷은 성교 후에 슬프다"는 생태계의 격언도 그야말로 온 몸과 마음을 다하는 행위로서의 성교를 웅변하고 있다면 하물며 신을 만나는 믿음에 있어 더 말해 뭣하랴?

그래서 이제는 몸으로 하는 신학이다. 그런데 몸이라는 게 살코기만 말하는 게 아니라는 것은 이제 쉰 소리다. 그렇다고 정신과 육체의 결합도 아니다. 언제 정신과 육체가 따로 떨어져 살았길래 이것들이 새삼스레 엉킨다는가? 서양 사람들은 꽤 오랫동안 이렇게 생각해 왔던 모양인데 우리네에게는 어림없는 얘기다. 심지어 서양 사람들에서도 정신과 육체가 정신 안에서는 따로 노는 체했던 적이 있을지도 모르지만 육체 안에서는 따로 논 적이 없다. 그렇다면 이제는 차라리 정신이 육체한테서 한 수 배우라고 권해야 하지 않을까? 사실상 우리네는 이미 오래 전부터 이렇게 이야기해 왔다. 그러다가 잠시 서양 것들에 홀려 정신이 팔려 버렸다. 그러나 이제라도 정신을 차려야 한다. 그리고 그렇게 차려진 정신은 육체와 따로 놀 수도 없고 놀지도 않는다는 것을 새삼 되새겨야 한다. 그래서 몸이란 정신과 육체가 결합한 것이 아니라 그렇게 잠시 따로 노는 것처럼 보였던 것들이 본래대로 하나임을 일컫는다는 점을 분명히 해야 한다. 우리네가 몸이라고 했을 때는 이미 마음과 하나라는 말이다. 말하자면 몸이란 감히 마음까지 아우르고 싶은 뜻을 담은 표현이다. 그게 가능할지는 두고봐야겠지만 하여튼 모름지기 그래야 하지 않겠는가라는 깨달음이 우리의 몸 이야기다. 오늘날 생명 이야기도 여기서 나온 것이다.

이제 우리가 몸과 마음을 다하여 신과 만나야 한다면, 신학도 그래야 하는 것은 두말할 나위도 없다. 말하자면 몸으로 신학을 할 뿐 아니라 몸으로 신학을 살아내야 한다. 몸으로 살고, 몸으로 믿으며, 몸으로 신학 살기를 해야 한다. "누가-언제/어디서"는 우리에게 이것을 요구한다. 그리고 우리에게 그렇게 요구하는 "누가-언제/어디서"는 바로 우리 자신이다.

그러나 온몸과 온마음으로 신학하기를 한다는 것은 이렇게 "누가-언제/어디서"만 앞세우며 제 목소리 내기에만 급급한 경솔함에 머무르는 것이 결코 아니다. "무엇" 안에 "왜"가 깔려 있고 그 "왜"가 "누가-언제/어디서"를 끌고나왔지만 바로 그렇기에 오히려 "무엇"과 "어떻게"에도 여전히 그만한 주의를 기울여야 한다는 것을 가리킨다. 앞서 살펴보았듯이 "무엇" 물음은 실재를 탐구하면서 교리적 신(앙)관으로 추려내었고 "어떻게" 물음은 진리를 추구하면서 고백적 신(앙)관으로 다듬어내었으며 "왜" 물음은 해방을 갈구하면서 체험적 신(앙)관을 엮어내었다. 그리고 이런 각 관점들이 저마다의 타당성을 지니고 있기도 하다. 물론 그렇다고 해서 그중 어느 것이라도 임의로 선택될 수 있다는 것을 뜻하는 것은 아니다. 오히려 "무엇"에서 "어떻게"를 거쳐 "왜"로 감으로써 넓어지고 깊어지는 것이라면, 교리는 고백에 포함되고 고백은 체험으로 흡인되어야 할 것이다. 고백으로 새겨질 수 없는 교리는 일방적 강요일 수밖에 없으며, 체험으로 일구어지지 못하는 고백은 한갓 머리나 기분, 또는 뜻으로만 지껄이는 자기최면이다. 따라서 "무엇"에서 "어떻게"를 거쳐 "왜"로 가는 것은 부분에서 전체로의 이행에 비견될 만큼 앞단계들이 폐기되어야 한다기보다 점층적으로 뒷단계로 포괄되어야 한다.

그러나 이것은 "무엇"이나 "어떻게"가 단순히 "왜"로 귀속되어야 한다고 주장하는 것은 아니다. 교리주의나 고백주의를 넘어선다는 구실로 체험주의로 매몰되는 것은 또다른 자기절대화의 방식일 뿐이며 저마다의 자기절대화에 뿌리를 둔 대책 없는 무정부적 상대주의는 결코 해방의 논리가 아니기 때문이다. 부분 또한 전체를 떠올리지 않고서는 부분도 아니지만 전체 역시 부분 없이는 전체일 수 없기 때문이다. 따라서 "왜"가 "누가-언제/어디서"를 드러내는 한에서 "왜"에게 "무엇-어떻게"가 포괄되는 것으로 정리함으로써 "왜"를 중심으로 "누가-언제/어디서"와 "무엇-어떻게"가 균형적으로 상호관계를 이루도록 해야 한다. 그리고 이렇게 함으로써 그나마 해방을 향한 바람직한 틀을 모색할 수 있지 않을까 한다. 상호관계성의 파괴가 왜곡과 억압으로 이어질 수밖에 없었던 역사적 경험에 비추어볼 때 이제 그런 관계의 복원은 해방을 위해 절실한 과제가 아닐 수 없기 때문이다. 이런 상호관계성을 통해 "있음과 앎의 같음"과 "삶의 다름" 사이의 경계가 허물어진다면 전통과 현대의 갈등이나 이론과 실천의 거리뿐 아니라 믿음과 삶의 괴리 등을 극복하기 위한 실마리를 더듬을 수 있게 될 것이다. 그리고 우리의 몸부림은 바로 이것을 갈망한다. 따라서 그렇게도 소중한 자유를 향해 온몸과 온마음으로 신학하기 위해서는 그런 상호관계적 구도를 기본 틀로 삼는 것이 마땅하고 옳은 일이다. 그리고 특히 우리 동네는 이런 틀이 더욱 절실히 필요하다.

5. 어찌 우리의 이야기가 여기서 멈출 수 있을까?

당연히 그럴 수 없다. 하자면 조금은 더 뇌까려야 할 것이다.[6] 그러나 어차피 완전무결이란 불가능하니 여기서 일단 자르는 것이 좋겠다. 뒷간에서 나올 때처럼!

---

[6] 간략히 덧붙인다면: 민중신학은 절실한 "왜"로 인해 분명해진 "누가-언제/어디서"를 초점으로 한다. 그러나 애매한 "어떻게" 그리고 더욱이나 모호한 "무엇" 때문에 이미 표류할 가능성을 안고 있었다. 더욱이 정권 교체로 마치 문제가 — 아직도 멀었는데 — 해결이나 된 듯 시들어져 버리는 분위기는 그것이 매우 정치적이었음을 드러내는 것 같아 안타깝다. 그리고 여성신학도 구체적 전개는 조금 다르지만 민중신학과 대체로 비슷한 유형의 문제를 지니고 있어 보인다. 다만 이런 종류의 신학이 함께 지니고 있는 환원주의의 문제가 두드러진다는 점에서 약간의 차이를 보이고 있는 것 같다. 이런 점에서 본다면, 생태신학이 그나마 "무엇-어떻게"와 "누가-언제/어디서" 그리고 이들을 엮어주는 "왜"를 중심으로 비교적 균형적으로 구성되어 있는 것으로 보인다. 물론 이런 진단은 어디까지나 이 연구의 기본 틀에 비추어 본 평가일 뿐, 구체적 내용에 대한 논의를 위해서는 별도의 연구가 필요하다.